文革史料叢刊第一輯

第六冊：文革紅衛兵報紙選編

李正中　輯編

只有不漠視、不迴避這段歷史，中國才有希望，中華民族才有希望！忘記歷史意味著背叛！

——摘自「文革史料叢刊·前言」

蘭臺出版社

巴金先生说在文革
受尽火与血磨炼
的人是不会沉默的

八十又五叟

李正中

著名中國古瓷與歷史學家、教育家。
李正中　簡介

祖籍山東省諸城市，民國十九年（1930）出生於吉林省長春市。
北平中國大學史學系肄業，畢業於華北大學（今中國人民大學）。
歷任：天津教師進修學院教務處長兼歷史系主任（今天津師範大學）。
天津大學冶金分校教務處長兼圖書館長、教授。
天津社會科學院中國文化研究中心主任、研究員。
現任：天津理工大學經濟與文化研究所所長、特聘教授。
天津文史研究館館員。
天津市漢語言文學培訓測試中心專家學術委員會主任。
香港世界華文文學家協會首席顧問。
（天津理工大學經濟與文化研究所供稿）
為加強海內外學術交流，應邀赴日本、韓國、香港、臺灣進行講學，
其作品入圍德國法蘭克福國際書展和美國ABA國際書展。

前言：忘記歷史意味著背叛

文學巨匠巴金說：

應該把那一切醜惡的、陰暗的、殘酷的、可怕的、血淋淋的東西集中起來，展覽出來，毫不掩飾，讓大家看得清清楚楚，牢牢記住。不能允許再發生那樣的事。不再把我們當牛，首先我們要相信自己不是牛，是人，是一個能夠用自己腦子思考的人！

那些魔法都是從文字遊戲開始的。我們好好地想一想、看一看，那些變化，那些過程，那些謊言，那些騙局，那些血淋淋的慘劇，那些傷心斷腸的悲劇，那些勾心鬥角的醜劇，那些殘酷無情的鬥爭……為了那一切的文字遊戲！……為了那可怕的十年，我們也應該對中華民族子孫後代有一個交代。

要大家牢記那十年中間自己的和別人的一言一行，並不是讓人忘記過去的恩仇。這只是提醒我們要記住自己的責任，對那個給幾代人帶來大災難的「文革」應該負的責任，無論是受害者，或者害人者，無論是上一輩或是下一代，不管有沒有為「文革」舉過手點過頭，無論是造反派、走資派，或者逍遙派，無論是鳳或者是牛馬，讓大家都到這裡來照照鏡子，看看自己為「文革」做過什麼，或者為反對「文革」做過什麼。不這樣，我們怎麼償還對子孫後代欠下的那一筆債，那筆非還不可的債啊！

（摘自巴金《隨想錄》第五冊《無題集•紀念》）

我高舉雙手讚賞、支持前輩巴老的呼籲。這不是一個人的呼籲，而是一個民族對其歷史的反思。一個忘記自己悲慘歷史和命運的民族，就是一個沒有靈魂的民族，沒有希望的民族，沒有前途的民族。中華民族要真正重新崛起於世界之林，實現中華夢，首先必須根除這種漠視和回避自己民族災難的病根，因為那不意味著它的強大，而恰恰意味著軟弱和自欺。這就是我不計後果，一定要搜集、編輯和出版這部書的原因。我想，待巴老呼籲的「文革紀念館」真正建立起來的那一天，我們才可以無愧地向全世界宣告：中華民族真正走上了復興之路……。

當本書即將付梓時刻，使我想到蘭臺出版社出版該書的風險，使我內心感動、感激和感謝！同時也向高雅婷責任編輯對殘缺不全的文革報紙給以精心整理、校對，付出辛勤的勞累致以衷心得感謝！

感謝忘年交、學友南開大學博導張培鋒教授為拙書寫「序言」，這是一篇學者的呼喚、是正義的伸張，作為一個早以欲哭無淚的老者，為之動容，不覺潸然淚下：「一夜思量千年事，人生知己有一人」足矣！

李正中於古月齋

2014年6月1日文革48周年紀念

序言：中國歷史界的大幸，也是國家、民族之大幸

張培鋒

李正中先生積三十年之功，編集整理的《文革史料叢刊》即將出版，囑我為序。我生於1963年，在文革後期（1971-1976），我還在讀小學，那時，對世事懵懵懂懂，對於「文革」並不瞭解多少，因此我也並非為此書寫序的合適人選。但李先生堅持讓我寫序，我就從與先生交往以及對他的瞭解談起吧。

看到李先生所作「前言」中引述巴金老人的那段話，我頓時回想起當年我們一起購買巴老那套《隨想錄》時的情景。1985年我大學畢業後，分配到天津大學冶金分校文史教研室擔任教學工作，李正中先生當時是教務處長兼教研室主任，我在他的直接領導下工作。記得是工作後的第三年即1987年，天津舉辦過一次大型的圖書展銷會（當時這樣的展銷會很少），李正中先生帶領我們教研室的全體老師前往購書。在書展上，李正中先生一眼看到剛剛出版的《隨想錄》一書，他立刻買了一套，並向我們鄭重推薦：「好好讀一讀巴老這套書，這是對「文革」的控訴和懺悔。」我於是便也買了一套，並認真讀了其中大部分文章。說實話，巴老這套書確實是我對「文革」認識的一次啟蒙，這才對自己剛剛度過的那一個時代有了比較深切的瞭解，所以這件事我一直記憶猶新。我記得在那之後，李正中先生在教研室的活動中，不斷提到他特別讚賞巴金老人提出的建立「文革紀念館」的倡議，並說，如果這個紀念館真的能夠建立，他願意捐出一批文物。他說：「如果不徹底否定「文革」，中國就沒有希望！」我這才知道，從那時起，他就留意收集有關「文革」的文獻。算起來，到現在又三十年過去了，李先生對於「文革」那段歷史「鍾情」不改，現在終於將其裒輯付梓，我想，這是中國歷史界的大幸，也是國家、民族之大幸！

前兩年，我有幸讀到李正中先生的回憶錄，對他在「文革」中的遭遇有了更為真切的瞭解。「文革」不僅僅是中國知識分子的受難史，更是整個民族、人民的災難史。正如李先生在「前言」中所說，忘記這段歷史就意味著背叛。李先生是歷史學家，他的話絕非僅僅出於個人感受，而是站在歷史的高度，表現出一個中國知識分子的真正良心。

就我個人而言，雖然「文革」對我這一代人的波及遠遠不及李先生那一代人，但自從我對「文革」有了新的認識後，對那段歷史也有所反思。結合我個人現在從事的中國傳統文化教學與研究來看，我覺得「文革」最大的災難在於：它對中華優秀傳統文化做出了一次「史無前例」的摧毀（當時稱之為「破四舊，立新風」，當時究竟是如何做的，我想李先生這套書中一定有非常真實的史料證明），從根本上造成人心

的扭曲和敗壞，並由此敗壞了全社會的道德和風氣。「文革」中那層出不窮的事例，無不是對善良人性的摧殘，對人性中那些最邪惡部分的激發。而歷史與現在、與未來是緊緊聯繫在一起的，當代中國社會種種社會問題、人心的問題，其實都可以從「文革」那裡找到根源。比如中國大陸出現的大量的假冒偽劣、坑蒙拐騙、貪汙腐化等現象，很多人責怪說這是市場經濟造成的，但我認為，其根源並不在當下，而可以追溯到四十年前的那場「革命」。而時下一些所謂「左派」們，或別有用心，或昧了良心，仍然在用「文革」那套思維方式，不斷地掩飾和粉飾那個時代，甚至將其稱為中國歷史上最文明、最理想的時代。我現在在高校教學中接觸到的那些八十年代、九十年代後出生的年輕人，他們對於「文革」或者絲毫不瞭解，或者瞭解的是一些經過掩飾和粉飾的假歷史，因而他們對於那個時代的總體認識是模糊甚至是錯誤的。我想，這正是從巴金老人到李正中先生，不斷呼籲不要忘記「文革」那段歷史的深刻含義所在。不要忘記「文革」，既是對歷史負責，更是對未來負責啊！

記得我在上小學的時候，整天不上課，拿著毛筆——我現在感到奇怪，其實就連毛筆不也是我們老祖宗的發明創造嗎？「文革」怎麼就沒把它「革」掉呢？——寫「大字報」，批判「孔老二」，其實不過是從報紙上照抄一些段落而已，我的《論語》啟蒙竟然是在那樣一種可笑的背景下完成的。但是，僅僅過去三十多年，孔子仍然是我們全民族共尊的至聖先師，「文革」中那些「風流人物」們今朝又何在呢？所以我認為，歷史是最公正、最無情的，是不容歪曲，也無法掩飾的，試圖對歷史進行歪曲和掩飾其實是最愚蠢的事。李正中先生將這些「文革」時期的真實史料拿出來，讓那些並沒有經歷過那個時代的人們真正認識和體會一下那場「革命」的真實過程，看一看那所謂「革命」、「理想」造成了怎樣嚴重的後果，這就是最好的歷史、最真實的歷史，這也就是巴老所說的「文革紀念館」的一個重要組成部分啊！我非常讚成李正中先生在「前言」中所說的，只有不漠視、不回避這段歷史，中國才有希望，中華民族才有希望！

是為序。

中華民族最黑暗的年代「文革」48周年紀念於天津聆鍾室

〔注〕張培鋒：現任南開大學文學院教授博士班導師

古月齋叢書3　文革史料叢刊　第一輯

第四冊：反黨篡軍野心家罪惡史選編

反黨篡軍野心家羅瑞卿罪惡史

反黨篡軍野心家賀龍罪惡史（二種）

憤怒聲討大軍閥大野心家朱德（大字報選編）

打倒李井泉（二種）

李井泉鬼魂東行記

第五冊：文藝戰線上兩條路線鬥爭大事紀

高舉毛澤東思想偉大紅旗

反革命修正主義分子胡喬木罪惡史

胡喬木的《三十年》必須批判

文藝戰線上兩條路線鬥爭大事紀1949~1967

江青同志關於文藝工作的指示彙編

十七年來出版工作兩條路線鬥爭大事紀1948~1966

三反分子侯外盧材料選編

《高教六十條》的出籠

第六冊：文革紅衛兵報紙選編

挺進報（四期）

文藝紅旗報

魯迅（二期）

紅太工（七期）

革命造反（六期）

「文化大革命」資料著作目錄

史料照片

第六冊　目錄

中共中央关于重庆問題的意见

中共中央同意四川省革命委員会筹备小組張国华、梁兴初、刘洁挺、張西挺四同志关于重庆市問題的看法和意見。

第一、重庆市各革命組織应当把斗爭的矛头，指向党內最大的走資本主义道路的当权派，指向四川最大的走資本主义道路的当权派李井泉及其一小撮同伙，指向重庆市党內走資本主义道路的当权派任白戈及其一小撮同伙。在軍队內，在羣众中，对刘、邓、李、任等人的罪惡进行充分的揭露和彻底的批判。中央同意公开宣布撤消任白戈的中共中央西南局书記处书記和重庆市委第一书記的职务，撤消任白戈兼任的重庆軍分区第一政委的职务。

第二、应当实事求是地估計和对待重庆警备司令部在支左、支工、支农、軍管、軍訓工作中的成績和缺点錯誤。应該看到，他們在这些工作中，是有显著成績的。他們支持的是革命羣众組織。他們的缺点錯誤在于，在二、三月間，沒有完全頂住成都軍区个別負責人把无产阶級文化大革命变成"鎮反運动"的方向、路綫錯誤，在处理持有不同意見的革命羣众組織的关系問題上，錯誤地支持了一方，压制了另一方，支持了公安部門錯捕革命羣众，把一些革命羣众打成"反革命"。他們已經开始认真地糾正自己的缺点錯誤。

第三、中央同意立即建立重庆市革命委員会筹备小組，由当地駐軍副政治委員兰亦农同志、副軍长白斌同志、重庆市軍分区司令員唐兴盛同志等負責組織革命委員会筹备小組，以兰亦农同志为組长，白斌同志为副組长。革命委員会筹备小組成員应当吸收有代表性的，持有不同意見的各主要革命羣众組織的負責人及其他适当的負責人参加。

中央同意重庆革命委員会筹备小組迅速建立工、农业生产領导班子。

第四、对被錯誤宣布为"非法組織"，或"反动組織"的革命羣众組織要平反，对錯捕的革命羣众和革命羣众組織的負責人要釋放，并恢复名誉。各个革命羣众組織都要进行整风，加强对毛主席著作的学习，加强政治思想工作，着重进行自我批評，整頓思想，整頓作风，整頓組織。双方的爭論应通过摆事实，讲道理的方法去正常的进行和解决，不准武斗，不准打、砸、抢、抄、抓。对煽动武斗的坏人，必須追究。

第五、要热烈响应毛主席拥軍愛民的偉大号召。要坚决执行中央軍委的八条命令和十条命令。要坚决执行中共中央关于处理四川問題的决定。要牢記毛主席提出的三个相信和三个依靠，坚定不移地相信和依靠羣众，相信和依靠人民解放軍，相信和依靠干部的大多数。在毛澤东思想偉大紅旗下，在以毛主席为代表的无产阶級革命路綫指引下，进一步加强軍民团結，加强各个革命羣众組織之間的团結，实現革命的大联合，实行革命的"三結合"，彻底粉碎資产阶級反动路綫，完成斗、批、改的偉大任务，把无产阶級文化大革命进行到底。

一九六七年五月十六日

山城数万革命造反派举行盛大庆祝游行

最热烈欢呼中共中央关于重庆問題的五条意见。万众誓师，决心在革命的大批判中，团結起来，彻底埋葬李家王朝，誓死將革命进行到底！

〔本报訊〕重庆市真正的无产阶級革命派今天下午举行了声势浩大的集会和庆祝游行，热烈欢呼毛澤东思想的又一偉大胜利，坚决拥护中共中央关于重庆問題的决定。今天，山城全城沸騰，数万革命羣众沉浸在火热的革命气氛和节日般的欢乐之中。参加大会的数万无产阶級革命派和革命羣众汇集在大田灣体育場。人人兴高采烈、个个斗志昂揚，不断地振臂高呼："我們心中最紅最紅的紅太阳毛主席万岁！万岁！万万岁！""坚决拥护中共中央关于重庆問題的意見！""中央五条意見宣判了伪革联的死刑！""伪革联完蛋了！伪革联垮台了！""打倒刘、邓、陶，保卫毛主席！""打倒李井泉，解放大西南！""打倒任白戈，建設新山城！""拥护解放軍，保卫毛主席！""彻底批判資产阶級反动路綫！"等口号。

大会在雄壮的《东方紅》、《造反有理》的[illegible]中开始。[illegible]万遍敬祝我們心中最紅最紅的紅太阳毛主席万寿无疆！万寿无疆！祝福毛主席的亲密战友林付主席的身体永远健康，永远健康！

革命工人代表、貧下中农代表、学生代表、解放軍代表、財貿代表和首都紅代会及外地赴渝革命师生代表相继在大会上发言。他們一致指出：中共中央关于重庆問題的决定把[illegible]城无产阶級文化大革命推进到一个新的阶[illegible]，宣判了任白戈及一小撮同伙的死刑，[illegible]了伪革联的死刑。这是战无不胜的毛澤东思想的又一偉大胜利，是毛主席的无产阶級革命路綫的偉大胜利，是山城真正的无产阶級革命派浴血奋战的結果。并表示决心奋起毛澤东思想千鈞棒，紧紧掌握斗爭的大方向，把刘、邓在四川、重庆的死党斬尽杀绝，打倒李井泉，彻底埋葬李家王朝，坚决粉碎自上而下的資本主义复辟的反革命逆流，把无产阶級文化大革命进行到底。

在这欢庆胜利的日子里，我們欢呼，我們歌唱！千万顆紅心迸发出一个共同的声音：毛主席万岁！万岁！万万岁！

大会在《大海航行靠舵手》的雄壮歌声中胜利結束。会后，无产阶級革命派，抬着毛主席的巨幅画象、毛主席語录和标語举行了盛大的庆祝游行。

短評

伪革联寿終正寢了

伪革联的老爷們不是說过："革联会是山城革命造反派的临时最高权力机构"，"它正如长江大河繞过重重障碍，流經无数曲折，最后必将浩浩蕩蕩，奔向东方。"

不！我們說：最后必将"浩浩蕩蕩"，"奔向"死亡！

是的，伪革联寿終正寢了！

这是毛澤东思想的又一偉大胜利，我們为之欢呼，为之歌唱！让我們巩固这个胜利，发展这个胜利。

大方向"对定了"的革联会，却慘遭失敗；大方向"錯定了"的"砸派們"，反喜获全胜。

这就是历史的辯証法。

操纵伪革联的資产阶級老爷們，此时此刻，你們的心情如何呢？你們不觉得你們的日子难过嗎？現在是你們向套在我們战友手上的鐐銬負責的时候了，是你們向我們战友所洒的鮮血負責的时候了，是你們向我們死难的战友負責的时候了！你們被彻底埋葬的时候到了！

伪革联的所謂鉄杆，鋼杆，合金鋼杆的"勇士"們，此时此刻，你們的心情又是如何呢？你們不觉得难过嗎？我們知道，你們曾为伪革联立过"汗馬功劳"，在伪革联的"記功簿"上寫下了"光輝的篇章"，可如今却落得这般田地，使人不寒而慄，眞是"好人不得好报"啊！不要过余悲伤吧！

历史是无情的。誰个背叛历史，誰个背叛毛澤东思想，誰个就必将碰得头破血流。

伪革联正是如此。它一出世，我們就曾严正指出：伪革联是个鬼胎，必須彻底砸烂！历史已經証明。我們胜利了！不过，我們砸而不力，使它活到今天，这倒是我們的一点罪过。

目前的时局不容許我們过多的追究过去。一切眞正的无产阶級革命派的战友們，革命的同志們，形势迫使我們紧紧地携起手来，在革命的大批判中結成浩浩蕩蕩的革命大軍，向任白戈之流，向李廖死党，向赫魯少奇发起总攻击！現在是彻底埋葬他們的时候了！

"敌人是不会自行消灭的。无論是中国的反动派，或是美国帝国主义在中国的侵略势力，都不会自行退出历史舞台。"当我們革命取得一些胜利的时候，我們不要忘記，敌人还可能在一个晚上反扑过来。同志們千万不要失去革命的警惕性。

"宜將剩勇追穷寇，不可沽名学霸王。"快！快！向着我們的敌人，冲鋒！——杀！

挺進報

重庆紅卫兵反到底司令部
重庆交通学院九·一五战斗团 《挺进报》編輯部

特刊 一九六七年五月十七日

中共中央

關於重慶問題的意見

中共中央同意四川省革命委員會籌備小組張國華、梁興初、劉潔挺、張西挺四同志關於重慶市問題的看法和意見。

第一、重慶市各革命組織應當把鬥爭的矛頭，指向黨內最大的走資本主義道路的當權派，指向四川最大的走資本主義道路的當權派李井泉及其一小撮同伙，指向重慶市黨內走資本主義道路的當權派任白戈及其一小撮同伙。在軍隊內，在群眾中，對劉、鄧、李、任等人的罪惡進行充分的揭露和徹底的批判。中央同意公開宣布撤消任白戈的中共中央西南局書記處書記和重慶市委第一書記的職務，撤消任白戈兼任的重慶軍分區第一政委的職務。

第二、應當實事求是地估計和對待重慶警備司令部在支左、支工、支農、軍管、軍訓工作中的成績和缺點錯誤。應該看到，他們在這些工作中，是有顯著成績的。他們支持的是革命群眾組織。他們的缺點錯誤在於，在二、三月間，沒有完全頂住成都軍區個別負責人把無產階級文化大革命變成「鎮反運動」的方向、路線錯誤，在處理持有不同意見的革命群眾組織的關係問題上，錯誤地支持了一方，壓制了另一方，支持了公安部門錯捕革命群眾，把一些革命群眾打成「反革命」。他們已經開始認真地糾正自己的缺點錯誤。

第三、中央同意立即建立重慶市革命委員會籌備小組，由當地駐軍副政治委員藺亦農同志、副軍長白斌同志、重慶市軍分區司令員唐興盛同志等負責組織革命委員會籌備小組，以藺亦農同志為組長，白斌同志為副組長。革命委員會籌備小組成員應當吸收有代表性的，持有不同意見的各主要革命群眾組織的負責人及其他適當的負責人參加。

中央同意重慶革命委員會籌備小組迅速建立工、農業生產領導班子。

第四、對被錯誤宣布為「非法組織」，或「反動組織」的革命群眾組織要平反，對錯捕的革命群眾和革命群眾組織的負責人要釋放，並恢復名譽。各個革命群眾組織都要進行整風，加強對毛主席著作的學習，加強政治思想工作，著重進行自我批評，整頓思想，整頓作風，整頓組織。雙方的爭論應通過擺事實，講道理的方法去正常的進行和解決，不准武鬥，不准打、砸、搶、抄、抓。對煽動武鬥的壞人，必須追究。

第五、要熱烈響應毛主席擁軍愛民的偉大號召。要堅決執行中央軍委的八條命令和十條命令。要堅決執行中共中央關於處理四川問題的決定。要牢記毛主席提出的三個相信和三個依靠，堅定不移地相信和依靠群眾，相信和依靠人民解放軍，相信和依靠幹部的大多數。在毛澤東思想偉大紅旗下，在以毛主席為代表的無產階級革命路線指引下，進一步加強軍民團結，加強各個革命群眾組織之間的團結，實現革命的大聯合，實行革命的「三結合」，徹底紛碎資產階級反動路線，完成鬥、批、改的偉大任務，把無產階級文化大革命進行到底。

一九六七年五月十六日

中共中央
关于重庆問題的意見

中共中央同意四川省革命委員会籌备小組張国华、梁兴初、刘洁挺、張西挺四同志关于重庆市問題的看法和意見。

第一、重庆市各革命組織应当把斗爭的矛头，指向党內最大的走資本主义道路的当权派，指向四川最大的走資本主义道路的当权派李井泉及其一小撮同伙，指向重庆市党內走資本主义道路的当权派任白戈及其一小撮同伙。在軍队內，在羣众中，对刘、邓、李、任等人的罪惡进行充分的揭露和彻底的批判。中央同意公开宣布撤消任白戈的中共中央西南局书記处书記和重庆市委第一书記的职务，撤消任白戈兼任的重庆軍分区第一政委的职务。

第二、应当实事求是地估計和对待重庆警备司令部在支左、支工、支农、軍管、軍訓工作中的成績和缺点錯誤。应該看到，他們在这些工作中，是有显著成績的。他們支持的是革命羣众組織。他們的缺点錯誤在于，在二、三月間，沒有完全頂住成都軍区个别負責人把无产阶級文化大革命变成“鎭反运动”的方向、路綫錯誤，在处理持有不同意見的革命羣众組織的关系問題上，錯誤地支持了一方，压制了另一方，支持了公安部門錯捕革命羣众，把一些革命羣众打成“反革命”。他們已經开始认真地糾正自己的缺点錯誤。

第三、中央同意立即建立重庆市革命委員会籌备小組，由当地駐軍副政治委員兰亦农同志、副軍长白斌同志、重庆市軍分区司令員唐兴盛同志等負責組織革命委員会籌备小組，以兰亦农同志为組长，白斌同志为副組长。革命委員会籌备小組成員应当吸收有代表性的，持有不同意見的各主要革命羣众組織的負責人及其他适当的負責人参加。

中央同意重庆革命委員会籌备小組迅速建立工、农业生产領导班子。

第四、对被錯誤宣布为“非法組織”，或“反动組織”的革命羣众組織要平反，对錯捕的革命羣众和革命羣众組織的負責人要釋放，并恢复名誉。各个革命羣众組織都要进行整风，加强对毛主席著作的学习，加强政治思想工作，着重进行自我批評，整頓思想，整頓作风，整頓組織。双方的爭論应通过摆事实，讲道理的方法去正常的进行和解决，不准武斗，不准打、砸、搶、抄、抓。对煽动武斗的坏人，必須追究。

第五、要热烈响应毛主席拥軍爱民的偉大号召。要坚决执行中央軍委的八条命令和十条命令。要坚决执行中共中央关于处理四川問題的决定。要牢記毛主席提出的三个相信和三个依靠，坚定不移地相信和依靠羣众，相信和依靠人民解放軍，相信和依靠干部的大多数。在毛澤东思想偉大紅旗下，在以毛主席为代表的无产阶級革命路綫指引下，进一步加强軍民团結，加强各个革命羣众組織之間的团結，实现革命的大联合，实行革命的“三結合”，彻底粉碎資产阶級反动路綫，完成斗、批、改的偉大任务，把无产阶級文化大革命进行到底。

一九六七年五月十六日

中共中央關於處理四川問題的決定

一、以李井泉為首的一小撮黨內走資本主義道路的當權派長期以來，把四川省當作反黨反社會主義反毛澤東思想的獨立王國。在無產階級文化大革命中，李井泉等人堅持執行劉少奇、鄧小平的資產階級反動路線。中共中央決定撤銷李井泉的中共中央西南局第一書記的職務，中共中央、中央軍委決定，撤銷李井泉的成都軍區第一政委的職務。

二、在無產階級文化大革命期間，成都軍區在反對黨內最大的走資本主義道路的當權派的頑固追隨者黄新庭，郭林祥的鬥爭中，表現是好的。成都軍區在支援地方無產階級文化大革命，特別是在支工，支農方面、是有成績的。但是，成都軍區個別負責人從二月下旬以來，支持了為一些保守分子所蒙蔽、被黨內一小撮走資本主義道路的當權派背後操縱的保守組織，把革命群眾組織「成都工人革命造反兵團」和「川大「八・二六」戰鬥團」等，打成了反革命組織，大量逮捕革命群眾。他們把無產階級文化大革命運動變成了「鎮壓反革命運動」。同時，擅自調動部隊到宜賓，支持宜賓軍分區，支持宜賓地委內一小撮黨內走資本主義道路的當權派，鎮壓革命組織和革命群眾，實行大逮捕。在萬縣軍分區，還製造了武裝鎮壓群眾的流血慘案。在其他一些軍分區和地委也或輕或重地犯了這樣的錯誤。成都軍區個別負責人在支左工作中，犯了方向、路線錯誤，經中央指示後，成都軍區就很快地開始進行改正。五十四軍的領導同志，及時做了檢討，行動上也改得快。毛主席在四川的一個文件批語中指出：「犯錯誤是難免的，只要認真改了，就好了。四川捉人太多，把大量群眾組織宣布為反動組織，這些是錯了，但他們改正也快。」

三、由新任成都軍區第一政治委員張國華同志、司令員梁興初同志和前宜賓地委書記劉潔挺同志、前宜賓市委書記張西挺同志，負責組成四川省革命委員會籌備小組，以張國華同志為組長、梁興初、劉潔挺同志為副組長。籌備小組的成員，應該吸收革命群眾組織的主要負責人、軍隊及其他適當的負責人和經過革命群眾同意的地方上的革命領導幹部參加。

四、宜賓地區由王茂聚、郭林川同志負責組織宜賓地區的革命委員會籌備小組，在四川省革命委員會籌備小組領導下進行工作。

其他專區和省屬市或者成立革命委員會籌備小組，或者成立軍事管制委員會，由四川省革命委員會籌備小組討論決定，報請中央批准。

各專區和省屬市的革命委員會籌備小組的成員，按第三條規定的原則處理。

五、四川省革命委員會籌備小組，要對四川全省在無產階級文化大革命中被打成「反革命」的革命群眾組織、革命群眾和革命幹部進行妥善處理，一律平反，一律釋放，並且依靠其中堅定的左派作為骨幹，搞好無產階級文化大革命。對死難的革命群眾、革命幹部，要進行撫恤。對確有證據的現行反革命分子，另案處理。

要幫助革命群眾組織恢復和發展。川大八・二六和工人造反兵團這樣的革命組織，要注意和紅衛兵成都部隊及其他革命組織加強團結，不要互相攻擊而轉移了鬥爭目標。各革命組織，都要活學活用毛主席著作，整頓思想，整頓作風，整頓組織，在毛澤東思想的基礎上實現無產階級革命派大聯合，實行革命的「三結合」。

六、要響應毛主席的號召，大力進行擁軍愛民，向軍隊和群眾雙方都進行正面教育，加強軍民團結，嚴防壞人挑撥軍民關係。偉大的人民解放軍一定會得到廣大群眾擁護的。要向全體指戰員和廣大革命群眾宣傳毛主席關於相信和依靠群眾、相信和依靠人民解放軍、相信和依靠幹部大多數的指示。

七、要把鬥爭的矛頭，指向黨內最大的一小撮走資本主義道路當權派，指向四川最大的黨內走資本主義道路當權派李井泉及其一小撮同伙。在四川省軍隊內部，在幹部和群眾中，對劉、鄧、李等人進行充分揭露和批判。這個批判，要同處理當前的問題和籌備革命的「三結合」臨時權力機構統一起來。

八、廣泛宣傳中央軍委的八條和十條命令中共中央關於安徽問題的決定和批語。這些文件中規定的原則，要嚴格執行。

九、對為黨內一小撮走資本主義道路當權派操縱的保守組織主要是進行政治思想工作，使其中的廣大群眾覺悟起來自己造反，同個別的壞頭頭和背後操縱他們的黨內走資本主義道路當權派決裂，同資產階級反動路線要劃清界限，回到毛主席的無產階級革命路線一邊來。要教育受過壓制的革命群眾組織，按黨的政策辦事，不要對保守組織的群眾進行打擊報復，而要對他們進行說服教育，把他們看做反動路線的受害者。一切群眾組織，都只許文鬥，不許武鬥，不許打、砸、搶、抄、抓。煽動武鬥的壞人，必須追究。

十、關於五月六日成都發生的流血事件，中央將作為重要的專門案件處理。對於槍殺群眾的兇手，特別是事件的策劃者，要依法處理。一切群眾組織的槍枝彈藥，都一律由成都軍區負責收回封存。對各群眾組織中受傷的人，都由成都軍區負責安排醫療。對死者要進行撫恤。

一九六七年五月七日

中共中央关于处理四川問題的决定

一、以李井泉为首的一小撮党內走資本主义的当权派长期以来，把四川省当作反党会主义反毛澤东思想的独立王国。在无产文化大革命中，李井泉等人坚持执行刘少小平的資产阶級反动路綫。中共中央决李井泉的中共中央西南局第一书記的职中共中央、中央軍委决定，撤銷李井泉的区第一政委的职务。

二、在无产阶級文化大革命期間，成都軍区对党內最大的走資本主义道路的当权派的随者黄新庭，郭林祥的斗爭中，表現是好成都軍区在支援地方无产阶級文化大革特别是在支工、支农方面、是有成績的。但成都軍区个别負責人从二月下旬以来，支一些保守分子所蒙蔽，被党內一小撮走主义道路的当权派背后操纵的保守組織，众組織“成都工人革命造反兵团”和‘八·二六’战斗团”等，打成了反革，大量逮捕革命羣众。他們把无产阶級文命运动变成了“鎮压反革命运动”。同自調动部队到宜宾，支持宜宾軍分区，支地委內一小撮党內走資本主义道路的当鎮压革命組織和革命羣众，实行大逮万县軍分区，还制造了武装鎮压羣众的流。在其他一些軍分区和地委也或輕或重了这样的錯誤。成都軍区个別負責人在支中，犯了方向、路綫錯誤，經中央指示成都軍区就很快地开始进行改正。五十四导同志，及时作了檢討，行动上也改得主席在四川的一个文件批語中指出：錯誤是难免的，只要认真改了，就好了。人太多，把大量羣众組織宣布为反动組这些是錯了，但他們改正也快。”

三、由新任成都軍区第一政治委員張国华同志、司令員梁兴初同志和前宜宾地委书記刘結挺同志、前宜宾市委书記張西挺同志，負責組成四川省革命委員会籌备小組，以張国华同志为組长、梁兴初、刘結挺同志为副組长。籌备小組的成員，应該吸收革命羣众組織的主要負責人、軍队及其他适当的負責人和經过革命羣众同意的地方上的革命領导干部参加。

四、宜宾地区由王茂聚、郭林川同志負責組織宜宾地区的革命委員会籌备小組，在四川省革命委員会籌备小組領导下进行工作。

其他专区和省属市或者成立革命委員会籌备小組，或者成立軍事管制委員会，由四川省革命委員会籌备小組討論决定，报請中央批准。

各专区和省属市的革命委員会籌备小組的成員，按第三条規定的原則处理。

五、四川省革命委員会籌备小組，要对四川全省在无产阶級文化大革命中被打成“反革命”的革命羣众組織、革命羣众和革命干部进行妥善处理，一律平反，一律释放，并且依靠其中坚定的左派作为骨干，搞好无产阶級文化大革命。对死难的革命羣众、革命干部，要进行撫恤。对确有証据的現行反革命分子，另案处理。

要帮助革命羣众組織恢复和发展。川大八·二六和工人造反兵团这样的革命組織，要注意和紅卫兵成都部队及其他革命組織加强团結，不要互相攻击而轉移了斗爭目标。各革命組織，都要活学活用毛主席著作，整頓思想，整頓作风，整頓組織，在毛澤东思想的基础上实現无产阶級革命派大联合，实行革命的“三結合”。

六、要响应毛主席的号召，大力进行拥軍爱民，向軍队和羣众双方都进行正面教育，加强軍民团結，严防坏人挑撥軍民关系。偉大的人民解放軍一定会得到广大羣众拥护的。要向全体指战員和广大革命羣众宣傳毛主席关于相信和依靠羣众、相信和依靠人民解放軍、相信和依靠干部大多数的指示。

七、要把斗爭的矛头，指向党內最大的一小撮走資本主义道路当权派，指向四川最大的党內走資本主义道路当权派李井泉及其一小撮同伙。在四川省軍队內部，在干部和羣众中，对刘、邓、李等人进行充分揭露和批判。这个批判，要同处理当前的問題和籌备革命的“三結合”临时权力机构統一起来。

八、广泛宣傳中央軍委的八条和十条命令中共中央关于安徽問題的决定和批語。这些文件中規定的原則，要严格执行。

九、对为党內一小撮走資本主义道路当权派操纵的保守組織主要是进行政治思想工作，使其中的广大羣众覚悟起来自己造反，同个别的坏头头和背后操纵他們的党內走資本主义道路当权派决裂，同資产阶級反动路綫要划清界限，回到毛主席的无产阶級革命路綫一边来。要教育受过压制的革命羣众組織，按党的政策办事，不要对保守組織的羣众进行打击报复，而要对他們进行說服教育，把他們看做反动路綫的受害者。一切羣众組織，都只許文斗，不許武斗，不許打、砸、搶、抄、抓。煽动武斗的坏人，必須追究。

十、关于五月六日成都发生的流血事件，中央将作为重要的专門案件处理。对于枪杀羣众的凶手，特别是事件的策划者，要依法处理。一切羣众組織的枪支彈药，都一律由成都軍区負責收回封存。对各羣众組織中受伤的人，都由成都軍区負責安排医疗。对死者要进行撫恤。

一九六七年五月七日

一盞永放光芒的指路明燈

—紀念《在延安文藝座談會上的講話》發表二十五週年

今天，在無產階級文化大革命中，隆重地紀念毛主席《在延安文藝座談會上的講話》發表二十五週年，這是我國政治生活中的重大事件。這部劃時代的《講話》天才地、創造性地制定了最完整、最徹底、最正確的無產階級文藝路線。它是中國和世界革命文藝路線的一盞永放光芒的指路明燈，是馬克思列寧主義世界觀的新發展，是無產階級文化大革命的綱領性文獻。

毛主席在《講話》中指出：「一切文化或文學藝術都是屬於一定的階級，屬於一定的政治路線的」。社會主義的文學藝術，就必須為無產階級政治服務，為工農兵服務，為鞏固和發展無產階級專政和社會主義制度服務。

十七年來，黨內最大的走資本主義道路當權派，以及文藝界一小撮反革命修正主義分子周揚、林默涵、夏衍、齊燕銘等人，正是把文藝當作復辟資本主義的前哨陣地。瘋狂的抵制和反對毛主席的無產階級革命文藝路線，頑固推行一條反革命修正主義文藝路線，為復辟資本主義製造輿論準備。

在反革命修正主義統治下的文藝界，一直是古人，洋人，死人當道的一片齷齪的空氣，把許多文藝機關變成「像匈牙利裴多菲俱樂部那樣的團體」。他們竊據了文藝界的領導權，盤踞要職，發號施令，橫行霸道，飛揚跋扈。利用書報雜誌，舞台銀幕，炮製和放出大量毒草，明目張膽地或者隱晦曲折地宣揚投降哲學和活命哲學，宣揚「賣國有理」和「剝削有功」，宣揚「階級鬥爭熄滅論」和資產階級改良主義，為中國最大的野心家，陰謀家樹碑立傳；為「全民黨」和「全民國家」這條反革命修正主義的政治路線服務；專了無產階級的政。

毛主席教導我們：「凡是要推翻一個政權，總要先造成輿論，總要先做意識形態方面的工作。革命的階級是這樣，反革命的階級也是這樣」。

在列寧十月革命的故鄉——蘇聯，被修正主義集團篡奪了領導，實現了資主本義復辟。就是首先做了意識形態方面的工作，為反革命政變準備了輿論。

這是多麼沉痛的無產階級專政的歷史教訓啊！

毛主席研究了整個蘇聯的歷史經驗，總結了中國革命的經驗，親自發動和領導了這場無產階級文化大革命，展開全國、全面的階級鬥爭。現在，已經把反革命修正主義分子陸定一、周揚一伙揪出來了，把反革命修正主義文藝路線的後台，中國的赫魯曉夫也揪出來了。這是一個偉大的政治上的勝利。

我們紀念《在延安文藝座談會上的講話》發表二十五週年。就是要在鬥爭中活學活用《講話》，要進一步發展文藝戰線上兩條路線的階級鬥爭，向文藝界的反革命修正主義分子，向黨內最大走資本主義道路當權派開展革命的大批判，大鬥爭，把他們篡奪的權統統奪回到無產階級革命派手中。就是要貫徹執行毛主席的無產階級文藝路線。就是要把無產階級文化大革命進行到底！

樂屏1967年5月25日

一盞永放光芒的指路明灯

——紀念《在延安文艺座談会上的讲話》发表二十五周年

今天，在无产阶級文化大革命中，隆重地紀念毛主席《在延安文艺座談会上的讲話》发表二十五周年，这是我国政治生活中的重大事件。这部划时代的《讲話》天才地、創造性地制定了最完整、最彻底、最正确的无产阶級文艺路綫。它是中国和世界革命文艺路綫的一盞永放光芒的指路明灯，是馬克思列宁主义世界观的新发展，是无产阶級文化大革命的綱領性文献。

毛主席在《讲話》中指出："一切文化或文学艺术都是属于一定的阶級，属于一定的政治路綫的"。社会主义的文学艺术，就必須为无产阶級政治服务，为工农兵服务，为巩固和发展无产阶級专政和社会主义制度服务。

十七年来，党內最大的走資本主义道路当权派，以及文艺界一小撮反革命修正主义分子周揚、林默涵、夏衍、齐燕銘等人，正是把文艺当作复辟資本主义的前哨陣地。瘋狂的抵制和反对毛主席的无产阶級革命文艺路綫，頑固推行一条反革命修正主义文艺路綫，为复辟資本主义制造輿論准备。

在反革命修正主义統治下的文艺界，一直是古人，洋人，死人当道的一片醣觬的空气，把許多文艺机关变成"象匈牙利裴多菲俱乐部那样的团体"。他們窃据了文艺界的領导权，盘踞要职，发号施令，横行霸道，飞揚跋扈。利用书报杂志，舞台銀幕，泡制和放出大量毒草，明目張胆地或者隐晦曲折地宣揚投降哲学和活命哲学，宣揚"卖国有理"和"剥削有功"，宣揚"阶級斗爭熄灭論"和資产阶級改良主义，为中国最大的野心家，阴謀家树碑立傳，为"全民党"和"全民国家"这条反革命修正主义的政治路綫服务，专了无产阶級的政。

毛主席教导我們："凡是要推翻一个政权，总要先造成輿論，总要先做意識形态方面的工作。革命的阶級是这样，反革命的阶級也是这样"。

在列宁十月革命的故乡——苏联，被修正主义集团篡夺了領导，实現了資主本义复辟。就是首先做了意識形态方面的工作，为反革命政变准备了輿論。

这是多么沉痛的无产阶級专政的历史教訓啊！

毛主席研究了整个苏联的历史經驗，总結了中国革命的經驗，亲自发动和領导了这場无产阶級文化大革命，展开全国、全面的阶級斗爭。現在，已經把反革命修正主义分子陆定一周揚一伙揪出来了，把反革命修正主义文艺路綫的后台，中国的赫魯曉夫也揪出来了。这是一个偉大的政治上的胜利。

我們紀念《在延安文艺座談会上的讲話》发表二十五周年。就是要在斗爭中活学活用《讲話》，要进一步开展文艺战綫上两条路綫的阶級斗爭，向文艺界的反革命修正主义分子，向党內最大走資本主义道路当权派开展革命的大批判，大斗爭，把他們篡夺的权統統夺回到无产阶級革命派手中。就是要貫彻执行毛主席的无产阶級文艺路綫。就是要把无产阶級文化大革命进行到底！

乐 屏　　67.5.25

給最最敬愛的偉大領袖毛主席的

致敬電

最最敬愛的偉大領袖毛主席：

我們，遠在祖國大西南的您最忠實的紅衛兵向您—我們心中最紅最紅的紅太陽，我們最高紅司令致以最崇高的無產階級文化大革命的戰鬥敬禮！

今天，在兩個階級、兩條路線的決戰時刻，我們向您老人家報告我們的戰鬥喜訊：我們是誓死捍衛您的革命路線，誓死捍衛您的革命的「三結合」方針的無產階級革命派。在您光輝思想的偉大紅旗下，在同黨內最大的一小撮走資本主義道路的當權派，在同李、廖死黨，在同重慶黑市委及其變種偽革聯的鬥爭中，踢開了資本主義反革命復辟的御用工具——重慶紅衛兵革命造反司令部，聯合起來了，成立了重慶紅衛兵反到底司令部，這是您光輝思想的又一偉大勝利！

敬愛的毛主席啊！在去年的八、九月黑市委的法西斯專政下，在資產階級反動路線的圍剿中，我們被打成了「反革命」，是您解放了我們。在難忘的二、三月，李、廖死黨大搞資本主義復辟，一手炮製的非法偽革聯，對革命派實行資產階級專政，我們又第二次被打成了「反革命」，敵人的手銬帶在我們革命派的手上，那陰暗的牢房囚禁著我們無產階級革命派的戰士。在困難的日子裡，我們向著北京，抬頭望見北斗星，日夜想念您—我們的最高紅司令。毛主席呀！是您又一次解放了我們，海枯石爛心不變，我們永遠跟著您在階級鬥爭的大風大浪裡奮勇前進！

頭可斷，血可流，您的光輝思想決不丟！

敬愛的毛主席，我們向您莊嚴宣誓：

我們永遠高舉革命造反的大旗，造反，造反，再造反，一反到底！在這人類命運決戰的時刻，我們全力以赴，為保衛您，為新山城的誕生，誓與劉、鄧、陶決一死戰。砍頭不要緊，只要主義真！不徹底紛碎自上而下的資本主義反革命復辟逆流，不打倒劉、鄧、陶，不把劉、鄧在西南的死黨斬盡殺絕，不砸爛偽革聯，建設一個毛澤東思想普照的新山城，死不瞑目！

「問蒼茫大地，誰主沉浮？」我們！我們！我們無產階級革命派。中國的前途是我們的，世界的前途是我們的，我們一定把您光輝的偉大紅旗插遍全世界！

毛主席啊，毛主席！我們千言萬語凝成一句話：最衷心地祝願您，我們心中最紅最紅的紅太陽萬壽無疆！萬壽無疆！！萬壽無疆！！！

重慶紅衛兵反到底司令部

一九六七年五月八日

給最最敬爱的伟大領袖毛主席的

致敬电

最最敬爱的偉大領袖毛主席：

我們，远在祖国大西南的您最忠实的紅卫兵向您——我們心中最紅最紅的紅太阳，我們最高紅司令致以最崇高的无产阶级文化大革命的战斗敬礼！

今天，在两个阶级、两条路綫的决战时刻，我們向您老人家报告我們的战斗喜訊：我們是誓死捍卫您的革命路綫，誓死捍卫您的革命的"三結合"方針的无产阶级革命派。在您光輝思想的偉大紅旗下，在同党內最大的一小撮走資本主义道路的当权派，在同李、廖死党，在同重庆黑市委及其变种伪革联的斗爭中，踢开了資本主义反革命复辟的御用工具——重庆紅卫兵革命造反司令部，联合起来了，成立了重庆紅卫兵反到底司令部，这是您光輝思想的又一偉大胜利！

敬爱的毛主席啊！在去年的八、九月黑市委的法西斯专政下，在資产阶级反动路线的圍剿中，我們被打成了"反革命"，是您解放了我們。在难忘的二、三月，李、廖死党大搞資本主义复辟，一手泡制的非法伪革联，对革命派实行資产阶级专政，我們又第二次被打成了"反革命"，敌人的手铐带在我們革命派的手上，那阴暗的牢房囚禁着我們无产阶级革命派的战士。在困难的日子里，我們向着北京，抬头望見北斗星，日夜想念您——我們的最高紅司令。毛主席呀！是您又一次解放了我們。海枯石烂心不变，我們永远跟着您在阶級斗爭的大风大浪里奋勇前进！

头可断，血可流，您的光輝思想决不丢！

敬爱的毛主席，我們向您庄严宣誓：

我們永远高举"革命造反"的大旗，造反，造反，再造反，一反到底！在这人类命运决战的时刻，我們全力以赴，为保卫您，为新山城的诞生，誓与刘、邓、陶决一死战，砍头不要紧，只要主义真！不彻底粉碎自上而下的資本主义反革命复辟逆流，不打倒刘、邓、陶，不把刘、邓在西南的死党斩尽杀絕，不砸烂伪革联，建設紅彤彤的毛澤东思想普照的新山城，死不瞑目！

"問蒼茫大地，誰主沉浮？"我們！我們！我們无产阶级革命派。中国的前途是我們的，世界的前途是我們的，我們一定把您光輝的偉大紅旗插遍全世界！

毛主席啊，毛主席！我們千言万語凝成一句話：最衷心地祝願您，我們心中最紅最紅的紅太阳万寿无疆！万寿无疆！！万寿无疆！！！

重庆紅卫兵反到底司令部

一九六七年五月八日

幹部「亮相」必須旗幟鮮明

・滄桑・

幹部亮相必須旗幟鮮明。在兩條路線的實際鬥爭中，在洶湧澎拜的群眾運動中，真刀真槍的亮相。倒向真正的革命派一邊，倒向毛主席的革命路線一邊。

當前幹部敢不敢亮相？怎麼亮相？倒向哪邊？是站在毛主席革命路線一邊，還是站在資產階級反動路線一邊？這是擺在每個幹部面前的一個極嚴肅的問題。要嗎保「革聯會」，要嗎砸「革聯會」。

毛主席說：「在階級社會中，每一個人都在一定的階級地位中生活，各種思想無不打上階級的烙印。」

十七年來，中國的赫魯曉夫劉少奇，在文學、史學、哲學、政治經濟學、教育學、新聞學等各個領域，在黨、政、軍、工、農、商、學各界，扶植和保護了黨內一小撮走資本主義道路當權派和一小撮資產階級反動學術「權威」，推行劉、鄧資產階級反動路線，販賣黑《修養》，這對幹部的影響是很深的。文化大革命的鬥爭實踐證明，還有一定數量的幹部，他們的世界觀還沒有得到改造或沒有改造好。

階級鬥爭的複雜性，決定了鬥爭的反覆性。幹部的亮相也是這樣。因此，這也就決定了幹部立場的轉變和世界觀的改造的長期性和艱苦性。因而亮相不是寫一兩次檢查，開二次大會所能完成得了的。

但是，我們必須看到，「大多數幹部是好的和比較好的」，是革命的和要革命的。大量的幹部在實際的鬥爭中逐步地與群眾相結合、與真正的革命小將共同戰鬥。開展積極地思想鬥爭，狠狠批判黑《修養》，在群眾運動的大風大浪中亮了相。這些幹部是好樣的。

當前，幹部的亮相還存在著很大的阻力。這種阻力主要來自於黨內走資本主義道路的當權派。一小撮走資本主義道路的當權派，為了維護他們的統治，玩弄陰謀詭計，千方百計地壓抑革命幹部出來亮相，他們把這些真正站出來亮相的革命幹部視為眼中釘，肉中刺，死對頭。煽動他的殘兵敗卒進行圍剿，什麼「三反分子」啦，「反革命」啦，謠言、誣衊、圍鬥、監禁、行兇、暗害，無不用盡，不擇手段阻止革命的幹部出來揭發他們的罪惡勾當。妄圖抵制革命的「三結合」方針，達到他們破壞無產階級文化大革命，施行反革命復辟的目的。對於這一小撮反革命修正主義分子的陰謀，我們必須給予徹底地揭露、批判。

犯過錯誤的幹部，必須在當前兩個階級兩條路線的鬥爭中，用毛澤東思想為武器，自覺地、認真地、不斷地改造自己的世界觀；必須拿出大無畏的造反氣魄，徹底清算多年來所受「修養」的毒害，必須虛心地接受革命小將的誠意批評，監督，迅速改正錯誤；必須堅決地支持真正的革命小將，向他們學習向他們靠攏。決不能遮遮掩掩，躲躲藏藏，甚至抱抵觸的情緒。

幹部在亮相中，必須看到革命小將的嚴厲批評，正是為了愛護革命幹部。如果對革命小將的嚴厲批評採取不滿或不服輸，甚至反對，這樣只能加深自己的錯誤，以至被黨內一小撮走資本主義道路的當權派所利用，那是很危險的。如果因革命小將的善意批評或較「過頭」的語言，則認為是「排斥一切，打倒一切」，那更是錯誤，我們決不允許。

一些幹部，由於他們的世界觀還未得到徹底改造，因而有時會「亮虛相」、「亮假相」；由於劉鄧路線和黑「修養」的流毒還未徹底肅清，因而他們亮相時倒向有「修養」、又「體貼如微」的那邊，甚至倒向保守派那邊。這是異常危險的，必須引起充分的重視。

此外，有些革命的幹部，在這場史無前例的文化大革命中，堅決地站在革命小將一邊，與革命小將結下了深厚的戰鬥友誼，他們是國家的寶貴財富，我們必須加以保護。對他們決不能橫加指責，給他們扣上「投機」、「扒手」等帽子。否則，那就是「排斥一切，打倒一切」的無政府主義思潮。我們堅決反對。

革命幹部起來亮相，站到毛主席革命路線一邊，應該給予堅決地支持。對於這些幹部不能只看到他們的一時一事，應該看到他們大的方面，要肯定他是站在毛主席革命路線一邊的，「至於個人缺點，如果不是與政治的和組織的錯誤有聯繫，則不必多所指謫，使同志們無所措手足。」

我們希望一切要革命的幹部，拿出足夠的勇氣，拿出無產階級的造反精神，大殺回馬槍，徹底清算十多年來所受「修養」的毒害，狠觸靈魂，決不能「舒舒服服」地亮相。我們反對搞折中、調合、合二而一。因為合二而一的結果，必然導致資本主義復辟。

一切要革命的幹部亮相，必須倒向徹底的革命小將一邊，倒向毛主席的革命路線一邊。在與革命小將、工農群眾結合中亮好相。

重慶交通學院九一五戰鬥團

一九六七年五月十二日

[redacted]部"亮相"必須旗帜鮮明

·滄桑·

干部亮相必須旗帜鮮明。在两条路綫的实际斗爭中，在汹涌澎湃的羣众运动中，眞刀眞枪的亮相。倒向眞正的革命派一边，倒向毛主席的革命路綫一边。

当前干部敢不敢亮相？怎么亮相？倒向哪边？是站在毛主席革命路綫一边，还是站在資产阶級反动路綫一边？这是摆在每个干部面前的一个极严肃的問題。要竭保"革联会"，要嘴硬"革联会"。

毛主席說："在阶級社会中，每一个人都在一定的阶級地位中生活，各种思想无不打上阶級的烙印。"

十七年来，中国的赫魯曉夫刘少奇，在文学、史学、哲学、政治經济学、教育学、新聞学等各个領域，在党、政、軍、工、农、商、学各界，扶植和保护了党內一小撮走資本主义道路当权派和一小撮資产阶級反动学术"权威"，推行刘、邓資产阶級反动路綫，販卖黑《修养》，这对干部的影响是很深的。文化大革命的斗爭实踐証明，还有一定数量的干部，他們的世界观还沒有得到改造或沒有改造好。

阶級斗爭的复杂性，决定了斗爭的反复性。干部的亮相也是这样。因此，这也就决定了干部立場的轉变和世界观的改造的长期性和艰苦性。因而亮相不是写一两次檢查，开二次大会所能完成得了的。

但是，我們必須看到，"大多数干部是好的和比較好的"，是革命的和要革命的。大量的干部在实际的斗爭中逐步地与羣众相結合、与眞正的革命小将共同战斗。开展积极地思想斗爭，狠狠批判黑《修养》，在羣众运动的大风大浪中亮了相。这些干部是好样的。

当前，干部的亮相还存在着很大的阻力。这种阻力主要来自于党內走資本主义道路的当权派。一小撮走資本主义道路的当权派，为了維护他們的統治，玩弄阴謀詭計，千方百計地压抑革命干部出来亮相，他們把这些眞正站出来亮相的革命干部視为眼中釘，肉中刺，死对头。煽动他的殘兵敗卒进行圍剿，什么"三反分子"啦，"反革命"啦，謠言、誣蔑、圍斗、监禁、行凶、暗害，无不用尽，不擇手段阻止革命的干部出来揭发他們的罪恶勾当。妄图抵制革命的"三結合"方針，达到他們破坏无产阶級文化大革命，施行反革命复辟的目的。对于这一小撮反革命修正主义分子的阴謀，我們必須給予彻底地揭露、批判。

犯过錯誤的干部，必須在当前两个阶級两条路綫的斗爭中，用毛澤东思想为武器，自觉地、认眞地、不斷地改造自己的世界观，必須拿出大无畏的造反气魄，彻底清算多年来所受"修养"的毒害，必須虚心地接受革命小将的誠意批評，监督，迅速改正錯誤，必須坚决地支持眞正的革命小将，向他們学习向他們靠攏。决不能遮遮掩掩，躲躲藏藏，甚至抱抵触的情緒。

干部在亮相中，必須看到革命小将的严厉批評，正是为了爱护革命干部。如果对革命小将的严厉批評采取不滿或不服輸，甚至反对，这样只能加深自己的錯誤，以至被党內一小撮走資本主义道路的当权派所利用，那是很危險的。如果因革命小将的善意批評或較"过头"的語言，則认为是"排斥一切，打倒一切"从，那更是錯誤，我們决不允許。

一些干部，由于他們的世界观还未得到彻底改造，因而有时会"亮虛相"，"亮假相"，由于刘邓路綫和黑"修养"的流毒还未彻底肃清，因而他們亮相时倒向有"修养"、又"体貼如微"的那边，甚至倒向保守派那边。这是異常危險的，必須引起充分的重視。

此外，有些革命的干部，在这場史无前例的文化大革命中，坚决地站在革命小将一边，与革命小将結下了深厚的战斗友誼，他們是国家的宝貴財富，我們必須加以保护。对他們决不能橫加指責，給他們扣上"投机"、"扒手"等帽子。否則，那就是"排斥一切，打倒一切"的无政府主义思潮。我們坚决反对。

革命干部起来亮相，站到毛主席革命路綫一边，应該給予坚决地支持。对于这些干部不能只看他們的一时一事，应該看到他們大的方面，要肯定他是站在毛主席革命路綫一边的，"至于个人缺点，如果不是与政治的和組織的錯誤有联系，則不必多所指摘，使同志們无所措手足。"

我們希望一切要革命的干部，拿出足够的勇气，拿出无产阶級的造反精神，大杀回馬枪，彻底清算十多年来所受"修养"的毒害，狠触灵魂，决不能"舒舒服服"地亮相。我們反对搞折中、調合、合二而一。因为合二而一的結果，必然导致資本主义复辟。

一切要革命的干部亮相，必須倒向彻底的革命小将一边，倒向毛主席的革命路綫一边。在与革命小将、工农羣众結合中亮好相。

重庆交

第

重慶紅衛兵反到底司令部宣言

你們要關心國家大事，要把無產階級文化大革命進行到底！

「鍾山風雨起蒼黃，百萬雄師過大江。」

波瀾壯闊的無產階級文化大革命以排山倒海之勢進入了大決戰的階段。全國無產階級革命派在我們最最敬愛的偉大領袖毛主席的親自指揮下，向黨內一小撮走資本主義道路的當權派發起了全線總攻擊！

革命形勢就是好得很！而且越來越好！！

迎著兩個階級、兩條道路、兩種命運大決戰的風暴，頂著一股自上而下的資本主義反革命復辟逆流，我們重慶紅衛兵反到底司令部高舉起毛澤東思想偉大紅旗殺出來了！

我們的最高統帥是我們最最敬愛的偉大領袖毛主席！

我們的最高司令部是以毛主席為首的黨中央！

我們的指導思想是偉大的戰無不勝的毛澤東思想！

我們的組織原則是民主集中制。

我們的戰鬥口號是：無產階級革命派革命無罪，造反有理！永遠跟著毛主席，將革命進行到底！

我們紅衛兵以勞動人民家庭（工、農、兵、革命幹部和其他勞動者）出身的革命學生為主體，非勞動人民家庭出身的革命學生，對毛主席有深厚感情，有無產階級的革命精神，一貫在政治思想上表現比較好的也可以參加。

我們堅決貫徹執行毛主席的階級路線，分清敵我友，堅決依靠革命的左派，爭取中間派，團結大多數，徹底孤立和打擊一小撮反革命修正主義分子和最反動的資產階級右派分子，鬥爭鋒芒始終指向黨內走資本主義道路的當權派，堅決把中國一小撮大大小小的赫魯曉夫拉下馬！並把他們的餘黨斬盡殺絕！

我們無限熱愛，無限信仰，無限崇拜，無限忠於偉大的領袖毛主席！毛主席是我們心中最紅最紅的紅太陽，毛澤東思想是我們一切工作的最高指示。我們一定遵照林彪副統帥的指示，結合實際，努力活學活用毛主席著作，在「用」字上狠下功夫。真心做到把毛主席的教導銘刻在心底裡，溶化在血液中，落實在行動上。在鬥爭中狠觸靈魂，打倒「私」字，克服各種非無產階級思想，用「只爭朝夕」的革命精神，破私立公，樹立一心為革命，一切為人民的共產主義世界觀。

我們誓作徹底的無產階級革命派。我們要永遠高舉革命的批判大旗，永葆革命造反派的青春，決不作歷史舞台上曇花一現的人物。

高舉起革命到底的偉大紅旗，奮起毛澤東思想的千鈞棒，始終把矛頭對準黨內一小撮走資本主義道路的當權派。誰膽敢反對毛主席，誰膽敢反對毛澤東思想，不管他地位多高，資格多老，手段多毒，隱藏在什麼地方，我們都要毫不含糊地堅決造他的反，一反到底！

毛主席教導我們：「組織千千萬萬的民眾，調動浩浩蕩蕩的革命軍，是今天的革命向反革命進攻的需要。」無產階級革命派要向黨內一小撮走資本主義道路的當權派展開奪權鬥爭，就必須大聯合，沒有大聯合，奪權就只能是一句空話。在當前兩個階級、兩條道路、兩條路線大決戰的重大歷史關頭，「刻不容緩的民眾大聯合，我們應該積極進行！」但是，革命的大聯合必須是在毛澤東思想原則基礎上的大聯合，絕不是革命派與堅持執行資產階級反動路線的保守派組織的大雜燴。山城無產階級革命派，高高舉起革命的批判大旗，狠狠地打擊一小撮，徹底解放一大片幹部。實現革命的三結合，實現革命的大聯合，奪一小撮走資本主義道路當權派的權！

為了在山城樹立毛澤東思想的絕對權威，為了捍衛毛主席的革命路線，為了將無產階級文化大革命進行到底，我們敢同惡魔爭高下，不向霸王讓寸分，誓與非法革聯會決一死戰，不獲全勝，決不收兵！

不管前面還有多少困難，不管道路是多麼曲折，我們堅定地相信：歷史必將按照馬列主義毛澤東思想所指示的規律前進，必將按照「一月革命」的道路前進。明天的山城必將是毛澤東思想陽光普照的新山城！

紅衛兵戰友們，讓我們高舉起毛澤東思想偉大紅旗，繼續發揚無產階級革命造反精神，在階級鬥爭的大風大浪裡緊緊團結，經受鍛煉，勇往直前！

無產階級革命派大聯合萬歲！

無產階級革命造反精神萬歲！

毛主席的革命路線勝利萬歲！

無產階級文化大革命萬歲！

偉大的中國共產黨萬歲！

偉大的戰無不勝的毛澤東思想萬歲！

我們最最敬愛的偉大領袖毛主席萬歲！

萬歲！！萬萬歲！！！

一九六七年五月八日

第2版　挺　进　报　1967年5月12日

重庆紅卫兵反到底司令部宣言

你們要关心国家大事，要把无产阶級文化大革命进行到底！

“钟山风雨起蒼黃，百万雄师过大江。”

波瀾壮闊的无产阶級文化大革命以排山倒海之势进入了大决战的阶段。全国无产阶級革命派在我們最最敬爱的偉大領袖毛主席的亲自指揮下，向党內一小撮走資本主义道路的当权派发起了全綫总攻击！

革命形势就是好得很！而且越来越好！！

迎着两个阶級、两条道路、两种命运大决战的风暴，頂着一股自上而下的資本主义反革命复辟逆流，我們重庆紅卫兵反到底司令部高举起毛澤东思想偉大紅旗杀出来了！

我們的最高統帅是我們最最敬爱的偉大領袖毛主席！

我們的最高司令部是以毛主席为首的党中央！

我們的指导思想是偉大的战无不胜的毛澤东思想！

我們的組織原則是民主集中制。

我們的战斗口号是：无产阶級革命派革命无罪，造反有理！永远跟着毛主席，将革命进行到底！

我們紅卫兵以劳动人民家庭（工、农、兵、革命干部和其他劳动者）出身的革命学生为主体，非劳动人民家庭出身的革命学生，对毛主席有深厚感情，有无产阶級的革命精神，一貫在政治思想上表現比較好的也可以参加。

我們坚决貫徹执行毛主席的阶級路綫，分清敌我友，坚决依靠革命的左派，爭取中間派，团結大多数，徹底孤立和打击一小撮反革命修正主义分子和最反动的資产阶級右派分子，斗爭鋒芒始終指向党內走資本主义道路的当权派，坚决把中国一小撮大大小小的赫魯曉夫拉下馬！并把他們的余党斬尽杀絕！

我們无限热爱，无限信仰，无限崇拜，无限忠于偉大的領袖毛主席！毛主席是我們心中最紅最紅的紅太阳，毛澤东思想是我們一切工作的最高指示。我們一定遵照林彪付統帅的指示，結合实际，努力活学活用毛主席著作，在“用”字上狠下功夫。真心做到把毛主席的教导銘刻在心底里，溶化在血液中，落实在行动上，在斗爭中狠触灵魂，打倒“私”字，克服各种非无产阶級思想，用“只爭朝夕”的革命精神，破私立公，树立一心为革命，一切为人民的共产主义世界观。

我們誓作徹底的无产阶級革命派。我們要永远高举革命的批判大旗，永葆革命造反派的青春，决不作历史舞台上曇花一現的人物。

高举起革命到底的偉大紅旗，奋起毛澤东思想的千鈞棒，始終把矛头对准党內一小撮走資本主义道路的当权派。誰胆敢反对毛主席，誰胆敢反对毛澤东思想，不管他地位多高，資格多老，手段多毒，隐藏在什么地方，我們都要毫不含糊地坚决造他的反，一反到底！

毛主席教导我們：“組織千千万万的民众，調动浩浩蕩蕩的革命軍，是今天的革命向反革命进攻的需要。”无产阶級革命派要向党內一小撮走資本主义道路的当权派展开夺权斗爭，就必須大联合，沒有大联合，夺权就只能是一句空話。在当前两个阶級、两条道路、两条路綫大决战的重大历史关头，“刻不容緩的民众大联合，我們应該积极进行！”但是，革命的大联合必須是在毛澤东思想原則基础上的大联合，决不是革命派与坚持执行資产阶級反动路綫的保守派組織的大杂燴。山城无产阶級革命派，高高举起革命的批判大旗，狠狠地打击一小撮，徹底解放一大片干部。实現革命的三結合，实現革命的大联合，夺一小撮走資本主义道路当权派的权！

为了在山城树立毛澤东思想的絕对权威，为了捍卫毛主席的革命路綫，为了将无产阶級文化大革命进行到底，我們敢同恶霸爭高下，不向霸王让寸分，誓与非法革联会决一死战，不获全胜，决不收兵！

不管前面还有多少困难，不管道路是多么曲折，我們坚定地相信：历史必将按照馬列主义毛澤东思想所指示的規律前进，必将按照“一月革命”的道路前进。明天的山城必将是毛澤东思想阳光普照的新山城！

紅卫兵战友們，让我們高举起毛澤东思想偉大紅旗，継續发揚无产阶級革命造反精神，在阶級斗爭的大风大浪里紧紧团結，經受鍛炼，勇往直前！

无产阶級革命派大联合万岁！
无产阶級革命造反精神万岁！
毛主席的革命路綫胜利万岁！
无产阶級文化大革命万岁！
偉大的中国共产党万岁！
偉大的战无不胜的毛澤东思想万岁！
我們最最敬爱的偉大領袖毛主席万岁！
万岁！！万万岁！！！

一九六七年五月八日

大批判大鬥爭大解放

<紅旗>雜誌評論員文章指出：現在，特別有必要著重批判在幹部問題上的資產階級反動路線，批判「打擊一大片，保護一小撮」這個資產階級反動路線的組成部份。

長期以來，黨內最大的一小撮走資本主義道路的當權派從來沒有放棄過對幹部的爭奪，他們把黑手伸向全國各地，各部門。重慶，就是他們在幹部問題上「打擊一大片，保護一小撮」的又一典型。

山城的文化大革命發展到無產階級革命派聯合起來，向黨內一小撮走資本主義道路當權派手裡奪權的關鍵時刻，幹部問題是一個突出而且嚴重的問題。重慶市能否建立一個革命的，有代表性的，有無產階級權威的臨時權力機構，幹部問題是個關鍵。重慶市目前幹部問題的現狀，完全是李、廖死黨在四川頑固推行劉、鄧反動路線，把四川變成反黨、反社會主義的「獨立王國」的結果。

徹底批判資產階級反動路線，肅清黑《修養》的流毒，在大批判中把幹部解放出來。

就是黑《修養》和那條反動路線的毒害，使一些幹部在運動中放棄原則，「委屈求全」，「忍辱負重」向資產階級反動路線低頭，支持保守派看不到革命小將的大方向，把自己置於與群眾運動對立的地位。

在黑《修養》和那條反動路線的毒害下，重慶市偽革聯的所謂「三結合」搞成了反革命的「三湊合」，把那些堅持錯誤，不同走資本主義道路的當權派劃清界限，不同資產階級反動路線劃清界限的人，強加在群眾頭上，硬拉進「三結合」的權力機構中，甚至把走資本主義道路的當權派分期分批地準備拉上台，實行資本主義復辟。一句話，愛劉、鄧之所愛，急劉、鄧之所急。

現在，重慶的大批幹部仍處在黑《修養》「打擊一大片，保護一小撮」這條反動路線的組成部分的桎梏之中，還在革命隊伍之外，這是十分危險的。

必須指出：黨內一小撮走資本主義道路的當權派，他們把真正站出來亮相的革命幹部視為眼中釘、肉中刺、死對頭。他們煽動他們所操縱的殘兵敗將對革命幹部進行圍剿，什麼「三反分子」啦！「反革命」啦！謠言、誣衊、圍鬥、監禁、行兇、暗害無不用盡，千方百計地想把革命幹部扼殺於革命的關鍵時刻，破壞毛主席的革命「三結合」的正確方針，用心何其毒也！

對於毛主席的革命幹部我們要保護。

同時，我們也要百倍警惕那些藏在陰暗角落裡還沒有被我們識破的紅面黑心的黨內走資本主義道路的當權派和一些別有用心的混蛋，嚴防他們鑽進我們的隊伍，攪亂我們的陣線，否則，文化大革命浴血奮戰的勝利果實就有再一次被□失的危險。這些赫魯曉夫式的人物也只有在大批判中，充分發動群眾和幹部才能把他們揪出來、打倒。也只有通過大批判，打倒了這「一小撮」，革命幹部才能獲得真正的解放，政權才能鞏固地掌握在無產階級革命派的手中。

山城的廣大幹部必將在這場大批判、大鬥爭中獲得徹底解放。我們堅信，群眾和幹部充分發動起來之日，就是劉、鄧反動路線完蛋之時，就是偽革聯垮台之時。

革命的幹部殺出來！

刺刀見紅

第4版　　挺　进　报

大批判大斗争大解放

《紅旗》杂志評論員文章指出：現在，特别有必要着重批判在干部問題上的資产阶級反动路綫，批判“打击一大片，保护一小撮”这个資产阶級反动路綫的組成部份。

长期以来，党內最大的一小撮走資本主义道路的当权派从来沒有放棄过对干部的爭夺，他們把黑手伸向全国各地，各部門。重庆，就是他們在干部問題上“打击一大片，保护一小撮”的又一典型。

山城的文化大革命发展到无产阶級革命派联合起来，向党內一小撮走資本主义道路当权派手里夺权的关鍵时刻，干部問題是一个突出而且严重的問題。重庆市能否建立一个革命的，有代表性的，有无产阶級权威的临时权力机构，干部問題是个关鍵。重庆市目前干部問題的現状，完全是李、廖死党在四川頑固推行刘、邓反动路綫，把四川变成反党、反社会主义的“独立王国”的結果。

彻底批判資产阶級反动路綫，肃清黑《修养》的流毒，在大批判中把干部解放出来。

就是黑《修养》和那条反动路綫的毒害，使一些干部在运动中放棄原則，“委屈求全”，“忍辱負重”向資产阶級反动路綫低头，支持保守派看不到革命小将的大方向，把自己置于与羣众运动对立的地位。

在黑《修养》和那条反动路綫的毒害下，重庆市伪革联的所謂“三結合”搞成了反革命的“三凑合”，把那些坚持錯誤，不同走資本主义道路的当权派划清界限，不同資产阶級反动路綫划清界限的人，强加在羣众头上，硬拉进“三結合”的权力机构中，甚至把走資本主义道路的当权派分期分批地准备拉上台，实行資本主义复辟。一句話，爱刘、邓之所爱，急刘、邓之所急。

現在，重庆的大批干部仍处在黑《修养》“打击一大片、保护一小撮”这条反动路綫的組成部分的桎梏之中，还在革命队伍之外，这是十分危險的。

必須指出：党內一小撮走資本主义道路的当权派，他們把眞正站出来亮相的革命干部視为眼中釘、肉中刺、死对头，他們煽动他們所操纵的殘兵敗將对革命干部进行圍剿，什么“三反分子”啦！“反革命”啦！謠言、誣蔑、圍斗、监禁、行凶、暗害无不用尽，千方百計地想把革命干部扼杀于革命的关鍵时刻，破坏毛主席的革命“三結合”的正确方針，用心何其毒也！

对于毛主席的革命干部我們要保护。

同时，我們也要百倍警惕那些藏在阴暗角落里还沒有被我們識破的紅面黑心的党內走資本主义道路的当权派和一些别有用心的混蛋，严防他們钻进我們的队伍，搅乱我們的陣綫，否则，文化大革命浴血奋战的胜利果实就有再一次被丢失的危險。这些赫魯曉夫式的人物也只有在大批判中，充分发动羣众和干部才能把他們揪出来、打倒。也只有通过大批判，打倒了这“一小撮”，革命干部才能獲得眞正的解放，政权才能巩固地掌握在无产阶級革命派的手中。

山城的广大干部必将在这場大批判、大斗爭中獲得彻底解放。我們堅信，羣众和干部充分发动起来之日，就是刘、邓反动路綫完蛋之时，就是伪革联垮台之时。

革命的干部杀出来！

·刺刀見紅·

挺进报

呼三司内蒙古工学院《井冈山》革命造反委员会

第26期 共八版

一九六七年五月二十三日 星期二

沿着毛主席开辟的航道奋勇前进

六六年五月十六日，我們伟大領袖毛主席亲自主持制定的中共中央《通知》点燃了无产阶級文化大革命的火炬。一年来的阶級斗爭实践再次証明，我們伟大領袖毛主席是当代最杰出的馬列主义者。光焰无际的毛泽东思想是全党、全軍和全国一切工作的指导方針。

中共中央的《通知》宣告了以彭眞为首的旧北京市委內一小撮反革命修正主义分子的死刑。同时，揭露了党內最大走資本主义道路当权派刘少奇破坏无产阶級文化大革命的滔天罪行。他們不甘心自己的失敗，继續猖狂地反对党中央和毛主席，进行垂死的掙扎。中共中央《通知》下达后，毛主席又亲自批准广播北大聶元梓等同志写的第一张馬列主义大字报，在全国范围內点燃了无产阶級文化大革命的熊熊烈火，阶級敌人見势不妙，又急忙抛出了資产阶級反动路綫，派出大量的"消防队"——工作組，企图扑灭我們伟大領袖毛主席亲自点燃的无产阶級文化大革命的烈火。

我工学院无产阶級革命造反派，曾遭到內蒙党內走資本主义道路当权派刘景平和院党委郑朝珍等人的残酷迫害，他們派出了大量的"輔导員"把成批的革命师生打成"右派"、"灰尖子"等。实行了"打击一大片，保护一小撮"的反动政策，把轰轰烈烈的文化大革命搞得冷冷淸淸。但是，工学院的革命小将，沒有被吓倒，被压服，沿着毛主席开辟的航道继續前进了！

以王逸伦为首的內蒙党內走資本主义道路的当权派，利用带枪的刘邓路綫刮起了一股反革命二、三月黑风。一时，荒尘霧罩，白色恐怖甚囂尘上，他們对工学院派出了带枪的工作組，实行資产阶級专政，非法宣布我《井岡山》为"反革命組織"，把上千的《井岡山》战士重新打成"反革命"，失去了人身自由，进行法西斯式的"訓政"，他們黑白倒置，威迫我革命小将写"请罪书"，"交待罪恶"，"揭发后台"，公然泡制和捏造了《井岡山》二十大罪状"，在給工学院《井岡山》的公开信中居然置鉄的事实而不顾，胡說什么"一貫背离运动大方向的你們"，这就从根本上否定了九个月来文化大革命的成果。否认革命小将，就是否认无产阶級文化大革命！

我院革命造反派，迎着刀光剑影，冲破了白色恐怖，带枪的刘邓路綫也挽救不了他們必然失敗的命运。我們又杀出来了，对"工学院三大組織土崩瓦解"的无耻謠言，給予了迎头痛击！我們一遍又一遍地背誦："当蒼天空中出現烏云的时候，我們就指出：这不过是暫时的現象，黑暗即将过去，曙光即在前头。"我們高举毛泽东思想的造反大旗，向反动势力进行着不屈不挠的殊死搏斗，經过无数次斗爭的較量，毛主席的革命路綫取得了决定性的胜利，《中共中央关于处理內蒙問題的决定》象一声春雷，革命造反派斗志昂揚，又杀出了新的威风！資本主义复辟逆流被粉碎了，烏兰夫的代理人王逸伦、王鐸之流被揪出来示众了！

斗爭的实践，使我們认識到革命的根本問題是政权問題这一伟大眞理。在那白色恐怖的日子里，我們連領取一张紙的权利也失去了！在无产阶級专政条件下，政权問題仍是头等重要的問題。正如中共中央《通知》所指出的那样："混进党里、政府里、軍队里和各种文化界的資产阶級代表人物，是一批反革命的修正主义分子，一旦时机成熟，他們就会要夺取政权，由无产阶級专政变为資产阶級专政。"

我工学院《井岡山》的全体战士，任重而道远，一定要密切注視党內大大小小走资本主义道路的当权派和一切阶級敌人的动向，警惕他們的伺机反扑，随时准备击退資本主义复辟逆流。

因此，我們一定牢記毛主席的教导，一刻也不脫离群众，虛心向革命群众学习，向解放軍学习，和全校革命师生員工，革命干部团結战斗在一起，把矛头始終对准党內走資本主义道路的当权派，彻底批判資产阶級反动路綫，巩固我校无产阶級文化大革命的成果，为实現革命的"三結合"而奋斗！

"忆往昔，峥嶸岁月稠"在毛泽东思想的光輝照耀下，我們从白色恐怖中杀出来了！"雄关漫道眞如鉄，而今迈步从头越。"让我們高举毛泽东思想伟大紅旗，沿着毛主席开辟的航道奋勇前进吧！

·一兵·

坚持文斗，反对武斗

短评

我們伟大領袖亲自主持制定的《十六条》中教导我們："要用文斗，不用武斗"。林付主席也指出："武斗只能触及皮肉，文斗才能触及灵魂。"用文斗，不用武斗，这是党在无产阶級文化大革命中的一項极为重要的政策。

一年来的文化大革命运动，充分証明了这一政策的无比英明。回顾我区在二月黑风的白色恐怖日子里，內蒙党內一小撮走資本主义道路的当权派、烏兰夫的代理人王逸伦、王鐸之流操纵的"工农兵"、"紅卫軍"、"无产者"等反动保皇組織，蒙蔽一些群众，大搞打、砸、搶、抄、抓，对革命造反派施行了残酷的資产阶級专政。可是他們絲毫沒有动摇我們对毛泽东思想的信念和捍卫毛主席革命路綫的决心。他們挑动群众斗群众，大兴武斗，其結果，只能暴露了他們的丑恶咀臉。在阶級敌人的白色恐怖面前，革命造反派越打越坚定，越战越頑强。

这次資本主义复辟逆流再一次証明了，最有力的武器不是皮鞭和棍棒，也不是刺刀和步枪，而是战无不胜的毛泽东思想！

"战爭教育了人民，人民贏得了战爭。"《中共中央关于处理內蒙問題的决定》传来了党中央毛主席的声音，这是毛泽东思想的伟大胜利，是毛主席革命路綫的伟大胜利，是整个人民解放軍的伟大胜利，是革命造反派的伟大胜利。

中央八条下达以来，革命造反派热情宣传、坚决执行、誓死捍卫八条，又作出了新的貢献。但是，一小撮党內走資本主义道路当权派不甘心于他們的失敗，在內蒙地下黑司令部的操纵和指揮下，煽动一些不明眞象的工农兵群众进行对抗党中央、对抗毛主席的反革命示威游行；他們挑拨軍民联系；他們破坏抓革命促生产，煽动群众到北京"告状"，到中南海去靜坐示威，对党中央、毛主席施加压力；他們挑动群众斗群众，制造一起又一起的大規模武斗事件，并且企图把挑起武斗罪名强加在革命造反派头上，眞是痴心妄想。

我們提倡文斗，是因为堅信眞理在我們方面，堅信伟大的毛泽东思想是战无不胜、无坚不摧的，同时也因为我們革命造反派亲身体驗了"压而不服"的道理。

我們反对武斗是因为不利于斗倒一小撮走資本主义道路的当权派，相反，只能造成广大群众之間互相斗殴，造成国家财产的損失和危及人民的生命安全。武斗只能使这場史无前例的无产阶級文化大革命走上歧途。革命造反派一定要坚持文斗，反对武斗。

一年来的无产阶級文化大革命实践証明：只有放手发动群众，运用毛泽东思想这个銳利的武器，运用"四大"，进行充分揭露、深刻批判，才能彻底打倒一小撮走資本主义道路的当权派和社会上的牛鬼蛇神，进而团結一切可以团結的力量，把阶級敌人最大限度地孤立起来，斗倒、斗臭、斗垮。只有这样，才能大大提高广大群众的阶級觉悟，学会在无产阶級专政条件下进行阶級斗爭的本領；才能巩固我們的胜利、才能斗出一个紅彤彤的毛泽东思想的新世界。

同时必須指出，我們有强大的无产阶級专政的国家机器，有强大的人民解放軍做我們的后盾，如果有人胆敢继續挑起武斗，我們坚决鎮压，絕不留情！

堅持文鬥，反對武鬥

我們偉大領袖親自主持制定的《十六條》中教導我們：「要用文鬥，不用武鬥」。林副主席也指出：「武鬥只能觸及皮肉，文鬥才能觸及靈魂。」用文鬥，不用武鬥，這是黨在無產階級文化大革命中的一項極為重要的政策。

一年來的文化大革命運動，充分證明了這一政策的無比英明。回顧我區在二月黑風的白色恐怖日子裡，內蒙黨內一小撮走資本主義道路的當權派、烏蘭夫的代理人王逸倫、王鐸之流操縱的「工農兵」、「紅衛軍」、「無產者」等反動保皇組織，蒙蔽一些群眾，大搞打、砸、搶、抄、抓，對革命造反派施行了殘酷的資產階級專政。可是他們絲毫沒有動搖我們對毛澤東思想的信念和捍衛毛主席革命路線的決心。他們挑動群眾鬥群眾，大興武鬥，其結果，只能暴露了他們的醜惡嘴臉。在階級敵人的白色恐怖面前，革命造反派越打越堅定，越戰越頑強。

這次資本主義復辟逆流再一次證明了，最有力的武器不是皮鞭和棍棒，也不是刺刀和步槍，而是戰無不勝的毛澤東思想！

「戰爭教育了人民，人民贏得了戰爭。」《中共中央關於處理內蒙問題的決定》傳來了黨中央毛主席的聲音，這是毛澤東思想的偉大勝利，是毛主席革命路線的偉大勝利，是整個人民解放軍的偉大勝利，是革命造反派的偉大勝利。

中央八條下達以來，革命造反派熱情宣傳、堅決執行、誓死捍衛八條，又作出了新的貢獻。但是，一小撮黨內走資本主義道路當權派不甘心於他們的失敗，在內蒙地下黑司令部的操縱和指揮下，煽動一些不明真相的工農兵群眾進行對抗黨中央、對抗毛主席的反革命示威遊行；他們挑撥軍民聯繫；他們破壞抓革命促生產，煽動群眾到北京「告狀」，到中南海去靜坐示威，對黨中央、毛主席施加壓力；他們挑動群眾鬥群眾，製造一起又一起的大規模武鬥事件，並且企圖把挑起武鬥罪名強加在革命造反派頭上，真是癡心妄想。

我們提倡文鬥，是因為堅持真理在我們方面，堅信偉大的毛澤東思想是戰無不勝、無堅不摧的，同時也因為我們革命造反派親身體驗了「壓而不服」的道理。

我們反對武鬥是因為不利於鬥倒一小撮走資本主義道路的當權派，相反，只能造成廣大群眾之間互相鬥毆，造成國家財產的損失和危及人民的生命安全。武鬥只能使這場史無前例的無產階級文化大革命走上歧途。革命造反派一定要堅持文鬥，反對武鬥。

一年來的無產階級文化大革命實踐證明：只有放手發動群眾，運用毛澤東思想這個銳利的武器，運用「四大」，進行充分揭露、深刻批判，才能徹底打倒一小撮走資本主義道路的當權派和社會上的牛鬼蛇神，進而團結一切可以團結的力量，把階級敵人最大限度地孤立起來，鬥倒、鬥臭、鬥垮。只有這樣，才能大大提高廣大群眾的階級覺悟，學會在無產階級專政條件下進行階級鬥爭的本領；才能鞏固我們的勝利、才能鬥出一個紅彤彤的毛澤東思想的新世界。

同時必須指出，我們有強大的無產階級專政的國家機器，有強大的人民解放軍做我們的後盾，如果有人膽敢繼續挑起武鬥，我們堅決鎮壓，絕不留情！

[redacted]持文斗，反对武斗

短评

我們伟大領袖亲自主持制定的《十六条》中教导我們："要用文斗，不用武斗"。林付主席也指出："武斗只能触及皮肉，文斗才能触及灵魂。"用文斗，不用武斗，这是党在无产阶級文化大革命中的一項极为重要的政策。

一年来的文化大革命运动，充分証明了这一政策的无比英明。回顾我区在二月黑风的白色恐怖日子里，內蒙党內一小撮走資本主义道路的当权派、烏兰夫的代理人王逸伦、王鐸之流操纵的"工农兵"、"紅卫軍"、"无产者"等反动保皇組織，蒙蔽一些群众，大搞打、砸、搶、抄、抓，对革命造反派施行了残酷的资产阶級专政。可是他們絲毫沒有动搖我們对毛泽东思想的信念和捍卫毛主席革命路綫的决心。他們挑动群众斗群众，大兴武斗，其結果，只能暴露了他們的丑恶咀脸。在阶級敌人的白色恐怖面前，革命造反派越打越坚定，越战越頑强。

这次資本主义复辟逆流再一次証明了，最有力的武器不是皮鞭和棍棒，也不是刺刀和步枪，而是战无不胜的毛泽东思想！

"战爭教育了人民，人民贏得了战爭。"《中共中央关于处理內蒙問題的决定》传来了党中央毛主席的声音，这是毛泽东思想的伟大胜利，是毛主席革命路綫的伟大胜利，是整个人民解放軍的伟大胜利，是革命造反派的伟大胜利。

中央八条下达以来，革命造反派热情宣传、坚决执行、誓死捍卫八条，又作出了新的貢献。但是，一小撮党內走資本主义道路当权派不甘心于他們的失敗，在內蒙地下黑司令部的操纵和指揮下，煽动一些不明眞象的工农兵群众进行对抗党中央、对抗毛主席的反革命示威游行；他們挑拨軍民联系；他們破坏抓革命促生产，煽动群众到北京"告状"，到中南海去靜坐示威，对党中央、毛主席施加压力；他們挑动群众斗群众，制造一起又一起的大規模武斗事件，并且企图把挑起武斗罪名强加在革命造反派头上，眞是痴心妄想。

我們提倡文斗，是因为坚信眞理在我們方面，坚信伟大的毛泽东思想是战无不胜、无坚不摧的，同时也因为我們革命造反派亲身体驗了"压而不服"的道理。

我們反对武斗是因为不利于斗倒一小撮走資本主义道路的当权派，相反，只能造成广大群众之間互相斗毆，造成国家財产的損失和危及人民的生命安全。武斗只能使这場史无前例的无产阶級文化大革命走上歧途。革命造反派一定要坚持文斗，反对武斗。

一年来的无产阶級文化大革命实践証明：只有放手发动群众，运用毛泽东思想这个銳利的武器，运用"四大"，进行充分揭露、深刻批判，才能彻底打倒一小撮走資本主义道路的当权派和社会上的牛鬼蛇神，进而团結一切可以团結的力量，把阶級敌人最大限度地孤立起来，斗倒、斗臭、斗垮。只有这样，才能大大提高广大群众的阶級覚悟，学会在无产阶級专政条件下进行阶級斗爭的本領；才能巩固我們的胜利、才能斗出一个紅彤彤的毛泽东思想的新世界。

同时必須指出，我們有强大的无产阶級专政的国家机器，有强大的人民解放軍做我們的后盾，如果有人胆敢继續挑起武斗，我們坚决鎮压，絕不留情！

堅決捍衛八條決定

《中共中央關於處理內蒙問題的決定》，是黨中央、中央文革和全軍文革經過兩個多月周密細緻的調查研究之後制定的，是經過毛主席和林副主席親自審查和批准的，是毛澤東思想的光輝體現。我們革命造反派無不歡欣鼓舞，堅決貫徹執行。但是，一小撮壞蛋卻怕得要命，竭力抵制，肆意踐踏，至今仍不執行。他們把八條誣衊為「黑八條」，惡毒地說：「八條決定不符合毛澤東思想」，並揚言要揪出八條制定者。他們把反對八條決定比之為反對「修正主義」，把對抗黨中央自詡為「堅持真理」；打著反對「奴隸主義」的招牌，反對黨中央的八條決定，懷疑毛澤東思想，甚至狂妄地說：「八條決定為什麼反對不得？！」。有的人還無恥地說：「我的每句話都符合毛澤東思想」，「八條我不理解，所以八條有問題」等等。驕橫放肆，不知天高地厚！但是「被敵人反對是好事而不是壞事」，階級敵人對八條決定的瘋狂反對，更說明八條決定的無比英明正確。

毛主席說：「政策和策略是黨的生命，各級領導同志務必充分注意，萬萬不可粗心大意」。又說：「凡是敵人反對的，我們就要擁護；凡是敵人擁護的，我們就要反對」。

八條決定是毛主席和黨中央的聲音，對待八條決定的態度，是衡量真革命、假革命或反革命的試金石。凡是擁護以毛主席為首的黨中央的同志，凡是擁護以毛主席為代表的無產階級革命路線的同志，都應該熱情地宣傳八條決定，堅決地、不折不扣地執行八條決定，勇敢地、用鮮血和生命捍衛八條決定！誰反對八條決定，就打他個落花流水！

坚决捍卫八条决定

社論

《中共中央关于处理內蒙問題的决定》，是党中央、中央文革和全軍文革經过两个多月周密細致的調查研究之后制定的，是經过毛主席和林付主席亲自审查和批准的，是毛泽东思想的光輝体现。我們革命造反派无不欢欣鼓舞，坚决貫彻执行。但是，一小撮坏蛋却怕得要命，竭力抵制，肆意践踏，至今仍不执行。他們把八条誣蔑为"黑八条"，恶毒地說："八条决定不符合毛泽东思想"，并扬言要揪出八条制定者。他們把反对八条决定比之为反对"修正主义"，把对抗党中央自詡为"坚持眞理"；打着反对"奴隶主义"的招牌，反对党中央的八条决定，怀疑毛泽东思想，甚至狂妄地說："八条决定为什么反对不得?!"。有的人还无恥地說："我的每句話都符合毛泽东思想"，"八条我不理解，所以八条有問題"等等。驕横放肆，不知天高地厚！但是"被敌人反对是好事而不是坏事"，阶級敌人对八条决定的疯狂反对，更說明八条决定的无比英明正确。

毛主席說："政策和策略是党的生命，各級領导同志务必充分注意，万万不可粗心大意"。又說："凡是敌人反对的，我們就要拥护；凡是敌人拥护的，我們就要反对"。

八条决定是毛主席和党中央的声音，对待八条决定的态度，是衡量眞革命、假革命或反革命的試金石。凡是拥护以毛主席为首的党中央的同志，凡是拥护以毛主席为代表的无产阶級革命路綫的同志，都应該热情地宣传八条决定，坚决地、不折不扣地执行八条决定，勇敢地、用鮮血和生命捍卫八条决定！誰反对八条决定，就打他个落花流水！

反革命的自供狀

—評張三林五月五日在「總工會」的講話

臭名遠揚的張三林是紅衛軍的頭頭，是地下反革命黑司令部的前台出面人物。他曾在北京的談判桌上，儘管在他的主子的授意下耍盡各種權術，下壓上騙，最後還是弄得理屈詞窮，像一條喪了家的乏走狗，終於在談判桌上吃不到一點兒殘糕剩飯，灰溜溜地夾著尾巴跑回來了。

這條乏走狗總算還沒有完全喪了家，又回到他們的黑司令部裡，又回到了他主子的面前。於是，他在他的黑司令那裡吃到了幾根筋骨，漸漸地復了元氣，又汪汪地叫起來了。不過這回叫的比過去叫的聲音有些尖，且也能學著叫出些簡單的曲調來。這大概是吸取了上次受餓受打的教訓，況且嗓子也有些壞。

這條乏走狗，在中央八條決定下達之後的二十多天裡，已養好了精，蓄好了銳，於是在五月五日公開在總工會三樓會議室內作了一次講話，準備要大幹了。

這畜生雖然明知自己的權術是不高明的，上次就吃了虧，不過這次又無別法，只得再用。先前是騙，這回還是騙。「我們的形勢是大好的，只要堅持下去就是勝利。」說這話時，他心裡委實有點虛和怕。於是，先前騙的結局似乎又呈現眼前：在北京談判的時候，我也用了這套權術，每次談判接見後都說「形勢大好」、「大勢已定」，「我們完全勝利了」；結果八條一下達，卻弄了個癩蛤蟆跳門楔——又墩屁股又傷臉。想到這裡，他的脊背上不覺滲出了一層薄薄的冷汗！

第一是騙，第二還是騙。「我們只要堅持到五月、六月就是勝利。」說這話的時候，連他自己也覺得很冒失，萬一……，不過，為了讓到會者有個念頭，還是肯定的好。於是，他又大聲地複述了一次，聲音也格外地粗，以免讓他們聽出他內心的空虛。

「第三呢？第三是北京聯動支持我們。」他很為難，儘管非常小心，還是露了馬腳。「聯動」是反動組織，全國都知道。「凡是敵人反對的，我們就要擁護；凡是敵人擁護的，我們就要反對。」這不正暴露了我們自己的反動性，是和聯動一丘之貉嗎？此時，他隱約地看見會上誰在動，似乎有人還在那裡搖頭。壞了！於是，他馬上放大聲補充道：「內蒙的貧下中農也支持我們。內蒙軍區的解放軍也支持我們。我們有堅強的後盾。」這下，會場稍有平靜。

「為了穩定士氣，他決定要來針強心劑。」「第四，我們要大膽地幹，不要怕。」此時，他停頓了。有些為難，說了大半天還沒有轉入正題，如何轉入正題呢？呆了一會兒，他的眉頭一皺便脫口說：「打個比方說吧，「聯動」不是罵了陳伯達、江青，現在也給平反了嗎？總之，我們不要怕，大膽地幹！」此時，人們開始騷動起來了。見此情況，他先是吃了一驚，隨後心一縮，覺得這下又露了餡。而後，自己便覺得可笑，都是自家人，何必這樣大驚小怪，也許他們正在為我的講話喝彩呢？於是，他心裡暗暗地為自己助威、壯膽：要多想一想馬克思、恩格斯那時的處境，要堅持真理，要沉著、沉著，連這一氣魄都沒有，怎麼能當劉克思、張克思呢？大膽說吧，不要緊。

只見這隻狗的臉色由臘黃變作灰白，漸漸地現出了故有的兇像，呲著牙，咧著嘴，直截了當地道出了他講話的實質與全部打算，這也是他的黑司令親自囑咐於他的。「我們首先從康生這裡插手。他是大地主出身，我們先搞他的材料。要策略地對待江青……」此刻，他神祕地像是怕人聽見似地故意壓低了聲音說：「我要堅持揪出他們的後台，只要揪出來就是勝利」。看，到會的人有的現出驚奇，有的表示沉默，有得出現若有所悟的樣子，有個別的現出喜悅……。瞬時，他們大概已完全懂得了他的意思，那就是：把矛頭狠狠地對準黨中央，即先從康生、江青同志揪起，然後再揪他們的後台。他們的後台是誰呢。江青同志三十年來堅持京劇改革，同文藝界大大小小的黑幫作鬥爭是誰支持的？康生同劉鄧陶的資產階級反動路線作鬥爭又是誰支持的？那無疑是我們偉大領袖毛主席和林副主席。那麼，他指的後台難道不正是我們偉大領袖毛主席和他的親密戰友林彪同志嗎？有人開始懷疑了。如果他說的不是指康生、江青同志的後台，又可作何論？那大概就是指三司的後台了。那麼，三司後台又是誰呢？是高錦明？不，這不是真正的後台。為什麼在我們反奪權的時候，三司不出來堅守？為什麼在北京會談期間，三司卻縮在家裡不上街遊行？而現在卻變得這樣氣粗了呢？啊！對了，那就是毛主席和林副主席親自批准的「中共中央關於處理內蒙問題的決定」。那麼，這個後台當然還是黨中央、毛主席、林副主席。總之，人們領悟到揪後台就是揪黨中央，揪林副主席。此時，有些人更加疑起心來了，耳邊漸漸地又清晰地響起了他剛才的聲明：「我們首先從康生揪起，他是大地主出身，先搞他的材料。要策略地對待江青……我們要堅決揪出他們的後台，只要揪出來就是勝利。」其實他早已引入了正題：「我們要大膽地幹，不要怕……「聯動」不是罵了陳伯達、江青，現在也給平反了嗎」！這不是明明要我們以「聯動」為榜樣，學習「聯動」，走「聯動」的死路嗎？

下邊又隱約聽到他說：「我們要堅持，堅持到底就是勝利。我們一定要守衛總工會，五月堅守，六月就是勝利。如果我們失去了總工會，就等於我們政治上失敗了。我們要從糖廠、麵粉廠等「造反派」多的單位調人，至少調五、六百人守大樓，晚上晚一點來，早上五、六點就走。要準備一些糧食，以備萬一……。」

這些話有些人是沒有多收入耳內，他們看見了張三林兇殺的臉孔不見了，換了一副哭喪的臉。雖然他口裡喊「要堅守」，而內心卻空虛的很，失望的很！他先前是氣壯如牛，如今又變得膽小如鼠了，這像傳染病一樣，頓時傳染了所有到會的人。有些人像受了針刺一樣，坐臥不安，人們像熱鍋上的螞蟻，一會兒就亂作一團，張三林這隻走狗，此時把主子所授與的權術全賣完了，正沒有收場的機會，見此情景好不歡喜，心裡暗喜道：「天助我也。」於是趁機溜之乎也，到黑司令部裡向主子交差領賞去了。

這是反革命黑司令部前台人物張三林的自供狀。這也是他的黑司令授意的，只不過由他來登台表演罷了，也並非他的傑作，也可以說是他的黑司令的自供狀，正如中國民間俗語所說的;「柳條穿王八一一路貨」！

我再沒有別話可結尾的了。我們偉大領袖毛主席早在一九四〇年二月二十日所寫的《新民主主義的憲政》裡就為他們作了很好的結尾：「同志們，你們以為會一開，電報一打，頑固分子就不得了了嗎？他們就向前進步了嗎？他們就服從我們的命令了嗎？不，他們不會那麼容易聽話的。有很多的頑固分子，他們是頑固專門學校畢業的。他們今天頑固，明天頑固，後天還是頑固。什麼叫頑固？固者硬也，頑者，今天、明天、後天都不進步之謂也。這樣的人就叫頑固分子。要這樣的頑固分子聽我們的話，不是一件容易的事情。」

毛主席還說：「頑固分子，實際上是頑而不固，頑到後來，就要變，變為不齒於人類的狗屎堆。」

山笑

反革命的自供状

——評张三林五月五日在总工会的訲話

（上接第二版）

有所悟的样子，有个别的现出喜悦……。瞬时，他們大概巳完全懂得了他的意思，那就是：把矛头狠狠地对准党中央，即先从康老、江青同志揪起，然后再揪他們的后台。他們的后台是誰呢。江青同志三十年来坚持京剧改革，同文艺界大大小小的黑帮作斗爭是誰支持的？康老同刘邓陶的資产阶級反动路綫作斗爭又是誰支持的？那无疑是我們伟大領袖毛主席和林副主席。那么，他指的后台难道不正是我們伟大領袖毛主席和他的亲密战友林彪同志嗎？有人开始怀疑了。如果他說的不是指康生、江青同志的后台，又可作何論？那大概就是指三司的后台了。那么，三司后台又是誰呢？是高錦明？不，这不是眞正的后台。为什么在我們反夺权的时候，三司不出来坚守？为什么在北京会談期間，三司却縮在家里不上街游行？而現在却变得这样气粗了呢？啊！对了，那就是毛主席和林副主席亲自批准的“中共中央关于处理內蒙問題的决定”。那么，这个后台当然还是党中央、毛主席、林副主席。总之，人們領悟到揪后台就是揪党中央，揪林副主席。此时，有些人更加疑起心来了，耳边漸漸地又淸晰地响起了他刚才的声明：“我們首先从康生揪起，他是大地主出身，先搞他的材料。要策略地对待江青……我們要坚决揪出他們的后台，只要揪出来就是胜利。”其实他早巳引入了正題：“我們要大胆地干，不要怕……‘联动’不是罵了陈伯达、江青，現在也給平反了嗎”！这不是明明要我們以“联动”为榜样，学习“联动”，走“联动”的死路嗎？

下边又隐約听到他說：“我們要坚持，坚持到底就是胜利。我們一定要守卫总工会，五月坚守，六月就是胜利。如果我們失去了总工会，就等于我們政治上失敗了。我們要从糖厂、面粉厂等‘造反派’多的单位調人，至少調五、六百人守大楼，晚上晚一点来，早上五、六点就走。要准备一些粮食，以备万一……。”

这些話有些人是沒有多收入耳內，他們看見了张三林凶杀的脸孔不見了，换了一付哭丧的脸。虽然他口里喊“要坚守”，而內心却空虛的很，失望的很！他先前是气壮如牛，如今又变得胆小如鼠了，这象传染病一样，頓时传染了所有到会的人。有些人象受了針刺一样，坐臥不安，人們象热鍋上的螞蚁，一会儿就乱作一团，张三林这只走狗，此时把主子所受与的权术全卖完了，正沒有收場的机会，見此情景好不欢喜，心里暗喜道：“天助我也。”于是趁机溜之乎也，到黑司令部里向主子交差領賞去了。

这是反革命黑司令部前台人物张三林的自供状。这也是他的黑司令授意的，只不过由他来登台表演罢了，也并非他的杰作，也可以說是他的黑司令的自供状，正如中国民間俗語所說的：“柳条穿王八——一路貨”！

我再沒有别話可結尾的了。我們伟大領袖毛主席早在一九四〇年二月二十日所写的《新民主主义的宪政》里就为他們作了很好的結尾：“同志們，你們以为会一开，电报一打，頑固分子就不得了了嗎？他們就向前进步了嗎？他們就服从我們的命令了嗎？不，他們不会那么容易听話的。有很多的頑固分子，他們是頑固专門学校毕业的。他們今天頑固，明天頑固，后天还是頑固。什么叫頑固？固者硬也，頑者，今天、明天、后天都不进步之謂也。这样的人就叫頑固分子。要这样的頑固分子听我們的話，不是一件容易的事情。”

毛主席还說：“頑固分子，实际上是頑而不固，頑到后来，就要变，变为不齿于人类的狗屎堆。”

山　笑

當代「王爺」烏蘭夫

—內蒙最大的反黨反社會主義反毛澤東思想的反革命修正主義分子和民族分裂主義分子烏蘭夫的滔天罪天（續二）

四、以一九三五年《宣言》為綱領，進行民族分裂活動，搞獨立王國

烏蘭夫對一九三五年《中華蘇維埃中央政府對內蒙古人民宣言》念念不忘。去年下半年以來，公然打起《宣言》的旗幟，進行民族分裂活動。

一九三五年《宣言》中提出：「保存成吉思汗時代的光榮，避免民族的滅亡，走上民族復興的道路。」規定：「原來內蒙六盟，二十四部，四十九旗，察哈爾土默特二部及寧夏三特旗之全域，一作為內蒙古民族之領土」，「內蒙古人民自己才有權力解決自己內部的一切問題，誰也沒有權力利用暴力去干涉內蒙古民族的生活習慣、宗教道德以及其他的一切權力。同時，內蒙古民族可以從心所欲的組織起來，它有權按自主的原則組織自己的生活，建立自己的政府，有權與其他民族結成聯邦的關係，也有權完全分立起來。……」

這個當時黨內教條主義者假借毛主席名義發表的《宣言》，正適合了烏蘭夫目前搞民族分裂主義的需要。解放以後，他拿《宣言》規定的區域，向中央「要帳」爭地盤；在同毗領省、區劃界時，一步不讓，寸土必爭。去年一月，他把《宣言》印發到全區，要求下邊以此「檢查我區民族工作中存在的問題」，還要求內蒙古自治區所有幹部要大學一番。

烏蘭夫印發一九三五年《宣言》的借口是反大漢族主義。實際上是借自治之名，搞獨立王國之實。當前在內蒙古大漢族主義不是主要危險。主要危險是地方民族主義。建國以來，在內蒙古自治區一直沒有認真反過地方民族主義。因此，地方民族主義相當嚴重，民族分裂分子的活動相當囂張，叛國案件一再發生。對有些重要民族分裂案件遲遲不處理，甚至姑息養奸。更嚴重的是，在華北局工作會議期間，內蒙古昭盟軍分區副參謀長雲成烈（烏蘭夫的遠房侄兒），從呼和浩特市突然去北京，進行地下活動，說他是受雲世英（自治區公安廳副廳長）等人之託，轉告「土默特旗人都要頂住，讓烏蘭夫也要頂住」。還說：「「革命」是有反覆的，上山打游擊也要「革命」。」

事實十分清楚。內蒙古的地方民族分裂主義的總根子就是烏蘭夫。他是以一九三五年《宣言》為綱領，以反大漢族主義為借口，進行反黨反社會主義的民族分裂活動，搞獨立王國。

烏蘭夫進行民族分裂活動，搞獨立王國，絕非偶然的。他有強烈的「領袖慾」。他把自己裝扮成蒙古族的「領袖」，吹噓自己「一貫正確」，而且儼然以黨的「民族問題專家」，「權威」自居。他把個人凌駕於組織之上，實行「家長制」領導，心目中根本沒有民主集中制，根本沒有自我批評；他只能聽頌揚，聽不進半點批評；千方百計樹立個人的威信。在內蒙古自治區成立後一個相當長的時期裡，喊「烏蘭夫主席萬歲」，在牧區大量印烏蘭夫的像。烏蘭夫的像同毛主席的像平掛在一起，甚至現在有的地方還掛著他的像。自治區黨委副秘書長浩帆（烏蘭夫的親信）在辦公廳幹部中公開講：「在中央聽毛主席的，在內蒙古聽烏蘭夫的」，「全國學習毛澤東思想，內蒙古要學烏蘭夫思想」，「黨委的文件要體現烏蘭夫的思想」區黨委調查研究室研究員何躍（烏蘭夫的親信）當著他的面說：「烏蘭夫同志是內蒙古各民族人民的領袖」。所有這些，烏蘭夫十分欣賞，從不加任何制止。

烏蘭夫對中央、毛主席、軍委以及華北局的指示，他不同意的就加以抵制，或拖而不行。除上述不傳達毛主席在成都會議上的指示，不執行周總理關於蒙文拉丁化指示外，對林彪同志指示要把原下放的軍馬場上交總後勤部，他堅持呼和馬場不交；對中央、華北局在內蒙古進行農墾，也一概不支持、不歡迎。他對中央、華北局實行嚴密封鎖。他的許多見不得人的講話、報告，根本不送中央、華北局；甚至有些文件，華北局要，也不報送。

五、安插親信，篡奪領導權

烏蘭夫為了積極推行他的民族分裂主義和修正主義的政治陰謀，在近一年多的時間內，處心積慮地實行一條宗派主義的幹部路線。

他任用幹部的標準，是能否堅決執行他的修正主義路線，是否積極反大漢族主義，搞民族分裂主義。並且無原則地優先照顧蒙族，實際上是優先照顧蒙族幹部中的右派。在蒙族幹部中他又分東蒙、西蒙、土旗、非土旗，延安民族學院學生、非延安民族學院學生，他的親戚、親信更吃香。因此，凡吹捧烏蘭夫、反大漢族主義的人，就被重用、提拔；凡是堅持黨的原則，不投他所好的人，就被排擠，打擊，甚至陷害。

這樣，烏蘭夫搜羅了一批修正主義分子，民族分裂主義分子，極端個人主義分子和有嚴重政治歷史問題的人（包括有漢族幹部），形成了一股右派勢力。並以一小撮親信為核心，搞陰謀活動，尤其是一些重要人事的安排，他們都是事先密謀策劃。烏蘭夫自己交代說「這是書記處之外的「小書記處」」。

一九六五年下半年以來，烏蘭夫迫不及待地安插親信，篡奪黨政重要部門的領導權。

1.用建立「代常委」陰謀手段，篡奪區黨委常委會的領導權。

去年一月，烏蘭夫乘自治區黨委許多常委和書記處的成員到基層蹲點或患病之機，不顧書記處高錦明等同志的反對，成立了以他的親信為主的十三人「代常委會」，其中蒙族幹部就有九人，有六人是土默特旗蒙族幹部，做為他推行修正主義路線的工具。「代常委」代替了常委會，在他的親信操縱之下，大力推行烏蘭夫的民族分裂主義路線。

2.大量安插親信，控制黨政要害部門。

烏蘭夫借精簡機構，建立「五委」，加強領導之名，安插親信，篡奪了區黨委辦公廳、組織部、調查研究室，和自治區人委的文委、計委、農委以及公安廳等重要部門的領導權。

3.在呼和浩特市委發動了修正主義政變。

烏蘭夫用修正主義分子、反大漢族主義急先鋒李貴（漢族、原呼和浩特市委第一書記）。會同呼和浩特市市委書記處書記陳炳宇，把市委第二書記趙汝霖同志的缺點、錯誤擴大化，加上所謂「反烏蘭夫」、「不執行黨的民族政策」等罪名，戴上「反黨宗派主義分子」帽子，把趙汝霖同志整掉。李貴等一小撮修正主義分子取得「勝利」後，得意忘形，僅在一九六五年秋冬，李貴在呼市連續作了幾次報告，並到包頭市幹部會議上作了兩次報告。他在報告裡大肆宣揚修正主義，反大漢族主義；大肆吹捧烏蘭夫如何英明正確，反毛澤東思想；一筆抹煞呼和浩特市十幾年民族工作的成就，擴大蒙漢民族矛盾；把民族政策說成是貫串一切工作的紅線。在全市通過「揭蓋子、挖根子、換班子」實現了修正主義的政變。烏蘭夫對李貴搞的呼市政變，倍加讚揚，說是「建立了馬列主義的領導班子」。

4.以呼和浩特市政變為樣板，積極在其他盟、市搞修正主義政變

一九六五年十二月，在烏蘭夫親自主持下，以區黨委名義批轉了呼和浩特市委關於「有關民族工作方面一部分問題的報告」的政變經驗。這是一個典型的修正主義政變綱領。文件裡首先把他捧為一貫正確，「領導全區人民獲得解放，……受到全區各族人民愛戴和擁護」，然後指出：「這些資產階級民族主義（指大漢族主義—注），目前特別突出地集中攻擊以烏蘭夫同志為首的內蒙古自治區的一部分老的蒙族領導同志」「內蒙的民族問題，就是內蒙的革命問題，反對以烏蘭夫同志為首的內蒙的領導同志，實際上就是反對黨的領導，反對黨的民族政策，反對內蒙古民族走社會主義道路。」「這是當前自治區黨內在民族問題上的主要傾向」，「這是當前自治區階級鬥爭、兩條道路鬥爭在民族問題方面的突出表現。」這個文件為許多地方的民族分裂分子和修正主義分子的罪惡活動開了「綠燈」，他們拿上這個文件四處活動，積極準備進行陰謀反革命政變。他們把手首先伸進地方黨政機關，也開始伸向軍隊。

5.集中打擊自治區黨委漢族領導幹部，為其推行民族分裂主義掃清障礙。

去年四月一日，烏蘭夫以突出政治為名，在「代常委」會上搞「小鳴放」，他帶頭點名攻擊區黨委書記權星垣、高錦明（滿族）等同志。把功勞記在自己帳上，把錯誤推給別人。說權星垣把工業搞得「手無寸鐵」，高錦明不執行民族政策，汙衊自治區的商業是「大盛魁」（舊社會剝削蒙人的大商號）。接著，「代常委」就跟著他的意圖積極準備整這些同志的材料。在會外，雲麗文、浩帆等人則散布區黨委這些書記和一些領導幹部反烏蘭夫，積極做輿論上的準備。

去年四月下旬，烏蘭夫以貫徹華北局會議，突出政治，突出階級鬥爭為名，召開自治區黨委常委擴大會議，親自出馬，調兵遣將，煽風點火，突出反大漢族主義，打擊權星垣等同志，企圖實現「宮廷政變」。此時華北局已有所發現，派人去對他進行了批評和制止，並且恰好中央叫他去北京參加五月政治局擴大會議，烏蘭夫的這次陰謀才未能實現。接著，文化大革命運動開始了，烏蘭夫的錯誤被揭發，他的陰謀完全破產了。

烏蘭夫的錯誤不是偶然的。他出身於地主家庭，受資產階級教育，參加革命以後長期做民族上層工作，很少參加群眾運動和艱苦的階級鬥爭。解放後，高高在上，脫離群眾，脫離實際，養尊處優，當官做老爺。所以，他雖然入黨四十多年，但他的資產階級立場、世界觀沒有得到根本改造，一貫表現右傾，並不是像他自己吹噓的那樣「一貫正確」。他是一個地地道道的資產階級民族主義者。在國內外階級鬥爭進一步深化、社會主義革命深入的時候，觸動了他的靈魂深處，尤其是一九六五年下半年以來，就迫不及待地、明目張膽地打出自己的旗幟，公然進行反黨、反社會主義、反毛澤東思想，進行民族分裂活動。烏蘭夫是黨內的資產階級代表人物，是一個野心勃勃的大陰謀家。他想用他的資產階級民族主義來改造內蒙古，來改造內蒙古的黨組織。

內蒙古自治區是祖國的邊疆，是反修的前哨，是戰略要地。中央對烏蘭夫是信任的，委他擔負了重要職務。但是，烏蘭夫辜負了黨中央、毛主席的信任和期望，從資產階級的個人主義野心出發，完全背離了無產階級革命事業的利益，發展到要分裂祖國統一，在內蒙古實行資本主義復辟的程度。烏蘭夫的錯誤，對祖國邊疆的鞏固，對各民族人民的大團結，對內蒙古自治區的社會主義革命和社會主義建設事業，已經造成了極為嚴重的損失，遺毒很深。

烏蘭夫的錯誤思想，過去就有所流露。毛主席和中央負責同志對他進行過說服和批評。近幾年來，華北局對他的錯誤有所察覺，也不止一次地提醒並批評過他。但他從來沒有自我批評，對批評也是兩面派態度。在華北局工作會議上，他對自己所犯的嚴重錯誤，雖經同志們的嚴厲批判和鬥爭，開始有所認識，但他仍不願與錯誤徹底決裂，沒有根本改變錯誤立場。

我們相信，內蒙古自治區百分之九十五以上幹部和群眾是革命的，是相信黨中央和毛主席的。在黨中央和毛主席的英明領導下，在這場無產階級文化大革命中，一定能夠肅清烏蘭夫錯誤所造成的影響。毛澤東思想偉大紅旗在內蒙古自治區一定會舉得更高，內蒙古自治區的社會主義革命和社會主義建設，一定出現新的躍進局面。

打倒反革命修正主義分子、民族分裂主義分子烏蘭夫！

徹底肅清烏蘭夫黑幫的流毒！

各民族人民大團結萬歲！

無產階級文化大革命萬歲！

毛主席的無產階級革命路線萬歲！

偉大的中國共產黨萬歲！

偉大導師、偉大領袖、偉大統帥、偉大舵手毛主席萬歲！萬歲！萬萬歲！

內蒙古自治區直屬機關

井岡山革命造反縱隊

一九六七年三月三日

第四版　挺进报　一九六七年五月二十三日

要特別警惕象赫魯晓夫那样的个人野心家和阴謀家，防止这样的坏人篡夺党和国家的各級領导。

毛泽东

当代"王爷"烏兰夫

——内蒙最大的反党反社会主义反毛泽东思想的反革命修正主义分子和民族分裂主义分子乌兰夫的滔天罪天（续二）

四、以一九三五年《宣言》为綱領，进行民族分裂活动，搞独立王国

烏兰夫对一九三五年《中华苏維埃中央政府对內蒙古人民宣言》念念不忘。去年下半年以来，公然打起《宣言》的旗帜，进行民族分裂活动。

一九三五年《宣言》中提出，"保存成吉思汗时代的光荣，避免民族的灭亡，走上民族复兴的道路。"規定，"原来內蒙六盟，二十四部，四十九旗，察哈尔土默特二部及宁夏三特旗之全域，——作为內蒙古民族之領土"，"內蒙古人民自己才有权利解决自己內部的一切間題，誰也沒有权利利用暴力去干涉內蒙古民族的生活习慣、宗教道德以及其他的一切权力。同时，內蒙古民族可以从心所欲的組織起来，它有权按自主的原则組織自己的生活，建立自己的政府，有权与其它民族結成联邦的关系，也有权完全分立起来。……。"

这个当时党內敎条主义者假借毛主席名义发表的《宣言》，正适合了烏兰夫目前搞民族分裂主义的需要。解放以后，他拿《宣言》規定的区域，向中央"要帳"爭地盘，在同毗邻省、区划界时，一步不让，寸土必爭。去年一月，他把《宣言》印发到全区，要求下边以此"检査我区民族工作中存在的問題"，还要求內蒙古自治区所有干部要大学一番。

烏兰夫印发一九三五年《宣言》的借口是反大汉族主义。实际上是借自治之名，搞独立王国之实。当前在內蒙古大汉族主义不是主要危险。主要危险是地方民族主义。建国以来，在內蒙古自治区一直沒有认眞反过地方民族主义。因此，地方民族主义相当严重，民族分裂分子的活动相当嚣张，叛国案件一再发生。对有些重要民族分裂案件迟迟不处理，甚至姑息养奸。更严重的是，在华北局工作会議期間，內蒙古昭盟軍分区副参謀长云成烈（烏兰夫的远房侄儿），从呼和浩特市突然去北京，进行地下活动，說他是受云世英（自治区公安厅副厅长）等人之托，轉告"土默特旗人都要頂住，让烏兰夫也要頂住"。还說："'革命'是有反复的，上山打游击也要'革命'。"

事实十分清楚。內蒙古的地方民族分裂主义的总根子就是烏兰夫。他是以一九三五年《宣言》为綱領，以反大汉族主义为借口，进行反党反社会主义的民族分裂活动，搞独立王国。

烏兰夫进行民族分裂活动，搞独立王国，絕非偶然的。他有强烈的"領袖欲"。他把自己装扮成蒙古族的"領袖"，吹嘘自己"一貫正确"，而且儼然以党的"民族問題专家"，"权威"自居。他把个人凌駕于組織之上，实行"家长制"領导，心目中根本沒有民主集中制，根本沒有自我批評，他只能听頌揚，听不进半点批評；千方百計树立个人的威信。在內蒙古自治区成立后一个相当长的时期里，喊"烏兰夫主席万岁"，在牧区大量印烏兰夫的象。烏兰夫的象同毛主席的象平挂在一起，甚至現在有的地方还挂着他的象。自治区党委副秘书长浩帆（烏兰夫的亲信）在办公厅干部中公开讲："在中央听毛主席的，在內蒙古听烏兰夫的"，"全国学习毛泽东思想，內蒙古要学烏兰夫思想"，"党委的文件要体現烏兰夫的思想"区党委調査研究室研究員何跃（烏兰夫的亲信）当着他的面說："烏兰夫同志是內蒙古各民族人民的領袖"。所有这些，烏兰夫十分欣賞，从不加任何制止。

烏兰夫对中央、毛主席、軍委以及华北局的指示，他不同意的就加以抵制，或拖而不行。除上述不传达毛主席在成都会議上的指示，不执行周总理关于蒙文拉丁化指示外，对林彪同志指示要把原下放的軍馬場上交总后勤部，他坚持呼和馬場不交；对中央、华北局在內蒙古进行农垦，也一概不支持、不欢迎。他对中央、华北局实行严密封鎖。他的許多見不得人的讲話、报告，根本不送中央、华北局；甚至有些文件，华北局要，也不报送。

五、安插亲信，篡夺領导权

烏兰夫为了积极推行他的民族分裂主义和修正主义的政治阴謀，在近一年多的时間內，处心积慮地实行一条宗派主义的干部路綫。

他任用干部的标准，是能否坚决执行他的修正主义路綫，是否积极反大汉族主义，搞民族分裂主义。并且无原则地优先照顾蒙族，实际上是优先照顾蒙族干部中的右派。在蒙族干部中他又分东蒙、西蒙、土旗、非土旗，延安民族学院学生、非延安民族学院学生，他的亲戚、亲信更吃香。因此，凡吹捧烏兰夫、反大汉族主义的人，就被重用、提拔；凡是坚持党的原则，不投他所好的人，就被排挤，打击，甚至陷害。

这样，烏兰夫搜罗了一批修正主义分子，民族分裂主义分子，极端个人主义分子和有严重政治历史問題的人（包括有汉族干部），形成了一股右派势力。并以一小撮亲信为核心，搞阴謀活动，尤其是一些重要人事的安排，他們都是事先密謀策划。烏兰夫自己交代說"这是书記处之外的'小书記处'"。

一九六五年下半年以来，烏兰夫迫不及待地安插亲信，篡夺党政重要部門的領导权。

1.用建立"代常委"阴謀手段，篡夺区党委常委会的領导权。

去年一月，烏兰夫乘自治区党委許多常委和书記处的成員到基层蹲点或患病之机，不顾书記处高錦明等同志的反对，成立了以他的亲信为主的十三人"代常委会"，其中蒙族干部就有九人，有六人是土默特旗蒙族干部，做为他推行修正主义路綫的工具。"代常委"代替了常委会，在他的亲信操纵之下，大力推行烏兰夫的民族分裂主义路綫。

2.大量安插亲信，控制党政要害部門。

烏兰夫借精减机构，建立"五委"，加强領导之名，安插亲信，篡夺了区党委办公厅、組織部、調査研究室，和自治区人委的文委、計委、农委以及公安厅等重要部門的領导权。

3.在呼和浩特市委发动了修正主义政变。

烏兰夫用修正主义分子、反大汉族主义急先鋒李貴（汉族、原呼和浩特市委第一书記）。会同呼和浩特市市委书記处书記陈炳宇，把市委第二书記赵汝霖同志的缺点、錯誤扩大化，加上所謂"反烏兰夫"、"不执行党的民族政策"等罪名，戴上"反党宗派主义分子"帽子，把赵汝霖同志整掉。李貴等一小撮修正主义分子取得"胜利"后，得意忘形，仅在一九六五年秋冬，李貴在呼市連續作了几次报告，并到包头市干部会議上作了两次报告。他在报告里大肆宣揚修正主义，反大汉族主义，大肆吹捧烏兰夫如何英明正确，反毛泽东思想；一笔抹煞呼和浩特市十几年民族工作的成就，扩大蒙汉民族矛盾；把民族政策說成是貫串一切工作的紅綫。在全市通过"揭蓋子、挖根子、换班子"实現了修正主义的政变。烏兰夫对李貴搞的呼市政变，倍加贊揚，說是"建立了馬列主义的領导班子"。

4.以呼和浩特市政变为样板，积极在其他盟、市搞修正主义政变。

一九六五年十二月，在烏兰夫亲自主持下，以区党委名义批轉了呼和浩特市委关于"有关民族工作方面一部分問題的报告"的政变經驗。这是一个典型的修正主义政变綱領。文件里首先把他捧为一貫正确，"領导全区人民获得解放，……受到全区各族人民爱戴和拥护"，然后指出："这些资产阶級民族主义（指大汉族主义——注），目前特别突出地集中攻击以烏兰夫同志为首的內蒙古自治区的一部分老的蒙族領导同志""內蒙的民族問題，就是內蒙的革命問題，反对以烏兰夫同志为首的內蒙的領导同志，实际上就是反对党的領导，反对党的民族政策，反对內蒙古民族走社会主义道路。""这是当前自治区党內在民族問題上的主要傾向"，"这是当前自治区阶級斗爭、两条道路斗爭在民族問題方面的突出表現。"这个文件为許多地方的民族分裂分子和修正主义分子的罪恶活动开了"綠灯"，他們拿上这个文件四处活动，积极准备进行阴謀反革命政变。他們把手首先伸进地方党政机关，也开始伸向軍队。

5.集中打击自治区党委汉族領导干部，为其推行民族分裂主义扫淸障碍。

去年四月一日，烏兰夫以突出政治为名，在"代常委"会上搞"小鳴放"，他带头点名攻击区党委书記权星垣、高錦明（滿族）等同志。把功劳記在自己帳上，把錯誤推給別人。說权星垣把工业搞得"手无寸鉄"，高錦明不执行民族政策，污蔑自治区的商业是"大盛魁"（旧社会剝削蒙人的大商号）。接着，"代常委"就跟着他的意图积极准备整这些同志的材料。在会外，云丽文、浩帆等人则散布区党委这些书記和一些領导干部反烏兰夫，积极做輿論上的准备。

去年四月下旬，烏兰夫以貫徹华北局会議，突出政治，突出阶級斗爭为名，召开自治区党委常委扩大会議，亲自出馬，調兵遣将，煽风点火，突出反大汉族主义，打击权星垣等同志，企图实現"宫廷政变"。此时华北局已有所发現，派人去对他进行了批評和制止，并且恰好中央叫他去北京参加五月政治局扩大会議，烏兰夫的这次阴謀才未能实現。接着，文化大革命运动开始了，烏兰夫的錯誤被揭发，他的阴謀完全破产了。

烏兰夫的錯誤不是偶然的。他出身于地主家庭，受資产阶級敎育，参加革命以后长期做民族上层工作，很少参加群众运动和艰苦的阶級斗爭。解放后，高高在上，脫离群众，脫离实际，养尊处优，当官做老爷。所以，他虽然入党四十多年，但他的資产阶級立場、世界观沒有得到根本改造，一貫表現右傾，并不是象他自己吹嘘的那样"一貫正确"。他是一个地地道道的資产阶級民族主义者。在国內外阶級斗爭进一步深化、社会主义革命深入的时候，触动了他的灵魂深处，尤其是一九六五年下半年以来，就迫不及待地、明目张胆地打出自己的旗帜，公然进行反党、反社会主义、反毛泽东思想，进行民族分裂活动。烏兰夫是党內的資产阶級代表人物，是一个野心勃勃的大阴謀家。他想用他的資产阶級民族主义来改造內蒙古，来改造內蒙古的党組織。

內蒙古自治区是祖国的边疆，是反修的前哨，是战略要地。中央对烏兰夫是信任的，委他担負了重要职务。但是，烏兰夫辜負了党中央、毛主席的信任和期望，从資产阶級的个人主义野心出发，完全背离了无产阶級革命事业的利益，发展到要分裂祖国統一，在內蒙古实行資本主义复辟的程度。烏兰夫的錯誤，对祖国边疆的巩固，对各民族人民的大团結，对內蒙古自治区的社会主义革命和社会主义建設事业，已經造成了极为严重的损失，遺毒很深。

烏兰夫的錯誤思想，过去就有所流露。毛主席和中央負責同志对他进行过說服和批評。近几年来，华北局对他的錯誤有所察觉，也不止一次地提醒并批評过他。但他从来沒有自我批評，对批評也是两面派态度。在华北局工作会議上，他对自己所犯的严重錯誤，虽經同志們的严厉批判和斗爭，开始有所认識，但他仍不愿与錯誤彻底决裂，沒有根本改变錯誤立場。

我們相信，內蒙古自治区百分之九十五以上干部和群众是革命的，是相信党中央和毛主席的。在党中央和毛主席的英明領导下，在这場无产阶級文化大革命中，一定能够肃淸烏兰夫錯誤所造成的影响。毛泽东思想伟大紅旗在內蒙古自治区一定会举得更高，內蒙古自治区的社会主义革命和社会主义建設，一定出現新的跃进局面。

打倒反革命修正主义分子、民族分裂主义分子烏兰夫！

彻底肃淸烏兰夫黑帮的流毒！

各民族人民大团結万岁！

无产阶級文化大革命万岁！

毛主席的无产阶級革命路綫万岁！

伟大的中国共产党万岁！

伟大导师、伟大領袖、伟大統帅、伟大舵手毛主席万岁！万岁！万万岁！

內蒙古自治区直屬机关

井岡山革命造反纵队

一九六七年三月三日

四九二八部隊來我院訪問並舉行座談會

解放軍同志表示堅決支持呼三司等革命組織

【本報訊】五月二十一日上午九點，中國人民解放軍內蒙古軍區四九二八部隊百餘名戰士訪問了內蒙古工學院《井岡山》，受到全院革命師生的熱烈歡迎，解放軍表示，堅決支持呼三司等革命造反派。體現了軍民之間的魚水關係。上午，解放軍同志和《井岡山》戰士舉行了一場籃球友誼賽。之後，舉行了座談會。

會上，《井岡山》戰士向解放軍同志匯報了《井岡山》革命委員會的鬥爭史，介紹了工學院兩個階級、兩條道路、兩條路線的鬥爭情況。

他說：革命造反派是在同院黨委內走資本主義道路的當權派鄭朝珍等及內蒙古黨委內走資本主義道路的當權派烏蘭夫、王逸倫、王鐸、劉景平的鬥爭中成長壯大起來的。

他說：內蒙古的「二月妖風」沒有嚇倒《三司》等革命造反派。在激烈的階級鬥爭中，革命造反派經受了鍛鍊和考驗。

他還說：四九二八部隊和其他兄弟部隊一樣，在支左、支工、支農及軍管軍訓中，做出了巨大的貢獻，為革命造反派樹立了很好的榜樣。

並表示：《井岡山》戰士一定向解放軍學習，高舉毛澤東思想偉大紅旗，把無產階級文化大革命進行到底！

解放軍在會上發言說：一定聽毛主席的話，堅決聽從黨中央的命令，堅決貫徹執行《中共中央關於處理內蒙問題的決定》。堅持支持《呼三司》等革命造反派，和廣大的革命群眾站在一起，更高地舉起毛澤東思想偉大紅旗，在無產階級文化大革命運動中建立更大的功勳。

解放軍同志還表示：向革命小將學習，做革命小將的堅強後盾。

會上，《井岡山》還把自己印刷的材料送給了解放軍，受到解放軍的熱烈歡迎。

座談會歷經了三小時，解放軍同志和《井岡山》戰士親切暢談，革命造反派從中得到了巨大的鼓舞。

下午全院革命同志熱情歡送解放軍，一直送到校門外。解放軍同志還約請《井岡山》戰士到他們那裡去訪問。群眾高呼：「向解放軍致敬！」「向解放軍學習！」「偉大的中國人民解放軍萬歲！」「毛主席萬歲！萬萬歲！」解放軍向歡送的人群揮手致意。

直到解放軍的隊伍走得很遠，歡送的人們才漸漸散去。

【又訊】五月二十二日下午一點，內蒙古軍區一三四部隊派十八名代表訪問內蒙古工學院，並舉行了座談，解放軍代表讚揚《呼三司》革命小將的造反精神，並說：「能在「二月黑風」中能堅持下來，是件不容易的事。」

解放軍代表還表示：向革命小將學習！

《井岡山》向代表們匯報了院內階級鬥爭情況。

代表們受到革命師生的熱烈歡迎。

一九六七年五月二十三日　挺

四九二八部队来我院访问并举行座谈会

解放軍同志表示 坚决支持呼三司等革命組織

【本报訊】五月二十一日上午九点，中国人民解放軍内蒙古軍区四九二八部队百余名战士訪問了内蒙古工学院《井岡山》，受到全院革命师生的热烈欢迎，解放軍表示，坚决支持呼三司等革命造反派。体現了軍民之間的魚水关系。上午，解放軍同志和《井岡山》战士举行了一場籃球友誼赛。之后，举行了座談会。

会上，《井岡山》战士向解放軍同志汇报了《井岡山》革命委員会的斗爭史，介紹了工学院两个阶級，两条道路，两条路綫的斗爭情况。

他說：革命造反派是在同院党委内走資本主义道路的当权派郑朝珍等及内蒙古党委内走資本主义道路的当权派烏兰夫、王逸伦、王鐸、刘景平的斗爭中成长壮大起来的。

他說：内蒙古的“二月妖风”沒有吓倒《三司》等革命造反派。在激烈的阶級斗爭中，革命造反派經受了鍛炼和考驗。

他还說：四九二八部队和其他兄弟部队一样，在支左、支工、支农及軍管軍訓中，做出了巨大的貢献，为革命造反派树立了很好的榜样。

并表示：《井岡山》战士一定向解放軍学习，高举毛泽东思想伟大紅旗，把无产阶級文化大革命进行到底！

解放軍在会上发言說：一定听毛主席的話，坚决听从党中央的命令，坚决貫徹执行《中共中央关于处理内蒙問題的决定》。坚决支持《呼三司》等革命造反派，和广大的革命群众站在一起，更高地举起毛泽东思想伟大紅旗，在无产阶級文化大革命运动中建立更大的功勛。

解放軍同志还表示：向革命小将学习，做革命小将的坚强后盾。

会上，《井岡山》还把自己印刷的材料送給了解放軍，受到解放軍的热烈欢迎。

座談会历經了三小时，解放軍同志和《井岡山》战士亲切暢談，革命造反派从中得到了巨大的鼓舞。

下午全院革命同志热情欢送解放軍，一直送到校門外。解放軍同志还約請《井岡山》战士到他們那里去訪問。群众高呼：“向解放軍致敬！”“向解放軍学习！”“伟大的中国人民解放軍万岁！”“毛主席万岁！万万岁！”解放軍向欢送的人群揮手致意。

直到解放軍的队伍走得很远，欢送的人們才漸漸散去。

【又訊】五月二十二日下午一点，内蒙古軍区一三四部队派十八名代表訪問内蒙古工学院，并举行了座談，解放軍代表贊揚《呼三司》革命小将的造反精神，并說：“能在‘二月黑风’中能坚持下来，是件不容易的事。”

解放軍代表还表示：向革命小将学习！

《井岡山》向代表們汇报了院内阶級斗爭情况。

代表們受到革命师生的热烈欢迎。

內蒙各地動態

昭盟【本報赤峰五月十日訊】目前昭盟形勢大好，造反派鬥志昂揚。五月九日革命造反派兩千餘人向公安局索取文化大革命中所整理的黑材料，當地駐軍××部隊、赤峰軍分區發表「五項命令」堅決支持造反派的這一革命行動，歷經二十四小時鬥爭告捷，革命造反派揚眉吐氣，保守派化整為零，轉入地下秘密活動。

【又訊】赤峰製藥廠，長征老幹部董大成在這次資本主義反革命復辟的逆流中，立場堅定，不愧是「革命的老前輩」。

哲盟【本報通遼五月十六日訊】五月十五日哲盟「聯總」及其一小撮幕後指揮者，煽動幾百名不明真相的群眾，砸搶哲盟公安處業務辦公室和哲盟政法「東方紅」總部，搶去手槍、子槍、印鑑、徽章、照相機，各種業務器材和大批絕密文件，嚴重地破壞了公安和政法機關對內外專政的作用。就此事件哲盟「紅色造反兵團」「工人東方紅總司令部」及「哲盟三司」等九個革命造反派組織發表嚴正聲明，並查封現場檢查處理。

【又訊】呼市「無產者」之流流竄哲盟，通遼街上出現大量反動傳單，打人、捕人的白色恐怖仍在繼續。

錫盟【本報訊】錫盟白色恐怖仍未解除，捕人、打人，武鬥成風。謠言頻傳，竟說：「八條毛主席給批錯了。」「江青賠禮道歉，停職反省了。」

巴盟【本報訊】巴盟形勢大好，受蒙蔽的群眾大多數已覺醒，頑固點是武裝部，但部長已站到革命造反派一方面來了，廣大戰士正在覺醒。

伊盟【本報東勝五月九日訊】呼三司內蒙古工學院井岡山《毛澤東思想宣傳隊》發表《嚴正聲明》堅決支持革命造反派《鄂爾多斯無產階級革命造反派聯合總指揮部》；支持革命的領導幹部劉思、趙懷斌、郝文廣等同志。堅決打倒黨內走資本主義道路的當權派暴顏巴圖、康俊之流。

内蒙各地动态

昭盟【本报赤峰五月十日訊】目前昭盟形势大好，造反派斗志昂揚。五月九日革命造反派两千余人向公安局索取文化大革命中所整理的黑材料，当地駐軍××部队、赤峰軍分区发表“五項命令”坚决支持造反派的这一革命行动，历經二十四小时斗爭告捷，革命造反派揚眉吐气，保守派化整为零，轉入地下秘密活动。

【又訊】赤峰制药厂，长征老干部董大成在这次資本主义反革命复辟的逆流中，立場坚定，不愧是“革命的老前輩”。

哲盟【本报通辽五月十六日訊】五月十五日哲盟“联总”及其一小撮幕后指揮者，煽动几百名不明眞象的群众，砸搶哲盟公安处业务办公室和哲盟政法“东方紅”总部，搶去手枪、子枪、印鉴、徽章、照相机，各种业务器材和大批絕密文件，严重地破坏了公安和政法机关对內外专政的作用。就此事件哲盟“紅色造反兵团”“工人东方紅总司令部”及“哲盟三司”等九个革命造反派組織发表严正声明，并查封现場检査处理。

【又訊】呼市“无产者”之流流窜哲盟，通辽街上出現大量反动传单，打人、捕人的白色恐怖仍在继續。

錫盟【本报訊】錫盟白色恐怖仍未解除，捕人、打人，武斗成风。謠言頻传，竟說：“八条毛主席給批錯了。”“江青賠礼道歉，停职反省了。”

巴盟【本报訊】巴盟形势大好，受蒙蔽的群众大多数巳觉醒，頑固点是武裝部，但部长巳站到革命造反派一方面来了，广大战士正在觉醒。

伊盟【本报东胜五月九日訊】呼三司內蒙古工学院井崗山《毛泽东思想宣传队》发表《严正声明》坚决支持革命造反派《鄂尔多斯无产阶級革命造反派联合总指揮部》，支持革命的領导干部刘思、赵怀斌、郝文广等同志。坚决打倒党內走資本主义道路的当权派暴顏巴图、康俊之流。

關於「呼和浩特市工農兵革命委員會」概貌

內蒙古工學院《井岡山》材料組　（續）

三、兩個月來的活動情況

1.一系列的事件：

「工農兵革命委員會」成立後的七、八天就和「紅衛軍」等組織一起於元月九日、十日、十一日連續三天三夜砸了三司等大部分革命組織，搶走了許多東西，而且發生了嚴重的武鬥事件。「一司」負責人杜熕從內蒙黨委「紅旗」騙取了部分有關高錦明問題的整理材料，「工農兵革命委員會」就和「一司」等幾個組織，假借高是三司的後台，趁機召開批判鬥爭高錦明大會，以此來打擊三司等革命組織，同時於元月二十二日把高錦明掛牌遊街示眾。當康修民指示說：「高錦明不是三司的後台」時，便也給康掛上了「搗亂會場的牌子」，一起遊了街。

「革命戰士」從《1.22》報社事件後，幹了許多壞事。二月四日，在軍區的保護下，在新華廣場召開了反奪權誓師大會。二月六日開始，便拉不明真相的忙於春耕生產的大量農民進城，在軍區配合下反奪了公安、鐵路、郵電報社、電台等要害部門的權，多次發生武鬥，這是一次保皇勢力的大反撲。二月八日到十二日從郊區桃花公社、板公社、巧兒報公社等地運來農民就有5000多人。

「工農兵革命委員會」搞的經濟主義和物質刺激也是值得注意的，從這個組織成立直到二月九日凌晨二時，凡參加活動的脫產人員每人每天補助0.40元；凡殘廢軍人每人給補助30元，僅元月份以來，光用饅頭、蘋果、香煙之類物品收買不明真相的農民進城造革命群眾組織的反，並進行武鬥，共花去人民幣400元，每天除給農民記一個勞動日還發人民幣0.50元。

2.值得注意的幾起活動（詳細內容見另附材料）

（1）元月十四日「工農兵革命委員會」盜用中央軍委名義惑眾鬧事。說「中央軍委來急電，從元月十四日到元月十六日抓三天三夜黑幫，大家待命」。並要絕對保密。有的提出說：「這樣不影響生產嗎？」回答卻說：「影響生產也沒有關係。」

（2）二月二日夜「革命戰士」和「紅衛軍」把正在王再天家秘密召開常委會的內蒙黨委幾個書記抓到了黨校（懷疑王逸倫告密），王鐸、王逸倫被保護在市內，高錦明、權星垣先後被弄到呼鋼，郭以青、康修民被拉到桃花公社。

高、權被打、鬥多次。

郭以青、康修民被打、鬥多次，放在地窖裡。當時有兩個軍區便衣指揮行動。他們強行讓康、郭簽字：承認三司是反革命組織給一批汽車、摩托和廣播器材。康、郭堅定的說：「三司的大方向是正確的，紅旗舉得高；一司有問題大部分是保皇。」「革命戰士」又退一步說：「若你不給批汽車，你就批示：你們自去解決。」康說：「我不能讓你們當土匪去。」這次事件是趙長海搞的。

（3）2月7日晚「工農兵革命委員會」在軍區召開了常委會當時除11名常委外還有「一司」、軍區的兩便衣等50餘人，主要研究了行動計畫。搶韓桐屍體，搶三司等革命造反派的汽車和廣播器材奪公安、鐵路、郵電等要害部門的權，在完成上述任務後，於2月17日，18日，19日進行三天三夜大逮捕。

（4）2月17日在軍區召開了「革命戰士」「紅衛軍」等幾個組織的代表會議。由軍區傳達了周總理的四點指示，並宣布取消原三天三夜大逮捕。

（5）2月18日「無產階級革命造反聯合總指揮部」不執行總理的四點指示，歪曲原意地貼出了「總理四點指示」的大字報，有的則宣傳成五點，加入自己的私貨。以後又幹了許多違背總理四點指示的壞事。

前幾天「無產階級革命造反聯合總指揮部」分片集會，聽了從北京回來的他們代表的傳達。據說他們研究了退兵之計：把現時組織打亂整編成28個團。一旦官司輸了，就化整為零，繼續戰鬥。並且揚言說：「周總理也有問題，可信不可信還得看。」

內蒙古工學院井崗山革命造反委員會
1967年3月1日

一九六七年五月二十三日　　挺进报　　第七版

反革命組織“工农兵革命委員会”必須彻底解散

关于“呼和浩特市工农兵革命委員会”概貌

内蒙古工学院《井岡山》材料组　（续）

三、两个月来的活动情况

1.一系列的事件：

“工农兵革命委員会成立后的七、八天就和“紅卫軍”等組織一起于元月九日、十日、十一日連續三天三夜砸了三司等大部分革命組織，搶走了許多东西，而且发生了严重的武斗事件。“一司”負責人杜煩从内蒙党委“紅旗”騙取了部分有关高錦明問題的整理材料，“工农兵革命委員会”就和“一司”等几个組織，假借高是三司的后台，趁机召开批判斗爭高錦明大会，以此来打击三司等革命組織，同时于元月二十二日把高錦明挂牌游街示众。当康修民指示說：“高錦明不是三司的后台”时，便也給康挂上了“搗乱会場的牌子，一起游了街。

“革命战士”从《1.22》报社事件后，干了許多坏事。二月四日，在軍区的保护下，在新华广場召开了反夺权誓师大会。二月六日开始，便拉不明眞相的忙于春耕生产的大量农民进城，在軍区配合下反夺了公安、鉄路、邮电报社、电台等要害部門的权，多次发生武斗，这是一次保皇势力的大反扑。二月八日到十二日从郊区桃花公社、莜莜板公社、巧儿报公社等地运来农民就有5000多人。

“工农兵革命委員会”搞的經济主义和物质刺激也是值得注意的，从这个組織成立直到二月九日凌晨二时，凡参加活动的脱产人員每人每天补助0.40元；凡残废軍人每人給补助30元，仅元月份以来，光用饅头、苹果、香烟之类物品收买不明眞相的农民进城造革命群众組織的反，并进行武斗，共花去人民币400元，每天除給农民記一个劳动日还发人民币0.50元。

2.值得注意的几起活动（詳細内容見另附材料）

（1）元月十四日“工农兵革命委員会”盜用中央軍委名义惑众鬧事。說“中央軍委来急电，从元月十四日到元月十六日抓三天三夜黑帮，大家待命”。并要絕对保密。有的提出說：“这样不影响生产嗎？”回答却說：“影响生产也沒有关系。”

（2）二月二日夜“革命战士”和“紅卫軍”把正在王再天家秘密召开常委会的内蒙党委几个书記抓到了党校（怀疑王逸伦告密），王鐸、王逸伦被保护在市内，高錦明、权星垣先后被弄到呼鋼，郭以青、康修民被拉到桃花公社。

高、权被打、斗多次。

郭以青、康修民被打、斗多次，放在地窖里。当时有两个軍区便衣指揮行动。他們强行让康、郭签字：①承认三司是反革命組織②給一批汽車、摩托和广播器材。康、郭坚定的說：“三司的大方向是正确的，紅旗举得高；一司有問題大部分是保皇。”“革命战士”又退一步說：“若你不給批汽車，你就批示：你們自去解决。”康說：“我不能让你們当土匪去。”这次事件是赵长海搞的。

（3）2月7日晚“工农兵革命委員会”在軍区召开了常委会当时除11名常委外还有“一司”、軍区的两便衣等50余人，主要研究了行动計划。①搶韓桐尸体，②搶三司等革命造反派的汽車和广播器材③夺公安、鉄路、邮电等要害部門的权，在完成上述任务后，于2月17日，18日，19日进行三天三夜大逮捕。

（4）2月17日在軍区召开了“革命战士”“紅卫軍”等几个組織的代表会議。由軍区传达了周总理的四点指示，并宣布取消原三天三夜大逮捕。

（5）2月18日“无产阶級革命造反联合总指揮部不执行总理的四点指示，歪曲原意地貼出了“总理四点指示”的大字报，有的則宜传成五点，加入自己的私貨。以后又干了許多违背总理四点指示的坏事。

前几天“无产阶級革命造反联合总指揮部”分片集会，听了从北京回来的他們代表的传达。据說他們研究了退兵之計：把現时組織打乱整編成28个团。一旦官司輸了，就化整为零，继續战斗。并且揚言說：“周总理也有問題，可信不可信还得看。”

内蒙古工学院井崗山革命造反委員会
1967年3月1日

斥所謂「牛鬼蛇神」論

武明文之流為了達到搞垮造反派的目的，最近，一直散布《井岡山》、《八一》組織不純，是「牛鬼蛇神」的大雜燴。武明文之流一方面竭力販賣早已被扔到垃圾堆裡的「譚立夫路線」，企圖壓抑革命造反派，另一方面散布流言蜚語，把革命造反派打成「牛鬼蛇神」。歸根結底，是要把革命造反派搞垮，以達到他們不可告人的目的。

武明文之流瞄準了這些「牛鬼蛇神」，就開始橫掃了。過去，他們說：《三司》是「牛鬼蛇神」，一看《三司》都是學生，現在又喊叫《三司》觀點的，是「牛鬼蛇神」了。這可以《預製廠》為例：

三月十六日下午兩點，武明文之流指使一幫打手，從生產崗位上把《預製廠》八名「牛鬼蛇神」揪出，三個抓一個，押往會場。鬥爭會規模「隆重」可觀，一百來人把八名「牛鬼蛇神」團團圍住，頑固堅持反動路線的當權派李柱林也登台助興，發布通令、通告，忙了個不亦樂乎！

鬥爭會開始了。議程簡單，「先斬」（拳打腳踢）「後奏」：（宣讀通告、通令和「三條」「安民告示」）1.你們是「非法組織」，勒令解散；2.接管並沒收「非法組織」的一切財物；3.命令這批「牛鬼蛇神」將其貼的大字報統統撕掉。

這批「牛鬼蛇神」究竟是什麼樣的？現再次「示眾」如下：

耿銀祥：工人、黨員、出身中農。

智寶義：工人、黨員、出身貧農。

王雙元：工人、黨員、出身市貧。

張廣貴：工人、黨員、出身貧農。

張士德：工人、黨員、出身中農。

陳福田：工人、黨員、出身貧農。

馬忠堂：工人、黨員、出身市貧。

羅　英：工人、群眾、出身小商。

看後也許有人要問：怎麼被鬥的「牛鬼蛇神」都是勞動人民的兒子？都是普通工人同志？哪個能說是「牛鬼蛇神」？所謂《三司》觀點的，是「牛鬼蛇神」，純屬別有用心的造謠誣衊！讓那些可恥的造謠誣衊見鬼去吧！

（華建《井岡山》供稿）

第八版

斥所謂「牛鬼蛇神」論

武明文之流为了达到搞垮造反派的目的，最近，一直散布《井岡山》、《八一》組織不純，是“牛鬼蛇神”的大杂燴。武明文之流一方面竭力販卖早巳被扔到垃圾堆里的“譚立夫路綫”，企图压抑革命造反派，另一方面散布流言蜚語，把革命造反派打成“牛鬼蛇神”。归根結底，是要把革命造反派搞垮，以达到他們不可告人的目的。

武明文之流瞄准了这些“牛鬼蛇神”，就开始横扫了。过去，他們說：《三司》是‘牛鬼蛇神’，一看《三司》都是学生，現在又喊叫《三司》观点的，是“牛鬼蛇神”了。这可以《予制厂》为例：

三月十六下午两点，武明文之流指使一帮打手，从生产崗位上把《予制厂》八名“牛鬼蛇神”揪出，三个抓一个，押往会場。斗爭会規模“隆重”可观，一百来人把八名“牛鬼蛇神”团团围住，頑固坚持反动路綫的当权派李柱林也登台助兴，发布通令、通告，忙了个不亦乐乎！

斗爭会开始了。議程簡单，“先斬”（拳打脚踢）“后奏”：（宣讀通告、通令和“三条”“安民告示”）1.你們是“非法組織”，勒令解散；2.接管并沒收“非法組織”的一切財物；3.命令这批“牛鬼蛇神”将其貼的大字报統統撕掉。

这批“牛鬼蛇神”究竟是什么样的？現再次“示众”如下：

耿銀祥：工人、党員、出身中农。
智宝义：工人、党員、出身貧农。
王双元：工人、党員、出身市貧。
张广貴：工人、党員、出身貧农。
张士德：工人、党員、出身中农。
陈福田：工人、党員、出身貧农。
馬忠堂：工人、党員、出身市貧。
罗　英：工人、群众、出身小商。

看后也許有人要問：怎么被斗的“牛鬼蛇神”都是劳动人民的儿子？都是普通工人同志？哪个能說是“牛鬼蛇神”？所謂《三司》观点的，是“牛鬼蛇神”，純属别有用心的造謠誣蔑！让那些可恥的造謠誣蔑見鬼去吧！

（华建《井岡山》供稿）

文藝紅旗

北京工农兵文艺公社主办

第6期　(共4版)　1967年6月16日

最高指示

組織千千万万的民众，調动浩浩蕩蕩的革命軍，是今天的革命向反革命进攻的需要。

——論反对日本帝国主义的策略

热烈欢呼团結战斗的大检閲

首都文艺界联合斗批刘少奇大会

【本报讯】中央直属文艺团体、艺术院校、电影、图博文物系统数百个革命群众组织，响应毛主席的战斗号召，在中央文革的亲切关怀和直接领导下，在革命的大批判、大斗爭的新阶段中，在毛泽东思想基础上，联合起来，在本月十日至十二日连续三天举行了联合斗批刘少奇大会。中共中央政治局常委、中央文革小组组长陈伯达同志出席了开幕式，代表中央文革对大会作了高度评价："你们今天的大会，就是无产阶级革命派大联合的模范。"会上，各单位內几个组织的联合发言人用大量的事实，愤怒揭发和批判了刘少奇及在他直接指挥下文艺界一小撮反革命修正主义分子所犯下的滔天罪行。

这次大会，是联合起来第一次战斗的大检阅，标志着文艺界的大批判、大斗爭进入了更深入、更高水平的新阶段。

陈伯达同志的重要講話

我代表中央文革小组全体同志向同志们问好！我替江青同志向你们问好！

文艺界的革命是我国无产阶级文化大革命的开端。你们今天的大会，就是无产阶级革命派大联合的模范。你们应当继续成为大联合大批判的模范。你们要成为要文斗不要武斗的模范。我庆祝你们的大联合、你们的大批判、你们各项工作的胜利。不断用毛泽东思想武装自己的头脑，自己教育自己，自己解放自己，自己管理自己。

光焰无际的毛泽东思想万岁！

伟大导师、伟大领袖毛主席万岁！

文艺界一切革命組織、革命群众、革命干部联合起来，向刘少奇猛烈开火！

金敬迈同志一九六七年六月三日晚在文化部的讲话

[illegible]很重要的文章，是关于牢牢掌握运动大方向，把矛头对准党內最大的一小撮走资本主义道路的当权派的一些文章，文艺小组的几个同志和文艺小组办事组的几个同志一起集体学习了几次，下面是我的，也是我们几个同志的学习体会，向大家汇报一下，就算是学习笔记吧！

我们最最敬爱的伟大领袖毛主席著作的第一卷第一篇文章，第一句话就教导我们："**谁是我们的敌人？谁是我们的朋友？这个问题是革命的首要问题。中国过去一切革命斗爭成效甚少，其基本原因就是因为不能团结眞正的朋友，以攻击眞正的敌人。**"谁是我们的敌人？谁是我们文化大革命的主要对象，我们的矛头应该指向哪里？什么是我们文化革命的大方向？毛主席告诉我们，**在无产阶级专政的条件下，革命的主要对象是混进无产阶级机构內的资产阶级代表人物，是党內一小撮走资本主义道路的当权派。**党內一小撮走资本主义道路的当权派，同广大的工农兵，革命的干部、革命知识分子的矛盾是主要矛盾，对抗性的矛盾，解决这个矛盾的斗爭是无产阶级和资产阶级两个阶级、社会主义和资本主义两条道路斗爭的集中表现，把党內最大的一小撮走资[illegible]正主义貨色拿出来示众，彻底批判，把他们斗臭斗垮斗倒，对他们进行夺权斗爭，这就是无产阶级文化大革命所要解决的主要问题，这就是斗爭的大方向。我们伟大领袖毛主席早在63年和64年就严正地指出了："**各种艺术形式——戏剧、曲艺、音乐、美术、舞蹈、电影、诗和文学等等，问题不少，人数很多，社会主义改造在许多部门中，至今收效甚微。**""**这些协会和他们所掌握的刊物的大多数（据说有少数几个好的），十五年来，基本上（不是一切人）不执行党的政策，做官当老爷，不去接近工农兵，不去反映社会主义的革命和建设。最近几年，竟然跌到了修正主义的边缘。如不认眞改造，势必在将来的某一天，要变成象匈牙利裴多菲俱乐部那样的团体。**"文艺界为什么产生这样的恶果呢？我们伟大领袖毛主席领导的从批判《武训传》到批判《海瑞罢官》的一系列的斗爭，为什么总是遭到抵制和破坏呢？为什么毛主席的革命文艺路线在旧文化部的黑司令，从周扬、夏衍到肖望东总是得不到贯彻呢？[illegible]不为别的，都因为反革命修正主义文艺黑线有一个总代表，反革命修正主义分子彭真、周扬、夏衍、林默涵、齐燕铭、田汉、以及64年来的肖望东，在他们的背后有个总后台，是中国的赫鲁晓夫、党內最大的走资本主义道路的当权派，就是他，在毛主席亲自发动和领导的无产阶级文化大革命开始之后，他看到了他们借以安身立命的基础即将被摧毁，便伙同党內另一个最大的走资本主义道路的当权派，提出了一条资产阶级反动路线，借以保护他们的反革命修正主义路线，也是借以保护他们十七年的反革命修正主义黑线和保护这条文艺黑线的资产阶级反动路线。把反革命修正主义文艺路线的总代表和这条资产阶级反动路线的提出者，就是党內最大的走资本主义道路的当权派，批深批透，这是我们文艺界压倒一切的最最主要的任务，这就是我

（下转第四版）

无产阶级革命派联合起来！向刘少奇猛烈开火！

★　★　★

停止內战　团結对敌

东方紅京剧团初步实现大联合

【本报讯】东方红京剧团的革命同志，坚决响应毛主席的号召，按照《通知》的精神，紧紧抓住主要矛盾，掌握斗爭大方向，初步实现了革命的大联合。

在中央文革文艺组的直接领导下，在学习《通知》、《座谈会纪要》及毛主席关于文艺问题的五个文件的基础上，经过协商讨论，"红色造反公社"和"东方红兵团"在五月卅日达成协议，实行大联合，组成全团斗批改的领导班子——联合小组。双方确认，互相承认是革命的群众组织，承认双方之间分歧是人民內部的矛盾；今后一致把矛头对准党內最大的走资本主义道路的当权派；联合后全团开门整风。联合小组由公社和兵团及其它组织和革命干部组成，它将逐渐担负起全团革命和生产的领导，为今后实现革命的"三结合"创造条件。

在实现联合的过程中，要做很多思想工作。红色造反公社从核心组到每个战士人人作思想工作，互相帮助、互相教育，抓活思想，统一认识。针对出现的活思想，他们反复学习了《通知》及有关的社论，又学习《将革命进行到底》及有关的毛主席语录。他们逐渐认清，同主要矛盾相比，两个组织之间的分歧都是次要的矛盾，可以求同存异，共同对敌，将枪口对准党內一小撮最大的走资本主义道路的当权派。决不能光自己起来造反，也要团结别人一起来造反。两派之间打了几个月"內战"，在批斗黑帮黑线上又用了多少力量？有这样

（下转第三版）

陳伯達同志的重要講話

我代表中央文革小組全體同志向同志們問好！我替江青同志向你們問好！

文藝界的革命是我國無產階級文化大革命的開端。你們今天的大會，就是無產階級革命派大聯合的模範。你們應當繼續成為大聯合大批判的模範。你們要成為要文鬥不要武鬥的模範。我慶祝你們的大聯合、你們的大批判、你們各項工作的勝利。不斷用毛澤東思想武裝自己的頭腦，自己教育自己，自己解放自己，自己管理自己。

光焰無際的毛澤東思想萬歲！

偉大導師、偉大領袖毛主席萬歲！

文艺红旗

北京工农兵文艺公社主办

第 6 期　(共4版)　1967年6月15日

陈伯达同志的重要讲話

我代表中央文革小组全体同志向同志们问好！我替江青同志向你们问好！

文艺界的革命是我国无产阶级文化大革命的开端。你们今天的大会，就是无产阶级革命派大联合的模范。你们应当继续成为大联合大批判的模范。你们要成为要文斗不要武斗的模范。我庆祝你们的大联合、你们的大批判、你们各项工作的胜利。不断用毛泽东思想武装自己的头脑，自己教育自己，自己解放自己，自己管理自己。

光焰无际的毛泽东思想万岁！

伟大导师、伟大领袖毛主席万岁！

熱烈歡呼團結戰鬥的大檢閱

首都文藝界聯合鬥批劉少奇大會

【本報訊】中央直屬文藝團體、藝術院校、電影、圖博文物系統數百個革命群眾組織，響應毛主席的戰鬥號召，在中央文革的親切關懷和直接領導下，在革命的大批判、大鬥爭的新階段中，在毛澤東思想基礎上，聯合起來，在本月十日至十二日連續三天舉行了聯合鬥批劉少奇大會。中共中央政治局常委、中央文革小組組長陳伯達同志出席了開幕式，代表中央文革對大會作了高度評價：「你們今天的大會，就是無產階級革命派大聯合的模範。」會上，各單位內幾個組織的聯合發言人用大量的事實，憤怒揭發和批判了劉少奇及在他直接指揮下文藝界一小撮反革命修正主義分子所犯下的滔天罪刑。

這次大會，是聯合起來第一次戰鬥的大檢閱，標誌著文藝界的大批判、大鬥爭進入了更深入、更高水平的新階段。

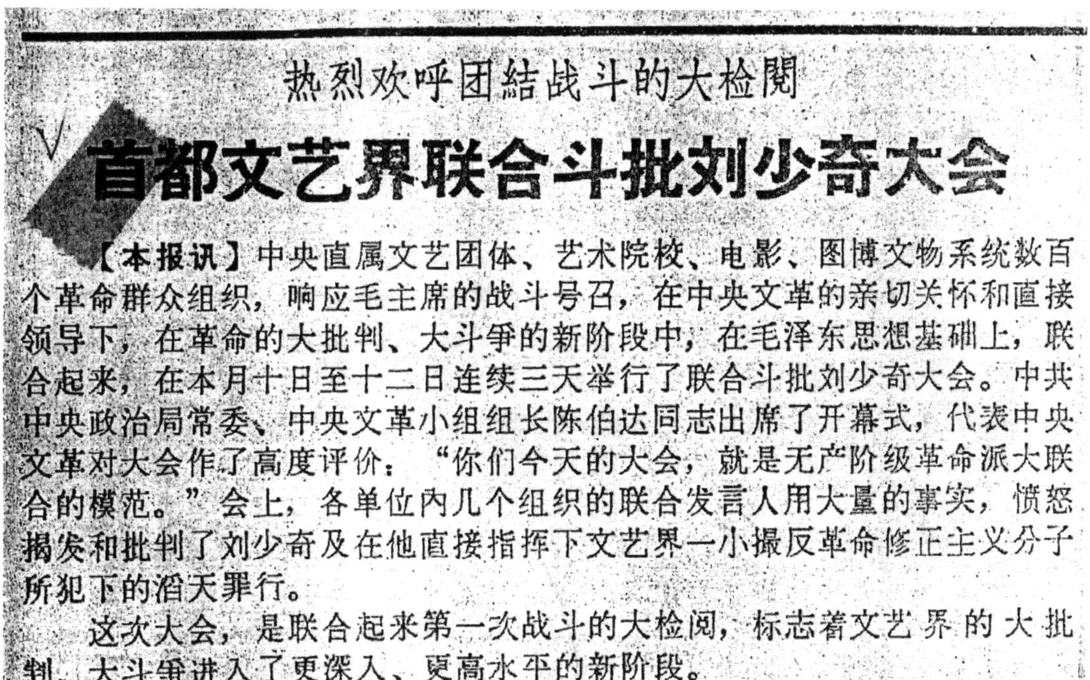

热烈欢呼团結战斗的大检閱

首都文艺界联合斗批刘少奇大会

【本报讯】中央直属文艺团体、艺术院校、电影、图博文物系统数百个革命群众组织，响应毛主席的战斗号召，在中央文革的亲切关怀和直接领导下，在革命的大批判、大斗争的新阶段中，在毛泽东思想基础上，联合起来，在本月十日至十二日连续三天举行了联合斗批刘少奇大会。中共中央政治局常委、中央文革小组组长陈伯达同志出席了开幕式，代表中央文革对大会作了高度评价："你们今天的大会，就是无产阶级革命派大联合的模范。"会上，各单位内几个组织的联合发言人用大量的事实，愤怒揭发和批判了刘少奇及在他直接指挥下文艺界一小撮反革命修正主义分子所犯下的滔天罪行。

这次大会，是联合起来第一次战斗的大检阅，标志着文艺界的大批判、大斗争进入了更深入、更高水平的新阶段。

文藝界一切革命組織、革命群眾、革命幹部聯合起來，向劉少奇猛烈開火！

金敬邁同志一九六七年六月三日晚在文化部的講話

最近《紅旗》雜誌和《人民日報》，發表了很重要的文章，是關於牢牢掌握運動大方向，把矛頭對準黨內最大的一小撮走資本主義道路的當權派的一些文章，文藝小組的幾個同志和文藝小組辦事組的幾個同志一起集體學習了幾次，下面是我的，也是我們幾個同志的學習體會，向大家匯報一下，就算是學習筆記吧！

我們最最敬愛的偉大領袖毛主席著作的第一卷第一篇文章，第一句話就教導我們：「誰是我們的敵人？誰是我們的朋友？這個問題是革命的首要問題。中國過去一切革命鬥爭成效甚少，其基本原因就是因為不能團結真正的朋友，以攻擊真正的敵人。」誰是我們的敵人？誰是我們文化大革命的主要對象，我們的矛頭應該指向哪裡？什麼是我們文化革命的大方向？毛主席告訴我們：在無產階級專政的條件下，革命的主要對象是混進無產階級機構內的資產階級代表人物，是黨內一小撮走資本主義道路的當權派。黨內一小撮走資本主義道路的當權派，同廣大的工農兵，革命的幹部、革命知識分子的矛盾是主要矛盾，對抗性的矛盾，解決這個矛盾的鬥爭是無產階級和資產階級兩個階級、社會主義和資本主義兩條道路鬥爭的集中表現，把黨內最大的一小撮走資本主義道路的當權派揭露出來，把他們那一套修正主義貨色拿出來示眾，徹底批判，把他們鬥臭鬥垮鬥倒，對他們進行奪權鬥爭，這就是無產階級文化大革命所要解決的主要問題，這就是鬥爭的大方向。我們偉大領袖毛主席早在63年和64年就嚴正地指出了：「各種藝術形式—戲劇、曲藝、音樂、美術、舞蹈、電影、詩和文學等等，問題不少，人數很多，社會主義改造在許多部門中，至今收效甚微。」「這些協會和他們所掌握的刊物的大多數（據說有少數幾個好的），十五年來，基本上（不是一切人）不執行黨的政策，做官當老爺，不去接近工農兵，不去反映社會主義的革命和建設。最近幾年，竟然跌到了修正主義的邊緣。如不認真改造，勢必在將來的某一天，要變成像匈牙利裴多菲俱樂部那樣的團體。」文藝界為什麼產生這樣的惡果呢？我們偉大領袖毛主席領導的從批判《武訓傳》到批判《海瑞罷官》的一系列的鬥爭，為什麼總是遭到抵制和破壞呢？為什麼毛主席的革命文藝路線在舊文化部的黑司令，從周揚、夏衍到蕭望東總是得不到貫徹呢？凡此種種，不為別的，都因為反革命修正主義文藝黑線有一個總代表，反革命修正主義分子彭真、周揚、夏衍、林默涵、齊燕銘、田漢、以及64年來的蕭望東，在他們的背後有個總後台，是中國的赫魯曉夫、黨內最大的走資本主義道路的當權派，就是他，在毛主席親自發動和領導的無產階級文化大革命開始之後，他看到了他們藉以安身立命的基礎即將被摧毀，便夥同黨內另一個最大的走資本主義道路的當權派，提出了一條資產階級反動路線，藉以保護他們的反革命修正主義路線，也是藉以保護他們十七年的反革命修正主義黑線和保護這條文藝黑線的資產階級反動路線。把反革命修正主義文藝路線的總代表和這條資產階級反動路線的提出者，就是黨內最大的走資本主義道路的當權派，批深批透，這是我們文藝界壓倒一切的最最主要的任務，這就是我們文藝界無產階級文化大革命的大方向，這就是最大的原則。毛主席教導我們：「我黨規定了中國革命的總路線和總政策，又規定了各項具體的工作路線和各項具體的政策。但是，許多同志往往記住了我黨的具體的各別的工作路線和政策，忘記了我黨的總路線和總政策。而如果真正忘記了我黨的總路線和總政策，我們就將是一個盲目的不完全的不清醒的革命者，在我們執行具體工作路線和具體政策的時候，就會迷失方向，就會左右搖擺，就會貽誤我們的工作。」現在，是全國人民，廣大工農兵、革命幹部和革命知識分子，向黨內最大的一小撮走資本主義道路的當權派猛烈開火的時候，誰忘記或忽視了無產階級文化革命的主要對象，誰忘記或忽視了文化大革命運動的大方向，誰就會迷失方向，就會走到邪路上去，毛主席教導我們：「人民，只有人民，才是創造世界歷史的動力。」又說：「革命戰爭是群眾的戰爭，只有動員群眾才能進行戰爭，只有依靠群眾才能進行戰爭。」我們對黨內最大的一小撮走資本主義道路當權派的鬥爭是一場規模巨大的人民戰爭，必須也只有動員最廣大的革命群眾，才能進行這場人民戰爭，才能把黨內最大的一小撮走資本主義道路的當權派鬥臭、鬥垮、鬥倒，任何不利於動員最廣大的革命群眾的言論與行動，都必須加以堅決反對。

有人說：「他們是保守派，我們不能和他們一起鬥。」必須認清，革命群眾組織，和認識不清而參加保守組織的群眾的關係是人民內部矛盾，只要抓住主要矛盾，認清主要敵人，就可以看到受蒙蔽的保守組織的群眾也是反動路線的受害者，他們是我們的階級兄弟，對他們只能說服，不能壓服，侮辱和打擊，而要幫助他們，教育他們，同幕後操縱他們的壞人，劃清界線，回到毛主席的革命路線這邊來。他們保持原來組織，自己起來造反，扭轉了政治方向，反戈一擊，把鬥爭的矛頭指向鬥爭黨內一小撮走資本主義道路的當權派，同樣應當表示歡迎，同樣不應當歧視他們，這樣做，不是右傾機會主義，不是投降主義，而是馬克思列寧主義、毛澤東思想的正確原則，只有這樣才有利無產階級，才有利於毛主席的無產階級革命路線，有利於勝利完成文化革命的偉大歷史任務，只有這樣，才能團結絕大多數的群眾，使革命派立於不敗之地，團結曾經參加保守組織，現在又有某種程度覺悟的群眾，一起向黨內走資本主義道路的當權派進行鬥爭，可以使他們更快的覺醒，也能使革命群眾，不斷壯大力量，不這樣做，只能有利於黨內一小撮走資本主義道路的當權派，我們必須牢牢記住我們偉大領袖毛主席的諄諄教導：無產階級不但要解放自己，而且要解放全人類，如果不能解放全人類，無產階級自己就不能最後的得到解放。參加保守組織的群眾，則應該嚴格的要求自己，虛心向革命左派學習，認識主要矛盾，分清敵我，掌握鬥爭大方向，犯了錯誤，應該承認，應該改正，只要改了就好，不要感情用事，繼續迷失方向，要提高警惕，不要受壞人的挑動。

還有人說：「他們組織成員是一些黑幫爪牙，受毒深，放毒多的黑蔓黑爪，他們的組織是三教九流一窩蜂，烏七八糟大雜燴，同他們一起鬥，不但鬥不好，反而會產生復辟。」毛主席教導我們：「任何犯錯誤的人只要他不諱疾忌醫，不固執錯誤，以至於達到不可救藥的地步，而是老老實實，真正願意改正，我們就要歡迎他，把他的毛病治好，使他變成一個好同志。」對於說過一些錯話，做過一些錯事或寫過一些不好作品，演過一些壞戲的人，只要他擁護黨，擁護社會主義，擁護毛主席就不要打倒，要耐心幫助他們，教育他們，不能歧視他們，只要他們敢於承認錯誤，就應該歡迎他們，團結他們，同他們一起鬥、批、改。還要說明的是，有的革命群眾組織當中，可能混進了幾個壞人，但不能因為這個組織當中有一兩個壞人，就否定整個組織。一切革命組織，革命群眾聯合起來，共同鬥爭黨內走資本主義道路的當權派，也能更好的教育過去犯錯誤的人。混入革命群眾組織中的壞人，也一定會暴露出來，相反，如果革命組織、革命群眾不能聯合起來，將黨內一小撮走資本主義道路的當權派徹底鬥臭、鬥垮、鬥倒，那才真正預伏下復辟的危險。

當然過去犯過錯誤的同志，也應該也必須在向黨內走資本主義道路當權派鬥爭當中，認識和改正自己的錯誤，揭露黨內走資本主義道路當權派的罪行，一切革命群眾組織之間的矛盾，都是人民內部矛盾，他們之間的分歧，不可否認，有的是原則分歧，但即使是這種原則分歧，也是次要的，他們的對立面都是黨內走資本主義道路的當權派，他們的大方向是一致的，只有認清主要敵人，抓住主要矛盾，才能正確對待和解決這些矛盾。把革命群眾組織之間的分歧，說成比天還大，把他們之間的矛盾，凌駕於革命群眾和黨內走資本主義道路當權派的矛盾之上，這是極端錯誤的，這樣做只能有利於敵人。我們要牢牢記住毛主席的教導：「共產黨員必須懂得以局部需要服從全局需要這一個道理。如果某項意見在局部的情形看來是可行的，而在全局的情形看來是不可行的，就應以局部服從全局。反之也是一樣，在局部的情形看來是不可行的，而在全局的情形看來是可行的，也應以局部服從全局。這就是照顧全局的觀點。」我們要懂得照顧大局，以局部需要服從全局需要的道理，我們要懂得各種小道理服從大道理，革命群眾組織之間的分歧，完全可以通過擺事實、講道理，弄清事實，分清是非，通過批評與自我批評解決矛盾。在共同對黨內走資本主義道路當權派的鬥爭中群眾一定會大大提高階級覺悟，那些看來是難以解決的矛盾也會得到更好的解決。現在雙方一時不能解決的次要問題，則應求同存異，共同對敵。這不叫無原則，不叫和稀泥，不叫折衷主義，不叫調和主義，而是實現革命大聯合的正確作法，是馬克思列寧主義毛澤東思想原則的表現。那種熱衷於打內戰，放鬆了對黨內走資本主義道路當權派的鬥爭，這恰恰是沒有原則，是小團體主義、山頭主義、無政府主義的惡劣表現。毛主席教導我們：「即使我們的工作得到了極其偉大的成績，也沒有任何值得驕傲自大的理由。虛心使人進步，驕傲使人落後，我們應當永遠記住這個真理。」最近又教導我們，不要吃老本，要立新功。林彪同志指示我們：「我們不但要把自己看成革命的動力，也要把自己看成革命的對象。」又說：「無產階級文化大革命，就是消滅資產階級思想。樹立無產階級思想，改造人的靈魂，實現人的思想革命化，挖掉修正主義根子，鞏固和發展社會主義制度。」所以在文化大革命運動中，一刻也不能忘記我們自己的思想改造，在鬥爭中，必須認真學習毛主席著作，把學習毛主席著作放在壓倒一切高於一切，先於一切，重於一切，大於一切的位置上，用毛澤東思想這個戰無不勝的思想武器武裝我們的頭腦。鬥爭黨內走資本主義道路的當權派，實現我們思想革命化。即使我們是在運動中曾經同反革命修正主義分子做過堅決鬥爭，而殺出來的造反派，也不要驕傲自滿，固步自封，文化大革命偉大光榮而艱巨的任務還擺在我們的面前，我們要繼續前進。毛主席說：「現在的文化大革命，僅僅是第一次，以後還必然要進行多次。」毛澤東同志近幾年經常說，「革命的誰勝誰負，要在一個很長的歷史時期內才能解決。如果弄得不好，資本主義復辟將是隨時可能的。全體黨員，全國人民，不要以為有一二次、三四次文化大革命，就可以太平無事了。千萬注意，決不可喪失警惕。」如果因為我們在文化大革命中做了那麼一點點本來是我們應該做的，而且還做的不夠好的工作，就止步不前，那將是多麼危險。這樣蝸卷自負，不是太可笑了嗎？同志們，讓我們在向反革命修正主義文藝黑線及保護這條黑線的資產階級反動路線的提出者，黨內最大的走資本主義道路當權派鬥爭中，貢獻我們的一切力量，為人民立功，團結大多數，實現在毛澤東思想偉大紅旗下的大聯合，把黨內走資本主義道路的當權派鬥臭鬥垮鬥倒！

這個報紙上雜誌上基本上都有了，我學的記的筆記，就是作為我們的體會。

下面來談點具體安排，根據學習的精神，文革文藝組有這麼幾點安排。一個是目前文藝口有些單位開始了辯論，有些單位還沒有開始辯論，不能等到我們都辯論完了之後再鬥爭黨內最大的走資本主義道路的當權派，而且文藝組的同志比較少，按照一個單位去一個同志來算，一個單位辯論十五天的話，大概今年也不一定辯論得完。

所以這樣做，這麼幾點安排：

一是已經辯論起來的組織或沒有辯論的組織，從明天一起學習討論兩天，討論題是一切革命組織、革命群眾、革命幹部如何聯合起來向黨內最大的走資本主義道路當權派發起總攻擊，討論就討論這個題，討論這個題需要學習幾個文件。學習我們偉大領袖毛主席的《我的第一張大字報》，最近《紅旗》九期發表的毛主席關於文學藝術的五個文件，學習《偉大的戰略措施》，這是紅旗雜誌人民日報的社論，以及第七期評論員文章「抓住主要矛盾，掌握鬥爭的大方向」和戚本禹同志講話中的那四點建議，就是五月二十三日在人大會堂紀念《講話》25週年大會上的講話的四點建議。就學習這幾個文件，一邊學一邊來討論，一切革命組織、革命群眾、革命幹部，如何聯合起來向黨內最大的走資本主義道路的當權派發起總攻擊。這是一個。

再一個就是準備批判鬥爭中國黨內最大的走資本主義道路的當權派，我們一邊學習，一邊討論，一邊進行準備，我們提倡各個革命組織聯合起來發言，我們希望每一個革命同志，把對毛主席的無限熱愛、無限忠誠、無限信仰、無限崇拜化做無比巨大的力量，向黨內最大的走資本主義道路的當權派猛烈開火。具體組織，就是學習討論組織，請各個具體單位的各個造反派協同解決怎麼組織這兩天的學習。希望各個具體單位的各個革命造反派在一起開個聯席會議，來共同解決這個學習和討論的問題。

第三個，就是中央所屬文藝團體，藝術院校、電影和圖博文物系統聯合批判黨內最大的走資本主義道路當權派的大會，暫定在六月八日進行。

第四個，這次批判鬥爭大會由中央文革小組負責主持，批判鬥爭大會籌備處設在文化部，從五號上午八點鐘開始辦公。

（紀錄整理稿）

文艺界一切革命組織、革命群众、革命干部联合起来，向刘少奇猛烈开火！

金敬迈同志一九六七年六月三日晚在文化部的讲话

[illegible]《人民日报》[illegible]发表了很重要的文章，是关于牢牢掌握运动大方向，把矛头对准党内最大的一小撮走资本主义道路的当权派的一些文章，文艺小组的几个同志和文艺小组办事组的几个同志一起集体学习了几次，下面是我的，也是我们几个同志的学习体会，向大家汇报一下，就算是学习笔记吧！

我们最最敬爱的伟大领袖毛主席著作的第一卷第一篇文章，第一句话就教导我们：**“谁是我们的敌人？谁是我们的朋友？这个问题是革命的首要问题。中国过去一切革命斗争成效甚少，其基本原因就是因为不能团结真正的朋友，以攻击真正的敌人。”**谁是我们的敌人？谁是我们文化大革命的主要对象，我们的矛头应该指向哪里？什么是我们文化革命的大方向？**毛主席告诉我们，在无产阶级专政的条件下，革命的主要对象是混进无产阶级机构内的资产阶级代表人物，是党内一小撮走资本主义道路的当权派。**党内一小撮走资本主义道路的当权派，同广大的工农兵、革命的干部、革命知识分子的矛盾是主要矛盾，对抗性的矛盾，解决这个矛盾的斗争是无产阶级和资产阶级两个阶级、社会主义和资本主义两条道路斗争的集中表现，把党内最大的一小撮走资本主义道路的当权派揭露出来，把他们那一些修正主义货色拿出来示众，彻底批判，把他们斗臭斗垮斗倒，对他们进行夺权斗争，这就是无产阶级文化大革命所要解决的主要问题，这就是斗争的大方向。我们伟大领袖毛主席早在63年和64年就严正地指出了：**“各种艺术形式——戏剧、曲艺、音乐、美术、舞蹈、电影、诗和文学等等，问题不少，人数很多，社会主义改造在许多部门中，至今收效甚微。”“这些协会和他们所掌握的刊物的大多数（据说有少数几个好的），十五年来，基本上（不是一切人）不执行党的政策，做官当老爷，不去接近工农兵，不去反映社会主义的革命和建设。最近几年，竟然跌到了修正主义的边缘。如不认真改造，势必在将来的某一天，要变成象匈牙利裴多菲俱乐部那样的团体。”**文艺界为什么产生这样的恶果呢？我们伟大领袖毛主席领导的从批判《武训传》到批判《海瑞罢官》的一系列的斗争，为什么总是遭到抵制和破坏呢？为什么毛主席的革命文艺路线在旧文化部的黑司令，从周扬、夏衍到肖望东总是得不到贯彻呢？凡此种种，不为别的，都因为反革命修正主义文艺黑线有一个总代表，反革命修正主义分子彭真、周扬、夏衍、林默涵、齐燕铭、田汉、以及64年来的肖望东，在他们的背后有个总后台，是中国的赫鲁晓夫、党内最大的走资本主义道路的当权派，就是他，在毛主席亲自发动和领导的无产阶级文化大革命开始之后，他看到了他们借以安身立命的基础即将被摧毁，便伙同党内另一个最大的走资本主义道路的当权派，提出了一条资产阶级反动路线，借以保护他们的反革命修正主义路线，也是借以保护他们十七年的反革命修正主义黑线和保护这条文艺黑线的资产阶级反动路线。把反革命修正主义文艺路线的总代表和这条资产阶级反动路线的提出者，就是党内最大的走资本主义道路的当权派，批深批透，这是我们文艺界压倒一切的最最主要的任务，这就是我

（下转第四版）

★ ★ ★

停止……东方……

【本报讯】东方红京剧团的革命同志，坚决响应毛主席的号召，按照《通知》的精神，[illegible]民内部的矛盾，今后一致把矛头对准党内最大的走资本主义道路的当权派；联合后全团开门整风。联合小组由公社和兵团及其它组织和革命干部组成，它将逐渐担负起全团[illegible]

《在延安文藝座談會上的講話》發表後二十五年來

毛主席對文藝工作的重要指示（1942—1967）

本報編輯部

（接上期）一九六四年

六月二十七日毛主席在《中央宣傳部關於全國文聯和所屬各協會整風情況的報告》上批示：「這些協會和他們所掌握的刊物的大多數（據說有少數幾個好的），十五年來，基本上（不是一切人）不執行黨的政策，做官當老爺，不去接近工農兵，不去反映社會主義的革命和建設。最近幾年竟然跌到了修正主義的邊緣。如不認真改造，勢必在將來的某一天，要變成像匈牙利裴多菲俱樂部那樣的團體。」同時，毛主席在中國作家協會的「整風報告」上批道：「寫在紙上，不準備兌現的。」

六月十九日和七月二日毛主席分別觀看了話劇《南海長城》和《萬水千山》並接見了演出人員。

七月毛主席觀看革命現代京戲《沙家濱》時指示：「要突出武裝鬥爭的作用，強調武裝的革命消滅武裝的反革命，戲的結尾要正面打進去。加強軍民關係戲，加強正面人物的音樂形象。」

七月十八日毛主席作了關於摸特兒（modu）問題的批示，全文是：「男女老少裸體摸特兒（modu）是繪畫和雕塑必須的基本功，不要不行。封建思想，加以禁止，是不妥的。即使有些壞事出現，也不要緊。為了藝術科學，不惜小有犧牲。」

「齊白石、陳半丁之流，就花木而論，還不如清末某些畫家。」

「中國畫家，就我見過的，只有一個徐悲鴻留下了人體素描。其餘如齊白石、陳半丁之流，沒有一個能畫人物的。徐悲鴻學過西洋畫法。此外還有一個劉海粟。」

暑假毛主席與侄子毛遠新談話中說：「我們也有資產階級把持政權的。……文化部是誰領導的？電影、戲劇都是為他們服務的，不是為多數人服務的！你說是誰領導的？」又說：「階級鬥爭是你們一門主課，階級鬥爭是一門必修課。」

在與侄女王海蓉談話中談到《紅樓夢》時說：「《紅樓夢》可以讀，是一本好書。讀《紅樓夢》不是讀故事，而是讀歷史。這是一部歷史小說，作品語言是所有古典小說中最好的一部。作者曹雪芹把那個鳳姐寫活了，鳳姐那個人物寫得好，要你就寫不出來。你要不讀點《紅樓夢》，你怎麼知道什麼叫封建社會？讀《紅樓夢》要了解四句話：

賈不假，白玉當作馬（賈家）。

東海缺少白玉床，龍王請來金陵王（王家）。

豐年好大雪，珍珠如土金如鐵（薛家）。

阿房宮三百里，住不下金陵一個史（史家）。

這四句話是讀《紅樓夢》的一個提綱。」又說：「《聊齋》可以讀，寫得好。」

八月毛主席在《中宣部關於公開放映和批判〈北國江南〉、〈早春二月〉的請示報告》上批示：「可能不只這兩部影片，還有別的都需要批判。使修正主義材料公布於眾。」從此，開始了對部分毒草影片的批判。但周揚、林默涵在他們的主子劉少奇指揮下，進行抵制，搞了一場假批判。

八月三十日毛主席在接見尼泊爾教育代表團時談判：「最脫離實際的是文科，無論是學歷史的也好，學哲學的也好，學經濟的也好，都太脫離實際，他們最不懂得世界上的事情。」「學生如果只有書本知識，而不做工是不行的。但是大學文科不好設工廠，不好設什麼文學工廠，什麼歷史學工廠，經濟學工廠或小說工廠。文科要把整個社會作為自己的工廠，師生應該接觸農民和城市工人，接觸工業和農業，不然學生畢業，用處不大。……我國文科最落後，就是因為接觸太少，無論學生也好，教師也好，都是一樣。」

九月二十七日毛主席在一封《對中央音樂學院的意見》信上批示：「信是寫得好的，問題是應該解決的。」「古為今用，洋為中用。」這是毛主席對藝術教育及文藝界存在的嚴重問題又一次重要指示。但陸定一、林默涵卻百般抵制，拒不執行。

十月六日毛主席觀看了大型音樂舞蹈史詩《東方紅》，於十月十六日接見了全體演出人員。

十月八日毛主席觀看了我國、也是世界上第一個革命芭蕾舞劇《紅色娘子軍》之後，熱情鼓勵：「方向是對的，革命是成功的，藝術上也是好的。」

十月十三日毛主席觀看了歌劇《江姐》，並接見了全體演出人員。

十一月七日—十二月二十九日全國少數民族群眾業餘文藝觀摩演出大會在北京舉行。毛主席於十一月二十七日接見了大會代表。

一九六五年

毛主席早就察覺到吳問題，是資產階級代表人物向黨向社會主義猖狂進攻，九十月間在中央政治局常委擴大會上明確提出批判吳的問題，「必須批判資產階級的反動思想」。但劉、鄧、彭真拒不執行。

十二月二十一日毛主席在杭州同陳伯達、關鋒等同志談話中明確指出：「戚本禹的文章（指《為革命而研究歷史》）很好，我看了三遍，缺點是沒有點名。姚文元的文章（指《評新編歷史劇〈海瑞罷官〉》）也很好，對戲劇界、歷史界、哲學界震動很大，缺點是沒有擊中要害。《海瑞罷官》的要害問題是「罷官」。嘉靖皇帝罷了海瑞的官，一九五九年我們罷了彭德懷的官。彭德懷也是「海瑞」。」

同時毛主席又明確指出：「《清宮秘史》有人說是愛國主義的，我看是賣國主義的，徹底的賣國主義。」

又說：「大學教育應當改革，上學的時間不要那麼多。文科不改造不得了。不改造能出哲學家嗎？能出文學家嗎？能出歷史學家嗎？現在的哲學家搞不了哲學，文學家寫不了小說，歷史學家搞不了歷史，要搞就是帝王將相。」

一九六六年

二月八日彭真向毛主席匯報。毛主席問他：「吳是不是反黨反社會主義？」彭真說：「通過調查，不是。」彭真提出要整左派的風，毛主席說：「這個問題三年以後再談。」許立群拿出何明（即關鋒）的雜文要整何明，毛主席說：「寫點雜文有什麼了不起，何明的文章我早看過，還不錯。」並說：「文化領域裡的階級鬥爭不是匆忙作出一個政治結論就可以完結的。」

三月十七日－二十日毛主席在中央政治局常委擴大會議上，專門就文化革命問題講了話，指出：「以前對知識分子實行包下來的政策，有利也有弊。現在許多文化部門被資產階級知識分子掌握著實權，許多文化部門要問：到底掌握在那些人手中！吳、翦伯贊是黨員，也反共，實際上是國民黨。對這些資產階級學術「權威」要進行切實的批判。要培養青年人，不要怕青年人犯「王法」。不要扣壓他們的稿件，中宣部不要成為「農村工作部」。」（注：農村工作部在一九六二年被解散）

三月二十八日－三十日毛主席多次和康生、江青、張春橋等同志談話，批評《二月提綱》混淆階級界限、不分是非，指出這個提綱是錯誤的。毛主席說：「一九六二年十中全會作出了階級鬥爭的決議，為什麼吳寫了那麼許多反動文章，中宣部都不要打招呼，而發表姚文元的文章卻偏偏要跟中宣部打招呼呢？難道中央的決議不算數嗎？」毛主席指出：扣壓左派稿件，包庇反共知識分子的人是大學閥，中宣部是閻王殿。要「打倒閻王，解放小鬼！」

四月十日經毛主席三次親筆修改《林彪同志委託江青同志召開的部隊文藝工作座談會紀要》，由中央批發。

四月十六日毛主席召開中央政治局常委會議，討論彭真問題。撤銷了《二月提綱》和原來的文化革命五人小組。

五月七日毛主席寫信給林彪同志，提出：無論是解放軍指戰員、工人、農民、學生，還是商業、服務行業、黨政機關的工作人員，都要學政治、學軍事、學文化，都要批判資產階級，都要以本業為主，兼做別樣，都要培養成為具有無產階級政治覺悟的，全面發展的共產主義新人。

五月十六日中央發布了毛主席親自主持制定的《通知》，這是一個針對彭真的「二月提綱」寫成的綱領性文件，是馬克思主義發展史上光輝的里程碑。毛主席指出：「混進黨裡、政府裡、軍隊裡和各種文化界的資產階級代表人物，是一批反革命的修正主義分子，一旦時機成熟，他們就會要奪取政權，由無產階級專政變為資產階級專政。這些人物，有些已被我們識破了，有些則還沒有被識破，有些正在受到我們信用，被培養為我們的接班人，例如赫魯曉夫那樣，人物，他們現正睡在我們身旁，各級黨委必須充分注意這一點。」又說：「不破不立。破，就是批判，就是革命。破，就要講道理，講道理就是立，破字當頭，立也就在其中了。」並提出了高舉無產階級文化革命大旗的戰鬥口號。

六月一日毛主席批准廣播聶元梓等同志全國第一張馬列主義的大字報，大規模的無產階級文化大革命從此開始。

八月一日一十二日在毛主席主持下，黨的八屆十一中全會召開。通過了《十六條》和「公報」。

十月二十五日毛主席在中央工作會議上的講話中指出：「文化革命只有五個月，所以不能要求同志們那麼理解。去年批判吳文章，許多同志不去看，不那麼管。以前批判《武訓傳》《紅樓夢研究》是個別抓，抓不起來。不全盤抓不行。……個別抓，頭痛醫頭，腳痛醫腳，是不能解決問題的。這次文化大革命，前幾個月，一、二、三、四、五月用那麼多文章，中央又發了通知，可是並沒有引起多麼大注意，還是大字報、紅衛兵這麼一衝，引起注意，不注意不行了。革命革到自己頭上來了，趕快總結經驗，做政治思想工作。」

一九六七年

一月九日毛主席同中央文革談話，指出《文匯報》《解放日報》由左派奪了權，「這個方向是好的。」「這是一個階級推翻另一個階級，這是一場大革命。」一定會影響華東、全國各省市。

「我們報紙要轉載紅衛兵文章，他們寫得好，我們的文章死得很。」

四月一日戚本禹同志發表了《愛國主義還是賣國主義？—評反動影片〈清宮秘史〉》。這篇重要文章是在毛主席直接關懷下寫成的。毛主席在修改時加了這樣一段話：「究竟是中國人民組織義和團跑到歐美、日本各帝國主義國家去造反，去「殺人放火」呢？還是各帝國主義國家跑到中國這塊地方來侵略中國、壓迫剝削中國人民，因而激起中國人民群眾奮起反抗帝國主義及其在中國的走狗、貪官污吏？這是大是大非問題，不可以不辯論清楚。」此文宣判了這部反動影片及中國的赫魯曉夫劉少奇的死刑。

（全文完）

·2· 文艺红旗 1967年6月15日

《在延安文艺座谈会上的讲话》发表后二十五年来

毛主席对文艺工作的重要指示

(1942——1967)

本报编辑部

(接上期) 一九六四年

六月二十七日 毛主席在《中央宣传部关于全国文联和所属各协会整风情况的报告》上批示："这些协会和他们所掌握的刊物的大多数(据说有少数几个好的)，十五年来，基本上(不是一切人)不执行党的政策，做官当老爷，不去接近工农兵，不去反映社会主义的革命和建设。最近几年竟然跌到了修正主义的边缘。如不认真改造，势必在将来的某一天，要变成象匈牙利裴多菲俱乐部那样的团体。"同时，毛主席在中国作家协会的"整风报告"上批道："写在纸上，不准备兑现的。"

六月十九日和七月二日 毛主席分别观看了话剧《南海长城》和《万水千山》并接见了演出人员。

七月毛主席观看革命现代京戏《沙家浜》时指示："要突出武装斗争的作用，强调武装的革命消灭武装的反革命，戏的结尾要正面打进去。加强军民关系戏，加强正面人物的音乐形象。"

七月十八日 毛主席作了关于摸特儿(modu)问题的批示，全文是："男女老少裸体摸特儿(modu)是绘画和雕塑必须的基本功，不要不行。封建思想，加以禁止，是不妥的。即使有些坏事出现，也不要紧。为了艺术科学，不惜小有牺牲。"

"齐白石、陈半丁之流，就花木而论，还不如清末某些画家。

"中国画家，就我见过的，只有一个徐悲鸿留下了人体素描。其余如齐白石、陈半丁之流，没有一个能画人物的。徐悲鸿学过西洋画法。此外还有一个刘海粟。"

暑假毛主席与侄子毛远新谈话中说："我们也有资产阶级把持政权的。……文化部是谁领导的？电影、戏剧都是为他们服务的，不是为多数人服务的！你说是谁领导的？"又说："阶级斗争是你们一门主课，阶级斗争是一门必修课。"

在与侄女王海蓉谈话中谈到《红楼梦》时说："《红楼梦》可以读，是一本好书。读《红楼梦》不是读故事，而是读历史。这是一部历史小说，作品语言是所有古典小说中最好的一部。作者曹雪芹把那个凤姐写活了，凤姐那个人物写得好，要你就写不出来。你要不读点《红楼梦》，你怎么知道什么叫封建社会？读《红楼梦》要了解四句话：

贾不假，白玉当作马(贾家)。

东海缺少白玉床，龙王请来金陵王(王家)。

丰年好大雪，珍珠如土金如铁(薛家)。

阿房宫三百里，住不下金陵一个史(史家)。

这四句话是读《红楼梦》的一个提纲。"又说："《聊斋》可以读，写得好。"

八月 毛主席在《中宣部关于公开放映和批判〈北国江南〉、〈早春二月〉的请示报告》上批示："可能不只这两部影片，还有别的都需要批判。使修正主义材料公布于众。"从此，开始了对部分毒草影片的批判。但周扬、林默涵在他们的主子刘少奇指挥下，进行抵制，搞了一場假批判。

八月三十日 毛主席在接见尼泊尔教育代表团时谈到："最脱离实际的是文科，无论是学历史的也好，学哲学的也好，学经济的也好，都太脱离实际，他们最不懂得世界上的事情。""学生如果只有书本知识，而不做工是不行的。但是大学文科不好设工厂，不好设什么文学工厂，什么历史学工厂，经济学工厂或小说工厂。文科要把整个社会作为自己的工厂，师生应该接触农民和城市工人，接触工业和农业，不然学生毕业，用处不大。……我国文科最落后，就是因为接触太少，无论学生也好，教师也好，都是一样。"

九月二十七日 毛主席在一封《对中央音乐学院的意见》信上批示："信是写得好的，问题是应该解决的。""古为今用，洋为中用。"这是毛主席对艺术教育及文艺界存在的严重问题又一次重要指示。但陆定一、林默涵却百般抵制，拒不执行。

十月六日 毛主席观看了大型音乐舞蹈史诗《东方红》，于十月十六日接见了全体演出人员。

十月八日 毛主席观看了我国、也是世界上第一个革命芭蕾舞剧《红色娘子军》之后，热情鼓励："方向是对的，革命是成功的，艺术上也是好的。"

十月十三日 毛主席观看了歌剧《江姐》，并接见了全体演出人员。

十一月七日——十二月二十九日 全国少数民族群众业余文艺观摩演出大会在北京举行。毛主席于十一月二十七日接见了大会代表。

一九六五年

毛主席早就察觉到吴晗问题，是资产阶级代表人物向党向社会主义猖狂进攻，九十月间在中央政治局常委扩大会上明确提出批判吴晗的问题，"必须批判资产阶级的反动思想"。但刘、邓、彭真拒不执行。

十二月二十一日 毛主席在杭州同陈伯达、关锋等同志谈话中明确指出："戚本禹的文章(指《为革命而研究历史》)很好，我看了三遍，缺点是没有点名。姚文元的文章(指《评新编历史剧〈海瑞罢官〉》)也很好，对戏剧界、历史界、哲学界震动很大，缺点是没有击中要害。《海瑞罢官》的要害问题是'罢官'。嘉靖皇帝罢了海瑞的官，一九五九年我们罢了彭德怀的官。彭德怀也是'海瑞'。"

同时毛主席又明确指出："《清宫秘史》有人说是爱国主义的，我看是卖国主义的，彻底的卖国主义。"

又说："大学教育应当改革，上学的时间不要那么多。文科不改造不得了。不改造能出哲学家吗？能出文学家吗？能出历史学家吗？现在的哲学家搞不了哲学，文学家写不了小说，历史学家搞不了历史，要搞就是帝王将相。"

一九六六年

二月八日 彭真向毛主席汇报。毛主席问他："吴晗是不是反党反社会主义？"彭真说："通过调查，不是。"彭真提出要整左派的风，毛主席说："这个问题三年以后再谈。"许立群拿出何明(即关锋)的杂文要整何明，毛主席说："写点杂文有什么了不起，何明的文章我早看过，还不错。"并说："文化领域里的阶级斗争不是匆忙作出一个政治结论就可以完结的。"

三月十七日——二十日 毛主席在中央政治局常委扩大会议上，专门就文化革命问题讲了话，指出："以前对知识分子实行包下来的政策，有利也有弊。现在许多文化部门被资产阶级知识分子掌握着实权，许多文化部门要问：到底掌握在那些人手中！吴晗、翦伯赞是党员，也反共，实际上是国民党。对这些资产阶级学术'权威'要进行切实的批判。要培养青年人，不要怕青年人犯'王法'。不要扣压他们的稿件，中宣部不要成为'农村工作部'。"(注：农村工作部在一九六二年被解散)

三月二十八日——三十日 毛主席多次和康生、江青、张春桥等同志谈话，批评《二月提纲》混淆阶级界限、不分是非，指出这个提纲是错误的。毛主席说："一九六二年十中全会作出了阶级斗争的决议，为什么吴晗写了那么许多反动文章，中宣部都不要打招呼，而发表姚文元的文章却偏偏要跟中宣部打招呼呢？难道中央的决议不算数吗？"毛主席指出：扣压左派稿件，包庇反共知识分子的人是大学阀，中宣部是阎王殿。要"打倒阎王，解放小鬼！"

四月十日 经毛主席三次亲笔修改《林彪同志委托江青同志召开的部队文艺工作座谈会纪要》，由中央批发。

四月十六日 毛主席召开中央政治局常委会议，讨论彭真问题。撤销了《二月提纲》和原来的文化革命五人小组。

五月七日，毛主席写信给林彪同志，提出：无论是解放军指战员、工人、农民、学生，还是商业、服务行业、党政机关的工作人员，都要学政治、学军事、学文化，都要批判资产阶级，都要以本业为主，兼做别样，都要培养成为具有无产阶级政治觉悟的，全面发展的共产主义新人。

五月十六日 中央发布了毛主席亲自主持制定的《通知》，这是一个针对彭真的"二月提纲"写成的纲领性文件，是马克思主义发展史上光辉的里程碑。毛主席指出："混进党里、政府里、军队里和各种文化界的资产阶级代表人物，是一批反革命的修正主义分子，一旦时机成熟，他们就会要夺取政权，由无产阶级专政变为资产阶级专政。这些人物，有些已被我们识破了，有些则还没有被识破，有些正在受到我们信用，被培养为我们的接班人，例如赫鲁晓夫那样的人物，他们现正睡在我们身旁，各级党委必须充分注意这一点。"又说："不破不立。破，就是批判，就是革命。破，就要讲道理，讲道理就是立，破字当头，立也就在其中了。"并提出了高举无产阶级文化革命大旗的战斗口号。

六月一日 毛主席批准广播聂元梓等同志全国第一张马列主义的大字报，大规模的无产阶级文化大革命从此开始。

八月一日——十二日 在毛主席主持下，党的八届十一中全会召开。通过了《十六条》和"公报"。

十月二十五日 毛主席在中央工作会议上的讲话中指出："文化革命只有五个月哝，所以不能要求同志们那么理解。去年批判吴晗文章，许多同志不去看，不那么管。以前批判《武训传》《红楼梦研究》是个别抓，抓不起来。不全盘抓不行。……个别抓，头痛医头，脚痛医脚，是不能解决问题的。这次文化大革命，前几个月，一、二、三、四、五月用那么多文章，中央又发了通知，可是并没有引起多么大注意，还是大字报、红卫兵这么一冲，引起注意，不注意不行了。革命革到自己头上来了，赶快总结经验，做政治思想工作。"

一九六七年

一月九日 毛主席同中央文革谈话，指出《文汇报》《解放日报》由左派夺了权，"这个方向是好的。""这是一个阶级推翻另一个阶级，这是一場大革命。"一定会影响华东、全国各省市。

"我们报纸要转载红卫兵文章，他们写得好，我们的文章死得很。"

四月一日 戚本禹同志发表了《爱国主义还是卖国主义？——评反动影片〈清宫秘史〉》。这篇重要文章是在毛主席直接关怀下写成的。毛主席在修改时加了这样一段话："究竟是中国人民组织义和团跑到欧美、日本各帝国主义国家去造反，去'杀人放火'呢？还是各帝国主义国家跑到中国这块地方来侵略中国、压迫剥削中国人民，因而激起中国人民群众奋起反抗帝国主义及其在中国的走狗、贪官污吏？这是大是大非问题，不可以不辩论清楚。"此文宣判了这部反动影片及中国的赫鲁晓夫刘少奇的死刑。(全文完)

打倒劉少奇！批臭《魚美人》！

二十五年前，毛主席在《講話》中就全面地、深刻地解決了文藝為工農兵服務、文藝為無產階級政治服務這個根本方向問題，提出了一條無產階級的革命文藝路線。但是，黨內最大的走資本主義道路當權派劉少奇卻一貫抗拒毛主席的革命文藝路線，通過彭真、陸定一、周揚、林默涵、齊燕銘、夏衍等一小撮反革命修正主義分子，在文藝界瘋狂地推行了一條反革命修正主義文藝黑線。他們炮製了大量毒草，腐蝕青年，同無產階級爭奪青年一代，妄想使青年一代變成他們復辟資本主義的工具。

我是黨一手撫養大的。但在文藝黑線統治下，劉少奇、周揚這一群披著人皮的豺狼，不僅毒害了我，又利用我去毒害青年，為他們復辟資本主義效力。由他們一手炮製、我所參加演出的大毒草舞劇《魚美人》就是一個罪證。

被劉少奇捧為蘇修傳「經」標本的《魚美人》是一株不折不扣的反黨反社會主義反毛澤東思想的大毒草。它杜撰了一個荒誕的故事：一個統治海底的女皇，突然莫明其妙地「懂得」了勞動的偉大，愛上了一個酷似二郎神下界的那麼一個神奇的獵人。劇中宣揚善與惡的鬥爭、愛情戰勝死亡……。很明顯，它的目的就是用愛情的醜劇來麻醉毒害人民，給反動統治階級披上美麗善良的外衣，掩蓋其反動的階級本質，散發出人性論、人道主義、階級調合論等臭氣，和蘇修的《第四十一個》同出一爐。

劉少奇和他的大大小小的反革命修正主義分子，為這株大毒草的出籠張牙舞爪，狂喊亂叫。

《魚美人》的初次審查，是反革命修正主義分子王子成、周巍峙、趙渢，擁著林默涵來批准的。正式審查時，周揚則親臨坐陣，不顧學校和廣大革命群眾的反對，強行下令公演。大大小小的牛鬼蛇神，立即在報刊上為之吹捧。反革命修正主義分子趙渢，胡說什麼：「《魚美人》是向國慶十週年獻禮的作品中優秀的舞劇創作之一……描寫了舞劇藝術古老的，但也是至今仍具有魅力的主題：正義戰勝邪惡，愛情戰勝死亡。」又說什麼「這個舞劇是應該列入我國的保留劇目之列的。」在一陣陣密鑼緊鼓中，劉少奇這個牛鬼蛇神的總頭子親自上陣了。他看了《魚美人》後讚不絕口，向蘇修「大師」膜拜，無恥地稱蘇修專家為「佛」，劉少奇在接見古雪夫時說：「新生事物不可能一下子成功，要敢於試驗，敢於創作，不要怕失敗。」劉少奇這番黑話，是給他的嘍囉們打氣，叫他們去創反革命修正主義的「新生事業」。真是混賬透頂！

大毒草《魚美人》一出籠就遭到廣大工農兵和革命文藝工作者的反對和抵制。工農兵無限崇拜的是戰無不勝的毛澤東思想，他們要的是階級鬥爭和無產階級專政，決不是什麼「愛情戰勝死亡」。如果按反革命修正主義分子的話去做，讓焦大去愛林妹妹，讓一個靠打獵維生的貧苦獵人去幻想得到女皇的垂青，讓當奴隸的群魚心甘情願去為奴隸主賣命，這正好上了劉少奇的當，使人們忘掉了階級和階級鬥爭，這就為他搞資本主義復辟、搞和平演變大開方便之門。其結果，必然被劉少奇之流篡黨、篡軍、篡政，全國就要改變顏色，這是廣大工農兵所絕不容許的！

面對工農兵的強烈反對，劉少奇大耍陰謀，通過《舞蹈》、《戲劇報》等刊物，想把政治問題，引到「洋或中」「舞蹈形式完美與否」的純學術討論中去。但是革命群眾把《魚美人》當成舞蹈界批判的典型。這一來嚇壞了劉少奇，於是周揚、林默涵這兩個閻王大打出手。林默涵大叫：「對《魚美人》也不能一棍子打死啊！」周揚無恥地辯解說：「中國人和外國人表達感情的方法不是一樣的……將來可能一樣。」這兩個閻王一再抬出劉少奇的「佛經」。林默涵就硬下令恢復《魚美人》的演出。周揚作賊心虛，就裝模作樣地說：「可以演嘛，但不能多演。」頑固地堅持反革命立場。

在反革命修正主義文藝黑線統治下，繼《魚美人》之後，他們又在舞校炮製出了《白娘子》、《李慧娘》、《良宵》……社會上也出現了《后羿》、《石義砍材》、《白蛇傳》、《梁祝》……大寫才子佳人，流毒全國，危害甚廣。

那時，我所以能那麼真心實意為黑線賣命，正是在修正主義教育路線下中毒受害的結果。我十二歲入中央戲劇學院舞劇團學員班學習，劉少奇這時已經下令大砍文工團，胡說什麼文工團員是萬金油幹部，必須走蘇修大劇院的道路，結果使文藝走進「象牙之塔」，遠遠脫離工農兵，出現了《和平鴿》、《荷花燈》。入學不久，他們就把我當作所謂的小烏蘭諾娃來培養，在我幼小的心靈中種下了羨慕修正主義的藝術大師和歐洲資產階級文藝的種子。在舞校學習的五年，是受修正主義奴化教育的五年，一整套蘇修貨色搬了進來，與工農兵隔絕，關在小房子裡，把死人、洋人、封建主義、資本主義和修正主義的烏七八糟的東西當「聖經」讀，整個舞校就是一個販賣黑貨的黑市場。青年人被培養成修正主義接班人。

在青年演員中，劉少奇、周揚之流則大肆灌輸「三名三高」的毒素。「尖子」可以比別人多幾倍的營養補助，可以出國，可以參加宴會，可以連升三級。當我演了大毒草《魚美人》之後，就受到了這種修正主義的「特殊待遇」，鼓勵我死心塌地為他們復辟資本主義賣力，成為青年演員中只專不紅的黑標兵，對不少青年演員起了極惡劣的影響。這個罪魁禍首就是林默涵、周揚，就是黨內最大的走資本主義道路當權派劉少奇！

我一定積極投入這場批鬥劉少奇的偉大戰役，不批臭《魚美人》、不鬥倒劉少奇絕不罷休！同時，我一定按照毛主席的教導，在無產階級文化大革命中，既把自己當作革命的動力，又當作革命對象，徹底改造自己的世界觀，作一個堅定的無產階級的革命的文藝戰士，一輩子為工農兵服務。

中國歌劇舞劇院

《反到底》獨立戰鬥隊

陳愛蓮

1967年6月15日　　文艺红旗

打倒刘少奇！批臭《鱼美人》！

二十五年前，毛主席在《讲话》中就全面地、深刻地解决了文艺为工农兵服务、文艺为无产阶级政治服务这个根本方向问题，提出了一条无产阶级的革命文艺路线。但是，党内最大的走资本主义道路当权派刘少奇却一贯抗拒毛主席的革命文艺路线，通过彭真、陆定一、周扬、林默涵、齐燕铭、夏衍等一小撮反革命修正主义分子，在文艺界疯狂地推行了一条反革命修正主义文艺黑线。他们炮制了大量毒草，腐蚀青年，同无产阶级争夺青年一代，妄想使青年一代变成他们复辟资本主义的工具。

我是党一手扶养大的。但在文艺黑线统治下，刘少奇、周扬这一群披着人皮的豺狼，不仅毒害了我，又利用我去毒害青年，为他们复辟资本主义效力。由他们一手炮制、我所参加演出的大毒草舞剧《鱼美人》就是一个罪证。

被刘少奇捧为苏修传"经"标本的《鱼美人》是一株不折不扣的反党反社会主义反毛泽东思想的大毒草。它杜撰了一个荒诞的故事：一个统治海底的女皇，突然莫明其妙地"懂得"了劳动的伟大，爱上了一个酷似二郎神下界的那么一个神奇的猎人。剧中宣扬善与恶的斗争、爱情战胜死亡……。很明显，它的目

中央歌舞团是根据刘少奇的黑指示，以苏修的歌舞团为"样板"建立起来的歌舞团

的就是用爱情的丑剧来麻醉毒害人民，给反动统治阶级披上美丽善良的外衣，掩盖其反动的阶级本质，散发出人性论、人道主义、阶级调合论等臭气，和苏修的《第四十一个》同出一炉。

刘少奇和他的大大小小的反革命修正主义分子，为这株大毒草的出笼张牙舞爪，狂喊乱叫。

《鱼美人》的初次审查，是反革命修正主义分子王子成、周巍峙、赵沨，拥着林默涵来批准的。正式审查时，周扬则亲临坐阵，不顾学校和广大革命群众的反对，强行下令公演。大大小小的牛鬼蛇神，立即在报刊上为之吹捧。反革命修正主义分子赵沨，胡说什么："《鱼美人》是向国庆十周年献礼的作品中优秀的舞剧创作之一……描写了舞剧艺术古老的，但也是至今仍具有魅力的主题：正义战胜邪恶，爱情战胜死亡。"又说什么"这个舞剧是应该列入我国的保留剧目之列的。"在一阵阵密锣繁鼓中，刘少奇这个牛鬼蛇神的总头子亲自上阵了。他看了《鱼美人》后赞不绝口，向苏修"大师"膜拜，无耻地称苏修专家为"佛"，刘少奇在接见古雪夫时说："新生事物不可能一下子成功，要敢于试验，敢于创作，不要怕失败。"刘少奇遭到了保守组织的围攻，他们威胁我们"来的容易，去就由不得你们。"但我们终于在革命造反派的

这番黑话，是给他的喽啰们打气，叫他们去创反革命修正主义的"新生事业"。真是混账透顶！

大毒草《鱼美人》一出笼就遭到广大工农兵和革命文艺工作者的反对和抵制。工农兵无限崇拜的是战无不胜的毛泽东思想，他们要的是阶级斗争和无产阶级专政，决不是什么"爱情战胜死亡"。如果按反革命修正主义分子的话去做，让焦大去爱林妹妹，让一个靠打猎维生的贫苦猎人去幻想得到女皇的垂青，让当奴隶的群鱼心甘情愿去为奴隶主卖命，这正好上了刘少奇的当，使人们忘掉了阶级和阶级斗争，这就为他搞资本主义复辟、搞和平演变大开方便之门。其结果，必然被刘少奇之流篡党、篡军、篡政，全国就要改变颜色，这是广大工农兵所绝不容许的！

面对工农兵的强烈反对，刘少奇大耍阴谋，通过《舞蹈》、《戏剧报》等刊物，想把政治问题，引到"洋或中""舞蹈形式完美与否"的纯学术讨论中去。但是革命群众把《鱼美人》当成舞蹈界批判的典型。这一来吓坏了刘少奇，于是周扬、林默涵这两个阎王大打出手。林默涵大叫："对《鱼美人》也不能一棍子打死啊！"周扬无耻地辩解说："中国人和外国人表达感情的方法不是一样的……将来可能一样。"这两个阎王一再抬出刘少奇的"佛经"，林默涵就硬下令恢复《鱼美人》的演出。周扬作贼心虚，就装模作样地说："可以演嘛，但不能多演。"顽固地坚持反革命立场。

在反革命修正主义文艺黑线统治下，继《鱼美人》之后，他们又在舞校抛制出了《白娘子》、《李慧娘》、《良宵》……社会上也出现了《后羿》、《石义砍柴》、《白蛇传》、《梁祝》……大写才子佳人，流毒全国，危害甚广。

那时，我所以能那么真心实意为黑线卖命，正是在修正主义教育路线下中毒受害的结果。我十二岁入中央戏剧学院舞剧团学员班学习，刘少奇这时已经下令大砍文工团，胡说什么文工团员是万金油干部，必须走苏修大剧院的道路，结果使文艺走进"象牙之塔"，远远脱离工农兵，出现了《和平鸽》、《荷花灯》。入学不久，他们就把我当作所谓的小乌兰诺娃来培养，在我幼小的心灵中种下了羡慕修正主义的艺术大师和欧洲资产阶级文艺的种子。在舞校学习的五年，是受修正主义奴化教育的五年，一整套苏修货色搬了进来，与工农兵隔绝，关在小房子里，把死人、洋人、封建主义、资本主义和修正主义的乌七八糟的东西当"圣经"读，整个舞校就是一个贩卖黑货的黑市场。青年人被培养成修正主义接班人。

在青年演员中，刘少奇、周扬之流则大肆灌输"三名三高"的毒素。"尖子"可以比别人多几倍的营养补助，可以出国，可以参加宴会，可以连升三级。当我演了大毒草《鱼美人》之后，就受到了这种修正主义的"特殊待遇"，鼓励我死心塌地为他们复辟资本主义卖力，成为青年演员中只专不红的黑标兵，对不少青年演员起了极恶劣的影响。这个罪魁祸首就是林默涵、周扬，就是党内最大的走资本主义道路当权派刘少奇！

我一定积极投入这场批斗刘少奇的伟大战役，不批臭《鱼美人》，不斗倒刘少奇绝不罢休！同时，我一定按照毛主席的教导，在无产阶级文化大革命中，既把自己当作革命的动力，又当作革命对象，彻底改造自己的世界观，作一个坚定的无产阶级的革命的文艺战士，一辈子为工农兵服务。

中国歌剧舞剧院

《反到底》独立战斗队

陈爱莲

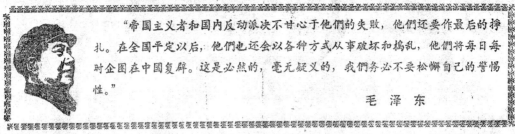

“帝国主义者和国内反动派决不甘心于他們的失败，他們还要作最后的挣扎。在全国平定以后，他們也还会以各种方式从事破坏和捣乱，他們将每日每时企图在中国复辟。这是必然的，毫无疑义的，我們务必不要松懈自己的警惕性。”

毛泽东

評論　彻底粉碎对抗中央的反革命逆流

四月十三日党中央和毛主席发布中共中央关于处理內蒙問題的决定，这是一个具有伟大历史意义的文件。这个决定使內蒙古地区的无产阶級文化大革命进入了一个嶄新的阶段。这个决定，斬断了刘邓黑司令部伸进內蒙古地区的魔爪；这个决定，宣判了內蒙古党內走資本主义道路当权派烏兰夫及其代理人王逸伦等反革命复辟阴謀的死刑，从根本上改变了內蒙古地区无产阶級文化大革命的形势。目前，以呼市三司为代表的无产阶級革命派的力量，正在不断地壮大，斗爭水平正在不断提高，无产阶級革命派正在联合起来，汇成一股不可阻挡的革命洪流，向內蒙地区的資本主义复辟的反革命势力发动全面的总攻击。以烏兰夫及其代理人王逸伦、王鐸为代表的党內一小撮走資本主义道路的当权派及坚持資产阶級反动路綫的顽固分子，正在节节败退，开始全綫崩潰。

但是阶級敌人是絕不会甘心于自己的失败的。我們伟大領袖毛主席教导我們說，**“敌人是不会自行消灭的。无論是中国的反动派，或是美国帝国主义在中国的侵略势力，都不会自行退出历史舞台”。“凡屬将要灭亡的反动势力，总是要向革命势力进行最后挣扎的”。**事实正是如此，自党中央公布了八条决定后，这一小撮罪恶累累的反革命分子大叫大嚷，什么“中央八条是假的”，“八条是背着毛主席、林副主席搞的”，“八条长了地富反坏右志气，灭了貧下中农的威风”。他們还別有用心地叫嚣什么“貧下中农团結起来”“与三司血战到底”，“工农兵团結起来”“与高錦明血战到底”。

这一小撮反革命分子还指使他們的保皇組織改头换面，潜伏下来，轉移或燒毁大批黑材料，企图东山再起。

这一小撮反革命分子煽动大批不明眞相的群众到北京鬧事，煽动群众示威游行，破坏抓革命促生产，冲击軍区，攻击軍区站在无产阶級革命派方面的革命領导干部，冲击革命群众組織，寻衅鬧事，挑起严重武斗。

这一小撮反革命分子发出这些叫囂，采取这些阴險罪恶的手段，其目的无非是为了：一、把矛头指向中央文革小組，指向中国人民解放軍，指向以毛主席为首的党中央；二、挑拨和破坏工农群众与革命干部和革命学生的关系，挑拨和破坏中国人民解放軍与革命群众的关系，挑拨和破坏群众对中央文革小組和党中央的信賴，挑起矛盾，制造事端，企图破坏革命的大联合，轉移斗爭大方向；三、破坏抓革命促生产的方針，給中央施加压力，妄图强迫中央取消八条决定，以破坏內蒙地区的文化大革命，实現資本主义复辟的迷梦。

上述种种迹象表明，这一小撮极端顽固的反革命分子狼性不变，賊心不死，他們正在疯狂地掀起一股反对中央八条，反对以毛主席为首的党中央的反革命逆流，妄图作孤注一掷，以挽救他們即将灭亡的命运。我們要严正警告他們，任何妄图否定中央八条决定，反对党中央，破坏无产阶級文化大革命的阴謀，都是絕对不会得逞的。他們越是頑抗、挣扎，只能越加速他們的灭亡，只能越使他們失败得更慘。

中央八条决定，是經过我們伟大領袖毛主席和林副主席亲自批准的，是伟大的毛泽东思想在处理內蒙問題上的具体体現。是坚决地貫彻还是顽固地对抗中央的八条决定，是鉴別眞拥护毛主席、拥护以毛主席为首的党中央，还是假拥护毛主席和以毛主席为首的党中央的試金石，是区別眞革命、假革命还是反革命的試金石。一小撮反革命分子如此仇视和反对中央的八条决定是不奇怪的，因为中央的八条无情地宣判了他們的死刑，标志着他們的末日来临。他們这样起劲反对中央八条决定，只能进一步暴露他們的反革命咀脸，只能加快他們的末日的到来。

一小撮反革命分子围繞反对中央八条，掀起的这股反对党中央、反对毛主席的反革命逆流，是內蒙地区自上而下的資本主义复辟的反革命逆流的继續，一切革命群众，一切革命組織，对此都应当百倍提高革命警惕，識破阶級敌人的各种阴謀詭計，加强斗爭，彻底粉碎这一股反对党中央的反革命逆流。

中央八条，是我們无产阶級革命派用鮮血和生命斗爭得来的，是党中央和毛主席对我們內蒙的革命群众的最大支持，是取得內蒙地区无产阶級文化大革命的彻底胜利的根本保証。阶級敌人越是害怕中央八条，反对中央八条，我們无产阶級革命派越要宣传中央八条，捍卫中央八条，要模范地貫彻中央的八条。我們要掀起一个大学习、大宣传、大貫彻中央八条的群众运动，把中央八条和中央文革、全軍文革三条作为武器，武装群众，彻底揭发批判这一小撮反革命分子的罪行。

阶級敌人妄想破坏革命群众和人民解放軍的关系，破坏革命大联合，轉移革命斗爭的大方向，我們无产阶級革命派要以最热烈的革命行动响应毛主席的号召，开展一个拥軍爱民运动，加强軍民团結；我們要更高地举起毛泽东思想伟大紅旗，更好地活学活用毛主席著作，紧紧掌握斗爭大方向，更充分、更深入、更全面地揭发和批判党內最大的一小撮走資本主义道路的当权派和烏兰夫、王逸伦、王鐸等一小撮反革命修正主义分子，彻底肃清資产阶級反动路綫的一切流毒，在大批判中促进革命的大联合，开展大夺权斗爭。

阶級敌人妄图破坏抓革命促生产的方針，我們无产阶級革命派要坚决貫彻执行抓革命促生产的方針，勇敢地挑起革命和生产两付重担，模范地完成和超額完成生产建設任务。

“宜将剩勇追穷寇，不可沽名学霸王”。目前，內蒙地区无产阶級文化大革命，正处在无产阶級革命派战略大反攻阶段，让我們遵照毛主席的教导，发扬魯迅的狠打落水狗精神，揮师猛攻，将无产阶級文化大革命进行到底。敌人不投降，就坚决消灭它！

庆祝五一国际劳动节　开展拥軍爱民活动　欢呼中央八条决定

呼市革命造反派連日举行庆祝联欢活动

【本报訊】为热烈庆祝“五一”国际劳动节，响应伟大領袖毛主席的号召，开展拥軍爱民活动，欢呼中共中央关于处理內蒙問題的决定，欢呼《紅旗》第六期社論的发表，呼市革命造反派于“五一”上午，在呼鋼、旧城、工人文化宮、新华广場、新城等場所进行軍民联欢活动，分别由軍区文工团、魯迅兵团、师院东纵、艺校星火燎原、呼市文艺井岡山、包头八一八等革命造反派演出节目。呼市郊区东方紅农民革命造反总司令部近两千貧下中农，“五一”在师范学院集会，热烈庆祝“五一”国际劳动节，欢呼中央八条决定，并揪出了內蒙党內走資本主义道路当权派王鐸、刘景平、沈新发、苏雷、赵会山等一小撮人示众。会上由內蒙古党委书記处书記負責同志讲了話。会后举行了游行。

“五一”晚上，由呼市革命造反派总指揮部举办了庆祝“五一”国际劳动节、拥軍爱民联欢晚会，会上由呼市各革命造反派文艺演出单位演出了精彩的革命节目，并放了礼花。

【又訊】呼市革命造反派为庆祝“五一”，开展拥軍爱民活动，在四月二十九日晚分别在师院广場、农牧学院礼堂举行軍民联欢晚会，由軍区文工团、魯迅兵团、师院东纵、艺校等革命造反派演出节目。三十日呼市革命造反派为庆祝“五一”，慰問革命工人、革命农民、中国人民解放軍举行了联欢晚会，会上有工人代表、农民代表、軍代表和內蒙党委雷代夫同志在会上讲了話。晚会由軍区紅色造反团、师院东纵、財貿革命造反派等演出了节目，由魯迅兵团放映了电影《毛主席是我們心中的紅太阳》。

魯迅

内蒙古直属机关宣教口鲁迅兵团编

第二期　一九六七年五月四日

徹底粉碎對抗中央的反革命逆流

四月十三日黨中央和毛主席發布中共中央關於處理內蒙問題的決定，這是一個具有偉大歷史意義的文件。這個決定使內蒙古地區的無產階級文化大革命進入了一個嶄新的階段。這個決定，斬斷了劉鄧黑司令部伸進內蒙古地區的魔爪；這個決定，宣判了內蒙古黨內走資本主義道路當權派烏蘭夫及其代理人王逸倫等反革命復辟陰謀的死刑，從根本上改變了內蒙古地區無產階級文化大革命的形勢。目前，以呼市三司為代表的無產階級革命派的力量，正在不斷地壯大，鬥爭水平正在不斷提高，無產階級革命派正在聯合起來，匯成一股不可阻擋的革命洪流，向內蒙地區的資本主義復辟的反革命勢力發動全面的總攻擊。以烏蘭夫及其代理人王逸倫、王鐸為代表的黨內一小撮走資本主義道路的當權派及堅持資產階級反動路線的頑固分子，正在節節敗退，開始全線崩潰。

但是階級敵人是絕不會甘心於自己的失敗的。我們偉大領袖毛主席教導我們說：「敵人是不會自行消滅的。無論是中國的反動派，或是美國帝國主義在中國的侵略勢力，都不會自行退出歷史舞台」。「凡屬將要滅亡的反動勢力，總是要向革命勢力進行最後掙扎的」。事實正是如此，自黨中央公布了八條決定後，這一小撮罪惡累累的反革命分子大叫大嚷：什麼「中央八條是假的」，「八條是背著毛主席、林副主席搞的」，「八條長了地富反壞右志氣，滅了貧下中農的威風」。他們還別有用心地叫囂什麼「貧下中農團結起來」「與三司血戰到底」，「工農兵團結起來」「與高錦明血戰到底」。

這一小撮反革命分子還指使他們的保皇組織改頭換面，潛伏下來，轉移或燒毀大批黑材料，企圖東山再起。

這一小撮反革命分子煽動大批不明真相的群眾到北京鬧事；煽動群眾示威遊行，破壞抓革命促生產，衝擊軍區，攻擊軍區站在無產階級革命派方面的革命領導幹部，衝擊革命群眾組織，尋釁鬧事，挑起嚴重武鬥。

這一小撮反革命分子發出這些叫囂，採取這些陰險罪惡的手段，其目的無非是為了：一、把矛頭指向中央文革小組，指向中國人民解放軍，指向以毛主席為首的黨中央；二、挑撥和破壞工農群眾與革命幹部和革命學生的關係，挑撥和破壞中國人民解放軍與革命群眾的關係，挑撥和破壞群眾對中央文革小組和黨中央的信賴，挑起矛盾，製造事端，企圖破壞革命的大聯合，轉移鬥爭大方向；三、破壞抓革命促生產的方針，給中央施加壓力，妄圖強迫中央取消八條決定，以破壞內蒙地區的文化大革命，實現資本主義復辟的迷夢。

上述種種跡象表明，這一小撮極端頑固的反革命分子狼性不變，賊心不死，他們正在瘋狂地掀起一股反對中央八條，反對以毛主席為首的黨中央的反革命逆流，妄圖作孤注一擲，以挽救他們即將滅亡的命運。我們要嚴正警告他們，任何妄圖否定中央八條決定，反對黨中央，破壞無產階級文化大革命的陰謀，都是絕對不會得逞的。他們越是頑抗、掙扎，只能越加速他們的滅亡，只能越使他們失敗得更慘。

中央八條決定，是經過我們偉大領袖毛主席和林副主席親自批准的，是偉大的毛澤東思想在處理內蒙問題上的具體體現。是堅持地貫徹還是頑固地對抗中央的八條決定，是鑒別真擁護毛主席、擁護以毛主席為首的黨中央，還是假擁護毛主席和以毛主席為首的黨中央的試金石，是區別真革命、假革命還是反革命的試金石。一小撮反革命分子如此仇視和反對中央的八條決定是不奇怪的，因為中央的八條無情地宣判了他們的死刑，標誌著他們的末日來臨。他們這樣起勁反對中央八條決定，只能進一步暴露他們的反革命嘴臉，只能加快他們的末日的到來。

一小撮反革命分子圍繞反對中央八條，掀起的這股反對黨中央、反對毛主席的反革命逆流，是內蒙地區自上而下的資本主義復辟的反革命逆流的繼續，一切革命群眾，一切革命組織，對此都應當百倍提高革命警惕，識破階級敵人的各種陰謀詭計，加強鬥爭，徹底粉碎這一股反對黨中央的反革命逆流。

中央八條，是我們無產階級革命派用鮮血和生命鬥爭得來的，是黨中央和毛主席對我們內蒙的革命群眾的最大支持，是取得內蒙地區無產階級文化大革命的徹底勝利的根本保證。階級敵人越是害怕中央八條，反對中央八條，我們無產階級革命派越要宣傳中央八條，捍衛中央八條，要模範地貫徹中央的八條。我們要掀起一個大學習、大宣傳、大貫徹中央八條的群眾運動，把中央八條和中央文革、全軍文革三條作為武器，武裝群眾，徹底揭發批判這一小撮反革命分子的罪行。

階級敵人妄想破壞革命群眾和人民解放軍的關係，破壞革命大聯合，轉移革命鬥爭的大方向，我們無產階級革命派要以最熱烈的革命行動響應毛主席的號召，開展一個擁軍愛民運動，加強軍民團結；我們要更高地舉起毛澤東思想偉大紅旗，更好地活學活用毛主席著作，緊緊掌握鬥爭大方向，更充分、更深入、更全面地揭發和批判黨內最大的一小撮走資本主義道路的當權派和烏蘭夫、王逸倫、王鐸等一小撮反革命修正主義分子，徹底肅清資產階級反動路線的一切流毒，在大批判中促進革命的大聯合，開展大奪權鬥爭。

階級敵人妄圖破壞抓革命促生產的方針，我們無產階級革命派要堅決貫徹執行抓革命促生產的方針，勇敢地挑起革命和生產兩副重擔，模範地完成和超額完成生產建設任務。

「宜將剩勇追窮寇，不可沽名學霸王」。目前，內蒙地區無產階級文化大革命，正處在無產階級革命派戰略大反攻階級，讓我們遵照毛主席的教導，發揚魯迅的狠打落水狗精神，揮師猛攻，將無產階級文化大革命進行到底。敵人不投降，就堅決消滅它！

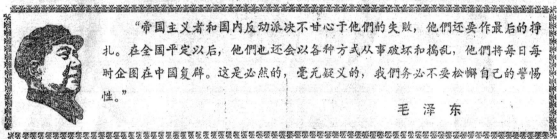

"帝国主义者和国内反动派决不甘心于他們的失敗，他們还要作最后的挣扎。在全国平定以后，他們也还会以各种方式从事破坏和捣乱，他們将每日每时企图在中国复辟。这是必然的，毫无疑义的，我們务必不要松懈自己的警惕性。"

毛泽东

評論

彻底粉碎对抗中央的反革命逆流

四月十三日党中央和毛主席发布中共中央关于处理內蒙問題的决定，这是一个具有伟大历史意义的文件。这个决定使內蒙古地区的无产阶級文化大革命进入了一个嶄新的阶段。这个决定，斬断了刘邓黑司令部伸进內蒙古地区的魔爪，这个决定，宣判了內蒙古党內走资本主义道路当权派烏兰夫及其代理人王逸伦等反革命复辟阴謀的死刑，从根本上改变了內蒙古地区无产阶級文化大革命的形势。目前，以呼市三司为代表的无产阶級革命派的力量，正在不断地壮大，斗爭水平正在不断提高，无产阶級革命派正在联合起来，汇成一股不可阻挡的革命洪流，向內蒙地区的資本主义复辟的反革命势力发动全面的总攻击。以烏兰夫及其代理人王逸伦、王鐸为代表的党內一小撮走资本主义道路的当权派及堅持資产阶級反动路綫的顽固分子，正在节节敗退，开始全綫崩潰。

但是阶級敌人是絕不会甘心于自己的失敗的。我們伟大領袖毛主席教导我們說："敌人是不会自行消灭的。无論是中国的反动派，或是美国帝国主义在中国的侵略势力，都不会自行退出历史舞台"。"凡屬将要灭亡的反动势力，总是要向革命势力进行最后挣扎的"。事实正是如此，自党中央公布了八条决定后，这一小撮罪恶累累的反革命分子大叫大嚷，什么"中央八条是假的"，"八条是背着毛主席、林副主席搞的"，"八条长了地富反坏右志气，灭了貧下中农的威风"。他們还别有用心地叫嚣什么"貧下中农团結起来""与三司血战到底"，"工农兵团結起来""与高錦明血战到底"。

这一小撮反革命分子还指使他們的保皇組織改头换面，潜伏下来，轉移或烧毁大批黑材料，企图东山再起。

这一小撮反革命分子煽动大批不明眞相的群众到北京闹事，煽动群众示威游行，破坏抓革命促生产，冲击軍区，攻击軍区站在无产阶級革命派方面的革命領导干部，冲击革命群众組織，寻衅鬧事，挑起严重武斗。

这一小撮反革命分子发出这些叫嚣，采取这些阴险罪恶的手段，其目的无非是为了：一、把矛头指向中央文革小組，指向中国人民解放軍，指向以毛主席为首的党中央；二、挑拨和破坏工农群众与革命干部和革命学生的关系，挑拨和破坏中国人民解放軍与革命群众的关系，挑拨和破坏群众对中央文革小組和党中央的信賴，挑起矛盾，制造事端，企图破坏革命的大联合，轉移斗爭大方向；三、破坏抓革命促生产的方針，給中央施加压力，妄图强迫中央取消八条决定，以破坏內蒙地区的文化大革命，实現資本主义复辟的迷梦。

上述种种迹象表明，这一小撮极端顽固的反革命分子狼性不变，賊心不死，他們正在疯狂地掀起一股反对中央八条，反对以毛主席为首的党中央的反革命逆流，妄图作孤注一掷，以挽救他們即将灭亡的命运。我們要严正警告他們，任何妄图否定中央八条决定，反对党中央，破坏无产阶級文化大革命的阴謀，都是絕对不会得逞的。他們越是顽抗、挣扎，只能越加速他們的灭亡，只能越使他們失敗得更慘。

中央八条决定，是經过我們伟大領袖毛主席和林副主席亲自批准的，是伟大的毛泽东思想在处理內蒙問題上的具体体現。是坚决地貫彻还是顽固地对抗中央的八条决定，是鉴别眞拥护毛主席、拥护以毛主席为首的党中央，还是假拥护毛主席和以毛主席为首的党中央的試金石，是区别眞革命、假革命还是反革命的試金石。一小撮反革命分子如此仇視和反对中央的八条决定是不奇怪的，因为中央的八条无情地宣判了他們的死刑，标志着他們的末日来临。他們这样起劲反对中央八条决定，只能进一步暴露他們的反革命咀脸，只能加快他們的末日的到来。

一小撮反革命分子围繞反对中央八条，掀起的这股反对党中央、反对毛主席的反革命逆流，是內蒙地区自上而下的資本主义复辟的反革命逆流的继續，一切革命群众，一切革命組織，对此都应当百倍提高革命警惕，識破阶級敌人的各种阴謀詭計，加强斗爭，彻底粉碎这一股反对党中央的反革命逆流。

中央八条，是我們无产阶級革命派用鮮血和生命斗爭得来的，是党中央和毛主席对我們內蒙的革命群众的最大支持，是取得內蒙地区无产阶級文化大革命的彻底胜利的根本保証。阶級敌人越是害怕中央八条，反对中央八条，我們无产阶級革命派越要宣传中央八条，捍卫中央八条，要模范地貫彻中央的八条。我們要掀起一个大学习、大宣传、大貫彻中央八条的群众运动，把中央八条和中央文革、全軍文革三条作为武器，武装群众，彻底揭发批判这一小撮反革命分子的罪行。

阶級敌人妄想破坏革命群众和人民解放軍的关系，破坏革命大联合，轉移革命斗爭的大方向，我們无产阶級革命派要以最热烈的革命行动响应毛主席的号召，开展一个拥軍爱民运动，加强軍民团結；我們要更高地举起毛泽东思想伟大紅旗，更好地活学活用毛主席著作，紧紧掌握斗爭大方向，更充分、更深入、更全面地揭发和批判党內最大的一小撮走資本主义道路的当权派和烏兰夫、王逸伦、王鐸等一小撮反革命修正主义分子，彻底肅清資产阶級反动路綫的一切流毒，在大批判中促进革命的大联合，开展大夺权斗爭。

阶級敌人妄图破坏抓革命促生产的方針，我們无产阶級革命派要坚决貫彻执行抓革命促生产的方針，勇敢地挑起革命和生产两付重担，模范地完成和超額完成生产建設任务。

"宜将剩勇追穷寇，不可沽名学霸王"。目前，內蒙地区无产阶級文化大革命，正处在无产阶級革命派战略大反攻阶段，让我們遵照毛主席的教导，发揚魯迅的狠打落水狗精神，挥师猛攻，将无产阶級文化大革命进行到底。敌人不投降，就坚决消灭它！

發揚魯迅精神，向中國的赫魯曉夫橫眉投槍

本報編輯部

一個波瀾壯闊的批判黨內最大的走資本主義道路當權派劉少奇的革命風暴，正在我們偉大祖國的大地上蓬勃興起。

億萬革命群眾運用戰無不勝的毛澤東思想這個最銳利的武器，批判中國的赫魯曉夫劉少奇，批判他的修正主義代表作黑《修養》，批判他長期以來散布的各種資產階級、修正主義黑貨，這是馬克思列寧主義發展史上一件劃時代的大事，這是關係到中國革命和世界革命的前途的頭等大事。

因此，批判黨內最大的走資本主義道路當權派劉少奇，就是當前鬥爭的大方向。我們魯迅兵團全體革命戰士必須緊緊地掌握這個大方向，一時一刻都不要忘記或者放鬆這個鬥爭的大方向。

我們要徹底批判中國的赫魯曉夫精心炮製的修正主義代表作《修養》。《修養》這本書完全是欺人之談。這本黑《修養》脫離現實的階級鬥爭，脫離革命，脫離政治鬥爭，閉口不談革命的根本問題是政權問題，宣揚唯心主義，提倡個人主義，推銷奴隸主義，瘋狂地反對馬克思列寧主義、毛澤東思想。對於這樣一顆特號大毒草，我們必須群起而鋤之，把它連根拔掉，徹底肅清其流毒，叫它再也不能長出來毒害人民。

我們要徹底批判黨內最大的走資本主義道路當權派劉少奇在無產階級文化大革命中，勾結黨內另一個最大的走資本主義道路當權派鄧小平提出和推行的資產階級反動路線。劉鄧制訂的這條反動路線，顛倒黑白，混淆是非，包庇一小撮反革命修正主義分子，圍剿廣大革命群眾和革命幹部，妄圖撲滅毛主席親自點燃的無產階級文化大革命的烈火，對毛主席和革命人民犯下了滔天罪行。因此，我們必須再接再勵，把這一條資產階級反動路線徹底批倒，批臭，徹底粉碎資本主義復辟的反革命逆流，堅決把無產階級文化大革命進行到底。

我們要徹底批判中國最大的反革命修正主義分子劉少奇十七年來在政治、經濟、文化教育各個領域裡，散布的大量的資產階級、修正主義謬論。這些謬論歸結到一點，就是反對社會主義，鼓吹資本主義，同毛主席的無產階級革命路線和光焰無際的毛澤東思想相對抗。事實證明，劉少奇就是舊中宣部、舊文化部、舊北京市委一小撮反革命修正主義分子的總後台，就是修正主義的文藝路線、教育路線、新聞路線、衛生路線的總根子。在這方面，我們魯迅兵團的戰士是感受特深，看得最清楚的。我們必須拿起筆作刀槍，批倒劉鄧修正主義的文藝路線、教育路線、新聞路線、衛生路線，讓毛澤東思想的燦爛光芒永遠永遠照耀著自治區的文教宣傳陣地！

批判黨內最大的走資本主義道路當權派，一定要同本地區、本部門、本單位的鬥

批改任務緊密結合起來，同鬥爭自治區黨內走資本主義道路的當權派烏蘭夫及其代理人王逸倫、王鐸之流結合起來，同鬥爭本部門、本單位的黨內一小撮走資本主義道路當權派結合起來，以斬斷中國的赫魯曉夫劉少奇伸向各個領域的黑手，同時把各單位的鬥、批、改提到更高的水平。

向黨內頭號走資本主義道路當權派劉少奇發起總攻擊的戰鬥號角震天動地，讓我們繼承和發揚毛主席所提倡的魯迅的革命的批判精神，英勇頑強地投入戰鬥，把投槍、匕首一樣的筆，殺向中國的赫魯曉夫，投向黨內一小撮最大的走資本主義道路當權派，殺出一個紅通通的閃耀著毛澤東思想光輝的無產階級世界！

发揚鲁迅精神，向中国的赫鲁晓夫横眉投枪

本报编辑部

一个波瀾壮闊的批判党內最大的走資本主义道路当权派刘少奇的革命风暴，正在我們伟大祖国的大地上蓬勃兴起。

亿万革命群众运用战无不胜的毛泽东思想这个最銳利的武器，批判中国的赫鲁晓夫刘少奇，批判他的修正主义代表作黑《修养》，批判他长期以来散布的各种資产阶級、修正主义黑貨，这是馬克思列宁主义发展史上一件划时代的大事，这是关系到中国革命和世界革命的前途的头等大事。

因此，批判党內最大的走資本主义道路当权派刘少奇，就是当前斗爭的大方向。我們鲁迅兵团全体革命战士必須紧紧地掌握这个大方向，一时一刻都不要忘記或者放松这个斗爭的大方向。

我們要彻底批判中国的赫鲁晓夫精心泡制的修正主义代表作《修养》。《修养》这本书完全是欺人之談。这本黑《修养》脫离現实的阶級斗爭，脫离革命，脫离政治斗爭，閉口不談革命的根本問题是政权問题，宣揚唯心主义、提倡个人主义、推銷奴隶主义，瘋狂地反对馬克思列宁主义、毛泽东思想。对于这样一棵特号大毒草，我們必須群起而鋤之，把它連根拔掉，彻底肃清其流毒，叫它再也不能长出来毒害人民。

我們要彻底批判党內最大的走資本主义道路当权派刘少奇在无产阶級文化大革命中，勾結党內另一个最大的走資本主义道路当权派邓小平提出和推行的資产阶級反动路綫。刘邓制訂的这条反动路綫，顛倒黑白，混淆是非，包庇一小撮反革命修正主义分子，围剿广大革命群众和革命干部，妄图扑灭毛主席亲自点燃的无产阶級文化大革命的烈火，对毛主席和革命人民犯下了滔天罪行。

因此，我們必須再接再励，把这一条資产阶級反动路綫彻底批倒，批臭，彻底粉碎資本主义复辟的反革命逆流，坚决把无产阶級文化大革命进行到底。

我們要彻底批判中国最大的反革命修正主义分子刘少奇十七年来在政治、經济、文化教育各个領域里，散布的大量的資产阶級、修正主义謬論。这些謬論归結到一点，就是反对社会主义，鼓吹資本主义，同毛主席的无产阶級革命路綫和光焰无际的毛泽东思想相对抗。事实証明，刘少奇就是旧中宣部、旧文化部、旧北京市委一小撮反革命修正主义分子的总后台，就是修正主义的文艺路綫、教育路綫、新聞路綫、卫生路綫的总根子。在这方面，我們鲁迅兵团的战士是感受特深，看得最清楚的。我們必須拿起笔作刀枪，批倒刘邓修正主义的文艺路綫、教育路綫、新聞路綫、卫生路綫，让毛泽东思想的灿烂光芒永远永远照耀着自治区的文教宣传陣地！

批判党內最大的走資本主义道路当权派，一定要同本地区、本部門、本单位的斗批改任务紧密結合起来，同斗爭自治区党內走資本主义道路的当权派鳥兰夫及其代理人王逸伦、王鐸之流結合起来，同斗爭本部門、本单位的党內一小撮走資本主义道路当权派結合起来，以斬断中国的赫鲁晓夫刘少奇伸向各个領域的黑手，同时把各单位的斗、批、改提到更高的水平。

向党內头号走資本主义道路当权派刘少奇发起总攻击的战斗号角震天动地，让我們继承和发揚毛主席所提倡的鲁迅的革命的批判精神，英勇頑强地投入战斗，把投枪、匕首一样的笔，杀向中国的赫鲁晓夫，投向党內一小撮最大的走資本主义道路当权派，杀出一个紅通通的閃耀着毛泽东思想光輝的无产阶級世界！

摧毀保皇派的思想基礎

內蒙古日報的保守派在這次自上而下的資本主義復辟的反革命逆流中，起了十分惡劣的作用。他們對黨內走資本主義道路的當權派拼命的「保」，對敢於起來造反的無產階級革命群眾，拚死的壓。這些自命為出身好的「左派」，為什麼在執行資產階級反動路線中那樣賣力？除了受一小撮走資本主義道路當權派和壞人的欺騙、蒙蔽外，對於有些人來說，黑《修養》曾經是他的聖經。因為，這本黑書提供了一條在社會主義條件下，怎樣向上爬的秘訣。就是說，「公」「私」可以兼顧，可以「溶合」；入黨，當「左派」就有「出路」。於是，有的人捧著黑《修養》公開宣揚道：「為了入黨，為了當左派，我要好好學習它。」在這些人看來，所謂「修養」，也就是要爭取入黨，爭取擠入左派席位。

黑《修養》迎合了人們的私心雜念，並且給它披上了馬克思主義的偽裝。因而愈有修養，中毒愈深，資產階級個人主義愈隱蔽，愈頑固。在無產階級文化大革命中，維護資產階級反動路線愈賣勁，愈猖狂，甚至墮落為劉、鄧的孝子賢孫。

黑《修養》灌輸奴隸主義，反對毛主席關於「危害革命的錯誤領導，不應當無條件接受，而應當堅決抵制」的教導。要人們不管領導正確與否，實行「組織上的絕對服從」。在一些人的頭腦裡，就產生了濃厚的盲目性，「領導就是黨的化身」，領導放個屁也是香的，入黨要靠領導，當左派要靠領導，「升官」也要靠領導，對領導必須言聽計從，當「馴服工具」。特別是對那些「老革命」，管他是假革命，還是反革命，總是「一貫正確」，「愛護」他，「保」他，是理所當然的。「保」，就是「黨性」！「保」得越緊，「黨性」越強。對於劉少奇、王逸倫、王鐸、和內蒙古日報聯絡員的首席代表汪×這樣的「老革命」，就拼命的「保」。甚至不惜顛倒黑白，說什麼反動路線是「不出名的小人物」鬧出來的，「真正的最危險的敵人在下頭」等等，於是製造白色恐怖，形成打擊一大片，保護一小撮，這些人的「功勞」可謂大矣，當左派，入黨，「升官」自然穩穩當當的了。

自己不革命，必然反對別人革命。自己不敢造錯誤的領導的反，必然反對別人起來造反。一聽到「造反」兩字，有的人就毛骨悚然，「這，這，這還了得？」《修養》裡根本沒有這兩個字。這些「邪路」上殺出來的程咬金，打破了他們的黃粱美夢，嚴重地威脅著他們的既得利益。於是「右派翻天」的帽子壓來了，「破鞋爛襪子」的罵聲上街了，「個人野心家」，的大字報出籠了……。「老子是天生的左派，過去是左派，難道現在會變成右派？」若是這些「牛鬼蛇神」成為左派，雞毛豈不上天了？好吧，你們要「革」，我們就「保」，你們造反，我們鎮壓，「針鋒相對」，看看到底誰厲害！這些「英雄好漢」，就這樣成為劉鄧反動路線一時得以橫行霸道的社會基礎。當然，從實質上講，這些可惡的劉鄧路線的執行者，同時也是可憐的劉鄧路線的受害者。

資產階級反動路線，是為資本主義復辟服務的，它所代表的，就是資產階級的私利。貫串在黑《修養》中的一條黑線，也就是這個「私」字，這是一切保皇派的思想基礎。

因此，在當前要徹底粉碎以王逸倫等一小撮黨內走資本主義道路當權派策劃的資本主義復辟活動，就要狠批黑《修養》，在頭腦裡清除劉氏黑貨，樹立起毛澤東思想，只有這樣才能徹底摧毀資產階級反動路線的思想基礎，挖掉修正主義的根子，使那些中黑《修養》之毒甚深的人能夠真正回到毛主席的革命路線上來。

報社東總《只爭朝夕》一兵

摧毁保皇派的思想基础

内蒙古日报的保守派在这次自上而下的资本主义复辟的反革命逆流中，起了十分恶劣的作用。他們对党内走資本主义道路的当权派拚命的"保"，对敢于起来造反的无产阶級革命群众，拚死的压。这些自命为出身好的"左派"，为什么在执行资产阶級反动路綫中那样卖力？除了受一小撮走資本主义道路当权派和坏人的欺骗、蒙蔽外，对于有些人来說，黑《修养》曾經是他的圣經。因为，这本黑书提供了一条在社会主义条件下，怎样向上爬的秘訣。就是說，"公""私"可以兼顾，可以"溶合"，入党，当"左派"就有"出路"。于是，有的人捧着黑《修养》公开宣揚道："为了入党，为了当左派，我要好好学习它。"在这些人看来，所謂"修养"，也就是要爭取入党，爭取挤入左派席位。

黑《修养》迎合了人們的私心杂念，并且給它披上了馬克思主义的伪装。因而愈有修养，中毒愈深，資产阶級个人主义愈隐蔽，愈頑固。在无产阶級文化大革命中，維护資产阶級反动路綫愈卖劲，愈猖狂，甚至堕落为刘、邓的孝子賢孙。

黑《修养》灌輸奴隶主义，反对毛主席关于"危害革命的错誤領导，不应当无条件接受，而应当坚决抵制"的教导。要人們不管領导正确与否，实行"組織上的絕对服从"。在一些人的头脑里，就产生了浓厚的盲目性，"領导就是党的化身"，領导放个屁也是香的，入党要靠領导，当左派要靠領导，"升官"也要靠領导，对領导必須言听計从，当"馴服工具"。特别是对那些"老革命"，管他是假革命，还是反革命，总是"一貫正确"，"爱护"他，"保"他，是理所当然的。"保"，就是"党性"！"保"得越紧，"党性"越强。对于刘少奇、王逸伦、王鐸、和內蒙古日报联絡員的首席代表汪×这样的"老革命"，就拚命的"保"。甚至不惜顚倒黑白，說什么反动路綫是"不出名的小人物"鬧出来的，"真正的最危险的敌人在下头"等等，于是制造白色恐怖，形成打击一大片，保护一小撮，这些人的"功劳"可謂大矣，当左派，入党，"升官"，自然穩穩当当的了。

自己不革命，必然反对别人革命。自己不敢造錯誤的領导的反，必然反对别人起来造反。一听到"造反"两字，有的人就毛骨悚然，"这，这，这还了得？"《修养》里根本沒有这两个字。这些"邪路"上杀出来的程咬金，打破了他們的黄粱美梦，严重地威胁着他們的既得利益。于是"右派翻天"的帽子压来了，"破鞋烂袜子"的罵声上街了，"个人野心家"的大字报出籠了……。"老子是天生的左派，过去是左派，难道現在会变成右派？"若是这些"牛鬼蛇神"成为左派，鷄毛岂不上天了？好吧，你們要"革"，我們就"保"，你們造反，我們鎭压，"針鋒相对"，看看到底誰厉害！这些"英雄好汉"，就这样成为刘邓反动路綫一时得以横行霸道的社会基础。当然，从实质上讲，这些可恶的刘邓路綫的执行者，同时也是可怜的刘邓路綫的受害者。

资产阶級反动路綫，是为资本主义复辟服务的，它所代表的，就是資产阶級的私利。貫串在黑《修养》中的一条黑綫，也就是这个"私"字，这是一切保皇派的思想基础。

因此，在当前要彻底粉碎以王逸伦等一小撮党内走資本主义道路当权派策划的資本主义复辟活动，就要狠批黑《修养》，在头脑里清除刘氏黑貨，树立起毛泽东思想，只有这样才能彻底摧毁資产阶級反动路綫的思想基础，挖掉修正主义的根子，使那些中黑《修养》之毒甚深的人能够真正回到毛主席的革命路綫上来。

报社东总《只爭朝夕》一兵

奮起千鈞棒砸爛黑《修養》

內蒙古人民出版社過去一直是劉鄧復辟資本主義的輿論陣地，是烏蘭夫及其代理人王逸倫之流的黑店。長期以來，出版社黨內走資本主義道路的當權派瘋狂推銷周揚反革命修正主義和烏蘭夫民族分裂主義的黑貨。對黨對人民犯下滔天罪行。

毛主席教導我們：馬克思主義的道理千條萬緒，歸根結底，就是一句話：「造反有理」。根據這個道理，文化大革命一開始，我社革命群眾就站起來造反了，這個反造得對，好得很！

可是劉鄧的徒子徒孫們卻貫徹執行了資產階級反動路線，拿出劉氏黑《修養》這個精神枷鎖束縛革命群眾的手腳，給群眾劃框框，定調調，提倡奴隸主義、調和主義，用劉氏的「組織紀律」約束革命群眾，扼殺革命造反精神。尤其惡毒的是，在黨內走資本主義道路當權派的挑動和唆使下，他們貫徹劉鄧在幹部問題上的資產階級反動路線，拼命鼓吹譚力夫的反動血統論，「打擊一大片，保護一小撮」，把許多革命群眾打成「反革命」。這樣，黨內走資本主義道路的當權派逍遙法外，坐山觀虎鬥，革命群眾則被鬥來鬥去。致使階級鬥爭的蓋子始終沒有徹底揭開，文化大革命在我社已到夭折的危險邊緣。

我就是身受其害的一個。

我62年才從內大畢業，是個普通的編輯。運動初，出版社的黨內走資本主義道路的當權派和他們的保皇小丑，為轉移鬥爭大方向，利用我發表了某些不同意見，對我大肆造謠攻擊，硬把我打成「保皇派」、「反革命」、「瘋狂的黑幫」，並進行了殘酷鬥爭。他們剝奪了我的政治權利和人身自由，關在黑幫室裡，專了長達四個多月的政，並被勞改、抄家、武鬥、唱嚎歌、跟蹤盯梢……。

面對這樣一場你死我活的階級鬥爭，難道真的可以像黑《修養》中宣揚的那樣「任從風浪起，穩坐釣魚船」嗎？面對階級敵人的猖狂進攻，難道真的可以「忍辱負重」、「委曲求全」嗎？不能，絕對不能！那是十足的取消階級鬥爭的合二而一論，是十足的活命哲學，叛徒哲學！

毛主席教導我們：「共產黨人必須隨時準備堅持真理」、「不惜犧牲自己個人的一切，隨時準備拿出自己的生命去殉我們的事業」。毛主席的話，給了我戰鬥的勇氣和力量。我曾多次據理鬥爭，揭露黨內走資本主義道路的當權派和工作組、「官辦文革」的罪惡，但都遭到劉鄧路線孝子賢孫們的無情打擊。我在給黨委工作組的信中說：「你們來出版社十八天之久，是真革命、假革命、還是反革命，是馬克思主義的工作組，還是修正主義的工作組，目前我還下不了結論」，他們據此給我加上「別有用心」、「反黨」等莫須有的罪名；給內蒙黨委寫信告狀，被他們誣衊為「無法無天」；給「官辦文革」寫信，要他們分清兩類不同性質的矛盾、嚴格按十六條辦事，他們說我「炮打無產階級司令部」……。

由此可見，出版社的劉少奇的徒子徒孫們在文化大革命中完全貫徹了劉少奇制訂的資產階級反動路線，搬出黑《修養》作為他們的思想武器，來鎮壓革命群眾，扼殺造反精神的。

現在我們把這個黨內最大的走資本主義道路的當權派、中國的赫魯曉夫一劉少奇揪出來了，這是一件大快人心的好事。我們一定要奮起革命的千鈞棒，徹底砸爛劉鄧反動路線，徹底砸爛劉氏黑《修養》，肅清其流毒，誓將文化大革命進行到底，使內蒙古人民出版社真正成為宣傳毛澤東思想的紅色陣地！

內蒙古人民出版社《海燕》石應蕙

奋起千鈞棒　砸烂黑《修养》

內蒙古人民出版社过去一直是刘邓复辟資本主义的輿論陣地，是烏兰夫及其代理人王逸伦之流的黑店。长期以来，出版社党內走資本主义道路的当权派瘋狂推銷周揚反革命修正主义和烏兰夫民族分裂主义的黑貨。对党对人民犯下滔天罪行。

毛主席教导我們：馬克思主义的道理千条万緒，归根結底，就是一句話："造反有理"。根据这个道理，文化大革命一开始，我社革命群众就站起来造反了，这个反造得对，好得很！

可是刘邓的徒子徒孙們却貫徹执行了資产阶級反动路綫，拿出刘氏黑《修养》这个精神枷鎖束縛革命群众的手脚，給群众划框框，定调调，提倡奴隶主义、調和主义，用刘氏的"組織紀律"約束革命群众，扼杀革命造反精神。尤其恶毒的是，在党內走資本主义道路当权派的挑动和唆使下，他們貫徹刘邓在干部問題上的資产阶級反动路綫，拚命鼓吹譚力夫的反动血統論，"打击一大片，保护一小撮"，把許多革命群众打成"反革命"。这样，党內走資本主义道路的当权派逍遙法外，坐山观虎斗，革命群众則被斗来斗去。致使阶級斗爭的蓋子始終沒有彻底揭开，文化大革命在我社已到夭折的危險边緣。

我就是身受其害的一个。

我62年才从內大毕业，是个普通的編輯。运动初，出版社的党內走資本主义道路的当权派和他們的保皇小丑，为轉移斗爭大方向，利用我发表了某些不同意見，对我大肆造謠攻击，硬把我打成"保皇派"、"反革命"、"瘋狂的黑帮"，并进行了残酷斗爭。他們剝夺了我的政治权利和人身自由，关在黑帮室里，专了长达四个多月的政，并被劳改、抄家、武斗、唱嚎歌、跟踪盯梢……。

面对这样一場你死我活的阶級斗爭，难道真的可以象黑《修养》中宣揚的那样"任从风浪起，稳坐釣魚船"嗎？面对阶級敌人的猖狂进攻，难道真的可以"忍辱負重"、"委曲求全"嗎？不能，絕对不能！那是十足的取消阶級斗爭的合二而一論，是十足的活命哲学，叛徒哲学！

毛主席教导我們："共产党人必須随时准备坚持真理"、"不惜牺牲自己个人的一切，随时准备拿出自己的生命去殉我們的事业"。毛主席的話，給了我战斗的勇气和力量。我曾多次据理斗爭，揭露党內走資本主义道路的当权派和工作組、"官办文革"的罪恶，但都遭到刘邓路綫孝子贤孙們的无情打击。我在給党委工作組的信中說："你們来出版社十八天之久，是真革命、假革命、还是反革命，是馬克思主义的工作組，还是修正主义的工作組，目前我还下不了結論"，他們据此給我加上"别有用心"、"反党"等莫須有的罪名；給內蒙党委写信告状，被他們誣蔑为"无法无天"；給"官办文革"写信，要他們分清两类不同性质

劉少奇闔家遊山玩水記

劉少奇是個大人物。

大人物自然有大人物的派頭。

一九六一年夏，這個大人物由王逸倫等人陪同，到大興安嶺森林區「視察工作」。名曰視察工作，實為劉少奇闔家避暑，遊山玩水。

這，充分暴露了《修養》者的真面目—資產階級老爺的骯髒，醜惡的靈魂。

遊風景宜人的森林區，夫人王光美是不能不帶的羅。此外，劉少奇把他的兩個兒子、一個女兒，也都帶去了。

劉少奇一家，是坐專車去的，兩列火車，共二十一節車廂：他和他的家小們坐十節車廂的一列，另一列在前面開路。浩浩蕩蕩，好不闊綽！

要說衣著，劉少奇一家大小人等，頗為樸素。劉少奇渾身布衣服；王光美呢，也是。至於他兒子就更樸素啦：藍色的布褲洗得都發白了，並且補著補釘。不要上當！不要上當！這是一種假象，是用以騙人的。看人不能看表面呵。

《修養》者闔家大小，當然玩得好，吃得舒坦。為了這個大人物吃得好，牙克石屠宰場午夜殺豬，經醫生化驗後裝上專車。不論到哪兒，都是擺的宴席就不必說了，頓頓飯菜不經專門的醫生化驗，劉少奇一家都是不吃的。

劉少奇不愧是個大人物。他不自己梳頭，而由秘書給他梳。人家的水，他是絕不喝的，怕把他毒死；他下專車到處遊逛，他的女兒抱著暖水瓶，跟在他後面，老子一渴，就用專門的杯子倒好水，由兒子遞到他手上。

按國家護林法，為確保森林資源之安全，在林中是不准吸煙弄火的，違者要受處罰。但這個法令可約束不著劉少奇。人家是大人物嘛！他就在林中吸煙，而且是一支又一支地吸。旁人那敢吭聲！

大人物闔家遊山玩水，忙壞了四位攝影師和攝影記者。

從早到晚，只要劉少奇一家有所活動，「吱吱吱——吱吱吱！」「喀嚓！」「喀嚓！」攝影師和攝影記者就拍的拍，照的照，忙個不停。

說到照像拍片子，夫人王光美很有一手。比如說吧，當劉少奇表現出「國家元首的風度」像一手拿著香煙，臉面上帶笑地同人們高談闊論時，她就用眼色向攝影師、攝影記者示意了。剎時，攝影師和攝影記者們，一齊開動攝影機和照象機。這樣，「富有歷史意義」的「偉大」場面，便攝入鏡頭。

攝影師、攝影記者為何需要四位？四位有四位的任務。攝影師兩位：一位拍彩色片，一位拍黑白片；攝影記者兩位：一位拍彩色照，一位拍黑白照。

來一趟大興安嶺，不工作怎麼交代呢？工作他是工作了，這就是把當地的一些負責人，叫到專車上「簡要」地向他匯報工作情況。另外，這個大人物還作了一個大報告。

「關於森林工業，我是門外漢羅……」一派老爺的腔調。

那個報告，是反毛澤東思想的。在通篇報告裡，劉少奇隻字不談政治掛帥，不談學習毛主席著作，不談毛澤東思想，不談林區的階級鬥爭；談的是以工資和地區津貼刺激工人的生產積極性，以及木材銷售之類，販賣他那一套修正主義的破爛貨。

報社東總《千鈞棒》

刘少奇闔家游山玩水記

刘少奇是个大人物。

大人物自然有大人物的派头。

一九六一年夏，这个大人物由王逸伦等人陪同，到大兴安岭森林区"视察工作"。名曰视察工作，实为刘少奇阖家避暑，游山玩水。

这，充分暴露了《修养》者的真面目——资产阶級老爷的肮脏，丑恶的灵魂。

游风景宜人的森林区，夫人王光美是不能不带的罗。此外，刘少奇把他的两个儿子、一个女儿，也都带去了。

刘少奇一家，是坐专車去的，两列火車，共二十一节車厢：他和他的家小們坐十节車厢的一列，另一列在前面开路，浩浩蕩蕩，好不闊綽！

要說衣着，刘少奇一家大小人等，頗为朴素。刘少奇渾身布衣服；王光美呢，也是。至于他儿子就更朴素啦：蓝色的布裤洗得都发白了，并且补着补釘。不要上当！不要上当！这是一种假象，是用以騙人的。看人不能看表面啊。

《修养》者阖家大小，当然玩得好，吃得舒坦。为了这个大人物吃得好，牙克石屠宰場午夜杀猪，經医生化驗后装上专車。不論到哪儿，都是摆的宴席就不必說了，頓頓飯菜不經专門的医生化驗，刘少奇一家都是不吃的。

刘少奇不愧是个大人物。他不自已梳头，而由秘书給他梳。人家的水，他是絕不喝的，怕把他毒死；他下专車到处游逛，他的女儿抱着暖水瓶，跟在他后面，老子一渴，就用专門的杯子倒好水，由儿子递到他手上。

按国家护林法，为确保森林資源之安全，在林中是不准吸烟弄火的，违者要受处罰。但这个法令可約束不着刘少奇。人家是大人物嘛！他就在林中吸烟，而且是一支又一支地吸。旁人哪敢吭声！

大人物阖家游山玩水，忙坏了四位摄影师和摄影記者。

从早到晚，只要刘少奇一家有所活动，"吱吱吱——吱吱吱！""咔嚓！""咔嚓！"摄影师和摄影記者就拍的拍，照的照，忙个不停。

說到照像拍片子，夫人王光美很有一手。比如說吧，当刘少奇表現出"国家元首的风度"，象一手拿着香烟，脸面上带笑地同人們高談闊論时，她就用眼色向摄影师、摄影記者示意了。刹时，摄影师和摄影記者們，一齐开动摄影机和照象机。这样，"富有历史意义"的"伟大"場面，便摄入鏡头。

摄影师、摄影記者为何需要四位？四位有四位的任务。摄影师两位：一位拍彩色片，一位拍黑白片；摄影記者两位：一位拍彩色照，一位拍黑白照。

来一趟大兴安岭，不工作怎么交代呢？工作他是工作了，这就是把当地的一些負責人，叫到专車上"簡要"地向他汇报工作情况。另外，这个大人物还作了一个大报告。

"关于森林工业，我是門外汉罗……"一派老爷的腔調。

那个报告，是反毛泽东思想的。在通篇报告里，刘少奇只字不談政治挂帅，不談学习毛主席著作，不談毛泽东思想，不談林区的阶級斗爭，談的是以工資和地区津貼刺激工人的生产积极性，以及木材銷售之类，販卖他那一套修正主义的破烂貨。

报社东总《千鈞棒》

將無產階級文化大革命進行到底

那順

凱歌陣陣，捷報頻傳。四月十三日中共中央發布了《關於處理內蒙問題的八項決定》。這是毛主席的無產階級革命路線的一個偉大勝利！是我們無產階級專政的一個偉大勝利！是人民群眾的一個大勝利！是黨的的正確領導的大勝利！是整個人民解放軍的大勝利！

這個英明的決定，是我們偉大的領袖毛主席對我們內蒙無產階級革命派的最大關懷，最大支持！這個英明的決定像浩蕩的東風，吹散了內蒙地區自上而下的資本主義反革命復辟的妖霧。

在最關鍵的時刻，毛主席，他老人家又一次親手扭轉了內蒙無產階級文化大革命的航船，使我區無產階級文化大革命穿過狂風惡浪，繞過暗礁險灘，沿著正確的航道向前進！

我們歡呼勝利！但我們絕不應當忘記階級敵人。以王逸倫、王鐸為首的一小撮黨內走資本主義道路當權派和他們的保皇小丑們雖然已經日薄西山，奄奄一息，但是「凡屬將要滅亡的反動勢力，總是要向革命勢力進行最後掙扎的」。頻於死亡的階級敵人，正在作垂死的掙扎。

看！有人賊心未死，蠢蠢欲動，公然用極其惡毒的語言攻擊我們偉大的領袖毛主席和林副統帥。攻擊無產階級革命家周總理和康生同志。

有些壞人公然挑動受蒙蔽的工人、農民群眾，連日上街示威遊行，破壞毛主席提出的「抓革命促生產」的指示，反對中央決定，給中央施加壓力。

有些壞人還乘機散布流言蜚語，造謠惑眾，挑撥軍民關係，挑動武鬥，搗亂社會治安，衝擊革命組織和無產階級專政機關，炮打無產階級司令部。

凡此種種，都說明完全貫徹執行中共中央關於處理內蒙問題的決定，將是一場尖銳的、嚴重的階級鬥爭，是復辟與反復辟鬥爭的繼續。我們對此務必保持清醒的頭腦，提高革命警惕，加強鬥爭，徹底粉碎當前這一股反中央的黑風，堅決將革命進行到底。

「到底」就是要堅決徹底、乾淨、全部地消滅一切反動勢力，窮追猛打，要有狠打落水狗的精神和勇氣。要緊緊掌握鬥爭的大方向。把鬥爭矛頭指向劉、鄧、陶、烏，指向王逸倫、王鐸等一小撮黨內走資本主義道路的當權派。要徹底把他們批透、批倒、批臭，把他們打翻在地，再踏上一腳，讓他們永世不得翻身。

「到底」就是要實行革命的三結合方針，把黨內走資本主義道路當權派手裡的黨政財文大權統統奪過來！牢牢的掌握在無產階級革命派手中。

「到底」就是要在一切領域內大破資產階級的四舊，大立無產階級的四新，讓毛澤東思想占領一切陣地。

目前，我們正處在一個戰略大反攻的關鍵時刻。我們無產階級革命派，要牢記毛主席的：「宜將剩勇追窮寇，不可沽名學霸王」的教導，更高地舉起毛澤東思想偉大紅旗，實行革命派的大聯合，把無產階級文化大革命進行到底，以取得徹底、完全的勝利。

魯　迅　　　　第三版

凡是反动的东西，你不打，他就不倒。这也和扫地一样，扫帚不到，灰尘照例不会自己跑掉。

毛泽东

将无产阶級文化大革命进行到底

那　順

凱歌陣陣，捷报頻传。四月十三日中共中央发布了《关于处理內蒙問題的八項决定》。这是毛主席的无产阶級革命路綫的一个伟大胜利！是我們无产阶級专政的一个伟大胜利！是人民群众的一个大胜利！是党的的正确領导的大胜利！是整个人民解放軍的大胜利！

这个英明的决定，是我們伟大的領袖毛主席对我們內蒙无产阶級革命派的最大关怀，最大支持！这个英明的决定象浩蕩的东风，吹散了內蒙地区自上而下的資本主义反革命复辟的妖霧。

在最关健的时刻，毛主席，他老人家又一次亲手扭轉了內蒙无产阶級文化大革命的航船，使我区无产阶級文化大革命穿过狂风恶浪，繞过暗礁险滩，沿着正确的航道向前进！

我們欢呼胜利！但我們絕不应当忘記阶級敌人。以王逸伦，王鐸为首的一小撮党內走資本主义道路当权派和他們的保皇小丑們虽然已趣日薄西山，奄奄一息，但是"凡属将要灭亡的反动势力，总是要向革命势力进行最后挣扎的"。瀕于死亡的阶級敌人，正在作垂死的挣扎。

看！有人賊心未死，蠢蠢欲动，公然用极其恶毒的語言攻击我們伟大的領袖毛主席和林副統帅。攻击无产阶級革命家周总理和康生同志。

有些坏人公然挑动受蒙蔽的工人、农民群众，連日上街示威游行，破坏毛主席提出的"抓革命促生产"的指示，反对中央决定，給中央施加压力。

有些坏人还乘机散布流言蜚語，造謠惑众，挑撥軍民关系，挑动武斗，搗乱社会治安，冲击革命組織和无产阶級专政机关，炮打无产阶級司令部。

凡此种种，都說明完全貫徹执行中共中央关于处理內蒙問題的决定，将是一場尖銳的、严重的阶級斗爭，是复辟与反复辟斗爭的继續。我們对此务必保持清醒的头脑，提高革命警惕，加强斗爭，彻底粉碎当前这一股反中央的黑风，坚决将革命进行到底。

"到底"就是要坚决彻底、干淨、全部地消灭一切反动势力，穷追猛打，要有狠打落水狗的精神和勇气。要緊緊掌握斗爭的大方向。把斗爭矛头指向刘、邓、陶、烏，指向王逸伦，王鐸等一小撮党內走資本主义道路的当权派。要彻底把他們批透、批倒、批臭，把他們打翻在地，再踏上一脚，让他們永世不得翻身。

"到底"就是要实行革命的三結合方針，把党內走資本主义道路当权派手里的党政財文大权統統夺过来！牢牢的掌握在无产阶級革命派手中。

"到底"就是要在一切領域內大破資产阶級的四旧，大立无产阶級的四新，让毛泽东思想占領一切陣地。

目前，我們正处在一个战略大反攻的关鍵时刻。我們无产阶級革命派，要牢記毛主席的："宜将剩勇追穷寇，不可沽名学霸王"的教导，更高地举起毛泽东思想伟大紅旗，实行革命派的大联合，把无产阶級文化大革命进行到底，以取得彻底、完全的胜利。

比一比想一想

魯迅兵團文聯《翻江倒海》戰鬥縱隊

近一時期，《內蒙古自治區無產階級革命造反派聯合總指揮部》方面，印發了大量的揭發高錦明問題的傳單，拜讀之餘，感到許多問題得不到解釋，特別是參照著中央批轉的有關文件和三司內大井岡山兵團調查組的幾份材料。兩相對比，仔細琢磨，疑問益發增多。無奈乎，只好公布於眾，求教於全市革命同志共同研討，想必能得到其中的奧秘所在。

為了便於分析，我們把搜集到的幾份主要傳單中所涉及的問題，原文摘出，按題歸類，作番粗略對比。

一、烏蘭夫黑幫是否重用和提拔高錦明？

1.種種事實完全可以說明，高錦明一貫抵制毛澤東思想，而對烏蘭夫黑幫，和所謂「烏蘭夫思想」卻是推崇備至，極盡其吹捧頌揚之能事。因此，他一直很受烏蘭夫的賞識和重用。

（銀鋤縱隊：《反革命兩面派高錦明破壞無產階級文化大革命的滔天罪行必須徹底清算》，載《紅色造反者》創刊號）以下簡稱一銀。

1.為什麼調他倆（高、李）到內蒙黨委？原因有二：一個是確實需要。十一個副主席，書記處沒有一個能很好工作的；另一個是從德、才、智上講，當時內蒙的幹部只有他倆合適。況且高錦明同志又是滿族。根本不存在提拔的問題。

（三司內大井岡山調查組：《張魯同志談話紀要》）下稱一張。

2.（而）高錦明也是烏蘭夫親手提拔的，這怎麼能恩將仇報呢？

（紅聯縱隊：《揭露高錦明兩面派的真面目》，載《紅色造反者》第二期）下稱一紅。

2.關於高錦明當常務書記的問題。原來常務書記是王鐸，後來是華力格巴圖爾。高錦明是文化大革命期間當上常務書記的。這件事是解學恭同志又是區黨委公選出來的。

（三司內大井岡山調查組《魯鳳儀同志談話紀要》）下稱一魯。

3.臨河四清於六五年七月結束後，高錦明留在內蒙古黨委掌管日常工作。從這時起，烏蘭夫就瘋狂的開始大搞民族分裂活動。在高錦明掌權的時候，也是烏蘭夫反黨活動最猖狂的時期，難道這是偶然的嗎？不是的。現在可以清楚的看出，這是烏蘭夫早有預謀的。第二批四清一開始，烏蘭夫把黨委別的書記打發到城鄉四清第一線蹲點去了，剩下的奎璧、華力格巴圖爾是烏蘭夫的同黨，其他書記不理朝政。只有一個掌

盤的高錦明，烏蘭夫完全相信，高錦明是他的忠臣，……（紅）

3.高錦明一到區黨委就管起家裡的事來，事實上並沒有明確職位。因為其他人多是病號，自然擔子就壓在他身上了。（張）

六五年七月十五日，我們一塊從臨河回來後，烏蘭夫說：「老高回來了，你就既蹲點又跑面吧？」蹲點咋跑面，實際上不讓他工作。高錦明曾問過烏蘭夫怎麼搞。從那時到六六年四月，都是讓他在外面跑、開會、不在家。他在東部區搞了一個四清複查會，又到西部區的臨河，又去華北局等等。從六五年十月份起，華力格巴圖爾回到內蒙主管工作、看家，烏蘭夫怎麼說他就怎麼幹。讓高錦明在外面跑。家裡怎麼幹，你高錦明管不著。（張）

4.此間（指一九六四年到一九六六年五月—引者注），正是高錦明在烏蘭夫「台前」官運亨通實權在握的兩年。難道有誰見過高錦明受到烏蘭夫打的任何一點跡象嗎？

（無產者革命造反聯合總部：《正好炮位，瞄準目標，狠打高錦明》，一月十五日單另發行傳單。後全文轉載於二月十八日《紅色造反者》第三期。）下稱—無。

4.去年（指一九六六年—引者注）四月一日，烏蘭夫以突出政治為名，在「代常委」會上搞「小鳴放」，他帶頭點名攻擊區黨委書記權星垣、高錦明（滿族）等同志。……說權星垣把工業搞得「手無寸鐵」，高錦明不執行民族政策……接著，「代常委」就跟著他的意圖積極準備整這些同志的材料。在會外，雲麗文、浩帆等人則散布區黨委這些書記和一些領導幹部反烏蘭夫，積極做輿論上的準備。

（直屬機關井岡山革命造反縱隊等：《當代王爺烏蘭夫》，三月三日傳單）下稱—井。

周明、張萍、高錦明、權星垣都有不同意見（指在王煒問題上—引者）。他們（指烏蘭夫黑幫）就抓高錦明、權星垣的材料，想打成一個反黨集團，把醫學院問題，二毛問題，鐵帽問題都安上，搞反黨集團，再提高到大漢族主義，因此他大抓大漢族主義。這是從六四年三幹會開始到六五年十月，以後的前邊已說了。（張）

二、高錦明對烏蘭夫反黨集團是「假揭發、真包庇」嗎？

1.……以後烏蘭夫黑幫的一系列陰謀活動，中央、華北局早已引起了注意。特別是毛主席親自發動和領導的這場無產階級文化大革命的開展，很快就揪出了彭、陸、羅、楊反黨集團。烏蘭夫黑幫的罪行，也就成了眾矢之的，已經無處藏身了。高錦明這個一向善於投機的反革命兩面派，唯恐遭到「城門失火，殃及池魚」的命運，於是便在這個關鍵時刻，「站」了出來，「揭發」了烏蘭夫黑幫的罪行。其實，只要透過這些迷惑人心的現象……原來他的揭發是假，包庇是真。（銀）

1.烏蘭夫的問題，首先覺察的應該說是中央。……

高錦明同志揭發烏蘭夫的問題，我了解到是從六六年二月開始的。六六年二月，在天津召開的華北局學習會。會上高錦明同志談了對烏蘭夫的看法：（1）不民主；（2）有搞地方民族主義的苗頭。可是那次會議沒談開，只扯了一下子，烏蘭夫就把話岔開，轉移了正題。高錦明個別和解學恭、李雪峰談了這個問題，例如：宗派主義的幹部路線問題；四清中提出以抓民族問題為綱；醫學院問題；二毛問題；鐵帽老小寡婦問題；浩帆問題等，都涉及到了……接著就是邯鄲會議。六六年三月到四月，在邯鄲召開了華北局四清工作會議。內蒙高錦明、奎璧來了。高錦明又向雪峰同志匯報了一次（仍然是個別反映的。）……上述來信（指郭以青、張魯、雷代夫等同志揭發烏蘭夫的信件—引者）和高錦明同志兩次當面匯報引起了華北局的注意。這樣解學恭同志，李樹德同志我和曲友仁同志在六六年四月三十日去內蒙。……我們去了之後，……和高錦明談了兩次，他揭的很好。五月四日，我們回來就開始整理材料。以後面對面第一個揭發烏蘭夫的還是高錦明同志。

…………

高錦明站出來反對烏蘭夫，並不是揪出彭陸羅楊以後，而是在這以前。

高錦明不是耍兩面派，最低限度在六六年二月就站出來了，在書記處他是最早的一個。他揭發的最透，最無保留，怎能說「揭發是假，包庇是真」呢？（魯）

2.這次會議（指前門飯店會議—引者）在高錦明的主持下，對烏蘭夫的所謂「鬥爭」，從始至終充滿了資產階級的「人情味」，同烏蘭夫搞「和平談判」。第一階級的書記處會場，沒揭出多少問題，轉入大組會後，還是把烏蘭夫看作「同志」，甚至按烏蘭夫的眼色行事。（銀）

2.前門飯店會議上，他（指高錦明）講的更（有）力了，準備的就更充分了，他講了兩個半天，揭的最多，提的最高，提到反黨、反社會主義、反毛澤東思想。……在鬥爭中，他是領導鬥爭的，根本沒有向烏蘭夫交底的。

（三司內大井岡山兵團調查組：《李樹德同志談話紀要》）下稱—李）

當時會議（指前門飯店會議—引者）是很激烈的，面對面鬥爭。高錦明揭問題時是背向我們面向烏蘭夫的。烏蘭夫當時並不是不說話，而是站起來面紅耳赤地和高錦明他們吵。因此，如果他有理，他一定能勝。高錦明有問題也一定逃不脫。可是，對於任何一個問題，烏蘭夫從沒有說過：「這個問題你高錦明也知道，是咱們倆共同搞的」這類話。

（三司內大井岡山兵團調查組：《曲友仁同志談話紀要》）

3.烏蘭夫是內蒙的一朝人王地主，觸動了新王爺，還有自己的好處嗎？因此，內蒙三幹會（指一九六四年三幹會—引者）揭發的問題也就隨著時間的消逝，煙消雲散了。

三幹會革命不徹底姑且不說，而高錦明卻通過三幹會撈到了政治資本，上邊受到華北局的器重，下邊得到了群眾的好評，由於沒有傷害烏蘭夫的毫毛，和烏蘭夫之流也不傷感情，而又被烏蘭夫視為心腹，這事辦得多漂亮！（紅）

一九六四年在自治區三幹會上，揭發出各級領導幹部的大量問題。會後自治區黨委決定各級黨委組成查處領導小組進行查處。但是涉及到烏蘭夫、奎璧、吉雅太等黑幫分子的許多重大問題，卻始終束諸高閣，毫未觸動。高錦明在這個問題上，一直聽之任之，根本沒有任何鬥爭的表現。（銀）

3.三幹會時，烏蘭夫去了德國，揭了不少問題，鬥爭很激烈。歷次會對烏蘭夫問題都沒有觸動過，這次有。土旗、烏盟、參加會議的人提出「根子」（那解決不了問題的根源—調查者）「老小寡婦」問題，但揭得不深。高錦明、權星垣主持這次會議，有過幾次報告。報告總的精神是煽風點火，狠揭內蒙黨委的蓋子，管你是什麼人都行。……這個會議後，烏蘭夫有個講話，流露出對三幹會的不滿情緒，意思是要算三幹會的賬。

（三司內大井岡山兵團調查組：《寶音同志談話紀要》）下稱一寶。

烏蘭夫、奎璧對這次會是根本抵觸的，而高錦明、權星垣同志是擁護這個會議的。烏蘭夫的問題，有他的社會、思想根源，也有它的直接原因。這就是對六四年三幹會的不滿而發展到反面。（魯）

會後，內蒙黨委組成了一個複查小組，……至於查處小組為什麼後來沒有特別解決處理烏蘭夫的問題？他們沒權力。另外，還有一個組織問題。（寶）

三、關於構成高錦明「為烏蘭夫黑幫的反革命政變立過汗馬功勞」的幾條具體罪狀分歧

1.在高錦明主管下的電台、報刊，從一九六六年初以來，忠實執行了烏蘭夫的旨意，把蒙文蒙語的學習、強調到了極為荒謬的程度。……用這種手段，衝擊和抵制學習毛主席著作的群眾運動。（銀）

1.蒙語廣播（指內蒙電台的蒙語會話座—筆者），正是高錦明反對的東西。（魯）

2.決定（指一九六六年二月內蒙黨委關於學習毛主席著作的決定—引者）中大肆販賣烏蘭夫的黑貨，特別提出了「結合內蒙古實際，踏出自己的路」的黑語，妄圖把學習毛主席著作的群眾運動引向邪路。這個決定正是經過高錦明親自審閱定稿後印發的。（銀）

2.學毛著的決定（66年2月），你更安不到他（高錦明）頭上。這個決定是在烏蘭夫指導下，由厚和寫出來的，這是烏蘭夫的罪狀。據厚和揭發，「烏蘭夫說，你（厚和）不要管別的就學陳伯達那樣，專攻理論，在理論上踏出自己的路。」（魯）

3.他（指高錦明）還打著樹立學習毛主席著作先進典型的招牌，把烏蘭夫的公主附（駙）馬所統轄的哲盟，作為體現烏蘭夫「農牧林結合」的思想的樣板，既反對毛澤東思想，又為「踏出自己的路」樹立榜樣。（銀）

3.哲盟的事是烏蘭夫幹的（指樹立學毛著的典型，「農牧林」結合的樣板—筆者），高錦明反對嘛！怎麼能搞到一起呢！（魯）

4.烏蘭夫提出要把自己的老婆提拔為調研室主任，高錦明便欣然劃圈同意。（銀）

4.提拔雲麗文調研室主任的問題，高錦明根本沒劃圈。當時烏蘭夫想讓雲麗文當調研室主任，因此就讓何躍（十三級幹部，調研室幹部）寫了一個申請。……高錦明根本沒參與這件事。他既沒有劃圈，更沒有欣然劃圈，在別人劃圈的時候，高錦明在太原開會。（魯）

5.劉、鄧盜用中央名義，和烏蘭夫的談話（高錦明和烏蘭夫黑幫的左丞相奎璧也在座作陪，……（銀）

對劉鄧的談話，我們這位高錦明簡直是奉若「聖旨」，從北京一回呼市，他手捧「聖旨」，大宣特宣。（無）

5.劉鄧和烏蘭夫的談話，只有一次，出席的有奎璧、吳濤、李富春、李雪峰、劉春、解學恭、烏蘭夫、劉、鄧等九人。高錦明根本沒出席。（魯）

6.一九六六年五月，無產階級文化大革命的熊熊烈火已經在全國燃燒起來，當時，正在參加中央政治局會議的烏蘭夫，見勢不妙，趕緊從北京打回電話，說什麼：「今後只提反修正主義就行了，不要再提反大漢族主義了」；「印發的《三五宣言》馬上收回來。」此時，在呼市正在召開自治區黨委擴大會議。當時，一些同志就提出：「《三五宣言》發了，為什麼又收回來？」聽聽高錦明說了一些什麼吧：「黨內文件嘛，何時該發就發，何時該收就收。」這不完全是為烏蘭夫的退卻打掩護嗎？（無）

6.關於「三五年宣言」回收問題。六六年五月初，烏蘭夫覺察到他自己問題嚴重，從北京打電話要高錦明同志收回「三五宣言」。當時，高錦明同志正在揭烏蘭夫，他對此很有意見，還質問過烏蘭夫，「為什麼要收回？」烏蘭夫支支吾吾，講不出道理來。以後，他（指高）又向解學恭同志反映了這個情況。（魯）

7.尤有甚者，已經到了六六年六月，烏蘭夫反黨的蓋子已經揭開了，作為華北局「前門飯店會議」內蒙組的主持人高錦明，會議中間卻把正在參加「前門飯店會議」的烏蘭夫黑幫幹將（烏的長子）布赫派回自治區領導文化大革命。這又是為什麼？（無）

7.前門飯店會議上，布赫是烏蘭夫派回去的，不是高錦明。內蒙六月七日撤了浩帆的職。八日高錦明通知我回去接管浩帆的工作，說：「浩帆有問題，撤了職了，讓你回去。」他別的什麼也沒說。我十日到家。布赫九日已回去了。家裡文化大革命還是在搞胡昭衡那個《老生常談》，王焯的《小溪之歌》，搞學術批判，想把浩帆、雲世英、潮洛濛起（原文如此—引者）起來。六月十九日權星垣回來了。（張）

8.唉呀呀，高錦明，你也未免太健忘了，把「三基論」「合法」化了的《自治區黨委二屆三次全體會議的決議》不正是以你為首的起草小組起草的嗎！？（無）

8.黨委開了十一次全體委員擴大會。在會上，烏蘭夫提出三個基礎。經過情形是這樣：第一次擴大會議上，烏蘭夫提出說要搞一個會議紀要。我問高錦明怎麼搞。他讓我起草了一個，搞五大，學習總結等的幾段。在常委會上高錦明念了，常委們做了修改。烏蘭夫也在場，準備在第二天上午全體委員會上通過，晚上也已經印好了。可是忽然烏蘭夫在第二天上午作起報告來了。這個報告別說是常委，連書記處也沒有通過，他搞的狗屁不通，胡謅了半天，是蕭冰、浩帆、雲麗文起草搞的（這個報告中提到了三個基礎—引者）。這一講可鬧糊塗了，下午討論紀要稿時，根本沒有很好討論，就這樣定了。（張）

9.《實踐》雜誌的元旦社論，就是在高錦明親自指導下，幾易其稿，反覆修改，才最後寫成的。對於這樣一株大毒草，高錦明十分賞識，說什麼「《實踐》元旦社論所以寫得好，在於它比較系統地表達了烏蘭夫的思想。」（銀）

9.《實踐》雜誌六六年元旦社論，正是高錦明反對的東西，他首先揭發的。他不同意烏蘭夫的意見。據我看，這個問題他也不可能給下面同志商議。（魯）

10.到了六六年四月前後，華北局更明確指出，自治區黨委一九六六年上半年的工作要點（突出民族問題，大反大漢族主義等）有嚴重的政治錯誤，並責令自治區黨委把烏蘭夫的有關講話、報告全部的如實的上報審查。此時，烏蘭夫的問題，其實已經公開暴露了，作為區黨委書記處的成員，特別是高錦明，對中央、華北局已經覺察了烏蘭夫有問題，這個底早已摸到了。（無）

10.華北局向內蒙要文件，就是因為高錦明他們向華北局反映了烏蘭夫的問題，引起了重視，才要的。（有人說因為華北局向內蒙黨委文件，使高錦明嗅到了內蒙烏蘭夫問題後開始揭烏蘭夫—筆者）。上半年工作要點（指內蒙黨委六六年上半年工作要點—筆者），是高錦明當面給華北局提出反映後，華北局才要文件。這個過程都是我經手的。（魯）

四、高錦明是製造包頭「「八一八」事件的罪魁禍首嗎？」

在這場嚴重的鎮壓革命學生的反革命事件中（指包頭八一八事件—引者），高錦明是獨一無二的罪魁禍首。包頭市委調動數以千計的工人、幹部、市民、便衣警察鎮壓學生運動的反革命暴行，是高錦明在長途電話裡親自批准的。整個事件的前前後

後，沒有一件大事，不是高錦明親自支持和策劃的。（無）

包頭「八一八」事件。有人說高錦明打長途電話批准調工人鎮壓學生。其實，華北局正開會，在東方飯店，范易來問高錦明，「他們要派工人說服一下怎麼樣？」高錦明說：「可以要些老工人，少一點，有威信的，說一說也可以。」我當時在場，說：「不行，這要出亂子的。」高就說：「別麻煩了，就算了吧！當時馬上就讓范易打電話，但當電話接通後，工人已調出去了，挽回已來不及了」。（魯）

通過以上對比，明顯看出，對於同一件事情，竟有兩種截然相反的說法。再琢磨，發現「無產者」「銀鋤」「紅聯」的這幾份赫然注目的巨型傳單，自己也有互相矛盾、彼此扯腿的情況。這裡略舉幾例。

其一、「銀鋤」縱隊傳單說，高錦明頑固推行資產階級反動路線，「內蒙師院革命群眾和革命組織之間，長期對立的形成和加深，就是一個明顯的例證。」眾所周知，師院長期對立的組織，是「東縱」和「抗大」。前一時期，傳單的製作者方面，一口咬定「東縱」是「大方向始終與以毛主席為代表的無產階級革命路線背道而馳的反革命組織」；而把「抗大」說成是值得「學習」應當「致敬」的「左派組織」。既然如此，哪裡還談得上什麼「革命組織之間」，而高錦明挑動「抗大」這一「左派組織」，打擊「東縱」那個「反革命組織」，豈不也成了「堅決鎮壓反革命組織」的英雄行為了？傳單製作者方面，一邊一本正經地揭發高錦明、權星垣等在師院挑起「兩大革命組織」之間互鬥，一邊又憤書疾呼要「堅決鎮壓「東縱」」這一「反革命組織」。彼一「革命組織」，此一「反革命組織」，希望確切說明，以正視聽。

其二、「無產者」一月十五日傳單說：「尤有甚者，已經到了六六年六月，烏蘭夫反黨的蓋子已經揭開了……」怎麼揭開的？誰揭開的？沒有具體說明。六六年六月以前，揭發烏蘭夫黑幫的主戰場是「前門飯店會議」。這次會議，據「銀鋤縱隊」的傳單說，是「按烏蘭夫眼色行事」「從始至終充滿了資產階級人情味」的「和平談判」。要真是這樣，烏蘭夫反黨蓋子，肯定是揭不開的。可是「無產者」直到二月二十八日，依舊固持已見，說「已經揭開了」。類似自相矛盾、彼此扯腿的地方，何止一處。有時，《聯合總指揮部》方面印發的傳單，又一反常態，彼此之間，口徑卻是出奇的「一致」，甚至連大段大段的文字，都互相雷同。現抄摘一段，聊供研究。

「烏蘭夫說在四清運動中一定要抓民族問題的綱；高錦明說，不少地方對階級鬥爭在民族問題上的反映提不到綱上去。烏蘭夫說，四清運動根本反映不出自治區的民族特點；高錦明說，四清中決不能忽視民族問題的特性。烏蘭夫在四清中大反大漢族主義，高錦明強調要繼續解決民族自治問題。烏蘭夫黑幫說，取消土地報酬是錯誤的，這是西部蒙族的歷史特點；高錦明說，有關民族問題土改時的老經驗要繼續用。」

這是《紅聯》縱隊《揭露高錦明兩面派的真面目》中一段文字，原載二月十七日出版的《紅色造反者》報上。再看三月十四日出版的《紅色造反者》報上，林蔚然、蘇雷等54名領導幹部揭發高錦明的一段文字。

烏蘭夫說：「在四清運動中，一定要抓民族問題的綱」，高錦明說：「不少地方對階級鬥爭在民族問題上的反映提不到綱上去」；烏蘭夫說：「四清運動根本反映不出自治區的民族特點」，高錦明說：「四清中決不能忽視民族問題的特性」；烏蘭夫說：「取消蒙族土地報酬是錯誤」，高錦明說：「有關民族問題土改時的老經驗要繼續用」。

讀了這兩段文字，使人大惑不解，這究竟是《紅聯》縱隊抄襲蘇雷、林蔚然等人的揭發文章呢，還是蘇雷、林蔚然等領導幹部，抄襲《紅聯》縱隊的揭發文章？

還有一點，這幾份傳單說：「諸如土旗四清會議上的反動路線，歌舞團、藝校圍攻革命群眾，師院的革命師生長期被打擊，等等，沒有一樣不是高錦明授意的」，並且還憤憤不平地揭露高錦明，如何在「前門飯店會議」期間給高樹華戴上「假左派」帽子；內大於北辰鎮壓革命學生賈國太事件，高錦明又怎樣「既掩蓋了自己的罪行，又抬高了自己的身份」等等。試問：當土旗四清工作團圍攻歌舞團革命群眾的時候，當高樹華等師院革命師生被戴上「假左派」「黑幫爪牙」的時候，當內大賈國太等同志長期受打擊的時候，你們—《正好炮位，瞄準目標，狠打高錦明》等傳單的製作者們，當時是站在他們一邊還是站在高錦明一邊呢？現在，當這些革命同志再一次被打成「反革命」「牛鬼蛇神」的時候，你們又是站在哪一邊呢？為了揭發高錦明等的「罪行」，你們在傳單上可以把這些人稱作為「革命師生」「革命群眾」「革命學生」，然而在行動上，在除了這幾份傳單的其它場合，你們是不是還把這些人稱之為「革命群眾」「革命師生」「革命學生」？我們迫切希望：在將來的某一天，能拜讀到你們揭發這些同志第二次、第三次被打成「反革命」的巨型傳單！

毛主席教導你們說：「一切狡猾的人，不照科學態度辦事的人，自以為得計，自以為很聰明，其實都是最愚蠢的，都是沒有好結果的。」又說：「有比較才能鑒別。有鑒別，有鬥爭，才能發展。」「世界上怕就怕「認真」二字，共產黨就最講「認真」。」對高錦明問題，只要我們認真對待，是一定能夠得出正確結論來的。

比一比 想一想

鲁迅兵团文联《翻江倒海》战斗纵队

近一时期，《內蒙古自治区无产阶級革命造反派联合总指揮部》方面，印发了大量的揭发高錦明問題的传单，看罢之余，感到許多問題得不到解釋，特别是参照着中央批轉的有关文件和三司內大井岡山兵团調查組的几份材料，两相对比，仔細琢磨，疑問益发增多。无奈乎，只好公布于众，求教于全市革命同志共同研討，想必能得到其中的奧秘所在。

为了便于分析，我們把搜集到的几份主要传单中所涉及的問題，原文摘出，按題归类，作番粗略对比。

一、乌兰夫黑帮是否重用和提拔高锦明？

1.种种事实完全可以說明，高錦明一貫抵制毛泽东思想，而对烏兰夫黑帮，和所謂“烏兰夫思想”却是推崇备至，极尽其吹捧頌揚之能事。因此，他一直很受烏兰夫的賞識和重用。

（銀鋤纵队，《反革命两面派高錦明破坏无产阶級文化大革命的滔天罪行必須彻底清算》，載《紅色造反者》創刊号）以下簡称——銀。

1.为什么調他倆（高、李）到內蒙党委？原因有二，一个是确实需要。十一个副主席，书記处沒有一个能很好工作的；另一个是从德、才、智上讲，当时內蒙的干部只有他倆合适。况且高錦明同志又是滿族。根本不存在提拔的問題。

（三司內大井岡山調查組：《张魯同志談話紀要》）下称——张。

× × ×

2.（而）高錦明也是烏兰夫亲手提拔的，这怎么能恩将仇报呢？

（紅联纵队，《揭露高錦明两面派的真面目》，載《紅色造反者》第二期）下称——紅。

2.关于高錦明当常务书記的問題。原来常务书記是王鐸，后来是毕力格巴图尔。高錦明是文化大革命期間当上常务书記的。这件事是解学恭同志又是区党委公选出来的。

（三司內大井岡山調查組《魯凤仪同志談話紀要》）下称——魯。

× × ×

3.临河四清于六五年七月結束后，高錦明留在內蒙古党委掌管日常工作。从这时起，烏兰夫就疯狂的开始大搞民族分裂活动。在高錦明掌权的时候，也是烏兰夫反党活动最猖狂的时期，难道这是偶然的嗎？不是的。現在可以清楚的看出，这是烏兰夫早有預謀的。第二批四清一开始，烏兰夫把党委別的书記打发到城乡四清第一綫蹲点去了，剩下的奎璧、毕力格巴图尔是烏兰夫的同党，其他书記不理朝政。只有一个掌盘的高錦明，烏兰夫完全相信，高錦明是他的忠臣，…… （紅）

3.高錦明一到区党委就管起家里的事来，事实上并沒有明确职位。因为其他人多是病号，自然担子就压在他身上了。 （张）

六五年七月十五日，我們一块从临河回来后，烏兰夫說：“老高回来了，你就既蹲点又跑面吧？”蹲点咋跑面，实际上不让他工作。高錦明曾問过烏兰夫怎么搞。从那时到六六年四月，都是让他在外面跑、开会、不在家。他在东部区搞了一个四清复查会，又到西部区的临河，又去华北局等等。从六五年十月份起，毕力格巴图尔回到內蒙主管工作、看家，烏兰夫怎么說他就怎么干。让高錦明在外面跑。家里怎么干，你高錦明管不着。 （张）

× × ×

4.此間（指一九六四年到一九六六年五月——引者注），正是高錦明在烏兰夫“台前”官运亨通实权在握的两年。难道有誰見过高錦明受到烏兰夫打的任何一点迹象嗎？

（无产者革命造反联合总部：《正好炮位，瞄准目标，狠打高錦明》，一月十五日单另发行传单。后全文轉載于二月十八日《紅色造反者》第三期。）下称——无。

4.去年（指一九六六年——引者注）四月一日，烏兰夫以突出政治为名，在“代常委”会上搞“小鳴放”，他带头点名攻击区党委书記权星垣、高錦明（滿族）等同志。……說权星垣把工业搞得“手无寸鉄”，高錦明不执行民族政策……接着，“代常委”就跟着他的意图积极准备整这些同志的材料。在会外，云丽文、浩帆等人則散布区党委这些书記和一些領导干部反烏兰夫，积极做輿論上的准备。

（直属机关井岡山革命造反纵队等：《当代王爷烏兰夫》，三月三日传单。）下称——井。

周明、张萍、高錦明、权星垣都有不同意見（指在王鐸問題上——引者）。他們（指烏兰夫黑幫）就抓高錦明、权星垣的材料，想打成一个反党集团，把医学院問題，二毛問題，鉄帽問題都安上，搞反党集団，再提高到大汉族主义，因此他大抓大汉族主义。这是从六四年三干会开始到六五年十月，以后的前边已說了。

（张）

二、高锦明对乌兰夫反党集团是“假揭发、真包庇”吗？

1.……以后烏兰夫黑帮的一系列阴謀活动，中央、华北局早已引起了注意。特别是毛主席亲自发动和領导的这場无产阶級文化大革命的开展，很快就揪出

（下轉第四版）

（上接第三版）

了彭、陆、罗、楊反党集团。烏兰夫黑帮的罪行，也就成了众矢之的，已經无处藏身了。高錦明这个一向善于投机的反革命两面派，唯恐遭到"城門失火，殃及池魚"的命运，于是便在这个关鍵时刻，"站"了出来，"揭发"了烏兰夫黑帮的罪行。其实，只要透过这些迷惑人心的现象……原来他的揭发是假，包庇是眞。（銀）

× × ×

1.烏兰夫的問題，首先覚察的应該說是中央。……

高錦明同志揭发烏兰夫的問題，我了解到是从六六年二月开始的。六六年二月，在天津召开的华北局学习会。会上高錦明同志談了对烏兰夫的看法，（1）不民主；（2）有搞地方民族主义的苗头。可是那次会議沒談开，只扯了一下子，烏兰夫就把話岔开，轉移了正題。高錦明个别和解学恭、李雪峰談了这个問題，例如，宗派主义的干部路綫問題，四清中提出以抓民族問題为綱，医学院問題，二毛問題，鉄帽老小寡妇問題，浩帆問題等，都涉及到了……接着就是邯鄲会議。六六年三月到四月，在邯鄲召开了华北局四清工作会議。內蒙高錦明、奎璧来了。高錦明又向雪峰同志汇报了一次（仍然是个别反映的。）……上述来信（指郭以青、张魯、雷代夫等同志揭发烏兰夫的信件——引者）和高錦明同志两次当面汇报引起了华北局的注意。这样解学恭同志，李树德同志我和曲友仁同志在六六年四月三十日去內蒙。……我們去了之后，……和高錦明談了两次，他揭的很好。五月四日，我們回来就开始整理材料。以后面对面第一个揭发烏兰夫的还是高錦明同志。……

高錦明站出来反对烏兰夫，并不是揪出彭陆罗楊以后，而是在这以前。

高錦明不是要两面派，最低限度在六六年二月就站出来了，在书記处他是最早的一个。他揭发的最透，最无保留，怎么能說"揭发是假，包庇是眞"呢？（魯）

× × ×

2.这次会議（指前門飯店会議——引者）在高錦明的主持下，对烏兰夫的所謂"斗爭"，从始至終充滿了资产阶級的"人情味"，同烏兰夫搞"和平談判"。第一阶段的书記处会場，沒揭出多少問題，轉入大組会后，还是把烏兰夫看作"同志"，甚至按烏兰夫的眼色行事。（銀）

2.前門飯店会議上，他（指高錦明）讲的更（有）力了，准备的就更充分了，他讲了两个半天，揭的最多，提的最高，提到反党、反社会主义、反毛泽东思想。……在斗爭中，他是領导斗爭的，根本沒有向烏兰夫交底的。

（三司內大井岡山兵团調查組：《李树德同志談話紀要》下称——李）

当时会議（指前門飯店会議——引者）是很激烈的，面对面斗爭。高錦明揭問題时是背向我們面向烏兰夫的。烏兰夫当时并不是不說話，而是站起来面紅耳赤地和高錦明他們吵。因此，如果他有理，他一定能胜。高錦明有問題也一定逃不脫。可是，对于任何一个問題，烏兰夫从来沒有說过，"这个問題你高錦明也知道，是咱們俩共同搞的"这类話。（三司內大井岡山兵团調查組：《曲友仁同志談話紀要》）

× × ×

3.烏兰夫是內蒙的一朝人王地主，触动了新王爷，还有自己的好处嗎？因此，內蒙三干会（指一九六四年三干会——引者）揭发的問題也就随着时間的消逝，烟消云散了。

三干会革命不彻底姑且不說，而高錦明却通过三干会捞到了政治资本，上边受到华北局的器重，下边得到了群众的好評，由于沒有伤害烏兰夫的毫毛，和烏兰夫之流也不伤感情，而又被烏兰夫視为心腹，这事办得多漂亮！（紅）

一九六四年在自治区三干会上，揭发出各級領导干部的大量問題。会后自治区党委决定各級党委組成查处領导小組进行查处。但是涉及到烏兰夫、奎璧、吉雅太等黑帮分子的許多重大問題，却始終束諸高閣，毫未触动。高錦明在这个問題上，一直听之任之，根本沒有任何斗爭的表現。（銀）

3.三干会时，烏兰夫去了德国，揭了不少問題，斗爭很激烈。历次会对烏兰夫問題都沒有触动过，这次有。土旗、烏盟、参加会議的人提出"根子"（那解决不了問題的根源——調查者）"老小寡妇"問題，但揭得不深。高錦明、权星垣主持这次会議，有过几次报告。报告总的精神是煽风点火，狠揭內蒙党委的盖子，管你是什么人都行。……这个会議后，烏兰夫有个讲話，流露出对三干会的不滿情緒，意思是要算三干会的賬。（三司內大井岡山兵团調查組：《宝音同志談話紀要》）下称——宝。

烏兰夫、奎璧对这次会是根本抵触的，而高錦明、权星垣同志是拥护这个会議的。烏兰夫的問題，有他的社会、思想根源，也有它的直接原因。这就是对六四年三干会的不滿而发展到反面。（魯）

会后，內蒙党委組成了一个复査小組，……至于查处小組为什么后来沒有特别解决处理烏兰夫的問題？他們沒权力。另外，还有一个組織問題。（宝）

三、关于构成高锦明"为乌兰夫黑帮的反革命政变立过汗马功劳"的几条具体罪状分岐

1.在高錦明主管下的电台、报刊，从一九六六年初以来，忠实执行了烏兰夫的旨意，把蒙文蒙語的学习，强調到了极为荒謬的程度。……用这种手段，冲击和抵制学习毛主席著作的群众运动。（銀）

1.蒙語广播（指內蒙电台的蒙語会話座——笔者），正是高錦明反对的东西。（魯）

× × ×

2.决定（指一九六六年二月內蒙党委关于学习毛主席著作的决定——引晋）中大肆販卖烏兰夫的黑貨，特别提出了"結合內蒙古实际，踏出自巳的路"的黑語，妄图把学习毛主席著作的群众运动引向邪路。这个决定正是經过高錦明亲自审閱定稿后印发的。（銀）

2.学毛著的决定（66年2月），你更安不到他（高錦明）头上。这个决定是在烏兰夫指导下，由厚和写出来的，这是烏兰夫的罪状。据厚和揭发，"烏兰夫說，你（厚和）不要管别的就学陈伯达那样，专攻理論，在理論上踏出自己的路。"（魯）

× × ×

3.他（指高錦明）还打着树立学习毛主席著作先进典型的招牌，把烏兰夫的公主附（駙）馬所統轄的哲盟，作为体现烏兰夫"农牧林結合"的思想的样板，既反对毛泽东思想，又为"踏出自巳的路"树立榜样。（銀）

3.哲盟的事是烏兰夫干的（指树立学毛著的典型，"农牧林"結合的样板——笔者），高錦明反对嘛！怎么能搞到一起呢！（魯）

× × ×

4.烏兰夫提出要把自巳的老婆提拔为調研室主任，高錦明便欣然划圈同意。（銀）

4.提拔云丽文調研室主任的問題，高錦明根本沒划圈。当时烏兰夫想让云丽文当調研室主任，因此就让何跃（十三級干部，調研室干部）写了一个申請。……高錦明根本沒参与这件事。他既沒有划圈，更沒有欣然划圈，在别人划圈的时候，高錦明在太原开会。（魯）

× × ×

5.刘、邓盜用中央名义，和烏兰夫的談話（高錦明和烏兰夫黑帮的左丞相奎璧也在座作陪）……（銀）

对刘邓的談話，我們这位高錦明簡直是奉若"圣旨"，从北京一回呼市，他手捧"圣旨"，大宣特宣。（无）

5.刘邓和烏兰夫的談話，只有一次，出席的有奎璧、吳涛、李富春、李雪峰、刘春、解学恭、烏兰夫、刘、邓等九人。高錦明根本沒出席。（魯）

× × ×

6.一九六六年五月，无产阶級文化大革命的熊熊烈火已經在全国燃烧起来，当时，正在参加中央政治局会議的烏兰夫，見势不妙，赶紧从北京打回电話，說什么："今后只提反修正主义就行了，不要再提反大汉族主义了"；"印发的《三五宣言》馬上收回来。"此时，在呼市正在召开自治区党委扩大会議。当时，一些同志就提出："《三五宣言》发了，为什么又收回来？"听听高錦明說了一些什么吧："党內文件嘛，何时該发就发，何时該收就收。"这不完全是为烏兰夫的退却打掩护嗎？（无）

6.关于"三五年宣言"回收問題。六六年五月初，烏兰夫觉察到他自巳問題严重，从北京打电話要高錦明同志收回"三五宣言"。当时，高錦明同志正在揭烏兰夫，他对此很有意見，还质問过烏兰夫，"为什么要收回？"烏兰夫支支吾吾，讲不出道理来。以后，他（指高）又向解学恭同志反映了这个情况。（魯）

× × ×

7.尤有甚者，巳經到了六六年六月，烏兰夫反党的盖子巳經揭开了，作为华北局"前門飯店会議"內蒙組的主持人高錦明，会議中間却把正在参加"前門飯店会議"的烏兰夫黑帮干将（烏的长子）布赫派回自治区領导文化大革命。这又是为什么？（无）

7.前門飯店会議上，布赫是烏兰夫派回去的，不是高錦明。內蒙六月七日撤了浩帆的职。八日高錦明通知我回去接管浩帆的工作，說："浩帆有問題，撤了职了，让你回去。"他别的什么也沒說。我十日到家。布赫九日巳回去了。家里文化大革命还是在搞胡昭衡那个《老生常談》，王燎的《小溪之歌》，搞学术批判，想把浩帆、云世英、潮洛濛起（原文如此——引者）起来。六月十九日权星垣回来了。（张）

× × ×

8.唉呀呀，高錦明，你也未免太健忘了，把"三基論""合法"化了的《自治区党委二屆三次全体会議的决議》不正是以你为首的起草小組起草的嗎！？（无）

8.党委开了十一次全体委員扩大会。在会上，烏兰夫提出三个基础。經过情形是这样，第一次扩大会議上，烏兰夫提出說要搞一个会議紀要。我問高錦明怎么搞。他让我起草了一个，搞五大，学习总結等的几段。在常委会上高錦明念了，常委們做了修改。烏兰夫也在場，准备在第二天上午全体委員会上通过，晚上也巳經印好了。可是忽然烏兰夫在第二天上午作起报告来了。这个报告别說是常委，連书記处也沒有通过，他搞的狗屁不通，胡鬧了半天，是肖冰、浩帆、云丽文起草搞的（这个报告中提到了三个基础——引者）。这一讲可鬧胡涂了，下午討論紀要稿时，根本沒有很好討論，就这样定了。（张）

× × ×

9.《实践》杂志的元旦社論，就是在高錦明亲自指导下，几易其稿，反复修改，才最后写成的。对于这样一株大毒草，高錦明十分赏識，說什么"《实践》元旦社論所以写得好，在于它比較系統地表达了烏兰夫的思想。"（銀）

9.《实践》杂志六六年元旦社論，正是高錦明反对的东西，他首先揭发的。他不同意烏兰夫的意見。据我看，这个問題他也不可能給下面同志商議。（魯）

10.到了六六年四月前后，华北局更明确指出，自治区党委一九六六年上半年的工作要点（突出民族問題，大反大汉族主义等）有严重的政治錯誤，并責令自治区党委把烏兰夫的有关讲話、报告全部的如实的上报审查。此时，烏兰夫的問題，其实巳經公开暴露了，作为区党委书記处的成員，特别是高錦明，对中央、华北局巳經覚察了烏兰夫有問題，这个底早巳摸到了。（无）

× × ×

10.华北局向內蒙要文件，就是因为高錦明他們向华北局反映了烏兰夫的問題，引起了重視，才要的。（有人說因为华北局向內蒙党委文件，使高錦明嗅到了內蒙烏兰夫問題后开始揭烏兰夫——笔者）。上半年工作要点（指內蒙党委六六年上半年工作要点——笔者），是高錦明当面給华北局提出反映后，华北局才要文件。这个过程都是我經手的。（魯）

四、高锦明是制造包头"'八一八'事件的罪魁祸首吗？"

在这場严重的鎮压革命学生的反革命事件中（指包头八一八事件——引者），高錦明是独一无二的罪魁祸首。包头市委調动数以千計的工人、干部、市民、便衣警察鎮压学生运动的反革命暴行，是高錦明在长途电話里亲自批准的。整个事件的前前后后，沒有一件大事，不是高錦明亲自支持和策划的。（无）

包头"八一八"事件。有人說高錦明打长途电話批准調工人鎮压学生。其时，华北局正开会，在东方飯店，范易来問高錦明，"他們要派工人說服一下怎么样？"高錦明說："可以要些老工人，少一点，有威信的，說一說也可以。"我当时在場，說："不行，这要出乱子的。"高就說："别麻煩了，就算了吧！当时馬上就让范易打电話，但当电話接通后，工人巳調出去了，挽回巳来不及了。（魯）

通过以上对比，明显看出，对于同一件事情，竟有两种截然相反的說法。再琢磨，发现"无产者""銀鋤""紅联"的这几份赫然注目的巨型传单，自己也有互相矛盾、彼此扯腿的情况。这里略举几例。

其一、"銀鋤"纵队传单說，高錦明頑固推行资产阶級反动路綫，"內蒙师院革命群众和革命組織之間，长期对立的形成和加深，就是一个明显的例証。"众所周知，师院长期对立的組織，是"东纵"和"抗大"。前一时期，传单的制作者方面，一口咬定"东纵"是"大方向始終与以毛主席为代表的无产阶級革命路綫背道而馳的反革命組織"，而把"抗大"說成是值得"学习"应当"致敬"的"左派組織"。旣然如此，哪里还談得上什么"革命組織之間"，而高錦明挑动"抗大"这一"左派組織"，打击"东纵"那个"反革命組織"，岂不也成了"坚决鎮压反革命組織"的英雄行为了？传单制作者方面，一边一本正經地揭发高錦明、权星垣等在师院挑起"两大革命組織"之間互斗，一边又憤书疾呼要"坚决鎮压'东纵'这一"反革命組織"。彼一"革命組織"，此一"反革命組織"，究竟是"革命組織"还是"反革命組織"，希望确切說明，以正視听。

其二，"无产者"一月十五日传单說："尤有甚者，巳經到了六六年六月，烏兰夫反党的盖子巳經揭开了……"怎么揭开的？誰揭开的？沒有具体說明。六六年六月以前，揭发烏兰夫黑帮的主战場是"前門飯店会議"。这次会議，据"銀鋤纵队"的传单說，是"按烏兰夫眼色行事""从始至終充滿了资产阶級人情味"的"和平談判"。要眞是这样，烏兰夫反党盖子，肯定是揭不开的。可是"无产者"直到二月二十八日，依旧固持巳見，說"巳經揭开了"。类似自相矛盾、彼此扯腿的地方，何止一处。有时，《联合总指揮部》方面印发的传单，又一反常态，彼此之間，口径却是出奇的"一致"，甚至連大段大段的文字，都互相雷同。現抄摘一段，聊供研究。

"烏兰夫說在四清运动中一定要抓民族問題的綱，高錦明說，不少地方对阶級斗爭在民族問題上的反映提不到綱上去。烏兰夫說，四清运动根本反映不出自治区的民族特点，高錦明說，四清中决不能忽視民族問題的特性。烏兰夫在四清中大反大汉族主义，高錦明强調要继續解决民族自治問題。烏兰夫黑帮說，取消土地报酬是錯誤的，这是西部蒙族的历史特点；高錦明說，有关民族問題土改时的老經驗要继續用。"

这是《紅联》纵队《揭露高錦明两面派的眞面目》中一段文字，原載二月十七日出版的《紅色造反者》报上。再看三月十四日出版的《紅色造反者》报上，林蔚然、苏雷等54名領导干部揭发高錦明的一段文字：

烏兰夫說："在四清运动中，一定要抓民族問題的綱"，高錦明說："不少地方对阶級斗爭在民族問題上的反映提不到綱上去"；烏兰夫說："四清运动根本反映不出自治区的民族特点"，高錦明說："四清中决不能忽視民族問題的特性"；烏兰夫說："取消蒙族土地报酬是錯誤"，高錦明說："有关民族問題土改时的老經驗要继續用"。

讀了这两段文字，使人大惑不解，这究竟是《紅联》纵队抄袭苏雷、林蔚然等人的揭发文章呢，还是苏雷、林蔚然等領导干部，抄袭《紅联》纵队的揭发文章？

还有一点，这几份传单說："諸如土旗四清会議上的反动路綫，歌舞团、艺校围攻革命群众，师院的革命师生长期被打击，等等，沒有一样不是高錦明授意的"，并且还憤憤不平地揭露高錦明，如何在"前門飯店会議"期間給高树华戴上"假左派"帽子，內大于北辰鎮压革命学生賈国太事件，高錦明又怎样"既掩盖了自巳的罪行，又抬高了自巳的身份"等等。試問，当土旗四清工作团围攻歌舞团革命群众的时候，当高树华等师院革命师生被戴上"假左派""黑帮爪牙"的时候，当內大賈国太等同志长期受打击的时候，你們——《正好炮位，瞄准目标，狠打高錦明》等传单的制作者們，当时是站在他們一边还是站在高錦明一边呢？現在，当这些革命同志再一次被打成"反革命""牛鬼蛇神"的时候，你們又是站在哪一边呢？为了揭发高錦明等的"罪行"，你們在传单上可以把这些人称作为"革命师生""革命群众""革命学生"，然而在行动上，在除了这几份传单的其它場合，你們是不是还把这些人称之为"革命群众""革命师生""革命学生"？我們迫切希望：在将来的某一天，能拜讀到你們揭发这些同志第二次、第三次被打成"反革命"的巨型传单：

毛主席教导你們說："一切狡猾的人，不照科学态度办事的人，自以为得計，自以为很聰明，其实都是最愚蠢的，都是沒有好結果的。"又說："有比較才能鉴别。有鉴别，有斗爭，才能发展。""世界上怕就怕'认眞'二字，共产党就最讲'认眞'。"对高錦明問題，只要我們认眞对待，是一定能够得出正确結論来的。

林彪同志委託江青同志召開的部隊文藝工作座談會紀要

這個紀要，經過參加座談會的同志們反覆研究，又經過主席三次親自審閱修改，是一個很好的文件，用毛澤東思想回答了社會主義時期文化革命的許多重大問題，不僅有極大的現實意義，而且有深遠的歷史意義。

十六年來，文藝戰線上存在著尖銳的階級鬥爭，誰戰勝誰的問題還沒有解決。文藝這個陣地，無產階級不去占領，資產階級就必然去占領，鬥爭是不可避免的。這是在意識形態領域裡極為廣泛、深刻的社會主義革命，搞不好就會出修正主義。我們必須高舉毛澤東思想偉大紅旗，堅定不移地把這一場革命進行到底。

紀要中提出的問題和意見，完全符合部隊文藝工作的實際情況，必須堅決貫徹執行，使部隊文藝工作在突出政治，促進人的革命化方面起重要作用。

林彪一九六六年三月二十二日

（一）

一九六六年二月二十日，江青同志根據林彪同志的委託，在上海邀請謝鏜忠、李曼村等同志，就部隊文藝工作的若干問題進行了座談。

來上海之前，林彪同志曾作了如下的指示：「江青同志昨天和我談了話。她對文藝工作方面在政治上很強，在藝術上也是內行，她有很多寶貴的意見，你們要很好重視，並且要把江青同志的意見在思想上、組織上認真落實。今後部隊關於文藝方面的文件，要送給她看，有什麼消息，隨時可以同她聯繫，使她了解部隊文藝工作情況，徵求她的意見，使部隊文藝工作能夠有所改進。部隊文藝工作無論是在思想性和藝術性方面都不要滿足現狀，都要更加提高。」蕭華同志和楊成武同志，對這次座談都表示熱情贊助和支持，指示我們一定要按照江青同志的意見辦，並對江青同志這樣關心部隊的文藝工作表示感謝。

在座談開始和交談中，江青同志再三表示：對毛主席的著作學習不夠，對毛主席的思想領會不深，只是學懂哪一點，就堅決去做。最近四年，比較集中地看了一些作品，想了一些意見，這些意見不一定全對。我們都是共產黨員，為了黨的事業，應當平等地進行交談。這件事，去年就應該做，因為身體不行，沒有做到。最近，身體好一些，根據林彪同志的指示，請同志們來共同商量。

江青同志建議先看作品，再閱讀一些有關的文件和材料，然後交談。江青同志給我們閱讀了《毛澤東同志看了＜逼上梁山＞以後寫給延安平劇院的信》（一九四四年一月九日）和《毛主席同音樂工作者的談話》（一九五六年八月二十四日，此件未經本人看過，據說本人還要研究修改）兩篇著作，以及有關文藝工作的九個材料，並先後同×××個別交談八次，集體座談四次，陪同我們看電影十三次，看戲三次。在看電影、看戲過程中，也隨時進行了交談。另外，還要我們看了二十一部影片。在此期間，江青同志又看了電影《南海長城》的樣片，接見了《南海長城》的導演、攝影師和一部分演員，同他們談話三次，給了他們很大的教育和鼓舞。我們在接觸中感覺到：江青同志對毛主席思想領會較深，又對文藝方面存在的問題作了長時間的、相當充分的調查研究，親自種試驗田，有豐富的實踐經驗。這次帶病工作，謙虛、熱情、誠懇地同我們一起交談，一起看影片、看戲，給了我們很大啟發和幫助。

（二）

在這二十天中，我們閱讀了毛主席的兩篇著作和有關材料，聽取了江青同志許多極為重要的意見，看了三十餘部好的、壞的、和在不同程度上存在著缺點、錯誤的影片，又看了《奇襲白虎團》《智取威虎山》兩齣比較成功的革命現代京劇，從而加深了我們對毛主席文藝思想的理解，提高了對社會主義文化革命的認識。下面是在這次座談會中大家商議和同意的幾點意見：

一、十六年來，文化戰線上存在著尖銳的階級鬥爭。

事實上，在我國革命的兩個階段，即新民主主義階段和社會主義階段，文化戰線上都存在兩個階級、兩條路線的鬥爭，即無產階級和資產階級在文化戰線上爭奪領導權的鬥爭。我們黨的歷史上，反對「左」右傾機會主義的鬥爭，也都包括文化戰線上的兩條路線鬥爭。王明路線是一種曾經在我們黨內泛濫過的資產階級思想。一九四二年開始的整風運動中，毛主席先在理論上徹底地批評了王明的政治路線、軍事路線和組織路線；緊接著，又在理論上徹底地批判了以王明為代表的文化路線。毛主席的《新民主主義論》、《在延安文藝座談會上的講話》和《看了＜逼上梁山＞以後寫給延安平劇院的信》，就是對文化戰線上的兩條路線鬥爭的最完整、最全面、最系統的歷史總結，是馬克思列寧主義世界觀和文藝理論的繼承和發展。在我國革命進入社會主義階段以後，毛主席又發表了《關於正確處理人民內部矛盾的問題》和《在中國共產黨全國宣傳工作會議上的講話》兩篇著作，這是我國和各國革命思想運動、文藝運動的歷史經驗的最新的總結，是馬克思列寧主義世界觀和文藝理論的新發展。毛主席的這五篇著作，夠我們無產階級用上一個長時期了。

毛主席的前三篇著作發表到現在已經二十幾年了，後兩篇也已經發表將近十年了。但是，文藝界在建國後的十五年來，卻基本上沒有執行，被一條與毛主席思想相對立的反黨反社會主義的黑線專了我們的政，這條黑線就是資產階級的文藝思想、現代修正主義的文藝思想和所謂三十年代文藝的結合。「寫真實」論、「現實主義廣闊的道路」論、「現實主義的深化」論、反「題材決定」論、「中間人物」論、反「火藥味」論、「時代精神匯合」論，等等，就是他們的代表性論點，而這些論點，大抵都是毛主席《在延安文藝座談會上的講話》中早已批判過的。電影界還有人提出所謂「離經叛道」論，就是離馬克思列寧主義、毛澤東思想之經，叛人民革命戰爭之道。在這股資產階級、現代修正主義文藝思想逆流的影響或控制下，十幾年來，真正歌頌工農兵的英雄人物，為工農兵服務的好的或者基本上好的作品也有，但是不多；不少是中間狀態的作品；還有一批是反黨反社會主義的毒草。我們一定要根據黨中央的指示，堅決進行一場文化戰線上的社會主義大革命，徹底搞掉這條黑線。搞掉這條黑線之後，還會有將來的黑線，還得再鬥爭。所以，這是一場艱巨、複雜、長期的鬥爭，要經過幾十年甚至幾百年的努力。這是關係到我國革命前途的大事，也是關係到世界革命前途的大事。

過去十幾年的教訓是：我們抓遲了。毛主席說，他只抓過一些個別問題，沒有全盤的系統的抓起來，而只要我們不抓，很多陣地就只好聽任黑線去占領，這是一條嚴重的教訓。一九六二年十中全會作出要在全國進行階級鬥爭這個決定之後，文化方面的興無滅資的鬥爭也就一步一步地開展起來了。

二、近三年來，社會主義的文化大革命已經出現了新的形勢，革命現代京劇的興起就是最突出的代表。從事京劇改革的文藝工作者，在黨中央的領導下，以馬克思列寧主義和毛澤東思想為武器，向封建階級、資產階級和現代修正主義文藝展開了英勇頑強的進攻，鋒芒所向，使京劇這個最頑固的堡壘，從思想到形式，都起了極大的革命，並且帶動文藝界發生著革命性的變化。革命現代京劇《紅燈記》《沙家濱》《智取威虎山》《奇襲白虎團》等和芭蕾舞劇《紅色娘子軍》、交響音樂《沙家濱》、泥塑《收租院》等，已經得到廣大工農兵群眾的批准，在國內外觀眾中，受到了極大的歡迎，這是對社會主義文化革命將會產生深遠影響的創舉。它有力地證明：京劇這個最頑固的堡壘也是可以攻破的，可以革命的；芭蕾舞、交響樂、雕塑這種外來的古典藝術形式，也是可以加以改造，來為我們所用的，對其他藝術的革命就更應該有信心了。有人說革命現代京劇丟掉了京劇的傳統，丟掉了京劇的基本功。事實恰恰相反，革命現代京劇正是對京劇傳統的批判地繼承，是真正的推陳出新。京劇的基本功不是丟掉了，而是不夠用了，有些不能夠表現新生活的，應該也必須丟掉。而為了表現新生活，正急需我們從生活中去提煉，去創造，去逐步發展和豐富京劇的基本功。同時，這些事實也有力地回擊了形形色色的保守派，和所謂「票房價值」論、「外匯價值」論、「革命作品不能出口」論，等等。

遠三年來，社會主義文化革命的另一個突出代表，就是工農兵在思想、文藝戰線上的廣泛的群眾活動。從工農兵群眾中，不斷地出現了許多優秀的、善於從實際出發表達毛澤東思想的哲學文章；同時，還不斷地出現了許多優秀的、歌頌我國社會主義革命的偉大勝利，歌頌社會主義建設各個戰線上的大躍進，歌頌我們的新英雄人物，歌頌我們偉大的黨，黨的領袖和其他同志們英明領導的文藝作品，特別是工農兵發表在牆報、黑板報上的大量詩歌，無論內容和形式都劃出了一個完全嶄新的時代。

當然，這些都還只是社會主義文化革命的初步成果，是萬里長征的第一步。為保衛和發展這一成果，把社會主義文化革命進行到底，還需要我們作長期的、艱苦的努力。

三、文藝戰線兩條道路的鬥爭，必然要反映到軍隊內部來，軍隊不是生活在真空裡，決不可能例外。中國人民解放軍是中國無產階級專政的主要工具，是中國人民和世界革命人民的依靠和希望。沒有人民的軍隊，就沒有革命的勝利，就沒有無產階級專政，就沒有社會主義，也就沒有人民的一切。因此，敵人一定會從各方面破壞它，也一定會利用文藝的武器，企圖對它進行思想腐蝕。而×××卻在黨中央指出文藝界十五年來基本上沒有執行黨的方針以後，還說部隊文藝方向已經解決了，主要是提高藝術水平的問題，這種觀點是錯誤的，是缺乏具體分析的。事實上，軍隊的文藝有的方向對，藝術水平也比較高；有的方向對，藝術水平低；有的政治方向和藝術水平方面都有嚴重的缺點和錯誤；也有的是反黨反社會主義的毒草。八一電影製片廠就拍攝了《抓壯丁》這樣的壞影片。這說明軍隊的文藝工作也在不同程度上受到了黑線的影響。同時，我們自己培養的真正過得硬的創作人材還比較少；創作思想問題還很多；組織上也還有些不純。對這些問題，我們必須作出恰當的分析和解決。

四、文化革命解放軍要起重要作用。林彪同志主持軍委工作以來，對文藝工作抓得很緊，作了很多正確的指示；在中共中央軍委擴大會議《關於加強軍隊政治思想工作的決議》中，明確地規定部隊文藝工作的任務是：「必須密切結合部隊的任務和思想情況，為興無滅資、鞏固和提高戰鬥力服務」；軍隊中有一批我們自己培養的、經過革命戰爭鍛煉的文藝骨幹；也創作了一些好的作品。因此，在社會主義文化革命中，解放軍一定要起應起的作用，勇敢地、堅定不移地，為貫徹執行文藝為工農兵服務、為社會主義服務的方針而鬥爭。

五、文化革命要有破有立，領導人要親自抓，搞出好的樣板。資產階級有所謂「創新獨白」，我們也要標新立異，要標社會主義之新，立無產階級之異。要努力塑造工農兵的英雄人物，這是社會主義文藝的根本任務。我們有了這樣的樣板，有了這方面成功的經驗，才有說服力，才能鞏固地占領陣地，才能打掉保守派的棍子。

在這個問題上，不要有自卑感，而應當有自豪感。

要破除對所謂三十年代文藝的迷信。那時左翼文藝運動政治上是王明的「左傾」機會主義路線，組織上是關門主義和宗派主義，文藝思想實際上是俄國資產階級文藝評論家別林斯基、車爾尼雪夫斯基、杜勃羅留波夫以及對劇方面的斯坦尼斯拉夫斯基的思想，他們是俄國沙皇時代資產階級民主主義者，他們的思想不是馬克思主義，而是資產階級思想。資產階級民主革命，是一個剝削階級反對另一個剝削階級的革命，只有無產階級的社會主義革命，才是最後消滅一切剝削階級的革命，因此，決不能把任何一個資產階級革命家的思想，當成我們無產階級思想運動、文藝運動的指導方針。三十年代也有好的，那就是以魯迅為首的戰鬥的左翼文藝運動。到了三十年代的後期，那時左翼的某些領導人在王明的右傾投降主義路線的影響下，背離馬克思列寧主義的階級觀點，提出了「國防文學」的口號。這個口號，就是資產階級的口號，而「民族革命戰爭的大眾文學」這個無產階級的口號，卻是魯迅提出的。有些左翼文藝工作者，特別是魯迅，也提出了文藝要為工農服務和工農自己創作文藝的口號，但是並沒有系統地解決文藝同工農兵相結合這個根本問題，絕大多數還是資產階級民族民主主義者，有些人民主革命這一關就沒過去，有些人沒有過好社會主義這一關。

要破除對中外古典文學的迷信。斯大林是個偉大的馬克思列寧主義者，他對資產階級的現代派文藝的批評是很尖銳的，但是，他對俄國和歐洲的所謂經典著作卻無批判地繼承，後果不好。中國的古典文藝，歐洲（包括俄國）古典文藝，甚至美國電影，對我國文藝界的影響是不小的，有些人就當作經典，全盤接受。我們應當接受斯大林的教訓。古人、外國人的東西也要研究，拒絕研究是錯誤的，但一定要用批判的眼光去研究，做到古為今用，外為中用。

對十月革命後出現的一批比較優秀的蘇聯革命文藝作品，也要有分析，不能盲目崇拜，更不要盲目的模仿。盲目的模仿不能成為藝術。文學藝術只能來源於生活，只有生活才是文學藝術的唯一源泉，古今中外的文藝學術的歷史過程，證明了這一點。

世界上從來是新生力量戰勝腐朽力量。我們人民解放軍開頭也是弱小的，終於轉弱為強，戰勝了美蔣反動派。面對著國內外大好的革命形勢和光榮的任務，我們應該以做一個徹底的革命派而感到自豪。要有信心，有勇氣，去做前人所沒有做過的事，因為我們的革命，是一次最後消滅剝削階級、剝削制度，和從根本上消除一切剝削階級毒害人民群眾的意識形態的革命。我們要在黨中央和毛主席的領導下，在馬克思列寧主義和毛澤東思想的指導下，去創造無愧於我們偉大的國家，偉大的黨，偉大的人民，偉大的軍隊的社會主義的革命新文藝。這是開創人類歷史新紀元的、最光輝燦爛的新文藝。

但是，要搞出好的樣板決不是一件輕而易舉的事，我們在戰略上一定要蔑視它，而在戰術上卻一定要重視它。創作一部好的作品是一個艱苦的過程，抓創作的同志決不能採取老爺式的態度，決不可掉以輕心，要同創作者同甘共苦，真正下一番苦工夫。要盡可能地掌握第一手材料，不可能時也要掌握第二手材料。要不怕失敗、不怕犯錯誤，要允許失敗、允許犯錯誤，還要允許改正錯誤。要依靠群眾，從群眾中來，到群眾中去，經過長時間的反覆實踐，精益求精，力求達到革命的政治內容和盡可能完美的藝術形式的統一。在實踐中及時總結經驗，逐步掌握各種藝術的規律。不這樣，就不可能搞出好的樣板。

遼瀋、淮海、平津三大戰役及其他重大戰役的文藝創作，要趁著領導、指揮這些戰役的同志健在，抓緊搞起來。許多重要的革命歷史題材和現實題材，急需我們有計畫、有步驟地組織創作。《南海長城》一定要拍好。《萬水千山》一定要改好。並通過這些創作，培養鍛煉出一支真正無產階級的文藝骨幹隊伍。

六、在文藝工作中，不論是領導人員，還是創作人員，都要實行黨的民主集中制，提倡「群言堂」，反對「一言堂」，要走群眾路線。過去有些人搞出一個作品，就逼著領導人鼓掌、點頭，這是一種很壞的作風。至於抓創作的幹部，對待文藝創作，應該經常記住這樣兩點：第一，要善於傾聽廣大群眾的意見；第二，要善於分析這些意見，好的就吸收，不好的就不吸收。完全沒有缺點的作品是沒有的，只要基調還好，要指出其缺點錯誤，把它改好。壞作品不要藏起來，要拿出來交給群眾去評論。我們不要怕群眾，要堅決地相信群眾，群眾會給我們提出許多寶貴意見的。另外，對一些思想糊塗的群眾，也可以提高他們的鑒別能力。攝製一部電影要花費幾十萬元或者上百萬元，把壞片子藏起來，白白地浪費掉了，為什麼不拿出來放映，從而教育創作人員和人民群眾，又可以彌補國家經濟上的損失，做到思想，經濟雙豐收呢？影片《兵臨城下》演了好久，也沒有人批評，《解放軍報》是否可以寫篇文章批評一下。

七、要提倡革命的戰鬥的群眾性的文藝批評，打破少數所謂「文藝批評家」（即方向錯誤的和軟弱無力的那些批評家）對文藝批評的壟斷，把文藝批評的武器交給廣大工農兵群眾去掌握，使專門批評家和群眾批評家結合起來。在文藝批評中，要加強戰鬥性，反對無原則的庸俗捧場。要改造文風，提倡多寫通俗的短文，把文藝批評變成匕首和手榴彈，練出二百米內的硬功夫；當然也要寫一些系統的，有理論深度的較長的文章。反對用名詞術語嚇人。只有這樣，才能繳掉那些所謂「文藝批評家」的械。《解放軍報》《解放軍文藝》要開闢定期的或不定期的文藝評論專欄，對好的或者基本上好的作品要熱情支持，也可以善意地指出它的缺點；對壞作品，要進行原則性的批評。對於文藝理論方面一些有代表性的錯誤論點，和某些人在一些什麼《中國電影發展史》《中國話劇運動五十年史料集》《京劇劇目初探》之類的書中企圖偽造歷史、抬高自己，以及所散布的許多錯誤論點，都要有計劃地進行徹底的批判。不要怕有人罵我們是棍子，對人家說我們簡單粗暴要有分析。我們有的批評基本正確，但是分析不夠，論據不充分，說服力差，應該改進。有的是認識問題，先說我們簡單粗暴，後來就不說了。但對敵人把我們正確的批評罵做是簡單粗暴，就一定要堅決頂住。文藝評論要成為經常的工作，成為開展文藝鬥爭的重要方法，也是黨領導文藝工作的重要方法。沒有正確的文藝評論，就不可能繁榮創作。

八、文藝上反對外國修正主義的鬥爭，不能只捉丘赫拉依之類小人物，要捉大的，捉蕭洛霍夫，要敢於碰他，他是修正主義文藝的鼻祖。他的《靜靜的頓河》《被開墾的處女地》《一個人的遭遇》對中國的部分作者和讀者影響很大。軍隊是否可以組織一些人加以研究，寫出有分析的、論據充分的、有說服力的批判文章。這對中國，對世界都有很大影響。對國內的作品，也應當這樣做。

九、在創作方法上，要採取革命的現實主義和革命的浪漫主義相結合的方法，不要搞資產階級的批判現實主義和資產階級的浪漫主義。

在黨的正確路線指引下湧現的工農兵英雄人物，他們的優秀品質是無產階級階級性的集中表現。我們要滿腔熱情地、千方百計地去塑造工農兵的英雄形象。要塑造典型，毛主席說：「文藝作品中反映出來的生活卻可以而且應該比普通的實際生活更高，更強烈，更有集中性，更典型，更理想，因此就更帶普遍性。」不要受真人真事的侷限。不要死一個英雄才寫一個英雄，其實，活著的英雄要比死去的英雄多得多。這就需要我們的作者從長期的生活積累中去集中概括，創造出各種各樣的典型人物來。

寫革命戰爭，要首先明確戰爭的性質，我們是正義的，敵人是非正義的。作品中一定要表現我們的艱苦奮鬥、英勇犧牲，但是，也一定要表現革命的英雄主義和革命的樂觀主義。不要在描寫戰爭的殘酷性時，去渲染或頌揚戰鬥的恐怖；在描寫革命鬥爭的艱苦性時，去渲染或頌揚苦難。革命戰爭的殘酷性和革命的英雄主義，革命鬥爭的艱苦性和革命的樂觀主義，都是對立的統一，但一定要弄清楚什麼是矛盾的主要方面，否則，位置擺錯了，就會產生資產階級和平主義傾向。此外，在描寫人民革命戰爭的時候，不論是在以游擊戰為主，運動戰為輔的階段，還是以運動戰為主的階段，都要正確地表現黨領導下的正規軍、游擊隊和民兵的關係，武裝群眾和非武裝群眾的關係。

選擇題材要深入生活，很好地調查研究，才能選對、選準。編劇要長期地、無條件地深入到火熱的鬥爭生活中去，導演、演員、攝影、美術、作曲等人員也要深入生活，很好地進行調查研究。過去，有些作品，歪曲歷史事實，不表現正確路線，專寫錯誤路線；有些作品，寫了英雄人物，但都是犯紀律的，或者塑造起一個英雄形象卻讓他死掉，人為地製造一個悲劇的結局；有些作品，不寫英雄人物，專寫中間人物，實際上是落後人物，醜化工農兵形象；而對敵人的描寫，卻不是暴露敵人剝削、壓迫人民的階級本質，甚至加以美化；還有些作品，則專搞談情說愛，低級趣味，說什麼「愛」和「死」是永恆主題。這些都是資產階級的、修正主義的東西，必須堅決反對。

十、重新教育文藝幹部，重新組織文藝隊伍。由於歷史的原因，在全國解放前，我們無產階級在敵人的統治下培養自己的文藝工作者要困難一些。我們的文化水平比較低，我們的經驗比較少，我們的許多文藝工作者，是受資產階級的教育培養起來的，在從事革命文藝活動的過程中，有些人又經不起敵人的迫害叛變了，或者經不起資產階級思想的腐蝕爛掉了。在根據地，我們培養過相當數量的革命文藝工作者，特別是在《在延安文藝座談會上的講話》發表以後，他們有了正確的方向，走上向工農兵相結合的道路，在革命過程中起過積極的作用。缺點是，在全國解放後，進了大城市，許多同志沒有抵抗住資產階級思想對我們文藝隊伍的侵蝕，因而有的在前進中掉隊了。我們的文藝是無產階級的文藝，是黨的文藝。黨性原則是我們區別於其他階級的最顯著標誌。須知其他階級的代表人物也是有他們的黨性原則的，並且很頑強。不論是創作思想方面，組織路線方面，工作作風方面，都要堅持無產階級的黨性原則，反對資產階級思想的侵蝕。同資產階級思想必須劃清界線，決不能和平共處。現在文藝界存在的各種問題，對大多數人來講，是思想認識問題，是教育提高的問題。要認真學習毛主席著作，活學活用，聯繫思想，聯繫實際，帶著問題學，才能真正學得懂、學得通、學到手。要長期深入生活，和工農兵相結合，提高階級覺悟，改造思想，不為名，不為利，全心全意地為人民服務。要教育我們的同志，讀一輩子馬克思列寧主義和毛主席的書，革一輩子命。特別要注意保持無產階級的晚節，一個人能保持晚節是很不容易的。

（三）

通過座談，我們對上述問題都有了較明確的認識，對這些問題的意見，也都符合軍隊文藝工作的實際情況，從而提高了我們的覺悟，加強了社會主義文化革命的決心和責任感。我們一定要繼續學好毛主席的著作，認真進行調查研究，種好試驗田，搞好樣板，在這一場興無滅資的文化革命鬥爭中起好帶頭作用。為了使這次座談的成果在思想上、組織上、工作上落實，建議軍隊採取以下措施：

一、根據林彪同志的建議，總政治部已經把《毛澤東論文藝》一書，印發全軍文藝工作者入手一冊，並規定了經常讀和每年五月集中時間總結檢查一次的制度。這一制度一定要認真地堅持下去。

二、四月份召開創作會議。仿造江青同志組織這次座談會的方法，把這次會議開好。要把這次會議當作一個學習毛主席文藝思想的骨幹訓練班，一次使部隊文藝工作者投入社會主義文化革命的總動員。並在此基礎上，對全軍的創作隊伍，逐步進行思想和組織上的整頓。

三、成立三大戰役創作辦公室，組織三大戰役創作隊伍。爭取在兩三年內搞出反映三大戰役的好的作品。在一九六七年十月一日前，拍好《南海長城》電影。總政治部文化部的主要領導同志，要把拍好這部片子，當作自己的「試驗田」。並通過這些創作活動，來組織、培養自己的骨幹隊伍和文藝工作的接班人。

四、認真清理部隊的電影、戲劇和作品。優秀的大量複製、翻印，在部隊反覆放映、閱讀；內容很好，但有缺點的，重新加工、重拍；不好的沒有修改價值的作廢。

五、整頓總政治部電影製片局。配好領導班子，加強政治思想工作，清理、整頓創作隊伍。

六、要認真摸一下解放軍藝術學院的教學問題，進行教學改革。這是關係到培養無產階級文藝事業接班人的大事。

七、在文藝工作中實行民主集中制。對戲劇、電影、文藝作品要審查要走群眾路線，大家把突出政治的關。

八、組織一個寫文藝評論文章的班子。首先寫出批評蕭洛霍夫的文章。在《解放軍報》和《解放軍文藝》上開闢專欄，加強文藝評論。

九、軍隊的文藝工作者參加地方各個協會的活動，以及軍隊作者的作品交由地方報刊、出版社、

製片廠出版和拍攝，都應制定出一套妥善的管理辦法，加強管理。

十、總政治部黨委加強對文藝工作的領導。

以上整個座談紀錄所說內容，僅供領導同志們參考。

內蒙古直屬機關宣教口魯迅兵團編

第四期一九六七年五月二十三日

毛主席的革命文艺路綫胜利万岁！

我们的文学艺术都是为人民大众的，首先是为工农兵的，为工农兵而创作，为工农兵所利用的。

毛泽东

林彪同志委托江青同志召开的部队文艺工作座談会紀要

这个紀要，經过参加座談会的同志們反复研究，又經过主席三次亲自审閲修改，是一个很好的文件，用毛泽东思想回答了社会主义时期文化革命的許多重大問題，不仅有极大的現实意义，而且有深远的历史意义。

十六年来，文艺战綫上存在着尖銳的阶級斗爭，誰战胜誰的問題还没有解决。文艺这个陣地，无产阶級不去占領，資产阶級就必然去占領，斗爭是不可避免的。这是在意識形态領域里极为广泛、深刻的社会主义革命，搞不好就会出修正主义。我們必須高举毛泽东思想伟大紅旗，坚定不移地把这一場革命进行到底。

紀要中提出的問題和意見，完全符合部队文艺工作的实际情况，必須坚决貫徹执行，使部队文艺工作在突出政治，促进人的革命化方面起重要作用。

林彪

一九六六年三月二十二日

一

一九六六年二月二十日，江青同志根据林彪同志的委托，在上海邀請謝鏜忠、李曼村等同志，就部队文艺工作的若干問題进行了座談。

来上海之前，林彪同志曾作了如下的指示："江青同志昨天和我談了話。她对文艺工作方面在政治上很强，在艺术上也是內行，她有很多宝貴的意見，你們要很好重視，并且要把江青同志的意見在思想上、組織上认真落实。今后部队关于文艺方面的文件，要送給她看，有什么消息，随时可以同她联系，使她了解部队文艺工作情况，征求她的意見，使部队文艺工作能够有所改进。部队文艺工作无論是在思想性和艺术性方面都不要滿足現状，都要更加提高。"肖华同志和楊成武同志，对这次座談都表示热情贊助和支持，指示我們一定要按照江青同志的意見办，并对江青同志这样关心部队的文艺工作表示感謝。

（下轉第二版）

内蒙古直属机关宣教口鲁迅兵团编
第四期　一九六七年五月二十三日

第二版

魯　迅

（上接第一版）

[illegible]开始和交談中，江青同志再三表示，对毛主席的著作学习不够，对毛主席的思想領会不深，只是学懂哪一点，就坚决去做。最近四年，比較集中地看了一些作品，想了一些意見，这些意見不一定全对。我們都是共产党員，为了党的事业，应当平等地进行交談。这件事，去年就应該做，因为身体不行，沒有做到。最近，身体好一些，根据林彪同志的指示，請同志們来共同商量。

江青同志建議先看作品，再閱讀一些有关的文件和材料，然后交談。江青同志給我們閱讀了《毛泽东同志看了〈逼上梁山〉以后写給延安平剧院的信》（一九四四年一月九日）和《毛主席同音乐工作者的談話》（一九五六年八月二十四日，此件未經本人看过，据說本人还要研究修改）两篇著作，以及有关文艺工作的九个材料，并先后同×××个别交談八次，集体座談四次，陪同我們看电影十三次，看戏三次。在看电影、看戏过程中，也随时进行了交談。另外，还要我們看了二十一部影片。在此期間，江青同志又看了电影《南海长城》的样片，接見了《南海长城》的导演、摄影师和一部分演員，同他們談話三次，給了他們很大的教育和鼓舞。我們在接触中感覚到：江青同志对毛主席思想領会較深，又对文艺方面存在的問題作了长时間的、相当充分的調查研究，亲自种試驗田，有丰富的实践經驗。这次带病工作，謙虛、热情、誠恳地同我們一起交談，一起看影片、看戏，給了我們很大启发和帮助。

（二）

在这二十天中，我們閱讀了毛主席的两篇著作和有关材料，听取了江青同志許多极为重要的意見，看了三十余部好的、坏的、和在不同程度上存在着缺点、錯誤的影片，又看了[illegible]虎团》《智取威虎山》两出比較成功[illegible]社会主义文化革命的[illegible]思想的[illegible]在这次座談会中大家取得[illegible]和同意认識。[illegible]

[illegible]十六年来，文化战綫上存在着尖銳的[illegible]的代表性論点，而这些論点，大抵都是毛主席《在延安文艺座談会上的讲話》中早已批判过的。电影界还有人提出所謂"离經叛道"論，就是离馬克思列宁主义、毛泽东思想之經，叛人民革命战爭之道。在这股資产阶級、现代修正主义文艺思想逆流的影响或控制下，十几年来，眞正歌頌工农兵的英雄人物，为工农兵服务的好的或者基本上好的作品也有，但是不多；不少是中間状态的作品；还有一批是反党反社会主义的毒草。我們一定要根据党中央的指示，坚决进行一場文化战綫上的社会主义大革命，彻底搞掉这条黑綫。搞掉这条黑綫之后，还会有将来的黑綫，还得再斗爭。所以，这是一場艰巨、复杂、长期的斗爭，要經过几十年甚至几百年的努力。这是关系到我国革命前途的大事，也是关系到世界革命前途的大事。

过去十几年的教訓是：我們抓迟了。毛主席說，他只抓过一些个别問題，沒有全盘的系統的抓起来，而只要我們不抓，很多陣地就只好听任黑綫去占領，这是一条严重的教訓。一九六二年十中全会作出要在全国进行阶級斗爭这个决定之后，文化方面的兴无灭資的斗爭也就一步一步地开展起来了。

二、近三年来，社会主义的文化大革命已經出現了新的形势，革命現代京剧的兴起就是最突出的代表。从事京剧改革的文艺工作者，在党中央的領导下，以馬克思列宁主义和毛泽东思想为武器，向封建阶級、資产阶級和现代修正主义文艺展开了英勇頑强的进攻，鋒芒所向，使京剧这个最頑固的堡垒，从思想到形式，都起了极大的革命，并且带动文艺界发生着革命性的变化。革命現代京剧《紅灯記》《沙家浜》《智取威虎山》《奇袭白虎团》等和芭蕾舞剧《紅色娘子軍》、交响音乐《沙家浜》、泥塑《收租院》等，已經得到广大工农兵群众的批准，在国内外观众中，受到了极大的[illegible]革命将会产生深[illegible]固的堡垒也是可以攻破的，可以革命的，芭蕾舞、交响乐、雕塑这种外来的古典艺术形式，也是可以加以改造，来为我們所用的，对其它[illegible]

企图对它进行思想腐蝕。而×××却在党中央指出文艺界十五年来基本上沒有执行党的方針以后，还說部队文艺方向已經解决了，主要是提高艺术水平的問題，这种观点是錯誤的，是缺乏具体分析的。事实上，軍队的文艺有的方向对，艺术水平也比較高；有的方向对，艺术水平低；有的在政治方向和艺术水平方面都有严重的缺点和錯誤；也有的是反党反社会主义的毒草。八一电影制片厂就拍摄了《抓壮丁》这样的坏影片。这說明軍队的文艺工作也在不同程度上受到了黑綫的影响。同时，我們自己培养的眞正过得硬的創作人材还比較少；創作思想問題还很多；組織上也还有些不純。对这些問題，我們必須作出恰当的分析和解决。

四、文化革命解放軍要起重要作用。林彪同志主持軍委工作以来，对文艺工作抓得很紧，作了很多很正确的指示；在中共中央軍委扩大会議《关于加强軍队政治思想工作的决議》中，明确地規定部队文艺工作的任务是："必須密切結合部队的任务和思想情况，为兴无灭資、巩固和提高战斗力服务"；軍队中有一批我們自己培养的、經过革命战爭鍛炼的文艺骨干；也創作了一些好的作品。因此，在社会主义文化革命中，解放軍一定要起应起的作用，勇敢地、坚定不移地，为貫彻执行文艺为工农兵服务、为社会主义服务的方針而斗爭。

五、文化革命要有破有立，領导人要亲自抓，搞出好的样板。資产阶級有所謂"創新独白"，我們也要标新立异，要标社会主义之新，立无产阶級之异。要努力塑造工农兵的英雄人物，这是社会主义文艺的根本任务。我們有了这样的样板，有了这方面成功的經驗，才有說服力，才能巩固地占領陣地，才能打掉保守派的棍子。

在这个問題上，不要有自卑感，而应当有自豪感。

要破除对所謂三十年代文艺的迷信。那[illegible]左翼文艺运动政治上[illegible]"左傾"机会主义路綫，組織上是关門主义和宗派主义，文艺思想实际上是俄国資产阶級文艺評論家别林斯基、車尔尼雪夫斯基、杜勃罗留波夫以及[illegible]

同程度上存在着缺点、錯誤的影片，又看了……团》、《智取威虎山》两出比較成功……社会主义文化革命的……在这次座談会中大家商議和同意……認識。……

……十六年来，文化战綫上存在着尖銳的阶級斗爭。

事实上，在我国革命的两个阶段，即新民主主义阶段和社会主义阶段，文化战綫上都存在两个阶級、两条路綫的斗爭，即无产阶級和资产阶級在文化战綫上爭夺領导权的斗爭。我們党的历史上，反对"左"右傾机会主义的斗爭，也都包括文化战綫上的两条路綫斗爭。王明路綫是一种曾經在我們党內泛濫过的资产阶級思想。一九四二年开始的整风运动中，毛主席先在理論上彻底地批評了王明的政治路綫、軍事路綫和組織路綫；紧接着，又在理論上彻底地批判了以王明为代表的文化路綫。毛主席的《新民主主义論》、《在延安文艺座談会上的讲話》和《看了〈逼上梁山〉以后写給延安平剧院的信》，就是对文化战綫上的两条路綫斗爭的最完整、最全面、最系統的历史总結，是馬克思列宁主义世界观和文艺理論的继承和发展。在我国革命进入社会主义阶段以后，毛主席又发表了《关于正确处理人民內部矛盾的問題》和《在中国共产党全国宣传工作会議上的讲話》两篇著作，这是我国和各国革命思想运动、文艺运动的历史經驗的最新的总結，是馬克思列宁主义世界观和文艺理論的新发展。毛主席的这五篇著作，够我們无产阶級用上一个长时期了。

毛主席的前三篇著作发表到現在已經二十几年了，后两篇也已經发表将近十年了。但是，文艺界在建国后的十五年来，却基本上沒有执行，被一条与毛主席思想相对立的反党反社会主义的黑綫专了我們的政，这条黑綫就是资产阶級的文艺思想、現代修正主义的文艺思想和所謂三十年代文艺的結合。"写眞实"論、"現实主义广闊的道路"論、"現实主义的深化"論、反"題材决定"論、"中間人物"論、反"火葯味"論、"时代精神汇合"論，等等，就是他們……

……》、泥塑《收租院》等，已經得到了工农兵群众的批准，在国內外观众中，受到了极大的影响。这是对社会主义文化革命将会产生深远影响的……堡垒也是可以攻破的，可以革命的，芭蕾舞、交响乐、雕塑这种外来的古典艺术形式，也是可以加以改造，来为我們所用的，对其它艺术的革命就更应該有信心了。有人說革命現代京剧丢掉了京剧的传統，丢掉了京剧的基本功。事实恰恰相反，革命現代京剧正是对京剧传統的批判地继承，是眞正的推陈出新。京剧的基本功不是丢掉了，而是不够用了，有些不能够表現新生活的，应該也必須丢掉。而为了表現新生活，正急需我們从生活中去提炼，去創造，去逐步发展和丰富京剧的基本功。同时，这些事实也有力地回击了形形色色的保守派，和所謂"票房价值"論、"外汇价值"論、"革命作品不能出口"論，等等。

近三年来，社会主义文化革命的另一个突出代表，就是工农兵在思想、文艺战綫上的广泛的群众活动。从工农兵群众中，不断地出現了許多优秀的、善于从实际出发表达毛泽东思想的哲学文章；同时，还不断地出現了許多优秀的、歌頌我国社会主义革命的伟大胜利，歌頌社会主义建設各个战綫上的大跃进，歌頌我們的新英雄人物，歌頌我們伟大的党，党的領袖和其他同志們英明領导的文艺作品，特别是工农兵发表在墻报、黑板报上的大量詩歌，无論內容和形式都划出了一个完全嶄新的时代。

当然，这些都还只是社会主义文化革命的初步成果，是万里长征的第一步。为保卫和发展这一成果，把社会主义文化革命进行到底，还需要我們作长期的、艰苦的努力。

三、文艺战綫两条道路的斗爭，必然要反映到軍队內部来，軍队不是生活在眞空里，决不可能例外。中国人民解放軍是中国无产阶級专政的主要工具，是中国人民和世界革命人民的依靠和希望。沒有人民的軍队，就沒有革命的胜利，就沒有无产阶級专政，就沒有社会主义，也就沒有人民的一切。因此，敌人一定会从各方面破坏它，也一定会利用文艺的武器，……自豪感。

要破除对所謂三十年代文艺的迷信。那时，左翼文艺运动政治上是……"左"傾"机会主义路綫，組織上是关門主义和宗派主义，文艺思想实际上是俄国资产阶級文艺評論家別林斯基、車尔尼雪夫斯基、杜勃罗留波夫以及戏剧方面的斯坦尼斯拉夫斯基的思想，他們是俄国沙皇时代资产阶級民主主义者，他們的思想不是馬克思主义，而是资产阶級思想。资产阶級民主革命，是一个剝削阶級反对另一个剝削阶級的革命，只有无产阶級的社会主义革命，才是最后消灭一切剝削阶級的革命，因此，决不能把任何一个资产阶級革命家的思想，当成我們无产阶級思想运动、文艺运动的指导方針。三十年代也有好的，那就是以魯迅为首的战斗的左翼文艺运动。到了三十年代的后期，那时左翼的某些領导人在王明的右傾投降主义路綫的影响下，背离馬克思列宁主义的阶級观点，提出了"国防文学"的口号。这个口号，就是资产阶級的口号，而"民族革命战爭的大众文学"这个无产阶級的口号，却是魯迅提出的。有些左翼文艺工作者，特别是魯迅，也提出了文艺要为工农服务和工农自己創作文艺的口号，但是并沒有系統地解决文艺同工农兵相結合这个根本問題，絕大多数还是资产阶級民族民主主义者，有些人民主革命这一关就沒过去，有些人沒有过好社会主义这一关。

要破除对中外古典文学的迷信。斯大林是个伟大的馬克思列宁主义者，他对资产阶級的現代派文艺的批評是很尖銳的，但是，他对俄国和欧洲的所謂經典著作却无批判地继承，后果不好。中国的古典文艺，欧洲（包括俄国）古典文艺，甚至美国电影，对我国文艺界的影响是不小的，有些人就当作經典，全盘接受。我們应当接受斯大林的教训。古人、外国人的东西也要研究，拒絕研究是錯誤的，但一定要用批判的眼光去研究，做到古为今用，外为中用。

对十月革命后出現的一批比較优秀的苏联革命文艺作品，也要有分析，不能盲目崇拜，

（下轉第三版）

[redacted]第二版）更不要盲目的模仿。盲目的模仿不能成为艺术。文学艺术只能来源于生活，只有生活才是文学艺术的唯一源泉，古今中外的文艺学术的历史过程，証明了这一点。

世界上从来是新生力量战胜腐朽力量。我們人民解放軍开头也是弱小的，終于轉弱为强，战胜了美蔣反动派。面对着国内外大好的革命形势和光荣的任务，我們应該以做一个彻底的革命派而感到自豪。要有信心，有勇气，去做前人所沒有做过的事，因为我們的革命，是一次最后消灭剝削阶級、剝削制度，和从根本上消除一切剝削阶級毒害人民群众的意識形态的革命。我們要在党中央和毛主席的領导下，在馬克思列宁主义和毛泽东思想的指导下，去創造无愧于我們伟大的国家，伟大的党，伟大的人民，伟大的軍队的社会主义的革命新文艺。这是开創人类历史新紀元的、最光輝灿烂的新文艺。

但是，要搞出好的样板决不是一件輕而易举的事，我們在战略上一定要蔑視它，而在战术上却一定要重視它。創作一部好的作品是一个艰苦的过程，抓創作的同志决不能采取老爷式的态度，决不可掉以輕心，要同創作者同甘共苦，眞正下一番苦功夫。要尽可能地掌握第一手材料，不可能时也要掌握第二手材料。要不怕失敗、不怕犯錯誤，要允許失敗、允許犯錯誤，还要允許改正錯誤。要依靠群众，从群众中来，到群众中去，經过长时間的反复实踐，精益求精，力求达到革命的政治内容和尽可能完美的艺术形式的統一。在实踐中及时总結經驗，逐步掌握各种艺术的規律。不这样，就不可能搞出好的样板。

辽沈、淮海、平津三大战役及其他重大战役的文艺創作，要趁着領导、指揮这些战役的同志健在，抓紧搞起来。許多重要的革命历史題材和現实題材，急需我們有計划、有步驟地[illegible]千山》一定要改好。并通过这些創作，培养鍛炼出一支眞正无产阶級的文艺骨干队伍。

它的缺点；对坏作品，要进行原則性的批評。对于文艺理論方面一些有代表性的錯誤論点，和某些人在一些什么《中国电影发展史》《中国話剧运动五十年史料集》《京剧剧目初探》之类的书中企图伪造历史、抬高自己，以及所散布的許多錯誤論点，都要有計划地进行彻底的批判。不要怕有人罵我們是棍子，对人家說我們簡单粗暴要有分析。我們有的批評基本正确，但是分析不够，論据不充分，說服力差，应該改进。有的是认識問題，先說我們簡单粗暴，后来就不說了。但对敌人把我們正确的批評罵做是簡单粗暴，就一定要坚决頂住。文艺評論要成为經常的工作，成为开展文艺斗爭的重要方法，也是党領导文艺工作的重要方法。沒有正确的文艺評論，就不可能繁荣創作。

八、文艺上反对外国修正主义的斗爭，不能只捉丘赫拉依之类小人物，要捉大的，捉肖洛霍夫，要敢于碰他，他是修正主义文艺的鼻祖。他的《靜靜的頓河》《被开垦的处女地》《一个人的遭遇》对中国的部分作者和讀者影响很大。軍队是否可以組織一些人加以研究，写出有分析的、論据充分的、有說服力的批判文章。这对中国，对世界都有很大影响。对国内的作品，也应当这样做。

九、在創作方法上，要采取革命的現实主义和革命的浪漫主义相結合的方法，不要搞资产阶級的批判現实主义和资产阶級的浪漫主义。

在党的正确路綫指引下涌現的工农兵英雄人物，他們的优秀品质是无产阶級阶級性的集中表現。我們要滿腔热情地、千方百計地去塑造工农兵的英雄形象。要塑造典型，毛主席說："文艺作品中反映出来的生活却可以而且应該比普通的实际生活更高，更强烈，更有集中性，更典型，更理想，因此就更带普遍性。"不要受眞人眞事的局限。不要死一个英雄才写一个英雄，其实，活着的英雄要比死去的英雄多得多。[illegible]集中概括，創造出各种各样的典型人物来。

写革命战爭，要首先明确战爭的性质，我[illegible]

了，或者經不起资产阶級思想的腐蝕烂掉了。在根据地，我們培养过相当数量的革命文艺工作者，特别是在《在延安文艺座談会上的讲話》发表以后，他們有了正确的方向，走上工农兵相結合的道路，在革命过程中起过积极的作用。缺点是，在全国解放后，进了大城市，許多同志沒有抵抗住资产阶級思想对我們文艺队伍的侵蝕，因而有的在前进中掉队了。我們的文艺是无产阶級的文艺，是党的文艺。党性原則是我們区别于其他阶級的最显著标志。須知其他阶級的代表人物也是有他們的党性原則的，并且很頑强。不論是創作思想方面，組織路綫方面，工作作风方面，都要坚持无产阶級的党性原則，反对资产阶級思想的侵蝕。同资产阶級思想必須划清界綫，决不能和平共处。現在文艺界存在的各种問題，对大多数人来讲，是思想认識問題，是教育提高的問題。要认眞学习毛主席著作，活学活用，联系思想，联系实际，带着問題学，才能眞正学得懂、学得通、学到手。要长期深入生活，和工农兵相結合，提高阶級觉悟，改造思想，不为名，不为利，全心全意地为人民服务。要教育我們的同志，讀一輩子馬克思列宁主义和毛主席的书，革一輩子命。特别要注意保持无产阶級的晚节，一个人能保持晚节是很不容易的。

（三）

通过座談，我們对上述問題都有了較明确的認識，对这些問題的意見，也都符合軍队文艺工作的实际情况，从而提高了我們的觉悟，加强了社会主义文化革命的决心和責任感。我們一定要继續学好毛主席的著作，认眞进行調查研究，种好試驗田，搞好样板，在这一揚兴无灭资的文化革命斗爭中起好带头作用。为了使这次座談的成果在思想上、組織上、工作上落实，建議軍队采取以下措施。

一、根据林彪同志的建議，总政治部已經[illegible]者人手一册，并規定了經常讀和每年五月集中时間总結检查一次的制度。这一制度一定要认[illegible]

可能搞出好的样板。

辽沈、淮海、平津三大战役及其他重大战役的文艺創作，要趁着領导、指揮这些战役的同志健在，抓紧搞起来。許多重要的革命历史題材和現实題材，急需我們有計划、有步驟地[illegible]《[illegible]千山》一定要改好。并通过这些創作，培养鍛炼出一支眞正无产阶級的文艺骨干队伍。

六、在文艺工作中，不論是領导人員，还是創作人員，都要实行党的民主集中制，提倡"群言堂"，反对"一言堂"，要走群众路綫。过去有些人搞出一个作品，就逼着領导人鼓掌、点头，这是一种很坏的作风。至于抓創作的干部，对待文艺創作，应該經常記住这样两点：第一，要善于傾听广大群众的意見；第二，要善于分析这些意見，好的就吸收，不好的就不吸收。完全沒有缺点的作品是沒有的，只要基調还好，要指出其缺点錯誤，把它改好。坏作品不要藏起来，要拿出来交給群众去評論。我們不要怕群众，要坚决地相信群众，群众会給我們提出許多宝貴意見的。另外，对一些思想糊涂的群众，也可以提高他們的鉴别能力。摄制一部电影要花費几十万元或者上百万元，把坏片子藏起来，白白地浪費掉了，为什么不拿出来放映，从而教育創作人員和人民群众，又可以弥补国家經济上的損失，做到思想、經济双丰收呢？影片《兵临城下》演了好久，也沒有人批評，《解放軍报》是否可以写篇文章批評一下。

七、要提倡革命的战斗的群众性的文艺批評，打破少数所謂"文艺批評家"（即方向錯誤的和軟弱无力的那些批評家）对文艺批評的壟断，把文艺批評的武器交給广大工农兵群众去掌握，使专門批評家和群众批評家結合起来。在文艺批評中，要加强战斗性，反对无原則的庸俗捧場。要改造文风，提倡多写通俗的短文，把文艺批評变成匕首和手榴弹，练出二百米內的硬功夫；当然也要写一些系統的，有理論深度的較长的文章。反对用名詞术語吓人。只有这样，才能繳掉那些所謂"文艺批評家"的械。《解放軍报》《解放軍文艺》要开辟定期的或不定期的文艺評論专栏，对好的或者基本上好的作品要热情支持，也可以善意地指出

"文艺作品中反映出来的生活却可以而且应該比普通的实际生活更高，更强烈，更有集中性，更典型，更理想，因此就更带普遍性。"不要受眞人眞事的局限。不要死一个英雄才写一个英雄，其实，活着的英雄要比死去的英雄多得多。[illegible]集中概括，創造出各种各样的典型人物来。

写革命战争，要首先明确战争的性质，我們是正义的，敌人是非正义的。作品中一定要表現我們的艰苦奋斗、英勇牺牲，但是，也一定要表現革命的英雄主义和革命的乐观主义。不要在描写战爭的残酷性时，去渲染或頌揚战爭的恐怖；在描写革命斗爭的艰苦性时，去渲染或頌揚苦难。革命战爭的残酷性和革命的英雄主义，革命斗爭的艰苦性和革命的乐观主义，都是对立的統一，但一定要弄清楚什么是矛盾的主要方面，否則，位置摆錯了，就会产生资产阶級和平主义傾向。此外，在描写人民革命战爭的时候，不論是在以游击战为主，运动战为輔的阶段，还是以运动战为主的阶段，都要正确地表現党領导下的正規軍、游击队和民兵的关系，武装群众和非武装群众的关系。

选择題材要深入生活，很好地調查研究，才能选对、选准。編剧要长期地、无条件地深入到火热的斗爭生活中去，导演、演員、摄影、美术、作曲等人員也要深入生活，很好地进行調查研究。过去，有些作品，歪曲历史事实，不表現正确路綫，专写錯誤路綫；有些作品，写了英雄人物，但都是犯紀律的，或者塑造起一个英雄形象却让他死掉，人为地制造一个悲剧的結局；有些作品，不写英雄人物，专写中間人物，实际上是落后人物，丑化工农兵形象；而对敌人的描写，却不是暴露敌人剝削、压迫人民的阶級本质，甚至加以美化；还有些作品，則专搞談情說爱，低級趣味，說什么"爱"和"死"是永恒主題。这些都是资产阶級的、修正主义的东西，必須坚决反对。

十、重新教育文艺干部，重新組織文艺队伍。由于历史的原因，在全国解放前，我們无产阶級在敌人的統治下培养自己的文艺工作者要困难一些。我們的文化水平比較低，我們的經驗比較少，我們的許多文艺工作者，是受资产阶級的教育培养起来的，在从事革命文艺活动的过程中，有些人又經不起敌人的迫害叛变

查研究，种好試驗田，搞好样板，在这一場兴无灭资的文化革命斗爭中起好带头作用。为了使这次座談的成果在思想上、組織上、工作上落实，建議軍队采取以下措施：

一、根据林彪同志的建議，总政治部已經[illegible]者人手一册，并規定了經常讀和每年五月集中时間总結检查一次的制度。这一制度一定要认眞地坚持下去。

二、四月份召开創作会議。仿照江青同志組織这次座談会的方法，把这次会議开好。要把这次会議当做一个学习毛主席文艺思想的骨干訓练班，一次使部队文艺工作者投入社会主义文化革命的总动員。并在此基础上，对全軍的創作队伍，逐步进行思想和組織上的整頓。

三、成立三大战役創作办公室，組織三大战役創作队伍。爭取在两三年內搞出反映三大战役的好的作品。在一九六七年十月一日前，拍好《南海长城》电影。总政治部文化部的主要領导同志，要把拍好这部片子，当作自己的"試驗田"。并通过这些創作活动，来組織、培养自己的骨干队伍和文艺工作的接班人。

四、认眞清理部队的电影、戏剧和作品。优秀的大量复制、翻印，在部队反复放映、閱讀；內容很好，但有缺点的，重新加工、重拍；不好的沒有修改价值的作废。

五、整頓总政治部电影制片局。配好領导班子，加强政治思想工作，清理、整頓創作队伍。

六、要认眞摸一下解放軍艺术学院的教学問題，进行教学改革。这是关系到培养无产阶級文艺事业接班人的大事。

七、在文艺工作中实行民主集中制。对戏剧、电影、文艺作品要审查要走群众路綫，大家把突出政治的关。

八、組織一个写文艺評論文章的班子。首先写出批評肖洛霍夫的文章。在《解放軍报》和《解放軍文艺》上开辟专栏，加强文艺評論。

九、軍队的文艺工作者参加地方各个协会的活动，以及軍队作者的作品交由地方报刊、出版社、制片厂出版和拍摄，都应制訂出一套妥善的管理办法，加强管理。

十、总政治部党委加强对文艺工作的領导。

以上整个座談紀录所說內容，仅供領导同志們参考。

做一個永遠忠實於毛主席文藝路線的紅色文藝戰士

鑼鼓喧天，歌聲陣陣，革命造反派解放得翻身！在一個造反派聯歡會上，節目一個接一個，掌聲不停，不時傳來「好！太好了，這個節目說出造反派的心裡話！」的稱讚聲。整個聯歡會上洋溢著「造反」「戰鬥」的氣氛。台上的節目與台下的觀眾產生了共鳴，觀眾們情不自禁地伴隨著舞台上的歌曲、舞蹈，有節奏地唱著，活動著。

這種場面，對於我們年輕的部隊文藝工作者，是個生動的教育。想一想我們的文藝節目什麼時候這麼受歡迎過？我們演出過多少同觀眾共鳴的節目呢？以前我們的不少節目為什麼工農兵看不懂或者不愛看？而如今的舞台上為什麼會出現有些人認為「沒有藝術性」的節目而深受工農兵歡迎的熱烈場面呢？為什麼以前創作不出這樣的節目，現在創作得出來，也演得出來？這一切，不能不說是無產階級文化大革命運動對文藝工作的巨大推動。偉大的無產階級文化大革命，使我們對毛主席的光輝著作《在延安文藝座談會上的講話》有了進一步理解，我們將更好地學習它，貫徹它，奪取文藝改革的豐碩成果

我們在紀念毛主席《在延安文藝座談會上的講話》發表二十五周年的時候，回顧一下幾年來文藝界兩個階級、兩條路線鬥爭的情況，是十分必要的，有意義的。

十七年來，以黨內最大的走資本主義道路當權派為總後台的反革命修正主義文藝黑線，一直是與毛主席的無產階級文藝路線相對抗的。周揚就是文藝黑線的總頭目。這條黑線由來已久，從三十年代一直貫到六十年代。在全國勝利後，周揚糾集一批文藝界反黨老手，盤踞文藝界，瘋狂地進行反黨反社會主義反毛澤東思想的罪惡活動，為劉少奇這個中國的赫魯曉夫的復辟資本主義大作輿論準備。

在內蒙古，烏蘭夫反革命修正主義集團還同時把民族分裂主義貨色，塞進了文藝界。烏蘭夫拋出的三大「特點」（民族特點、地區特點、騎兵特點），是用心惡毒的黑「指示」，是為他實行民族分裂背叛祖國罪惡目的服務的。內蒙古自治區的革命文藝發展受到了壓抑。大、洋、古充塞了舞台；腐朽沒落的民族殘渣餘孽，被視為民族文藝的「財富」；「跳大神」，「跳鬼」作為訓練演員的民族舞蹈基本功，一時群魔亂舞，把內蒙文藝界搞得烏煙瘴氣。

更不能容忍的是，他們歌頌資產階級的抽象的「愛」，宣揚小資產階級的「人性論」，提出所謂「政治上沒有害處，生活上還有點益處」的「無害有益論」，為帝王將相，才子佳人，花鳥魚蟲大開方便之門。用什麼「無害的」，「有味的」，「能提高欣賞水平和欣賞趣味」的東西，把文藝工作者引導到脫離無產階級政治，脫離現實鬥爭的邪路上去，用心何其毒也。這些反革命修正主義分子千方百計阻攔我們接觸工農兵；相反，為了達到編導的要求，排演好「孔雀舞」，叫演員去動物園「體驗生

活」，研究孔雀的「姿態」，「習慣」，「風度」，以表現孔雀的「傲慢」。

不破不立，不塞不流，不止不行。反革命修正主義分子和「藝術權威」長期霸佔舞台，腐蝕我們年輕文藝工作者的現象再也不能繼續下去了。在偉大統帥毛主席親自發動和領導的文化大革命中，我們紅色造反團的戰士高舉「造反有理」的大旗，起來造反啦！

毛主席說：「長期地無條件地全心全意地到工農兵群眾中去，到火熱的鬥爭中去，到唯一的最廣大最豐富的源泉中去」。我們遵循這一教導殺出來了，走向社會。我們衝破前進路上的羅網，和兄弟部隊文藝團體造反派一道，大造了劉志堅的反，大造了劉志堅一手炮製「黑三條」的反，打破舊的枷鎖，取得了「五大權力」。資產階級反動路線迫害、打擊我們，我們就和資產階級反動路線誓不兩立。在火熱的鬥爭中，我們和以呼三司為代表的廣大革命小將，革命工人，農民、幹部結下了生死與共的戰鬥情誼。我們和革命造反派吃在一起，住在一起，戰鬥在一起，思想交溶，感情相通，有了共同的語言。我們有最寶貴的思想基礎，這就是毛主席提出的為人民服務，為工農兵服務。我們在這個思想基礎上，用造反派的語言編排出來的節目，自然得到了廣大工農兵群眾最熱忱的歡迎。

作為部隊文藝工作者，我們一定要更好地以《在延安文藝座談會上的講話》為武器，更堅定地投身到文化大革命的洪流中去，徹底批判資產階級反動路線，批臭黑《修養》，深入進行鬥批改。同時，把自己當作革命的對象，破私立公，改造世界觀，徹底清算修正主義文藝路線對我們的影響，像主席教導的那樣「把立足點移過來」，「移到工農兵這方面來，移到無產階級這方面來。」做一個永遠忠實於毛主席文藝路線的紅色文藝戰士！學一輩子毛主席的書，宣傳一輩子毛澤東思想，用鮮血和生命保衛毛主席！用鮮血和生命捍衛毛澤東思想！

內蒙古軍區紅色造反團

做一个永远忠实于毛主席文艺路綫的紅色文艺战士

鑼鼓喧天，歌声陣陣，革命造反派解放得翻身！在一个造反派联欢会上，节目一个接一个，掌声不停，不时传来“好！太好了，这个节目說出造反派的心里話！”的称贊声。整个联欢会上洋溢着“造反”“战斗”的气氛。台上的节目与台下的观众产生了共鳴，观众們情不自禁地伴随着舞台上的歌曲、舞蹈，有节奏地唱着，活动着。

这种場面，对于我們年青的部队文艺工作者，是个生动的教育。想一想我們的文艺节目什么时候这么受欢迎过？我們演出过多少同观众共鳴的节目呢？以前我們的不少节目为什么工农兵看不懂或者不爱看？而如今的舞台上为什么会出現有些人认为“沒有艺术性”的节目而深受工农兵欢迎的热烈場面呢？为什么以前創作不出这样的节目，現在創作得出来，也演得出来？这一切，不能不說是无产阶級文化大革命运动对文艺工作的巨大推动。伟大的无产阶級文化大革命，使我們对毛主席的光輝著作《在延安文艺座談会上的讲話》有了进一步理解，我們将更好地学习它、貫彻它，夺取文艺改革的丰碩成[illegible]

我們在紀念毛主席《在延安文艺座談会上的讲話》发表二十五周年的时候，回顾一下几年来文艺界两个阶級、两条路綫斗爭的情况，是十分必要的，有意义的。

十七年来，以党內最大的走資本主义道路当权派为总后台的反革命修正主义文艺黑綫，一直是与毛主席的无产阶級文艺路綫相对抗的。周揚就是文艺黑綫的总头目。这条黑綫由来已久，从三十年代一直貫到六十年代。在全国胜利后，周揚糾集一批文艺界反党老手，盘踞文艺界，疯狂地进行反党反社会主义反毛泽东思想的罪恶活动，为刘少奇这个中国的赫魯晓夫的复辟資本主义大作輿論准备。

在內蒙古，烏兰夫反革命修正主义集团还同时把民族分裂主义貨色，塞进了文艺界。烏兰夫拋出的三大“特点”（民族特点、地区特点、騎兵特点），是用心恶毒的黑“指示”，是为他实行民族分裂背叛祖国罪恶目的服务的。內蒙古自治区的革命文艺发展受到了压抑。大、洋、古充塞了舞台；腐朽沒落的民族残查余孽，被視为民族文艺的“財富”；“跳大神”，“跳鬼”作为訓练演員的民族舞蹈基本功，一时群魔乱舞，把內蒙文艺界搞得烏烟瘴气。

更不能容忍的是，他們歌頌资产阶級的抽象的“爱”，宣揚小資产阶級的“人性論”，提出所謂“政治上沒有害处，生活上还有点益处”的“无害有益論”，为帝王将相，才子佳人，花鳥魚虫大开方便之門。用什么“无害的”，“有味的”，“能提高欣賞水平和欣賞趣味”的东西，把文艺工作者引导到脫离无产阶級政治，脫离現实斗爭的邪路上去，用心何其毒也。这些反革命修正主义分子千方百計阻拦我們接触工农兵；相反，为了达到編导的要求，排演好“孔雀舞”，叫演員去动物园“体驗生活”，研究孔雀的“姿态”，“习惯”，“风度”，以表現孔雀的“傲慢”。

不破不立，不塞不流，不止不行。反革命修正主义分子和“艺术权威”长期霸占舞台，腐蝕我們年輕文艺工作者的現象再也不能继續下去了。在伟大統帅毛主席亲自发动和領导的文化大革命中，我們紅色造反团的战士高举“造反有理”的大旗，起来造反啦！

毛主席說，“长期地无条件地全心全意地到工农兵群众中去，到火热的斗爭中去，到唯一的最广大最丰富的源泉中去”。我們遵循这一教导杀出来了，走向社会。我們冲破前进路上的罗网，和兄弟部队文艺团体造反派一道，大造了[illegible]“黑三条”的反，打破[illegible]，取得了“五大权力”。資产阶級反动路綫迫害、打击我們，我們就和資产阶級反动路綫誓不两立。在火热的斗爭中，我們和以呼三司为代表的广大革命小将，革命工人，农民、干部結下了生死与共的战斗情誼。我們和革命造反派吃在一起，住在一起，战斗在一起，思想交流，感情相通，有了共同的語言。我們有最宝貴的思想基础，这就是毛主席提出的为人民服务，为工农兵服务。我們在这个思想基础上，用造反派的語言編排出来的节目，自然得到了广大工农兵群众最热忱的欢迎。

作为部队文艺工作者，我們一定要更好地以《在延安文艺座談会上的讲話》

殺出一個紅彤彤毛澤東思想的新世界

紀念毛主席在《延安文藝座談會上的講話》發表二十五週年

魯迅兵團《翻江倒海》縱隊

毛主席的《在延安文藝座談會上的講話》，宣判了反動、腐朽的資本主義、封建主義文藝的死刑，開闢了無產階級文藝的新紀元。今天，我們無產階級革命派在文化大革命取得了決定性勝利的關鍵時刻，來紀念這部劃時代的光輝著作發表二十五週年，更加深刻的體會到這部偉大著作具有無窮的戰鬥威力！「一從大地起風雷，便有精生白骨堆」。光焰無際的毛主席《在延安文藝座談會上的講話》一發表，資產階級和一切剝削階級的老爺們，為了避免自己的滅亡，出於階級本性，就向偉大的毛澤東文藝思想舉行了猖狂的進攻。因此，二十五年來，在文藝領域裡始終貫穿著兩個階級、兩條道路、兩條路線、兩種命運的生死大搏鬥。特別是建國以來，一小撮反革命修正主義分子、資產階級反動學閥、反動「權威」和牛鬼蛇神，在他們的總後台—黨內頭號走資本主義道路當權派劉少奇的指揮下，把反對毛主席的文藝思想，更推向一個極為猖獗的程度。他們運用各種藝術形式，大量放毒，讓「大」、「洋」、「古」、「封」、「資」、「修」反動文藝，統治了文藝領域，為資本主義復辟做好了輿論準備；他們利用職權，大樹反動學術「權威」、招降納叛，收兵買馬，網羅社會上的牛鬼蛇神，組成一支反革命修正主義的文藝隊伍，對革命的文藝工作者實行資產階級專政，為資本主義復辟做好了組織準備。

全國如此，內蒙也一樣。烏蘭夫就是內蒙的劉少奇，烏蘭夫的反革命狗崽子布赫，就是內蒙的周揚。

毛主席在這篇《講話》裡教導我們說：「我們的文學藝術都是為人民大眾的，首先是為工農兵的，為工農兵而創作，為工農兵所利用的。」這是無產階級文藝唯一正確的方向。

為工農兵服務，就是向工農兵宣傳毛澤東思想，就是用毛澤東思想武裝工農兵，就是樹立毛澤東思想的絕對威望。這是文藝工作者最高最根本的使命。可二十年來，以烏蘭夫、布赫為首的這一小撮反動家伙盡幹了些什麼呢？自治區一成立，他們就迫不及待地大樹特樹烏蘭夫的個人威信。他們在全區大量印發張掛烏蘭夫的狗頭像；他們譜寫了「在雲澤（烏蘭夫）的旗幟下前進」的反動歌曲，在全區廣為流傳；他們讓演員化妝成牧民，導演拍攝了「烏蘭夫主席慰問牧民」的假紀錄片，給這個個人野心家塗脂抹粉，樹碑立傳，收買人心。公然與我們偉大領袖毛主席爭地位。

在文藝思想方面。他們極力販賣封建主義、資本主義、修正主義和民族分裂主義的黑貨。讓才子佳人、帝王將相、鬼狐道仙，在舞台上群魔亂舞，甚至把言慧珠這樣一個腐爛透頂的臭戲妓，千里迢迢從上海接到內蒙來，大演特演《鍾馗嫁妹》、《贈劍》、《遊園驚夢》鬼戲、色情戲，腐蝕我區的年輕演員，毒害全區人民。他們為了實現其民族分裂的罪惡陰謀，專門成立了《民族實驗歌劇團》，不反映階級鬥爭，不為工農牧兵服務，專門創作什麼「民族戲劇」，在戲劇方面「踏出自己的路」，和毛主席的文藝方向背道而馳。在文學創作上，他們大量翻譯出版古典、西歐、蒙修的作品，大量刊登歌頌成吉思汗，宣揚民族分裂的民族民間故事和小說、詩歌，甚至連《芒芒的草原》這樣的大毒草，一度也被吹捧成「優秀作品」。在美術、音樂、舞蹈等各方面，他們借口「挖掘整理民族民間文藝遺產」，組織人員，不惜工本，漫遊全區搜集廟壁畫、迷信裝飾、色情歌曲、跳鬼動作，來為他們更大規模的攻擊毛澤東文藝思想製造子彈。在文藝理論方面，烏蘭夫、布赫更是赤膊上陣，又開座談會，又寫文章，大放厥詞叫嚷：「刊物要改變方向」，「文藝創作要走自己的路」，「文藝作品要反映自治區實際」……。他們的「改變方向」，就是要改變毛主席提出的文藝為工農兵服務的方向。他們的「要走自己的路」，就是走資本主義的道路。他們的「反映自治區實際」就是宣揚民族分裂。他們不但在講台上、刊物上散布這些反動透頂的言論，還專門整理編輯成集子，借慶祝自治區成立二十週年之機，大量出版，企圖用這些臭氣沖天的資本主義、封建主義、修正主義、民族分裂主義的破爛垃圾，來抵毀偉大的毛澤東文藝思想。真是蚍蜉撼大樹，自不量力！

毛主席教導我們說：「世界上一切革命鬥爭都是為著奪取政權，鞏固政權。」文藝戰線上兩個階級、兩條道路、兩條路線的鬥爭，歸根結底，就是資產階級和無產階級在文藝領域裡的奪權和反奪權的鬥爭。以布赫為首的文藝界的一小撮反革命修正主義分子，在他們的後台老闆烏蘭夫的直接指揮下，二十年來，大力培養修正主義人材，不擇手段地提拔重用這些壞蛋，對革命的文藝工作者進行殘酷的政治迫害，把文藝界的領導權完全控制在他們的手裡。他們把以唱淫歌出名的哈扎布和大流氓寶音巴圖捧上了天，並公開宣稱，要培養出多少個這些大壞蛋的接班人；他們把一些年輕的文藝工作者和所謂的「作家」，都圈在城裡，不准深入工農兵，不准參加階級鬥爭改造思想，組織了專門的研究班，研究那些封建主義的古董，學習資產階級和修正主義的創作「經驗」，美其名曰培養社會主義的「作家」；他們用破格提拔，散發獎金，蓋高級房間，培養尖端人材等「三名」主義、「三高」政策，來腐蝕年輕的文藝工作者，抬高反動權威的身價，使牛鬼蛇神在文藝界橫行霸道，大興妖風，擰成一股又粗又長的黑線，結成一股巨大的反革命逆流。這股反革命逆流的總頭頭，就是內蒙的周揚布赫。

1963年和64年，毛主席先後給文藝界下達了兩個極為重要的批示，一下擊中了反革命修正主義文藝路線的要害。根據毛主席的這兩個批示□□□□□□大革命文藝工作者，向一小撮反革命修正主義分子展開了猛烈的進攻。自治區文藝整風開始了。整風的矛頭直接指向內蒙黨內頭號走資本主義道路的當權派烏蘭夫。這些反動傢伙見勢不妙，立即動員了大大小小的嘍羅爪牙、牛鬼蛇神，由烏蘭夫親自掛帥，一起上陣，施展了各種陰謀詭計，篡奪了文藝整風的領導權，把革命群眾打成「反黨」分子，在文藝界來了一個大清洗，大鎮壓，大迫害，實行了反攻倒算；一方面，他們把在這次反革命政變中的打手和急先鋒，越級提拔到各級領導崗位，把運動中揭發出來的反革命修正主義分子、民族分裂分子、大流氓、大壞蛋，統統包庇起來，而烏蘭夫的反革命狗崽子布赫、反革命狗媳婦珠嵐，趁機青雲直上，當上了文委主任和文聯副主任，把文藝界的大權全部控制在他們手裡，徹底實現了資本主義反革命復辟。

文藝界的資本主義復辟，為烏蘭夫在全區實現民族分裂、宮廷政變，踏出了一條血淋淋的道路！接著，布赫、珠嵐這一小撮民族敗類，又為烏蘭夫借慶祝自治區成立二十週年之機，登基坐殿，明火執仗地進行了空前隆重的典禮籌備。他們利用一切藝術形式，開動所有宣傳機器，不擇手段地樹立烏蘭夫形象，拼命鼓吹「烏蘭夫思想」，大造特造宮廷政變的反革命輿論。他們在舞台上讓演員狂呼「烏蘭夫主席萬歲！」恣意貶低毛主席。何等猖獗！他們顛倒黑白，偽造歷史，編成大型歌舞歌頌「烏蘭夫思想」，抵毀偉大的毛澤東思想。何等瘋狂！他們把烏蘭夫「三個基礎」的活作板—哲里木盟，寫成大型紀錄片，宣揚什麼「自己的道路」，公然與毛主席提出的「三大革命運動」唱對台戲。何等惡毒！這些反革命罪惡，真是罄竹難書，是可忍，孰不可忍！

但是，歷史的車輪是不會倒轉的！光焰無際的毛澤東思想是撲滅不了的！反動派的猖狂進攻，只能落一個自取滅亡。由江青同志親自領導的京劇現代戲革命，揭開了文化大革命的序幕，敲響了反動派滅亡的喪鐘！接著，我們的偉大導師、偉大領袖、偉大統帥、偉大舵手毛主席，親自發動和領導了這場震撼世界的文化大革命，我們無產階級革命派，在毛主席的親自領導下，僅僅用了一年多的時間，就把這一小撮反革命修正主義分子的老窩抄了個底朝天，揪出了他們的黑司令劉少奇，把舊世界打了個落花流水，一切牛鬼蛇神，都統統被我們踩在了腳下。這是何等了不起的功績啊！

今天，我們無產階級革命派，在文化大革命全面奪權的關鍵時刻，來紀念□□□□□□講話》，就像聽到毛主席下達了百萬雄師過大江的命令，心情是何等激動啊！毛主席教導我們說：「階級鬥爭，一些階級勝利了，一些階級消滅了。這就是歷史，這就是幾千年的文明史，」毛主席這篇《講話》發表二十五年了。在二十五年後的今天，我們無產階級階級文藝工作者，經過多少場驚心動魄的鬥爭，終於勝利了。傳布毛澤東思想是我們的天職，毛澤東思想的勝利是我們最大的幸福！我們取得了這樣偉大的勝利，怎麼能不激動呢！

當然，我們也絕不能忘記，階級敵人還在作最後的垂死掙扎，特別是文藝界的黑蓋子，還沒有徹底揭開，還有一小撮階級敵人沒被我們識破，他們還要待機反撲。我們絕不可以輕視這些敵人，我們還必須認識到，全世界被壓迫的民族和人民正在期待著我們，任務是艱鉅的，道路是曲折的，我們一定要更高地舉起毛澤東思想偉大紅旗，掃除一切□□□《在延安文藝座談會上的講話》，就是要為無產階級革命鳴鑼開道，就是要讓毛澤東思想占領一切文藝陣地，就是要把震撼世界的無產階級文化大革命進行到底，就是要殺出一個紅彤彤的毛澤東思想的新世界！

我們有毛主席的《講話》指示的明確方向，我們有戰無不勝的毛澤東思想，我們有偉大的導師、偉大的領袖、偉大的統帥、偉大的舵手毛主席的正確領導，我們什麼也不怕。最後的勝利一定是我們的！！

「雄關漫道真如鐵，而今邁步從頭越。」

革命造反派的戰友們，讓我們在偉大領袖毛主席指引的航道上，乘風破浪，奮勇前進吧！

一九六七年五月十七日

杀出一个紅彤彤的毛泽东思想的新世界

纪念毛主席在«延安文艺座谈会上的讲话»发表二十五周年

魯迅兵团《翻江倒海》纵队

毛主席的《在延安文艺座談会上的讲話》，宣判了反动、腐朽的資本主义、封建主义文艺的死刑，开辟了无产阶級文艺的新紀元。今天，我們无产阶級革命派在文化大革命取得了决定性胜利的关鍵时刻，来紀念这部划时代的光輝著作发表二十五周年，更加深刻的体会到这部伟大著作具有无穷的战斗威力！

“一从大地起风雷，便有精生白骨堆”。光焰无际的毛主席《在延安文艺座談会上的讲話》一发表，資产阶級和一切剝削阶級的老爷們，为了避免自己的灭亡，出于阶級本性，就向伟大的毛泽东文艺思想举行了猖狂的进攻。因此，二十五年来，在文艺領域里始終貫穿着两个阶級、两条道路、两条路綫、两种命运的生死大搏斗。特别是建国以来，一小撮反革命修正主义分子、資产阶級反动学阀、反动“权威”和牛鬼蛇神，在他們的总后台——党內头号走資本主义道路当权派刘少奇的指揮下，把反对毛主席的文艺思想，更推向一个极为猖厥的程度。他們运用各种艺术形式，大量放毒，让“大”、“洋”、“古”、“封”、“資”、“修”反动文艺，統治了文艺領域，为資本主义复辟做好了輿論准备；他們利用职权，大树反动学术“权威”、招降納叛，收兵买馬，网罗社会上的牛鬼蛇神，組成一支反革命修正主义的文艺队伍，对革命的文艺工作者实行資产阶級专政，为資本主义复辟做好了組織准备。

全国如此，內蒙也一样。烏兰夫就是內蒙的刘少奇，烏兰夫的反革命狗崽子布赫，就是內蒙的周揚。

毛主席在这篇《讲話》里教导我們說：**“我們的文学艺术都是为人民大众的，首先是为工农兵的，为工农兵而創作，为工农兵所利用的。”**这是无产阶級文艺唯一正确的方向。

为工农兵服务，就是向工农兵宣传毛泽东思想，就是用毛泽东思想武装工农兵，就是树立毛泽东思想的絕对威望。这是文艺工作者最高最根本的使命。可二十年来，以烏兰夫、布赫为首的这一小撮反动家伙尽干了些什么呢？自治区一成立，他們就迫不及待地大树特树烏兰夫的个人威信。他們在全区大量印发张挂烏兰夫的狗头像；他們譜写了“在云泽（烏兰夫）的旗帜下前进”的反动歌曲，在全区广为流传；他們让演員化装成牧民，导演拍摄了“烏兰夫主席慰問牧民”的假紀录片，給这个个人野心家涂脂抹粉，树碑立传，收买人心。公然与我們伟大領袖毛主席爭地位。

在文艺思想方面。他們极力販卖封建主义、資本主义、修正主义和民族分裂主义的黑貨。让才子佳人、帝王将相、鬼狐道仙，在舞台上群魔乱舞，甚至把言慧珠这样一个腐烂透頂的臭戏妓，千里迢迢从上海接到內蒙来，大演特演《钟馗嫁妹》、《宝剑》、《游园惊梦》鬼戏、色情戏，腐蝕我区的年輕演員，毒害全区人民。他們为了实現其民族分裂的罪恶阴謀，专門成立了《民族实驗歌剧团》，不反映阶級斗爭，不为

（下轉第五版）

（上接第四版）

工农牧兵服务，专門創作什么“民族戏剧”，在戏剧方面“踏出自己的路”，和毛主席的文艺方向背道而馳。在文学創作上，他們大量翻譯出版古典、西欧、蒙修的作品，大量刊登歌頌成吉思汗，宣揚民族分裂的民族民間故事和小說、詩歌，甚至連《茫茫的草原》这样的大毒草，一度也被吹捧成“优秀作品”。在美术、音乐、舞蹈等各方面，他們借口“挖掘整理民族民間文艺遺产”，組織人員，不惜工本，漫游全区搜集庙壁画、迷信装飾、色情歌曲、跳鬼动作，来为他們更大規模的攻击毛泽东文艺思想制造子弹。在文艺理論方面，烏兰夫、布赫更是赤膊上陣，又开座談会，又写文章，大放厥詞叫嚷：“刊物要改变方向”，“文艺創作要走自己的路”，“文艺作品要反映自治区实际”……。他們的“改变方向”，就是要改变毛主席提出的文艺为工农兵服务的方向。他們的“要走自己的路”，就是走資本主义的道路。他們的“反映自治区实际”就是宣揚民族分裂。他們不但在讲台上、刊物上散布这些反动透頂的言論，还专門整理編輯成集子，借庆祝自治区成立二十周年之机，大量出版，企图用这些臭气冲天的資本主义、封建主义、修正主义、民族分裂主义的破烂垃圾，来抵毁伟大的毛泽东文艺思想。眞是蚍蜉撼大树，自不量力！

毛主席教导我們說：**“世界上一切革命斗爭都是为着夺取政权，巩固政权。”**文艺战綫上两个阶級、两条道路、两条路綫的斗爭，归根結底，就是資产阶級和无产阶級在文艺領域里的夺权和反夺权的斗爭。以布赫为首的文艺界的一小撮反革命修正主义分子，在他們的后台老板烏兰夫的直接指揮下，二十年来，大力培养修正主义人材，不择手段地提拔重用这些坏蛋，对革命的文艺工作者进行残酷的政治迫害，把文艺界的領导权完全控制在他們的手里。他們把以唱淫歌出名的哈扎布和大流氓宝音巴图捧上了天，并公开宣称，要培养出多少个这些大坏蛋的接班人；他們把一些年輕的文艺工作者和所謂的“作家”，都圈在城里，不准深入工农兵，不准参加阶級斗爭改造思想，組織了专門的研究班，研究那些封建主义的古董，学习資产阶級和修正主义的創作“經驗”，美其名曰培养社会主义的“作家”；他們用破格提拔，散发奖金，盖高級房間，培养尖端人材等“三名”主义、“三高”政策，来腐蝕年青的文艺工作者，抬高反动权威的身价，使牛鬼蛇神在文艺界横行霸道，大兴妖风，擰成一股又粗又长的黑綫，結成一股巨大的反革命逆流。这股反革命逆流的总头头，就是內蒙的周揚布赫。

1963年和64年，毛主席先后給文艺界下达了两个极为重要的批示，一下击中了反革命修正主义文艺路綫的要害。根据毛主席的这两个批示，[illegible]大革命文艺工作者，向一小撮反革命修正主义分子展开了猛烈的进攻。自治区文艺整风开始了。整风的矛头直接指向內蒙党內头号走资本主义道路的当权派烏兰夫。这些反动家伙見势不妙，立即动員了大大小小的嘍罗爪牙、牛鬼蛇神，由烏兰夫亲自挂帅，一起上陣，施展了各种阴謀詭計，篡夺了文艺整风的領导权，把革命群众打成“反党”分子，在文艺界来了一个大清洗，大鎮压，大迫害，实行了反攻倒算；一方面，他們把在这次反革命政变中的打手和急先鋒，越級提拔到各級領导崗位，把运动中揭发出来的反革命修正主义分子、民族分裂分子、大流氓、大坏蛋，統統包庇起来，而烏兰夫的反革命狗崽子布赫、反革命狗媳妇珠嵐，趁机青云直上，当上了文委主任和文联副主任，把文艺界的大权全部控制在他們手里，彻底实現了資本主义反革命复辟。

文艺界的資本主义复辟，为烏兰夫在全区实現民族分裂、宮廷政变，踏出了一条血淋淋的道路！接着，布赫、珠嵐这一小撮民族敗类，又为烏兰夫借庆祝自治区成立二十周年之机，登基坐殿，明火执仗地进行了空前隆重的典礼筹备。他們利用一切艺术形式，开动所有宣传机器，不择手段地树立烏兰夫形象，拼命鼓吹“烏兰夫思想”，大造特造宮廷政变的反革命輿論。他們在舞台上让演員狂呼“烏兰夫主席万岁！”恣意貶低毛主席。何等猖厥！他們顚倒黑白，伪造历史，編成大型歌舞歌頌“烏兰夫思想”，抵毁伟大的毛泽东思想。何等疯狂！他們把烏兰夫“三个基础”的活作板——哲里木盟，写成大型紀录片，宣揚什么“自己的道路”，公然与毛主席提出的“三大革命运动唱对台戏。何等恶毒！这些反革命罪恶，眞是罄竹难书，是可忍，孰不可忍！

但是，历史的車輪是不会倒轉的！光焰无际的毛泽东思想是扑灭不了的！反动派的猖狂进攻，只能落一个自取灭亡。由江青同志亲自領导的京剧現代戏革命，揭开了文化大革命的序幕，敲响了反动派灭亡的丧钟！接着，我們的伟大导师、伟大領袖、伟大統帅、伟大舵手毛主席，亲自发动和領导了这場震撼世界的文化大革命，我們无产阶級革命派，在毛主席的亲自領导下，仅仅用了一年多的时間，就把这一小撮反革命修正主义分子的老窩抄了个底朝天，揪出了他們的黑司令刘少奇，把旧世界打了个落花流水，一切牛鬼蛇神，都統統被我們踩在了脚下。这是何等了不起的功績啊！

今天，我們无产阶級革命派，在文化大革命全面夺权的关鍵时刻，[illegible]，就象听到毛主席下达了百万雄师过大江的命令，心情是何等激动啊！毛主席教导我們說：“阶級斗爭，一些阶級胜利了，一些阶級消灭了。**这就是历史，这就是几千年的文明史，**”毛主席这篇《讲話》发表二十五年了。在二十五年后的今天，我們无产阶級阶級文艺工作者，經过多少場惊心动魄的斗爭，終于胜利了。传布毛泽东思想是我們的天职，毛泽东思想的胜利是我們最大的幸福！我們取得了这样伟大的胜利，怎么能不激动呢！

当然，我們也絕不能忘記，阶級敌人还在作最后的垂死挣扎，特别是文艺界的黑盖子，还沒有彻底揭开，还有一小撮阶級敌人沒被我們識破，他們还要待机反扑。我們絕不可以輕视这些敌人，我們还必須认識到，全世界被压迫的民族和人民正在期待着我們，任务是艰巨的，道路是曲折的，我們一定要更高地举起毛泽东思想伟大紅旗，[illegible]談会上的讲話》，就是要为无产阶級革命鳴鑼开道，就是要让毛泽东思想占領一切文艺陣地，就是要把震撼世界的无产阶級文化大革命进行到底，就是要杀出一个紅彤彤的毛泽东思想的新世界！

我們有毛主席的《讲話》指示的明确方向，我們有战无不胜的毛泽东思想，我們有伟大的导师、伟大的領袖，伟大的統帅、伟大的舵手毛主席的正确領导，我們什么也不怕。最后的胜利一定是我們的！！

“雄关漫道眞如鉄，
而今迈步从头越。”

革命造反派的战友們，让我們在伟大領袖毛主席指引的航道上，乘风破浪，奋勇前进吧！

一九六七年五月十七日

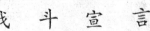

四海翻腾云水怒，五洲震荡风雷激。

战斗宣言

由呼和浩特第三司令部、內蒙古軍区《紅色造反团》、魯迅兵团文化总部、艺校《星火燎原》战斗队、文联《翻江倒海》战斗队纵队、群众文化館《318》战斗纵队、歌舞团《紅旗》造反团和烏兰牧騎《东方紅》战斗队等单位联合发起的內蒙古文艺界斗、批烏兰夫联絡站，正式宣告成立！

它是在无产阶級文化大革命取得节节胜利的凱歌声中成立的。

它是在击退四月黑风的刀光剑影中成立的。

它是在紀念毛主席《在延安文艺座談会上的讲話》发表二十五周年的光輝日子里成立的。

它是在京剧革命的春雷，带来了文艺界山花烂漫的时节里成立的。

伟大的光芒万丈的毛泽东思想，照亮了我們內蒙古革命文艺工作者前进的道路，毛主席亲切的声音，传遍了內蒙古草原。北京、上海、貴州等地文艺革命的喜訊，象陣陣战鼓，激励着內蒙古革命文艺工作者投入战斗的决心。內蒙古革命文艺工作者，怀着对党和毛主席山高海深般的热爱，怀着对光輝的毛泽东文艺思想的鋼坚玉純般的信仰，怀着对文艺革命的火焰般的热情，怀着对反革命修正主义文艺黑綫的不共戴天的仇恨，挺身而出，組織起来。經过多少次生死搏斗，闖过了一个个险礁恶浪，一支浩浩蕩蕩，生气勃勃的文艺革命大軍終于杀出来了！

从它杀出之日起，从文艺界斗批烏兰夫联絡站成立之日起，就勇敢地自覚地挑起了文艺革命的重担。

二十五年前，我們心中最紅最紅的紅太阳毛主席，在《在延安文艺座談会上的讲話》中就指示：“在現在世界上，一切文化或文学艺术都是属于一定的阶級，属于一定的政治路綫的”，“但又反轉来給予伟大的影响于政治”。因此，“凡是要推翻一个政权，总要先造成輿論，总要先做意識形态方面的工作。革命的阶級是这样，反革命的阶級也是这样。”

中国的赫魯晓夫，为了給他推翻无产阶級政权复辟資本主义作輿論准备，对文艺界寸权必夺，极力控制，利用文艺大肆放毒。十七年来，他通过周揚、夏衍、林默涵等一小撮反革命修正主义分子，疯狂攻击以毛主席为代表的无产阶級革命文艺

（下轉第六版）

把魯迅兵團辦成毛澤東思想的大學校

千鈞霹靂開新宇，萬里東風掃殘雲！

我們內蒙古自治區的革命造反派在經歷了一番風雪交加的白色恐怖之後，在歡慶毛主席革命路線取得偉大勝利的今天，最隆重地紀念毛主席的光輝著作《在延安文藝座談會上的講話》發表二十五週年。

《講話》這篇光輝著作，天才地創造性地發展了馬克思列寧主義世界觀的文藝理論，是無產階級革命歷史上第一次提出的最完整、最徹底、最正確的馬克思列寧主義文藝路線，是戰勝現代修正主義，戰勝劉鄧反動路線和形形色色資產階級文藝思想的最強大的武器，是我們文化藝術工作的最高指示。

但是，二十五年來，特別是建國後的十七年來，在文化藝術戰線上，一直存在著兩條路線的激烈鬥爭。劉少奇，這個中國的赫魯曉夫，從他復辟資本主義的反革命政治需要出發，居心叵測把罪惡的黑手伸向文藝界。他一貫反對毛主席的革命文藝路線，大量販賣資本主義、封建主義和修正主義黑貨；招降納叛，結黨營私，把文藝界搞成反革命的裴多菲俱樂部。內蒙黨內最大的走資本主義道路當權派，當代「王爺」烏蘭夫忠實地推行了劉少奇的文藝黑線，把內蒙文藝界搞得烏煙瘴氣。

是可忍，孰不可忍，這種瘋狂地抵制和反對毛主席革命文藝路線的滔天罪行，再也不能繼續下去了，再也不能容忍了！

鍾山風雨起蒼黃，百萬雄師過大江。

我們魯迅兵團高舉毛澤東思想偉大紅旗，以《講話》和主席的其他有關文藝的指示為武器在鬥爭中殺出來了，在反革命的迫害和圍剿中殺出來了！我們在內蒙文化、藝術、新聞、教育、衛生、體育各個戰線大造了一小撮反革命修正主義分子的反，搗毀了他們長期盤踞，進行反革命復辟輿論準備的頑固堡壘。造反！造反！造反！林彪同志說：「文藝這個陣地，無產階級不去占領，資產階級就必然去占領，鬥爭是不可避免的。這是在意識形態領域裡極為廣泛、深刻的社會主義革命，搞不好就會出修正主義。我們必須高舉毛澤東思想偉大紅旗，堅定不移地把這一場革命進行到底。」造反到底，深入開展鬥批改，將文藝界文化大革命進行到底，是我們革命造反派不可動搖的意志。

任重而道遠，「革命以後的路程更長，工作更偉大，更艱苦。」階級敵人也正以百倍的瘋狂負隅頑抗。我們切不可做歷史舞台上曇花一現的人物，任何右傾鬆懈情緒都是不對的。毛主席在《講話》中號召我們：「長期地無條件地全心全意地到工農兵群眾中去，到火熱的鬥爭中去」！當前，我們正面臨這樣一場如火如荼的階級大搏鬥，我們就是要在這樣火熱的鬥爭中千錘百煉，煥發青春的光彩，迎接壯麗的人生！

我們必須保持旺盛的鬥志，研究階級敵人的策略，窺測他們的動向，給來犯者以迎頭痛擊，揪出他們黑司令官，用鮮血和生命保衛毛主席，保衛毛主席的革命路線。

毛主席在《講話》中教導我們樹立全心全意為人民服務，為工農兵服務的世界觀，這是我們文化藝術工作者的根本方向。長期以來，黨內最大的一小撮反革命修正主義分子所極力攻擊的也正是這一正確方向，而千方百計地使文藝為其復辟資本主義服務。

為誰服務的問題是個立場問題。要使自己永遠不背離毛主席所指出的文藝方向，就必須堅定我們的無產階級立場。毛主席所讚揚的魯迅的「橫眉冷對千夫指，俯首為當儒子牛」的鮮明愛憎，對我們魯迅兵團全體戰士是何等值得珍貴，何等重要啊！我們革命造反派就是敵我最分明，愛憎最分明，是非最分明。一些別有用心的混蛋，利用「貧下中農團結起來」，「牢記階級苦，不忘血淚仇」等正確口號，去迷惑不明真相的群眾反對革命造反派，反對自己的階級弟兄，這種陰謀必須揭穿。我們就是要遵循毛主席的教導，堅定地走與工農兵相結合的道路，向工農兵學習，做工農兵的最忠實的勤務員，我們堅決反對把自己視為高踞群眾之上的精神貴族。

毛主席在《講話》中指出：「文藝界中還嚴重地存在著作風不正的東西，同志們中間還有很多的唯心論，教條主義、空想、空談、輕視實踐，脫離群眾等等的缺點，需要有一個切實的嚴肅的整風運動。」這是何等切中我們文藝界要害的批評啊！在我們隊伍裡，現在不正是存在許多思想作風不正的東西嗎？我們頭腦裡不正存在許多剝削階級的髒東西嗎？許多同志忘記了在白色恐怖下保衛《東縱》時那種革命精神，什麼山頭主義，風頭主義，無政府主義，小集團主義，個人主義，驕傲情緒在新的條件下都有所滋長，這些髒東西對我們革命造反派是銷蝕劑。這些髒東西集中起來是一個「私」字。不打倒這個「私」字，在自己頭腦裡造「私」字的反，奪「私」字的權，我們革命造反派就遲早要轉化為保守派，轉化為黨內走資本主義道路當權派的社會基礎。我們活學活用《講話》，就是要遵循主席的教導，把頭腦裡這場無產階級思想對資產階級思想，「公」字對「私」字的爭奪戰進行到底。每一個基層組織都要經常開展「切實的嚴肅的整風」，使我們魯迅兵團不斷地沿著毛主席指引的航道揚帆前進！

《在延安文藝座談會上的講話》是我們每個魯迅兵團戰士受用一輩子，「須臾不可離」的偉大著作，我們要像熱愛「老三篇」，《關於糾正黨內錯誤思想》一樣，把她當作座右銘來學。從中吸取巨大精神力量，狠抓世界觀的改造，不折不扣地實踐《講話》中的教導，更高地舉起毛澤東思想偉大紅旗，把魯迅兵團辦成一個非常無產階級化，非常戰鬥化的隊伍，辦成一個紅彤彤的毛澤東思想的大學校。

天生一個仙人洞，無限光風在險峰。有戰無不勝的毛澤東思想作方向盤作武器，我們的目的一定要達到，我們的目的一定能夠達到！

第五版　　魯　迅

評論　把魯迅兵团办成毛泽东思想的大学校

千鈞霹靂开新宇，万里东风扫残云！

我們內蒙古自治区的革命造反派在經历了一番风雪交加的白色恐怖之后，在欢庆毛主席革命路綫取得伟大胜利的今天，最隆重地紀念毛主席的光輝著作《在延安文艺座談会上的讲話》发表二十五周年。

《讲話》这篇光輝著作，天才地創造性地发展了馬克思列宁主义世界观和文艺理論，是无产阶級革命历史上第一次提出的最完整、最彻底、最正确的馬克思列宁主义文艺路綫，是战胜現代修正主义，战胜刘邓反动路綫和形形色色資产阶級文艺思想的最强大的武器，是我們文化艺术工作的最高指示。

但是，二十五年来，特别是建国后的十七年来，在文化艺术战綫上，一直存在着两条路綫的激烈斗爭。刘少奇，这个中国的赫魯晓夫，从他复辟資本主义的反革命政治需要出发，居心叵測把罪恶的黑手伸向文艺界。他一貫反对毛主席的革命文艺路綫，大量販卖資本主义、封建主义和修正主义黑貨，招降納叛，結党营私，把文艺界搞成反革命的裴多菲俱乐部。內蒙党內最大的走資本主义道路当权派，当代"王爷"烏兰夫忠实地推行了刘少奇的文艺黑綫，把內蒙文艺界搞得烏烟瘴气。

是可忍，孰不可忍，这种疯狂地抵制和反对毛主席革命文艺路綫的滔天罪行，再也不能继續下去了，再也不能容忍了！

钟山风雨起蒼黃，百万雄师过大江。

我們魯迅兵团高举毛泽东思想伟大紅旗，以《讲話》和主席的其他有关文艺的指示为武器在斗爭中杀出来了，在反革命的迫害和围剿中杀出来了！我們在內蒙文化、艺术、新聞、教育、卫生、体育各个战綫大造了一小撮反革命修正主义分子的反，捣毁了他們长期盘踞，进行反革命复辟輿論准备的頑固堡垒。造反！造反！造反！林彪同志說："文艺这个陣地，无产阶級不去占領，資产阶級就必然去占領，斗爭是不可避免的。这是在意識形态領域里极为广泛、深刻的社会主义革命，搞不好就会出修正主义。我們必須高举毛泽东思想伟大紅旗，坚定不移地把这一場革命进行到底。"造反到底，深入开展斗批改，将文艺界文化大革命进行到底，是我們革命造反派不可动搖的意志。

任重而道远，"革命以后的路程更长，工作更伟大，更艰苦。"阶級敌人也正以百倍的疯狂負隅頑抗。我們切不可做历史舞台上曇花一现的人物，任何右倾松懈情緒都是不对的。毛主席在《讲話》中号召我們："长期地无条件地全心全意地到工农兵群众中去，到火热的斗爭中去"！当前，我們正面临这样一場如火如荼的阶級大搏斗，我們就是要在这样火热的斗爭中千錘百炼，煥发青春的光彩，迎接壮丽的人生！我們必須保持旺盛的斗志，研究阶級敌人的策略，窥测他們的动向，給来犯者以迎头痛击，揪出他們黑司令官，用鲜血和生命保卫毛主席，保卫毛主席的革命路綫。

毛主席在《讲話》中教导我們树立全心全意为人民服务，为工农兵服务的世界观，这是我們文化艺术工作者的根本方向。长期以来，党內最大的一小撮反革命修正主义分子所极力攻击的也正是这一正确方向，而千方百計地使文艺为其复辟資本主义服务。

为誰服务的問題是个立場問題。要使自己永远不背离毛主席所指出的文艺方向，就必須坚定我們的无产阶級立場。毛主席所贊揚的魯迅的"横眉冷对千夫指，俯首甘为孺子牛"的鲜明爱憎，对我們魯迅兵团全体战士是何等值得珍貴，何等重要啊！我們革命造反派就是敌我最分明，爱憎最分明，是非最分明。一些別有用心的混蛋，利用"貧下中农团結起来"，"牢記阶級苦，不忘血泪仇"等正确口号，去迷惑不明真相的群众反对革命造反派，反对自己的阶級弟兄，这种阴謀必須揭穿。我們就是要遵循毛主席的教导，坚定地走与工农兵相結合的道路，向工农兵学习，做工农兵的最忠实的勤务員，我們坚决反对把自己視为高踞群众之上的精神貴族。

毛主席在《讲話》中指出："文艺界中还严重地存在着作风不正的东西，同志們中間还有很多的唯心論，教条主义、空想、空談、輕視实践，脫离群众等等的缺点，需要有一个切实的严肃的整风运动。"这是何等切中我們文艺界要害的批評啊！在我們队伍里，现在不正是存在許多思想作风不正的东西嗎？我們头脑里不正存在許多剝削阶級的脏东西嗎？許多同志忘記了在白色恐怖下保卫《东纵》时那种革命精神，什么山头主义，风头主义，无政府主义，小集团主义，个人主义，驕傲情緒在新的条件下都有所滋长，这些脏东西对我們革命造反派是銷蝕济。这些脏东西集中起来是一个"私"字。不打倒这个"私"字，在自己头脑里造"私"字的反，夺"私"字的权，我們革命造反派就迟早要轉化为保守派，轉化为党內走資本主义道路当权派的社会基础。我們活学活用《讲話》，就是要遵循主席的教导，把头脑里这場无产阶級思想对資产阶級思想，"公"字对"私"字的爭夺战进行到底。每一个基层組織都要經常开展"切实的严肃的整风"，使我們魯迅兵团不断地沿着毛主席指引的航道揚帆前进！

《在延安文艺座談会上的讲話》是我們每个魯迅兵团战士受用一辈子，"須臾不可离"的伟大著作，我們要象热爱"老三篇"，《关于糾正党內錯誤思想》一样，把她当作座右銘来学。从中吸取巨大精神力量，狠抓世界观的改造，不折不扣地实践《讲話》中的教导，更高地举起毛泽东思想伟大紅旗，把魯迅兵团办成一个非常无产阶級化，非常战斗化的队伍，办成一个紅彤彤的毛泽东思想的大学校。

天生一个仙人洞，无限光风在险峰。有战无不胜的毛泽东思想作方向盘作武器，我們的目的一定要达到，我們的目的一定能够达到！

毛澤東文藝思想的光輝照亮全世界

英國朋友　夏庇諾

自從《在延安文藝座談會上的講話》發表以來，全世界的進步人士就為它熱烈歡呼。

《講話》是馬克思列寧主義的光輝的、創造性的發展，是放之四海而皆準的真理，是馬克思列寧主義有史以來對文學藝術的最深刻、最全面的闡述，《講話》明確地回答了文藝領域中那些目前仍在全世界範圍內爭論的最基本的問題。

《講話》的作者是一位偉大的革命者，而《講話》又是無產階級文化大革命的先聲。

我是直到一九四六年或者一九四七年在倫敦才第一次讀到《講話》的。儘管當時我讀到的英文版的譯文質量很差，但這本書的革命精神和它對問題的透徹的分析武裝了我。

我們可以把一九四二年《講話》發表時的中國國內形勢和二十五年後今天的世界形勢比較一下。

二十五年以前，中國革命鬥爭在發展，不少知識分子，帶著各種各樣的非無產階級思想，參加了反對日本軍國主義侵略的鬥爭。當時，日本法西斯勾結希特勒和墨索里尼，表面上看來很強大。在某些人看來，形勢是一團漆黑。在革命的堡壘—解放區的內部，有些所謂的共產黨人選擇了投降主義的路線。

當時提出的問題，不是怎樣寫、怎樣畫的技術問題，而是關係到反法西斯鬥爭前途和方向的在政治思想方面的最基本的問題。毛主席明確地解決了這些問題，同時強調文藝要為工農兵服務，歌頌群眾中的革命英雄，武裝群眾，幫助人民看到自己的光明前途。《講話》用科學的馬克思列寧主義真理，用毛澤東思想武裝了群眾，因而它就變成了巨大的物質力量。

今天，在全世界範圍內革命鬥爭正在發展。包括知識分子在內，許多人被吸引到這個鬥爭中來。東條英磯、希特勒和墨索里尼已經倒台；取而代之的是美帝國主義，是美國的帝國主義盟國，還有他們在其他各國的走狗，以及美帝國主義的那些卑鄙無恥的同盟者—蘇修和其他修字號的「共產黨」中的叛徒。又有一些人認為形勢漆黑一團。在世界革命的堡壘—中國的內部有些所謂的共產黨人煞費苦心地要把中國引入修正主義和資本主義的歧途。但是，毛主席親自發動了無產階級文化大革命。無產階級文化大革命，正在全世界範圍內，解決如何防止修正主義篡奪黨和國家的領導權的問題，解決如何破除修正主義思想、資產階級思想和其他剝削階級思想造成的障礙的問題，解決如何徹底滌蕩舊社會留下來的汙泥濁水，從而向共產主義勝利前進的問題。現在，毛主席又一次以他傑出的天才，強調文藝必須為工農兵服務，要歌頌人民群眾中的革命英雄，要武裝人民，幫助人民看清自己。

美帝國主義正在全世界到處進行文化侵略。美帝國主義的文化侵略，也是它政治侵略、經濟侵略的一部分。美帝國主義通過一切文藝形式，在宣傳方面不惜花費成千上萬美元，就是要腐蝕各國人民，特別是腐蝕青年一代。為了達到這一目的，美帝國主義鼓吹性感，鼓吹法西斯狂暴，鼓吹種族主義、個人主義和腐化墮落。而現代修正主義不僅不抵制這種文化侵略，而且給好萊塢電影、搖擺舞、扭擺舞大開方便之門，給下流的美國小冊子、音樂和藝術大開方便之門。西方生活方式，資產階級的所謂「英雄」，在這些修正主義的國家泛濫成災。

但是，人民對這種文化侵略進行了回擊。越來越多的人認識到，這種文化侵略就是為了要人民屈服於帝國主義的戰爭威脅，屈服於貨真價實的軍事侵略。《在延安文藝座談會上的講話》曾經在一九四二年武裝了中國人民；在今天，它同樣地武裝了全世界一切要拿起這個武器向帝國主義、修正主義散布的毒素進行鬥爭的人們。

而在中國，在毛主席領導著革命走向勝利的中國，一小撮修正主義分子許多年來用盡心思在許多領域（包括文藝領域在內）反對毛主席的路線。現在我們知道，陸定一、周揚解放後十七年來執行的修正主義路線，背後是得到黨內頭號走資本主義道路當權派、中國的赫魯曉夫劉少奇的支持的。

劉少奇和毛主席的指示相對抗，提出了一整套資產階級的、修正主義的觀點。

我們在新華社對這點體會很深。幾年前，他曾經對新聞報導和培養記者的問題，作了一系列的「指示」。他說什麼「要給記者自由」，「不要扼殺記者的創造性」。我們要問，是向誰要自由？要自由幹什麼？毛主席在《講話》中不早已回答這個問題了嗎？毛主席說：「馬克思主義……決定地要破壞那些封建的、資產階級的、小資產階級的、自由主義的、個人主義的、虛無主義的、為藝術而藝術的、貴族式的、頹廢的、悲觀的以及其他種種非人民大眾非無產階級的創作情緒。」劉少奇說：「要寫得有趣味。」我們要問：是什麼人的趣味？搞這種趣味性的目的是什麼？劉少奇還說：「要讓記者出名」，「不要強調工人階級是領導階級」，「可以讓記者暴露黑暗面」等等。劉少奇在這個和別人的談話裡，把作家、記者「置於黨之上」，不是要他們為勞動人民服務，而是為剝削階級服務，是為帝國主義的利益服務的。

劉少奇和其他修正主義分子一樣，竭力反對作家歌頌無產階級英雄人物。而毛主席教導我們說：「對於人民，這個人類世界歷史的創造者，為什麼不應該歌頌呢？」今天，由於遵循毛主席的教導，出現了許多優秀的無產階級藝術作品。像《歐陽海之歌》這部小說鼓舞了世界各地被壓迫被剝削的人民。還有許多既有高度藝術水平、又有強有力的革命內容的舞蹈、詩歌、音樂、芭蕾舞。這些作品情調明朗，和帝國主義、修正主義腐朽的、玩世不恭的、悲觀的文學藝術絕然相反；它們代表了未來的希望。

讓我們再談一件關於歌頌我們無產階級英雄人物的事。赫魯曉夫惡毒地攻擊斯大林、攻擊所謂「個人迷信」，是恣意地攻擊列寧、斯大林和工人階級鬥爭的先鋒戰士們所建立的一切。同時，修正主義者和帝國主義者卻千方百計地美化像約翰遜、威爾遜、勃列日夫和柯西金這樣的強盜，罪犯和政治扒手，但是，不管他們如何的心勞日拙，這些牛鬼蛇神在一切革命人民面前是一天比一天更臭了。

那麼，為什麼我們不應該歌頌我們最偉大的無產階級政治家，無產階級英雄，《在延安文藝座談會上的講話》的作者，正在鼓舞著、啟發著、領導著世界一切被壓迫、被剝削人民前進的毛澤東同志呢！

讓我們高呼：

我們時代最偉大的馬克思列寧主義者、《在延安文藝座談會上的講話》的作者、毛澤東同志萬歲！

（本文是夏庇諾同志在首都各界五月三日隆重紀念《在延安文藝座談會上的講話》發表二十五週年大會上的發言，轉自《進軍報》。）

第六版　　魯

毛泽东文艺思想的光辉照亮全世

英国朋友　夏庇諾

自从《在延安文艺座談会上的讲話》发表以来，全世界的进步人士就为它热烈欢呼。

《讲話》是馬克思列宁主义的光輝的、創造性的发展，是放之四海而皆准的眞理，是馬克思列宁主义有史以来对文學艺术的最深刻、最全面的闡述，《讲話》明确地回答了文艺領域中那些目前仍在全世界范围內爭論的最基本的問題。

《讲話》的作者是一位伟大的革命者，而《讲話》又是无产阶級文化大革命的先声。

我是直到一九四六年或者一九四七年在伦敦才第一次讀到《讲話》的。尽管当时我讀到的英文版的譯文质量很差，但这本书的革命精神和它对問題的透徹的分析武裝了我。

我們可以把一九四二年《讲話》发表时的中国国內形势和二十五年后今天的世界形势比較一下。

二十五年以前，中国革命斗爭在发展，不少知識分子，带着各种各样的非无产阶級思想，参加了反对日本軍国主义侵略的斗爭。当时，日本法西斯勾結希特勒和墨索里尼，表面上看来很强大。在某些人看来，形势是一团漆黑。在革命的堡垒——解放区的內部，有些所謂的共产党人选择了投降主义的路綫。

当时提出的問題，不是怎样写、怎样画的技术問題，而是关系到反法西斯斗爭前途和方向的在政治思想方面的最基本的問題。毛主席明确地解决了这些問題，同时强調文艺要为工农兵服务，歌頌群众中的革命英雄，武装群众，帮助人民看到自己的光明前途。《讲話》用科学的馬克思列宁主义眞理，用毛泽东思想武装了群众，因而它就变成了巨大的物质力量。

今天，在全世界范围內革命斗爭正在发展。包括知識分子在內，許多人被吸引到这个斗爭中来。东条英磯、希特勒和墨索里尼巳經倒台；取而代之的是美帝国主义，是美国的帝国主义盟国，还有他們在其他各国的走狗，以及美帝国主义的那些卑鄙无恥的同盟者——苏修和其他修字号的"共产党"中的叛徒。又有一些人认为形势漆黑一团。在世界革命的堡垒——中国的內部有些所謂的共产党人煞費苦心地要把中国引入修正主义和資本主义的歧途。但是，毛主席亲自发动了无产阶級文化大革命。无产阶級文化大革命，正在全世界范围內，解决如何防止修正主义篡夺党和国家的領导权的問題，解决如何破除修正主义思想、資产阶級思想和其他剝削阶級思想造成的障碍的問題，解决如何彻底滌蕩旧社会留下来的污泥浊水，从而向共产主义胜利前进的問題。現在，毛主席又一次以他杰出的天才，强調文艺必須为工农兵服务，要歌頌人民群众中的革命英雄，要武装人民，帮助人民看清自已

美帝国主义正在全世界到处进行文化侵略。美帝国主义的文化侵略，也是它政治侵略、經济侵略的一部分。美帝国主义通过一切文艺形式，在宣传方面不惜花费成千上万美元，就是要腐蝕各国人民，特别是腐蝕青年一代。为了达到这一目的，美帝国主

义鼓吹性感，鼓吹法西斯狂暴，鼓吹种族主义、个人主义和腐化堕落。而現代修正主义不仅不抵制这种文化侵略，而且給好萊塢电影、搖摆舞、扭摆舞大开方便之門，給下流的美国小册子、音乐和艺术大开方便之門。西方生活方式，資产阶級的所謂“英雄”，在这些修正主义的国家泛濫成灾。

但是，人民对这种文化侵略进行了回击。越来越多的人认識到，这种文化侵略就是为了要人民屈服于帝国主义的战爭威胁，屈服于貨真价实的軍事侵略。《在延安文艺座談会上的讲話》曾經在一九四二年武装了中国人民；在今天，它同样地武装了全世界一切要拿起这个武器向帝国主义、修正主义散布的毒素进行斗爭的人們。

而在中国，在毛主席領导着革命走向胜利的中国，一小撮修正主义分子許多年来用尽心思在許多領域（包括文艺領域在內）反对毛主席的路綫。現在我們知道，陆定一、周揚解放后十七年来执行的修正主义路綫，背后是得到党內头号走资本主义道路当权派、中国的赫魯晓夫刘少奇的支持的。

刘少奇和毛主席的指示相对抗，提出了一整套資产阶級的、修正主义的观点。

我們在新华社对这点体会很深。几年前，他曾經对新聞报道和培养記者的問題，作了一系列的“指示”。他說什么“要給記者自由”，“不要扼杀記者的創造性”。我們要問，是向誰要自由？要自由干什么？毛主席在《讲話》中不早已回答这个問題了嗎？毛主席說：“馬克思主义……决定地要破坏那些封建的、資产阶級的、小資产阶級的、自由主义的、个人主义的、虛无主义的、为艺术而艺术的、貴族式的、頹废的、悲观的以及其他种种非人民大众非无产阶級的創作情緒。”刘少奇說：“要写得有趣味。”我們要問：是什么人的趣味？搞这种趣味性的目的是什么？刘少奇还說：“要让記者出名”，“不要强調工人阶級是領导阶級”，“可以让記者暴露黑暗面”等等。刘少奇在这个和别的談話里，把作家、記者“置于党之上”，不是要他們为劳动人民服务，而是为剝削阶級服务，是为帝国主义的利益服务的。

刘少奇和其他修正主义分子一样，竭力反对作家歌頌无产阶級英雄人物。而毛主席教导我們說：“对于人民，这个人类世界历史的創造者，为什么不应該歌頌呢？”今天，由于遵循毛主席的教导，出現了許多优秀的无产阶級艺术作品。像《欧阳海之歌》这部小說鼓舞了世界各地被压迫被剝削的人民。还有許多既有高度艺术水平、又有强有力的革命內容的舞蹈、詩歌、音乐、芭蕾舞。这些作品情調明朗，和帝国主义、修正主义腐朽的、玩世不恭的、悲观的文学艺术絕然相反；它們代表了未来的希望。

让我們再談一件关于歌頌我們无产阶級英雄人物的事。赫魯晓夫恶毒地攻击斯大林、攻击所謂“个人迷信”，是恣意地攻击列宁、斯大林和工人阶級斗爭的先鋒战士們所建立的一切。同时，修正主义者和帝国主义者却千方百計地美化象約翰逊、威尔逊、勃列日涅夫和柯西金这样的强盗，罪犯和政治扒手，但是，不管他們如何的心劳日拙，这些牛鬼蛇神在一切革命人民面前是一天比一天更臭了。

那么，为什么我們不应該歌頌我們最伟大的无产阶級政治家，无产阶級英雄，《在延安文艺座談会上的讲話》的作者，正在鼓舞着、启发者、領导着世界一切被

毛主席革命文藝路線的勝利

從革命現代京劇《草原英雄小姊妹》的創作看兩條路線的鬥爭

內蒙古京劇團《東方紅》革命造反聯隊

毛主席的光輝著作《在延安文藝座談會上的講話》天才地、創造性地發展了馬克思列寧主義的世界觀和文藝理論，在國際共產主義運動史上第一次提出了最完整、最徹底、最正確的馬克思列寧主義的文藝路線。這篇劃時代的文獻，象燈塔一樣，照亮了我們勝利前進的道路，宣判一切反動的、腐朽的資本主義文藝和封建主義文藝的死刑。

在紀念毛主席《在延安文藝座談會上的講話》發表二十五週年的日子裡，我們懷著萬分激動地心情，熱烈歡呼江青同志的重要講話《談京劇革命》和《紅旗》雜誌社論《歡呼京劇革命的偉大勝利》的發表。這兩篇閃耀著毛澤東思想光輝的重要文章的發表，大長了無產階級革命派的志氣，大滅了資產階級老爺們的威風，再一次宣告了反革命修正主義文藝路線的破產，指明了京劇革命以及開拓無產階級文藝新紀元的光輝前景和方向。

我們內蒙古京劇團（原藝術劇院京劇團）的無產階級革命造反派，一遍又一遍地認真學習這兩篇重要文章。我們更深刻地認識到京劇革命的偉大意義，也更深刻地意識到毛澤東時代革命的京劇工作者的重大責任。對毛主席的革命路線更加熱愛，對劉鄧資產階級反動路線更加痛恨。京劇革命，絕不僅僅是一個京劇的問題，這是資產階級與無產階級奪權和反奪權、復辟和反復辟的嚴重的階級鬥爭。在這裡，我們要憤怒聲討、揭露內蒙古地區以黨內最大的走資本主義道路當權派為總後台的反革命修正主義文藝黑線，是如何與毛主席的無產階級革命文藝路線相對抗的。

原內蒙古黨委內一小撮反革命修正主義分子，秉承黨內最大的走資本主義道路當權派的旨意，頑固執行舊中宣部、舊文化部所提出來的反革命修正主義文藝路線，對京劇革命怕得要死，對革命現代戲懷著刻骨的仇恨，公開對抗毛主席的文藝路線，極力反對高舉毛澤東思想偉大紅旗的江青同志，拒不執行江青同志的極其重要的指示，千方百計地扼殺革命現代戲《草原英雄小姊妹》，犯下了不可饒恕的罪行。

一九六四年三月，我們從報紙上看到在戰無不勝的毛澤東思想哺育下成長起來的草原英雄小姊妹龍梅、玉榮，為了保護公社的羊群，與暴風雪搏鬥的光輝事跡，許多同志都被小英雄那種熱愛集體，一心為公，不畏艱險，敢於鬥爭的英雄行為感動得落了淚。這是偉大的毛澤東思想光輝照耀下又一曲動人的凱歌！我團革命同志一致認為，應該及時地把這一光輝事跡搬上京劇舞台，歌頌我們偉大的時代，歌頌光焰無際的毛澤東思想所培育出來的無產階級革命事業的接班人。但是，黨內一小撮走資本主義道路當權派，竭力阻撓和壓制我們大演革命現代戲。他們說：「這個題材情節不曲折，沒有矛盾衝突，無法寫戲，不要白費力氣了。」妄圖以此來撲滅京劇革命的烈火。但是在偉大的毛澤東思想指導下，我們要徹底革命，要為工農兵服務，要宣傳毛澤東思想，要從被帝王將相、才子佳人、牛鬼蛇神統治舞台的封建主義、資本主義的舊營壘中衝殺出來！革命的熱情在激發著我們，任何妖風迷霧也動搖不了我們宣傳毛澤東思想的堅定不移的決心。於是，向封建階級、資產階級和現代修正主義文藝黑線針鋒相對的鬥爭展開了。我們下定決心，堅決要把龍梅、玉榮的英雄事跡搬上京劇舞台。黨內一小撮走資本主義道路當權派，見勢不妙，對我們進行了瘋狂了圍剿。他們不給我們派專業創作人員，我們演員就自己動手編寫劇本；他們不給我們寫作的時間，我們就在夜間動筆；他們不給我們寫作的房屋，我們就到倉庫去寫。任憑他們百般刁難，千般破壞，我們這個戲是寫定了。我們一定要讓毛澤東思想光輝照亮內蒙古的京劇舞台，一定要為工農兵英雄人物在舞台上殺出一條血路來！經過我們晝夜苦戰，終於寫出了《草原英雄小姊妹》劇本的初稿，給黨內一小撮走資本主義道路當權派當頭一棒。

毛主席說：「帝國主義者和國內反動派決不甘心於他們的失敗，他們還要作最後的掙扎。」黨內一小撮走資本主義道路當權派，一計不成又生一計。他們對這個新生事物極力貶低，說什麼：「文學水平太低，簡直是活報劇……」，抓住個別唱詞中的缺點大肆污衊。在排練演出中，他們利用竊據的職權，不撥給經費，在人力、物力等方面也故意刁難，利用各種卑劣手段進行破壞。他們對革命現代京劇《草原英雄小姊妹》恨之入骨，妄圖把它扼殺在搖籃裡，從而使我團的京劇革命半途而廢。但是，新生的力量終究要戰勝腐朽的東西。在戰無不勝的毛澤東思想的指引下，我們什麼都不怕。我們迎著阻力上，頂著逆風行！同志們提出了戰鬥口號：「學習小英雄，演好小英雄。用小英雄的革命精神，排好小英雄！」同志們一致行動起來，演員不分晝夜背台詞，學唱腔，反覆練習複雜的舞蹈動作。不論白天黑夜，排練場上總是在激烈地戰鬥著。很多演員自發地編成幾個小組，主動配合演出需要，清理倉庫，用過去舊服裝，補救翻新，拆大改小，把舊的布景翻改利用。劇中需要醫療器材、火車信號燈等道具，就派人去借或自己動手來做。我們得到了鐵路工人、醫務工作者以及許多單位革命同志的大力支持。《草原英雄小姊妹》由編寫劇本到演出，經過不斷地鬥爭，僅用了七天時間，第一個反映蒙古族少年兒童現實鬥爭的革命現代戲終於搬上了京劇舞台，呼和浩特的廣大工農兵和青少年、兒童觀眾，看了這個戲，都表示熱烈的歡迎，鼓勵我們繼續努力，把戲演得更好。

毛主席說：「無產階級和資產階級之間的階級鬥爭，各派政治力量之間的階級鬥爭，無產階級和資產階級之間在意識形態方面的階級鬥爭，還是長時期的，曲折的，有時甚至是很激烈的。」

《草原英雄小姊妹》雖然與觀眾見面了，但是在去北京參加觀摩演出的問題上，又展開了一場激烈的階級鬥爭。當時，我們積極地要求能參加這次觀摩演出大會，希望能及時得到中央首長對這個戲的重要指示；能及時向兄弟省市的京劇工作者學習。但是，黨內一小撮走資本主義道路當權派卻聲嘶力竭地叫喊：「二人台去北京，由於質量不高，受了批評。這次京劇團如果演出效果不好就不要去了，再受批評可就摔了內蒙的牌子了！」他們拚命抵制毛主席的無產階級文藝路線，破壞京劇革命，百般阻撓《草原英雄小姊妹》參加這次觀摩演出大會，妄圖扼殺這個新生的革命現代戲。而另一方面，卻把一齣否定黨的領導的、歪曲階級鬥爭的大毒草《巴林怒火》定為參加觀摩演出的重點劇目，不惜動用大批人力和物力進行排練。最後留給《草原英雄小姊妹》的排練時間，僅剩下七、八天。在排練中，原內蒙古黨委宣傳部、文化局從不過問。我們把修改好的劇本送到他們的家裡，這些資產階級老爺們連看都不看。後來，中央文化部急需上交劇本數十冊，時間很緊，我們只好自己拿去印刷。而這幫壞傢伙卻急忙跳了出來，擺出一副猙獰的面孔責問我們：「印劇本，為什麼不向上級請示？不經上級審查？」接著，他們又以「抓」劇本修改為名。掄起資產階級文藝路線的大斧，把《草原英雄小姊妹》全部推翻，從新排練。對於這種明目張膽的破壞活動，同志們懷著無比的憤慨，以不屈不撓的意志堅持鬥爭，衝破阻力，衝破圍困，堅定的向反革命修正主義文藝黑線進行了猛烈的攻擊，頂住了這股妖風。終於，我們來到了毛主席的身邊，帶著《草原英雄小姊妹》這齣革命現代戲，接受了中央首長的檢閱。我們進京參加會演，原內蒙古黨委宣傳部、文化局竟然沒有一個負責人帶隊，後來還是在華北局的命令下，才用長途電話調來了一個人。這就可以明鮮地看出，這一小撮黨內走資本主義道路的當權派，對京劇革命是何等的仇視。

在京劇現代戲觀摩演出人員的座談會上，敬愛的江青同志做了極其重要的講話。這篇講話，是運用馬克思列寧主義，毛澤東思想解決京劇革命問題的一個重要文件，具有重大的歷史意義。在這篇講話裡，江青同志對《草原英雄小姊妹》這個戲，給予極為熱情的肯定和支持，同時也就這個戲的進一步修改和提高作了極其重要的指示。這是偉大領袖毛主席對我們的巨大關懷和鼓勵，同時也是毛主席文藝路線的偉大勝利。但是，黨內一小撮走資本主義道路的當權派，在這次座談會上連記錄也不做，會後嚴密封鎖消息，拒不傳達。更嚴重的是，在江青同志充分肯定了《草原英雄小姊妹》之後，他們仍然和舊中宣部、舊文化部、舊北京市委一唱一合，攻擊污衊：「《草原英雄小姊妹》這齣戲沒有矛盾衝突，是無衝突論的劇本。」他們還對英雄小姊妹龍梅、玉榮進行惡意的毀謗，胡說什麼：「這兩個孩子有什麼自覺性？是糊里糊塗地做出來的。」

在京會演期間，新華社曾派專人到劇團來進行了解，準備專題發表通訊報導《草原英雄小姊妹》的編劇排練過程。可是記者同志經過一段的調查研究，報導文章寫出後，卻被舊中宣部周揚、林默涵等反革命修正主義分子扣壓，他們說：「如果單獨專題報導《草原英雄小姊妹》，這樣會對其他演出單位有影響」對《草原英雄小姊妹》這齣革命現代戲進行打擊和破壞。這一小撮混蛋之所以如此仇視《草原英雄小姊妹》，瘋狂抵制江青同志的重要指示，最根本的原因就在於他們對光焰無際的毛澤東思想恨得要死，怕得要命。他們妄圖使帝王將相、才子佳人永遠霸佔社會主義的舞台，為資本主義復辟服務，當他們看見工農兵的英雄人物高舉革命的大旗大踏步地走上舞台的時候，就感到萬分恐懼和仇恨。於是，用盡一切辦法守住這一營壘。對敬愛的江青同志的重要指示進行公開對抗，拒不執行。自一九六四年觀摩演出之後，時隔三年，他們對《草原英雄小姊妹》劇本不僅從未提及修改一字，卻惡毒地把這齣戲打入「冷宮」，時至今日，再也沒有演出一場。他們千方百計扼殺《草原英雄小姊妹》，妄圖使它自消自滅他們還施出另一套毒辣的手段，也扯起排演革命現代戲的旗號，抽調大批人力、四處奔跑，精心炮製了一齣為內蒙古地區黨內最大的走資本主義道路當權派，歌功頌德、樹碑立傳的大毒草《氣壯山河》（即王若飛在獄中），想以此把我們引入歧途。

回顧《草原英雄小姊妹》的創作演出過程，正是一場尖銳、複雜的階級鬥爭。我們創作和演出《草原英雄小姊妹》，是想在京劇舞台上塑造在毛澤東思想哺育下成長起來的無產階級革命事業接班人的英雄形象，是想把帝王將相、才子佳人、牛鬼蛇神從京劇舞台上踏下去！而在黨內最大的走資本主義道路當權派庇護下，一小撮反革命修正主義分子卻要繼續把持京劇舞台，使它變成進攻無產階級專政的工具，猖狂地反黨反社會主義反毛澤東思想。但是，敵人的妄想是永遠不能實現的！我們革命的京劇工作者，要與他們堅決鬥爭到底，不獲全勝，決不收兵！我們已經攻破了京劇這個頑固的堡壘，我們一定要牢固地佔領這個陣地，讓毛澤東思想的偉大紅旗在它的上空永遠飄揚。以毛主席為首的黨中央對《草原英雄小姊妹》給予了巨大的支持和關懷，使我們真正走上了為工農兵服務的革命道路，開始了新的藝術生命。我們立志要向江青同志學習，遵循江青同志的教導，像她那樣活學活用毛主席著作，像她那樣勇敢堅定，在京劇舞台上為工農兵大喊大叫，為創造更多的光輝燦爛的工農兵英雄形象，為捍衛毛主席的文藝路線而奮鬥！

當前，內蒙地區兩個階級、兩條路線的鬥爭十分尖銳複雜，正處在大決戰的關鍵時刻。我們內蒙古京劇團《東方紅》革命造反聯隊全體革命造反派決心在這場嚴峻的階級鬥爭中，把自己鍛練成堅強的革命戰士。

五月九日江青同志的重要講話《談京劇革命》和紅旗雜誌社論《歡呼京劇革命的偉大勝利》發表了，為我們的《草原英雄小姊妹》平了反！每當兩條道路鬥爭的關鍵時刻，都是毛主席他老人家為我們撐腰，為我們作主。我們抑制不住沸騰的熱血，我們要千遍萬遍地振臂高呼！我們最最偉大的領袖毛主席萬歲！萬歲！萬萬歲！

在紀念毛主席《在延安文藝座談會上的講話》發表二十五週年的日子裡，我們要憤怒地控訴內蒙黨內一小撮走資本主義道路當權派攻擊摧殘這個革命現代戲的滔天罪行。我們一定牢記毛主席的教導：「凡是敵人反對的，我們就要擁護……」。我聯隊的全體革命造反派戰士，堅決遵照毛主席「下定決心，不怕犧牲，排除萬難，去爭取勝利」的偉大教導，更高舉起毛主席無產階級文藝路線的偉大紅旗，按照江青同志的指示去修改《草原英雄小姊妹》，認真學習江青同志的重要講話和紅旗雜誌社論，向江青同志親自培育出來的《智取威虎山》《海港》《沙家濱》等優秀樣板戲學習。使《草原英雄小姊妹》能以嶄新的面貌再現於我們社會主義的戲劇舞台。

1967.5.16

魯　迅　　　第七版

我們的文艺工作者一定要完成这个任务，一定要把立足点移过来，一定要在深入工农兵群众、深入实际斗爭的过程中，在学习馬克思主义和学习社会的过程中逐漸地移过来，移到工农兵这方面来，移到无产阶級这方面来，只有这样，我們才能有眞正为工农兵的文艺，眞正为无产阶級的文艺。

毛泽东

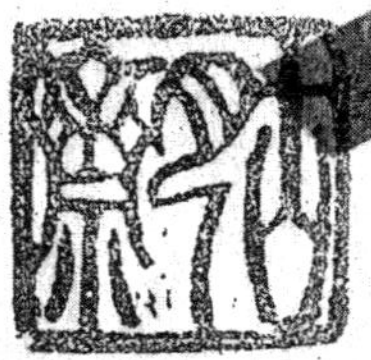

毛主席革命文艺路綫的胜利

——从革命現代京劇《草原英雄小姊妹》的創作看兩條路綫的斗爭

内蒙古京剧团《东方红》革命造反联队

毛主席的光輝著作《在延安文艺座談会上的讲話》天才地、創造性地发展了馬克思列宁主义的世界观和文艺理論，在国际共产主义运动史上第一次提出了最完整、最彻底、最正确的馬克思列宁主义的文艺路綫。这篇划时代的文献，象灯塔一样，照亮了我們胜利前进的道路，宣判一切反动的、腐朽的資本主义文艺和封建主义文艺的死刑。

在紀念毛主席《在延安文艺座談会上的讲話》发表二十五周年的日子里，我們怀着万分激动地心情，热烈欢呼江青同志的重要讲話《談京剧革命》和《紅旗》杂志社論《欢呼京剧革命的伟大胜利》的发表。这两篇閃耀着毛泽东思想光輝的重要文章的发表，大长了无产阶級革命派的志气，大灭了資产阶級老爷們的威风，再一次宣告了反革命修正主义文艺路綫的破产，指明了京剧革命以及开拓无产阶級文艺新紀元的光輝前景和方向。

我們内蒙古京剧团（原艺术剧院京剧团）的无产阶級革命造反派，一遍又一遍地认眞学习这两篇重要文章。我們更深刻地认識到京剧革命的伟大意义，也更深刻地意識到毛泽东时代革命的京剧工作者的重大責任。对毛主席的革命路綫更加热爱，对刘邓資产阶級反动路綫更經費，在人力、物力等方面也故意刁难，利用各种卑劣手段进行破坏。他們对革命現代京剧《草原英雄小姊妹》恨之入骨，妄图把它扼杀在搖籃里，从而使我团的京剧革命半途而废。但是，新生的力量終究要战胜腐朽的东西。在战无不胜的毛泽东思想的指引下，我們什么都不怕。我們迎着阻力上，頂着逆风行！同志們提出了战斗口号："学习小英雄，演好小英雄。用小英雄的革命精神，排好小英雄！"同志們一致行动起来，演員不分昼夜背台詞，学唱腔，反复练习复杂的舞蹈动作。不論白天黑夜，排练場上总是在激烈地战斗着。很多演員自发地編成几个小組，主动配合演出需要，清理仓庫，用过去旧服装，补旧翻新，拆大改小，把旧的布景翻改利用。剧中需要医疗器材、火車信号灯等道具，就派人去借或自己动手来做。我們得到了鉄路工人、医务工作者以及許多单位革命同志的大力支持。《草原英雄小姊妹》由編写剧本到演出，經过不断地斗爭，仅用了七天时間，第一个反映蒙古族少年儿童現实斗爭的革命現代戏終于搬上了京剧舞台。呼和浩特的广大工农兵和青少年、儿童观众，看了这个戏，都表示热烈的欢迎，鼓励我們继續努力，把戏演得更好。

是无冲突論的剧本。"他們还对英雄小姊妹龙梅、玉荣进行恶意的誹謗，胡說什么："这两个孩子有什么自觉性？是糊里糊涂地做出来的。"

在京会演期間，新华社曾派专人到剧团来进行了解，准备专題发表通訊报导《草原英雄小姊妹》的編剧排练过程。可是記者同志經过一段的調查研究，报导文章写出后，却被旧中宣部周揚、林默涵等反革命修正主义分子扣压，他們說："如果单独专題报导《草原英雄小姊妹》，这样会对其他演出单位有影响"对《草原英雄小姊妹》这出革命現代戏进行打击和破坏。这一小撮混蛋之所以如此仇視《草原英雄小姊妹》，瘋狂抵制江青同志的重要指示，最根本的原因就在于他們对光焰无际的毛泽东思想恨得要死，怕得要命。他們妄图使帝王将相、才子佳人永远霸占社会主义的舞台，为資本主义复辟服务，当他們看見工农兵的英雄人物高举革命的大旗大踏步地走上舞台的时候，就感到万分的恐惧和仇恨。于是，用尽一切办法守住这一营垒。对敬爱的江青同志的重要指示进行公开对抗，拒不执行。自一九六四年观摩演出之后，时隔三年，他們对《草原英雄小姊妹》剧本不仅从未提及修改一字，却恶毒地把这出戏打入"冷切痛恨。京剧革命，絕不仅仅是一个京剧的問題，这是資产阶級与无产阶級夺权和反夺权、复辟和反复辟的严重的阶級斗爭。在这里，我們要憤怒声討、揭露內蒙古地区以党內最大的走資本主义道路当权派为总后台的反革命修正主义文艺黑綫，是如何与毛主席的无产阶級革命文艺路綫相对抗的。

原內蒙古党委內一小撮反革命修正主义分子，秉承党內最大的走資本主义道路当权派的旨意，頑固执行旧中宣部、旧文化部所提出来的反革命修正主义文艺路綫，对京剧革命怕得要死，对革命现代戏怀着刻骨的仇恨，公开对抗毛主席的文艺路綫，极力反对高举毛泽东思想伟大紅旗的江青同志，拒不执行江青同志的极其重要的指示，千方百計地扼杀革命现代戏《草原英雄小姊妹》，犯下了不可饒恕的罪行。

一九六四年三月，我們从报紙上看到在战无不胜的毛泽东思想哺育下成长起来的草原英雄小姊妹龙梅、玉荣，为了保护公社的羊群，与暴风雪搏斗的光輝事迹，許多同志都被小英雄那种热爱集体，一心为公，不畏艰险，敢于斗爭的英雄行为感动得落了泪。这是伟大的毛泽东思想光輝照耀下又一曲动人的凱歌！我团革命同志一致认为，应該及时地把这一光輝事迹搬上京剧舞台，歌頌我們伟大的时代，歌頌光焰无际的毛泽东思想所培育出来的无产阶級革命事业的接班人。但是，党內一小撮走資本主义道路当权派，竭力阻挠和压制我們大演革命现代戏。他們說："这个題材情节不曲折，沒有矛盾冲突，无法写戏，不要白費力气了。"妄图以此来扑灭京剧革命的烈火。但是在伟大的毛泽东思想指导下，我們要彻底革命，要为工农兵服务，要宣传毛泽东思想，要从被帝王将相、才子佳人、牛鬼蛇神統治舞台的封建主义、資本主义的旧营垒中冲杀出来！革命的热情在激发着我們，任何妖风迷霧也动搖不了我們宣传毛泽东思想的坚定不移的决心。于是，向封建阶級、資产阶級和现代修正主义文艺黑綫針鋒相对的斗爭展开了。我們下定决心，坚决要把龙梅、玉荣的英雄事迹搬上京剧舞台。党內一小撮走資本主义道路当权派，見势不妙，对我們进行了疯狂了围剿。他們不給我們派专业創作人員，我們演員就自己动手編写剧本；他們不給我們写作的时間，我們就在夜間动笔；他們不給我們写作的房屋，我們就到仓庫去写。任凭他們百般刁难，千般破坏，我們这个戏是写定了。我們一定要让毛泽东思想光輝照亮內蒙古的京剧舞台，一定要为工农兵英雄人物在舞台上杀出一条血路来！經过我們昼夜苦战，終于写出了《草原英雄小姊妹》剧本的初稿，給党內一小撮走資本主义道路当权派当头一棒。

毛主席說："**帝国主义者和国內反动派决不甘心于他們的失敗，他們还要作最后的掙扎。**"党內一小撮走資本主义道路当权派，一計不成又生一計。他們对这个新生事物极力贬低，說什么："文学水平太低，簡直是活报剧……"，抓住个别唱詞中的缺点大肆污蔑。在排练演出中，他們利用所窃踞的职权，不拨給

毛主席說："无产阶級和資产阶級之間的阶級斗爭，各派政治力量之間的阶級斗爭，无产阶級和資产阶級之間在意識形态方面的阶級斗爭，还是长时期的，曲折的，有时甚至是很激烈的。"

《草原英雄小姊妹》虽然与观众見面了，但是在去北京参加观摩演出的問題上，又展开了一場激烈的阶級斗爭。当时，我們积极地要求能参加这次观摩演出大会，希望能及时得到中央首长对这个戏的重要指示；能及时向兄弟省市的京剧工作者学习。但是，党內一小撮走資本主义道路当权派却声嘶力竭地叫喊："二人台去北京，由于质量不高，受了批評。这次京剧团如果演出效果不好就不要去了，再受批評可就摔了內蒙的牌子了！"他們拚命抵制毛主席的无产阶級文艺路綫，破坏京剧革命，百般阻挠《草原英雄小姊妹》参加这次观摩演出大会，妄图扼杀这个新生的革命现代戏。而另一方面，却把一出否定党的領导的、歪曲阶級斗爭的大毒草《巴林怒火》定为参加观摩演出的重点剧目，不惜动用大批人力和物力进行排练。最后留給《草原英雄小姊妹》的排练时間，仅剩下七、八天。在排练中，原內蒙古党委宣传部、文化局从不过問。我們把修改好的剧本送到他們的家里，这些資产阶級老爷們連看都不看。后来，中央文化部急需上交剧本数十册，时間很緊，我們只好自己拿去印刷。而这帮坏家伙却急忙跳了出来，摆出一付猙獰的面孔責問我們："印剧本，为什么不向上級請示？不經上級审查？"接着，他們又以"抓"剧本修改为名，掄起資产阶級文艺路綫的大斧，把《草原英雄小姊妹》全部推翻，从新排练。对于这种明目张胆的破坏活动，同志們怀着无比的憤慨，以不屈不挠的意志坚持斗爭，冲破阻力，冲破围困，坚定的向反革命修正主义文艺黑綫进行了猛烈的攻击，頂住了这股妖风。終于，我們来到了毛主席的身边，带着《草原英雄小姊妹》这出革命现代戏，接受了中央首长的检閱。我們进京参加会演，原內蒙古党委宣传部、文化局竟然沒有一个負責人带队，后来还是在华北局的命令下，才用长途电話調来了一个人。这就可以明鮮地看出，这一小撮党內走資本主义道路的当权派，对京剧革命是何等的仇視。

在京剧现代戏观摩演出人員的座談会上，敬爱的江青同志做了极其重要的讲話。这篇讲話，是运用馬克思列宁主义，毛泽东思想解决京剧革命問題的一个重要文件，具有重大的历史意义。在这篇讲話里，江青同志对《草原英雄小姊妹》这个戏，給予极为热情的肯定和支持，同时也就这个戏的进一步修改和提高作了极其重要的指示。这是伟大領袖毛主席对我們的巨大关怀和鼓励，同时也是毛主席文艺路綫的伟大胜利。但是，党內一小撮走資本主义道路的当权派，在这次座談会上連記录也不做，会后严密封鎖消息，拒不传达。更严重的是，在江青同志充分肯定了《草原英雄小姊妹》之后，他們仍然和旧中宣部、旧文化部、旧北京市委一唱一合，攻击污蔑："《草原英雄小姊妹》这出戏沒有矛盾冲突，

害"，时至今日，再也沒有演出一場。他們千方百計扼杀《草原英雄小姊妹》，[illegible]他們还施出另一套毒辣的手段，也扯起排演革命现代戏的旗号，抽调大批人力、四处奔跑，精心泡制了一出为內蒙古地区党內最大的走資本主义道路当权派，歌功頌德、树碑立传的大毒草《气壮山河》（即王若飞在獄中），想以此把我們引入歧途。

回顾《草原英雄小姊妹》的創作演出过程，正是一場尖銳、复杂的阶級斗爭。我們創作和演出《草原英雄小姊妹》，是想在京剧舞台上塑造在毛泽东思想哺育下成长起来的无产阶級革命事业接班人的英雄形象，是想把帝王将相、才子佳人、牛鬼蛇神从京剧舞台上踢下去！而在党內最大的走資本主义道路当权派庇护下，一小撮反革命修正主义分子却要继續把持京剧舞台，使它变成进攻无产阶級专政的工具，猖狂地反党反社会主义反毛泽东思想。但是，敌人的妄想是永远不能实现的！我們革命的京剧工作者，要与他們坚决斗爭到底，不获全胜，决不收兵！我們已經攻破了京剧这个頑固的堡垒，我們一定要牢固地占領这个陣地，让毛泽东思想的伟大紅旗在它的上空永远飄揚。以毛主席为首的党中央对《草原英雄小姊妹》給予了巨大的支持和关怀，使我們真正走上了为工农兵服务的革命道路，开始了新的艺术生命。我們立志要向江青同志学习，遵循江青同志的教导，像她那样活学活用毛主席著作，像她那样勇敢坚定，在京剧舞台上为工农兵大喊大叫，为創造更多的光輝灿烂的工农兵英雄形象，为捍卫毛主席的文艺路綫而奋斗！

当前，內蒙地区两个阶級、两条路綫的斗爭十分尖銳复杂，正处在大决战的关鍵时刻。我們內蒙古京剧团《东方紅》革命造反联队全体革命造反派决心在这場严峻的阶級斗爭中，把自己鍛炼成坚强的革命战士。

五月九日江青同志的重要讲話《談京剧革命》和紅旗杂志社論《欢呼京剧革命的伟大胜利》发表了，为我們的《草原英雄小姊妹》平了反！每当两条道路斗爭的关鍵时刻，都是毛主席他老人家为我們撑腰，为我們作主。我們抑制不住沸腾的热血，我們要千遍万遍地振臂高呼！我們最最伟大的領袖毛主席万岁！万岁！万万岁！

在紀念毛主席《在延安文艺座談会的讲話》发表二十五周年的日子里，我們要憤怒地控訴內蒙党內一小撮走資本主义道路当权派攻击摧残这个革命现代戏的滔天罪行。我們一定牢記毛主席的教导："**凡是敌人反对的，我們就要拥护……**"。我联队的全体革命造反派战士，坚决遵照毛主席"**下定决心，不怕牺牲，排除万难，去爭取胜利**"的伟大教导，更高举起毛主席无产阶級文艺路綫的伟大紅旗，按照江青同志的指示去修改《草原英雄小姊妹》，认真学习江青同志的重要讲話和紅旗杂志社論，向江青同志亲自培育出来的《智取威虎山》《海港》《沙家浜》等优秀样板戏学习。使《草原英雄小姊妹》能以嶄新的面貌再现于我們社会主义的戏剧舞台。

1967.5.16.

领导我們事业的核心力量是中国共产党。
指导我們思想的理論基础是馬克思列宁主义。 毛泽东

伟大的中国共产党万岁！
伟大的领袖毛主席万岁！

宜將剩勇追穷寇

本报編輯部

历史的車輪滚滚向前。

无产阶級文化大革命的洪流滚滚向前。

毛主席亲自发起和领导的无产阶級文化大革命如迅雷滚滚，象海涛澎湃，席卷全中国，震撼全世界！

在惊天动地的捷报凯歌声中，党的光辉生日到來了！

四十六年，中国共产党在伟大領袖毛主席的領导下，英勇奋斗，流血牺牲，把百孔千疮、贫穷落后的半封建、半殖民地的旧中国，变成为一个繁荣昌盛、朝气蓬勃的伟大的社会主义国家；在反对帝国主义、现代修正主义和各国反动派的斗爭中，高举无产阶級革命大旗，高举国际主义的大旗，捍卫了馬克思列宁主义，有力地支援了各国人民的革命运动，成为国际共产主义运动的中流砥柱。

在无产阶級文化大革命中，在无产阶級专政的条件下，我們无产阶級革命派高举光焰无际的毛泽东思想伟大紅旗，发揚了“舍得一身剮，敢把皇帝拉下馬”的大无畏革命精神，同党內一小撮走資本主义道路的当权派进行了生死搏斗，浴血奋战，終于夺回了大权，这是以毛主席为代表的无产阶級革命路綫的伟大胜利，是无产阶級文化大革命的伟大胜利。

現在，摆在我們面前的首要任务是更高地举起毛泽东思想伟大紅旗，正确区分两类社会矛盾，明辨是非，分清敌我，把斗爭矛头对准党內一小撮走資本主义道路的当权派。紧密結合本单位的斗、批、改，在大批判、大斗爭中实現以革命左派为核心的大联合，促进革命的“三結合”。

当前，在社会上出現了一股自上而下的資本主义复辟的反革命逆流。年輕的山西紅色政权面临着两个阶級、两条道路、两条路綫大斗爭的考驗。这个斗爭的焦点，是肯定还是否定“一·一二”夺权，捍卫还是顚复年輕的紅色政权。被打倒的卫、王、王反革命修正主义集团及其党羽，他們人还在，心不死，对紅色政权恨得要死，每天晚上躺在床上把牙齿磨得格格作响，千方百計地寻找他們的代理人，企图进行反革命复辟。另外，鉆进年輕紅色政权內的一小撮資产阶級代表人物，也在頑强地表現自己，他們打着“紅旗”反紅旗。这一小撮已被打倒和尚未揪出的坏蛋，里应外合，互相勾結，妄图顚复年輕的紅色政权。

就是这一撮混蛋們，在社会上收买了一部分保皇势力，蒙蔽了一些不明眞相的群众，把斗爭鋒芒直指革命左派組織，直指伟大的中国人民解放軍，直指革命的領导干部，直指无产阶級司令部，不断地挑起大規模的武斗事件，处心积虑地分裂和破坏革命的大联合和革命的“三結合”，阴謀攪乱阶級陣綫，进行反夺权和篡夺。

毛主席教导我們：“人民得到的权利，决不允許輕易丧失，必須用战斗来保卫。”我們无产阶級革命派一定要牢記毛主席的这一伟大教导，識破阶級敌人的一切阴謀詭計，用鮮血和生命来捍卫毛主席的革命路綫，捍卫年輕的紅色政权。

“宜将剩勇追穷寇，不可沽名学霸王。”

今天，我們应該看到，資产阶級复辟和无产阶級反复辟的斗爭依然存在，“和平演变”随时都有可能。毛主席教导我們：“現在的文化大革命，仅仅是第一次，以后还必然要进行多次。革命的誰胜誰負，要在一个很长的历史时期内才能解决。如果弄得不好，資本主义复辟将是随时可能的。全体党員，全国人民，不要以为有一二次、三四次文化大革命，就可以太平无事了。千万要注意，决不可丧失警惕。”我們无产阶級革命派掌权之后，一定要念念不忘阶級斗爭，念念不忘无产阶級专政，念念不忘突出政治，念念不忘高举毛泽东思想伟大紅旗。牢記毛主席的教导，把无产阶級文化大革命进行到底！

偉大的光荣的正確的中国共产党万岁！

战无不胜的毛澤东思想万岁！

偉大的导师、偉大的領袖、偉大的統帅、偉大的舵手毛主席万岁！

红太工
1967年7月7日 红10号
太原工学院革命造反指挥部主办

宜將剩勇追窮寇

本報編輯部

歷史的車輪滾滾向前。

無產階級文化大革命的洪流滾滾向前。

毛主席親自發起和領導的無產階級文化大革命如迅雷滾滾，像海濤澎湃，席卷全中國，震撼全世界！

在驚天動地的捷報凱歌聲中，黨的光輝生日到來了！

四十六年，中國共產黨在偉大領袖毛主席的領導下，英勇奮鬥，流血犧牲，把百孔千瘡、貧窮落後的半封建、半殖民地的舊中國，變成為一個繁榮昌盛、朝氣蓬勃的偉大的社會主義國家；在反對帝國主義、現代修正主義和各國反動派的鬥爭中，高舉無產階級革命大旗，高舉國際主義的大旗，捍衛了馬克思列寧主義，有力地支援了各國人民的革命運動，成為國際共產主義運動的中流砥柱。

在無產階級文化大革命中，在無產階級專政的條件下，我們無產階級革命派高舉光焰無際的毛澤東思想偉大紅旗，發揚了「捨得一身剮，敢把皇帝拉下馬」的大無畏革命精神，同黨內一小撮走資本主義道路的當權派進行了生死搏鬥，浴血奮戰，終於奪回了大權，這是以毛主席為代表的無產階級革命路線的偉大勝利，是無產階級文化大革命的偉大勝利。

現在，擺在我們面前的首要任務是更高地舉起毛澤東思想偉大紅旗，正確區分兩類社會矛盾，明辨是非，分清敵我，把鬥爭矛頭對準黨內一小撮走資本主義道路的當權派。緊密結合本單位的鬥、批、改，在大批判、大鬥爭中實現以革命左派為核心的大聯合，促進革命的「三結合」。

當前，在社會上出現了一股自上而下的資本主義復辟的反革命逆流。年輕的山西紅色政權面臨著兩個階級、兩條道路、兩條路線大鬥爭的考驗。這個鬥爭的焦點，是肯定還是否定「一・一二」奪權，捍衛還是顛覆年輕的紅色政權。被打倒的衛、王、王反革命修正主義集團及其黨羽，他們人還在，心不死，對紅色政權恨得要死，每天晚上躺在床上把牙齒磨得格格作響，千方百計地尋找他們的代理人，企圖進行反革命復辟。另外，鑽進年輕紅色政權內的一小撮資產階級代表人物，也在頑強地表現自己，他們打著「紅旗」反紅旗。這一小撮已被打倒和尚未揪出的壞蛋，裡應外合，互相勾結，妄圖顛覆年輕的紅色政權。

就是這一撮混蛋們，在社會上收買了一部分保皇勢力，蒙蔽了一些不明真相的群眾，把鬥爭鋒芒直指革命左派組織，直指偉大的中國人民解放軍，直指革命的領導幹部，直指無產階級司令部，不斷地挑起大規模的武鬥事件，處心積慮地分裂和破壞革命的大聯合和革命的「三結合」，陰謀攪亂階級陣線，進行反奪權和篡奪。

毛主席教導我們：「人民得到的權利，決不允許輕易喪失，必須用戰鬥來保衛。」我們無產階級革命派一定要牢記毛主席的這一偉大教導，識破階級敵人的一切陰謀詭計，用鮮血和生命來捍衛毛主席的革命路線，捍衛年輕的紅色政權。

「宜將剩勇追窮寇，不可沽名學霸王。」

今天，我們應該看到，資產階級復辟和無產階級反復辟的鬥爭依然存在，「和平演變」隨時都有可能。毛主席教導我們：「現在的文化大革命，僅僅是第一次，以後還必然要進行多次。革命的誰勝誰負，要在一個很長的歷史時期內才能解決。如果弄得不好，資本主義復辟將是隨時可能的。全體黨員，全國人民，不要以為有一二次、三四次文化大革命，就可以太平無事了。千萬要注意，決不可喪失警惕。」我們無產階級革命派掌權之後，一定要念念不忘階級鬥爭，念念不忘無產階級專政，念念不忘突出政治，念念不忘高舉毛澤東思想偉大紅旗。牢記毛主席的教導，把無產階級文化大革命進行到底！

偉大的光榮的正確的中國共產黨萬歲！

戰無不勝的毛澤東思想萬歲！

偉大的導師、偉大的領袖、偉大的統帥、偉大的舵手毛主席萬歲！

1967年7月7日　紅10號

太原工學院革命造反指揮部主辦

領导我們事业的核心力量是中国共产党。
指导我們思想的理論基础是馬克思列宁主义。 毛泽东

宜將剩勇追穷寇

本报編輯部

历史的車輪滚滚向前。

无产阶級文化大革命的洪流滚滚向前。

毛主席亲自发起和領导的无产阶級文化大革命如迅雷滚滚，象海涛澎湃，席卷全中国，震撼全世界！

在惊天动地的捷报凱歌声中，党的光輝生日到来了！

四十六年，中国共产党在伟大領袖毛主席的領导下，英勇奋斗，流血牺牲，把百孔千疮、貧穷落后的半封建、半殖民地的旧中国，变成为一个繁荣昌盛、朝气蓬勃的伟大的社会主义国家；在反对帝国主义、现代修正主义和各国反动派的斗爭中，高举无产阶級革命大旗，高举国际主义的大旗，捍卫了馬克思列宁主义，有力地支援了各国人民的革命运动，成为国际共产主义运动的中流砥柱。

在无产阶級文化大革命中，在无产阶級专政的条件下，我們无产阶級革命派高举光焰无际的毛泽东思想伟大紅旗，发揚了"舍得一身剮，敢把皇帝拉下馬"的大无畏革命精神，同党內一小撮走资本主义道路的当权派进行了生死搏斗，浴血奋战，終于夺回了大权，这是以毛主席为代表的无产阶級革命路綫的伟大胜利，是无产阶級文化大革命的伟大胜利。

现在，摆在我們面前的首要任务是更高地举起毛泽东思想伟大紅旗，正确区分两类社会矛盾，明辨是非，分清敌我，把斗爭矛头对准党內一小撮走资本主义道路的当权派。紧密結合本单位的斗、批、改，在大批判、大斗爭中实现以革命左派为核心的大联合，促进革命的"三結合"。

当前，在社会上出现了一股自上而下的资本主义复辟的反革命逆流。年輕的山西紅色政权面临着两个阶級、两条道路、两条路綫大斗爭的考驗。这个斗爭的焦点，是肯定还是否定"一·一二"夺权，捍卫还是顚复年輕的紅色政权。被打倒的卫、王、王反革命修正主义集团及其党羽，他們人还在，心不死，对紅色政权恨得要死，每天晚上躺在床上把牙齿磨得格格作响，千方百計地寻找他們的代理人，企图进行反革命复辟。另外，鉆进年輕紅色政权內的一小撮资产阶級代表人物，也在頑强地表現自己，他們打着"紅旗"反紅旗。这一小撮已被打倒和尚未揪出的坏蛋，里应外合，互相勾結，妄图顚复年輕的紅色政权。

就是这一撮混蛋們，在社会上收买了一部分保皇势力，蒙蔽了一些不明眞相的群众，把斗爭鋒芒直指革命左派組織，直指伟大的中国人民解放軍，直指革命的領导干部，直指无产阶級司令部，不断地挑起大规模的武斗事件，处心积虑地分裂和破坏革命的大联合和革命的"三結合"，阴謀攪乱阶級陣綫，进行反夺权和篡夺。

毛主席教导我們："人民得到的权利，决不允許輕易丧失，必須用战斗来保卫。"我們无产阶級革命派一定要牢記毛主席的这一伟大教导，識破阶級敌人的一切阴謀詭計，用鮮血和生命来捍卫毛主席的革命路綫，捍卫年輕的紅色政权。

"宜将剩勇追穷寇，不可沽名学霸王。"

今天，我們应該看到，资产阶級复辟和无产阶級反复辟的斗爭依然存在，"和平演变"隨时都有可能。毛主席教导我們："现在的文化大革命，仅仅是第一次，以后还必然要进行多次。革命的誰胜誰負，要在一个很长的历史时期內才能解决。如果弄得不好，资本主义复辟将是隨时可能的。全体党員，全国人民，不要以为有一二次、三四次文化大革命，就可以太平无事了。千万要注意，决不可丧失警惕。"我們无产阶級革命派掌权之后，一定要念念不忘阶級斗爭，念念不忘无产阶級专政，念念不忘突出政治，念念不忘高举毛泽东思想伟大紅旗。牢記毛主席的教导，把无产阶級文化大革命进行到底！

偉大的光荣的正確的中国共产党万岁！
战无不胜的毛澤东思想万岁！
偉大的导师、偉大的領袖、偉大的統帅、偉大的舵手毛主席万岁！

伟大的中国共产党万岁！
伟大的領袖毛主席万岁！

紅太工

1967年7月7日　　紅 10 号

太原工学院革命造反指揮部主办

揭穿炮打劉格平同志的實質

紅心戰鬥隊

正當我省廣大革命群眾，奮起毛澤東思想的千鈞棒，向黨內最大的一小撮走資本主義道路當權派發起猛烈的總攻擊，並緊密結合本地區的鬥、批、改，深挖黑省委二、三線人物的關鍵時刻，社會上又掀起了一股資本主義復辟的反革命逆流。這股逆流的矛頭，直接指向了年輕的紅色政權，惡毒地攻擊省核心小組組長，省革命委員會主任、省軍區第一政委劉格平同志。「紅聯站」的一小撮人，在這股逆流中，赤膊上陣，一馬當先，煽風點火，興風作浪，充當了反革命復辟逆流的急先鋒。

我們偉大領袖毛主席說：階級敵人「決不甘心於他們的失敗，他們還要作最後的掙扎。」偉大的「1・12」奪權後，兩條路線的新搏鬥，充分證明了這個真理。「紅聯站」的一小撮人，在鑽進省核心小組內部的黑省委二、三人物劉志蘭和未被揪出的叛徒、反革命修正主義分子葛萊等的操縱下，打著「紅旗」反紅旗，到處招搖撞騙，採取兩面手法，顛倒黑白，混淆是非，攪亂視聽，欺騙群眾，轉移鬥爭大方向。他們表面假惺惺地說：「劉格平同志是革命的領導幹部。」實際上卻瘋狂地進行攻擊；他們偽善地也叫喊什麼要「捍衛1・12奪權」，實際上卻幹著反奪權的罪惡勾當；他們打著批判鬥爭反革命修正主義分子衛、王、王的幌子，實際上卻在為這伙黑幫招魂。他們想的、說的、幹的都是為了打倒劉格平同志，搞垮革命的「三結合」，否定偉大的「1・12」奪權，為臭名昭著的反革命修正主義分子衛、王、王翻案，實現反奪權的罪惡目的。

偉大的「1・12」奪權是在光焰無際的毛澤東思想照耀下取得偉大勝利，就是好得很！在這個偉大的鬥爭中劉格平同志堅定地站在毛主席的革命路線一邊，和革命的造反派一起浴血奮戰，推翻了衛、王、王的反革命統治，為全國革命的領導幹部做出了良好的榜樣，這是毛主席和黨中央明確肯定了的。但是「紅聯站」的一小撮別有用心的人，在紅色新政權剛剛誕生的時候，他們就怕得要命，恨得要死，迫不及待地連續拋出了「三評」、「二告」等五篇毒草，惡毒地攻擊山西革命造反總指揮部第一號通告是「反革命的宣言書」，把「1・12」奪權污衊為「宮延政變」，並且肆意攻擊堅定的革命領導幹部劉格平同志是「政治大扒手」、「投機商」、「妄想摘桃子」，瘋狂地反對「1・12」奪權，反對劉格平同志，公開對抗黨中央，對抗偉大領袖毛主席。

在他們公開反對「1・12」奪權遭到破產之後，他們表面上打出「應該允許革命小將犯錯誤」的旗號，進行假檢討，喬裝自己，欺騙群眾。實際上卻仍然頑固地堅持反動立場，採取更加隱蔽更加狡猾的兩面手法，繼續把矛頭對準革命的「三結合」以及劉格平同志。「五・三」黑會就是他們這種狼子野心進一步的大暴露。他們大肆叫嚷「1・12奪權是中間勢力掌了權」，「桃子應當由誰來摘」，「對劉格平感到失望、感到驚訝和痛心」等等，並竭盡全力，開動一切宣傳機器，大肆造謠，大肆誣衊，製造反奪權的輿論準備。毛主席教導我們說：「凡是要推翻一個政權，總要先造成輿論，總是先作意識形態方面的工作。革命的階級是這樣，反革命的階級也是這樣。」這就撕破了「紅聯站」一小撮人的畫皮，戳穿了他們妄圖反奪權的陰謀詭計。

劉格平同志在五月十七日的講話，本來這是一個符合毛澤東思想的講話，他明確支持了太工永紅、太機四野、東風兵團等革命左派組織，我們認為劉格平同志這個講話旗幟鮮明，觀點明確，完全符合毛主席多次指出的：要保護左派、支持左派，建立和擴大左派隊伍的指示精神。但是「紅聯站」一小撮人卻暴跳如雷，顛倒是非，對這個革命的講話進行了惡意的攻擊，胡說這個講話「是資本主義復辟的代表作」，「是反毛澤東思想的大毒草，必須進行批判」，並且揚言要「捨得一身剮，敢把這傢伙拉下馬！」以致發展到了令人憤慨，不能容忍的程度。當中央軍委任命劉格平同志擔任北京軍區政委、山西省軍區第一政委之後，他們卻肆無忌憚地惡毒攻擊，還派人出去調查整理劉格平同志的材料，甚至和大叛徒劉瀾濤互相勾結，用心何其毒也！

「紅聯站」的一小撮人為了搞垮劉格平同志，陰險地採取了釜底抽薪，清除左右的伎倆，把矛頭對準太工永紅、紅心、太機四野、東風兵團等革命左派組織，把許多莫須有的罪名強加在革命派的頭上，企圖搞垮他們，割斷劉格平同志與革命群眾的聯繫。更為陰險的是他們在「4・14」問題上，借題發揮，大作文章，惡毒咒罵丁磊同志是什麼山西的「珍妃」，山西的「王光美」。以揪所謂「4・14」後台丁磊為名，行攻擊劉格平同志之實，企圖搞垮丁磊，使劉格平不轟自倒。劉格平同志的愛人丁磊同志，長期以來是和劉格平同志一起受著劉、鄧反動路線的殘酷迫害，在無產階級文化大革命運動中，又是從白色恐怖中「殺」出來的，對於丁磊這樣一個一般工作人員，「紅聯站」內一小撮人死命抓住不放，難道揪丁磊同志是運動的重點嗎？難道這就是你們的方向嗎？很明顯這一小撮別有用心的人千方百計的死揪丁磊同志，不過是「項莊舞劍，意在沛公」。正好赤裸裸的暴露了他們惡毒攻擊劉格平同志的醜惡面目。

毛主席教導我們：「必須善於識別幹部。不但要看幹部的一時一事，而且要看幹部的全部歷史和全部工作，這是識別幹部的主要方法。」劉格平同志是毛主席司令部裡的人，他在艱苦的戰爭年代裡，在槍林彈雨之中，在敵人的監牢裡，都是堅貞不屈，不愧為英雄的稱號。他在獄中堅決抵制了黨內最大的走資本主義道路當權派、叛徒集團的總頭目劉少奇的叛黨指示，寧肯坐穿牢底，也不履行任何叛黨啟事，表現了一個共產黨人的高貴品質。出獄後仍然不畏強暴，堅決同叛徒集團進行了針鋒相對的鬥爭，以致受到打擊和迫害也不屈服。在這次史無前例的無產階級文化大革命中，他又堅定地站在了毛主席的革命路線一邊，同廣大的革命造反派並肩作戰，造了衛、王、王反革命修正主義集團的反，奪了他們的權，作出了重大的貢獻。從過去到現在，充分說明了劉格平同志是經過多年考驗的好黨員，是毛主席的好學生，是堅定的革命領導幹部，是深受革命群眾擁護的。我們信得過，完全信得過！但是「紅聯站」內一小撮別有用心的人，卻處心積慮地把矛頭指向劉格平同志，講出了衛、王、王想講而不敢講的話，幹出了衛、王、王想幹而不敢幹的事。你們這樣做，難道不是和黨內最大的一小撮走資本主義道路當權派及其黑爪牙一個鼻孔出氣嗎？難道不是在繼承這伙黑幫的反革命衣嗎？這就充分暴露了你們反革命的猙獰面目。

「人民得到的權利，決不允許輕易喪失，必須用戰鬥來保衛。」當前，在我省出現了這股反革命逆流，是兩個階級、兩條道路、兩條路線鬥爭的集中表現，是資產階級復辟和無產階級反復辟的新決戰，是捍衛「1・12」奪權和推翻「1・12」奪權的一場殊死鬥爭，決不可以等閒視之。一切革命的同志，都要堅定地站在毛主席的革命路線一邊，勇敢地投入這場戰鬥，一切受蒙蔽站錯了隊的同志，要急速清醒起來，認清敵、我、友，狠殺回馬槍，徹底孤立一小撮別有用心的傢伙。無產階級革命派聯合起來，團結起來，讓我們更高地舉起毛澤東思想偉大紅旗，抓住主要矛盾，緊緊掌握鬥爭的大方向，「下定決心，不怕犧牲，排除萬難，去爭取勝利。」為徹底粉碎資本主義反革命復辟逆流，誓死捍衛紅色政權而戰鬥吧！

揭穿炮打刘格平同志的实质

紅心战斗队

正当我省广大革命群众，奋起毛泽东思想的千鈞棒，向党内最大的一小撮走資本主义道路当权派发起猛烈的总攻击，并紧密結合本地区的斗、批、改，深挖黑省委二、三綫人物的关鍵时刻，社会上又掀起了一股資本主义复辟的反革命逆流。这股逆流的矛头，直接指向了年輕的紅色政权，恶毒地攻击省核心小組組长、省革命委員会主任、省軍区第一政委刘格平同志。"紅联站"的一小撮人，在这股逆流中，赤膊上陣，一馬当先，煽风点火，兴风作浪，充当了反革命复辟逆流的急先鋒。

我們偉大領袖毛主席說：阶級敌人"决不甘心于他們的失败，他們还要作最后的挣扎。"伟大的"1·12"夺权后，两条路綫的新搏斗，充分証明了这个真理。"紅联站"的一小撮人，在鉆进省核心小組內部的黑省委二、三綫人物刘志兰和未被揪出的叛徒、反革命修正主义分子葛荣等的操纵下，打着"紅旗"反紅旗，到处招摇撞騙，采取两面手法，顛倒黑白，混淆是非，攪乱視听，欺騙群众，轉移斗爭大方向。他們表面假惺惺地說："刘格平同志是革命的領导干部。"实际上却疯狂地进行攻击；他們伪善地也叫喊什么要"捍卫1·12夺权"，实际上却干着反夺权的罪恶勾当；他們打着批判斗爭反革命修正主义分子卫、王、王的幌子，实际上却在为这伙黑帮招魂。他們想的、說的、干的都是为了打倒刘格平同志，搞垮革命的"三結合"，否定伟大的"1·12"夺权，为臭名昭著的反革命修正主义分子卫、王、王翻案，实现反夺权的罪恶目的。

伟大的"1·12"夺权是在光焰无际的毛泽东思想照耀下取得伟大胜利，就是好得很！在这个伟大的斗爭中刘格平同志坚定地站在毛主席的革命路綫一边，和革命的造反派一起浴血奋战，推翻了卫、王、王的反革命統治，为全国革命的領导干部做出了良好的榜样，这是毛主席和党中央明确肯定了的。但是"紅联站"的一小撮别有用心的人，在紅色新政权刚刚誕生的时候，他們就怕得要命，恨得要死，迫不及待地連續拋出了"三評"、"二告"等五篇毒草，恶毒地攻击山西革命造反总指挥部第一号通告是"反革命的宣言书"，把"1·12"夺权污蔑为"宮廷政变"，并且肆意攻击坚定的革命領导干部刘格平同志是"政治大扒手"、"投机商"、"妄想摘桃子"，疯狂地反对"1·12"夺权，反对刘格平同志，公开对抗党中央，对抗伟大領袖毛主席。

在他們公开反对"1·12"夺权遭到破产之后，他們表面上打出"应該允許革命小将犯錯誤"的旗号，进行假检討，乔装自己，欺騙群众。实际上却仍然顽固地坚持反动立场，采取更加隐蔽更加狡猾的两面手法，继續把矛头对准革命的"三結合"以及刘格平同志。"五·三"黑会就是他們这种狼子野心进一步的大暴露。他們大肆叫嚷"1·12夺权是中間势力掌了权"，"桃子应当由誰来摘"，"对刘格平感到失望、感到惊訝和痛心"等等，并竭尽全力，开动一切宣传机器，大肆造謠，大肆誣蔑，制造反夺权的輿論准备。毛主席教导我們說："**凡是要推翻一个政权，总要先造成輿論，总是先作意識形态方面的工作。革命的阶級是这样，反革命的阶級也是这样。**"这就撕破了"紅联站"一小撮人的画皮，戳穿了他們妄图反夺权的阴謀詭計。

刘格平同志在五月十七日的讲話，本来这是一个符合毛泽东思想的讲話，他明确支持了太工永紅、太机四野、东风兵团等革命左派組織，我們认为刘格平同志这个讲話旗帜鮮明，观点明确，完全符合毛主席多次指出的：要保护左派，支持左派，建立和扩大左派队伍的指示精神。但是"紅联站"一小撮人却暴跳如雷，顛倒是非，对这个革命的讲話进行了恶意的攻击，胡說这个讲話"是資本主义复辟的代表作"，"是反毛泽东思想的大毒草，必須进行批判"，并且揚言要"舍得一身剐，敢把这家伙拉下馬！"以致发展到了令人憤慨，不能容忍的程度。当中央軍委任命刘格平同志担任北京軍区政委、山西省軍区第一政委之后，他們却肆无忌憚地恶毒攻击，还派人出去調查整理刘格平同志的材料，甚至和大叛徒刘瀾涛互相勾結，用心何其毒也！

"紅联站"的一小撮人为了搞垮刘格平同志，阴险地采取了釜底抽薪，清除左右的伎俩，把矛头对准太工永紅、紅心、太机四野、东风兵团等革命左派組織，把許多莫須有的罪名强加在革命派的头上，企图搞垮他們，割断刘格平同志与革命群众的联系。更为阴险的是他們在"4·14"問題上，借题发揮，大作文章，恶毒咒罵丁磊同志是什么山西的"珍妃"，山西的"王光美"。以揪所謂"4·14"后台丁磊为名，行攻击刘格平同志之实，企图搞垮丁磊，使刘格平不攻自倒。刘格平同志的爱人丁磊同志，长期以来是和刘格平同志一起受着刘、邓反动路綫的残酷迫害，在无产阶級文化大革命运动中，又是从白色恐怖中"杀"出来的，对于丁磊这样一个一般工作人員，"紅联站"內一小撮人死命抓住不放，难道揪丁磊同志是运动的重点嗎？难道这就是你們的方向嗎？很明显这一小撮别有用心的人千方百計的死揪丁磊同志，不过是"項庄舞剑，意在沛公"。正好赤裸裸的暴露了他們恶毒攻击刘格平同志的丑恶面目。

毛主席教导我們："**必須善于識别干部。不但要看干部的一时一事，而且要看干部的全部历史和全部工作，这是識别干部的主要方法。**"刘格平同志是毛主席司令部里的人，他在艰苦的战爭年代里，在枪林弹雨之中，在敌人的监牢里，都是坚貞不屈，不愧为英雄的称号。他在獄中坚决抵制了党內最大的走資本主义道路当权派、叛徒集团的总头目刘少奇的叛党指示，宁肯坐穿牢底，也不履行任何叛党启事，表現了一个共产党人的高貴品質。出獄后仍然不畏强暴，坚决同叛徒集团进行了針鋒相对的斗爭，以致受到打击和迫害也不屈服。在这次史无前例的无产阶級文化大革命中，他又坚定地站在了毛主席的革命路綫一边，同广大的革命造反派并肩作战，造了卫、王、王反革命修正主义集团的反，夺了他們的权，作出了重大的貢献。从过去到現在，充分說明了刘格平同志是經过多年考驗的好党員，是毛主席的好学生，是坚定的革命領导干部，是深受革命群众拥护的。我們信得过，完全信得过！但是"紅联站"一小撮别有用心的人，却处心积虑地把矛头指向刘格平同志，讲出了卫、王、王想讲而不敢讲的話，干出了卫、王、王想干而不敢干的事。你們这样做，难道不是和党內最大的一小撮走資本主义道路当权派及其黑爪牙一个鼻孔出气嗎？难道不是在继承这伙黑帮的反革命衣鉢嗎？这就充分暴露了你們反革命的猙獰面目。

"**人民得到的权利，决不允許輕易丧失，必須用战斗来保卫。**"当前，在我省出現了这股反革命逆流，是两个阶級、两条道路、两条路綫斗爭的集中表現，是資产阶級复辟和无产阶級反复辟的新决战，是捍卫"1·12"夺权和推翻"1·12"夺权的一場殊死斗爭，决不可以等閑視之。一切革命的同志，都要坚定地站在毛主席的革命路綫一边，勇敢地投入这場战斗，一切受蒙蔽站錯了队的同志，要急速清醒起来，认清敌、我、友，狠杀回馬枪，彻底孤立一小撮别有用心的家伙。无产阶級革命派联合起来，团結起来，让我們更高地举起毛泽东思想伟大紅旗，抓住主要矛盾，紧紧掌握斗爭的大方向，"**下定决心，不怕牺牲，排除万难，去爭取胜利。**"为彻底粉碎資本主义反革命复辟逆流，誓死捍卫紅色政权而战斗吧！

本不存在的。这里我們必須

從「六・二〇」、「六・二一」事件所想到的

永紅一兵

「今日歡呼孫大聖，只緣妖霧又重來。」

當前，社會上出現的資本主義復辟的反革命逆流正以十倍的瘋狂撲向山西年輕的紅色政權。這股逆流的急先鋒—以黑省委黨校「東方紅」為首的「紅聯站」。在「五・三」黑綱領的基礎上，正在搞「逐步升級」。從「六・二〇」、「六・二一」事件的前前後後不難看出：他們的調子唱得愈來愈高了，手伸得愈來愈長了。

毛主席教導我們：「凡是要推翻一個政權，總要先造成輿論，總是要先做意識形態方面的工作。革命的階級是這樣，反革命的階級也是這樣。」記得在「四・一四」紅色風暴剛剛出現的時候，「紅聯站」的某些人就不遺餘力地在社會上大肆造謠。什麼「『四・一四』事件是個政治大陰謀」呀！「劉志蘭是從白色恐怖中「殺」出來的堅定的革命領導幹部」呀！「丁磊是「四・一四」事件的後台」呀！……等等。他們企圖在社會上迷惑部分群眾，從而攪混階級陣線，以達到他們反奪權、篡權的可恥目的。

的確，「六・二〇」、「六・二一」事件又是一個蓄謀已久的政治大陰謀。因為「紅聯站」的某些人和背後支持他們的那些人，對在「一・一二」奪權的關鍵時刻堅定地站在毛主席革命路線一邊的革命造反派組織、革命的領導幹部早就恨得要死，怕得要命。所以，在他們的精心策劃下，「紅聯站」對參加了「一・一二」奪權的革命造反派組織、革命組織的代表以及革命的領導幹部已經和正在一一否定。什麼「政治投機商」呀！「大雜燴」呀！什麼「政治大扒手」、「陰謀家」，什麼「牛鬼蛇神的總後台」呀！「武鬥黑司令」呀！等等。但這還不夠，在「六・二〇」「六・二一」事件中，他們竟狗膽包天，分別把山西省革命委員會常委、原山西革命造反總指揮部總指揮和第一副總指揮楊承效、吳春久等同志非法綁架，殘酷毒打。那末，紅聯站下一步棋怎麼走，矛頭又該對準誰，豈不一目了然了嗎？

事實證明，衛、王、王反革命修正主義集團想說而不敢說的話，「紅聯站」的某些人說出來了；衛、王、王反革命修正主義集團想幹而不敢幹的事，「紅聯站」的某些人幹出來了。這充分說明，「紅聯站」的某些人，和背後支持他們的一小撮走資本主義道路的當權派，以及那些真正的野心家、陰謀家們，完全繼承了衛、王、王遺留下來的事業。他們繼續對革命的領導幹部和革命造反派組織實行白色恐怖，對年輕的紅色政權施加壓力；他們想衛、王、王、之所想，恨衛、王、王之所恨。「紅聯站」的某些人和背後支持他們的那些人不是為衛、王、王翻案，不是搞反奪權、搞篡奪，

是在幹什麼呢？！

以黑省委黨校「東方紅」為首的「紅聯站」某些人，為什麼要充當這股資本主義反革命復辟逆流的急先鋒呢？如果不揭老底的話，很多群眾會被「紅聯站」的「道貌岸然」或「可憐相」甚至「豬八戒倒打一耙之術」所蒙蔽。

原來，省委黨校是衛、王、王反革命修正主義集團長期以來培養和訓練可靠接班人的重要據點。裡面有不少是衛、王、王等人所賞識的「老將」，而現在，就是這些「老將」們直接操縱著黑省委黨校「東方紅」和整個「紅聯站」。那末，黑省委黨校「東方紅」是個什麼貨色，不就很明顯了嗎？！在這次史無前例的無產階級文化大革命中，衛、王、王反革命修正主義集團一黑省委黨校某些人的主子們被革命造反派奪了權，罷了官，鬥了個不亦樂乎，難道這一伙「老將」們能甘心嗎？不來一個「夏季算賬」能對得起他們的主子嗎？

如果知道了這個底細的話，對於「紅聯站」死保政治大扒手劉志蘭，死保大叛徒一黑省委黨校「東方紅」的所謂「三結合」對象葛萊，而把矛頭對準堅定的革命左派丁磊、楊承效、吳春久等同志，甚至劉格平等同志，對準參加了「一・一二」奪權的堅定的革命造反派組織等一系列的罪惡行為就很容易理解了，究竟誰在搞反奪權也就更清楚了。

不過「紅聯站」的某些人為了遮人耳目，為了把自己打扮成紅色政權的「捍衛者」，還不得不把反奪權的陰謀強加在參加「一・一二」奪權的革命造反派身上。但是稍懂道理的人，就不禁要問：「為什麼已經掌權者還要進行反奪權呢？這是否符合客觀規律呢？」經過一番思索之後，他們就會明白：啊！原來是「紅聯站」的某些人在耍「豬八戒倒打一耙之術」呢！

所以，紅聯站的廣大革命群眾和社會上一些受蒙蔽的群眾，一定要遵循毛主席的教導：「……對任何事情都要問一個為什麼，都要經過自己頭腦的周密思考，想一想它是否合乎實際，是否真有道理，絕對不應盲從，絕對不應提倡奴隸主義。」而要以革命利益為重，重新回到毛主席的革命路線一邊來。

無產階級革命派也要牢記毛主席「你們要關心國家大事，要把無產階級文化大革命進行到底」的偉大教導。現在，階級敵人在反奪權、篡奪，我們呢？要寸權不讓！

从"六·二〇"、"六·二一"事件所想到的

永红　一兵

"今日欢呼孙大聖，只緣妖雾又重来。"

当前，社会上出現的資本主义复辟的反革命逆流正以十倍的疯狂扑向山西年輕的紅色政权。这股逆流的急先鋒——以黑省委党校"东方紅"为首的"紅联站"。在"五、三"黑綱領的基础上，正在搞"逐步升級"。从"六、二〇"、"六、二一"事件的前前后后不难看出：他們的調子唱得愈来愈高了，手伸得愈来愈长了。

毛主席教导我們："凡是要推翻一个政权，总要先造成輿論，总是先做意識形态方面的工作。革命的阶級是这样，反革命的阶級也是这样。"記得在"四、一四"紅色风暴刚刚出現的时侯，"紅联站"的某些人就不遗余力地在社会上大肆造謠。什么"'四、一四'事件是个政治大阴謀"呀！"刘志兰是从白色恐怖中'杀'出来的坚定的革命領导干部"呀！"丁磊是'四、一四'事件的后台"呀！……等等。他們企图在社会上迷惑部分群众，从而攪混阶級陣綫，以达到他們反夺权、篡权的可耻目的。

的确，"六、二〇"、"六、二一"事件又是一个蓄謀已久的政治大阴謀。因为"紅联站"的某些人和背后支持他們的那些人，对在"一·一二"夺权的关鍵时刻坚定地站在毛主席革命路綫一边的革命造反派組織、革命的領导干部早就恨得要死，怕得要命。所以，在他們的精心策划下，"紅联站"对参加了"一·一二"夺权的革命造反派組織、革命組織的代表以及革命的領导干部已經和正在一一否定。什么"政治投机商"呀！"大杂燴"呀！什么"政治大扒手"、"阴謀家"，什么"牛鬼蛇神的总后台"呀！"武斗黑司令"呀！等等。但这还不够，在"六、二〇""六、二一"事件中，他們竟狗胆包天，分别把山西省革命委員会常委、原山西革命造反总指揮部总指揮和第一副总指揮楊承效、吳春久等同志非法綁架，残酷毒打。那末，紅联站下一步棋怎么走，矛头又該对准誰，岂不一目了然了嗎？

事实証明，卫、王、王反革命修正主义集团想說而不敢說的話，"紅联站"的某些人說出来了；卫、王、王反革命修正主义集团想干而不敢干的事，"紅联站"的某些人干出来了。这充分說明，"紅联站"的某些人，和背后支持他們的一小撮走資本主义道路的当权派，以及那些眞正的野心家、阴謀家們，完全继承了卫、王、王遺留下来的事业。他們继續对革命的領导干部和革命造反派組織实行白色恐怖，对年輕的紅色政权施加压力；他們想卫、王、王、之所想，恨卫、王、王之所恨。"紅联站"的某些人和背后支持他們的那些人不是为卫、王、王翻案，不是搞反夺权、搞篡夺，是在干什么呢？！

以黑省委党校"东方紅"为首的"紅联站"某些人，为什么要充当这股資本主义反革命复辟逆流的急先鋒呢？如果不揭老底的話，很多群众会被"紅联站"的"道貌岸然"或"可怜相"甚至"猪八戒倒打一耙之术"所蒙蔽。

原来，省委党校是卫、王、王反革命修正主义集团长期以来培养和訓练可靠接班人的重要据点。里面有不少是卫、王、王等人所賞識的"老将"，而現在，就是这些"老将"們直接操纵着黑省委党校"东方紅"和整个"紅联站"。那末，黑省委党校"东方紅"是个什么貨色，不就很明显了嗎？！在这次史无前例的无产阶級文化大革命中，卫、王、王反革命修正主义集团——黑省委党校某些人的主子們被革命造反派夺了权，罢了官，斗了个不亦乐乎，难道这一伙"老将"們能甘心嗎？不来一个"夏季算賬"能对得起他們的主子嗎？

如果知道了这个底細的話，对于"紅联站"死保政治大扒手刘志兰，死保大叛徒——黑省委党校"东方紅"的所謂"三結合"对象葛莱，而把矛头对准坚定的革命左派丁磊、楊承效、吳春久等同志，甚至刘格平等同志，对准参加了"一·一二"夺权的坚定的革命造反派組織等一系列的罪恶行为就很容易理解了，究竟誰在搞反夺权也就更清楚了。

不过"紅联站"的某些人为了遮人耳目，为了把自己打扮成紅色政权的"捍卫者"，还不得不把反夺权的阴謀强加在参加"一·一二"夺权的革命造反派身上。但是稍懂道理的人，就不禁要問："为什么已經掌权者还要进行反夺权呢？这是否符合客观規律呢？"經过一番思索之后，他們就会明白：啊！原来是"紅联站"的某些人在耍"猪八戒倒打一耙之术"呢！

所以，紅联站的广大革命群众和社会上一些受蒙蔽的群众，一定要遵循毛主席的教导：**"……对任何事情都要問一个为什么，都要經过自己头脑的周密思考，想一想它是否合乎实际，是否眞有道理，絕对不应盲从，絕对不应提倡奴隶主义。"**而要以革命利益为重，重新回到毛主席的革命路綫一边来。

无产阶級革命派也要牢記毛主席**"你們要关心国家大事，要把无产阶級文化大革命进行到底"**的偉大教导。現在，阶級敌人在反夺权、篡夺，我們呢？要寸权不让！

愿将热血……

·红……

风，在怒吼；黄河，在咆哮；热血在沸騰。

血，这是革命小将的血！这是革命工人的血！这是控訴刘、邓資产阶級反动路綫的血！这是討伐紅联站一小撮法西斯暴徒的血！

在悲壮、沉重的国际歌声中，我們怀着无限悲痛的心情，向在"六·二〇""六·二一"流血事件中遇难和受伤的战友致謝和慰問。

黑夜将晓风更紧，残冬欲尽雪更寒。

在两个阶級、两条道路、两条路綫的大决战时刻，在广大无产阶級革命派向党内最大的一小撮走資本主义道路当权派发动总攻击的时候；正当无产阶級革命派狠追猛打刘、邓伸向山西的黑爪牙的时候；正当混入中共山西核心小組的政治大扒手刘志兰将要被革命小将揪出的时候，继省城"五·二"流血事件之后，在那肥沃的晋阳盆地上又发生了駭人听聞的"六·二〇""六·二一"綁架省革委会常委楊承效同志、吳春久同志，毆打、残杀革命小将的严重事件，革命者的热血又一次洒在了黄土高原。这是刘、邓伸向山西的黑爪牙残酷鎮压革命者的又一鉄証，这是紅联站一小撮保皇小丑"五·三"黑会企图反夺权的丑恶灵魂的又一次大暴露，这是一些阴謀家、野心家企图篡权的一个重要步驟，这是一小撮

徒是外强中干的紙……

你看！

无产阶級革命……有！我們在反击資……中更加团結了。

无产阶級革命……有！我們在高压政……

无产阶級革命……有！我們将迎着暴……雷閃电，手捧着紅……录》奋勇向前！

疯狂的打、砸……陷害，暗地跟踪、……和残杀，我們无产……卫、王、王反革命……領教过。在无产阶……联站的一小撮保皇……某些人又拣起来做……"法宝"，妄图使……屈服。这简直是白……

砍头不要紧，……

我們无产阶級……生命捍卫毛泽东思……的革命路綫，捍卫紅……权。

革命造反派不可……不能白流！还我战友……用血来还！

血的事实教育了……

願將熱血化宏圖

紅　洪

風，在怒吼；黃河，在咆哮；熱血在沸騰。

血，這是革命小將的血！這是革命工人的血！這是控訴劉、鄧資產階級反動路線的血！這是討伐紅聯站一小撮法西斯暴徒的血！

在悲壯、沉重的國際歌聲中，我們懷著無限悲痛的心情，向在「六・二〇」、「六・二一」流血事件中遇難和受傷的戰友致謝和慰問。

黑夜將曉風更緊，殘冬欲盡雪更寒。

在兩個階級、兩條道路、兩條路線的大決戰時刻，在廣大無產階級革命派向黨內最大的一小撮走資本主義道路當權派發動總攻擊的時候；正當無產階級革命派狠追猛打劉、鄧伸向山西的黑爪牙的時候；正當混入中共山西核心小組的政治大扒手劉志蘭將要被革命小將揪出的時候，繼省城「五・二」流血事件之後，在那肥沃的晉陽盆地上又發生了駭人聽聞的「六・二〇」「六・二一」綁架省革委會常委楊承效同志、吳春久同志、毆打、殘殺革命小將的嚴重事件，革命者的熱血又一次灑在了黃土高原。這是劉、鄧伸向山西的黑爪牙殘酷鎮壓革命者的又一鐵證，這是紅聯站一小撮保皇小丑「五・三」黑會企圖反奪權的醜惡靈魂的又一次大暴露，這是一些陰謀家、野心家企圖篡權的一個重要步驟，這是一小撮人血洗太原的前奏，這是一小撮人蓄謀已久的一起嚴重的政治陷害事件。

紅聯站中一小撮人在其一小撮陰謀家、野心家的指使下，每天除了謾罵還是謾罵，除了造謠還是造謠，整天幹著欺騙自己又欺騙別人的蠢事，所有這些能說明他們是高明嗎？不，只能說明他們是內心十分空虛的政治庸人！

紅聯站一小撮人所謂的「革命行動」，是除了打、砸、搶還是打、砸、搶。這能說明他們是具有戰鬥力嗎？不，只能表明他們的垂死掙扎。

紅聯站一小撮暴徒對省革命委員會常委楊承效、吳春久等同志的非法綁架，殘酷毆打，能說明他們強大嗎？不，只能暴露這一小撮法西斯暴徒是外強中乾的紙老虎！

你看！

無產階級革命派被打垮了嗎？沒有！我們在反擊資本主義反革命逆流中更加團結了。

無產階級革命派被壓服了嗎？沒有！我們在高壓政策下更加堅強了。

無產階級革命派退卻了嗎？更沒有！我們將迎著暴風驟雨，身披著迅雷閃電，手捧著紅彤彤的《毛主席語錄》奮勇向前！

瘋狂的打、砸、搶，殘酷的政治陷害，暗地跟蹤、盯哨，血腥的綁架和殘殺，我們無產階級革命派早就從衛、王、王反革命修正主義集團那裡領教過。在無產階級掌權的今天，紅聯站的一小撮保皇小丑及支持他們的某些人又揀起來做為「神力無邊」的「法寶」，妄圖使無產階級在其面前屈服。這簡直是白日做夢！

砍頭不要緊，只要主義真！

我們無產階級革命派將用鮮血和生命捍衛毛澤東思想，捍衛毛主席的革命路線，捍衛年輕的山西紅色政權。

革命造反派不可侮！革命者的血不能白流！還我戰友還我血！血債要用血來還！

血的事實教育了我們：階級鬥爭嚴酷無情，你死我活。千萬不要忘記階級鬥爭，千萬不要忘記無產階級專政！

血的事實教育了我們：奪權鬥爭的勝利並不等於政權問題已完全解決，要念念不忘復辟和反復辟的鬥爭，奪權和反奪權的鬥爭！

血的事實教育了我們：丟掉幻想，堅決鬥爭！

血的事實教育了我們：敵人並沒有投降，黨內一小撮走資本主義道路當權派及其頑固保守勢力，決不甘心於他們的失敗，他們還要做最後的掙扎！

血的事實教育了我們：衛、王、王的二、三線人物及其紅聯站中的一小撮頑固保皇分子拿著血淋淋的屠刀向我們撲過來了，向我們反奪權了，「有來犯者，只要好打」，我們就要徹底消滅他們！

血的事實教育了我們：在山西的紅色政權中還混入了像劉志蘭那樣的兩面三刀的資產階級政客，必須揪出，鬥倒、鬥垮、鬥臭！

血的事實教育了我們：「要奮鬥就會有犧牲」，革命的道路是曲折的，不平坦的。在通往共產主義的艱難旅途中，每前進一步都要付出極大的代價。我們一定要牢記毛主席的教導：「下定決心，不怕犧牲，排除萬難，去爭取勝利。」

血的事實教育了我們：無產階級專政是何等重要，它是我國革命人民的命根子！

革命者的鮮血激起了省城革命人民的鬥志。「嚴懲打人兇手！」「嚴懲幕後指揮！」「還我戰友楊承效！」革命群眾義憤填膺，成了一股強大的反復辟洪流，對衛、王、王反革命修正主義集團，對紅聯站一小撮頑固保守勢力，對「六・二〇」「六・二一」流血事件的幕後策劃者發起了猛烈的攻擊。

毛主席教導我們：「中國共產黨和中國人民並沒有被嚇倒，被征服，被殺絕。他們從地下爬起來，揩乾淨身上的血跡，掩埋好同伴的屍首，他們又繼續戰鬥了。」

我們革命者決不會被反動勢力的氣勢洶洶所嚇倒，衛、王、王反革命修正主義集團，紅聯站的一小撮頑固保守勢力以及支持他們的某些人對革命人民所做的種種迫害，歸根結底，只能促進人民更廣泛更劇烈的革命！

願將熱血化宏圖！

革命者的鮮血不會白流！

英雄的鮮血澆灌了晉陽的土地，巍巍的太行山上將開出鮮紅的花朵。

革命者的血跡，將燃起熊熊烈火，發出通天的火光，這烈火、這火光，將焚毀一切害人蟲！無產階級的血跡，將浸透汾河兩岸和黃土高原，激勵著我省人民在反擊資本主義反革命復辟的逆流中奮勇前進！前進！！前進！！！

愿将热血化宏图

·红 洪·

风，在怒吼；黄河，在咆哮；热血在沸騰。

血，这是革命小将的血！这是革命工人的血！这是控訴刘、邓資产阶級反动路綫的血！这是討伐紅联站一小撮法西斯暴徒的血！

在悲壮、沉重的国际歌声中，我們怀着无限悲痛的心情，向在"六·二〇""六·二一"流血事件中遇难和受伤的战友致謝和慰問。

黑夜将晓风更緊，残冬欲尽雪更寒。

在两个阶級、两条道路、两条路綫的大决战时刻，在广大无产阶級革命派向党內最大的一小撮走資本主义道路当权派发动总攻击的时候；正当无产阶級革命派狠追猛打刘、邓伸向山西的黑爪牙的时候；正当混入中共山西核心小組的政治扒手刘志兰将要被革命小将揪出的时候，继省城"五·二"流血事件之后，在那肥沃的晋阳盆地上又发生了駭人听聞的"六·二〇""六·二一"綁架省革委会常委楊承效同志、吳春久同志、殴打、残杀革命小将的严重事件，革命者的热血又一次洒在了黄土高原。这是刘、邓伸向山西的黑爪牙残酷鎮压革命者的又一鉄証，这是紅联站一小撮保皇小丑"五·三"黑会企图反夺权的丑恶灵魂的又一次大暴露，这是一些阴謀家、野心家企图篡权的一个重要步驟，这是一小撮人血洗太原的前奏，这是一小撮人蓄謀已久的一起严重的政治陷害事件。

紅联站中一小撮人在其一小撮阴謀家、野心家的指使下，每天除了謾罵还是謾罵，除了造謠还是造謠，整天干着欺騙自己又欺騙别人的蠢事，所有这些能說明他們是高明嗎？不，只能說明他們是內心十分空虛的政治庸人！

紅联站一小撮人所謂的"革命行动"，是除了打、砸、搶还是打、砸、搶。这能說明他們是具有战斗力嗎？不，只能表明他們的垂死掙扎。

紅联站一小撮暴徒对省革命委員会常委楊承效、吳春久等同志的非法綁架，残酷殴打，能說明他們强大嗎？不，只能暴露这一小撮法西斯暴徒是外强中干的紙老虎！

你看！

无产阶級革命派被打垮了嗎？沒有！我們在反击資本主义反革命逆流中更加团結了。

无产阶級革命派被压服了嗎？沒有！我們在高压政策下更加坚强了。

无产阶級革命派退却了嗎？更沒有！我們将迎着暴风驟雨，身披着迅雷閃电，手捧着紅彤彤的《毛主席語录》奋勇向前！

疯狂的打、砸、搶，残酷的政治陷害，暗地跟踪、盯哨，血腥的綁架和残杀，我們无产阶級革命派早就从卫、王、王反革命修正主义集团那里領教过。在无产阶級掌权的今天，紅联站的一小撮保皇小丑及支持他們的某些人又拣起来做为"神力无边"的"法宝"，妄图使无产阶級在其面前屈服。这简直是白日做梦！

砍头不要紧，只要主义真！

我們无产阶級革命派将用鲜血和生命捍卫毛泽东思想，捍卫毛主席的革命路綫，捍卫年輕的山西紅色政权。

革命造反派不可侮！革命者的血不能白流！还我战友还我血！血债要用血来还！

血的事实教育了我們：阶級斗爭严酷无情，你死我活。千万不要忘記阶級斗爭，千万不要忘記无产阶級专政！

血的事实教育了我們：夺权斗爭的胜利并不等于政权問題已完全解决，要念念不忘复辟和反复辟的斗爭，夺权和反夺权的斗爭！

血的事实教育了我們：丢掉幻想，坚决斗爭！

血的事实教育了我們：敌人并沒有投降，党內一小撮走資本主义道路当权派及其頑固保守势力，决不甘心于他們的失败，他們还要做最后的掙扎！

血的事实教育了我們：卫、王、王的二、三綫人物及其紅联站中的一小撮頑固保皇分子拿着血淋淋的屠刀向我們扑过来了，向我們反夺权了，"有来犯者，只要好打"，我們就要彻底消灭他們！

血的事实教育了我們：在山西的紅色政权中还混入了象刘志兰那样的两面三刀的資产阶級政客，必須揪出，斗倒、斗垮、斗臭！

血的事实教育了我們："要奋斗就会有牺牲"，革命的道路是曲折的，不平坦的。在通往共产主义的艰难旅途中，每前进一步都要付出极大的代价。我們一定要牢記毛主席的教导："下定决心，不怕牺牲，排除万难，去爭取胜利。"

血的事实教育了我們：无产阶級专政是何等重要，它是我国革命人民的命根子！

革命者的鲜血激起了省城革命人民的斗志。"严懲打人凶手！""严懲幕后指揮！""还我战友楊承效！"革命群众义憤填膺，汇成了一股强大的反复辟洪流，对卫、王、王反革命修正主义集团，对紅联站一小撮頑固保守势力，对"六·二〇""六·二一"流血事件的幕后策划者发起了猛烈的攻击。

毛主席教导我們：**"中国共产党和中国人民并没有被吓倒，被征服，被杀絕。他們从地下爬起来，揩干淨身上的血迹，掩埋好同伴的尸首，他們又繼續战斗了。"**

我們革命者决不会被反动势力的气势汹汹所吓倒，卫、王、王反革命修正主义集团，紅联站的一小撮頑固保守势力以及支持他們的某些人对革命人民所做的种种迫害，归根結底，只能促进人民更广泛更剧烈的革命！

愿将热血化宏图！

革命者的鲜血不会白流！

英雄的鲜血澆灌了晋阳的土地，巍巍的太行山上将开出鲜紅的花朵。

革命者的血迹，将燃起熊熊烈火，发出通天的火光，这烈火、这火光，将焚毁一切害人虫！无产阶級的血迹，将浸透汾河两岸和黄土高原，激励着我省人民在反击資本主义反革命复辟的逆流中奋勇前进！前进！！前进！！！

劉少奇與王光美醜聞幾則

（1）小恩小惠買人心

五六年，河北省遭了水災。冬天，劉鬼少奇到災情比較重的清苑縣東石橋村去「看災」，假惺惺問了情況後，到了×××家，就使出那套資產階級手段，從衣袋裡掏出糖來給孩子。在農民艱苦渡荒的時候，劉少奇和王光美卻妄想用小恩小惠來腐蝕拉攏收買貧下中農，真是可惡之極！

（2）老妖婆翹尾巴

五七年二月劉少奇在石家莊召開了一個文教系統的座談會。會上，劉少奇擺出一副「大人物」的架子，高級香煙抽了一根又一根，僅一個座談會就抽了一盒。

在這個會上，臭妖婆王光美給劉少奇當普通話翻譯。她不僅是秘書，而且還是「夫人」，因此趾高氣揚，狐假虎威，教訓別人。參加座談會的有些老師反映沒有時間鑽業務，王答「抓嘛！」「沒時間看小說」，「誰讓你們不看來著」，「就是石家莊教師水平不高，後師畢業就教中學，也該進修進修。」看！王光美以「劉夫人」自居，尾巴翹得有多高！

（3）洗臉、梳頭和抽煙

五八年九月，劉少奇帶著他的女妖精又來到石家莊「視察」。一個新建的×××廠工人們住在席棚裡鬧革命，而劉大人來到這個廠，一進門先用從沒用過的新臉盆、新毛巾擦臉，然後讓勤務員從大背包裡掏出大中華煙來抽。

（4）劉賊吃瓜

九月中旬，石家莊市沒西瓜了，但劉少奇有吃西瓜的慾望。石家莊市不得不派人到平山特地拉來一車西瓜為他解饞。工人爐前為革命煉鐵緊，劉鬼王妖吃瓜忙。

（5）妖婆獻計搶鏡頭

劉少奇在參觀時，總是裝出一副正人君子的面孔，擺出一副「高貴人物」的臭架子，只與幾個幹部、工程師說話，很少與工人接觸。而在這個廠參觀時，見到一個工人從正在檢修的爐子口裡伸出頭來看他，王光美靈機一動，趕緊叫道：「老劉看這個工人在爐子裡看你呢，快來和這個工人握握手吧！」「夫人」獻計，劉鬼會意，假惺惺地走上前去與這個工人握握手。自然這個場面被拍了照片，又多了一張撈取政治資本的東西。

（6）妖婆開道鬼作戲

在同一天參觀另一個廠時，為了大造聲勢，一進門王妖婆就聲嘶力竭地尖叫：「少奇同志看大家來了！」劉鬼暗自喜歡，裝模作樣地通過了夾道歡迎的人群。

（7）橫衝直撞險些倒霉

有一次在山東，劉少奇坐著轎車走在路上，前邊走著一輛卡車，劉鬼的車要超車，卡車司機沒及時讓道。「我劉某的車你敢不讓路！超！」於是硬往前擠，但路不太寬，劉的車險些被擠到路旁的溝裡。

（8）劉鬼王妖「入」公社

五八年八月三十日，劉王二人來到北戴河海濱人民公社。口口聲聲要入社，既是入社，一不買設備，二不買農具，卻拿出捷克送給他的收音機做為「股金」，這是對全民所有制和集體所有制的人民公社的莫大污辱。劉鬼王妖還甜言蜜語地說：「今後我們每年要到社裡來參加一個月的勞動，人人都應參加人民公社，參加勞動。」這一對狐狸精說的比唱的還好聽，而事實說明，他們說的全是騙人的鬼話。

（9）白毛驢吹牛記

劉少奇不僅「參加」了海濱人民公社，而且還真的「勞動」了一會兒，社員當時叫他休息，劉少奇恬不知恥地說：「這就是我的休息。」多麼虛偽，又多麼狂妄！他把自己裝成什麼「大人物」，體力勞動倒成了他的「休息」，他是在製造和擴大腦力勞動和體力勞動的差別，他在放肆地貶低億萬農民的艱苦勞動，既然是「休息」，白毛驢又何樂而不為呢？！

（10）娘娘電話調西瓜

六五年夏天，王光美從她四清的高鎮到保定開會。其間，有人開玩笑說到保定吃不上冰鎮西瓜。於是王妖婆大顯神通，給劉鬼打了個電話，很快，一冷藏車冰鎮西瓜就運來了。真是「夫人一言值千金」哪！

（轉載）

刘少奇与王光美丑聞几則

（1）小恩小惠买人心

五六年，河北省遭了水灾。冬天，刘鬼少奇到灾情比較重的清苑县东石桥村去“看灾”，假惺惺問了情况后，到了×××家，就使出那套资产阶級手段，从衣袋里掏出糖来給孩子。在农民艰苦渡荒的时候，刘少奇和王光美却妄想用小恩小惠来腐蚀拉攏收买貧下中农，眞是可恶之极！

（2）老妖婆翘尾巴

五七年二月刘少奇在石家庄召开了一个文教系統的座談会。会上，刘少奇摆出一副“大人物”的架子，高級香烟抽了一根又一根，仅一个座談会就抽了一盒。

在这个会上，臭妖婆王光美給刘少奇当普通話翻譯。她不仅是秘书，而且还是“夫人”，因此趾高气扬，狐假虎威，教訓别人。参加座談会的有些老师反映沒有时間鉆业务，王答“抓臟！”“沒时間看小說”，“誰让你們不看来着”，“就是石家庄教师水平不高，后师毕业就教中学，也該进修进修。”看！王光美以“刘夫人”自居，尾巴翘得有多高！

（3）洗臉、梳头和抽烟

五八年九月，刘少奇带着他的女妖精又来到石家庄“視察”。一个新建的×××厂工人們住在席棚里鬧革命，而刘大人来到这个厂，一进門先用从沒用过的新臉盆、新毛巾擦臉，然后让勤务員从大背包里掏出大中华烟来抽。

（4）刘贼吃瓜

九月中旬，石家庄市沒西瓜了，但刘少奇有吃西瓜的欲望。石家庄市不得不派人到平山特地拉来一車西瓜为他解饞。工人炉前为革命炼鉄緊，刘鬼王妖吃瓜忙。

（5）妖婆献計搶鏡头

刘少奇在参观时，总是装出一副正人君子的面孔，摆出一副“高貴人物”的臭架子，只与几个干部、工程师說話，很少与工人接触。而在这个厂参观时，見到一个工人从正在检修的炉子口里伸出头来看他，王光美灵机一动，赶紧叫道：“老刘看这个工人在炉子里看你呢，快来和这个工人握握手吧！”“夫人”献計，刘鬼会意，假惺惺地走上前去与这个工人握握手。自然这个場面被拍了照片，又多了一张捞取政治资本的东西。

（6）妖婆开道鬼作戏

在同一天参观另一个厂时，为了大造声势，一进門王妖婆就声嘶力竭地尖叫：“少奇同志看大家来了！”刘鬼暗自喜欢，装模作样地通过了夹道欢迎的人群。

（7）横冲直撞險些倒霉

有一次在山东，刘少奇坐着轎車走在路上，前边走着一辆卡車。刘鬼的車要超車，卡車司机沒及时让道。“我刘某的車你敢不让路！超！”于是硬往前挤，但路不太寬，刘的車險些被挤到路旁的沟里。

（8）刘鬼王妖“入”公社

五八年八月三十日，刘王二人来到北戴河海滨人民公社。口口声声要入社，既是入社，一不买設备，二不买农具，却拿出捷克送給他的收音机做为“股金”，这是对全民所有制和集体所有制的人民公社的莫大污辱。刘鬼王妖还甜言蜜語地說：“今后我們每年要到社里来参加一个月的劳动，人人都应参加人民公社，参加劳动。”这一对狐狸精說的比唱的还好听，而事实說明，他們說的全是骗人的鬼話。

（9）白毛驴吹牛記

刘少奇不仅“参加”了海滨人民公社，而且还眞的“劳动”了一会儿，社員当时叫他休息，刘少奇恬不知耻地說：“这就是我的休息。”多么虛伪，又多么狂妄！他把自己装成什么“大人物”，体力劳动倒成了他的“休息”，他是在制造和扩大脑力劳动和体力劳动的差别，他在放肆地贬低亿万农民的艰苦劳动，既然是“休息”，白毛驴又何乐而不为呢？！

（10）娘娘电話調西瓜

六五年夏天，王光美从她四清的高鎮到保定开会。其間，有人开玩笑說到保定吃不上冰鎮西瓜。于是王妖婆大显神通，給刘鬼打了个电話，很快，一冷藏車冰鎮西瓜就运来了。眞是“夫人一言值千金”哪！

（轉載）

出訪巴基斯坦丑事

一九六六年三月刘少奇同他的臭婆娘王光美，訪問巴基斯坦。出国之前，这一对灵魂丑恶的夫妻，依仗权势，滥施淫威，任意揮霍国家錢財，滿足他們的私欲。这里揭发一些他們在友誼公司出国人員服务部等处干下的种种丑事。

两頂草帽坐专机

巴基斯坦是亚热带气候，为了游山玩水时免得晒黑他們的高貴皮肤，刘、王心血来潮，想起要戴草帽。于是到友誼公司特种工艺品門市部去挑选，挑来选去，选中两頂金絲草編織的草帽。虽然这种草帽质地細軟，可是，王光美还怕它扎头皮、弄乱她的怪发型，又出了个臭主意，命令服务員用高級白綢加做了帽衬和飘带。

这两人在东巴基斯坦出丑丢人以后，回到烏魯木齐，准备轉道再去西巴基斯坦，这时，忽然发现两頂草帽不見了，丢了“王冠”非同小可，这两个家伙在半夜十一点半钟从新疆打了个长途电話到北京，急令出国人員服务部星夜准备好两頂同一式样的草帽，火速送到烏魯木齐。立刻，服务部忙乱起来，翻橱倒柜，找出金絲草帽，又用最快的速度赶制了帽衬和飘带。做成以后，立即調来小轎車送到飞机場，第二天早晨五点半钟，这两頂金絲草帽就“坐”上了专机，运往烏魯木齐。

刘、王二丑为此滥施淫威，揮霍人民血汗，达到令人发指的境地！

臭“皇后”服装穷奢极欲

出国前，王光美費尽心机打点衣着，她曾毫不知耻地向服务人員說：“我是幕前的，你們是幕后的。”这就是說，她是头面人物，而服务人員就应該无条件地为她服务，受她驅使，眞是无耻之尤！

王光美张口命令出国人員服务部把全部庫存和外調来的衣料、时装样品摆到貨架上，让她选择。在縫制披肩时，王光美指令裁縫工人制成西方貴族赴宴时穿着的式样：外面翻毛，里衬黑緞，四周鑲嵌花边，再縫上两个花籃式的小口袋。

王光美还点名要友誼公司的一个大資本家韓俊峰給她量尺寸剪裁。眞是臭味相投，一丘之貉。

（轉載）

4

古月齋珍藏孤本
殘缺的舊報紙
（大字報）

红太工

1967年5月11日 红3号 太原工学院革命造反指揮部主办

讀毛主席的書，
听毛主席的話，
照毛主席的指示办事，
做毛主席的好战士。

把活学活用毛主席著作的群众运动推向新阶段

組訓五师二十五团三連提出倡議

“六月天兵征腐恶，万丈長纓要把鯤鵬縛。”党內头号走資本主义道路的当权派被革命群众揪出来了，这是毛泽东思想的伟大胜利。正如《人民日报》二十一日社論指出的：“在我們面前是一片大好形势。以毛主席为代表的无产阶級革命路綫，已經取得了决定性的胜利。但是阶級敌人还在妄图頑抗。我們自己的队伍中也还存在着这样的那样的問題，斗爭还会出现曲折，我們的道路还是长的，任务还是很重的。”我院也是一片大好形势，但是仍然存在着这样或那样的問題，例如，还有“內战”苗头出現，在一定的程度上，組訓和战斗队的活动，存在着脫节和冲突的現象，这些都是不利于我們的文化大革命，不利于革命的大联合和“三結合”的实現。为了紧紧掌握斗爭的大方向，結合我院的斗爭，迅速掀起一个批判刘、邓的高潮，在革命的大批判中，促进我院的革命的大联合，經我連全体指战員再三酝釀和討論，特向全团战士提出如下倡議：

一、毛泽东思想红旗必须高举更高举

十六条中指出：“毛澤东思想是无产阶級文化大革命的指南”。我們一定要把学习毛主席著作放在重于一切，高于一切，先于一切的地位，具体要做好以下四个方面：

1.再进一步提高和加深对学习毛主席著作的重大意义的认識。在学习毛主席著作的过程中，結合自己的思想，开展三談、三想、三問。①談毛泽东思想在中国革命和世界革命中取得的伟大胜利，想自己在毛泽东思想紅旗下的成长过程，問自己今后对毛主席和毛泽东思想应抱什么态度。②談学习毛主席著作的甜头，想不学习毛主席著作的苦头，問自己今后如何加强毛主席著作的学习。③談毛主席領导无产阶級文化大革命的伟大胜利，想自己在这一伟大运动中的成长和提高，問自己今后如何执行毛主席的革命路綫，从而树立起要革命就得学习毛主席著作，干一辈子革命，要学一辈子毛主席著作，改造自己一辈子的思想，把学习毛主席著作当作自己毕生的战斗任务。

2.狠抓对毛主席和毛泽东思想态度的教育，对毛主席就是要做到无限热爱、无限信仰、无限崇拜、无限忠誠。对毛泽东思想就是要做到坚信不移，坚定不移，坚决拥护，坚决照办。更进一步树立和加强对毛主席和毛泽东思想的深厚的阶級感情，真正认識到毛泽东思想是革命的根本，是力量的源泉，行动的指南，思想的宝庫。

3.在斗爭中学，在斗爭中用，特别是在“用”字上狠下功夫，要真正落实到思想革命化，坚持天天讀，越是紧，越是忙，越是有困难，越要抓紧学习，要尽最大的努力把毛泽东思想学到手，真正掌握起来，用毛泽东思想认識問題，处理問題，指导自己的行动。

4.在运动中开展一个大力宣传学习毛主席著作的重大意义的活动。人人开口，处处宣传，利用一切宣传工具和宣传陣地大造声势。

总之，通过上述活动迅速掀起一个活学活用毛主席著作的高潮。

二、以主席思想为指南，以阶级斗爭为纲，紧紧掌握斗爭的大方向

把矛头直接指向党內最大的一小撮走資本主义道路的当权派，在大批判中实現革命的大联合和革命的“三結合”，这是我們的大方向。我連全体指战員高举毛泽东思想革命的批判旗帜，紧抓一个中心（批判党內最大的一小撮走資本主义道路的当权派），开辟两个战場（上午以組訓連战斗，下午以原战斗队活动），紧密配合，掀起一个大批判的高潮，同时結合我省、我院向卫、王、王，向赵家王朝展开全綫进攻，彻底揭开我院阶級斗爭的蓋子，推进我院斗批改的深入发展，任何时候，任何情况下，任何个人或組織都不得以任何方式和任何借口把矛头指向革命群众和革命組織，并和任何企图挑起“內战”的不良行为作坚决的斗爭。

三、高举毛泽东思想的伟大红旗，在大批判中促进革命的大联合和革命的“三结合”

毛主席說：“組織千千万万的民众，調动浩浩蕩蕩的革命軍，这是今日的革命向反革命进攻的需要。”实現革命的大联合和革命的“三結合”就是革命的需要，是对敌斗爭的需要。我連全体战士决心在革命的大批判中，大力突出毛泽东思想，进行火綫整风，特别要做到“三个为主”（批評与自我批評以自我批評为主，联系思想和联系工作以联系思想为主，联系別人与联系自己以联系自己为主），促进思想革命化，为革命的大联合和革命的“三結合”打好思想基础。尽最大努力促进大联合和革命的“三結合”的早日实現，我們保証，不符合毛泽东思想的事不做，不利于大联合的話不說，提高革命警惕性，严防阶級敌人鉆我們的空子，严禁自由主义的“小广播”，同时要以解放軍为榜样，加强我們的革命性、科学性、組織紀律性，严守三大紀律，八項注意，严格执行請假制度，坚决肅清无政府主义，发揚三八作风，要做到行动軍事化、战斗化，雷厉风行。

四、和解放军紧紧团结在一起，战斗在一起，胜利在一起

毛主席說：“没有一个人民的軍队，便没有人民的一切。”中国人民解放軍是我們伟大領袖毛主席親手締造的，非常革命化、非常战斗化的人民軍队，是革命左派的坚强后盾，所以我們革命师生和解放軍必須絕对地互相相信，密切配合，并肩战斗，紧紧掌握斗爭的大方向，共同生活在一起，战斗在一起，胜利在一起，在共同的斗爭中結成同生死、共命运的战斗友誼，結下深厚的阶級感情！

无产阶級革命派的战友們，让我們高举更高举毛泽东思想的伟大紅旗，积极动員起来，迅速在我院掀起一个活学活用毛主席著作的高潮，掀起一个向刘、邓展开大批判的高潮，发起一个向卫、王、王、赵死鬼和赵家王朝的全綫总攻击，把无产阶級文化大革命进行到底！

打倒刘少奇！打倒邓小平！
无产阶級革命派大联合万岁！
伟大的中国人民解放軍万岁！
伟大的中国共产党万岁！
战无不胜的毛泽东思想万岁！
我們心中最紅最紅的紅太阳毛主席万岁！万岁！万万岁！

組訓五师二十五团三連
1967年4月24日

短評

学出新的水平　用出新的水平

史无前例的无产阶級文化大革命，从根本上来說，就是大破資产阶級思想，大立毛泽东思想，而要取得这場革命的彻底胜利，就必須用毛泽东思想把广大群众武装起来。林彪同志說：**“要搞好这場文化大革命，靠什么呢？靠毛澤东思想，……”**

毛泽东思想是馬克思列宁主义发展的一个嶄新阶段，是当代最高水平的馬克思列宁主义，是全党、全軍和全国一切工作的指导方針，是无产阶級文化大革命的行动指南。无产阶級革命派夺取政权靠毛泽东思想，掌握政权和巩固政权也靠毛泽东思想，毛泽东思想是我們的命根子，是我們一切力量的源泉。

今天本报发表了組訓五师廿五团三連关于把活学活用毛主席著作的群众运动推向新阶段的倡議，这个倡議好得很，希全院无产阶級革命派，热烈响应这个倡議，以解放軍为榜样，掀起活学活用毛主席著作的新高潮。

对毛泽东思想抱什么态度，是承认还是抵制，是拥护还是反对，是热爱还是仇視，这是真革命和假革命，革命和反革命，馬克思列宁主义和現代修正主义的分水岭和試金石。无产阶級革命派必須切切实实把活学活用毛主席著作放在高于一切，大于一切，先于一切，重于一切的地位，用毛泽东思想統帅一切，指导一切，带动一切，改造一切。

学习毛主席著作，要掌握“带着問題学，活学活用，学用結合，急用先学；立竿見影，在用字上狠下功夫”这一馬克思列宁主义的学习方法。要在无产阶級文化大革命中学，在无产阶級文化大革命中用，学一点，用一点，反复学，反复用，用战无不胜的毛泽东思想武装自己的头脑，搞好思想革命化。

学习毛主席著作，必須狠触灵魂，改造思想，大夺“私”字的权，打倒无政府主义、山头主义和个人主义，加强无产阶級革命性、科学性和組織紀律性，在毛泽东思想的基础上，进一步扩大和巩固革命的大联合，組成一支以无产阶級左派为核心的浩浩蕩蕩的无产阶級文化革命大軍。

各个革命組織在斗爭中，对某些問題产生一些分歧和糾紛，这是必然的。但是，双方都要对照毛主席著作好好想一想，彼此之間，究竟有沒有原則性的分歧。非原則的問題，要多做自我批評，原則的問題要坚持斗爭。在大方向一致的前提下，求同存异，矛头向上，对准党內最大的一小撮走資本主义道路的当权派，对准本省本院党內一小撮走資本主义道路的当权派，这是斗爭的大方向，每个无产阶級革命派，必須紧紧掌握这个斗爭的大方向。

革命組織之間相互进行批評誠然是非常必要的，但是这种批評必須遵照毛主席的教导：**“要分清敌我，不能站在敌对的立場，用对待敌人的态度来对待同志。必須是滿腔热情地用保护人民事业和提高人民覚悟的态度来說話，而不能用嘲笑和攻击的态度来說話。”**坚决杜絕打砸搶的无政府主义倾向，否則只会使亲者痛，仇者快。

无产阶級革命派要在这場革命的大批判中冲鋒陷陣，英勇斗爭，在斗爭中把活学活用毛主席著作的群众运动推向一个新阶段，学出新的水平，用出新的水平，出现新的局面，掀起新的高潮。让光焰无际的毛泽东思想永远照耀中国革命和世界革命的大道。

把活學活用毛主席著作的群眾運動推向新階段

組訓五師二十五團三連提出倡議

「六月天兵征腐惡，萬丈長纓要把鯤鵬縛。」黨內頭號走資本主義道路的當權派被革命群眾揪出來了，這是毛澤東思想的偉大勝利。正如《人民日報》二十一日社論指出的：「在我們面前一大片大好形勢。以毛主席為代表的無產階級革命路線，已經取得了決定性的勝利。但是階級敵人還在妄圖頑抗。我們的隊伍中也還存在著這樣的那樣的問題，鬥爭還會出現曲折，我們的道路還是很長的，任務還是很重的。」我院也是一片大好形勢，但是仍然存在著這樣或那樣的問題，例如，還有「內戰」苗頭出現，在一定的程度上，組訓和戰鬥隊的活動，存在著脫節和衝突的現象，這些都是不利於我們的文化大革命，不利於革命的大聯合和「三結合」的實現。為了緊緊掌握鬥爭的大方向，結合我院的鬥爭，迅速掀起一個批判劉、鄧的高潮，在革命的大批判中，促進我院的革命的大聯合，經我連全體指戰員再三醞釀和討論，特向全團戰士提出如下倡議：

一、毛澤東思想紅旗必須高舉更高舉

十六條中指出：「毛澤東思想是無產階級文化大革命的指南」。我們一定要把學習毛主席著作放在重於一切，高於一切，先於一切的地位，具體要做好以下四個方面：

1.更進一步提高和加深對學習毛主席著作的重大意義的認識。在學習毛主席著作的過程中，結合自己的思想，開展三談、三想、三問。談毛澤東思想在中國革命和世界革命中取得的偉大勝利，想自己在毛澤東思想紅旗下的成長過程，問自己今後對毛主席和毛澤東思想應抱著什麼態度。談學習毛主席著作的甜頭，想不學習毛主席著作的苦頭，問自己今後如何加強毛主席著作的學習。談毛主席領導無產階級文化大革命的偉大勝利，想自己在這一偉大運動中的成長和提高，問自己今後如何執行毛主席的革命路線，從而樹立起要革命就得學習毛主席著作，幹一輩子革命，要學一輩子毛主席著作，改造自己一輩子的思想，把學習毛主席著作當作自己畢生的戰鬥任務。

2.狠抓對毛主席和毛澤東思想態度的教育，對毛主席就是要做到無限熱愛、無限信仰、無限崇拜、無限忠誠。對毛澤東思想就是要做到堅信不移，堅定不移，堅決擁護，堅決照辦。更進一步樹立和加強對毛主席和毛澤東思想的深厚的階級感情，真正認識到毛澤東思想是革命的根本，是力量的源泉，行動的指南，思想的寶庫。

3.在鬥爭中學，在鬥爭中用，特別是在「用」字上狠下功夫，要真正落實到思想革命化，堅持天天讀，越是緊，越是忙，越是有困難，越要抓緊學習，要盡最大的努力把毛澤東思想學到手，真正掌握起來，用毛澤東思想認識問題，處理問題，指導自己的行動。

4.在運動中開展一個大力宣傳學習毛主席著作的重大意義的活動。人人開口，處處宣傳，利用一切宣傳工具和宣傳陣地大造聲勢。

總之，通過上述活動迅速掀起一個活學活用毛主席著作的高潮。

二、以主席思想為指南，以階級鬥爭為綱，緊緊掌握鬥爭的大方向

把矛頭直接指向黨內最大的一小撮走資本主義道路的當權派，在大批判中實現革命的大聯合和革命的「三結合」，這是我們的大方向。我連全體指戰員高舉毛澤東思想革命的批判旗幟，緊抓一個中心（批判黨內最大的一小撮走資本主義道路的當權派），開辟兩個戰場，（上午以組訓連戰鬥，下午已原戰鬥隊活動），緊密配合，掀起一個大批判的高潮，同時結合我省、我院向衛、王、王，向趙家王朝展開全線進攻，徹底揭開我院階級鬥爭的蓋子，推進我院鬥批改的深入發展，任何情況下，任何個人或組織都不得以任何方式和任何藉口把矛頭指向革命群眾和革命組織，並和任何企圖挑起「內戰」得不良行為做堅決的鬥爭。

三、高舉毛澤東思想的偉大紅旗，在大批判中促進革命的大聯合和革命的「三結合」

毛主席說：「組織千千萬萬的民眾，調動浩浩蕩蕩的革命軍，這是今日的革命向反革命進攻的需要。」實現革命的大聯合和革命的「三結合」就是革命的需要，是對敵鬥爭的需要。我連全體戰士決心在革命的大批判中，大力突出毛澤東思想，進行火線整風，特別要做到「三個為主」（批評與自我批評以自我批評為主，聯繫思想和聯繫工作以聯繫思想為主，聯繫別人與聯繫自己以聯繫自己為主），促進思想革命化，為革命的大聯合和革命的「三結合」打好思想基礎。盡最大努力促進大聯合和革命的「三結合」的早日實現，我們保證，不符合毛澤東思想的事不做，不利於大聯合的話不說，提高革命警惕性，嚴防階級敵人鑽我們的空子，嚴禁自由主義的「小廣播」，同時要以解放軍為榜樣，加強我們的革命性、科學性、組織紀律性，嚴守三大紀律，八項注意，嚴格執行請假制度，堅決肅清無政府主義，發揚三八作風，要做到行動軍事化、戰鬥化，雷厲風行。

四、和解放軍緊緊團結在一起，戰鬥在一起，勝利在一起

毛主席說：「沒有一個人民的軍隊，便沒有人民的一切。」中國人民解放軍是我們偉大領袖毛主席親手締造的，非常革命化、非常戰鬥化的人民軍隊，是革命左派的堅強後盾，所以我們革命師生和解放軍必須絕對地互相相信，密切配合，並肩戰鬥，緊緊掌握鬥爭的大方向，共同生活在一起，戰鬥在一起，勝利在一起，在共同的鬥爭中結成同生死、共命運的戰鬥友誼，結下深厚的階級感情！

無產階級革命派的戰友們，讓我們高舉更高舉毛澤東思想的偉大紅旗，積極動員

起來，迅速在我院掀起一個活學活用毛主席著作的高潮，掀起一個像劉、鄧展開大批判的高潮，發起一個像衛、王、王、趙死鬼和趙家王朝的全線總攻擊，把無產階級文化大革命進行到底！

打倒劉少奇！打倒鄧小平！

無產階級革命派大聯合萬歲！

偉大的中國人民解放軍萬歲！

偉大的中國共產黨萬歲！

戰無不勝的毛澤東思想萬歲！

我們心中最紅最紅的紅太陽毛主席萬歲！萬歲！萬萬歲！

結訓五師二十五團三連

1967年4月24日

把活学活用毛主席著作的群众运动推向新阶段

組訓五师二十五团三連提出倡議

“六月天兵征腐惡，万丈长纓要把鯤鵬縛。”党內头号走資本主义道路的当权派被革命群众揪出来了，这是毛泽东思想的伟大胜利。正如《人民日报》二十一日社論指出的，“在我們面前是一片大好形势。以毛主席为代表的无产阶級革命路綫，已經取得了决定性的胜利。但是阶級敌人还在妄图頑抗。我們自己的队伍中也还存在着这样的那样的問題，斗爭还会出現曲折，我們的道路还是长的，任务还是很重的。”我院也是一片大好形势，但是仍然存在着这样或那样的問題，例如，还有“內战”苗头出現，在一定的程度上，組訓和战斗队的活动，存在着脫节和冲突的現象，这些都是不利于我們的文化大革命，不利于革命的大联合和“三結合”的实現。为了紧紧掌握斗爭的大方向，結合我院的斗爭，迅速掀起一个批判刘、邓的高潮，在革命的大批判中，促进我院的革命的大联合，經我連全体指战員再三酝釀和討論，特向全团战士提出如下倡議：

一、毛泽东思想红旗必须高举更高举

十六条中指出：“毛澤东思想是无产阶級文化大革命的指南”。我們一定要把学习毛主席著作放在重于一切，高于一切，先于一切的地位，具体要做好以下四个方面：

1.更进一步提高和加深对学习毛主席著作的重大意义的认識。在学习毛主席著作的过程中，結合自己的思想，开展三談、三想、三問。①談毛泽东思想在中国革命和世界革命中取得的伟大胜利，想自己在毛泽东思想紅旗下的成长过程，問自己今后对毛主席和毛泽东思想应抱什么态度。②談学习毛主席著作的甜头，想不学习毛主席著作的苦头，問自己今后如何加强毛主席著作的学习。③談毛主席領导无产阶級文化大革命的伟大胜利，想自己在这一伟大运动中的成长和提高，問自己今后如何执行毛主席的革命路綫，从而树立起要革命就得学习毛主席著作，干一辈子革命，要学一辈子毛主席著作，改造自己一辈子的思想，把学习毛主席著作当作自己毕生的战斗任务。

2.狠抓对毛主席和毛泽东思想态度的教育，对毛主席就是要做到无限热爱、无限信仰、无限崇拜、无限忠誠。对毛泽东思想就是要做到坚信不移，坚定不移，坚决拥护，坚决照办。更进一步树立和加强对毛主席和毛泽东思想的深厚的阶級感情，眞正认識到毛泽东思想是革命的根本，是力量的源泉，行动的指南，思想的宝庫。

3.在斗爭中学，在斗爭中用，特别是在“用”字上狠下功夫，要眞正落实到思想革命化，坚持天天讀，越是紧，越是忙，越是有困难，越要抓紧学习，要尽最大的努力把毛泽东思想学到手，眞正掌握起来，用毛泽东思想认識問題，处理問題，指导自己的行动。

4.在运动中开展一个大力宣传学习毛主席著作的重大意义的活动。人人开口，处处宣传，利用一切宣传工具和宣传陣地大造声势。

总之，通过上述活动迅速掀起一个活学活用毛主席著作的高潮。

二、以主席思想为指南，以阶級斗爭为纲，紧紧掌握斗爭的大方向

把矛头直接指向党內最大的一小撮走資本主义道路的当权派，在大批判中实現革命的大联合和革命的“三結合”，这是我們的大方向。我連全体指战員高举毛泽东思想革命的批判旗帜，紧抓一个中心（批判党內最大的一小撮走資本主义道路的当权派），开辟两个战場（上午以組訓連战斗，下午以原战斗队活动），紧密配合，掀起一个大批判的高潮，同时結合我省、我院向卫、王、王，向赵家王朝展开全綫进攻，彻底揭开我院阶級斗爭的盖子，推进我院斗批改的深入发展，任何时候，任何情况下，任何个人或組織都不得以任何方式和任何借口把矛头指向革命群众和革命組織，并和任何企图挑起“內战”的不良行为作坚决的斗爭。

三、高举毛泽东思想的伟大红旗，在大批判中促进革命的大联合和革命的“三結合”

毛主席說：“組織千千万万的民众，調动浩浩蕩蕩的革命軍，这是今日的革命向反革命进攻的需要。”实現革命的大联合和革命的“三結合”就是革命的需要，是对敌斗爭的需要。我連全体战士决心在革命的大批判中，大力突出毛泽东思想，进行火綫整风，特別要做到“三个为主”（批評与自我批評以自我批評为主，联系思想和联系工作以联系思想为主，联系别人与联系自己以联系自己为主），促进思想革命化，为革命的大联合和革命的“三結合”打好思想基礎。尽最大努力促进大联合和革命的“三結合”的早日实現，我們保証，不符合毛泽东思想的事不做，不利于大联合的話不說，提高革命警惕性，严防阶級敌人鉆我們的空子，严禁自由主义的“小广播”，同时要以解放軍为榜样，加强我們的革命性、科学性、組織紀律性，严守三大紀律，八項注意，严格执行請假制度，坚决肃清无政府主义，发揚三八作风，要做到行动軍事化、战斗化，雷厉风行。

四、和解放军紧紧团结在一起，战斗在一起，胜利在一起

毛主席說：“没有一个人民的軍队，便没有人民的一切。”中国人民解放軍是我們伟大領袖毛主席亲手締造的，非常革命化、非常战斗化的人民軍队，是革命左派的坚强后盾，所以我們革命师生和解放軍必須絕对地互相相信，密切配合，并肩战斗，紧紧掌握斗爭的大方向，共同生活在一起，战斗在一起，胜利在一起，在共同的斗爭中結成同生死、共命运的战斗友誼，結下深厚的阶級感情！

无产阶級革命派的战友們，让我們高举更高举毛泽东思想的伟大紅旗，积极动員起来，迅速在我院掀起一个活学活用毛主席著作的高潮，掀起一个向刘、邓展开大批判的高潮，发起一个向卫、王、王、赵死鬼和赵家王朝的全綫总攻击，把无产阶級文化大革命进行到底！

打倒刘少奇！打倒邓小平！

无产阶級革命派大联合万岁！

伟大的中国人民解放軍万岁！

伟大的中国共产党万岁！

战无不胜的毛泽东思想万岁！

我們心中最紅最紅的紅太阳毛主席万岁！万岁！万万岁！

組訓五师二十五团三連

1967年4月24日

短評

學出新的水平　用出新的水平

史無前例的無產階級文化大革命，從根本上來說，就是大破資產階級思想，大立毛澤東思想，而要取得這場革命的徹底勝利，就必須用毛澤東思想把廣大群眾武裝起來。林彪同志說：「要搞好這場文化大革命，靠什麼呢？靠毛澤東思想，……」

毛澤東思想是馬克思列寧主義發展的一個嶄新階段，是當代最高水平的馬克思列寧主義，是全黨、全軍和全國一切工作的指導方針，是無產階級文化大革命的行動指南。無產階級革命派奪取政權靠毛澤東思想，掌握政權和鞏固政權也靠毛澤東思想，毛澤東思想是我們的命根子，是我們一切力量的源泉。

今天本報發表了組訓五師廿五團三連關於把活學活用毛主席著作的群眾運動推向新階段的倡議，這個倡議好得很，希全院無產階級革命派，熱烈響應這個倡議，以解放軍為榜樣，掀起活學活用毛主席著作的新高潮。

對毛澤東思想抱什麼態度，是承認還是抵制，是擁護還是反對，是熱烈還是仇視，這是真革命和假革命，革命和反革命，馬克思列寧主義和現代修正主義的分水嶺和試金石。無產階級革命派必須切切實實把活學活用毛主席著作放在高於一切，大於一切，先於一切，重於一切的地位，用毛澤東思想統帥一切，指導一切，帶動一切，改造一切。

學習毛主席著作，要掌握「帶著問題學，活學活用，學用結合，急用先學，立竿見影，在用字上狠下功夫」這一馬克思列寧主義的學習方法。要在無產階級文化大革命中學，在無產階級文化大革命中用，學一點，用一點，反覆學，反覆用，用戰無不勝的毛澤東思想武裝自己的頭腦，搞好思想革命化。

學習毛主席著作，必須狠觸靈魂，改造思想，大奪「私」字的權，打倒無政府主義、山頭主義和個人主義，加強無產階級革命派性、科學性和組織紀律性，在毛澤東思想的基礎上，進一步擴大和鞏固革命的大聯合，組成一支以無產階級左派為核心的浩浩蕩蕩的無產階級文化革命大軍。

各個革命組織在鬥爭中，對某些問題產生一些分歧和糾紛，這是必然的。但是，雙方都要對照毛主席著作好好想一想，彼此之間，究竟有沒有原則性的分歧。非原則的問題，要多做自我批評，原則的問題要堅持鬥爭。在大方向一致的前提下，求同存異，矛頭向上，對準黨內最大的一小撮走資本主義道路的當權派，對準本省本院黨內一小撮走資本主義道路的當權派，這是鬥爭的大方向，每個無產階級革命派，必須緊緊掌握這個鬥爭的大方向。

革命組織之間相互進行批評誠然是非常必要的，但是這種批評必須遵照毛主席的教導：「要分清敵我，不能站在敵對的立場，用對待敵人的態度來對待同志。必須是滿腔熱情地用保護人民事業和提高人民覺悟的態度來說話，而不能用嘲笑和攻擊的態度來說話。」堅決杜絕打砸搶的無政府主義傾向，否則只會使親者痛，仇者快。

無產階級革命派要在這場革命的大批判中衝鋒陷陣，英勇鬥爭，在鬥爭中把活學活用毛主席著作的群眾運動推向一個新階段，學出新的水平，用出新的水平，出現新的局面，掀起新的高潮。讓光焰無際的毛澤東思想永遠照耀中國革命和世界革命的大道。

短評

学出新的水平　用出新的水平

史无前例的无产阶級文化大革命，从根本上来說，就是大破资产阶級思想，大立毛泽东思想，而要取得这場革命的彻底胜利，就必須用毛泽东思想把广大群众武裝起来。林彪同志說：“要搞好这場文化大革命，靠什么呢？靠毛澤东思想，……”

毛泽东思想是馬克思列宁主义发展的一个嶄新阶段，是当代最高水平的馬克思列宁主义，是全党、全軍和全国一切工作的指导方針，是无产阶級文化大革命的行动指南。无产阶級革命派夺取政权靠毛泽东思想，掌握政权和巩固政权也靠毛泽东思想，毛泽东思想是我們的命根子，是我們一切力量的源泉。

今天本报发表了組訓五师廿五团三連关于把活学活用毛主席著作的群众运动推向新阶段的倡議，这个倡議好得很，希全院无产阶級革命派，热烈响应这个倡議，以解放軍为榜样，掀起活学活用毛主席著作的新高潮。

对毛泽东思想抱什么态度，是承认还是抵制，是拥护还是反对，是热爱还是仇視，这是眞革命和假革命，革命和反革命，馬克思列宁主义和现代修正主义的分水岭和試金石。无产阶級革命派必須切切实实把活学活用毛主席著作放在高于一切，大于一切，先于一切，重于一切的地位，用毛泽东思想統帅一切，指导一切，带动一切，改造一切。

学习毛主席著作，要掌握“带着問題学，活学活用，学用結合，急用先学，立竿見影，在用字上狠下功夫”这一馬克思列宁主义的学习方法。要在无产阶級文化大革命中学，在无产阶級文化大革命中用，学一点，用一点，反复学，反复用，用战无不胜的毛泽东思想武装自己的头脑，搞好思想革命化。

学习毛主席著作，必須狠触灵魂，改造思想，大夺“私”字的权，打倒无政府主义、山头主义和个人主义，加强无产阶級革命性、科学性和組織紀律性，在毛泽东思想的基础上，进一步扩大和巩固革命的大联合，組成一支以无产阶級左派为核心的浩浩蕩蕩的无产阶級文化革命大軍。

各个革命組織在斗爭中，对某些問題产生一些分歧和糾紛，这是必然的。但是，双方都要对照毛主席著作好好想一想，彼此之間，究竟有沒有原則性的分歧。非原則的問題，要多做自我批評，原則的問題要堅持斗爭。在大方向一致的前提下，求同存异，矛头向上，对准党內最大的一小撮走资本主义道路的当权派，对准本省本院党內一小撮走资本主义道路的当权派，这是斗爭的大方向，每个无产阶級革命派，必須紧紧掌握这个斗爭的大方向。

革命組織之間相互进行批評誠然是非常必要的，但是这种批評必須遵照毛主席的教导：“要分清敌我，不能站在敌对的立場，用对待敌人的态度来对待同志。必須是滿腔热情地用保护人民事业和提高人民觉悟的态度来說話，而不能用嘲笑和攻击的态度来說話。”坚决杜絕打砸搶的无政府主义傾向，否則只会使亲者痛，仇者快。

无产阶級革命派要在这場革命的大批判中冲鋒陷陣，英勇斗爭，在斗爭中把活学活用毛主席著作的群众运动推向一个新阶段，学出新的水平，用出新的水平，出現新的局面，掀起新的高潮。让光焰无际的毛泽东思想永远照耀中国革命和世界革命的大道。

革命師生和組訓五師解放軍舉行集會

堅決斬斷劉、鄧、陶伸向我省我院的黑爪

（本報訊）五月八日上午，我向革命造反指揮部和組訓五師解放軍同志一起，在學生飯廳召開了憤怒聲討、鬥爭劉、鄧、陶及伸向我省我院的黑爪牙衛、王、王、趙、李、徐大會。大會開始前，全體同志齊聲朗讀最高指示：「人民靠我們去組織。中國的反動分子，靠我們組織起人民去把他打倒。凡是反動的東西，你不打，他就不倒。這也和掃地一樣，掃帚不到，灰塵照例不會自己跑掉。」高唱《東方紅》和語錄歌：《造反有理》。大會開始，院指揮部代表王方錄同志首先發言，他以無比憤怒的心情聲討黨內最大的一小撮走資本主義道路的當權派劉、鄧、陶，及其伸向我省、我院的黑爪牙衛、王、王、趙、李、徐的反黨反社會主義反毛澤東思想的滔天罪行。他說：我們一定要高舉毛澤東思想偉大紅旗，徹底批臭黑《修養》，堅決粉碎資本主義復辟的反革命逆流，把劉、鄧、陶，及其爪牙鬥倒，鬥臭，鬥垮！在大批判中實現革命的大聯合和革命的「三結合」，為勝利完成一鬥二批三改的光榮任務而奮鬥！接著，在全場憤怒的口號聲中，押送反革命修正主義分子王大任到場，把反革命修正主義分子徐舟、李守清揪出陪鬥。同志們憤怒高呼打倒劉、鄧、陶！打倒衛、王、王！打倒趙、李、徐！敵人不投降就叫它徹底滅亡！

各革命組織代表及個人，紛紛上台，面對階級敵人，怒目瞪視，憤怒揭發控訴。發言的同志以大量的事實，揭發控訴反革命修正主義分子王大任、趙、李、徐，秉承其主子劉、鄧、陶的黑指示，上下勾結，串通一氣，打著「紅旗」反紅旗，瘋狂反對毛澤東思想，反對群眾性的活學活用毛主席著作，惡毒攻擊三面紅旗，極力推行修正主義的教育路線，反對知識分子勞動化、工農化，培養資產階級的接班人。他們的最終目的，就是要在中國復辟資本主義。史無前例的無產階級文化大革命，使他們的黃粱美夢徹底破產，這一小撮反革命修正主義分子，被廣大無產階級革命派揪了出來，這是毛澤東思想的偉大勝利！

發言的同志還一致表示，宜將剩勇追窮寇，奮起毛澤東思想的千鈞棒，堅決痛擊資本主義復辟的反革命逆流，徹底鬥臭這一小撮反革命修正主義分子，深挖衛、王、王的二、三線人物，誓將無產階級文化大革命進行到底！

在會上發言的四野、紅心、永紅、東聯、繼紅等戰鬥隊代表及程繼武、崔一秀等同志。

大會在「打倒劉、鄧、陶！打倒衛、王、王！打倒趙、李、徐！徹底粉碎資本主義復辟的反革命逆流！深挖衛、王、王的二、三線」的口號聲中勝利結束。

（采通組）

革命师生和組訓五师解放軍举行集会

坚決斬断刘、邓、陶伸向我省我院的黑爪

（本报訊）五月八日上午，我院[illegible]反指揮部和組訓五师解放軍同志一起，在学生飯厅召开了憤怒声討、斗爭刘、邓、陶及伸向我省我院的黑爪牙卫、王、王、赵、李、徐大会。大会开始前，全体同志齐声朗讀最高指示：“人民靠我們去組織。中国的反动分子，靠我們組織起人民去把他打倒。凡是反动的东西，你不打，他就不倒。这也和扫地一样，扫帚不到，灰塵照例不会自己跑掉。”高唱《东方紅》和語录歌：《造反有理》。大会开始，院指揮部代表王万录同志首先发言，他以无比憤怒的心情声討党內最大的一小撮走資本主义道路的当权派刘、邓、陶，及其伸向我省、我院的黑爪牙卫、王、王、赵、李、徐的反党反社会主义反毛泽东思想的滔天罪行。他說：我們一定要高举毛泽东思想伟大紅旗，彻底批臭黑《修养》，坚決粉碎資本主义复辟的反革命逆流，把刘、邓、陶及其爪牙斗倒，斗臭，斗垮！在大批判中实現革命的大联合和革命的“三結合”，为胜利完成一斗二批三改的光荣任务而奋斗！接着，在全場憤怒的口号声中，押送反革命修正主义分子王大任到場，把反革命修正主义分子徐弁、李守淸揪出陪斗。同志們憤怒高呼打倒刘、邓、陶！打倒卫、王、王！打倒赵、李、徐！敌人不投降就叫它彻底灭亡！

各革命組織代表及个人，紛紛上台，面对阶級敌人，怒目瞪視，憤怒揭发控訴。发言的同志以大量的事实，揭发控訴反革命修正主义分子王大任、赵、李、徐，秉承其主子刘、邓、陶的黑指示，上下勾結，串通一气，打着“紅旗”反紅旗，疯狂反对毛泽东思想，反对群众性的活学活用毛主席著作，恶毒攻击三面紅旗，极力推行修正主义的敎育路綫，反对知識分子劳动化、工农化，培养資产阶級的接班人。他們的最終目的，就是要在中国复辟資本主义。史无前例的无产阶級文化大革命，使他們的黄粱美梦彻底破产，这一小撮反革命修正主义分子，被广大无产阶級革命派揪了出来，这是毛泽东思想的伟大胜利！

发言的同志还一致表示，宜将剩勇追穷寇，奋起毛泽东思想的千鈞棒，坚决痛击資本主义复辟的反革命逆流，彻底斗臭这一小撮反革命修正主义分子，深挖卫、王、王的二、三綫人物，誓将无产阶級文化大革命进行到底！

在会上发言的有四野、紅心、永紅、东联、继紅等战斗队代表及程继武、崔一秀等同志。

大会在“打倒刘、邓、陶！打倒卫、王、王！打倒赵、李、徐！彻底粉碎資本主义复辟的反革命逆流！深挖卫、王、王的二、三綫”的口号声中胜利結束。

（采通組）

高舉毛澤東思想批判旗幟

徹底肅清幹部問題上資產階級反動路線在我院的流毒

·調查報告·

《人民日報》社論指出：「在當前對黨內最大的一小撮走資本主義道路當權派的群眾性的大批判中，著重批判他們在幹部問題上「打擊一大片，保護一小撮」的資產階級反動路線，是一項十分重要的戰鬥任務，切切不可等閑視之。」

十多年來，我院以趙宗復為首的黨內一小撮走資本主義道路的當權派，忠實地執行了黨內最大的一小撮走資本主義道路的當權派和黑省委的旨意，大力推行「打擊一大片，保護一小撮」的資產階級反動路線，結黨營私，招降納叛，打擊排擠工農幹部，妄圖把工學院變成趙家王朝的天下，以達到其反革命復辟的可恥目的。

一、趙、李、徐一小撮反革命修正主義分子，對幹部打擊一大片。

（一）一九五九年反右傾運動中，以趙、李、徐為首的我院黨內一小撮走資本主義道路的當權派就推行了「打擊一大片，保護一小撮」的資產階級反動路線，

造輿論，目標對準老公農幹部，復、轉軍人：

整風一開始，趙宗復殺氣騰騰地說：「18級以上的幹部，要好好地整一整。」徐舟也說什麼「反右傾就是整老幹部。老幹部，有本錢，敢反黨，砍掉一批，在所不惜。」還汙蔑轉業軍人說：「反黨的盡是你們穿黃皮的」，「昨日你是功臣，今日你是禍首」。李守清把工農幹部說成是「三國時的魏延，腦後有反骨」，「頭上生瘡，腳底流膿，爛透了」。還大言不慚地說：「革命不是坐天下，誰有能耐誰上來。」

違背黨中央決定，不全文傳達中央文件，欺騙廣大幹部。

破壞黨的民主集中制，對同志搞突然襲擊。

點名發言，考試打分，強迫廣大黨員發言「上綱」。

捏造事實，嫁禍於人。

圍攻，逼供、指供、誘供，強迫簽字。

由於他們採取了這樣極其卑鄙的手段，在參加18級以上幹部整風會議的69人中，受到批判鬥爭後定案的有37人，占總數的53.6%，其中老幹部、工農出身的幹部19名，轉業軍人8名，教師6名，其他4名。院辦、教務口科級以上幹部9人，受批判鬥爭的有5名，占55.6%；黨團、人事口科級以上幹部15人，受批判鬥爭的有8名，占53.3%；黨委會科級以上幹部4人，100%受批判鬥爭；工業學科級以上幹部4人，受批判鬥爭的有2名，占50%。就這樣，大批老工農幹部被打成了「反黨分子」、「右傾

機會主義分子」，戴上了「反黨」、「嚴重右傾」等帽子。例如：李××、蔡××、要×、曹××等同志因給黨委提了一些合理意見，被打成「反黨集團」、「反黨分子」，62年才甄別平反。

在這次整風反右運動中，共有52工農幹部被打成「反黨分子」、「右傾機會主義分子」。結果保了以趙宗復為首的一小撮反革命修正主義分子。

（二）在這次史無前例的無產階級文化大革命，這一伙狐群狗黨為了保護他們的總後台—黨內頭號走資本主義道路的當權派和黑省委內以衛、王、王為首的反革命修正主義集團，更是忠實地執行了「打擊一大片，保護一小撮」這條資產階級反動路線：

推卸責任，自封左派：

運動開始不久，趙宗復深知自己罪惡累累，難逃革命群眾的法網，就叛黨自殺。李守清、徐舟等見識不妙，怕熊熊的革命烈火燒到他（她）們身上，就千方百計地粉飾自己。李守清在擴大黨委常委會上，大言不慚地說：「我和趙宗復是有鬥爭的。」徐舟也到處宣揚自己「和趙宗復是有矛盾、有鬥爭的」。李守清還說：「工學院只有三個半左派（指李守清、徐舟、筱一和半個郁世仁）。」

耍陰謀，放暗箭，轉移鬥爭大方向：

李守清裝出一副關心工學院文化大革命的樣子，在廣大革命師生中大刮陰風，說什麼「在我院黨委有一條黑線，這條黑線又粗又長，上自省委，下至黨團人事、教務院辦以至各系口。」「某某是黑線上的人物，某某是特務。」又說：「在教育路線上，×××忠實地執行了趙宗復的教育路線，問題很大，是趙宗復黑線上的。」「在人事問題上，上有李滄聲（當時革命群眾已揪出），下有邢××，李滄聲是大黑幫，邢××是小黑幫。」「黨團人事口是晉南派掌握大權，排斥×××。」「像蔡××、田××這些人，到運動後期還不整一整？」等等。就這樣把一支又一支的毒箭射在了中下層幹部身上，把革命烈火引向廣大中下層幹部。而他們自己則逍遙法外，坐山觀虎鬥，而且掌握了臨時文革委員會的要職（李守清任文革委員會辦公室主任）。同時，還說什麼「62年的甄別平反是反革命大復辟」，企圖把62年平反的被他們打成的「反黨分子」、「右傾機會主義分子」再次打成「反革命」。

據初步統計，在黨團、院辦、總務各行政幹部中，被鬥的有6人，占總數的23%；被拘留、勒令馬上檢查交代「罪刑」的有10人，占總數的40%；在小組會上做檢查的有24人，占總數的92.3%；被大字報圍攻的就更為普遍。

鬥爭的形式有：戴紙帽，穿紙衣，打紙旗，掛鐵環，站板凳，拖拉推打，百米千米賽跑。

大刮停職罷官的黑風，只要有人提出罷誰的官，真是「有求必應」。在黨團人事口，被批判鬥爭後罷官的幹部達33.3%。

大批地進行勞改。

二、趙、李、徐一小撮反革命修正主義分子對工農幹部，復、轉軍人進行了殘酷的打擊、排擠和迫害。然而，他們又是怎樣保護一小撮呢？

（一）在五九年反右傾運動中，

狼狽為奸，互相吹捧，蒙混過關。

徐舟厚顏無恥地說:「反對趙院長就是反黨。」李守清也極力鼓吹趙宗復「為黨工作磨得沒有稜角了」。趙宗復說：「李守清年輕有為」，「徐舟是女理論家」等等。這些反革命修正主義分子在運動中就這樣混過去了。

對一小撮資產階級反動學術「權威」大施仁政，百般保護。

李守清公開叫囂「對於正副教授，首先是動員他們積極對我們提出批評建議，同時吸收他們適當地參加五反領導工作。不要求他們洗澡，不要求他們交代。如果群眾對他們有意見，本人又不願意檢查，可將群眾的意見轉給他，然後再把他們交代的情況告訴群眾，並給群眾做好說服教育工作。」徐舟也說：「教師在教我們，是我們的父親；職工在養我們，是我們的母親；即教我者為父，養我者為母。」「凡是我們的教師，都應該尊重」等。

（二）在無產階級文化大革命中，這一小撮反革命修正主義分子，更是威脅利誘，混水摸魚，保護自己，蒙混過關。

徐舟見有群眾給黨委貼大字報，就說什麼「有人聽毛主席和黨中央的話，其他組織不能相信，這是階級鬥爭的反映。」又說：「工學院黨委，省委認為是馬列主義的。」「院黨委有問題，由省委改組；沒改組前，反對黨委就是階級鬥爭。」還威脅同學說：「現在黨委還沒有認為我爛掉，你們不聽我的話，就是奪我的權。」「左派奪了左派的權，沒事，右派奪了左派的權，將來再說。」李守清也極力保護「趙家王朝」的幹將。當革命群眾要鬥爭「趙家王朝」的財務大臣、山陰縣大地主梁晉都時，李守清卻說：「梁晉都是缺點錯誤的問題，政治上沒抓住多少問題……」替梁解圍。當解圍無效，革命群眾不聽他的鬼話時，他又親自指使××，出面阻擋革命群眾的革命行動。他還散布了地主階級的孝子賢孫筱一是「左派」的謬論，用以迷惑群眾，以達到其包庇反黨反社會反毛澤東思想的三反分子的目的。

目前，以趙宗復為首的黨內一小撮走資本主義道路的當權派反革命復辟的美夢已經徹底破產了，李守清、徐舟反革命修正主義的醜惡面貌已經暴露無遺，我院的黨政財文大權已從趙家王朝奪在無產階級革命派手裡，以毛主席為代表的無產階級革命路線取得了徹底的勝利。

但是，我們應該牢記毛主席的偉大教導：「帝國主義者和國內反動派，決不甘心於他們的失敗，他們還要做最後的掙扎。」趙宗復、李守清、徐舟等我院一小撮黨內走資本主義道路的當權派雖然被揪出來了，但他（她）們心還不死，還要進行破壞和搗亂。因此，我們無產階級革命派，必須堅決捍衛毛主席在幹部問題上的無產階級革命路線，必須挺起腰杆來批判在幹部問題上的資產階級反動路線。只有在鬥爭中把「一大片」真正解放出來，才能把「一小撮」徹底孤立，徹底打倒。也只有這樣，才能最終粉碎那「一小撮」搞反攻倒算，復辟資本主義的陰謀。

真正要革命的幹部，應該不怕黨內一小撮走資本主義道路當權派和各種保守勢力的打擊，堅定地站到無產階級革命派一邊來，站到革命小將一邊來。

真正的無產階級革命派，敢闖、敢幹、敢革命、敢造反、不僅敢於「打擊一小撮」，而且敢於「解放一大片」，團結大多數。

無產階級革命派戰友們，廣大革命幹部們，讓我們更高地舉起毛澤東思想的偉大紅旗，以「只爭朝夕」的革命精神，徹底肅清「打擊一大片，保護一小撮」的資產階級反動路線在我院的流毒，團結廣大群眾，團結廣大幹部，為盡快地促進我院無產階級革命派的大聯合，實現革命的「三結合」做出努力。

（綜合永紅、東聯等戰鬥隊來稿）

高举毛澤东思想批判旗帜

彻底肃清干部問題上資产阶級反动路綫在我院的流毒

·調 查 报 告·

《人民日报》社論指出：“在当前对党內最大的一小撮走資本主义道路当权派的群众性的大批判中，着重批判他們在干部問題上‘打击一大片，保护一小撮’的資产阶級反动路綫，是一項十分重要的战斗任务，切切不可等閑視之。”

十多年来，我院以赵宗复为首的党內一小撮走資本主义道路的当权派，忠实地执行了党內最大的一小撮走資本主义道路的当权派和黑省委的旨意，大力推行“打击一大片，保护一小撮”的資产阶級反动路綫，結党营私，招降納叛，打击排挤工农干部，妄图把工学院变成赵家王朝的天下，以达到其反革命复辟的可耻目的。

一、赵、李、徐一小撮反革命修正主义分子，对干部打击一大片。

（一）一九五九年反右傾运动中，以赵、李、徐为首的我院党內一小撮走資本主义道路的当权派就推行了“打击一大片，保护一小撮”的資产阶級反动路綫。

①造輿論，目标对准老工农干部，复、轉軍人：

整风一开始，赵宗复杀气腾腾地說：“18級以上的干部，要好好地整一整。”徐舟也說什么“反右傾就是整老干部。老干部，有本錢，敢反党，砍掉一批，在所不惜。”还污蔑轉业軍人說：“反党的尽是你們穿黄皮的”，“昨日你是功臣，今日你是禍首”。李守淸把工农干部說成是“三国时的魏延，脑后有反骨”，“头上生疮，脚底流脓，烂透了”。还大言不慚地說：“革命不是坐天下，誰有能耐誰上来。”

②违背党中央决定，不全文传达中央文件，欺騙广大干部。

③破坏党的民主集中制，对同志搞突然袭击。

④点名发言，考試打分，强迫广大党員发言“上綱”。

⑤捏造事实，嫁禍于人。

⑥围攻，逼供、指供、誘供，强迫签字。

由于他們采取了这样极其卑鄙的手段，在参加18級以上干部整风会議的69人中，受到批判斗爭后定案的有37人，占总数的53.6%，其中老干部、工农出身的干部19名，轉业軍人8名，教师6名，其他4名。院办、教务口科級以上干部9人，受批判斗爭的有5名，占55.6%；党团、人事口科級以上干部15人，受批判斗爭的有8名，占53.3%；党委会科級以上干部4人，100%受批判斗爭；工业学校科級以上干部4人，受批判斗爭的有2名，占50%。就这样，大批老工农干部被打成了“反党分子”、“右傾机会主义分子”，戴上了“反党”、“严重右傾”等帽子。例如：李××、蔡××、要×、曹××等同志因給党委提了一些合理意見，被打成“反党集团”、“反党分子”，62年才甄别平反。

在这次整风反右运动中，共有52名工农干部被打成“反党分子”、“右傾机会主义分子”。結果保了以赵宗复为首的一小撮反革命修正主义分子。

（二）在这次史无前例的无产阶級文化大革命中，这一伙狐群狗党为了保护他們的总后台——党內头号走資本主义道路的当权派和黑省委內以卫、王、王为首的反革命修正主义集团，更是忠实地执行了“打击一大片，保护一小撮”这条資产阶級反动路綫：

①推卸責任，自封左派：

运动开始不久，赵宗复深知自己罪恶累累，难逃革命群众的法网，就叛党自杀。李守淸、徐舟等見势不妙，怕熊熊的革命烈火烧在他（她）們身上，就千方百計地粉飾自己。李守淸在扩大党委常委会上，大言不慚地說：“我和赵宗复是有斗爭的。”徐舟也到处宣揚自己“和赵宗复是有矛盾、有斗爭的”。李守淸还說：“工学院只有三个半左派（指李守淸、徐舟、彼一和半个郗世仁）。”

②耍阴謀，放暗箭，轉移斗爭大方向：

李守淸裝出一付关心工学院文化大革命的样子，在广大革命师生中大刮阴风，說什么“在我院党委有一条黑綫，这条黑綫又粗又长，上自省委，下至党团人事、教务院办以至各系口。”“某某是黑綫上的人物，某某是特务。”又說：“在教育路綫上，×××忠实地执行了赵宗复的教育路綫，問題很大，是赵宗复黑綫上的。”“在人事問題上，上有李滄声（当时革命群众已揪出），下有邢××，李滄声是大黑帮，邢××是小黑帮。”“党团人事口是晋南派掌握大权，排斥×××。”“象蔡××、田××这些人，到运动后期还不整一整？”等等。就这样把一支又一支的毒箭射在了中下层干部身上，把革命烈火引向广大中下层干部。而他們自己則逍遙法外，坐山观虎斗，而且掌握了临时文革委員会的要职（李守淸任文革委員会办公室主任）。同时，还說什么“62年的甄别平反是反革命大复辟”，企图把62年平反的被他們打成的“反党分子”、“右傾机会主义分子”再次打成“反革命”。

据初步統計，在党团、院办、总务各行政干部中，被斗的有6人，占总数的23%；被拘留、勒令馬上检查交待“罪行”的有10人，占总数的40%；在小組会上作检查的有24人，占总数的92.3%；被大字报围攻的就更为普遍。

斗爭的形式有：戴紙帽，穿紙衣，打紙旗，挂鉄环，站板凳，拖拉推打，百米千米賽跑。

③大刮停职罢官的黑风，只要有人提出罢誰的官，真是“有求必应”。在党团人事口，被批判斗爭后罢官的干部达33.3%。

④大批地进行劳改。

二、赵、李、徐一小撮反革命修正主义分子对工农干部，复、转军人进行了残酷的打击、排挤和迫害。然而，他们又是怎样保护一小撮呢？

（一）在五九年反右傾运动中：

①狼狈为奸，互相吹捧，蒙混过关。

徐舟厚顏无耻地說：“反对赵院长就是反党。”李守淸也极力鼓吹赵宗复“为党工作磨得沒有棱角了”。赵宗复說：“李守淸年輕有为”，“徐舟是女理論家”等等。这些反革命修正主义分子在运动中就这样混过去了。

②对一小撮資产阶級反动学术“权威”大施仁政，百般保护。

李守淸公开叫嚣“对于正副教授，首先是动員他們积极对我們提出批評建議，同时吸收他們适当地参加五反領导工作。不要求他們洗澡，不要求他們交代。如果群众对他們有意見，本人又不愿意检查，可将群众的意見轉給他，然后再把他們交代的情况告訴群众，并給群众做好說服教育工作。”徐舟也說：“教师在教我們，是我們的父亲；职工在养我們，是我們的母亲；即教我者为父，养我者为母。”“凡是我們的教师，都应該尊重”等。

（二）在无产阶級文化大革命中，这一小撮反革命修正主义分子，更是威脅利誘，混水摸魚，保护自己，蒙混过关。

徐舟見有群众給党委貼大字报，就說什么“有人說听毛主席和党中央的話，其他組織不能相信，这是阶級斗爭的反映。”又說：“工学院党委，省委认为是馬列主义的。”“院党委有問題，由省委改組；沒改組前，反对党委就是阶級斗爭。”还威脅同学說：“現在党委还沒有认为我烂掉，你們不听我的話，就是夺我的权。”“左派夺了左派的权，沒事，右派夺了左派的权，将来再說。”李守淸也极力保护“赵家王朝”的干将。当革命群众要斗爭“赵家王朝”的財务大臣、山阴县大地主梁晋都时，李守淸却說：“梁晋都是缺点錯誤的問題，政治上沒抓住多少問題……”替梁解围。当解围无效，革命群众不听他的鬼話时，他又亲自指使××，出面阻挡革命群众的革命行动。他还散布了地主阶級的孝子賢孙彼一是“左派”的謬論，用以迷惑群众，以达到其包庇反党

（下轉四版）

二、打击革命小将，迫害革命干部，扩大私人势力

在刘志兰等一伙反对山西革命造反总指挥部的企图破产后，刘志兰这狡猾狐狸，她早就看中李慰的得意門生黑省委政治研究室的投机政客李×和七一公社张××、刘××、张××等保皇分子，因此她便凭借职权，非法地把七一公社拉进山西革命造反总指挥部。刘志兰混进中共山西核心小組篡夺了付秘书长要职，捞了一把党权以后，这个政治扒手又千方百計要把她的黑手伸进山西省革命委員会篡夺政权。因此，在山西省革命組織代表会議之

（上接二版）

反社会主义反毛泽东思想的三反分子的目的。

☆　　☆　　☆

目前，以赵宗复为首的党內一小撮走資本主义道路的当权派反革命复辟的美梦已經彻底破产了，李守淸、徐舟反革命修正主义的丑恶面貌已經暴露无遗，我院的党政財文大权已从赵家王朝夺在无产阶級革命派手里，以毛主席为代表的无产阶級革命路綫取得了彻底的胜利。

但是，我們应該牢記毛主席的偉大教导：“帝国主义者和国內反动派，决不甘心于他們的失敗，他們还要作最后的挣扎。”赵宗复、李守淸、徐舟等我院一小撮党內走資本主义道路的当权派虽然被揪出来了，但他（她）們心还不死，还要进行破坏和搗乱。因此，我們无产阶級革命派，必須坚决捍卫毛主席在干部問題上的无产阶級革命路綫，必須挺起腰杆来批判在干部問題上的資产阶級反动路綫。只有在斗爭中把“一大片”真正解放出来，才能把“一小撮”彻底孤立，彻底打倒。也只有这样，才能最終粉碎那“一小撮”搞反攻倒算，复辟資本主义的阴謀。

真正要革命的干部，应該不怕党內一小撮走資本主义道路当权派和各种保守势力的打击，坚定地站到无产阶級革命派一边来，站到革命小将一边来。

真正的无产阶級革命派，敢闖、敢干、敢革命、敢造反，不仅敢于“打击一小撮”，而且敢于“解放一大片”，团結大多数。

无产阶級革命派战友們，广大革命干部們，让我們更高地举起毛澤东思想的偉大紅旗，以“只爭朝夕”的革命精神，彻底肃淸“打击一大片，保护一小撮”的資产阶級反动路綫在我院的流毒，团結广大群众，团結广大干部，为尽快地促进我院无产阶級革命派的大联合，实现革命的“三結合”作出努力。

（綜合永紅、东联等战斗队来稿）

萬炮齊轟劉志蘭

劉志蘭是中共山西核心小組成員，山西省鬥、批、改小組副組長，原省委農村政治部副主任。

一、劉志蘭是反對「一・一二」奪權的幕後人

「一・一二」以前，衛恆、王謙、王大任之流害怕劉格平、張日清、劉貫一、袁振同志起來革命奪去他們的大權，因此，組織反動勢力，追害袁振同志，而黑省委的「千金小姐」劉志蘭緊跟衛、王、王反革命修正主義集團。

66年9月13日劉說：「以前對《八年總結》和《反對折衷主義十二條》不以為是問題，揭露後才知道袁振是個陰謀家、野心家，通過總結工作是為了達到他個人的目的。」並說：「袁振這段有活動，家裡晚上不滅燈，學生經常去。」等等。劉志蘭到處刺探消息，並暗中監視袁振同志的行動，把袁振同志的一言一行，革命學生到袁家的情報，僅八月初就兩次寫信匯報給衛恆的特務胡曉琴和鎮壓革命學生的劊子手賈俊。

一月十二日山西革命造反總指揮部剛剛奪權以後，反動組織「省委機關幹部革命造反大隊」於一月十五日經李×、馬××（七一公社常委政治指導員）點頭，派遣三人告狀小組，坐飛機上京誣告劉格平、張日清是什麼「政治大扒手」，搞「軍事政變」等等。告狀失敗後，回來銷毀罪證。在此同時，太工××隊於一月十四日寫出了大毒草《告全省人民書》，攻擊山西革命造反總指揮部和劉格平、張日清，第二天便分別交給劉志蘭、李×審閱。李×如獲至寶，對其××××隊的人吹噓：「太工××看問題就是尖銳，就是水平高！」接著太工××隊連續拋出《三評》、《二告》的反動傳單，並每天廣播多次，瘋狂地攻擊革命造反派大聯合大奪權的革命行動。他們同時籌建「第二總指揮部」，與山西革命造反總指揮部相對抗，以便進行全面地反奪權的罪惡活動。雖然一月十七日王力同志已經表示支持劉格平同志的革命行動，但是，李×之流並沒有因此死心，所以在二十日「省委聯絡總部」常委會上李×仍然散布流言蜚語，說什麼：「關鋒是劉格平的老同事，王力是劉格平的老部下，不能輕易相信。」直到一月二十三日，李×和太工××隊等組織代表繼續開會籌畫成立第二總指揮部，計畫於一月二十四日砸爛山西革命造反總指揮部，把全部大權奪回來。然而，當晚中央人民廣播電台廣播了《山西革命造反總指揮部第一號通告》，打破了劉志蘭一小撮人的黃粱美夢。

二、打擊革命小將，迫害革命幹部，擴大私人勢力

在劉志蘭等一伙反對山西革命造反總指揮部的企圖破產後，劉志蘭這狡猾狐狸，她早就看中李慰的得意門生黑省委政治研究室的投機政客李×和七一公社張××、劉

××、張××等保皇分子，因此她便憑藉職權，非法地把七一公社拉近山西革命造反總指揮部。劉志蘭混進中共山西核心小組篡奪了副秘書長要職，撈了一把黨權之後；這個政治扒手又千方百計要把她的黑手伸進山西省革命委員會篡奪政權。因此，在山西省革命組織代表會議之前，劉志蘭伙同李×等經過密謀，精心炮製了八名山西省革命委員會委員候選人名單，全是七一公社的幹部和劉志蘭親信李×之流，他們為了使自己一手炮製的候選人合法化，因此，對上面就說：「是經過群眾認真討論選出來的。」對下面卻說：「這是核心小組決定的，劉格平、張日清、劉貫一、袁振同志點了頭的。」欺上瞞下，而混進了山西省革命委員會。

劉志蘭和七一公社李×集團篡奪一部分黨政大權以後，更加得意忘形，從而暴露了他們的猙獰面目。其表現主要是：

（一）打擊革命組織，迫害革命小將

太工××隊把太工紅心個別隊員在很早以前寫的有嚴重錯誤而從未以任何方式發表過的草稿盜出，送交了劉志蘭。劉不是正確對待，而是採取毒辣手段，借刀殺人，支持七一公社的太行游擊隊大量鉛印成冊，廣為散發，揚言要「消毒」，操縱其御用組織圍攻太工紅心戰士，把革命同學打成「特務」、「定時炸彈」。並借此文章把矛頭指向劉格平、張日清同志，打擊革命小將和革命的領導幹部，可謂「一箭射雙雕」矣！

她操縱的七一公社在其常委會上研究決定：「有理、有利、有節地摧垮太工紅心」，因為太工紅心給她提了不少意見，並下決心深挖黑省委的黑根、黑線、爪牙、特務，這便觸怒了劉志蘭等一伙了。於是以七一公社署名的第一張圍攻革命小將的大字報出籠了，題為《請看太工「紅心」的所作所為》，把矛頭對準革命學生，惡意中傷。隨後又拋出連篇累牘的東西，什麼《五問太工紅心》、《臨別贈言》、《究竟誰陰謀瓦解山西革命造反總指揮部》等等，等等。並組織人員圍攻紅心戰士，限制他們的自由，甚至連廁所也不讓去。

劉志蘭本人曾告太工××組織：「太工紅心在核心小組門口寫了揪出七一公社的後台的大標語是對準我的」，要他們用大字報大標語去圍攻紅心，挑動群眾鬥群眾。

她操縱七一公社圍攻山西革命造反兵團紅旗縱隊等小將。她濫用職權，私查革命小將檔案，利用政治部名義整理革命小將的黑材料準備秋後算賬。

（二）安插親信，結黨營私，保存和擴大私人勢力

劉志蘭混進中共山西核心小組以後，又把李×、張××、劉××、袁××「保送」到山西省革命委員會當了委員。同時，又欺上瞞下，把保皇小丑張××（原是劉的秘書）提到農業口當總負責人，計畫將來擔任農委副主任。把黨氏兄弟張××派到忻縣地區參加左派奪權，把典型的保皇分子張××派到晉東南奪權，把自己的親信和

屈服於自己的人大量地安插到中共山西核心小組和省革命委員會要害部門。

（三）「打擊一大片」保全二三線

張潤槐是原昔陽縣委書記，是攻擊陳永貴同志的急先鋒，是迫害革命領導幹部張懷英同志和昔陽革命群眾的罪魁禍首，是地地道道的反革命修正主義分子。昔陽縣的革命群眾來原省委農工部揪攻擊陳永貴同志和迫害張懷英同志的混蛋張潤槐，而劉志蘭就讓她的秘書王××電話指示張××說：「不能讓揪走。」背著昔陽的革命群眾當夜悄悄讓張潤槐潛逃北京。

應該特別指出的是，劉志蘭、張××之流讓張潤槐躲在北京後，張潤槐和他們仍然勾勾搭搭，書來信往，關係甚為密切。

但是昔陽縣的革命群眾對階級敵人有刻骨的仇恨，不揪回反革命修正主義分子誓不罷休。他們又第二次來省農工部揪張潤槐，二月上旬將張潤槐從北京揪了回來（現已揪回昔陽）。這就是劉志蘭的真面目，劉志蘭包庇了迫害陳永貴同志的三反分子張潤槐。

劉志蘭和七一公社憑藉職權和借助七一公社一派勢力，對同志進行政治迫害，組織一伙人連續鬥爭堅決砲轟劉志蘭的朱生和同志二十小時，宣稱要把朱打成「反革命」，劉志蘭還批准逮捕朱生和。把真正的二三線人物如鄭林、朱衛華、陰發祥等卻保護過關，甚至扶為「革命的領導幹部」，實現衛、王、王反革命修正主義集團一線垮了，代之以二、三線的罪惡計畫。劉志蘭和七一公社是黑省委二、三線人物的保護傘。

三、劉志蘭是資本主義反革命復辟的急先鋒，是挑動群眾鬥群眾的罪魁禍首

劉志蘭混進中共山西核心小組以後，濫用職權假公濟私，大搞公報私仇的罪惡活動。三月底四月初，劉志蘭竟敢憑藉職權二次欺騙革命小將五十多人攜帶空白介紹信四張前往天津，並縱容革命小將要用「合法」和「非法」手段把毛主席派去天津領導奪權鬥爭的李雪峰同志揪回山西。此事暴露以後，劉志蘭卻嫁禍於人，通過七一公社的嘴竟把罪責硬往張日清同志身上推，妄想煽動革命小將反對張日清同志，把火引向山西軍區。

四月二十九日，太機第四野戰軍對劉志蘭的保皇工具七一公社採取了革命行動，造了他們的反，搜出了一些黑材料，而劉志蘭和李×集團卻惱羞成怒，謾罵太機四野的革命小將是「法西斯暴徒」。五月一日上午七一公社個別頭頭收集他們的殘兵敗將召開全體社員大會，攻擊革命小將。當晚，太機四野第二次對七一公社採取革命行動，又搜出大量黑材料。正在搬運之際，七一公社的頭頭打電話調兵遣將，把太機四野數十名革命小將包圍起來，把黑材料劫去許多，並動手打人，七一公社的頭頭李×赤膊上陣，坐在山醫紅革聯〇四一〇〇六八一宣傳車上指揮學生鬥學生，當場打傷許

多同學。第二天上午，太機四野、太機華野、太工永紅、紅心、雄鷹、四野、重院紅旗等革命小將，開著宣傳車前往大街進行遊行，最後開進山醫遊行宣傳，在劉志蘭操縱下竟調動數千學生挑起大規模的武鬥，打、砸宣傳車，二十多人受重傷。五月二日晚，七一公社領導集團糾集五十多大小組織八千多學生浩浩蕩蕩地開來山西省革命委員會和中共山西核心小組，並組織五十多人的「突擊隊」向解放軍衝擊，對無產階級司令部和革命的領導幹部劉格平同志，採取靜坐示威，大喊口號，擋住大門阻止汽車出入，逼著表態、簽字，這是劉志蘭又一罪狀。

目前，劉志蘭幕後指揮七一公社四處活動，糾集那些反對「一・一二」奪權的「勇士」，拉攏沒有參加「一・一二」奪權的學生組織和其他群眾組織，大搞靜坐示威和向革命的領導幹部施加壓力，衝擊無產階級司令部，圍攻勇敢地參加「一・一二」奪權的革命小將。這是劉志蘭陰謀進行反奪權的公開化和逐步「升級」。毛主席教導我們：「世界上一切革命鬥爭都是為著奪取政權，鞏固政權。」我們必須識破敵人的陰謀詭計，徹底粉碎自上而下的資本主義反革命復辟逆流，保衛我們革命造反派「一・一二」奪權勝利的革命果實，把無產階級文化大革命進行到底。

（根據紅心、永紅、重院紅旗、原省委機關戰到底兵團所供材料綜合）

万炮齐轰刘志兰

刘志兰是中共山西核心小組成員，山西省斗、批、改小組付組长，原省委农村政治部付主任。

一、刘志兰是反对"一·一二"夺权的幕后人

"一·一二"以前，卫恒、王謙、王大任之流害怕刘格平、张日清、刘貫一、袁振同志起来革命夺去他們的大权，因此，組織反动势力，迫害袁振同志，而黑省委的"千金小姐"刘志兰紧跟卫、王、王反革命修正主义集团。

66年9月13日刘說："以前对《八年总結》和《反对折衷主义十二条》不以为是問題，揭露后才知道袁振是个阴謀家、野心家，通过总結工作是为了达到他个人的目的。"并說："袁振这段有活动，家里晚上不灭灯，学生經常去。"等等。刘志兰到处刺探消息，并暗中监視袁振同志的行动，把袁振同志的一言一行，革命学生到袁家的情报，仅八月初就两次写信汇报給卫恒的特务胡晓琴和鎮压革命学生的劊子手賈俊。

一月十二日山西革命造反总指揮部刚刚夺权以后，反动組織"省委机关干部革命造反大队"于一月十五日經李×、馬××（七一公社常委政治指导員）点头，派遣三人告状小組，坐飞机上京誣告刘格平、张日清是什么"政治大扒手"，搞"軍事政变"等等。告状失敗后，回来銷毀罪証。在此同时，太工××队于一月十四日写出了大毒草《告全省人民书》，攻击山西革命造反总指揮部和刘格平、张日清，第二天便分別交給刘志兰、李×审閱。李×如获至宝，对其××××队的人吹嘘："太工××看問題就是尖銳，就是水平高！"接着太工××队連續抛出《三評》、《二告》的反动传单，并每天广播多次，瘋狂地攻击革命造反派大联合大夺权的革命行动。他們同时筹建"第二总指揮部"，与山西革命造反总指揮部相对抗，以便进行全面地反夺权的罪恶活动。虽然一月十七日王力同志已經表示支持刘格平同志的革命行动，但是，李×之流并沒有因此死心，所以在二十日"省委联絡总部"常委会上李×仍然散布流言蜚語，說什么："关鋒是刘格平的老同事，王力是刘格平的老部下，不能輕易相信。"直到一月二十三日，李×和太工××队等組織代表继續开会筹划成立第二总指揮部，計划于一月二十四日砸烂山西革命造反总指揮部，把全部大权夺回来。然而，当晚中央人民广播电台广播了《山西革命造反总指揮部第一号通告》，打破了刘志兰一小撮人的黄粱美梦。

前，刘志兰伙同李×等經过密謀，精心炮制了八名山西省革命委員会委員候选人名单，全是七一公社的干部和刘志兰亲信李×之流，他們为了使自己一手炮制的候选人合法化，因此，对上面就說："是經过群众认真肘論选出来的。"对下面却說："这是核心小組决定的，刘格平、张日清、刘貫一、袁振同志点了头的。"欺上瞞下，而混进了山西省革命委員会。

刘志兰和七一公社李×集团篡夺一部分党政大权以后，更加得意忘形，从而暴露了他們的猙獰面目。其表現主要是：

（一）打击革命组织，迫害革命小将

太工××队把太工紅心个别队員在很早以前写的有严重錯誤而从来以任何方式发表过的草稿盜出，送交了刘志兰。刘不是正确对待，而是采取毒辣手段，借刀杀人，支持七一公社的太行游击队大量鉛印成册，广为散发，揚言要"消毒"，操纵其御用組織围攻太工紅心战士，把革命同学打成"特务"、"定时炸弹"。并借此文章把矛头指向刘格平、张日清同志，打击革命小将和革命的領导干部，可謂"一箭射双雕"矣！

她操纵的七一公社在其常委会上研究决定："有理、有利、有节地描垮太工紅心"，因为太工紅心給她提了不少意见，并下决心深挖黑省委的黑根、黑綫、爪牙、特务，这便触怒了刘志兰等一伙了。于是以七一公社署名的第一张围攻革命小将的大字报出籠了，题为《請看太工"紅心"的所作所为》，把矛头对准革命学生，恶意中伤。随后又抛出連篇累牍的东西，什么《五問太工紅心》、《临别贈言》、《究竟誰阴謀瓦解山西革命造反总指揮部》等等，等等。并組織人員围攻紅心战士，限制他們的自由，甚至連厕所也不让去。

刘志兰本人曾告太工××組織："太工紅心在核心小組門口写了揪出七一公社的后台的大标語是对准我的"，要他們用大字报大标語去围攻紅心，挑动群众斗群众。

她操纵七一公社围攻山西革命造反兵团紅旗纵队等小将。她滥用职权，私査革命小将档案，利用政治部名义整理革命小将的黑材料准备秋后算賬。

（二）安插亲信，结党营私，保存和扩大私人势力

刘志兰混进中共山西核心小組以后，又把李×、张××、刘××和袁××"保送"到山西省革命委員会当了委員。同时，又欺上瞞下，把保皇小丑张××（原是刘的秘书）提到农业口当总負責人，計划将来担任农委副主任。把党氏兄弟张××派到忻县地区参加左派夺权，把典型的保皇分子张××派到晋东南夺权，把自己的亲信和屈服于自己的人大量地安插到中共山西核心小組和省革命委員会要害部門。

（三）"打击一大片"保全二三线

张潤槐是原昔阳县委书記，是攻击陈永貴同志的急先鋒，是迫害革命領导干部张怀英同志和昔阳革命群众的罪魁禍首，是地地道道的反革命修正主义分子。昔阳县的革命群众来原省委农工部揪攻击陈永貴同志和迫害张怀英同志的混蛋张潤槐，而刘志兰就让她的秘书王××电話指示张××說："不能让揪走。"背着昔阳的革命群众当夜悄悄让张潤槐潜逃北京。

应該特别指出的是，刘志兰、张××之流让张潤槐躲在北京后，张潤槐和他們仍然勾勾搭搭，书来信往，关系甚为密切。

但是昔阳县的革命群众对阶級敌人有刻骨的仇恨，不揪回反革命修正主义分子誓不罢休。他們又第二次来省农工部揪张潤槐，二月上旬将张潤槐从北京揪了回来（现已揪回昔阳）。这就是刘志兰的真面目，刘志兰包庇了迫害陈永貴同志的三反分子张潤槐。

刘志兰和七一公社凭借职权和借助七一公社一派势力，对同志进行政治迫害，組織一伙人連續斗爭坚决炮轰刘志兰的朱生和同志二十小时，宣称要把朱打成"反革命"，刘志兰还批准逮捕朱生和。把真正的二三綫人物如郑林、朱卫华、阴发祥等却保护过关，甚至扶为"革命的领导干部"，实现卫、王、王反革命修正主义集团一綫垮了，代之以二、三綫的罪恶計划。刘志兰和七一公社是黑省委二、三綫人物的保护伞。

三、刘志兰是资本主义反革命复辟的急先锋，是挑动群众斗群众的罪魁祸首

刘志兰混进中共山西核心小組以后，滥用职权假公济私，大搞公报私仇的罪恶活动。三月底四月初，刘志兰竟敢凭借职权二次欺騙革命小将五十多人携带空白介紹信四张前往天津，并纵容革命小将要用"合法"和"非法"手段把毛主席派去天津領导夺权斗爭的李雪峰同志揪回山西。此事暴露以后，刘志兰却嫁禍于人，通过七一公社的咀竟把罪責硬往张日清同志身上推，妄想煽动革命小将反对张日清同志，把火引向山西軍区。

四月二十九日，太机第四野战軍对刘志兰的保皇工具七一公社采取了革命行动，造了他們的反，搜出了一些黑材料，而刘志兰和李×集团却恼羞成怒，謾罵太机四野的革命小将是"法西斯暴徒"。五月一日上午七一公社个别头头收集他們的残兵敗将召开全体社員大会，攻击革命小将。当晚，太机四野第二次对七一公社采取革命行动，又搜出大量黑材料。正在搬运之际，七一公社的头头打电話調兵遣将，把太机四野数十名革命小将包围起来，把黑材料劫去許多，并动手打人，七一公社的头头李×赤膊上陣，坐在山医紅革联〇四——〇〇六八一宣传車上指揮学生斗学生，当場打伤許多同学。第二天上午，太机四野、太机华野、太工永紅、紅心、雄鹰、四野、重院紅旗等革命小将，开着宣传車前往大街进行游行，最后开进山医游行宣传，在刘志兰操纵下竟煽动数千学生挑起大規模的武斗，打、砸宣传車，二十多人受重伤。五月二日晚，七一公社領导集团糾集五十多大小組織八千多学生浩浩蕩蕩地开来山西省革命委員会和中共山西核心小組，并組織五十多人的"突击队"向解放軍冲击，对无产阶級司令部和革命的領导干部刘格平同志，采取靜坐示威，大喊口号，挡住大門阻止汽車出入，逼着表态、簽字，这是刘志兰又一罪状。

目前，刘志兰幕后指揮七一公社四处活动，糾集那些反对"一、一二"夺权的"勇士"，拉攏沒有参加"一、一二"夺权的学生組織和其他群众組織，大搞靜坐示威和向革命的領导干部施加压力，冲击无产阶級司令部，围攻勇敢地参加"一、一二"夺权的革命小将。这是刘志兰阴謀进行反夺权的公开化和逐步"升級"。毛主席教导我們："世界上一切革命斗爭都是为着夺取政权，巩固政权。"我們必須識破敌人的阴謀鬼計，彻底粉碎自上而下的資本主义反革命复辟逆流，保卫我們革命造反派"一、一二"夺权胜利的革命果实，把无产阶級文化大革命进行到底。

（根据紅心、永紅、重院紅旗、原省委机关战到底兵团所供材料綜合）

打倒無政府主義，大立無產階級的革命紀律和革命權威

廣大無產階級革命派，高舉毛澤東思想偉大紅旗，緊緊掌握鬥爭的大方向，向黨內最大的一小撮走資本主義道路的當權派，向一小撮反革命修正主義分子展開大批判、大鬥爭。形勢大好，好得很！

當前冒出來的無政府主義，是擺在無產階級革命派面前的又一個敵人。它分散著我們的目標，轉移鬥爭的大方向，必須把它打倒。

無政府主義的表現形式多種多樣。例如：

只要自由，不要紀律；只要民主，不要集中；

只顧個人或小團體利益，不顧革命的整體利益；

不顧鬥爭的大方向，熱衷於出風頭，搞山頭，搞無原則的糾紛，打無原則的「內戰」；

只要「自治」，不要權威。對「一概打倒，一概排斥，一概懷疑」頗感興越；

專門觸及別人靈魂，最怕觸及自己靈魂；在搞違反政策的魯莽行動上是「好漢」，在奪頭腦中「私」字的權的戰場上是懦夫。……

無政府主義，不論表現形式如何，都是資產階級個人主義。正如列寧所指出的：「無政府主義，雖然「非常」猛烈地攻擊資產階級，但是他們還是站在資產階級世界觀的立場上。」

黨內最大的一小撮走資本主義道路當權派，極力宣揚「打倒一切，排斥一切，懷疑一切」的無政府主義思潮，否定無產階級的權威和無產階級的組織紀律，妄圖混水摸魚，以達到其破壞無產階級文化大革命，破壞無產階級專政的罪惡目的。特別值得注意的是，無政府主義思潮泛濫，黨內一小撮走資本主義道路當權派卻暗自高興，乘機活動，他們東奔西跑，拉拉扯扯，搧風點火，倒打一耙。有些無政府主義思想嚴重的人，最容易被黨內一小撮走資本主義道路當權派所利用，甚至做出親者痛、仇者快的事來。

無政府主義，是機會主義的表現，對革命事業有極大的破壞作用。從歷史上看是這樣。在當前無產階級文化大革命運動中，無政府主義破壞革命的大聯合，破壞革命的「三結合」，轉移鬥爭的大方向，如果不徹底搞臭，發展下去，就會陷入盲動主義和機會主義的深淵。

同志！要警惕啊！必須及時戳穿敵人的陰謀，打倒無政府主義。但是，必須指出，誰如果藉反對無政府主義為名，惡意攻擊革命群眾組織或無產階級革命派，那麼我們可以正告這些人：你們是肯定撈不到半點便宜的。

毛主席說：「不破不立，不塞不流，不止不行。」

必須徹底批判「一概懷疑，一概排斥，一概打倒」的反動謬論。

對於資產階級反革命的紀律，我們就是要徹底摧垮。無產階級革命派奮起毛澤東思想的千鈞棒，砸碎了黨內一小撮走資本主義道路當權派盜用黨的名義所製造的壓制革命、壓制群眾的反革命紀律，砸碎了臭《修養》套在他們身上的精神枷鎖，「殺」了出來，這是一個階級推翻一個階級的大革命，多麼大快人心啊！但是，推翻了反革命修正主義的統治，就要建立起無產階級的嶄新的秩序，就要大立無產階級的革命性、科學性和組織紀律性。如果再把無產階級的革命紀律視為「條條」「框框」，這就是無政府主義思潮的表現。偉大領袖毛主席提出的「加強紀律性，革命無不勝」；「三大紀律八項注意」的教導，永遠是無產階級革命性、科學性、組織紀律性的最高準則。列寧指出：否認無產階級革命紀律，「就等於為資產階級效勞而完全解除無產階級的武裝」，「就等於放縱小資產階級的散漫、動搖、不能堅持、不能團結、不能統一行動等劣根性，而縱容這些劣根性，就必然使無產階級的任何革命運動都遭到失敗。」

在階級社會中，從來沒有超階級的權威。對於資產階級反動「權威」，要徹底打倒，對於無產階級的權威大樹特樹。恩格斯說：「革命無疑是天下最有權威的東西。」沒有革命的權威，就沒有有組織的革命行動，更不會有革命的勝利。巴黎公社的教訓之一，就是權威運用的太少了。中國人民和世界人民革命鬥爭的實踐是很有親身體會的。

偉大的導師、偉大的領袖、偉大的統帥、偉大的舵手毛主席就是當代無產階級最高、絕對權威；馬列主義、毛澤東思想，是無產階級最高、絕對權威。毛主席是我們心中最紅最紅的紅太陽，我們對偉大領袖毛主席和光焰無際的毛澤東思想就是無限熱愛、無限信仰、無限忠誠、無限崇拜，我們用鮮血和生命來捍衛偉大的領袖毛主席和偉大的毛澤東思想。我們就是要大立特立毛主席和毛澤東思想的最高、絕對權威。我們就是要樹立高舉毛澤東思想偉大紅旗的、貫徹毛主席革命路線的無產階級權威。用毛澤東思想統帥一切，指導一切，帶動一切，改造一切，這樣才能保證我們無產階級鐵打江山永不變色。讓黨內最大的一小撮走資本主義道路的當權派及其爪牙的悲鳴和吠叫見鬼去吧！

總之，我們要高舉毛澤東思想偉大紅旗，把活學活用毛主席著作放在高於一切，大於一切，先於一切，重於一切的地位。特別要以「老三篇」作為座右銘，反覆學習「新五篇」，改造客觀世界的同時，努力改造自己的主觀世界，要在兩個階級、兩條道路、兩條路線鬥爭的決戰關頭，狠奪自己頭腦中「私」字的權，打倒、搞臭資產階級個人主義，打倒、搞臭、全殲無政府主義，大立無產階級的革命紀律和革命權威，把無產階級文化大革命進行到底！

打倒无政府主义，大立无产阶級的革命紀律和革命权威

社論

广大无产阶級革命派，高举毛泽东思想伟大紅旗，紧紧掌握斗争大方向，向党內最大的一小撮走資本主义道路当权派，向一小撮反革命修正主义分子展开大批判、大斗争。形势大好，好得很！

当前冒出来的无政府主义，是摆在无产阶級革命派面前的又一个敌人。它分散着我們的目标，轉移斗爭的大方向，必須把它打倒。

无政府主义的表現形式多种多样。例如：

只要自由，不要紀律；只要民主，不要集中；

只顾个人或小团体利益，不顾革命的整体利益；

不顾斗爭的大方向，热衷于出风头，搞山头，搞无原則的糾紛，打无原則的“內战”；

只要“自治”，不要权威。对“一概打倒，一概排斥，一概怀疑”頗感兴越；

专門触及別人灵魂，最怕触及自己灵魂；在搞走反政策的魯莽行动上是“好汉”，在夺头脑中“私”字的权的战場上是懦夫。……

无政府主义，不論表現形式如何，都是資产阶級个人主义。正如列宁所指出的：“无政府主义，虽然‘非常’猛烈地攻击資产阶級，但是他們还是站在資产阶級世界观的立場上。”

党內最大的一小撮走資本主义道路当权派，极力宣揚“打倒一切、排斥一切、怀疑一切”的无政府主义思潮，否定无产阶級的权威和无产阶級的組織紀律，妄图混水摸魚，以达到其破坏无产阶級文化大革命，破坏无产阶級专政的罪恶目的。特別值得注意的是，无政府主义思潮泛濫，党內一小撮走資本主义道路当权派却暗自高兴，乘机活动，他們东奔西走，拉拉扯扯，煽风点火，倒打一耙。有些无政府主义思想严重的人，最容易被党內一小撮走資本主义道路当权派所利用，甚至做出亲者痛、仇者快的事来。

无政府主义，是机会主义的表現，对革命事业有极大的破坏作用。从历史上看是这样。在当前无产阶級文化大革命运动中，无政府主义破坏革命的大联合，破坏革命的“三結合”，轉移斗爭的大方向，如果不彻底搞臭，发展下去，就会陷入盲动主义和机会主义的深渊。

同志！要警惕啊！必須及时戳穿敌人的阴謀，打倒无政府主义。但是，必須指出，誰如果借反对无政府主义为名，恶意攻击革命群众組織或无产阶級革命派，那么我們可以正告这些人：你們是肯定捞不到半点便宜的。

毛主席說：“不破不立，不塞不流，不止不行。”

必須彻底批判“一概怀疑，一概排斥，一概打倒”的反动謬論。

对于資产阶級反革命的紀律，我們就是要彻底摧垮。无产阶級革命派奋起毛泽东思想的千鈞棒，砸碎了党內一小撮走資本主义道路当权派盗用党的名义所制造的压制革命、压制群众的反革命紀律，砸碎了臭《修养》套在他們身上的精神枷鎖，“杀”了出来，这是一个阶級推翻一个阶級的大革命，多么大快人心啊！但是，推翻了反革命修正主义的統治，就要建立起无产阶級的嶄新的秩序，就要大立无产阶級的革命性、科学性和組織紀律性。如果再把无产阶級的革命紀律視为“条条”“框框”，这就是无政府主义思潮的表現。偉大領袖毛主席提出的“加強紀律性，革命无不胜”；“三大紀律八項注意”的教导，永远是无产阶級革命性、科学性、組織紀律性的最高准則。列宁指出：否認无产阶級革命紀律，“就等于为資产阶級效劳而完全解除无产阶級的武裝”，“就等于放纵小資产阶級的散漫、动搖、不能堅持、不能团結、不能統一行动等劣根性，而纵容这些劣根性，就必然使无产阶級的任何革命运动都遭到失败。”

在阶級社会中，从来沒有超阶級的权威。对于資产阶級反动“权威”，要彻底打倒，对于无产阶級的权威要大树特树。恩格斯說：“革命无疑是天下最有权威的东西。”沒有革命的权威，就沒有有組織的革命行动，更不会有革命的胜利。巴黎公社的教訓之一，就是权威运用的太少了。中国人民和世界人民革命斗爭的实践是很有亲身体会的。

伟大的导师、伟大的領袖、伟大的統帅、伟大的舵手毛主席就是当代无产阶級最高、絕对权威；馬列主义、毛泽东思想，是无产阶級最高、絕对权威。毛主席是我們心中最紅最紅的紅太阳，我們对伟大領袖毛主席和光焰无际的毛泽东思想就是无限热爱、无限信仰、无限忠誠、无限崇拜，我們用鮮血和生命来捍卫伟大的領袖毛主席和伟大的毛泽东思想。我們就是要大立特立毛主席和毛泽东思想的最高、絕对权威。我們就是要树立高举毛泽东思想伟大紅旗的、貫彻毛主席革命路綫的无产阶級权威。用毛泽东思想統帅一切，指导一切，带动一切，改造一切，这样才能保証我們无产阶級鉄打江山永不变色。让党內最大的一小撮走資本主义道路的当权派及其爪牙的悲鳴和吠叫見鬼去吧！

总之，我們要高举毛泽东思想伟大紅旗，把活学活用毛主席著作放在高于一切，大于一切，先于一切，重于一切的地位。特別要以“老三篇”作为座右銘，反复学习“新五篇”，改造客观世界的同时，努力改造自己的主观世界，要在两个阶級、两条道路、两条路綫斗爭的决战关头，狠夺自己头脑中“私”字的权，打倒、搞臭資产阶級个人主义。打倒、搞臭、全歼无政府主义，大立无产阶級的革命紀律和革命权威，把无产阶級文化大革命进行到底！

《修養》是徹頭徹尾的修正主義建黨綱領

・東風聯合紅光支隊・

六一年十月在蘇共二十二次代表大會上，赫魯曉夫公開打出了改變蘇聯共產黨的無產階級性的口號，公開宣布用所謂「全民黨」來代替無產階級政黨。閹割了馬克斯列寧主義早已闡明了的關於無產階級政黨的性質的基本原理。

中國的赫魯曉夫、黨內頭號走資本主義道路當權派劉少奇立即遙相呼應，在六二年九月重新拋出黑《修養》，大力鼓吹修正主義的建黨思想，胡說什麼「某些人要來依靠共產黨，到共產黨裡來找出路，贊成共產黨的政策，總算還是不錯的，他們找共產黨並沒有找錯。……我們對於這些人是歡迎的。……他們是可以加入共產黨的。」這是徹頭徹尾的「全民黨」的修正主義貨色。

早在1939年，我們偉大的領袖毛主席就提出要「建設一個全國範圍的，廣大群眾性的，思想上，政治上，組織上完全鞏固的布爾什維克化的中國共產黨。」但是，這個中國的赫魯曉夫劉少奇卻竭力宣揚「有些人在社會上找不到出路」，「為了將來吃得開」，「以及被親戚朋友帶過來的等等」，「到共產黨裡來找出路」，「也不是什麼了不起的問題」，「總算還是不錯的」。真不愧是赫魯曉夫的忠實門徒。毛主席教導我們：「只有無產階級和共產黨，才最沒有狹隘性和自私自利性，最有遠大的政治眼光和最有組織性，而且也最能虛心地接受世界上先進的無產階級及其政黨的經驗，而用之於自己的事業。」按照劉少奇所說的「到共產黨裡來」是為了「找出路」，為了「將來吃得開」，那麼共產黨豈不成了謀求個人私利的場所了嗎？這正是這個「個人野心家」、「陰謀家」醜惡靈魂的大暴露。馬克思列寧主義、毛澤東思想告訴我們：無產階級政黨，是無產階級的先進的有組織的部隊，是無產階級的最高組織形式，是無產階級利益的代表者，是無產階級意志的集中者。而劉少奇卻說什麼「某些人要來依靠共產黨，到共產黨裡來找出路」，我們就應該「歡迎」，他們就可以「加入共產黨」。這不明顯地把無產階級政黨貶低成一個大雜燴了嗎？成了不代表一定階級利益的所謂「全民黨」了嗎？這跟赫魯曉夫的「全體人民接受了工人階級的馬克思列寧主義的世界觀」的謬論有什麼兩樣呢？這是公然為階級敵人混入黨內，進行篡黨、篡政大開方便之門。

幾年來，黨內頭號走資本主義道路的當權派伸向我院的黑手—反革命修正主義分子趙宗復、李守清、徐舟等人，秉承了他（她）們主子的旨意，高唱什麼「應貫徹重在表現」啦，「要適合知識分子特點建黨」啦，等等，把那些「到共產黨裡來找出路」的人—資產階級世界觀沒有得到改造的資產階級知識分子，有嚴重歷史問題的人，資產階級反動學術「權威」，都「歡迎」到共產黨裡來，而且還給予黨委委員、總支書記等「出路」，甚至把不想到「到共產黨裡來找出路」的資產階級知識分子，也硬拉到共產黨裡來，給他一個黨委委員的「出路」。在他（她）們的操縱下，還擬定了一個所謂「高級知識分子」的建黨計畫，這個計畫中規定：1960年發展2人：朱景梓、楊××。1961年發展3人：劉××、侯××、張××。1962年發展7人：董××、劉××、王×、高××、張××、徐×、徐×、。1963年發展9人：熊××、張××、陳繹勤、梁××、李×、史××、謝××、韓××、李××。

列入這個計畫中的人，絕大多數是資產階級知識分子和一小撮資產階級反動學術「權威」。如果照此辦理，「那就不要很多時間，少則幾年、十幾年，多則幾十年，就不可避免地要出現全國性的反革命復辟，馬列主義的黨就一定會變成修正主義的黨，變成法西斯的黨，整個中國就要改變顏色了。」

事實很清楚，不論是劉少奇的「到共產黨裡來找出路」，還是趙、李、徐的「重在表現」，都是赫魯曉夫「全民黨」的翻版，都是一路貨色，其目的就是要根本改變中國共產黨的無產階級性，把馬列主義的黨改變成為修正主義的黨，在中國復辟資本主義。

我們必須奮起毛澤東思想的千鈞棒，批深、批透、批倒、批臭大毒草《修養》，徹底肅清它的惡劣影響，讓光焰無際的毛澤東思想占領一切陣地。

《修养》是彻头彻尾的修正主义建党綱領

·东风联合紅光支队·

六一年十月在苏共二十二次代表大会上，赫魯晓夫公开打出了改变苏联共产党的元产阶級性的口号，公开宣布用所謂“全民党”来代替无产阶級政党。閹割了馬克思列宁主义早已闡明了的关于无产阶級政党的性质的基本原理。

中国的赫魯晓夫、党内头号走資本主义道路当权派刘少奇立即遙相呼应，在六二年九月重新抛出黑《修养》，大力鼓吹修正主义的建党思想，胡說什么“某些人要来依靠共产党，到共产党里来找出路，贊成共产党的政策，总算还是不錯的，他們找共产党并沒有找錯。……我們对于这些人是欢迎的。……他們是可以加入共产党的。”这是彻头彻尾的“全民党”的修正主义貨色。

早在1939年，我們偉大的領袖毛主席就提出要“建設一个全国范圍的，广大群众性的，思想上，政治上，組織上完全巩固的布尔什維克化的中国共产党。”但是，这个中国的赫魯晓夫刘少奇却竭力宣揚“有些人在社会上找不到出路”，“为了将来吃得开”，“以及被亲戚朋友帶过来的等等”，“到共产党里来找出路”，“也不是什么了不起的問題”，“总算还是不錯的”。眞不愧是赫魯晓夫的忠实門徒。毛主席教导我們：“只有无产阶級和共产党，才最没有狹隘性和自私自利性，最有远大的政治眼光和最有組織性，而且也最能虛心地接受世界上先进的无产阶級及其政党的經驗，而用之于自己的事业。”按照刘少奇所說的“到共产党里来是为了“找出路”，为了“将来吃得开”，那么共产党岂不成了謀求个人私利的場所了嗎？这正是这个“个人野心家”、“阴謀家”丑恶灵魂的大暴露。馬克思列宁主义、毛泽东思想告訴我們：无产阶級政党，是无产阶級的先进的有組織的部队，是无产阶級的最高組織形式，是无产阶級利益的代表者，是无产阶級意志的集中者。而刘少奇却說什么“某些人要来依靠共产党，到共产党里来找出路”，我們就应該“欢迎”，他們就可以“加入共产党”。这不明显地把无产阶級政党贬低成一个大杂燴了嗎？成了不代表一定阶級利益的所謂“全民党”了嗎？这跟赫魯晓夫的“全体人民接受了工人阶級的馬克思列宁主义的世界观”的謬論有什么两样呢？这是公然为阶級敌人混入党内，进行篡党、篡政大开方便之門。

几年来，党内头号走資本主义道路的当权派伸向我院的黑手——反革命修正主义分子赵宗复、李守淸、徐舟等人，秉承了他（她）們主子的旨意，高唱什么“应貫彻重在表現”啦，“要适合知識分子特点建党”啦，等等，把那些“到共产党里找出路”的人——資产阶級世界观沒有得到改造的資产阶級知識分子，有严重历史問題的人，資产阶級反动学术“权威”，都“欢迎”到共产党里来，而且还給予党委委員、总支书記等“出路”，甚至把不想到“共产党里来找出路”的資产阶級知識分子，也硬拉到共产党里来，給他一个党委委員的“出路”。在他（她）們的操纵下，还拟定了一个所謂“高級知識分子”的建党計划，这个計划中規定：1960年发展2人：朱景梓、楊××。1961年发展3人：刘××、侯××、张××。1962年发展7人：董××、刘××、王×、高××、张××、徐×、徐×。1963年发展9人：熊××、张××、陈繹勋、梁××、李×、史××、謝××、韓××、李××。

列入这个計划中的人，絕大多数是資产阶級知識分子和一小撮資产阶級反动学术“权威”。如果照此办理，**“那就不要很多时間，少則几年、十几年，多則几十年，就不可避免地要出現全国性的反革命复辟，馬列主义的党就一定会变成修正主义的党，变成法西斯的党，整个中国就要改变顏色了。”**

事实很清楚，不論是刘少奇的“到共产党里来找出路”，还是赵、李、徐的“重在表現”，都是赫魯晓夫“全民党”的翻版，都是一路貨色，其目的就是要根本改变中国共产党的无产阶級性，把馬列主义的党改变成为修正主义的党，在中国复辟資本主义。

我們必須奋起毛泽东思想的千鈞棒，批深、批透、批倒、批臭大毒草《修养》，彻底肅清它的恶劣影响，让光焰无际的毛泽东思想占領一切陣地。

有无产阶級鉄的紀律。我們要取得无产阶級文化大革命的彻底胜利，必須大破无政府主义，大立无产阶級权威。

目前，在对党內最大的一小撮走資本主义道路的当权派的大批判、大斗爭中，无产阶級革命派，必須高举毛泽东思想伟大紅旗，坚持活学活用毛主席著作，**“要把自己当作革命的一分力量，同时又要不断的把自己当作革命的对象”**，狠夺自己头脑里“私”字的权，一边战斗，一边整风，只有这样，才能大破无政府主义，加强无产阶級革命性、科学性和組織紀律性。把无产阶級文化大革命进行到底。

軍民團結如一人，試看天下誰能敵？

組訓五師與我院廣大革命師生員工召開「擁軍愛民」大會

張日清、劉貫一、袁振等同志出席張日清同志作重要講話

紅旗飛舞，鑼鼓喧天。太原工學院沸騰起來了。

正當無產階級文化大革命進入兩個階級、兩條道路、兩條路線鬥爭的決戰時刻，駐我院組訓的解放軍同志與廣大的無產階級革命派一起，響應偉大領袖毛主席的號召，於五月十二日上午舉行了盛大的「擁軍愛民」大會。這個大會是一個高舉毛澤東思想偉大紅旗，軍民大團結的大會。

校園內外，大操場上，各革命組織到處張貼了各式各樣的巨幅標語：「向解放軍學習！」「向解放軍致敬！」「中國人民解放軍萬歲！」「解放軍是革命左派的堅強後盾！」「組訓五師在我院的大方向始終是正確的！」解放軍同志也到處張貼了大標語：「向革命小將學習！」「誓做革命左派的堅強後盾！」會場上紅旗招展，迎風飛舞。無產階級革命派與解放軍同志永遠心連心，永遠團結再一起，戰鬥在一起，勝利在一起。軍民團結如一人，試看天下誰能敵？

「太原工學院組訓五師擁軍愛民大會」在響亮的《東方紅》凱歌聲中開始了。中共山西核心小組成員張日清、劉貫一、袁振同志及軍區副參謀長劉卿瑞等領導同志參加了這次大會，受到了廣大革命師生員工的熱烈歡迎。革命的領導幹部光臨指導，與我們一起參加大會，這對我院無產階級革命派的極大支持和極大鼓舞。讓我們一千遍一萬遍地高呼：「毛主席萬歲！萬歲！萬萬歲！」

兩個多月以前，組訓五師解放軍同志積極響應毛主席支持左派廣大革命群眾和軍政訓練的偉大號召，介入了我院文化大革命。解放軍同志介入了我院以來，高舉毛澤東思想偉大紅旗，活學活用毛主席著作，堅決地站在毛主席革命路線一邊，緊緊掌握鬥爭的大方向，深入調查研究，毫不含糊地支持廣大無產階級革命派，和廣大的革命師生員工一起，把鬥爭的矛頭對準黨內最大的一小撮走資本主義道路當權派，對準我省我院黨內一小撮走資本主義道路當權派，對準這一小撮混蛋所炮製和推行的資產階級反動路線，進行大揭露、大批判、大鬥爭。高舉革命的批判旗幟，在大批判中推進革命的大聯合，推進革命的「三結合」，為我院的文化大革命立下了不朽的功勳。

「沒有一個人民的軍隊，便沒有人民的一切。」

「緊緊地和中國人民站在一起，全心全意地為中國人民服務，就是這個軍隊的唯一的宗旨。」

「人民，只有人民，才是創造世界歷史的動力。」

會場上，毛主席教導我們的聲音，此起彼伏。是毛主席他老人家帶領我們軍民團結一致，奮勇前進。

組訓五師政委孫凌生同志致開會詞。他熱情地讚揚了革命小將在無產階級文化大革命中所建立的不朽功勳，強調軍民要打成一片，要愛民，要向革命小將學習。

接著，革命小將李子劼和高翔同志先後發言。他們一致表示，要堅決地聽毛主席的話，要擁軍。向中國人民解放軍學習，學習他們高舉毛澤東思想偉大紅旗，活學活用毛主席著作；學習他們堅持四個第一，大興三八作風的優良傳統；學習他們高度的組織性、紀律性。「階級鬥爭並沒有結束」，兩條路線的鬥爭也沒有結束，一定要把兩條路線的鬥爭進行到底。他們還特別強調，目前社會上有一股資本主義復辟和反革命逆流，階級敵人對軍民團結怕得要死，恨得要命，極力破壞這個團結，把鬥爭矛頭對準解放軍。這個陰謀一定要揭穿。誰反對解放軍，我們就要和他鬥爭到底！

最後由中共山西核心小組副組長張日清同志作了重要講話。他代表與會的領導同志，對大會表示熱烈祝賀和堅決支持。講話分四個部分：首先講了擁軍愛民的偉大意義；接著講述了當前無產階級文化大革命的形勢；報告的第三部分是：我們要實現無產階級革命派的大聯合，鞏固革命的「三結合」。他說：我覺得你們太原工學院指揮部的大方向是正確的。報告指出：無產階級革命派的大聯合，要旗幟鮮明，堅持鬥爭，具備條件，講究方法。第四部份是高舉毛澤東思想偉大紅旗，活學活用毛主席著作，做真正的無產階級革命事業的接班人。張政委最後說：只要我們按照毛主席的指示辦事，按照毛澤東思想辦事，我們就一定能勝利！（講話全文見第二、三版）

整個大會是在熱烈的革命氣氛中進行，無產階級革命派一陣又一陣高呼：「向中國人民解放軍學習！」「向中國人民解放軍致敬！」組訓五師的解放軍同志也一次又一次地高呼：「向革命小將學習！」全場上不斷響起：「毛主席萬歲！萬歲！萬萬歲！」軍愛民，民擁軍，軍民團結一條心，這是革命勝利之本。我們一定要不折不扣地執行毛主席的指示：把兩條路線鬥爭進行到底！

大會在《大海航行靠舵手》的革命歌聲中，勝利地結束。

軍民团結如一人，試看天下誰能敌？

組訓五师与我院广大革命师生員工召开「拥軍爱民」大会

张日清、刘貫一、袁振等同志出席 张日清同志作重要讲話

紅旗飞舞，鑼鼓喧天。太原工学院沸騰起来了。

正当无产阶級文化大革命进入两个阶級、两条道路、两条路綫斗爭的决战时刻，駐我院組訓的解放軍同志与广大的无产阶級革命派一起，响应伟大領袖毛主席的号召，于五月十二日上午举行了盛大的“拥軍爱民”大会。这个大会是一个高举毛泽东思想伟大紅旗，軍民大团結的大会。

校园內外，大操場上，各革命組織到处张貼了各式各样的巨幅标語：“向解放軍学习！”“向解放軍致敬！”“中国人民解放軍万岁！”“解放軍是革命左派的坚强后盾！”“組訓五师在我院的大方向始終是正确的！”解放軍同志也到处张貼了大标語：“向革命小将学习！”“誓做革命左派的坚强后盾！”会場上紅旗招展，迎风飞舞。无产阶級革命派与解放軍同志永远心連心，永远团結在一起，战斗在一起，胜利在一起。軍民团結如一人，試看天下誰能敌？

“太原工学院組訓五师拥軍爱民大会”在响亮的《东方紅》凱歌声中开始了。中共山西核心小組成員张日清、刘貫一、袁振同志及軍区副参謀长刘卿瑞等領导同志参加了这次大会，受到了广大革命师生員工的热烈欢迎。革命的領导干部光临指导，与我們一起参加大会，这是对我院无产阶級革命派的极大支持和极大鼓舞。让我們一千遍一万遍地高呼：“毛主席万岁！万岁！万万岁！”

两个多月以前，組訓五师解放軍同志积极响应毛主席支持左派广大革命群众和軍政訓练的伟大号召，介入了我院文化大革命。解放軍同志介入我院以来，高举毛泽东思想伟大紅旗，活学活用毛主席著作，坚决地站在毛主席革命路綫一边，紧紧掌握斗爭的大方向，深入調查研究，毫不含糊地支持广大无产阶級革命派，和广大的革命师生員工一起，把斗爭的矛头对准党內最大的一小撮走資本主义道路当权派，对准我省我院党內一小撮走資本主义道路当权派，对准这一小撮混蛋所炮制和推行的資产阶級反动路綫，进行大揭露、大批判、大斗爭。高举革命的批判旗帜，在大批判中推进革命的大联合，推进革命的“三結合”，为我院的文化大革命立下了不朽的功勋。

“没有一个人民的軍队，便没有人民的一切。”

“紧紧地和中国人民站在一起，全心全意地为中国人民服务，就是这个軍队的唯一的宗旨。”

“人民，只有人民，才是創造世界历史的动力。”

会場上，毛主席教导我們的声音，此起彼伏。是毛主席他老人家带領我們軍民团結一致，奋勇前进。

組訓五师政委孙浚生同志致开会詞。他热情地贊揚了革命小将在无产阶級文化大革命中所建立的不朽功勋，强調軍民要打成一片，要爱民，要向革命小将学习。

接着，革命小将李子劼和高翔同志先后发言。他們一致表示，要坚决地听毛主席的話，要拥軍。向中国人民解放軍学习，学习他們高举毛泽东思想伟大紅旗，活学活用毛主席著作；学习他們坚持四个第一，大兴三八作风的优良传統；学习他們高度的組織性、紀律性。“阶級斗爭并沒有結束”，两条路綫的斗爭也沒有結束，一定要把两条路綫的斗爭进行到底。他們还特別强調，目前社会上有一股資本主义复辟的反革命逆流，阶級敌人对軍民团結怕得要死，恨得要命，极力破坏这个团結，把斗爭矛头对准解放軍。这个阴謀一定要揭穿。誰反对解放軍，我們就要和他斗爭到底！

最后由中共山西核心小組副組长张日清同志作了重要讲話。他代表与会的領导同志，对大会表示热烈祝賀和坚决支持。讲話分四个部分：首先讲了拥軍爱民的伟大意义；接着讲述了当前无产阶級文化大革命的形势；报告的第三部分是：我們要实现无产阶級革命派的大联合，巩固革命的“三結合”。他說：我觉得你們太原工学院指揮部的大方向是正确的。报告指出：无产阶級革命派的大联合，要旗帜鲜明，坚持斗爭，具备条件，讲究方法。第四部分是高举毛泽东思想伟大紅旗，活学活用毛主席著作，做眞正的无产阶級革命事业的接班人。张政委最后說：只要我們按照毛主席的指示办事，按照毛泽东思想办事，我們就一定能胜利！（讲話全文見第二、三版）

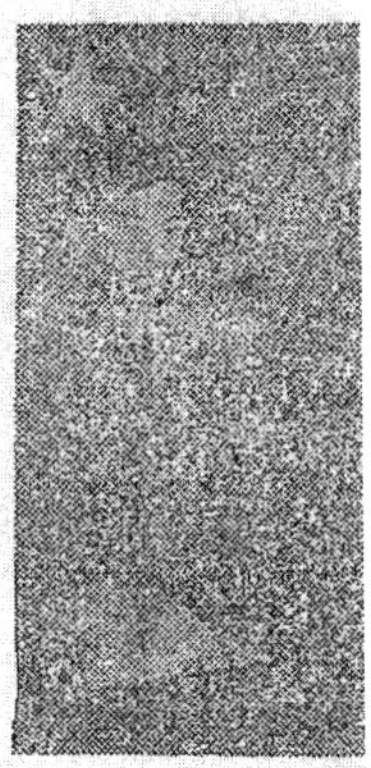

整个大会是在热烈的革命气氛中进行，无产阶級革命派一陣又一陣高呼：“向中国人民解放軍学习！”“向中国人民解放軍致敬！”

張日清同志在組訓五師「擁軍愛民」大會的講話

工學院的同志們，戰友們：

同志們，同學們，我代表我們三個人（張日清、劉貫一、袁振三同志）向大家問好！讓我們一起祝願我們偉大領袖毛主席萬壽無疆！萬壽無疆！！萬壽無疆！！！敬祝毛主席的親密戰友林彪副主席身體健康！永遠健康！！

你們今天召開「擁軍愛民」的大會，是完全符合毛澤東思想的，按毛主席指示辦事的，我們表示熱烈的祝賀和堅決的支持。毛主席最近發出了新的指示：就是要擁軍愛民，就是軍隊要愛護人民，人民要愛護軍隊，要密切軍民關係，軍隊和人民關係就是魚和水的關係，如果魚離開了水，就不能活，水離開了魚就生了對於生物有害的細菌。因此，毛主席最近對我們人民解放軍發出了新的號召，給解放軍一個新的偉大的戰鬥任務，就是要擔負起堅定的支左、支農、支工、軍營、軍訓這個任務，這是毛主席對人民解放軍極大的信任，極大的關心，極大的鼓舞，所以我們人民解放軍要堅決地毫不含糊的、旗幟鮮明的支持革命的左派。中國人民解放軍是毛主席親手締造的，是林副主席直接領導的人民軍隊，是毛澤東思想武裝起來的經過長期革命鬥爭考驗的人民軍隊。解放軍要依靠人民，幫助人民，緊緊地和中國人民站在一起，全心全意的為人民服務，就是這個軍隊的唯一宗旨。這個軍隊要壓倒一切敵人而不被敵人所壓服。解放軍是人民的忠實兒子，人民的勤務員、子弟兵，事事、時時以毛澤東思想為標準，以國家利益為我們的最大目標，在偉大的無產階級文化大革命中，如果沒有人民解放軍，就是沒有中國的無產階級文化大革命，就是沒有無產階級文化大革命的勝利，就沒有無產階級專政。

最近毛主席向我們提出新的指示，要我們緊緊地相信和依靠群眾，相信和依靠人民解放軍，相信和依靠幹部的大多數，這三者是我國無產階級文化大革命取得勝利的根本保證。我們一定按照毛主席的教導，以人民群眾為基礎，以革命的領導幹部為核心，以人民解放軍為堅強的後盾，實行革命的「三結合」。只有這樣，才能實現無產階級革命左派的掌握政權，鞏固政權，才能夠將無產階級文化大革命進行到底，才能夠打退資本主義反革命復辟的逆流，才能徹底地批倒批臭黨內最大的一小撮走資本主義道路的當權派，才能夠保證我國無產階級文化大革命的勝利，才能夠建立一個永不變色的鐵打的社會主義江山，挖掉修正主義的最大根子，使毛澤東思想在全中國紮下根來，這是一個最大的問題，是一個最大的政治。如果那一個人違背這個教導，他就會走向資產階級反動路線那面去了，就會走上邪路那面去了，他就是在轉移了鬥爭的大方向。

毛主席教導我們：兵民是勝利之本，「人民，只有人民，才是創造世界歷史的動力。」如果離開了人民，我們一切事業就作不成。所以我們人民解放軍要緊緊地與人民群眾站在一起，一切為人民著想，一切從人民的利益出發，軍愛民，民擁軍，軍民緊緊團結在一起，那就任何敵人都不怕，任何的困難任務都能完成，我們真正能按照毛主席的教導，就是「下定決心，不怕犧牲，排除萬難，去爭取勝利」。今年一月中央軍委提出了「八條」指示，今年四月又提出了「十條」。這個「八條」是說人民如何愛護軍隊的，「十條」是說軍隊怎樣愛民的，都是為了搞好軍民關係，軍民團結。「八條」和「十條」是一致的。現在有些人用「十條」來反對「八條」，用「十條」來否認「八條」，這是不對的。只有實行「八條」和「十條」才能搞好軍民團結。

當然，在軍隊裡面，免不了有這樣或那樣的缺點，甚至某些方面有錯誤，同樣地還可能有個別的走資本主義道路當權派，在幾百萬人的軍隊中，難道沒有一個壞人嗎？這就不符合客觀規律。但是總的來說，解放軍是用毛澤東思想武裝起來的，是林副統帥直接領導的，他的大方向始終是正確的，少數個別壞分子，他不能代表人民解放軍，不能等量齊觀，相提並論，不能抓住一點，不及其餘，拚命擴大，更不能把鬥爭矛頭指向解放軍，這是錯誤的。對解放軍的態度應當是誠心誠意的同志式的愛護和幫助自己的軍隊，如果有缺點錯誤，可以提出善意的批評，不能惡意攻擊，更不應該採取別有用心的無中生有。如果對某一個人有意見，完全可以提出來批判，可以送小字報、大字報給本人，甚至於可以找他本人談，這是正確的態度。不能採取不相信，不能採取將軍的態度，更不能背後謾罵，搞不正當的行為，懷疑一切，不相信一切，都是錯誤的。

解放軍是全心全意的支持革命左派的，不能把鬥爭的矛頭指向解放軍，惡意地攻擊解放軍，誠心誠意提出意見和惡意的攻擊是不同的，善意的提出批評和惡意的攻擊不能混為一談，這是有本質的不同。誠心的提出批評意見，我們非常歡迎，我們要更虛心緊緊的和人民站在一起，同革命小將、革命人民站在一起，全心全意地為人民服務，忠實的做人民的勤務員，虛心向革命小將學習，這都是我們應當做的。我們沒有任何私心雜念，沒有任何為個人的打算，我們是按照毛主席的教導，按照毛澤東思想來辦事。誰個反對毛主席，反對毛澤東思想，我們堅決不答應，堅決反對。誰個按照毛澤東思想辦事，按毛主席革命路線辦事，我們就堅決支持，堅決擁護。這是我們的態度，這個態度是始終不變的。

我們解放軍，過去在毛主席的親自領導下，奪取了政權，消滅了蔣介石幾百萬軍隊，奪取了全國的勝利。今天我們同樣地在毛主席的領導下，要鞏固政權，保衛政權，保衛無產階級專政，這也是毫不含糊的。

當前在無產階級文化大革命中，毛主席向人民解放軍發出了戰鬥號召，提出了戰鬥的任務，堅決地毫不含糊地支持革命左派，我們堅決要完成的。但是可能在支左的工作中，由於情況了解的不夠，可能在某一個單位、某些地方支持錯了的，也難免。我們如果支持錯了，就堅決改，錯了，我們就承認錯誤，任何人都不可能沒有錯誤嘛，問題是怎麼樣對待錯誤，錯了的，就堅決的改，所以說我們的態度也是這樣的。我們要按照毛主席的教導，吸取經驗教訓，立即改正。但是革命的群眾應當相信人民解放軍。現在社會上有一種輿論說：「山西軍區和駐晉部隊犯了槍杆子的劉、鄧路線的錯誤，獨立師是陶健的部隊，是衛恒的部隊，靠不住。主力軍是解放軍，軍區是半個解放軍，武裝部不是解放軍。」這種種說法都是錯誤的，都是不符合毛澤東思想的。（鼓掌）甚至有些別有用心的人偷偷的在調查和搜集解放軍的材料，進行惡意攻擊，公開誣蔑造謠，在那裡煽陰風，點陰火，這是對文化大革命非常不利的，對軍民關係團結非常不利的；這對反革命是有利的，對一小撮走資本主義道路當權派有利，對地、富、反、壞牛鬼蛇神有利。我們要堅決和這種壞思想，不正常的現象，壞行為作鬥爭。

中國人民解放軍是毛主席親手締造的，是林副主席指揮的軍隊，山西軍區也是堅決按照毛主席指示辦事的，獨立師不是衛恒的部隊，不是陶健的部隊，是毛主席的軍隊，革命的軍隊，人民的軍隊，是用毛澤東思想武裝起來的偉大的人民解放軍，誰要惡意地攻擊，我們就堅決的和這種思想做鬥爭。這是第一個問題。

第二個問題，當前無產階級文化大革命的形勢。總的來說，形勢是好的，山西無產階級文化大革命的形勢，自「一˙一二」從舊省委衛、王、王一小撮走資本主義道路當權派手中奪權後，我們完全按照毛主席的革命路線來指導這個無產階級文化大革命的。

因此，目前的全省的無產階級文化大革命的形勢一天比一天好，不論是革命的形勢，還是生產的形勢也好，工農業生產在很多地方超過了解放以來，甚至幾十年以來沒有的生產水平。在廣大的農村中出現了許多新的面貌，農民的生產積極性比任何一年都高，出勤率比任何一年都多。

在全省範圍內展開對黨內最大的一小撮走資本主義道路當權派的大批判大鬥爭，批判正在勝利的開展，這一點應該肯定的。無產階級革命派掌握了自己的政權，因為經驗不足，前一段在指導思想上，對於兩個階級、兩條道路、兩條路線的鬥爭的這個綱提得不高，叫得不響。這是一個缺點，但這不是一個根本性的問題，是我們前進中、鬥爭中的缺點或是錯誤，這點也是難免的。我們發現以後，就立即地很快扭轉了。但是現在在社會上有一股勢力拿這個缺點大作文章，不及其餘，極力擴大來分散我們的團結和力量，渙散民心，扭轉鬥爭的大方向，這對無產階級文化大革命很不利的。當前社會上出現了一股自上而下的資本主義復辟逆流，這種逆流來自黨內最大的走資本主義道路的當權派和山西的黨內一小撮走資本主義道路的當權派，他們是總根子，總後台，因為他們人還在，心不死，他們不會輕易地甘心失敗的，總是要用各種方式來頑抗，一有機會就起來向無產階級司令部進攻，和社會上的牛鬼蛇神、地富反壞勾結在一起，他們企圖搞資本主義復辟，進行反奪權。我們要堅決地打退這資本主義復辟反革命逆流的猖狂進攻，（鼓掌）我們一定站穩立場，不要受他們的蒙蔽，緊緊掌握當前鬥爭的大方向。我們當前鬥爭的大方向是什麼呢？這就是突出無產階級政治、高舉毛澤東思想偉大紅旗，向黨內最大的一小撮走資本主義道路的當權派發動總攻擊，把他們批倒、批臭、批垮，同時把散布了多年的欺騙人民的大毒草、資本主義復辟的綱領黑《修養》批深、批透、批臭。（鼓掌）同時要堅決的打倒「打擊一大片，保護一小撮」這條資產階級反動路線的組成部分。（鼓掌）我們一定要緊緊掌握兩個階級、兩條道路、兩條路線鬥爭的這個總綱，把無產階級文化大革命進行到底，這是我們當前鬥爭的大方向。在這個大方向的前提下，我們必須還應當結合本單位的鬥批改。批判黨內最大的走資本主義道路的當權派和本省批判以衛恒、王謙、王大任反革命修正主義集團和向本單位的一小撮黨內走資本主義道路當權派鬥爭緊密地結合起來，這樣才能砍斷黨內最大的走資本主義道路當權派伸向各方面的黑手，這樣才能樹立批判最大的走資本主義道路當權派的活榜樣、活靶子，這樣才能徹底挖掉修正主義的根子，防止資本主義復辟，把無產階級文化大革命進行到底！我們堅決地按照毛主席的指示辦事，按照毛主席的革命路線辦事，堅決地貫徹毛主席的革命路線，緊緊掌握鬥爭的大方向，那一個革命派，那一個革命組織，如果離開了這個大方向都要犯錯誤的，如果離開了這個大方向，不掌握這個大方向，就不是一個革命派，不是一個堅定的左派，就要走到邪路上去。（鼓掌）只有這樣才能更好地、更扎實地開展全面的深入的階級鬥爭，這是當前壓倒一切的政治任務，這是最大的政治。我們要奪取政權，要鞏固政權，要把政權掌握在真正革命左派手裡。（鼓掌）決不允許那些中間派和保皇派掌權！（鼓掌）每一個革命組織都要考察它，究竟是一個口頭革命派還是真正的革命派，是真革命還是假革命，就要從這個大方向，在實際行動中來考查，來鑒定。這是第二個問題。

第三個問題，我們要實現無產階級革命派的大聯合，鞏固革命的三結合。我覺得你們太原工學院指揮部的大方向是正確的！（長時間熱烈的掌聲）當然我們是不是有缺點，有錯誤，這也是難免的。指揮部成員中有沒有少數的保皇分子，也很難免，當然我覺得應當大方向確定以後，對一個有不純的，或不是真正地革命派可以通過廣大群眾來鑒別，可以把他們清除出去，也可以通過群眾來改選，但不能夠進行反奪權。（熱烈鼓掌）如果還要進行反奪權是錯誤的！（鼓掌）我們無產階級革命派的大聯合是以真正的革命派為核心的大聯合，要按照《人民日報》指出的，旗幟鮮明，態度明確，堅持鬥爭，具備條件，講究方法。

旗幟鮮明就是要高舉毛澤東思想偉大紅旗，要緊緊地按照毛主席的革命路線，徹底批判資產階級反動路線，要以真正的革命左派為核心的大聯合，而決不是無原則，不是折衷主義的，也不是沒有明確鬥爭方向的湊合，（鼓掌）這些都是不符合毛澤東思想的。如果都是革命左派就應該聯合起來共同對敵，有分歧嗎？可以通過辯論，在大方向一致的前提下，求同存異，聯合起來，這樣才有利於無產階級文化大革命。長期幾派打「內戰」搞對立是不利的，對搞好當前的批判黨內最大的一小撮走資本主義道路當權派不利，對搞好本單位鬥、批、改也是不利。

太原市有九個大學，其他大學都要逐步地聯合起來，在自下而上的聯合的基礎上在五月底實現全太原區紅衛兵代表大會，（鼓掌）要成立我們紅衛兵的大聯合統一組織，成立紅衛兵大聯合的前提條件是自下而上按單位、按系口、按部門以無產階級革命派為核心實現大聯合，現在已有些學校聯合起來了，太原比較大的學校是山大和太工。

山大和工學院兩個學校是能夠代表山西的大專院校的，你們的行動是能夠指出山西無產階級文化大革命在各校正常進行的，希望你們做出榜樣，這對各校有推動的。希望你們在毛澤東思想的基礎上實現革命派的大聯合，（鼓掌）不應當唱對台戲，這樣對我們有好處。在指揮部外還有太工紅旗、兵團瑞金和太工縱隊，這三個單位我們認為應該說都是革命派。太工紅旗過去山西奪權以前是一個革命組織，而在奪權後犯了方向性、路線性錯誤，那麼通過整風，對自己有了檢討，對過去的錯誤有了認識，這一點是很好的，只要能認識錯誤，能夠端正自己鬥爭的方向，堅決地站在毛主席的革命路線上來，還是革命派，我們還當革命派看待你們的，還會支持你們的。如果是真正的革命派，應當很好地在實際行動中真正改正自己缺點，端正方向，要在實際行動中表明態度。

現在是真正的革命派大聯合的時候了，要搞校內的大聯合，不要到學校外去大聯合，學校外面的大聯合，對學校內開展無產階級文化大革命是不利的。你們到社會上應該支持革命左派，不要支持保皇派，（鼓掌）更不要附和那些已取締的反革命組織（鼓掌）例如工人聯合會、紅衛兵團、百萬雄師、太紡紅衛兵、南北城糾察隊、農民革命造反兵團等等，他們是不能恢復他們的旗號，這些是反革命組織！（鼓掌）當然要把反動組織和下面的群眾分開，群眾是受蒙蔽的，如果他們能夠提高覺悟，堅決離開這個組織，站到毛主席路線一邊，我們就要爭取他們，團結他們，還要以一個革命者來看待他們。但是要重新打起他們的旗號打擊革命組織是不行的，我們不要支持他們，否則就要犯錯誤，就會走到邪路上去，扭轉鬥爭方向。

再一個問題是太工紅旗我沒有講過是反革命組織，我從來沒有講過，我今天來闢謠。我是講我今後的態度，就是剛才講的，我的態度就是剛才講的。不管那個組織，凡是按毛主席革命路線做的，辦事的，聽毛主席的話的，堅決向黨內一小撮走資本主義道路當權派做鬥爭的，緊緊掌握兩個階級、兩條道路、兩條路線鬥爭的，緊緊掌握鬥爭的大方向這個綱，不管你是什麼組織，我們就堅決支持。（鼓掌）我沒有個人勢力，個人的打算。如果不是這樣做的，我們就堅決反對！（鼓掌）堅決不支持！這就是我的態度。當然我認為指揮部這一邊和沒有加入的那一邊，應當通過辯論，你說你是革命的，我說我是革命的，經過辯論。我們應當按毛主席的思想這個武器，擺事實，講道哩，擺觀點，提問題，以自我批評為主，對己嚴對人寬，在大方向一致的前提下辯論，更好地實現革命派的大聯合，再不要搞得對立了。革命組織之間的矛盾是人民內部矛盾，不是敵我矛盾。敵人就是最大的黨內一小撮走資本主義道路的當權派，對人民內部矛盾只能用人民內部矛盾的方法來解決，我們對敵我矛盾用專政的方法來解決，我們對人民內部矛盾就是要坐下來慢慢談，用批評和自我批評的方法來解決。所以希望展開全校性的大辯論，統一認識，統一思想。（鼓掌）在辯論的方向，辯論的方法，要結合批判黨內最大的走資本主義道路的當權派，批黑《修養》，批判「打擊一大片，保護一小撮」這條反動幹部路線，結合本單位的鬥批改。在這樣總前提下展開辯論，最後要歸罪於黨內最大的走資本主義道路當權派，最後歸罪於資產階級反動路線的影響，和在我們的頭腦中的流毒，我們應該肅清，他們是敵人。我們革命組織之間是同志，是朋友，我們希望同志們聯合起來，通過大辯論，只要堅持真理，修正錯誤，正確對待自己，端正態度，端正立場，可以實現無產階級革命派的大聯合，是沒有問題的，能不能呀？（眾：能！）希望你們能夠做出大聯合的榜樣，不要有個人主義、私心雜念，不要有分裂主義、無政府主義，就能實現革命派大聯合。這是我講的第三個問題。

第四個問題，高舉毛澤東思想偉大紅旗，就是要活學活用毛主席著作，做真正地無產階級革命事業的接班人。毛主席對我們革命小將希望很大，我們要讀毛主席的書，聽毛主席的話，按毛主席的指示辦事，按毛主席指引的方向前進，按照林副主席的指示，我們每個人既要把自己當作革命的一份力量，也要把自己當作革命的對象，在改造客觀世界的同時，改造主觀世界，首先要改造自己的主觀世界，要在靈魂深處鬧革命，要拋掉頭腦中的私心雜念。改造主觀世界就是要破私立公，消滅個人主義，這是革命派的一個大問題。把革命組織辦成毛澤東思想的大學校，讓毛澤東思想的偉大紅旗在我們的組織高高舉起，我們就應帶著問題學，學用結合，急用先學，立竿見影，在「用」字上狠下功夫。現在我們要特別提出一點，要注意反對無政府主義傾向。無政府主義是資產階級的產物，是個人主義的表現。因為它混淆了資產階級和無產階級的界限，混淆了資產階級民主和革命的嚴密地組織紀律界限，混淆了資產階級專政和無產階級專政的界限。因為它反對一切，打倒一切，不相信一切，是機會主義的表現，是破壞革命派的大團結的。宗派主義、風頭主義、小團體主義、分散主義根子都是個人主義，要堅決反對個人主義，才能打倒無政府主義。無政府主義是形「左」實右的機會主義，表面上好像革命的，不相信一切，實際上是只相信自己，不相信別人，人家都不革命，只有自己是響噹噹的「左派」，別人都是保皇派，都是中間派，實際上他是形「左」實右的，它是機會主義，是要脫離群眾的，是要孤立的。無政府主義是革命派大團結的敵人，我們革命派大團結就是要打倒無政府主義。無政府主義是資產階級反動路線的產物，它的總後台是黨內最大的走資本主義道路的當權派，我們應當堅決地把它批倒、批臭。無政府主義是反毛澤東思想的，反馬列主義的，是實行資本主義復辟的反動思潮，我們要堅決反對。革命派要加強學習毛主席著作，本身要整風，一方面要奪黨內一小撮走資本主義道路當權派的權，一方面要奪自己頭腦中「私」字的權，要改造自己的主觀世界，讓「私」字掃地出門，讓「公」字安家落戶，真正改造世界觀。毛主席說：「世界觀的轉變是一個根本的轉變。」無產階級的世界觀就是一切為公，大公無私，資產階級的世界觀是一切為私。我們要胸懷祖國，放眼世界，要按毛主席的教導，要解放自己，首先必須解放全人類，如果不解放全人類，無產階級自己就不能最後解放自己。

最近太原地區發生了亂搶、亂打、亂砸的現象，這是無政府主義的表現，是和革命的組織性紀律性、革命的科學性背道而馳的，這也是一種無組織無紀律的行為，也是「私」字的表現。我們堅決反對打砸搶，因為這是不符合毛澤東思想的，不符合毛主席革命路線的，江青同志講了，打、砸、搶是百分之百的錯誤，發展下去就會被反革命分子利用，被牛鬼蛇神利用，就會成為反革命分子的防空洞，對我們的無產階級文化大革命是不利的。我們要按照毛主席的教導，只能文鬥，不能武鬥，武鬥只能觸及皮肉，文鬥才能觸及靈魂。革命組織之間，不要打「內戰」，要加強團結，共同對敵，那一邊挑起武鬥，那一邊就要犯錯誤，就是違背毛澤東思想的。希望同志們要聽毛主席的話，無產階級革命事業的接班人最聽毛主席的話，我們一定要按照毛主席的指示辦事，按照毛主席的教導指導我們的行動，而不要違背毛主席的教導。要打口誅筆伐講道理的「內戰」，不能打拿什麼水龍頭的「內戰」，不能用桌子椅子凳子打「內戰」，不要拳打腳踢，要講道裡，開展批判辯論，最好是對準黨內最大的走資本主義道路的當權派，不要自己對自己，當然人民內部矛盾也免不了，沒有矛盾就沒有世界，但是要看矛盾主要方面在那裡，所以我們應當掌握好當前鬥爭的大方向，我們不要吃了飯不講話，不要互相仇恨，我們要仇恨黨內最大的走資本主義道路的當權派和資產階級反動路線。我們將來還要同吃、同住、同上課，我們不能一輩子不講話，有問題可以同志式地談，擺事實講道理，這樣才能解決問題。我們希望工學院的革命同學、革命戰友，在大敵當前的形勢下要大團結，大聯合。

通過辯論，實現以革命派為核心的大聯合，搞好對黨內最大的走資本主義道路的當權派的批判，搞好本單位的鬥批改，搞好無產階級革命派的大聯合、「三結合」，只有實現無產階級革命的大聯合，才能有真正的鞏固的革命的「三結合」，如果沒有革命派的大聯合，就不能鞏固政權，掌好權，用好權，容易被敵人鑽空子，這是關係到我省文化大革命的進行到底的命運，這是關係到我院的文化大革命的命運。我們要按照毛主席的教導，要關心國家大事，要將無產階級文化大革命進行到底，不能光只看見自己一個人，小前提服從大前提，個人利益要服從集體的利益、革命的利益，局部利益要服從整體利益，暫時利益要服從長遠利益，這才是真正響噹噹的革命派。中央首長非常關心我們山西的文化大革命，山西奪權奪得早，希望我們能夠把這個旗舉得高高的，把毛澤東思想偉大紅旗插遍山西每個角落，把山西辦成一個毛澤東思想的大學校，首先每個機關，每個學校，每個部門，每個單位，每個組織都要辦成毛澤東思想的大學校，城市和農村都要辦成一個毛澤東思想的大學校，這樣才能為全省辦好毛澤東思想大學校打下牢靠的基礎，這點希望同志們牢牢記住，這樣才能建設一個以毛澤東思想武裝起來的、紅彤彤的新山西，（鼓掌）才能鞏固無產階級專政，鞏固我們的紅色政權，鞏固無產階級文化大革命的勝利果實，打垮一切不管是國際帝國主義和國內反動派的聯合進攻，這是每一個人應負的責任。

只要我們按照毛主席的指示辦事，按照毛澤東思想辦事，我們就一定能勝利！（鼓掌）最後讓我們高呼：

無產階級文化大革命萬歲！

無產階級革命派大團結萬歲！

無產階級專政萬歲！

戰無不勝的毛澤東思想萬歲！

偉大的領袖毛主席萬歲！萬歲！萬萬歲！

（太工革命造反指揮部宣傳組整理，未經本人審閱）

第二版　紅太工　1967年5月16日

張日清同志在組訓五师“拥軍爱民”大会上的講話

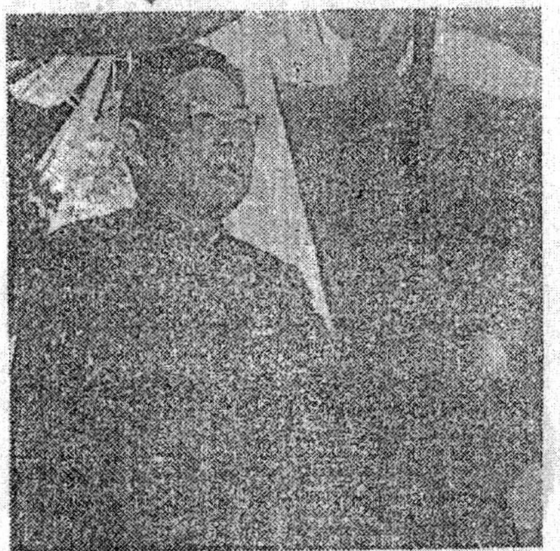

工学院的同志們，战友們：

同志們，同学們，我代表我們三个人（张日淸、刘贯一、袁振三同志）向大家問好！让我們一起祝愿我們偉大領袖毛主席万寿无疆！万寿无疆！！万寿无疆！！！敬祝毛主席的亲密战友林彪副主席身体健康！永远健康！！

你們今天召开“拥軍爱民”的大会，是完全符合毛泽东思想的，按毛主席指示办事的，我們表示热烈的祝賀和坚决的支持。毛主席最近发出了新的指示：就是要拥軍爱民，就是軍队要爱护人民，人民要爱护軍队，要密切軍民关系，軍队和人民关系就是魚和水的关系，如果魚离开了水，就不能活，水离开了魚就生了对于生物有害的細菌。因此，毛主席最近对我們人民解放軍发出了新的号召，給解放軍一个新的伟大的战斗任务，就是要担負起坚定地支左、支农、支工、軍管、軍訓这个任务，这是毛主席对人民解放軍极大的信任，极大的关心，极大的鼓舞，所以我們人民解放軍要坚决地毫不含糊的、旗帜鮮明的支持革命的左派。中国人民解放軍是毛主席亲手締造的，是林副主席直接領导的人民軍队，是毛泽东思想武裝起来的經过长期革命斗爭考驗的人民軍队。解放軍要依靠人民，帮助人

路当权派，在几百万人的軍队中，难道沒有一个坏人嗎？这就不符合客观規律。但是总的来說，解放軍是用毛泽东思想武裝起来的，是林副統帅直接領导的，他的大方向始終是正确的，少数个別坏分子，他不能代表人民解放軍，不能等量齐观，相提并論，不能抓住一点，不及其余，拚命扩大，更不能把斗爭矛头指向解放軍，这是錯誤的。对解放軍的态度应当是誠心誠意的同志式的爱护和帮助自己的軍队，如果有缺点錯誤，可以提出善意的批評，不能恶意攻击，更不应該采取別有用心的无中生有。如果对某一个人有意見，完全可以提出来批判，可以送小字报、大字报給本人，甚至于可以找他本人談，这是正确的态度。不能采取不相信，不能采取将軍的态度，更不能背后謾罵，搞不正当的行为，怀疑一切，不相信一切，都是錯誤的。

解放軍是全心全意的支持革命左派的，不能把斗爭的矛头指向解放軍，恶意地攻击解放軍，誠心誠意提出意見和恶意的攻击是不同的，善意的提出批評和恶意的攻击不能混为一談，这是有本质的不同。誠心的提出批評意見，我們非常欢迎，我們要更虛心緊緊的和人民站在一起，同革命小将、革命人民站在一起，全心全意地为人民服务，忠实的做人民的勤务員，虛心向革命小将学习，这都是我們应当做的。我們沒有任何私心杂念，沒有任何为个人的打算，我們是按照毛主席的教导，按照毛泽东思想来办事。誰个反对毛主席，反对毛泽东思想，我們坚决不答应，坚决反对。誰个按照毛泽东思想办事，按毛主席革命路綫办事，我們就坚决支持，坚决拥护。这是我們的态度，这个态度是始終不变的。

我們解放軍，过去在毛主席的亲自領导下，夺取了政权，消灭了蔣介石几百万軍队，夺取了全国的胜利。今天我們同样地在毛主席的領导下，要巩固政权，保卫政权，保卫无产阶級专政，这也是毫不含糊的。

当前在无产阶級文化大革命中，毛主席向人民解放軍发出了战斗号召，提出了战斗的任务，坚决地毫不含糊地支持革命左派，我們坚决要完成的。但是可能在支左的工作中，由于情况了解的不够，可能在某一个单位、某些地方支持錯了的，也难免。我們如果支持錯了，就坚决改，錯了，我們就承认錯誤，任何人都不可能沒有錯誤嘛，問題是怎样对待錯誤，錯了的，就坚决的改，所以說我們的态度也是这样的。我們要按照毛主席的教导，吸取經驗教訓，立即改正。但是革命的群众应当相信人民解放軍。現

当权派，他們是总根子、总后台，因为他們人还在，心不死，他們不会輕易地甘心失敗的，总是要用各种方式来頑抗，一有机会就起来向无产阶級司令部进攻，和社会上的牛鬼蛇神、地富反坏勾結在一起，他們企图搞資本主义复辟，进行反夺权。我們要坚决地打退这股資本主义反革命复辟逆流的猖狂进攻，（鼓掌）我們一定站稳立場，不要受他們的蒙蔽，紧紧掌握当前斗爭的大方向。我們当前斗爭的大方向是什么呢？这就是突出无产阶級政治，高举毛泽东思想伟大紅旗，向党内最大的一小撮走資本主义道路的当权派发动总攻击，把他們批倒、批臭、批垮，同时把散布了多年的欺騙人民的大毒草、資本主义复辟的綱領黑《修养》批深、批透、批臭。（鼓掌）同时要坚决的打倒“打击一大片，保护一小撮”这条資产阶級反动路綫的組成部分。（鼓掌）我們一定要紧紧掌握住两个阶級、两条道路、两条路綫斗爭的这个总綱，把无产阶級文化大革命进行到底，这是我們当前斗爭的大方向。在这个大方向的前提下，我們必須还应当結合本单位的斗批改。批判党内最大的走資本主义道路的当权派和本省批判以卫恒、王謙、王大任反革命修正主义集团和向本单位的一小撮党内走資本主义道路当权派斗爭紧密地結合起来，这样才能砍断党内最大的走資本主义道路当权派伸向各方面的黑手，这样才能树立批判最大的走資本主义道路当权派的活榜样、活靶子，这样才能彻底挖掉修正主义的根子，防止資本主义复辟，把无产阶級文化大革命进行到底！我們坚决地按照毛主席的指示办事，按照毛主席的革命路綫办事，坚决地貫彻毛主席的革命路綫，紧紧掌握斗爭的大方向，那一个革命派，那一个革命組織，如果离开了这个大方向都要犯錯誤的，如果离开了这个大方向，不掌握这个大方向，就不是一个革命派，不是一个坚定的左派，就要走到邪路上去。（鼓掌）只有这样才能更好地、更扎实地开展全面的深入的阶級斗爭，这是当前压倒一切的政治任务，这是最大的政治。我們要夺取政权，要巩固政权，要把政权掌握在眞正革命左派手里。（鼓掌）决不允許那些中間派和保皇派掌权！（鼓掌）每一个革命組織都要考察它，究竟是一个口头革命派还是眞正的革命派，是眞革命还是假革命，就要从这个大方向，在实际行动中来考查，来鉴定。这是第二个問題。

第三个問題，我們要实現无产阶級革命派的大联合，巩固革命的三結合。我覚得你們太原工学院指揮部的大方

关系，军队和人民关系就是魚和水的关系，如果魚离开了水，就不能活，水离开了魚就生了对于生物有害的細菌。因此，毛主席最近对我們人民解放軍发出了新的号召，給解放軍一个新的伟大的战斗任务，就是要担負起坚定地支左、支农、支工、軍管、軍訓这个任务，这是毛主席对人民解放軍极大的信任，极大的关心，极大的鼓舞，所以我們人民解放軍要坚決地毫不含糊的、旗帜鮮明的支持革命的左派。中国人民解放軍是毛主席亲手締造的，是林副主席直接領导的人民軍队，是毛泽东思想武裝起来的經过长期革命斗爭考驗的人民軍队。解放軍要依靠人民，帮助人民，紧紧地和中国人民站在一起，全心全意的为人民服务，就是这个軍队的唯一宗旨。这个軍队要压倒一切敌人而不被敌人所压服。解放軍是人民的忠实儿子，人民的勤务員、子弟兵，事事、时时以毛泽东思想为标准，以国家利益为我們的最大目标，在伟大的无产阶級文化大革命中，如果沒有人民解放軍，就是沒有中国的无产阶級文化大革命，就沒有无产阶級文化大革命的胜利，就沒有无产阶級专政。

最近毛主席向我們提出新的指示，要我們紧紧地相信和依靠群众，相信和依靠人民解放軍，相信和依靠干部的大多数，这三者是我国无产阶級文化大革命取得胜利的根本保証。我們一定要按照毛主席的教导，以人民群众为基础，以革命的領导干部为核心，以人民解放軍为坚强的后盾，实行革命的“三結合”。只有这样，才能实現无产阶級革命左派的掌握政权，巩固政权，才能够将无产阶級文化大革命进行到底，才能够打退資本主义反革命复辟的逆流，才能彻底地批倒批臭党內最大的一小撮走資本主义道路的当权派，才能够保証我国无产阶級文化大革命的胜利，才能够建立一个永不变色的鉄打的社会主义江山，挖掉修正主义的最大根子，使毛泽东思想在全中国扎下根来，这是一个最大的問題，是一个最大的政治。如果那一个人违背了这个教导，他就会走向資产阶級反动路綫那面去了，就会走上邪路那面去了，他就是在轉移了斗爭的大方向。

毛主席教导我們：兵民是胜利之本，“**人民，只有人民，才是創造世界历史的动力。**”如果离开了人民，我們一切事业就作不成。所以我們人民解放軍要紧紧地与人民群众站在一起，一切为人民着想，一切从人民的利益出发，軍爱民，民拥軍，軍民紧紧团結在一起，那就任何敌人都不怕，任何的困难任务都能完成，我們真正能按照毛主席的教导，就是“**下定决心，不怕牺牲，排除万难，去争取胜利**”。今年一月中央軍委提出了“八条”指示，今年四月又提出了“十条”。这个“八条”是說人民如何爱护軍队的，“十条”是說軍队怎样爱民的，都是为了搞好軍民关系，軍民团結的。“八条”和“十条”是一致的。現在有些人用“十条”来反对“八条”，用“十条”来否认“八条”，这是不对的。只有实行“八条”和“十条”才能搞好軍民团結。

当然，在軍队里面，免不了有这样或那样的缺点，甚至某些方面有錯誤，同样地还可能有个别的走資本主义道路的当权派，但是这并不能否认人民解放軍是毛主席亲手締造的、捍卫无产阶級专政，这也是毫不含糊的。

当前在无产阶級文化大革命中，毛主席向人民解放軍发出了战斗号召，提出了战斗的任务，坚决地毫不含糊地支持革命左派，我們坚决要完成的。但是可能在支左的工作中，由于情况了解的不够，可能在某一个单位、某些地方支持錯了的，也难免。我們如果支持錯了，就坚决改，錯了，我們就承认錯誤，任何人都不可能沒有錯誤嘛，問題是怎样对待錯誤，錯了的，就坚决的改，所以說我們的态度也是这样的。我們要按照毛主席的教导，吸取經驗教訓，立即改正。但是革命的群众应当相信人民解放軍。現在社会上有一种奥論說：“山西軍区和駐晋部队犯了枪杆子的刘、邓路綫的錯誤，独立师是陶健的部队，是卫恒的部队，靠不住。主力軍是解放軍，軍区是半个解放軍，武装部不是解放軍。”这种种說法都是錯誤的，都是不符合毛泽东思想的。（鼓掌）甚至有些別有用心的人偷偷的在調查和搜集解放軍的材料，进行恶意攻击，公开誣蔑造謠，在那里煽阴风，点阴火，这是对文化大革命非常不利的，对軍民关系团結非常不利的；这对反革命是有利的，对一小撮走資本主义道路当权派有利，对地、富、反、坏牛鬼蛇神有利。我們要坚决和这种坏思想，不正常的現象，坏行为作斗爭。

中国人民解放軍是毛主席亲手締造的，是林副主席亲自指揮的軍队，山西軍区也是坚决按照毛主席指示办事的，独立师不是卫恒的部队，不是陶健的部队，是毛主席的軍队，革命的軍队，人民的軍队，是用毛泽东思想武装起来的伟大的人民解放軍，誰要恶意地攻击，我們就坚决的和这种思想作斗爭。这是第一个問題。

第二个問題，当前无产阶級文化大革命的形势。总的来說，形势是好的，山西无产阶級文化大革命的形势，自“一、一二”从旧省委卫、王、王一小撮走資本主义道路当权派手中夺权后，我們完全按照毛主席的革命路綫来指导这个无产阶級文化大革命的。

因此，目前的全省的无产阶級文化大革命形势一天比一天好，不論是革命的形势，还是生产的形势也好，工农业生产在很多地方超过了解放以来，甚至几十年以来沒有的生产水平。在广大的农村中出现了許多新的面貌，农民的生产积极性比任何一年都高，出勤率比任何一年都多。

在全省范围內展开对党內最大的一小撮走資本主义道路当权派的大批判大斗爭，批判正在胜利的开展，这一点应該肯定的。无产阶級革命派掌握了自己的政权，因为經驗不足，前一段在指导思想上，对于两个阶級、两条道路、两条路綫的斗爭的这个綱提得不高，叫得不响。这是一个缺点，但这不是一个根本性的問題，是我們前进中、斗爭中的缺点或者錯誤，这点也是难免的。我們发現以后，就立即地很快扭轉了。但是現在社会上有一股势力拿这个缺点大作文章，不及其余，极力扩大来分散我們的团結和力量，涣散民心，扭轉斗爭的大方向，这对无产阶級文化大革命很不利的。当前社会上出现了一股自上而下的資本主义复辟逆流，这种逆流来自党內最大的走資本主义道路的当权派和山西的党內一小撮走資本主义道路的走到邪路上去。（鼓掌）只有这样才能更好地、更扎实地开展全面的深入的阶級斗爭，这是当前压倒一切的政治任务，这是最大的政治。我們要夺取政权，要巩固政权，要把政权掌握在真正革命左派手里。（鼓掌）决不允許那些中間派和保皇派掌权！（鼓掌）每一个革命組織都要考察它，究竟是一个口头革命派还是真正的革命派，是真革命还是假革命，就要从这个大方向，在实际行动中来考查，来鉴定。这是第二个問題。

第三个問題，我們要实現无产阶級革命派的大联合，巩固革命的三結合。我觉得你們太原工学院指揮部的大方向是正确的！（长时間热烈的掌声）当然我們是不是有缺点，有錯誤，这也是难免的。指揮部成員中有沒有少数的保皇分子，也很难免，当然我觉得应当大方向确定以后，对一个有不純的，或不是真正地革命派可以通过广大群众来鉴别，可以把他們清除出去，也可以通过群众来改造，但不能够进行反夺权。（热烈鼓掌）如果还要进行反夺权是錯誤的！（鼓掌）我們无产阶級革命派的大联合是以真正的革命派为核心的大联合，要按照《人民日报》指出的，旗帜鮮明，态度明确，坚持斗爭，具备条件，讲究方法。

旗帜鮮明就是要高举毛泽东思想伟大紅旗，要紧紧地按照毛主席的革命路綫，彻底批判資产阶級反动路綫，要以真正的革命左派为核心的大联合，而决不是无原則，不是折衷主义的，也不是沒有明确斗爭方向的凑合，（鼓掌）这些都是不符合毛泽东思想的。如果都是革命左派就应該联合起来共同对敌，有分歧嗎？可以通过辯論，在大方向一致的前提下，求同存异，联合起来，这样才有利于无产阶級文化大革命。长期几派打“內战”搞对立是不利的，对搞好当前的批判党內最大的一小撮走資本主义道路当权派不利，对搞好本单位斗、批、改也是不利。

太原市有九个大学，其他大学都要逐步地联合起来，在自下而上的联合的基础上在五月底实現全太原区紅卫兵代表大会，（鼓掌）要成立我們紅卫兵的大联合統一組織，成立紅卫兵大联合的前提条件是自下而上按单位、按系口、按部門以无产阶級革命派为核心实現大联合，現在已有些学校联合起来了，太原比較大的学校是山大和太工。

山大和工学院两个学校是能够代表山西的大专院校的，你們的行动是能够指出山西无产阶級文化大革命在各校正常进行的，希望你們作出榜样，这对各校有推动的。希望你們在毛泽东思想的基础上实現革命派的大联合，（鼓掌）不应当唱对台戏，这样对我們有好处。在指揮部外还有太工紅旗、兵团瑞金和太工纵队，这三个单位我們认为应該說都是革命派。太工紅旗过去山西夺权以前是一个革命組織，而在夺权后犯了方向性、路綫性錯誤，那么通过整风，对自己有了检討，对过去的錯誤有了认識，这一点是很好的，只要能认識錯誤，能够端正自己斗爭的方向，坚决地站到毛主席革命路綫上来，还是革命派，我們还当革命派看待你們的，还会支持你們的。如果是真正的革命派，应当很好地在实际行动中真正改正自己缺点，端正方向，要在实际行动中表明态度。

（下轉三版）

切，改造一切。要把毛主席的教导印在脑……间新阶段。……的当权派的强大武器。为此我们必须迅速（太工指挥部宣传组报道）

張日清同志在組訓五师"拥軍爱民"大会上的讲話

（上接二版）

现在是真正的革命派大联合的时候了，要搞校内的大联合，不要到学校外去大联合，学校外面的大联合，对学校内开展无产阶級文化大革命是不利的。你們到社会上应该支持革命左派，不要支持保皇派，（鼓掌）更不要附和那些已取締的反革命組織，（鼓掌）例如工人联合会、紅卫兵团、百万雄师、太紡紅卫兵、南北城糾察队、农民革命造反兵团等等，他們是不能恢复他們的旗号，这些是反革命組織！（鼓掌）当然要把反动組織和下面的群众分开，群众是受蒙蔽的，如果他們能够提高觉悟，坚决离开这个組織，站到毛主席路綫一边，我們就要爭取他們，团結他們，还要以一个革命者来看待他們。但是要重新打起他們的旗号打击革命組織是不行的，我們不要支持他們，否則就要犯錯誤，就会走到邪路上去，扭轉斗爭方向。

再一个問題是太工紅旗我沒有讲过是反革命組織，我从来沒有讲过，我今天来辟謠。我是讲我今后的态度，就是刚才讲的，我的态度就是刚才讲的。不管那个組織，凡是按毛主席革命路綫做的，办事的，听毛主席的話的，坚决向党內一小撮走資本主义道路当权派作斗爭的，紧紧掌握两个阶級、两条道路、两条路綫斗爭的，紧紧掌握斗爭的大方向这个綱，不管你是什么組織，我們就坚决支持。（鼓掌）我沒有个人势力，个人的打算。如果不是这样做的，我們就坚决反对！（鼓掌）坚决不支持！这就是我的态度。当然我认为指揮部这一边和沒有加入的那一边，应当通过辯論，你說你是革命的，我說我是革命的，經过辯論。我們应当按毛主席的思想这个武器，摆事实，讲道理，摆观点，提問題，以自我批評为主，对己严对人寬，在大方向一致的前提下辯論，更好地实現革命派的大联合，再不要搞得对立了。革命組織之間的矛盾是人民內部矛盾，不是敌我矛盾。敌人就是最大的党內一小撮走資本主义道路的当权派，对人民內部矛盾只能用人民內部矛盾的方法来解决，我們对敌我矛盾用专政的方法来解决，我們对人民內部矛盾就是要坐下来慢慢談，用批評和自我批評的方法来解决。所以希望展开全校性的大辯論，統一認識，統一思想。（鼓掌）在辯論的方向，辯論的方法，要結合批判党內最大的走資本主义道路的当权派，批黑《修养》，批判"打击一大片，保护一小撮"这条反动干部路綫，結合本单位的斗批改。在这样总前提下展开辯論，最后要归罪于党內最大的走資本主义道路当权派，最后归罪于資产阶級反动路綫的影响，和在我們的头脑中的流毒，我們应該肃清，他們是敌人。我們革命組織之間是同志，是朋友，我們希望同志們联合起来，通过大辯論，只要坚持真理，修正錯誤，正确对待自己，端正态度，端正立場，可以实现无产阶級革命派的大联合，是沒有問題的，能不能呀？（众：能！）希望你們能够作出大联合的榜样，不要有个人主义、私心杂念，不要有分裂主义、无政府主义，就能实现革命派大联合。这是我讲的第三个問題。

第四个問題，高举毛泽东思想伟大紅旗，就是要活学活用毛主席著作，做真正地无产阶級革命事业的接班人。毛主席对我們革命小将希望很大，我們要讀毛主席的书，听毛主席的話，按毛主席的指示办事，按毛主席指引的方向前进，按照林副主席的指示，我們每个人既要把自己当做革命的一分力量，也要把自己当作革命的对象。在改造客观世界的同时，改造主观世界，首先要改造自己的主观世界，要在灵魂深处闹革命，要抛掉头脑中的私心杂念。改造主观世界就是要破私立公，消灭个人主义，这是革命派的一个大問題。把革命組織办成毛泽东思想的大学校，让毛泽东思想的伟大紅旗在我們的組織中高高举起，我們就应带着問題学，学用結合，急用先学，立竿見影，在"用"字上狠下功夫。現在我們要特別提出一点，要注意反对无政府主义傾向。无政府主义是资产阶級的产物，是个人主义的表現。因为它混淆了資产阶級和无产阶級的界限，混淆了資产阶級民主和革命的严密地組織紀律界限，混淆了資产阶級专政和无产阶級专政的界限。因为它反对一切，打倒一切，不相信一切，是机会主义的表現，是破坏革命派的大团結的。宗派主义、风头主义、小团体主义、分散主义根子都是个人主义，要坚决反对个人主义，才能打倒无政府主义。无政府主义是形"左"实右的机会主义，表面上好象革命的，不相信一切，实际上是只相信自己，不相信別人，人家都不革命，只有自己是响当当的"左派"，別人都是保皇派，都是中間派，实际上他是形"左"实右的，它是机会主义，是要脫离群众的，是要孤立的。无政府主义是革命派大团結的敌人，我們革命派大团結就是要打倒无政府主义。无政府主义是資产阶級反动路綫的产物，它的总后台是党內最大的走資本主义道路的当权派，我們应当坚决地把它批倒、批臭。无政府主义是反毛泽东思想的，反馬列主义的，是实行資本主义复辟的反动思潮，我們要坚决反对。革命派要加强学习毛主席著作，本身要整风，一方面要夺党內一小撮走資本主义道路当权派的权，一方面要夺自己头脑中"私"字的权，要改造自己的主观世界，让"私"字扫地出門，让"公"字安家落戶，真正改造世界观。毛主席說："世界观的轉变是一个根本的轉变。"无产阶級的世界观就是一切为公，大公无私，資产阶級的世界观是一切为私。我們要胸怀祖国，放眼世界，要按毛主席的教导，要解放自己，首先必须解放全人类，如果不解放全人类，无产阶級自己就不能最后解放自己。

最近太原地区发生了乱抢、乱打、乱砸的現象，这是无政府主义的表現，是和革命的組織性紀律性、革命的科学性背道而馳的，这也是一种无組織无紀律的行为，也是"私"字的表現。我們坚决反对打砸抢，因为这是不符合毛泽东思想的，不符合毛主席革命路綫的，江青同志讲了，打、砸、抢是百分之百的錯誤，发展下去就会被反革命分子所利用，被牛鬼蛇神利用，就会成为反革命分子的防空洞，对我們的无产阶級文化大革命是不利的。我們要按照毛主席的教导，只能文斗，不能武斗，武斗只能触及皮肉，文斗才能触及灵魂。革命組織之間，不要打"內战"，要加强团結，共同对敌，那一边挑起武斗，那一边就要犯錯誤，就是违背毛泽东思想的。希望同志們要听毛主席的話，无产阶級革命事业接班人最听毛主席的話，我們一定要按照毛主席的指示办事，按照毛主席的教导指导我們的行动，而不要违背毛主席的教导。要打口誅笔伐讲道理的"內战"，不能打余什么水龙头的"內战"，不能用桌子椅子凳子打"內战"，不要拳打脚踢，要讲道理，开展批判辯論，最好是对准党內最大的走資本主义道路的当权派，不要自己对自己，当然人民內部矛盾也免不了，沒有矛盾就沒有世界，但是要看矛盾主要方面在那里，所以我們应当掌握好当前斗爭的大方向，我們不要吃了飯不讲話，不要互相仇根，我們要仇恨党內最大的走資本主义道路的当权派和資产阶級反动路綫。我們将来还要同吃、同住、同上課，我們不能一辈子不讲話，有問題可以同志式地談，摆事实讲道理，这样才能解决問題。我們希望工学院的革命同学、革命战友，在大敌当前的形势下要大团結，大联合。

通过辯論，实现以革命派为核心的大联合，搞好对党內最大的走資本主义道路的当权派的批判，搞好本单位的斗批改，搞好无产阶級革命派的大联合、"三結合"，只有实現无产阶級革命的大联合，才能有真正的巩固的革命的"三結合"，如果沒有革命派的大联合，就不能巩固政权，掌好权，用好权，容易被敌人鉆空子，这是关系到我省文化大革命的进行到底的命运，这是关系到我院的文化大革命的命运。我們要按照毛主席的教导，要关心国家大事，要将无产阶級文化大革命进行到底，不能光只看見自己一个人，小前提服从大前提，个人利益要服从集体的利益、革命的利益，局部利益要服从整体利益，暂时利益要服从长远利益，这才是真正响当当的革命派。中央首长非常关心我們山西的文化大革命，山西夺权夺得早，希望我們能够把这个旗举得高高的，把毛泽东思想伟大紅旗插遍山西每个角落，把山西办成一个毛泽东思想的大学校，首先每个机关，每个学校，每个部門，每个单位，每个組織都要办成毛泽东思想的大学校，城市和农村都要办成一个毛泽东思想的大学校，这样才能为全省办好毛泽东思想大学校打下牢靠的基础，这点希望同志們牢牢記住，这样才能建設一个以毛泽东思想武装起来的、紅彤彤的新山西，（鼓掌）才能巩固无产阶級专政，巩固我們的紅色政权，巩固无产阶級文化大革命的胜利果实，打垮一切不管是国际帝国主义和国內反动派的联合进攻，这是每一个人应負的責任。

只要我們按照毛主席的指示办事，按照毛泽东思想办事，我們就一定能胜利！（鼓掌）最后让我們高呼：

无产阶級文化大革命万岁！
无产阶級革命派大团結万岁！
无产阶級专政万岁！
战无不胜的毛泽东思想万岁！
偉大的領袖毛主席万岁！万岁！万万岁！

（太工革命造反指揮部宣传組整理，未經本人审閱）

把毛主席的教導印在腦子裡，溶化在血液中，落實到行動上

院指揮部召開誓師大會

把活學活用毛主席著作的群眾運動推向新階段

「鍾山風雨蒼黃，百萬雄師過大江」震撼世界的無產階級文化大革命已進入兩個階級、兩條道路、兩條路線的決戰時刻，我院廣大的革命派在解放軍的有力支持下向黨內最大的走資本主義道路的當權派及伸向我省我院的黑爪牙發起了一次又一次的猛烈的攻擊，取得了一個又一個的偉大勝利。特別是毛主席發出軍隊要支持左派廣大革命群眾的號召以來，解放軍同志給我們帶來了活學活用毛主席著作的好經驗，使我們緊緊地掌握了鬥爭的大方向。為了鞏固我們的紅色政權，把無產階級文化大革命進行到底，十三日晚院指揮部召開了「把活學活用毛主席著作的群眾運動推向新階段的誓師大會」。會上軍民一起從內心迸發出激動的聲音：「讀毛主席的書，聽毛主席的話，照毛主席的指示辦事，做毛主席的好戰士。」決心把活學活用毛主席著作放在高於一切，大於一切，先於一切，重於一切的地位，用毛澤東思想統帥一切，指導一切，帶動一切，改造一切。誓把毛主席的教導印在腦子裡，溶化在血液中，落實到行動上。

大會首先由院指揮部負責人王萬錄講話，他說：對待毛主席著作學習的態度，這是革命和反革命的分水嶺和試金石。要革命，就得活學活用毛主席著作；不學習毛主席著作，就是百分之百的不革命；反對學習毛主席著作，就是徹頭徹尾的反革命。他還說：目前在我們的隊伍中不同程度地存在著無政府主義、山頭主義，這些都是建立在「私」字基礎上的個人主義，都是不符合毛澤東思想的，它直接影響和破壞著革命的大聯合和革命的「三結合」。我們一定要認真地學習解放軍活學活用毛主席著作的經驗，既把自己當作革命的一份力量，也把自己當作革命的對象，讓「私」字掃地出門，讓「公」字安家落戶，在革命的大批判中，促進實現以革命左派為核心的革命大聯合。我們要在毛澤東思想的偉大紅旗下，軍民團結一致，高舉革命的批判旗幟，衝鋒陷陣，英勇戰鬥，把活學活用毛主席著作的群眾運動推向新階段。

解放軍代表南團長講話，他首先代表組訓五師全體指戰員，對大會表示熱烈的祝賀和堅決的支持。南團長介紹了解放軍學習毛主席著作的經驗，對我院活學活用毛主席著作提出了寶貴的意見。與會同志對解放軍對我們的關懷表示熱烈的感謝，頓時「向解放軍學習，向解放軍致敬」的口號在大飯廳縈繞不息。他著重指出，要提高對毛澤東思想的認識，端正對毛澤東思想的態度。他說：處處按毛主席的指示辦事，

時時堅持毛澤東思想的大方向，就是真正的革命派，響噹噹的革命造反派。只有端正了對戰無不勝的毛澤東思想的態度，才能緊緊掌握革命鬥爭的大方向，那些口頭上擁護，行動上另是一樣的人是與此完全相反的。對於前者我們完全擁護，堅決支持，對後者我們堅決反對。

他還指出：毛澤東思想是我們進行一切革命鬥爭的銳利武器，在當前是我們徹底批倒批臭黨內最大的走資本主義道路的當權派和本單位一小撮走資本主義道路的當權派的強大武器。為此我們必須迅速掀起一個深入的廣泛的活學活用毛主席著作的新高潮。他指出：學習毛主席著作，必須與鬥、批、改緊密結合起來，脫離鬥爭、脫離實際的學習，不是活學活用，必須反對這種學習方法。最後他還提出幾點要求：堅持雷打不動的天天讀和其他學習制度。一定要活學活用，一定要帶著思想上鬥爭中的問題，向毛主席著作請教，要在改造思想破私立公上狠下功夫。及時總結交流學習經驗，促進學習的不斷發展。

各戰鬥隊的代表也發了言，表示一定要迅速掀起活學活用毛主席著作的新高潮，誓把兩個階級、兩條道路、兩條路線的鬥爭進行到底。

會後，由4543部隊毛澤東思想宣傳隊表演了精彩節目，表示了解放軍是革命左派的堅強後盾，及對革命左派的堅決支持。

大會在《大海航行靠舵手》及一片響亮的掌聲中勝利結束。

（太工指揮部宣傳組報道）

1967年5月16日　红太工　第三版

把毛主席的教导印在脑子里，溶化在血液中，落实到行动上

院指揮部召开誓师大会

把活学活用毛主席著作的群众运动推向新阶段

“鍾山風雨起蒼黃，百万雄师过大江。”震撼世界的无产阶級文化大革命已进入两个阶級、两条道路、两条路綫的决战时刻，我院广大的革命派在解放軍的有力支持下向党內最大的走資本主义道路的当权派及伸向我省我院的黑爪牙发起了一次又一次的猛烈的攻击，取得了一个又一个的伟大胜利。特別是毛主席发出軍队要支持左派广大革命群众的号召以来，解放軍同志給我們带来了活学活用毛主席著作的好經驗，使我們紧紧地掌握了斗爭的大方向。为了巩固我們的紅色政权，把无产阶級文化大革命进行到底，十三日晚院指揮部召开了“把活学活用毛主席著作的群众运动推向新阶段的誓师大会”。会上軍民一起从內心迸发出激动的声音：“讀毛主席的书，听毛主席的話，照毛主席的指示办事，做毛主席的好战士。”决心把活学活用毛主席著作放在高于一切，大于一切，先于一切，重于一切的地位，用毛泽东思想去統帅一切，指导一切，带动一切，改造一切。誓把毛主席的教导印在脑子里，溶化在血液中，落实到行动上。

大会首先由院指揮部負責人王万录讲話，他說：对待毛主席著作学习的态度，这是革命和反革命的分水岭和試金石。要革命，就得活学活用毛主席著作；不学习毛主席著作，就是百分之百的不革命；反对学习毛主席著作，就是彻头彻尾的反革命。他还說：目前在我們的队伍中不同程度地存在着无政府主义、山头主义，这些都是建立在“私”字基础上的个人主义，都是不符合毛泽东思想的，它直接影响和破坏着革命的大联合和革命的“三結合”。我們一定要认真地学习解放軍活学活用毛主席著作的經驗，既把自己当做革命的一份力量，也把自己当作革命的对象，让“私”字扫地出門，让“公”字安家落戶，在革命的大批判中，促进实現以革命左派为核心的革命大联合。我們要在毛泽东思想的伟大紅旗下，軍民团結一致，高举革命的批判旗帜，冲鋒陷陣，英勇战斗，把活学活用毛主席著作的群众运动推向新阶段。

解放軍代表南团长讲話，他首先代表紅訓五师全体指战員，对大会表示热烈的祝贺和坚决的支持。南团长介紹了解放軍学习毛主席著作的經驗，对我院活学活用毛主席著作提出了宝貴的意見。与会同志对解放軍对我們的关怀表示热烈的感謝，頓时“向解放軍学习，向解放軍致敬”的口号在大飯厅綵繞不息。他着重指出，要提高对毛泽东思想的认識，端正对毛泽东思想的态度。他說：处处按毛主席的指示办事，时时坚持毛泽东思想的大方向，就是眞正的革命派，响当当的革命造反派。只有端正了对战无不胜的毛泽东思想的态度，才能紧紧掌握革命斗爭的大方向，那些口头上拥护，行动上另是一样的人是与此完全相反的。对于前者我們完全拥护，坚决支持，对后者我們坚决反对。

他还指出：毛泽东思想是我們进行一切革命斗爭的銳利武器，在当前是我們彻底批倒批臭党內最大的走資本主义道路的当权派和本单位一小撮走資本主义道路的当权派的强大武器。为此我們必須迅速掀起一个深入的广泛的活学活用毛主席著作的新高潮。他指出：学习毛主席著作，必須与斗、批、改紧密結合起来，脫离斗爭、脫离实际的学习，不是活学活用，必須反对这种学习方法。最后他还提出几点要求：①坚持雷打不动的天天讀和其它学习制度。②一定要活学活用，一定要带着思想上斗爭中的問題，向毛主席著作請教，要在改造思想破私立公上狠下功夫。③及时总結交流学习經驗，促进学习的不断发展。

各战斗队的代表也发了言，表示一定要迅速掀起活学活用毛主席著作的新高潮，誓把两个阶級、两条道路、两条路綫的斗爭进行到底。

会后，由4543部队毛泽东思想宣传队表演了精彩节目，表示了解放軍是革命左派的坚强后盾，及对革命左派的坚决支持。

大会在《大海航行靠舵手》及一片响亮的掌声中胜利結束。

（太工指揮部宣传組报道）

高舉毛澤東思想偉大紅旗向革命師生學習

組訓五師廿五團三連連長　馮吉恩

毛主席教導我們：「軍隊須和民眾打成一片，使軍隊在民眾眼睛中看成是自己的軍隊，這個軍隊便無敵於天下。」我們人民解放軍和人民血肉相連，魚水難分。這次，我們接受了毛主席交給我們的支持廣大革命左派群眾的任務，是非常光榮的，又是十分艱鉅的。沒有革命群眾真心實意的擁護和支持，我們就什麼事情也辦不成，就根本不可能完成任務。

軍愛民，民擁軍，軍民團結一條心，這是我軍的光榮傳統，是我軍戰勝任何敵人，克服一切困難，永遠立於不敗之地的根本保證。

我一定要以小學生的姿態，虛心向革命師生學習。

一、做革命小將的小學生

我們最最敬愛的偉大領袖毛主席親自發動和領導的無產階級文化大革命，是國際共產主義運動的偉大創舉，是我國成立十七年來向資本主義發動的總攻擊，在這場史無前例、震撼世界的文化大革命運動中，無產階級革命派在毛主席和他的親密戰友林副主席的指引下，以大無畏的革命精神，堅持了以毛主席為代表的革命路線，發揚了「五敢」精神，打垮了資產階級反動路線的白色恐怖，擊退了他們一次又一次的猖狂反撲，鬥爭了黨內一小撮走資本主義道路的當權派，經過十分尖銳複雜的鬥爭，取得了一個又一個的勝利，這是毛主席的革命路線的偉大勝利。

看到革命小將們在文化大革命中建立的豐功偉績，自己從內心裡對他們十分讚揚，向他們學習，向他們致敬，真心實意地做他們的小學生。毛主席教導我們：「群眾是真正的英雄。」我這次根據最高指示到工學院來組訓革命師生，是一個大好機會，我一定要向小將好好學習。學習他們對毛主席無限熱愛、無限信仰、無限崇拜、無限忠誠；學習他們大無畏的「五敢」革命精神；學習他們善於鬥爭，敢於勝利的鬥爭策略；學習他們高舉毛澤東思想偉大紅旗，活學活用主席著作，敢於刺刀見紅，向自己頭腦中的「私」字開火的革命精神。做好他們的小學生。

二、對革命小將的態度

《解放軍報》4月24日社論指出：「軍隊的同志在支持左派鬥爭中，「應該是民眾的朋友，而不是民眾的上司。」一定要以普通勞動者的姿態出現，把自己看成群眾的一分子，和群眾打成一片。我們要非常謹慎，非常謙虛，老老實實當群眾的小學生。」可是檢查自己進校兩個月來，我這個小學生是沒有當好的。對革命小將的一些缺點和錯誤，沒有能夠耐心、細心地用毛澤東思想說服教育，有時候熱情不夠，不能耐心等待，表現了急躁情緒，方式、方法上有些簡單粗暴。總之，這些都說明，我帶著問題活學活用主席著作不夠，特別是用的很差。這也是因為沒有很好地向革命小將學習的結果。

三、更高地舉起毛澤東思想偉大紅旗，活學活用主席著作，堅決完成我們偉大的統帥交給自己的光榮而偉大的任務。

檢查前一段工作，就深深感到：要完成我們偉大的統帥交給自己的光榮而偉大的任務，就必須更高地舉起毛澤東思想偉大紅旗，帶著問題活學活用主席著作。按照林副統帥的指示：既要把自己當作革命的一份力量，也要把自己做為革命的對象。用毛澤東思想統帥一切，把毛澤東思想印在腦子裡，溶化在血液中，落實在行動上，虛心向革命小將學習，向自己頭腦中的「私」字猛烈開火。讀毛主席的書，聽毛主席的話，照毛主席的指示辦事，做毛主席的好戰士。

第四版　紅太工　1967年5月16日

軍爱民　民拥軍　軍民团結一条心

高举毛澤东思想伟大紅旗向革命师生学习

組訓五师廿五团三連連长　冯吉恩

毛主席教导我們：“軍队須和民众打成一片，使軍队在民众眼睛中看成是自己的軍队，这个軍队便无敌于天下。”我們人民解放軍和人民血肉相連，魚水难分。这次，我們接受了毛主席交給我們的支持广大革命左派群众的任务，是非常光荣的，又是十分艰巨的。沒有革命群众眞心实意的拥护和支持，我們就什么事情也办不成，就根本不可能完成任务。

軍爱民，民拥軍，軍民团結一条心，这是我軍的光荣传統，是我軍战胜任何敌人，克服一切困难，永远立于不敗之地的根本保証。

我一定要以小学生的姿态，虛心向革命师生学习。

一、做革命小将的小学生

我們最最敬爱的伟大領袖毛主席亲自发动和領导的无产阶級文化大革命，是国际共产主义运动的伟大創举，是我国成立十七年来向資本主义发动的总攻击，在这場史无前例、震撼世界的文化大革命运动中，无产阶級革命派在毛主席和他的亲密战友林副主席的指引下，以大无畏的革命精神，坚持了以毛主席为代表的革命路綫，发揚了“五敢”精神，打垮了資产阶級反动路綫的白色恐怖，击退了他們一次又一次的猖狂反扑，斗爭了党內一小撮走資本主义道路的当权派，經过十分尖銳复杂的斗爭，取得了一个又一个的胜利，这是毛主席的革命路綫的伟大胜利。

看到革命小将們在文化大革命中建立的丰功伟績，自己从內心里对他們十分贊揚，向他們学习，向他們致敬，眞心实意地做他們的小学生。毛主席教导我們說：“群众是眞正的英雄。”我这次根据最高指示到工学院来組訓革命师生，是一个大好机会，我一定要向小将好好学习。学习他們对毛主席无限热爱、无限信仰、无限崇拜、无限忠誠；学习他們大无畏的“五敢”革命精神；学习他們善于斗爭，敢于胜利的斗爭策略；学习他們高举毛泽东思想伟大紅旗，活学活用主席著作，敢于刺刀見紅，向自己头脑中的“私”字开火的革命精神。做好他們的小学生。

二、对革命小将的态度

《解放軍报》4月24日社論指出：“軍队的同志在支持左派斗爭中，‘应該是民众的朋友，而不是民众的上司。’一定要以普通劳动者的姿态出現，把自己看成群众的一分子，和群众打成一片。我們要非常謹愼，非常謙虛，老老实实当群众的小学生。”可是检查自己进校两个月来，我这个小学生是沒有当好的。对待革命小将的一些缺点和錯誤，沒有能够耐心、細心地用毛泽东思想說服教育，有时候热情不够，不能耐心等待，表現了急躁情緒，方式、方法上有些简单粗暴。总之，这些都說明，我带着問題活学活用主席著作不够，特别是用的很差。这也是因为沒有很好地向革命小将学习的結果。

三、更高地举起毛泽东思想伟大紅旗，活学活用主席著作，坚决完成我們伟大的統帅交給自己的光荣而伟大的任务。

检查前一段工作，就深深感到：要完成我們伟大的統帅交給自己的光荣而伟大的任务，就必須更高地举起毛泽东思想伟大紅旗，带着問題活学活用主席著作。按照林副統帅的指示：**既要把自己当做革命的一分力量，也要把自己做为革命的对象。**用毛泽东思想統帅一切，把毛泽东思想印在脑子里，溶化在血液中，落实在行动上，虛心向革命小将学习，向自己头脑中的“私”字猛烈开火。讀毛主席的书，听毛主席的話，照毛主席的指示办事，做毛主席的好战士。

虛心地向人民解放軍學習

紅心、永紅、東風聯合、繼紅、挺進、紅心向黨

五月二十日，組訓五師解放軍同志和我院全體革命師生員工召開了擁軍愛民大會。這是一個團結的大會，一個勝利的大會，一個活學活用毛主席著作的大會。

在會上，山西省軍區政委張日清同志做了重要講話，對大會表示熱烈的祝賀和堅決的支持。他闡述了軍民之間的魚水關係和擁軍愛民的重大意義；分析了我省無產階級文化大革命的大好形勢；對我院的無產階級文化大革命做出了具體的重要指示。他著重指出：在當前就是要活學活用毛主席著作，按毛主席指引的方向前進，在改造客觀世界的同時，不斷地改造主觀世界，拋掉頭腦中的私心雜念，在搞好對黨內頭號走資本主義道路當權派的批判的前提下，各革命組織之間要進行大辯論，通過擺事實，講道理，盡快地搞好無產階級革命派的大聯合，實現革命的「三結合」。

這是對我們極大支持和殷切希望，我們一定要虛心地、紮紮實實地向解放軍學習，甘當解放軍的小學生。

向解放軍學習，就是要像解放軍那樣，讀毛主席的書，聽毛主席的話，照毛主席的指示辦事，把毛主席的教導印在腦子裡，融化在血液中，落實到行動上。

向解放軍學習，就是要像解放軍那樣，大破「私」字，大立「公」字，遵循林副主席的指示：「既要把自己當作革命的一份力量，也要把自己當作革命的對象。」在靈魂深處鬧革命，把「私」字掃地出門，讓「公」字安家落戶。

向解放軍學習，就是要像解放軍那樣，活學活用毛主席著作，在當前要堅決打倒無政府主義，徹底根除山頭主義、風頭主義、小團體主義，肅清資產階級個人主義的一切不良傾向。

無產階級革命派戰友們，革命的同志們，讓我們牢記毛主席的教導：「宜將剩勇追窮寇，不可沽名學霸王。」緊緊掌握鬥爭大方向，團結一致，共同對敵，誓把無產階級文化大革命進行到底！把我院辦成一個紅彤彤的毛澤東思想的大學校！

虚心地向人民解放軍学习

红心、永红、东风联合、继红、挺进、红心向党

◇　◇

五月十二日，組訓五师解放軍同志和我院全体革命师生員工召开了拥軍爱民大会。这是一个团結的大会，一个胜利的大会，一个活学活用毛主席著作的大会。

在会上，山西省軍区政委张日清同志作了重要讲話，对大会表示热烈的祝賀和坚决的支持。他阐述了軍民之間的魚水关系和拥軍爱民的重大意义；分析了我省无产阶級文化大革命的大好形势；对我院的无产阶級文化大革命作出了具体的重要指示。他着重指出：在当前就是要活学活用毛主席著作，按毛主席指引的方向前进，在改造客观世界的同时，不断地改造主观世界，抛掉头脑中的私心杂念，在搞好对党內头号走資本主义道路当权派的批判的前提下，各革命組織之間要进行大辯論，通过摆事实，讲道理，尽快地搞好无产阶級革命派的大联合，实現革命的“三結合”。

这是对我們的极大支持和殷切希望，我們一定要虛心地、扎扎实实地向解放軍学习，甘当解放軍的小学生。

◇　◇

向解放軍学习，就是要象解放軍那样，讀毛主席的书，听毛主席的話，照毛主席的指示办事，把毛主席的教导印在脑子里，溶化在血液中，落实到行动上。

向解放軍学习，就是要象解放軍那样，大破“私”字，大立“公”字，遵循林副主席的指示：“既要把自己当作革命的一份力量，也要把自己当作革命的对象”。在灵魂深处鬧革命，把“私”字扫地出門，让“公”字安家落戶。

向解放軍学习，就是要象解放軍那样，活学活用毛主席著作，在当前要坚决打倒无政府主义，彻底根除山头主义、风头主义、小团体主义，肃清資产阶級个人主义的一切不良傾向。

无产阶級革命派战友們，革命的同志們，让我們牢記毛主席的教导：“宜将剩勇追穷寇，不可沽名学霸王。”紧紧掌握斗爭大方向，团結一致，共同对敌，誓把无产阶級文化大革命进行到底！把我院办成一个紅彤彤的毛泽东思想的大学校！

革命的根本問題是政權問題

•評論員•

我們偉大領袖毛主席親自主持和制定的彪炳顯赫的偉大歷史文件－中共中央一九六六年五月十六日的《通知》的公開發表，是我們國家政治生活中的一個重大事件，是國際共產主義運動中一個重大事件。

這個偉大的歷史文件，是一個極其重要的綱領性的文件，提出了無產階級文化大革命的理論、路線、方針和政策；這個偉大的歷史文件，吹響了無產階級文化大革命的進軍號，是向黨內最大的一小撮走資本主義道路的當權派進行大搏鬥的動員令；這個偉大的歷史文件，是馬列主義發展史上的里程碑，標誌著馬列主義發展到毛澤東思想的新階段；這個偉大的歷史文件，在無產階級文化大革命取得決定性勝利的今天，公開發表，對誓把這場革命關係著中國命運和世界前途的大革命，進行到底，起著不可估量的推動作用。

我們最最熱烈歡呼這一偉大歷史文件的發表！

毛主席近幾年來經常教導我們：「混在黨裡、政府裡、軍隊裡和各種文化界的資產階級代表人物，是一批反革命的修正主義分子，一旦時機成熟，他們就會要奪取政權，由無產階級專政變為資產階級專政。這些人物，有些已被我們識破了，有些則還沒有被識破，有些正在受到我們信用，被培養為我們的接班人，例如赫魯曉夫那樣的人物，他們現正睡在我們的身旁，各級黨委必須充分注意這一點。」

回顧一年來戰鬥的光輝歷程，深深認識到，毛主席對無產階級文化大革命的予見是何等的英明！

毛主席創造性的發表了馬克思列寧主義，解決了無產階級專政下的革命問題，提出了防止資本主義復辟的理論，並在他親自發動和領導的無產階級文化大革命中，實踐了這一閃爍著人類智慧光輝的理論，這是對馬列主義發展史上的一個劃時代的貢獻，標誌著馬列主義發展到了一個嶄新的階段—毛澤東思想的階段。

毛主席教導我們：「革命的根本問題是政權問題。」在無產階級專政下的階級鬥爭，集中到一點，還是政權問題。

我國任何時期的革命，無不是為了奪取政權。為了從蔣家王朝手中奪取政權，毛主席領導中國的工農紅軍，鏖戰祖國各地，千千萬萬的階級兄弟用鮮血和生命，在長城內外，大江南北，寫下了人類歷史上永垂不朽的悲壯的詩篇。多少祖國的好兒女，不畏強暴，英勇鬥爭，在刀光劍影的刑場上，視死如歸，高唱著悲壯的《國際歌》走上就義台；在陰森森的監牢裡，堅持鬥爭，寧願坐穿牢底，決不變節降敵。為了從黨內一小撮走資本主義道路當權派手中奪權，我們偉大領袖毛主席親自發動和領導了史無前例的無產階級文化大革命，無產階級革命派，不怕打成「反革命」「假左派、真右派」，置自己的安危於不顧，衝破白色恐怖，發揚了「捨得一身剮，敢把皇帝拉下馬」的大無畏的革命精神，揪出了黨內一小撮走資本主義道路的當權派，建立了不朽的功勳。

大權終於奪回來了！無產階級革命派就是要掌權，就是要獨攬大權。

目前社會出現了一股資本主義復辟的反革命逆流，被打倒的黨內一小撮走資本主義道路的當權派，人還在，心不死，煽動一些不明真相的群眾組織，把矛頭指向剛剛建立的紅色政權，抓住一些前進道路上必不可免的缺點和錯誤，攻其一點，不及其餘，企圖顛覆無產階級的權力機構，這是絕對辦不到的！無產階級革命派，從掌權的那天起，就一刻也沒有忘記鞏固政權的重要，並深深懂得，奪取政權，僅僅是萬里長征剛剛邁開的第一步。那些企圖扼殺紅色政權於搖籃之中的人，絕不會有好下場！

毛主席教導我們：革命的誰勝誰負，要在一個很長的歷史時期內才能夠解決。如果弄得不好，資本主義復辟將是隨時可能的。全體黨員，全國人民，不要以為有一二次、三四次文化大革命就可以太平無事了。千萬注意，決不可喪失警惕。

我們奪權是靠毛澤東思想來奪的，掌權也要靠毛澤東思想來掌，用權也要靠毛澤東思想來用，毛澤東思想是根本的根本。無產階級革命派只有高舉毛澤東思想偉大紅旗，我們的紅色政權，才能千秋萬代，永不變色。

革命的根本問題是政权問題

·評論員·

我們伟大領袖毛主席亲自主持和制定的彪炳显赫的伟大历史文件——中共中央一九六六年五月十六日的《通知》的公开发表，是我們国家政治生活中的一个重大事件，是国际共产主义运动中一个重大事件。

这个伟大的历史文件，是一个极其重要的綱領性的文件，提出了无产阶級文化大革命的理論、路綫、方針和政策；这个伟大的历史文件，吹响了无产阶級文化大革命的进軍号，是向党內最大的一小撮走資本主义道路当权派进行大搏斗的动員令；这个伟大的历史文件，是馬列主义发展史上的里程碑，标志着馬列主义发展到毛泽东思想的新阶段；这个伟大的历史文件，在无产阶級文化大革命取得决定性胜利的今天，公开发表，对誓把这場关系着中国命运和世界前途的大革命，进行到底，起着不可估量的推动作用。

我們最最热烈欢呼这一伟大历史文件的发表！

毛主席近几年来經常教导我們：“混在党里、政府里、軍队里和各种文化界的資产阶級代表人物，是一批反革命的修正主义分子，一旦时机成熟，他們就会要夺取政权，由无产阶級专政变为資产阶級专政。这些人物，有些已被我們識破了，有些則还没有被識破，有些正在受到我們信用，被培养为我們的接班人，例如赫魯晓夫那样的人物，他們現正睡在我們的身旁，各級党委必須充分注意这一点。”

回顾一年来战斗的光輝历程，深深认識到，毛主席对无产阶級文化大革命的予見是何等的英明！

毛主席創造性地发展了馬克思列宁主义，解决了无产阶級专政下的革命問題，提出了防止資本主义复辟的理論，并在他亲自发动和領导的无产阶級文化大革命中，实践了这一閃烁着人类智慧光輝的理論，这是对馬列主义发展史上的一个划时代的貢献，标志着馬列主义发展到了一个嶄新的阶段——毛泽东思想的阶段。

毛主席教导我們：“革命的根本問題是政权問題。”在无产阶級专政下的阶級斗爭，集中到一点，还是政权問題。

我国任何时期的革命，无一不是为了夺取政权。为了从蔣家王朝手中夺取政权，毛主席領导中国的工农紅軍，鏖战祖国各地，千千万万的阶級兄弟用鮮血和生命，在长城內外，大江南北，写下了人类历史上永垂不朽的悲壮的詩篇。多少祖国的好儿女，不畏强暴，英勇斗爭，在刀光剑影的刑場上，視死如归，高唱着悲壮的《国际歌》走上就义台；在阴森森的监牢里，坚持斗爭，宁愿坐穿牢底，决不变节降敌。为了从党內一小撮走資本主义道路当权派手中夺权，我們伟大領袖毛主席亲自发动和領导了史无前例的无产阶級文化大革命，无产阶級革命派，不怕打成“反革命”“假左派、真右派”，置自己的安危于不顾，冲破白色恐怖，发揚了“舍得一身剮，敢把皇帝拉下馬”的大无畏的革命精神，揪出了党內一小撮走資本主义道路的当权派，建立了不朽的功勛。

大权終于夺回来了！无产阶級革命派就是要掌权，就是要独攬大权。

目前社会上出現了一股資本主义复辟的反革命逆

（下轉二版）

命造反指揮部主办

（上接一版）

流，被打倒的党內一小撮走資本主义道路的当权派，人还在，心不死，煽动一些不明真相的群众組織，把矛头指向刚刚建立的紅色政权，抓住一些前进道路上必不可免的缺点和錯誤，攻其一点，不及其余，企图顚覆无产阶級的权力机构，这是絕对办不到的！无产阶級革命派，从掌权的那天起，就一刻也沒有忘記巩固政权的重要，并深深懂得，夺取政权，仅仅是万里长征刚刚迈开的第一步。那些企图扼杀紅色政权于搖籃之中的人，絕不会有好下場！

毛主席教导我們：革命的誰胜誰負，要在一个很长的历史时期内才能夠解决。如果弄得不好，資本主义复辟将是随时可能的。全体党員，全国人民，不要以为有一二次、三四次文化大革命就可以太平无事了。千万注意，决不可丧失警惕。

我們夺权是靠毛泽东思想来夺的，掌权也要靠毛泽东思想来掌，用权也要靠毛泽东思想来用，毛泽东思想是根本的根本。无产阶級革命派只有高举毛泽东思想伟大紅旗，我們的紅色政权，才能千秋万代，永不变色。

在毛澤東思想光輝指引下乘勝前進

—紀念毛主席《在延安文藝座談會上的講話》發表二十五週年

我們偉大領袖毛主席《在延安文藝座談會上的講話》這部光輝著作，天才地、創造性地發展了馬克思列寧主義世界觀和文藝理論，是當代馬克思主義文藝理論發展的光輝頂峰，是一部劃時代的重要文獻。它不但對我國「五四」以來的革命文藝運動的基本經驗做了科學的總結，也對國際無產階級革命文藝運動基本經驗做了科學的總結。它最完全地、最全面地、最系統地總結了文化戰線上的兩條路線的鬥爭。這是無產階級革命史上第一次提出的最完整、最徹底、最正確的馬克思列寧主義文藝路線，它將永遠照耀著我們前進的方向和道路。

正當轟轟烈烈的無產階級文化大革命進入兩個階級、兩條道路、兩條路線的大決戰的關鍵時刻，我們紀念這部光輝著作發表二十五週年，是有特別重要的深刻意義的。

《講話》是指南針。它指導我們在複雜尖銳的階級鬥爭中，辨明方向，鑒別香花和毒草，鑒別革命和反革命，真革命和假革命。《講話》是照妖鏡。它是徹底摧毀一切牛鬼蛇神的最銳利的武器，一切反黨反社會主義反毛澤東思想的言行，在它的面前，都將原形畢露，無處藏身。《講話》是進軍號。它號召廣大工農兵、革命幹部、革命知識分子，在這場無產階級文化大革命中衝鋒陷陣，向黨內最大的一小撮走資本主義道路的當權派，向一小撮反革命修正主義分子，展開大批判、大鬥爭，奪他們的權，專他們的政。

當前，無產階級文化大革命正進入一個大批判、大鬥爭的高潮階段。形勢好得很！毛主席《在延安文藝座談會上的講話》一文中告訴我們：「我們是站在無產階級和人民大眾的立場。對於共產黨員來說，也就是要站在黨的立場，站在黨性和黨的政策的立場。」我們就是要遵循毛主席的這一偉大教導，緊緊掌握鬥爭大方向，堅決站在無產階級和人民大眾的立場上，堅決按照黨的政策辦事。急革命群眾之所急，恨革命群眾之所恨，立場堅定，旗幟鮮明，團結一致，矛頭向上，窮追猛打黨內最大的一小撮走資本主義道路的當權派和本地區、本單位、本部門的黨內一小撮走資本主義道路的當權派。「誰是我們的敵人？誰是我們的朋友？這個問題是革命的首要問題。」如果不能團結真正的朋友，以攻擊真正的敵人，那末，大方向就錯了，就站在敵人的立場上了，那就一定會幹出親者痛、仇者快的事來。這是值得我們每一個無產階級革命派慎重考慮的問題。

毛主席還在《講話》中明確指出：對敵人，就是要暴露它們的殘暴和欺騙，並指出他們必然要失敗的趨勢；對同盟者，應該是有聯合，有批評；對人民群眾及其先鋒隊，就是應該讚揚。人民也有缺點，但對待他們的缺點應該耐心教育，幫助他們改正，而不應該是以敵視的態度去譏笑他們。我們要按照毛主席的這一偉大指示辦事，對黨內最大的一小撮走資本主義道路的當權派劉少奇、鄧小平和制定二月黑提綱的彭真反革命修正主義集團，對劉、鄧伸向山西的爪牙、黑省委內的衛、王、王，對我院以趙、李、徐為首的趙家王朝，我們就是要用銳利的筆尖直插他們的心窩，把他們的那些反黨、反社會主義、反毛澤東思想的黑貨暴露在光天化日之下，從政治上、思想上、理論上徹底批倒、鬥臭，對他們實行無產階級專政，戳穿他們復辟資本主義的陰謀，肅清他們的一切流毒，讓光焰無際的毛澤東思想占領一切陣地。對於革命群眾、革命組織之間的分歧，這是人民內部矛盾。我們一定要遵循毛主席「團結—批評—團結」的教導，充分利用「大辯論」這個毛澤東思想的有力武器，擺事實，講道理，互相提出問題，互相亮出觀點，以善意的態度，進行批評和自我批評，特別要以自我批評為主，對己嚴，對人寬，不但要觸及別人的靈魂，更主要的是觸及自己的靈魂，大破自己頭腦中的「私」字，要服從革命的整體利益，要顧大局，識大體，把憤怒和仇恨集中在敵人身上，在大方向一致的前提下，通過辯論，實現革命派的大聯合。人民內部的任何惡意攻擊，造謠中傷，諷刺打擊，謾罵譏笑，任何製造無原則的糾紛，打無原則的「內戰」，甚至挑起武鬥現象，都是極其錯誤的，都是不符合毛澤東思想的。把矛頭對準某些革命組織和某些革命群眾也是極其錯誤的，是不符合毛澤東思想的。總之，一切「小動作」都應該立即停止。在幹部問題上，我們不但勇於打擊一小撮，而且敢於解放一大片。我們認為，大多數幹部是好的和比較好的，反黨反社會主義反毛澤東思想的反革命修正主義分子畢竟是一小撮。毛主席教導我們：「必須善於識別幹部。不但要看幹部的一時一事，而且要看幹部的全部歷史和全部工作。這是識別幹部的主要方法。」我們一定要正確地看待幹部，要看其主流和本質。對於犯錯誤的幹部，對他們工作中的一些缺點和錯誤，絕不應該抓住不放，攻其一點，不及其餘，而是要耐心地幫助他們改正，讓他們積極地起來「亮相」，即使對於犯了嚴重錯誤的幹部，只要不是反黨反社會主義分子，而又堅持不改和屢教不改的，就要允許他們改過，鼓勵他們將功贖罪。從而集中目標，打擊一小撮走資本主義道路當權派、反革命修正主義分子，只有這樣，才能做到逐步團結百分之九十五以上的幹部，才能搞好革命的「三結合」。

紀念我們偉大領袖毛主席《在延安文藝座談會上的講話》發表二十五週年，就是要我們在當前這場無產階級文化大革命中，活學活用《講話》這部偉大的歷史文獻，用毛澤東思想武裝我們的頭腦，用毛澤東思想這個戰無不勝的武器，去分析和認識階級鬥爭的形勢。毛主席在《講話》一文中告訴我們：「要使文藝很好地成為整個革命機器的一個組成部分，作為團結人民、教育人民、打擊敵人、消滅敵人的有力武器，幫助人民同心同德地和敵人做鬥爭。」我們要按毛主席的這一指示辦事，高舉革命的批判旗幟，運用毛澤東思想武裝起來的這支銳筆，對臭《修養》，對二月黑提綱，以及黨內最大的一小撮走資本主義道路當權派所炮製的資產階級反動路線，展開全面深入的大批判，徹底批倒、鬥臭黨內大大小小的走資本主義道路當權派，在革命大批判中實現無產階級革命派的大聯合和革命的「三結合」，將無產階級文化大革命進行到底！

「宜將剩勇追窮寇」。讓我們無產階級革命派聯合起來，在毛澤東思想光輝的指引下，乘勝前進吧！

在毛泽东思想光輝指引下乘胜前进

——紀念毛主席《在延安文艺座談会上的講話》发表廿五周年

社论

我們伟大領袖毛主席《在延安文艺座談会上的讲話》这部光輝著作，天才地、創造性地发展了馬克思列宁主义世界观和文艺理論，是当代馬克思主义文艺理論发展的光輝顶峰，是一部划时代的重要文献。它不但对我国“五四”以来的革命文艺运动的基本經驗作了科学的总結，也对国际无产阶級革命文艺运动基本經驗作了科学的总結。它最完全地、最全面地、最系統地总結了文化战綫上的两条路綫的斗爭。这是无产阶級革命史上第一次提出的最完整、最彻底、最正确的馬克思列宁主义文艺路綫，它将永远照耀着我們前进的方向和道路。

正当轰轰烈烈的无产阶級文化大革命进入两个阶級、两条道路、两条路綫的大决战的关鍵时刻，我們紀念这部光輝著作发表二十五周年，是有特別重要的深刻意义的。

《讲話》是指南針。它指导我們在复杂尖銳的阶級斗爭中，辨明方向，鉴别香花和毒草，鉴别革命和反革命，眞革命和假革命。《讲話》是照妖鏡。它是彻底摧毁一切牛鬼蛇神的最銳利的武器。一切反党反社会主义反毛泽东思想的言行，在它的面前，都将原形毕露，无处藏身。《讲話》是进軍号。它号召广大工农兵、革命干部、革命知識分子，在这場无产阶級文化大革命中冲鋒陷陣，向党內最大的一小撮走資本主义道路的当权派，向一小撮反革命修正主义分子，展开大批判、大斗爭，夺他們的权，专他們的政。

当前，无产阶級文化大革命正进入一个大批判、大斗爭的高潮阶段。形势好得很！毛主席《在延安文艺座談会上的讲話》一文中告訴我們：**“我們是站在无产阶級和人民大众的立場。对于共产党員来說，也就是要站在党的立場，站在党性和党的政策的立場。”**我們就是要遵循毛主席的这一伟大教导，紧紧掌握斗爭大方向，堅决站在无产阶級和人民大众的立場上，堅决按照党的政策办事。急革命群众之所急，恨革命群众之所恨，立場堅定，旗帜鮮明，团結一致，矛头向上，穷追猛打党內最大的一小撮走資本主义道路的当权派和本地区、本单位、本部門的党內一小撮走資本主义道路的当权派。**“誰是我們的敌人？誰是我們的朋友？这个問題是革命的首要問題。”**如果不能团結眞正的朋友，以攻击眞正的敌人，那末，大方向就錯了，就站在敌人的立場上了，那就一定会干出亲者痛、仇者快的事来。这是值得我們每一个无产阶級革命派愼重考虑的問題。

毛主席还在《讲話》中明确指出：**对敌人，就是要暴露他們的残暴和欺騙，并指出他們必然要失敗的趋势；对同盟者，应該是有联合，有批評；对人民群众及其先鋒队，就是应該贊揚。人民也有缺点，但对待他們的缺点应該耐心教育，帮助他們改正，而不应該是以敌視的态度去譏笑他們。**我們要按照毛主席的这一伟大指示办事，对党內最大的一小撮走資本主义道路的当权派刘少奇、邓小平和制定二月黑提綱的彭眞反革命修正主义集团，对刘、邓伸向山西的爪牙、黑省委內的卫、王、王，对我院以赵、李、徐为首的赵家王朝，我們就是要用銳利的笔尖直插他們的心窝，把他們的那些反党、反社会主义、反毛泽东思想的黑貨暴露在光天化日之下，从政治上、思想上、理論上彻底批倒、斗臭，对他們实行无产阶級专政，戳穿他們复辟資本主义的阴謀，肃清他們的一切流毒，让光焰无际的毛泽东思想占領一切陣地。对于革命群众、革命組織之間的分歧，这是人民內部矛盾。我們一定要遵循毛主席**“团結——批評——团結”**的教导，充分利用“大辯論”这个毛泽东思想的有力武器，摆事实，讲道理，互相提出問題，互相亮出观点，以善意的态度，进行批評和自我批評，特別要以自我批評为主，对己严，对人寬，不但要触及別人的灵魂，更主要的是触及自己的灵魂，大破自己头脑中的“私”字，要服从革命的整体利益，要顾大局，識大体，把憤怒和仇恨集中在敌人身上，在大方向一致的前提下，通过辯論，实現革命派的大联合。人民內部的任何恶意攻击，造謠中伤，諷刺打击，謾罵譏笑，任何制造无原則的糾紛，打无原則的“內战”，甚至挑起武斗現象，都是极其錯誤的，都是不符合毛泽东思想的。把矛头对准某些革命組織和某些革命群众也是极其錯誤的，是不符合毛泽东思想的。总之，一切“小动作”都应該立即

（下轉三版）

紅大

1967年5月23日 红5号 太原工学院革命

在毛澤东思想光輝指引下乘胜前进

（上接一版）

停止。在干部問題上，我們不但勇于打击一小撮，而且敢于解放一大片。我們认为，大多数干部是好的和比較好的，反党反社会主义反毛泽东思想的反革命修正主义分子毕竟是一小撮。毛主席教导我們：“必須善于識别干部。不但要看干部的一时一事，而且要看干部的全部历史和全部工作。这是識别干部的主要方法。”我們一定要正确地看待干部，要看其主流和本质。对于犯錯誤的干部，对他們工作中的一些缺点和錯誤，絕不应該抓住不放，攻其一点，不及其余，而是要耐心地帮助他們改正，让他們积极地起来“亮相”，即使对于犯了严重錯誤的干部，只要不是反党反社会主义分子，而又坚持不改和屡教不改的，就要允許他們改过，鼓励他們将功贖罪。从而集中目标，打击一小撮走資本主义道路当权派、反革命修正主义分子，只有这样，才能做到逐步团結百分之九十五以上的干部，才能搞好革命的“三結合”。

紀念我們伟大領袖毛主席《在延安文艺座談会上的讲話》发表二十五周年，就是要我們在当前这場无产阶級文化大革命中，活学活用《讲話》这部伟大的历史文献，用毛泽东思想武装我們的头脑，用毛泽东思想这个战无不胜的武器，去分析和认識阶級斗爭的形势。毛主席在《讲話》一文中告訴我們：“要使文艺很好地成为整个革命机器的一个組成部分，作为团結人民、教育人民、打击敌人、消灭敌人的有力武器，帮助人民同心同德地和敌人作斗爭。”我們要按毛主席的这一指示办事，高举革命的批判旗帜，运用毛泽东思想武裝起来的这支銳笔，对臭《修养》，对二月黑提綱，以及党內最大的一小撮走資本主义道路当权派所炮制的資产阶級反动路綫，展开全面深入的大批判，彻底批倒、斗臭党內大大小小的走資本主义道路当权派，在革命大批判中实现无产阶級革命派的大联合和革命的“三結合”，将无产阶級文化大革命进行到底！

“宜將剩勇追穷寇”。让我們无产阶級革命派联合起来，在毛泽东思想光輝的指引下，乘胜前进吧！

二月黑提綱的實質是搞資本主義反革命復辟

·組訓52733·

毛主席教導我們：「凡是錯誤的思想，凡是毒草，凡是牛鬼蛇神，都應該進行批判，決不能讓它們自由氾濫。」彭真黑手制定的二月黑提綱是一株反黨反社會主義反毛澤東思想的大毒草，是黨內一小撮走資本主義道路當權派進行資本主義反革命復辟的宣言書，它的實質就是要變無產階級專政為資產階級專政，變社會主義為資本主義，其用心何其毒也！這個提綱違反了中央和毛主席在文化革命中的正確路線，違反了毛主席關於社會主義社會階級和階級鬥爭的偉大論述，完全站在資產階級反動立場上，抹殺文化思想領域的階級鬥爭，妄圖用純學術批判代替政治鬥爭，代替當前兩個道路、兩條路線、兩條階級的複雜尖銳的鬥爭，企圖用資產階級政治代替無產階級政治。因而他就千方百計掩蓋《海瑞罷官》的要害是罷官問題的批判，於是對吳等反革命修正主義分子的批判，陽奉陰違，竭力抵制和反對，其不可告人的目的無非是要包庇一批反黨反社會主義反毛澤東思想的反革命修正主義分子，進行資本主義反革命復辟，變無產階級專政為資產階級專政，其險惡的用心不就昭然若揭了嗎！

另一方面，又故意混淆階級陣線，轉移鬥爭目標，向無產階級革命派進行瘋狂的反撲，提出對「堅定左派進行整風」；強調鬥爭要「經過領導批准」，如此等等，就是要壓制無產階級革命派起來造反，以先入為主，壓制左派，大滅無產階級革命派的志氣，大長資產階級的反革命氣焰，其惡毒用心在於撲滅毛主席點燃的無產階級文化大革命的熊熊烈火，把無產階級專政的國家變為資產階級統治的國家。

這個提綱，否認馬列主義和毛澤東思想的靈魂，就是否認要批判，要鬥爭，就是否認無產階級對資產階級專政。毛主席教導我們說：「不破不立。破就是批判，就是革命。」而提綱卻提出了一系列反毛澤東思想的謬論，說什麼「真理面前人人平等」呀，「不要像學閥一樣武斷和以勢壓人」，「沒有立，就不可能達到真正、徹底的破」呀，謬論種種，一言以蔽之，就是只准資產階級進行反撲，不要無產階級進行鬥爭，實際上也就是對資產階級思想不准破，對無產階級思想不准立。不要毛澤東思想，不要無產階級專政。

《修養》的要害是背叛無產階級專政，《二月提綱》的實質是要變無產階級專政為資產階級專政，兩者同出一轍，一丘之貉。

《二月提綱》是混進黨裡、政府裡、軍隊裡和各種文化界的資產階級代表人物，企圖奪取政權，由無產階級專政變為資產階級專政的黑綱領。告訴你們這些赫魯曉夫式的野心家和陰謀家，無產階級專政是我們無產階級革命派的命根子，我們要用鮮血和生命捍衛無產階級專政，誰敢反對無產階級專政，就打倒誰！

第二版　红太卫　1967年5月23日

二月黑提綱的实質是搞資本主义反革命复辟

·组训52733·

毛主席教导我們："凡是錯誤的思想，凡是毒草，凡是牛鬼蛇神，都应該进行批判，决不能让它們自由泛濫。"彭真黑手制定的二月黑提綱是一株反党反社会主义反毛泽东思想的大毒草，是党內一小撮走資本主义道路当权派进行資本主义反革命复辟的宣言书，它的实质就是要变无产阶級专政为資产阶級专政，变社会主义为資本主义，其用心何其毒也！这个提綱违反了中央和毛主席在文化革命中的正确路綫，违反了毛主席关于社会主义社会阶級和阶級斗爭的伟大論述，完全站在資产阶級反动立場上，抹杀文化思想領域的阶級斗爭，妄图用純学术批判代替政治斗爭，代替当前两条道路、两条路綫、两个阶級的复杂尖銳的斗爭，企图用資产阶級政治代替无产阶級政治。因而他就千方百計掩盖《海瑞罢官》的要害是罢官問題的批判，于是对吳晗等反革命修正主义分子的批判，阳奉阴违，竭力抵制和反对，其不可告人的目的无非是要包庇一批反党反社会主义反毛泽东思想的反革命修正主义分子，进行資本主义反革命复辟，变无产阶級专政为資产阶級专政，其险恶的用心不就昭然若揭了嗎！

另一方面，又故意混淆阶級陣綫，轉移斗爭目标，向无产阶級革命派进行疯狂的反扑，提出对"坚定左派进行整风"；强調斗爭要"經过領导批准"，如此等等，就是要压制无产阶級革命派起来造反，以先入为主，压制左派，大灭无产阶級革命派的志气，大长資产阶級的反革命气焰，其恶毒用心在于扑灭毛主席点燃的无产阶級文化大革命的熊熊烈火，把无产阶級专政的国家变为資产阶級統治的国家。

这个提綱，否认馬列主义和毛泽东思想的灵魂，就是否认要批判，要斗爭，就是否认无产阶級对資产阶級的专政。毛主席教导我們說："不破不立。破就是批判，就是革命。"而提綱却提出了一系列反毛泽东思想的謬論，說什么"眞理面前人人平等"呀，"不要象学閥一样武断和以势压人"，"沒有立，就不可能达到眞正、彻底的破"呀，謬論种种，一言以蔽之，就是只准資产阶級进行反扑，不要无产阶級去进行斗爭，实际上也就是对資产阶級思想不准破，对无产阶級思想不准立。不要毛泽东思想，不要无产阶級专政。

《修养》的要害是背叛无产阶級专政，《二月提綱》的实质是要变无产阶級专政为資产阶級专政，两者同出一轍，一丘之貉。

《二月提綱》是混进党里、政府里、軍队里和各种文化界的資产阶級代表人物，企图夺取政权，由无产阶級专政变为資产阶級专政的黑綱領。告訴你們这些赫魯晓夫式的野心家和阴謀家，无产阶級专政是我們无产阶級革命派的命根子，我們要用鮮血和生命捍卫无产阶級专政，誰敢反对无产阶級专政，就打倒誰！

毛主席指出：混进党里、政府里、軍队里和各种文化界的資产阶級代表人物，是一批反革命的修正主义分子，一旦时机成熟，他們就会要夺取政权，由无产阶級专政变为資产阶級专政。这些人物，有些已被我們識破了，有些则还沒有被識破，有些正在受到我們信用，被培养为我們的接班人，例如赫魯曉夫那样的人物，他們現正睡在我們的身旁，各級党委必須充分注意这一点。

戳穿彭眞黑提綱反革命复辟的大阴

·永红战斗队·

毛主席亲自主持制定的中共中央《通知》，是一个伟大的历史性文件，是无产阶級文化大革命的指路明灯，是毛主席对馬克思列宁主义的伟大貢献。这个文件宣判了彭眞《汇报提綱》的死刑！

毛主席教导我們說："凡是要推翻一个政权，总要先造成輿論，总要先做意識形态方面的工作。革命的阶級是这样，反革命的阶級也是这样。"《汇报提綱》就是資产阶級妄图推翻无产阶級政权的輿論准备，是一个取消阶級斗爭，保护資产阶級右派，打击无产阶級革命派，扼杀无产阶級文化大革命，复辟資本主义的黑綱領。

黑《提綱》为适应反革命复辟需要，提出了一系列修正主义的謬論和政策。

黑《提綱》胡說什么

……

推翻无产阶級，"和平共处"是不可能的。《提綱》的作者閉口不談无产阶級对資产阶級专政，打着"眞理"、"平等"等資产阶級騙人的口号，一方面鼓励資产阶級右派继續疯狂地制造反革命复辟輿論；另一方面企图压制无产阶級左派对反革命复辟輿論的揭露和批判。其用心之毒，眞是无以复加了。

《提綱》的作者說什么把"各种意見……都充分地放出来"，"左派学术工作者不要以势压人"，"不要走上資产阶級学閥道路"。这是和毛主席'放'的方針相对抗的极其反动的謬論。毛主席說："放就是放手让大家講意見，使人們敢于說話，敢于批評，敢于斗爭，不怕錯誤的議論，不怕有毒素的东西；发展各种意見之間的相互爭論和相互批評，即容許批評的自由，也容許批評批評者的自由。"而《提綱》的作者所提倡的"放"，說穿了是只准資产阶級"放"，不准无产阶級放；只准資产阶級散布反党反社会主义反毛泽东思想的謬論，制造反革命复辟輿論，不准无产阶級批判資产阶級反动謬論。否則，就是"資产阶級学閥"，就是"以势压人"。这是地地道道的强盜邏輯。彭眞反革命修正主义集团和支持他們的党內最大的一小撮走資本主义道路当权派，才是不折不扣的靠以势压人过日子的大党

砸烂二月黑提綱

四野水纵

六五年十一月，姚文元同志的《評新編历史剧"海瑞罢官"》的发表，吹响了我国无产阶級文化大革命的号角，亿

戳穿彭真黑提綱反革命復辟的大陰謀

・永紅戰鬥隊・

毛主席親自主持制定的中共中央《通知》，是一個偉大的歷史性文件，是無產階級文化大革命的指路明燈，是毛主席對馬克斯列寧主義的偉大貢獻。這個文件宣判了彭真《匯報提綱》的死刑！

毛主席教導我們說：「凡是要推翻一個政權，總要先造成輿論，總要先做意識形態方面的工作。革命的階級是這樣，反革命的階級也是這樣。」《匯報提綱》就是資產階級妄圖推翻無產階級政權的輿論準備，是一個取消階級鬥爭，保護資產階級右派，打擊無產階級革命派，扼殺無產階級文化大革命，復辟資本主義的黑綱領。

黑《提綱》為適應反革命復辟需要，提出了一系列修正主義的謬論和政策。

黑《提綱》胡說什麼為了「徹底清除學術領域內的資產階級思想……（要）在毛澤東思想的指引下，開辟解決這個問題的道路。」對於這個問題，毛主席《在延安文藝座談會上的講話》、《關於正確處理人民內部矛盾的問題》等光輝著作，早就給我們指出了在思想文化戰線上的無產階級革命的道路，而《提綱》卻揚言什麼要「開辟道路」，究竟開辟什麼道路？不言而喻，是同毛主席無產階級革命道路背道而馳的復辟資本主義的道路！

「在真理面前人人平等」，這是否認階級存在的反動口號，是資產階級反革命復辟的口號。在任何情況下，無產階級同資產階級都不可能有共同的真理，也絕沒有互相平等可談。在無產階級專政下，不是無產階級消滅資產階級，就是資產階級推翻無產階級，「和平共處」是不可能的。《提綱》的作者閉口不談無產階級對資產階級專政，打著「真理」、「平等」等資產階級騙人的口號，一方面鼓勵資產階級右派繼續瘋狂地製造反革命復辟輿論；另一方面企圖壓制無產階級左派對反革命復辟輿論的揭露和批判。其用心之毒，真是無以復加了。

《提綱》的作者說什麼把「各種意見……都充分地放出來」，「左派學術工作者不要以勢壓人」，「不要走上資產階級學閥道路」。這是和毛主席「放」的方針相對抗的極其反動的謬論。毛主席說：「放就是放手讓大家講意見，使人們敢於說話，敢於批評，敢於鬥爭，不怕錯誤的議論，不怕有毒素的東西；發展各種意見之間的相互爭論和相互批評，即容許批評的自由，也容許批評批評者的自由。」而《提綱》的作者所提倡的「放」，說穿了是只准資產階級「放」，不准無產階級放；只准資產階級散布反黨反社會主義反毛澤東思想的謬論，製造反革命復辟輿論，不准無產階級批判資產階級反動謬論。否則，就是「資產階級學閥」，就是「以勢壓人」。這是地地道道的強盜邏輯。彭真反革命修正主義集團和支持他們的黨內最大的一小撮走資本主義道路當權派，才是不折不扣的靠以勢壓人過日子的大黨閥、大學閥。

作者又說什麼「即使是左派」，也要經過「整風」，「清理」一下，「弄清是非」。「整」什麼「風」，「清理」什麼？說穿了，無非是要長資產階級志氣，滅無產階級威風，打擊和陷害真正敢於批判資產階級的無產階級革命左派。正告黨內一小撮大大小小的走資本主義道路當權派，在光焰無際的毛澤東思想照耀下，在無產階級專政下，企圖復辟資本主義的陰謀是永遠不能得逞的。

我們偉大領袖毛主席親自領導的無產階級文化大革命取得了決定性的勝利。黨內最大的一小撮走資本主義道路當權派及其伸向各地的爪牙被揪出來了，奪了他們的權，這是文化大革命偉大的勝利，是毛澤東思想的偉大勝利。我們要用鮮血和生命捍衛新建立的紅色政權，誓將無產階級文化大革命進行到底！

戳穿彭眞黑提綱反革命复辟的大阴謀

·永红战斗队·

毛主席亲自主持制定的中共中央《通知》，是一个伟大的历史性文件，是无产阶級文化大革命的指路明灯，是毛主席对馬克思列宁主义的伟大貢献。这个文件宣判了彭眞《汇报提綱》的死刑！

毛主席教导我們說：**"凡是要推翻一个政权，总要先造成輿論，总要先做意識形态方面的工作。革命的阶級是这样，反革命的阶級也是这样。"**《汇报提綱》就是资产阶級妄图推翻无产阶級政权的輿論准备，是一个取消阶級斗爭，保护资产阶級右派，打击无产阶級革命派，扼杀无产阶級文化大革命，复辟資本主义的黑綱領。

黑《提綱》为适应反革命复辟需要，提出了一系列修正主义的謬論和政策。

黑《提綱》胡說什么为了"彻底清除学术領域內的资产阶級思想……（要）在毛泽东思想的指引下，开辟解决这个問題的道路。"对于这个問題，毛主席《在延安文艺座談会上的讲話》、《关于正确处理人民內部矛盾的問題》等光辉著作，早就給我們指出了在思想文化战綫上的无产阶級革命的道路，而《提綱》却揚言什么要"开辟道路"，究竟开辟什么道路？不言而喻，是同毛主席无产阶級革命道路背道而馳的复辟資本主义的道路！

"在眞理面前人人平等"，这是否认阶級存在的反动口号，是资产阶級反革命复辟的口号。在任何情况下，无产阶級同资产阶級都不可能有共同的眞理，也决沒有互相平等可談。在无产阶級专政下，不是无产阶級消灭資产阶級，就是資产阶級推翻无产阶級，"和平共处"是不可能的。《提綱》的作者閉口不談无产阶級对資产阶級专政，打着"眞理"、"平等"等資产阶級騙人的口号，一方面鼓励资产阶級右派继續疯狂地制造反革命复辟輿論；另一方面企图压制无产阶級左派对反革命复辟輿論的揭露和批判。其用心之毒，眞是无以复加了。

《提綱》的作者說什么把"各种意見……都充分地放出来"，"左派学术工作者不要以势压人"，"不要走上資产阶級学閥道路"。这是和毛主席'放'的方針相对抗的极其反动的謬論。毛主席說：**"放就是放手让大家讲意見，使人們敢于說話，敢于批評，敢于斗爭，不怕錯誤的議論，不怕有毒素的东西；发展各种意見之間的相互爭論和相互批評，卽容許批評的自由，也容許批評批評者的自由。"**而《提綱》的作者所提倡的"放"，說穿了是只准資产阶級"放"，不准无产阶級放；只准資产阶級散布反党反社会主义反毛泽东思想的謬論，制造反革命复辟輿論，不准无产阶級批判資产阶級反动謬論。否則，就是"資产阶級学閥"，就是"以势压人"。这是地地道道的强盗邏輯。彭眞反革命修正主义集团和支持他們的党內最大的一小撮走資本主义道路当权派，才是不折不扣的靠以势压人过日子的大党閥、大学閥。

作者又說什么"卽使是左派"，也要經过"整风"，"清理"一下，"弄清是非"。"整"什么"风"，"清理"什么？說穿了，无非是要长资产阶級志气，灭无产阶級威风，打击和陷害眞正敢于批判資产阶級的无产阶級革命左派。正告党內一小撮大大小小的走資本主义道路当权派，在光焰无际的毛泽东思想照耀下，在无产阶級专政下，企图复辟資本主义的阴謀是永远不能得逞的。

我們伟大領袖毛主席亲自領导的无产阶級文化大革命取得了决定性的胜利。党內最大的一小撮走資本主义道路当权派及其伸向各地的爪牙被揪出来了，夺了他們的权，这是文化大革命伟大的胜利，是毛泽东思想的伟大胜利。我們要用鮮血和生命捍卫新建立的紅色政权，誓将无产阶級文化大革命进行到底！

砸爛二月黑提綱

四野水縱

六五年十一月，姚文元同志的《評新編歷史劇「海瑞罷官」》的發表，吹響了我國無產階級文化大革命的號角，億萬革命群眾向以周揚為首的文藝黑線展開了猛烈的攻勢。

就在這個時候，劉少奇、彭真於六六年二月炮製了這個《二月提綱》，這是敵人垂死掙扎的資本主義反革命復辟的黑綱領。

《二月提綱》妄想把轟轟烈烈的無產階級文化大革命納入「純學術」討論的軌道，企圖把黨內頭號走資本主義道路的當權派和其連衣裙下的牛鬼蛇神包庇下來，以便東山再起，捲土重來。

《二月提綱》提出的「先立後破」，「在真理面前人人平等」，「放」等謬論是資本主義復辟的輿論準備，是徹頭徹尾的反馬克思列寧主義、反毛澤東思想的謬論。

毛主席親自領導下主持制定的五月十六日《通知》是偉大的、劃時代的馬列主義文獻，是我國無產階級文化大革命的綱領。它徹底粉碎了一小撮黨內走資本主義道路的當權派復辟資本主義的黃粱美夢，它宣判了《二月提綱》的死刑。一年來的無產階級文化大革命完全證實了毛主席的英明論斷！我們要繼續以《通知》為武器，把無產階級文化大革命進行到底！

砸烂二月黑提綱

四野水纵

六五年十一月，姚文元同志的《評新編历史剧“海瑞罢官”》的发表，吹响了我国无产阶級文化大革命的号角，亿万革命群众向以周揚为首的文艺黑綫展开了猛烈的攻势。

就在这个时候，刘少奇、彭眞于六六年二月炮制了这个《二月提綱》，这是敌人垂死掙扎的資本主义反革命复辟的黑綱領。

《二月提綱》妄想把轰轰烈烈的无产阶級文化大革命納入“純学术”討論的軌道，企图把党內头号走資本主义道路的当权派和其連衣裙下的牛鬼蛇神包庇下来，以便东山再起，卷土重来。

《二月提綱》提出的“先立后破”，“在眞理面前人人平等”，“放”等謬論是資本主义复辟的輿論准备，是彻头彻尾的反馬克思列宁主义、反毛泽东思想的謬論。

毛主席亲自領导下主持制定的五月十六日《通知》是伟大的、划时代的馬列主义文献，是我国无产阶級文化大革命的綱領。它彻底粉碎了一小撮党內走資本主义道路的当权派复辟資本主义的黄粱美梦，它宣判了《二月提綱》的死刑。一年来的无产阶級文化大革命完全証实了毛主席的英明論断！我們要继續以《通知》为武器，把无产阶級文化大革命进行到底！

念念不忘無產階級專政

——熱烈歡呼中共中央五月十六日《通知》公開發表

中共中央五月十六日《通知》公開發表後，我院各革命造反派組織和革命小將們紛紛來稿。他們一致表示：要認真學習我們偉大領袖毛主席親自主持制定的這一偉大歷史文獻，徹底批倒、批臭二月黑提綱，讓光焰無際的毛澤東思想占領一切陣地；念念不忘階級鬥爭，念念不忘無產階級專政。

總務處革命職工來稿說：中共中央五月十六日的《通知》是毛主席親自主持制定的偉大的歷史文獻，是指導無產階級文化大革命的綱領性文件。文件及時地、尖銳地揭露、批駁了「二月提綱」的主要錯誤是違背了「一切階級鬥爭都是政治鬥爭」這一馬克思主義的基本論點。企圖把文化領域內的政治鬥爭納入資產階級經常宣揚的所謂「純學術」的討論。「二月提綱」是徹頭徹尾的修正主義綱領。我們總務處的全體革命職工一定要認真地學習中共中央《通知》，高舉毛澤東思想偉大紅旗，批臭二月黑提綱，徹底粉碎資本主義復辟的反革命逆流。

繼紅戰鬥隊來稿說：反革命修正主義分子彭真所炮製的「二月提綱」，鼓吹「在真理面前人人平等」，這是要以反動的資產階級思想代替偉大的毛澤東思想，以資產階級專政代替無產階級專政，妄圖在中國復辟資本主義，我們必須戳穿這個大陰謀。

紅心戰鬥隊來稿說：「二月提綱」公開對抗毛澤東思想。說什麼「沒有立，就不能達到真正徹底的破」，公開反對無產階級推翻資產階級，反對無產階級專政代替資產階級專政，企圖讓那些資產階級的骯髒東西繼續保留下來。真是癡心妄想！我們一定要遵照毛主席「不破不立」的教導，大破資產階級舊世界，代之以嶄新的毛澤東思想光輝普照的新世界。

「革命的根本問題是政權問題。」無產階級專政下的階級鬥爭，集中到一點，還是政權問題，就是無產階級要鞏固無產階級專政，資產階級要推翻無產階級專政。

無產階級革命派聯合起來，捍衛我們的紅色江山，讓階級敵人的一切陰謀詭計見鬼去吧！

（綜合來稿）

念念不忘无产阶級专政

——热烈欢呼中共中央五月十六日《通知》公开发表

中共中央五月十六日《通知》公开发表后，我院各革命造反派組織和革命小将們紛紛来稿。他們一致表示：要认眞学习我們伟大領袖毛主席亲自主持制定的这一伟大历史文献，彻底批倒、批臭二月黑提綱，让光焰无际的毛泽东思想占領一切陣地；念念不忘阶級斗爭，念念不忘无产阶級专政。

总务处革命职工来稿說：中共中央五月十六日的《通知》是毛主席亲自主持制定的伟大的历史文献，是指导无产阶級文化大革命的綱領性文件。文件及时地、尖銳地揭露、批駁了"二月提綱"的主要錯誤是违背了"一切阶級斗爭都是政治斗爭"这一馬克思主义的基本論点。企图把文化領域內的政治斗爭納入資产阶級經常宣揚的所謂"純学术"的討論。"二月提綱"是彻头彻尾的修正主义綱領。我們总务处的全体革命职工一定要认眞地学习中共中央《通知》，高举毛泽东思想伟大紅旗，批臭二月黑提綱，彻底粉碎資本主义复辟的反革命逆流。

继紅战斗队来稿說：反革命修正主义分子彭眞所炮制的"二月提綱"，鼓吹"在眞理面前人人平等"，这是要以反动的資产阶級思想代替伟大的毛泽东思想，以資产阶級专政代替无产阶級专政，妄图在中国复辟資本主义，我們必須戳穿这个大阴謀。

紅心战斗队来稿說："二月提綱"公开对抗毛泽东思想。說什么"沒有立，就不能达到眞正彻底的破"，公开反对无产阶級推翻資产阶級，反对无产阶級专政代替資产阶級专政，企图让那些資产阶級的肮脏东西继續保留下来。眞是痴心妄想！我們一定要遵照毛主席"不破不立"的教导，大破資产阶級旧世界，代之以嶄新的毛泽东思想光輝普照的新世界。

"革命的根本問題是政权問題。" 无产阶級专政下的阶級斗爭，集中到一点，还是政权問題，就是无产阶級要巩固无产阶級专政，資产阶級要推翻无产阶級专政。

无产阶級革命派联合起来，捍卫我們的紅色江山，让阶級敌人的一切阴謀詭計見鬼去吧！

（綜合来稿）

讓光焰無際的毛澤東思想普照四方

・工農兵紅色宣傳隊・

正當我國無產階級文化大革命取得偉大勝利，億萬革命群眾奮起毛澤東思想千鈞棒，痛打黨內最大的一小撮走資本主義道路的當權派的時候，紀念偉大領袖毛主席的光輝著作《在延安文藝座談會上的講話》發表二十五週年，更有特別重要的意義。

毛主席在《講話》中教導我們：「為什麼人的問題，是一個根本的問題，原則的問題。」「我們的文學藝術都是為人民大眾的，首先是為工農兵的，為工農兵而創作，為工農兵所利用的。」我們工農兵紅色宣傳隊自建隊以來，遵照主席的教導，深入工廠和農村。每到一地都受到廣大革命群眾的熱烈歡迎。一位貧農老大爺說：「你們是毛主席派來的，宣傳隊要不是他老人家，我們貧下中農怎能看得上你們的表演呢！」每當我們演完一個節目，觀眾就情不自禁地高呼：毛主席萬歲！萬歲！萬萬歲！這是因為我們歌頌了最最偉大的領袖毛主席，宣傳了戰無不勝的毛澤東思想，說出了他們的心裡話。工人師傅們看了我們的演出後，緊緊地握住我們的雙手說：「千支援，萬支援，你們帶來了毛澤東思想是對我們革命造反派的最大支援，有了毛澤東思想就天不怕、地不怕。」宣傳成為「團結人民、教育人民、打擊敵人、消滅敵人」的有力武器，我們感到無限的榮幸。

紀念《講話》，我們決心要在階級鬥爭的大風大浪中，活學活用毛主席的這部光輝著作，進一步深入工農兵，同工農兵相結合，徹底改造世界觀，高舉毛澤東思想偉大紅旗，緊緊掌握鬥爭大方向，徹底摧毀修正主義文藝黑線，讓光焰無際的毛澤東思想普照四方。

让光焰无际的毛澤东思想普照四方

·工农兵紅色宣传队·

正当我国无产阶級文化大革命取得伟大胜利，亿万革命群众奋起毛泽东思想千鈞棒，痛打党內最大的一小撮走資本主义道路的当权派的时候，紀念伟大領袖毛主席的光輝著作《在延安文艺座談会上的讲話》发表二十五周年，更有特別重要的意义。

毛主席在《讲話》中教导我們："为什么人的問題，是一个根本的問題，原則的問題。""我們的文学艺术都是为人民大众的，首先是为工农兵的，为工农兵而創作，为工农兵所利用的。"我們工农兵紅色宣传队自建队以来，遵照主席的教导，深入工厂和农村。每到一地都受到广大革命群众的热烈欢迎。一位貧农老大爷說："你們是毛主席派来的宣传队，要不是他老人家，我們貧下中农怎能看得上你們的表演呢！"每当我們演完一个节目，观众就情不自禁地高呼：毛主席万岁！万岁！万万岁！这是因为我們歌頌了最最伟大的領袖毛主席，宣传了战无不胜的毛泽东思想，說出了他們的心里話。工人师傅們看了我們的演出后，紧紧地握住我們的双手說："千支援，万支援，你們带来了毛泽东思想是对我們革命造反派的最大支援，有了毛泽东思想就天不怕、地不怕。"宣传成为"团結人民、教育人民、打击敌人、消灭敌人"的有力武器，我們感到无限的荣幸。

紀念《讲話》，我們决心要在阶級斗爭的大风大浪中，活学活用毛主席的这部光輝著作，进一步深入工农兵，同工农兵相結合，彻底改造世界观，高举毛泽东思想伟大紅旗，紧紧掌握斗爭大方向，彻底摧毀修正主义文艺黑綫，让光焰无际的毛泽东思想普照四方。

新生事物在罵聲中成長

—為我院「一、一七」奪權勝利四周月而作

・觀察員・

凱歌高奏，紅旗翻滾。在全民奮起聲討黨內最大的一小撮走資本主義道路當權派的殺聲中，在階級鬥爭的急風暴雨中，我院無產階級革命派歡慶「一、一七」奪權四周月。「憶往昔崢嶸歲月稠」。看未來，前途似錦，多麼火紅的時日，多麼難忘的日子！霹靂一聲震乾坤。一月革命的紅色風暴，席捲全國，「一、一二」山西新生了。「一、一七」太工無產階級革命派掌權了，趙家王朝徹底完蛋了，無產階級革命派聯合起來了。新生的院革命造反指揮部像一把銳利的匕首，直刺趙、李、徐反革命修正主義集團的心窩。

奪權鬥爭的勝利並不意味著政權問題已經完全解決。在兩個階級、兩條道路、兩條路線的激烈鬥爭中，一陣陣妖風惡浪向著年輕的院指揮部刮來，咒罵、誣蔑、誹謗院指揮部的輿論甚囂塵上，什麼「院指揮部的大方向完全錯了！」什麼「院指揮部是個地地道道的大雜燴」呀！等等。一小撮黨內走資本主義道路的當權派及其頑固保守勢力，抓住院指揮部這一新生事物在成長中的一些不可避免的缺點，恨不得把這一新生事物扼殺在搖籃裡，恨不得把我院無產階級革命派置於死地而後快。新生的紅色政權—院指揮部面臨著一場嚴重的考驗。

「高天滾滾寒流急，大地微微暖氣吹。」面臨著急風暴雨，身披著迅雷閃電，年輕的院指揮部沒有退卻，沒有手軟，向著趙家王朝開展了猛烈的進攻。千難萬險，嚇不倒氣貫山河的革命者；狂風怒吼，吹不倒鋼鐵的英雄漢。我們無產階級革命派懷著對毛主席無限熱愛，對黨內走資本主義道路當權派切齒痛恨，與黨內一小撮走資本主義道路當權派及其頑固保守勢力開展了殊死的大搏鬥。就在那尖銳激烈的鬥爭關鍵時刻，英雄的中國人民解放軍支持了我們，革命的領導幹部支持了我們，廣大革命群眾支持了我們。大家都發出了一個共同誓言：「頭可斷，血可流，紅色政權不能丟！」向著資本主義復辟的反革命逆流衝！衝！！衝！！！

「梅花怒放把春報，戰勝嚴寒百丈冰。」四個月來，我們走過的道路，是那樣崎嶇不平，我們所跨越的歷程，又是那樣曲折艱險。院指揮部不但沒倒，而且在階級鬥爭的暴風雨中成長壯大。我院無產階級革命派，擊退了一小撮人的反奪權陰謀，粉碎了攻擊中國人民解放軍，炮打無產階級司令部的反革命逆流，批判了「打擊一大片，保護一小撮」的資產階級反動路線。院指揮部緊緊掌握住鬥爭大方向，把矛頭直指黨

內最大的一小撮走資本主義道路當權派，直指衛、王、王反革命修正主義集團，直指趙、李、徐反動王朝，贏得了今天的偉大勝利，為更進一步地實現革命派的大聯合，革命的「三結合」，奠定了穩固的基礎。實踐完全證明了院指揮部的大方向一直是正確的。

「梅花歡喜漫天雪，凍死蒼蠅未足奇。」黨內一小撮走資本主義道路的當權派對院指揮部的咒罵、誣蔑、攻擊，只不過是幾只秋蟲哀鳴而已，絲毫無損於紅色政權的光輝。院指揮部將像梅花一樣，枝團簇簇，永遠俏麗，永遠歡笑。

院指揮部在罵聲中成長！

新生事物在駡声中成长

——为我院“一、一七”夺权胜利四周月而作

·观察员·

凱歌高奏，紅旗翻滚。在全民奋起声討党內最大的一小撮走资本主义道路当权派的杀声中，在阶級斗爭的急风暴雨中，我院无产阶級革命派欢庆“一、一七”夺权四周月。“忆往昔崢嶸岁月稠。”看未来，前途似錦綉，多么火紅的时日，多么难忘的日子！

霹靂一声震乾坤。一月革命的紅色风暴，席卷全国，“一、一二”山西新生了。“一、一七”太工无产阶級革命派掌权了，赵家王朝彻底完蛋了，无产阶級革命派联合起来了。新生的院革命造反指揮部象一把鋭利的匕首，直刺赵、李、徐反革命修正主义集团的心窩。

夺权斗爭的胜利幷不意味着政权問題已經完全解决。在两个阶級、两条道路、两条路綫的激烈的斗爭中，一陣陣妖风恶浪向着年輕的院指揮部刮来，咒駡、誣蔑、誹謗院指揮部的輿論甚囂尘上，什么“院指揮部的大方向完全錯了！”什么“院指揮部是个地地道道的大杂燴”呀！等等。一小撮党內走資本主义道路的当权派及其頑固保守势力，抓住院指揮部这一新生事物在成长中的一些不可避免的缺点，恨不得把这一新生事物扼杀在搖籃里，恨不得把我院无产阶級革命派置于死地而后快。新生的紅色政权——院指揮部面临着一場严重的考驗。

“高天滚滚寒流急，大地微微暖气吹。”面临着急风暴雨，身披着迅雷閃电，年輕的院指揮部沒有退却，沒有手軟，向着赵家王朝开展了猛烈的进攻。千难万险，吓不倒气貫山河的革命者；狂风怒吼，吹不倒鋼鉄的英雄汉。我們无产阶級革命派怀着对毛主席无限热爱，对党內走資本主义道路当权派切齿痛恨，与党內一小撮走資本主义道路当权派及其頑固保守势力展开了殊死的大搏斗。就在那尖鋭激烈的斗爭关鍵时刻，英雄的中国人民解放軍支持了我們，革命的領导干部支持了我們，广大革命群众支持了我們。大家都发出了一个共同誓言：“头可断，血可流，紅色政权不能丢！”向着資本主义复辟的反革命逆流冲！冲！！冲！！！

“梅花怒放把春报，战胜严寒百丈冰。”四个月来，我們走过的道路，是那样崎嶇不平，我們所跨越的历程，又是那样曲折艰险。院指揮部不但沒倒，而且在阶級斗爭的暴风雨中成长壮大。我院无产阶級革命派，击退了一小撮人的反夺权阴謀，粉碎了攻击中国人民解放軍，炮打无产阶級司令部的反革命逆流，批判了“打击一大片，保护一小撮”的資产阶級反动路綫。院指揮部紧紧掌握住斗爭大方向，把矛头直指党內最大的一小撮走資本主义道路当权派，直指卫、王、王反革命修正主义集团，直指赵、李、徐反动王朝，贏得了今天的伟大胜利，为更进一步地实現革命派的大联合，革命的“三結合”，奠定了稳固的基础。实践完全証明了院指揮部的大方向一直是正确的。

“梅花欢喜漫天雪，冻死蒼蝇未足奇。”党內一小撮走資本主义道路的当权派对院指揮部的咒駡、誣蔑、攻击，只不过是几只秋虫哀鳴而已，絲毫无損于紅色政权的光輝。院指揮部将象梅花一样，枝团簇簇，永远俏丽，永远欢笑。

院指揮部在駡声中成长！

堅持文鬥，反對武鬥

編者按：最近，社會上武鬥的歪風盛行。它干擾了鬥爭的大方向，妨礙了無產階級專政條件下的大民主，影響和破壞生產，破壞革命的秩序，破壞國家財產，危及人民的生命安全。這並非「革命行動」，並非「英雄行為」，而是懦弱的表現。當前，正當全國億萬革命群眾向黨內一小撮走資本主義道路的當權派展開大批判、大鬥爭的時候，出現這股武鬥歪風，決不是偶然的。林彪同志教導我們：「武鬥只能觸及皮肉，不能觸及靈魂」。無產階級革命派必須嚴格要求自己，堅決捍衛和貫徹執行十六條，做執行毛主席的指示「要用文鬥，不要武鬥」的模範。

近來，有些地方，出現了革命群眾組織之間的打、砸、搶和嚴重的武鬥事件。這直接違背了毛主席「要文鬥，不用武鬥」的指示，踐踏了「十六條」和中央軍委的指示精神。毛主席教導我們：「政策和策略是黨的生命，各級領導同志務必充分注意，萬萬不可粗心大意。」

然而卻有些人說什麼「十六條和中央軍委指示也應該結合當時當地情況，靈活應用。」「不應該一概反對武鬥，應該一分為二。」等等，這種論調，都是為打、砸、搶造輿論準備，或為自己的錯誤開脫。是完成錯誤的。

我們認為，藉口政策的靈活性而直接違背政策，實際上是不要黨的政策的一種表現。按照十六條的精神，對走資本主義道路的當權派也是要堅持文鬥，因為「武鬥只能觸及皮肉，不能觸及靈魂」，武鬥既不利於教育群眾，也不利於充分揭露階級敵人的陰謀和他們反黨、反社會主義、反毛澤東思想的滔天罪行。而群眾組織之間的打、砸、搶和武鬥，更是有害無益，往往能夠混淆了兩類不同性質的矛盾；破壞團結，加深分裂，嚴重地阻礙了革命的大聯合和革命的「三結合」；使黨內一小撮走資本主義道路的當權派及其爪牙逍遙法外，坐山觀虎鬥，其結果只能使親者痛、仇者快。

也許有人會給你理直氣壯地朗讀毛主席語錄：「馬克思主義的道理，千條萬緒，歸根結底，就是一句話：「造反有理」。」但是我們覺得「對象」應該明確。如果是造革命組織的「反」，那麼，我們可以警告這些人：「你的大方向錯了！」

毛主席教導我們：「凡屬於思想性質的問題，凡屬於人民內部的爭論問題，只能用民主的方法去解決，只能用討論的方法、批評的方法、說服教育的方法去解決，而不能用強制的、壓服的方法去解決。」「十六條」中也明確指出：「在辯論中，必須採取擺事實、講道理、以理服人的方法。」

一切無產階級革命派，都應該是執行黨的方針、政策的模範，堅決捍衛毛主席的革命路線，捍衛「十六條」，堅持文鬥，反對武鬥。

（永紅戰鬥隊通訊組）

坚持文斗，反对武斗

编者按：最近，社会上武斗的歪风戚行。它干扰了斗爭的大方向，妨碍了无产阶级专政条件下的大民主，影响和破坏生产，破坏革命的秩序，破坏国家财产，危及人民的生命安全。这幷非“革命行动”，幷非“英雄行为”，而是懦弱的表現。当前，正当全国亿万革命群众向党内一小撮走资本主义道路的当权派展开大批判、大斗爭的时候，出现这股武斗歪风，决不是偶然的。林彪同志教导我们：“**武斗只能触及皮肉，不能触及灵魂**”。无产阶级革命派必须严格要求自己，坚决捍卫和贯彻执行十六条，做执行毛主席的指示“**要用文斗，不用武斗**”的模范。

近来，有些地方，出現了革命群众組織之間的打、砸、搶和严重的武斗事件。这直接违背了毛主席“**要文斗，不要武斗**”的指示，践踏了“十六条”和中央軍委的指示精神。毛主席教导我們：“**政策和策略是党的生命，各級領导同志务必充分注意，万万不可粗心大意。**”

然而却有些人說什么“十六条和中央軍委指示也应該結合当时当地情况，灵活应用。”“不应該一概反对武斗，应該一分为二。”等等，这种論調，都是为打、砸、搶造輿論准备，或为自己的錯誤开脫。是完全錯誤的。

我們认为，借口政策的灵活性而直接违背政策，实际上是不要党的政策的一种表现。按照十六条的精神，对走资本主义道路的当权派也是要坚持文斗，因为“**武斗只能触及皮肉，不能触及灵魂**”，武斗旣不利于教育群众，也不利于充分揭露阶級敌人的阴謀和他們反党、反社会主义、反毛泽东思想的滔天罪行。而群众組織之間的打、砸、搶和武斗，更是有害无益，往往能够混淆了两类不同性质的矛盾；破坏团結，加深分裂，严重地阻碍了革命的大联合和革命的“三結合”；使党内一小撮走資本主义道路的当权派及其爪牙逍遙法外，坐山观虎斗，其結果只能使亲者痛、仇者快。

也許有人会給你理直气壮地朗讀毛主席語录：“**馬克思主义的道理，千条万緒，归根結底，就是一句話：‘造反有理’。**”但是我們覚得“对象”应該明确。如果是造革命組織的“反”，那么，我們可以警告这些人：“你的大方向錯了！”

毛主席教导我們：“**凡屬于思想性質的問題，凡屬于人民内部的爭論問題，只能用民主的方法去解决，只能用討論的方法、批評的方法、說服教育的方法去解决，而不能用強制的、压服的方法去解决。**”“十六条”中也明确指出：“**在辯論中，必須采取摆事实、講道理、以理服人的方法。**”

一切无产阶級革命派，都应該是执行党的方針、政策的模范，坚决捍卫毛主席的革命路綫，捍卫“十六条”，坚持文斗，反对武斗。（永紅战斗队通訊組）

堅決捍衛紅色政權

・鐵梁・

無產階級文化大革命最終的目的就是要奪回黨內一小撮走資本主義道路當權派所篡奪的黨政財大權，鞏固無產階級專政。我省「一、一二」無產階級革命大聯合，奪回了省委內一小撮走資本主義道路當權派的一切大權，使得我省的無產階級文化大革命進入了一個新階段，即在批判黨內頭號走資本主義道路當權派的同時，逐步樹立革命權威，逐步建立革命秩序。

《紅旗》雜誌1967年第四期社論中指出：「一定要分清是無產階級當權派，還是走資本主義道路的當權派。一切革命群眾對於一小撮走資本主義道路的當權派必須堅決打倒，而對無產階級當權派，則應當堅決支持。」我們偉大領袖毛主席早在1937年就明確地指示我們說：「指導偉大的革命，要有偉大的黨，要有許多最好的幹部。」林彪副統帥最近也教導我們：識別幹部，第一要看他是不是熱愛毛主席；第二是高舉不高舉毛澤東思想偉大紅旗；第三有沒有革命幹勁。我們對待山西省革命委員會，對待山西省的領導幹部也必須照以上這些標準去衡量。

但以劉少奇為首的一小撮走資本主義道路的當權派，卻完全不是這樣，而是以「懷疑一切，打倒一切」的無政府主義來混淆是非，迷惑革命群眾，破壞無產階級專政。

目前有一小撮反動傢伙，在革命的大鬥爭、大批判中，把矛頭不是指向以劉少奇為首的一小撮走資本主義道路的當權派，而是指向山西省革命委員會，指向革命的領導幹部。瘋狂地叫囂什麼「一、一二奪權是中間勢力奪權」，「左派不香，右派不臭，中間派掌權」，並公然大叫「把劉格平的左右組織永紅、太機四野在社會上搞臭」，如此等等。革命派的同志們，我們要百倍提高革命警惕性，警惕階級敵人的陰謀復辟。

山西省革命委員會是我們偉大領袖毛主席肯定了的革命的「三結合」的臨時權力機構，劉格平同志是毛主席信得過的堅定的無產階級革命領導幹部。反對山西省革命委員會就是反革命，反對無產階級革命幹部就是破壞無產階級專政。

無政府主義，屬於小資產階級和流氓無產階級的思想體系。它的遺毒在一些人的頭腦中是不可能完全消失的。當前無政府主義給各單位各部門的大聯合也帶來莫大損失。一些鬧無政府主義的人往往以個人的或小團體的利益出發，爭「山頭」，搞宗派，長期糾纏在群眾組織非原則的分歧上。對革命的臨時權力機構不是積極支持，熱情幫助，善意批評，而是抓住個別缺點、錯誤，不分敵友，攻其一點，不及其餘。這樣的結果，只能是互不服氣，不利於團結對敵。

世界上完全純粹的東西是不存在的，任何一個革命組織也是這樣。識別一個群眾組織是革命派還是保守派，主要看它高舉不高舉毛澤東思想偉大紅旗，是不是站在毛主席的革命路線一邊，看它向黨內一小撮走資本主義道路的當權派是不是做堅決的鬥爭。

我們必須向黨內一小撮走資本主義道路當權派提倡的「懷疑一切，打倒一切」的無政府主義做堅決的鬥爭，同時還必須向自己頭腦中的「私」字奪權，徹底埋葬無政府主義。只有這樣，才能鞏固無產階級專政，也只有這樣，才能實現無產階級革命派的大聯合。

紅卫兵战地

坚决捍卫紅色政权

· 铁梁 ·

无产阶級文化大
最終的目的就是要夺
內一小撮走资本主义
当权派所篡夺的党政
大权，巩固无产阶級
政。我省“一、一二”
产阶級革命派大联合，夺回了省委內一小
走資本主义道路当权派的一切大权，使得
省的无产阶級文化大革命进入了一个新阶
段，即在批判党內头号走資本主义道路当权
派的同时，逐步树立革命权威，逐步建立革
命秩序。

《紅旗》杂志1967年第四期社論中指出：“一定要分清是无产阶級当权派，还是走資本主义道路的当权派。一切革命群众对于一小撮走資本主义道路的当权派必須坚决打倒，而对无产阶級当权派，則应当坚决支持。”我們偉大領袖毛主席早在1937年就明確地指示我們說：“指导偉大的革命，要有偉大的党，要有許多最好的干部。”林彪副統帅最近也教导我們：識別干部，第一要看他是不是热爱毛主席；第二是高举不高举毛泽东思想伟大紅旗；第三有沒有革命干劲。我們对待山西省革命委員会，对待山西省的領导干部也必須照以上这些标准去衡量。

但以刘少奇为首的一小撮走資本主义道路的当权派，却完全不是这样，而是以“怀疑一切，打倒一切”的无政府主义来混淆是非，迷惑革命群众，破坏无产阶級专政。

目前有一小撮反动家伙，在革命的大斗争、大批判中，把矛头不是指向以刘少奇为首的一小撮走資本主义道路的当权派，而是指向山西省革命委員会，指向革命的領导干部。疯狂地叫嚣什么“一、一二夺权是中間势力夺权”，“左派不香，右派不臭，中間派掌权”，并公然大叫“把刘格平的左右組織永紅、太机四野在社会上搞臭”，如此等等。革命派的同志們，我們要百倍提高革命警惕性，警惕阶級敌人的阴謀复辟。

山西省革命委員会是我們伟大領袖毛主席肯定了的革命的“三結合”的临时权力机构，刘格平同志是毛主席信得过的坚定的无产阶級革命領导干部。反对山西省革命委員会就是反革命，反对无产阶級革命干部就是破坏无产阶級专政。

无政府主义，属于小資产阶級和流氓无产阶級的思想体系。它的遺毒在一些人的头脑中是不可能完全消失的。当前无政府主义給各单位各部門的大联合也带来莫大損失。一些鬧无政府主义的人往往以个人的或小团体的利益出发，爭“山头”，搞宗派，长期糾纏在群众組織非原則的分歧上。对革命的临时权力机构不是积极支持，热情帮助，善意批評，而是抓住个别缺点、錯誤，不分敌友，攻其一点，不及其余。这样的結果，只能是互不服气，不利于团結对敌。

世界上完全純粹的东西是不存在的，任何一个革命組織也是这样。識別一个群众組織是革命派还是保守派，主要看它高举不高举毛泽东思想伟大紅旗，是不是站在毛主席的革命路綫一边，看它向党內一小撮走資本主义道路的当权派是不是作坚决的斗爭。

我們必須向党內一小撮走資本主义道路当权派提倡的“怀疑一切、打倒一切”的无政府主义作坚决的斗爭，同时还必須向自己头脑中的“私”字夺权，彻底埋葬无政府主义。只有这样，才能巩固无产阶級专政，也只有这样，才能实现无产阶級革命派的大联合。

消息簡載

陳伯達、康生、王力同志三月十六日下午向毛主席請示《毛澤東選集》注釋要不要修改的問題時，毛主席做了如下指示：注釋現在不要修改，這些人名都不要刪掉，這些都是歷史。沒有司馬懿、司馬師、司馬昭，何以成為《晉史》？注釋修改，要費很多時間，現在沒有時間。《關於若干歷史問題的決議》寫得不好，可以不收。《整頓黨的作風》中引用劉少奇的一段話，沒有必要，可以刪去。新印《毛選》，仍用原來的日期。《毛選》五、六兩卷一年以後再說，現在你們沒有時間，我也沒有時間。《語錄》第二〇六頁引用劉少奇的話的一段也刪去；第二〇四頁標題「思想意識修養」改為「糾正錯誤思想」。

中央軍委決定：任命劉格平同志為北京軍區政治委員兼山西軍區第一政治委員，任命張日清同志為北京軍區副政治委員兼山西軍區第二政治委員。消息傳到省城，各革命造反派組織興高采烈，擊鼓歡慶。而對保皇派卻是一記響亮的耳光。

太工東方紅戰團五月八日晚開了個全團大會，會上郭×等同志提出了「東方紅戰團跟紅聯站向何處去？」的問題。因此，次日郭×被東方紅戰團「清除」。和郭×同志相同觀點的同志紛紛退出「東方紅戰團」，在這個基礎上「遵義戰團」於五月九日誕生了。

在太工組訓革命師生的中國人民解放軍組訓五師全體解放軍同志於五月二十三日回部隊參加學習。全院革命師生熱情相送，軍民依依不捨，久久不願分別。

五月廿日晚太機革命造反團、太工紅心等十二個革命組織與劉志蘭在五一廣場舉行辯論會，在辯論會進行中紅聯站一小撮人故意搗亂，衝上主席台，企圖保罵劉志蘭，使全市人民注目的大會不得不中途休會。會後，太機革命造反團遊行示威，對紅聯站一小撮人破壞大會表示抗議。

北京飛機場每天要「丟失」幾本俄文版反修文件或毛主席著作，有時甚至「丟失」七、八十本。這是被路過我國北京機場的蘇聯官員「偷」走了。因為他們需要真理的聲音，但由於同行者的監視而不能購買，只好「不擇手段」了。

北京班禪展覽會中展出了從班禪家中搜出的許多金銀財寶，整箱的羅馬錶與金錶（每只二千六百元）、金飾、金條、整箱的人民幣（都是五元、十元的），印度幣、西藏舊幣、純金做的碗，每只兩斤重，昂貴的佛珠，各種煙酒，大批衣服，其中皮大衣一件值四千元，帽子一頂八千元，據介紹達賴家中有黃金一六〇三二八兩，白銀九千五百萬兩，珠寶玉器二〇三〇〇件，貴重衣服一四六七六件。僅黃金白銀可折合人民幣一三三九八一一六〇元，若分給西藏人民，平均每人可分一一一六元。展覽會上還展出許多來自英、法、日的武器彈藥，有班禪佩刀、短劍、國徽、國旗，準備叛國時用。

群众，也不利于充分揭露阶級敌人的阴謀和他們反党、反社会主义、反毛泽东思想的滔天罪行。而群众組織之間的打、砸、搶和武斗，更是有害无益，往往能够混淆

一切无产阶級革命派，都应該是执行党的方針、政策的模范，坚决捍卫毛主席的革命路綫，捍卫“十六条”，坚持文斗，反对武斗。（永紅战斗队通訊組）

消息簡載

▲陈伯达、康生、王力同志三月十六日下午向毛主席請示《毛泽东选集》注释要不要修改的問題时，毛主席作了如下指示：①注释現在不要修改，这些人名都不要删掉，这些都是历史。没有司馬懿、司馬师、司馬昭，何以成为《晋史》？注释修改，要費很多时間，現在沒有时間。②《关于若干历史問題的决議》写得不好，可以不收。③《整頓党的作风》中引用刘少奇的一段話，沒有必要，可以删去。④新印《毛选》，仍用原来的日期。⑤《毛选》五、六两卷一年以后再說，現在你們沒有时間，我也沒有时間。⑥《語录》第二〇六頁引用刘少奇的話的一段也删去；第二〇四頁标題「思想意識修养」改为「糾正錯誤思想」。

▲中央軍委决定：任命刘格平同志为北京軍区政治委員兼山西軍区第一政治委員，任命张日清同志为北京軍区副政治委員兼山西軍区第二政治委員。消息传到省城，各革命造反派組織兴高采烈，击鼓欢庆。而对保皇派却是一記响亮的耳光。

▲太工东方紅战团五月八日晚开了个全团大会，会上郭×等同志提出了「东方紅战团跟紅联站向何处去？」的問題。因此，次日郭×被东方紅战团「清除」。和郭×同志相同观点的同志紛紛退出「东方紅战团」，在这个基础上「遵义战团」于五月九日誕生了。

▲在太工組訓革命师生的中国人民解放軍組訓五师全体解放軍同志于五月二十三日回部队参加学习。全院革命师生热情相送，軍民依依不舍，久久不愿分别。

▲五月廿日晚太机革命造反团、太工紅心等十二个革命組織与刘志兰在五一广場举行辯論会，在辯論会进行中紅联站一小撮人故意捣乱，冲上主席台，企图保駕刘志兰，使全市人民注目的大会不得不中途休会。会后，太机革命造反团游行示威，对紅联站一小撮人破坏大会表示抗議。

▲北京飞机場每天要「丢失」几本俄文版反修文件或毛主席著作，有时甚至「丢失」七、八十本。这是被路过我国北京机場的苏联官員「偷」走了。因为他們需要買理的声音，但由于同行者的监視而不能购买，只好「不择手段」了。

▲北京班禅展覽会中展出了从班禅家中搜出的許多金銀財宝，整籍的罗馬表与金表（每只二千六百元）、金币、金条、整箱的人民币（都是五元、十元的），印度币、西藏旧币、純金做的碗，每只两斤重，昂貴的佛珠，各种烟酒，大批衣服，其中皮大衣一件值四千元，帽子一頂八千元，据介紹达賴家中有黃金一六〇三二八两，白銀九千五百万两，珠宝玉器二〇三〇〇件，貴重衣服一四六七六件。仅黃金白銀可折合人民币一三三九八一一六一〇元，若分給西藏人民，平均每人可分一一一六元。展覽会上还展出許多来自英、法、日的武器弹药，有班禅佩刀、短剑、国徽、国旗，准备叛国时用。

通訊地址：太原工学院《紅太工》編輯部（敎工三楼3327） 电話：6701 轉《紅太工》編輯部 开印日期：6月2日

我們最最敬愛的偉大領袖毛主席一九六六年六月一日批示的

全國第一張馬列主義的大字報

宋碩、陸平、彭珮雲在文化革命中究竟幹些什麼？

現在全國人民正以對黨對毛主席無限熱愛、對反黨反社會主義黑幫無限憤怒的高昂革命精神掀起轟轟烈烈的文化大革命，為徹底打垮反動黑幫的進攻，保衛黨中央，保衛毛主席而鬥爭，可是北大按兵不動，冷冷清清，死氣沉沉，廣大師生的強烈革命要求被壓制下來，這究竟是怎麼回事？原因在那裡？這裡有鬼。請看最近的事實吧！

事情發生在五月八日發表了何明、高炬的文章，全國掀起了聲討「三家村」的鬥爭高潮之後，五月十四日陸平（北京大學校長、黨委書記）急急忙忙的傳達了宋碩（北京市委大學部副部長）在市委大學部緊急會議上的「指示」，宋碩說：現在運動「急切需要加強領導，要求學校黨組織加強領導，堅守崗位。」「群眾起來了要引導到正確的道路上去」，「這場意識形態的鬥爭，是一場嚴肅的階級鬥爭，必須從理論上徹底駁倒反黨反社會主義的言論。堅持講道理，方法上怎樣便於駁倒就怎樣做，要領導好學習文件，開小組討論會，寫小字報，寫批判文章，總之，這場嚴肅的鬥爭，要做的很細緻，很深入，徹底打垮反黨反社會主義的言論，從理論上駁倒他們，絕不是開大會所能解決的。」「如果群眾激憤要求開大會，不要壓制，要引導開小組會，學習文件，寫小字報。」

陸平和彭珮雲（北京市委大學部幹部、北京大學黨委副書記）完全用同一腔調布置北大的運動，他們說：「我校文化革命形勢很好」，「五月八日以前寫了一百多篇文章，運動是健康的……運動深入了要積極引導。」「現在急切需要領導，引導運動向正確的方向發展」，「積極加強領導才能引向正常的發展」，「北大不宜貼大字報」，「大字報不去引導，群眾要貼，要積極引導」等等。這是黨中央和毛主席制定的文化革命路線嗎？不是，絕對不是！這是十足的反對黨中央、反對毛澤東思想的修正主義路線。

「這是一場意識形態的鬥爭」，「必須從理論上徹底駁倒反黨反社會主義的言論」，「堅持講道理」，「要作的細緻」。這是什麼意思？難道這是理論問題嗎？僅僅是什麼言論嗎？你們要把我們反擊反黨反社會主義黑幫的你死我活的政治鬥爭，還要「引導」到那裡去呢？鄧拓和他的指使者對抗文化革命的一個主要手法，不就是把嚴重的政治鬥爭引導到「純學術」討論上去嗎？你們為什麼到現在還這麼幹？你們到底是些什麼人？

「群眾起來了，要引導到正確的道路上去」。「引導運動向正確的方向發展」。「要積極領導才能引向正常的發展」。什麼是「正確的道路」？什麼是「正確的方向」？什麼是「正常的發展」？你們把偉大的政治上的階級鬥爭「引導」到「純理論」、「純學術」的圈套裡去。不久前，你們不是親自「指導」法律系同志查了一千五百卷書，一千四百萬字的資料來研究一個海瑞「平冤獄」的問題，並大肆推廣是什麼「方向正確，方法對頭」，要大家學習「好經驗」嗎？實際上這是你們和鄧拓一伙黑幫一手製造的「好經驗」，這也就是你們所謂「運動的發展是健康的」實質。黨中央毛主席早已給我們指出的文化革命的正確道路、正確方向，你們閉口不談，另搞一套所謂「正確的道路」，「正確的方向」，你們想把革命的群眾運動納入你們的修正主義軌道，老實告訴你們，這是妄想！

「從理論上駁倒他們，絕不是開大會能解決的」。「北大不宜貼大字報」，「要引導開小組會，寫小字報」。你們為什麼這樣害怕大字報，害怕開聲討大會？反擊向黨向社會主義向毛澤東思想猖狂進攻的黑幫，這是一場你死我活的階級鬥爭，革命人民必須充分發動起來，轟轟烈烈，義憤聲討，開大會、出大字報就是最好的一種群眾戰鬥形式。你們「引導」群眾不開大會，不出大字報，製造種種清規戒律，這不是壓制群眾，不准群眾革命，反對群眾革命嗎？我們絕對不答應！

你們大喊，要「加強領導，堅持崗位」，這就暴露了你們的馬腳。在革命群眾轟轟烈烈起來響應黨中央和毛主席的號召，堅決反擊反黨反社會主義黑幫的時候，你們大喊：「加強領導，堅持崗位」。你們堅守的是什麼「崗位」，為誰堅守「崗位」，你們是些什麼人，搞的什麼鬼，不是很清楚嗎？直到今天你們還要負隅頑抗，你們還想「堅守崗位」來破壞文化革命。告訴你們，螳臂擋不住車輪，蚍蜉撼不了大樹。這是白日作夢！

一切革命的知識分子，是戰鬥的時候了！讓我們團結起來，高舉毛澤東思想的偉大紅旗，團結在黨中央和毛主席的周圍，打破修正主義的種種控制和一切陰謀詭計，堅決、徹底、乾淨、全部地消滅一切牛鬼蛇神、一切赫魯曉夫式的反革命的修正主義分子，把社會主義革命進行到底。

保衛黨中央！

保衛毛澤東思想！

保衛無產階級專政！

哲學系聶元梓宋一秀

夏劍豸趙正義

高雲鵬李醒塵等

一九六六年五月二十五日

我們最最敬爱的伟大領袖毛主席一九六六年六月一日批示的

全国第一張馬列主义的大字报

宋碩、陆平、彭珮云在文化革命中究竟干些什么？

現在全国人民正以对党对毛主席无限热爱、对反党反社会主义黑帮无限憤怒的高昂革命精神掀起轰轰烈烈的文化大革命，为彻底打垮反动黑帮的进攻，保卫党中央，保卫毛主席而斗爭，可是北大按兵不动，冷冷清清，死气沉沉，广大师生的强烈革命要求被压制下来，这究竟是怎么回事？原因在那里？这里有鬼。請看最近的事实吧！

事情发生在五月八日发表了何明、高炬的文章，全国掀起了声討“三家村”的斗爭高潮之后，五月十四日陆平（北京大学校长、党委书記）急急忙忙的传达了宋碩（北京市委大学部副部长）在市委大学部緊急会議上的“指示”，宋碩說：現在运动“急切需要加强領导，要求学校党組織加强領导，坚守崗位。”“群众起来了要引导到正确的道路上去”，“这場意識形态的斗爭，是一場严肃的阶級斗爭，必須从理論上彻底駁倒反党反社会主义的言論。坚持讲道理，方法上怎样便于駁倒就怎样作，要領导好学习文件，开小組討論会，写小字报，写批判文章，总之，这場严肃的斗爭，要做的很細致，很深入，彻底打垮反党反社会主义的言論，从理論上駁倒他們，絕不是开大会所能解决的。”“如果群众激憤要求开大会，不要压制，要引导开小組会，学习文件，写小字报。”

陆平和彭珮云（北京市委大学部干部、北京大学党委副书記）完全用同一腔調布置北大的运动，他們說：“我校文化革命形势很好”，“五月八日以前写了一百多篇文章，运动是健康的……运动深入了要积极引导。”“現在急切需要領导，引导运动向正确的方向发展”，“积极加强領导才能引向正常的发展”，“北大不宜貼大字报”，“大字报不去引导，群众要貼，要积极引导”等等。这是党中央和毛主席制定的文化革命路綫嗎？不是，絕对不是！这是十足的反对党中央、反对毛泽东思想的修正主义路綫。

“这是一場意識形态的斗爭”，“必須从理論上彻底駁倒反党反社会主义的言論”，“坚持讲道理”，“要作的細致”。这是什么意思？难道这是理論問題嗎？仅仅是什么言論嗎？你們要把我們反击反党反社会主义黑帮的你死我活的政治斗爭，还要“引导”到那里去呢？邓拓和他的指使者对抗文化革命的一个主要手法，不就是把严重的政治斗爭引导到“純学术”討論上去嗎？你們为什么到現在还这么干？你們到底是些什么人？

“群众起来了，要引导到正确的道路上去”。“引导运动向正确的方向发展”。“要积极領导才能引向正常的发展”。什么是“正确的道路”？什么是“正确的方向”？什么是“正常的发展”？你們把伟大的政治上的阶級斗爭“引导”到“純理論”、“純学术”的圈套里去。不久前，你們不是亲自“指导”法律系同志查了一千五百卷书，一千四百万字的資料来研究一个海瑞“不冤獄”的問題，并大肆推广是什么“方向正确，方法对头”，要大家学习“好經驗”嗎？实际上这是你們和邓拓一伙黑帮一手制造的“好經驗”，这也就是你們所謂“运动的发展是健康的”实质。党中央毛主席早已給我們指出的文化革命的正确道路、正确方向，你們閉口不談，另搞一套所謂“正确的道路”，“正确的方向”，你們想把革命的群众运动納入你們的修正主义軌道，老实告訴你們，这是妄想！

“从理論上駁倒他們，絕不是开大会能解决的”。“北大不宜貼大字报”，“要引导开小組会，写小字报”。你們为什么这样害怕大字报？害怕开声討大会？反击向党向社会主义向毛泽东思想猖狂进攻的黑帮，这是一場你死我活的阶級斗爭；革命人民必須充分发动起来，轰轰烈烈，义憤声討，开大会、出大字报就是最好的一种群众战斗形式。你們“引导”群众不开大会，不出大字报，制造种种淸規戒律，这不是压制群众革命，不准群众革命，反对群众革命嗎？我們絕对不答应！

你們大喊，要“加强領导，坚持崗位”，这就暴露了你們的馬脚。在革命群众轰轰烈烈起来响应党中央和毛主席的号召，坚决反击反党反社会主义黑帮的时候，你們大喊：“加强領导，坚守崗位”。你們坚守的是什么“崗位”，为誰坚守“崗位”，你們是些什么人，搞的什么鬼，不是很淸楚嗎？直到今天你們还要負隅頑抗，你們还想“坚守崗位”来破坏文化革命。告訴你們，螳臂挡不住車輪，蚍蜉撼不了大树。这是白日作梦！

一切革命的知識分子，是战斗的时候了！让我們团結起来，高举毛泽东思想的伟大紅旗，团結在党中央和毛主席的周围，打破修正主义的种种控制和一切阴謀鬼計，坚决、彻底、干淨、全部地消灭一切牛鬼蛇神、一切赫魯晓夫式的反革命的修正主义分子，把社会主义革命进行到底。

保卫党中央！
保卫毛泽东思想！
保卫无产阶級专政！

哲学系　聶元梓　宋一秀
夏釗豸　赵正义
高云鵬　李醒尘等

一九六六年五月二十五日

红太工

1967年6月1日　红6号　太原工学院革命造反指挥部主办

憶往昔崢嶸歲月稠

—紀念全國第一張馬列主義大字報發表一週年

本報編輯部

六月一日，這是無產階級革命派值得紀念的日子。在去年的今天，從我們祖國的心臟—首都北京傳來了振奮人心的好消息：我們的偉大領袖毛主席親自批准廣播了北大聶元梓等七同志全國第一張馬列主義的大字報。革命人民聞之歡呼，階級敵人聞之喪膽。

聶元梓同志的大字報是一顆炸彈，它摧毀了彭真、陸平黑幫；聶元梓同志的大字報是一把匕首，它直捅劉、鄧心臟；聶元梓等同志的大字報是一聲春雷，吹響了我國無產階級文化大革命的號角。從此，一場史無前例的無產階級文化大革命，在毛澤東思想的光輝照耀下，如暴風驟雨，如迅雷急電，從無產階級的革命首都北京，向四面八方，向全國各地，蓬蓬勃勃地開展起來。

「憶往昔崢嶸歲月稠。」就在全民奮起毛澤東思想的千鈞棒，向全國大大小小的「三家村」、「四家店」發起猛烈進攻的時候，黨內最大的一小撮走資本主義道路的當權派，乘我們偉大領袖毛主席不在北京之機，卻拋出了資產階級反動路線，顛倒是非，混淆黑白，圍剿革命派，壓制不同意見，實行白色恐怖，自以為得意，長資產階級威風，滅無產階級志氣，又何其毒也！就是這個黨內最大的走資本主義道路的當權派，把許多革命派打成「反革命」、「反黨分子」、「假左派、真右派」……。他站在反動的資產階級立場上，實行資產階級專政，企圖將我們偉大領袖毛主席親自點燃的無產階級文化大革命打下去。

「獨有英雄驅虎豹，更無豪傑怕熊羆。」無產階級革命派的骨頭硬，圍攻、謾罵、盯哨我們不怕，「反革命」、「右派」的帽子我們不懼。我們就是要大刀闊斧把舊世界打個天翻地覆，打個人仰馬翻，打個落花流水。在毛澤東思想的光輝照耀下，我們終於從資產階級反動路線的羅網中殺出來了。我們高舉「造反有理」的大旗，揪出了中國的赫魯曉夫劉少奇、鄧小平；揪出了衛、王、王反革命修正主義集團；揪出了我院以趙宗復為首的一小撮反革命修正主義分子，中國大地上修正主義的喪鐘敲響了。

一年，這只是整個歷史的短短一瞬。然而，我們所走的道路，是那樣崎嶇不平；我們所跨越的歷程，又是那樣曲折險阻。為了捍衛毛主席的革命路線，我們與黨內一小撮走資本主義道路的當權派及其頑固保守勢力進行了殊死的大搏鬥，奪了衛、王、王反革命修正主義集團的黨政財文大權；奪了趙家王朝反革命修正主義集團的黨政財文大權；建立了自己的紅色政權。我們站在毛主席的革命路線一邊，打擊了一陣陣資本主義復辟的反革命妖風，擊退了敵人一次又一次的瘋狂反撲，粉碎了黨內一小撮走資本主義道路的當權派及其頑固保守勢力一次次反奪權的陰謀。我們的每一個勝利都閃爍著毛澤東思想的光輝，我們成績的取得都是無產階級革命派浴血奮戰的結果。

在聶元梓等同志的大字報發表一週年的今天，我國發生了一個翻天覆地的變化。現在我國的無產階級文化大革命已進入兩個階級、兩條道路、兩條路線大決戰的關鍵時刻，舉國上下對黨內最大的一小撮走資本主義道路的當權派開展了革命的大批判、大鬥爭。以毛主席為代表的無產階級革命路線已取得了徹底的勝利。以黨內最大的走資本主義道路當權派為代表的資產階級反動路線宣告徹底破產。

「宜將剩勇追窮寇，不可沽名學霸王。」今天，我們紀念聶元梓等同志大字報發表一週年，要更深入、更廣泛、更全面地開展對中國的赫魯曉夫的大批判、大鬥爭。批深、批透、批臭欺人之談的《修養》。徹底批判「打擊一大片，保護一小撮」的資產階級反動路線的組成部分。把對黨內最大的一小撮走資本主義道路當權派的批判，同本單位的鬥批改緊密結合起來。在革命的大批判中，進一步鞏固革命的大聯合，實現革命的「三結合」，捍衛和鞏固紅色政權。

紀念聶元梓等同志大字報發表一週年，我們要迎頭痛擊徹底粉碎自上而下的把矛頭對準革命的「三結合」的臨時權力機構，對準革命的領導幹部，對準中國人民解放軍，對準革命的左派群眾組織的資本主義反革命復辟逆流。

紀念聶元梓等同志大字報發表一週年，最根本的是把活學活用毛主席著作的群眾運動推向新的高潮，把學習毛主席著作放在高於一切、大於一切、先於一切、重於一切的地位。破私立公，在靈魂深處鬧革命。把那些無政府主義、山頭主義、小團體主義、個人主義統統打倒。我們要按毛主席的教導：關心國家大事，把無產階級文化大革命進行到底。

「無限風光在險峰。」無產階級革命派戰友們，革命的同志們，我們要更高地舉起毛澤東思想的偉大紅旗，發揚「五敢」精神，迎著階級鬥爭的急風暴雨奮勇前進吧！黨內一小撮走資本主義道路當權派及其頑固保守勢力的瘋狂叫囂，只不過是蜀犬吠日，絲毫無損於紅色政權的光輝，也挽救不了黨內一小撮走資本主義道路當權派滅亡的頹勢。山西省革命委員會巋然不動，太工指揮部巋然不動，她將沿著毛主席所開辟的航道，昂首闊步，奮勇向前！向前！！向前！！！

忆往昔峥嵘岁月稠

——紀念全国第一張馬列主义大字报发表一周年

本报編輯部

六月一日，这是无产阶級革命派值得紀念的日子。在去年的今天，从我們祖国的心脏——首都北京传来了振奋人心的好消息：我們的伟大領袖毛主席亲自批准广播了北大聶元梓等七同志全国第一张馬列主义的大字报。革命人民聞之欢呼，阶級敌人聞之丧胆。

聶元梓等同志的大字报是一顆炸弹，它摧毁了彭真、陆平黑帮；聶元梓等同志的大字报是一把匕首，它直捅刘、邓心脏；聶元梓等同志的大字报是一声春雷，吹响了我国无产阶級文化大革命的号角。从此，一場史无前例的无产阶級文化大革命，在毛泽东思想的光輝照耀下，如暴风驟雨，如迅雷急电，从无产阶級的革命首都北京，向四面八方，向全国各地，蓬蓬勃勃地开展起来。

“忆往昔峥嵘岁月稠。”就在全民奋起毛泽东思想的千鈞棒，向全国大大小小的“三家村”、“四家店”发起猛烈进攻的时候，党內最大的走資本主义道路的当权派，乘我們伟大領袖毛主席不在北京之机，却抛出了資产阶級反动路綫，顛倒是非，混淆黑白，围剿革命派，压制不同意見，实行白色恐怖，自以为得意，长資产阶級威风，灭无产阶級志气，又何其毒也！就是这个党內最大的走資本主义道路的当权派，把許多革命派打成“反革命”、“反党分子”、“假左派、真右派”……。他站在反动的資产阶級立場上，实行資产阶級专政，企图将我們伟大領袖毛主席亲自点燃的无产阶級文化大革命打下去。

（下轉二版）

忆往昔峥嵘岁月稠

（上接一版）

“独有英雄驅虎豹，更无豪杰怕熊羆。”无产阶級革命派的骨头硬，围攻、漫罵、盯哨我們不怕，“反革命”、“右派”的帽子我們不惧。我們就是要大刀闊斧把旧世界打个天翻地复，打个人仰馬翻，打个落花流水。在毛泽东思想的光輝照耀下，我們終于从資产阶級反动路綫的罗网中杀出来了。我們高举“造反有理”的大旗，揪出了中国的赫魯晓夫刘少奇、邓小平；揪出了卫、王、王反革命修正主义集团；揪出了我院以赵宗复为首的一小撮反革命修正主义分子，中国大地上修正主义的丧钟敲响了。

一年，这只是整个历史的短短一瞬。然而，我們所走的道路，是那样崎岖不平；我們所跨越的历程，又是那样曲折险阻。为了捍卫毛主席的革命路綫，我們与党內一小撮走資本主义道路的当权派及其頑固保守势力进行了殊死的大搏斗，夺了卫、王、王反革命修正主义集团的党政財文大权；夺了赵家王朝反革命修正主义集团的党政財文大权；建立了自己的紅色政权。我們站在毛主席的革命路綫一边，打击了一陣陣資本主义复辟的反革命妖风，击退了敌人一次又一次的疯狂反扑，粉碎了党內一小撮走資本主义道路当权派及其頑固保守势力一次次反夺权的阴謀。我們的每一个胜利都閃烁着毛泽东思想的光輝，我們成績的取得都是无产阶級革命派浴血奋战的結果。

在聶元梓等同志的大字报发表一周年的今天，我国发生了一个翻天复地的变化。現在我国的无产阶級文化大革命已进入两个阶級、两条道路、两条路綫大决战的关鍵时刻，举国上下对党內最大的一小撮走資本主义道路的当权派开展了革命的大批判、大斗爭。以毛主席为代表的无产阶級革命路綫已取得了彻底的胜利。以党內最大的走資本主义道路当权派为代表的資产阶級反动路綫宣告彻底破产。

“宜将剩勇追穷寇，不可沽名学霸王。”今天，我們紀念聶元梓等同志大字报发表一周年，要更深入、更广泛、更全面地开展对中国的赫魯晓夫的大批判、大斗爭。批深、批透、批臭欺人之談的《修养》。彻底批判“打击一大片，保护一小撮”的資产阶級反动路綫的組成部分。把对党內最大的一小撮走資本主义道路当权派的批判，同本单位的斗批改紧密結合起来。在革命的大批判中，进一步巩固革命的大联合，实現革命的“三結合”，捍卫和巩固紅色政权。

紀念聶元梓等同志大字报发表一周年，我們要迎头痛击彻底粉碎自上而下的把矛头对准革命的“三結合”的临时权力机构，对准革命的領导干部，对准中国人民解放軍，对准革命的左派群众組織的資本主义反革命复辟逆流。

紀念聶元梓等同志大字报发表一周年，最根本的是把活学活用毛主席著作的群众运动推向新的高潮，把学习毛主席著作放在高于一切、大于一切、先于一切、重于一切的地位。破私立公，在灵魂深处鬧革命。把那些无政府主义、山头主义、小集团主义、个人主义統統打倒。我們要按毛主席的教导：关心国家大事，把无产阶級文化大革命进行到底。

“无限風光在險峰。”无产阶級革命派战友們，革命的同志們，我們要更高地举起毛泽东思想的伟大紅旗，发揚“五敢”精神，迎着阶級斗爭的急风暴雨奋勇前进吧！党內一小撮走資本主义道路当权派及其頑固保守势力的疯狂叫囂，只不过是蜀犬吠日，絲毫无損于紅色政权的光輝，也挽救不了党內一小撮走資本主义道路当权派灭亡的頹势。山西省革命委員会巋然不动，太工指揮部巋然不动，她将沿着毛主席所开辟的航道，昂首闊步，奋勇向前！向前！！向前！！！

紀念全國第一張馬列主義大字報發表一週年

無產階級革命造反派要繼續發揚五敢精神

把無產階級文化大革命進行到底

我們偉大領袖毛主席親自批發的全國第一張馬列主義的大字報發表整整一年了。是聶元梓等七位同志的這張大字報，吹響了我國無產階級文化大革命的進軍號。千百萬紅衛兵小將在最高統帥毛主席的指引下，高舉「造反有理」的革命大旗，衝破層層障礙，「殺」向社會。長城內外，大江南北，到處點燃了無產階級文化大革命的熊熊烈火。

過去的一年，我們偉大的國家起了翻天覆地的變化，是多麼不平凡的一年啊！

今天，我們懷著無比激動的心情紀念聶元梓等七同志的大字報發表一週年，更有其深遠的意義。我院的無產階級革命派一致表示，紀念這張馬列主義的大字報發表，要繼續發揚「五敢」精神，把無產階級文化大革命進行到底。

52733

52733的戰友們回顧了一年來的光輝歷程。他們說：從這張革命的大字報發表開始，我國的無產階級文化大革命打開了一個新局面，它以排山倒海之勢，雷霆萬鈞之力，如暴風驟雨，迅雷閃電，很快從首都北京傳向四面八方，在全國各地蓬蓬勃勃地開展起來了。接著廣大革命造反派，高舉毛澤東思想偉大紅旗，運用毛主席交給的「四大武器」，向那些公開的隱蔽的黨內一小撮走資本主義道路的當權派和一切牛鬼蛇神發起了猛烈攻擊。用毛澤東思想武裝起來的無產階級革命派，心最明，眼最亮，膽壯骨頭硬，及時地識破了敵人的種種陰謀詭計。什麼「反對我就是反黨」呀，「犧牲車馬，保存主帥」，「挑動群眾鬥群眾，轉移鬥爭大方向」等等陰謀都被戳穿了！白色恐怖嚇不倒我們，經濟主義誘騙不了我們，經過一年的浴血奮戰，衝破了多少艱難險阻，走過了多少急流險灘，那些披著馬列主義外衣，幹著反黨反社會主義反毛澤東思想勾當的，表面是人、實際是鬼的黨內一小撮走資本主義道路的當權派，一個一個地被廣大革命群眾揪到了光天化日之下，他們的反革命修正主義原形暴露出來了。不但他們的「車馬」沒有保住，就連他們的「主帥」——切牛鬼蛇神的總後台，修正主義的總根子，黨內頭號走資本主義道路的當權派，中國的赫魯曉夫—劉少奇也被揪出來了，他們的復辟陰謀徹底破產了。這是毛澤東思想的偉大勝利。

在「第一張馬列主義大字報」的精神鼓舞下，山西省的無產階級革命派，高舉毛澤東思想偉大紅旗，發揚「舍得一身剮，敢把皇帝拉下馬」的大無畏革命精神，於

「1.12」一舉奪了以衛、王、王為首的原山西省委反革命修正主義集團控制的黨政財文大權，這個權奪得好！奪得有理！從此山西獲得了新生，一個由光焰無際的毛澤東思想普照的、紅彤彤的新山西，猶如平地一聲春雷，出現在東方地平線上！它為全國各省、市的無產階級革命派樹立了一面光輝的旗幟！

繼紅

繼紅戰鬥隊的革命小將們激動地說：聶元梓等同志遵循毛主席「造反有理」的偉大教導，貼出了全國第一張馬列主義大字報，向舊世界，向黨內走資本主義道路當權派開了第一炮。一炮發出，萬炮齊鳴。廣大無產階級革命派在毛主席「你們要關心國家大事，要把無產階級文化大革命進行到底」的教導下，衝破了層層障礙，條條枷鎖，衝出了學校，「殺」上了社會，以筆作刀槍，「指點江山，激揚文字」，口誅筆伐，向黨內一小撮走資本主義道路的當權派發起了猛攻。革命小將這一壯舉，嚇破了黨內最大的一小撮走資本主義道路當權派及其爪牙舊山西省委和我院黨內一小撮反革命修正主義分子的膽。他們頑固地站在反動的資產階級立場上，實行資產階級專政，將無產階級轟轟烈烈的文化大革命運動打下去，顛倒黑白，混淆是非，圍剿革命派，壓制不同意見，實行白色恐怖，自以為得意，長資產階級的威風，滅無產階級的志氣，又何其毒也！當時太原工學院，帽子滿天飛，棍子遍地是，把許多革命小將打成了「反革命」、「野心家」等等，企圖將他們置於死地而後快。但是烏雲遮不住太陽，用毛澤東思想武裝起來的革命小將是嚇不倒、摧不垮的。他們心中牢牢銘刻著毛主席「下定決心，不怕犧牲，排除萬難，去爭取勝利」的教導，在嚴峻的血的考驗面前，掄起了毛澤東思想的千鈞棒，把這「一小撮」揪在了光天化日之下。「一月革命」的紅色風暴席捲全中國，山西的廣大無產階級革命派和革命的領導幹部，在解放軍的幫助下，奪了舊山西省委一小撮走資本主義道路當權派的權，我院的革命派也聯合起來奪了「趙家黑店」的權，這個權奪得好，好得很！這是毛澤東思想的偉大勝利！是無產階級文化大革命的偉大勝利！

東風聯合

東風聯合戰鬥隊的全體戰士認為：目前，社會上出現了一股自上而下的資本主義復辟的反革命逆流。這股逆流來自那些黨內大大小小的走資本主義道路的當權派，他們雖被揪出，無產階級革命派奪了他們的權，霸了他們的官。但是，他們人還在，心不死，還千方百計地妄圖恢復失去的「天堂」。他們在社會上蒙蔽了一些群眾，將鬥爭矛頭直接指向革命的領導幹部，指向了偉大的中國人民解放軍，指向了革命左派組織，指向無產階級司令部。這股逆流在我院也越來越明顯地表現出來了。毛主席教導我們：「人民得到的權利，絕不允許輕易喪失，必須用戰鬥來保衛。」我們無產階級革命派一定要擊退這一股資本主義復辟的反革命逆流，用鮮血和生命捍衛我們的紅色政權。

永紅

永紅戰鬥隊表示：紀念全國第一張馬列主義的大字報發表一週年，就是要活學活用毛主席著作，緊緊掌握鬥爭大方向，高舉毛澤東思想的千鈞棒，窮追猛打黨內一小撮走資本主義道路的當權派，狠批臭《修養》，徹底肅清資產階級反動路線的流毒，集中精力搞好本單位的鬥、批、改。在當前，特別要狠鬥自己頭腦裡的「私」字，大立「公」字；在大批判中，各革命組織之間的分歧要進行辯論，通過擺事實，講道理，在大方向一致的前提下，實現革命派的大聯合和革命的「三結合」。

紀念全国第一張馬列主义大字报发表一周年
无产阶級革命造反派要继續发揚五敢精神
把无产阶級文化大革命进行到底

我們伟大領袖毛主席亲自批发的全国第一张馬列主义的大字报发表整整一年了。是聶元梓等七位同志的这张大字报，吹响了我国无产阶級文化大革命的进軍号。千百万紅卫兵小将在最高統帅毛主席的指引下，高举"造反有理"的革命大旗，冲破层层障碍，"杀"向社会。长城内外，大江南北，到处点燃了无产阶級文化大革命的熊熊烈火。

过去的一年，我們伟大的国家起了翻天覆地的变化，是多么不平凡的一年啊！

今天，我們怀着无比激动的心情紀念聶元梓等七位同志的大字报发表一周年，更有其深远的意义。我院的无产阶級革命派一致表示，紀念这张馬列主义大字报的发表，要继續发揚"五敢"精神，把无产阶級文化大革命进行到底。

52733

52733的战友們回顾了一年来的光輝历程。他們說：从这张革命的大字报发表开始，我国的无产阶級文化大革命打开了一个新局面，它以排山倒海之势，雷霆万鈞之力，如暴风驟雨，迅雷閃电，很快从首都北京传向四面八方，在全国各地蓬蓬勃勃地开展起来了。接着广大革命造反派，高举毛泽东思想伟大紅旗，运用毛主席交給的"四大武器"，向那些公开的隐蔽的党內一小撮走資本主义的当权派和一切牛鬼蛇神发起了猛烈攻击。用毛泽东思想武裝起来的无产阶級革命派，心最明，眼最亮，胆壮骨头硬，及时地識破了敌人的种种阴謀詭計。什么"反对我就是反党"呀，"牺牲車馬，保存主帅"，"挑动群众斗群众，轉移斗爭大方向"等等阴謀都被戳穿了！白色恐怖吓不倒我們，經济主义誘騙不了我們，經过一年的浴血奋战，冲破了多少艰难险阻，走过了多少急流险滩，那些披着馬列主义外衣，干着反党反社会主义反毛泽东思想勾当的，表面是人、实际是鬼的党內一小撮走資本主义道路的当权派，一个一个地被广大革命群众揪到了光天化日之下，他們的反革命修正主义原形暴露出来了。不但他們的"車馬"沒保住，就連他們的"主帅"——一切牛鬼蛇神的总后台，修正主义的总根子，党內头号走資本主义道路的当权派，中国的赫魯晓夫——刘少奇也被揪出来了，他們的复辟阴謀彻底破产了。这是毛泽东思想的伟大胜利。

在"第一张馬列主义大字报"的精神鼓舞下，山西省的无产阶級革命派，高举毛泽东思想伟大紅旗，发揚"舍得一身剮，敢把皇帝拉下馬"的大无畏革命精神，于"1.12"一举夺了以卫、王、王为首的原山西省委反革命修正主义集团控制的党政財文大权，这个权夺得好！夺得有理！从此山西获得了新生，一个由光焰无际的毛泽东思想普照的、紅彤彤的新山西，犹如平地一声春雷，出現在东方地平綫上！它为全国各省、市的无产阶級革命派树立了一面光輝的旗帜！

继　红

继紅战斗队的革命小将們激动地說：聶元梓等同志遵循毛主席"造反有理"的伟大教导，貼出了全国第一张馬列主义大字报，向旧世界，向党內走資本主义道路当权派开了第一炮。一炮发出，万炮齐鳴。广大无产阶級革命派在毛主席"你們要关心国家大事，要把无产阶級文化大革命进行到底"的教导下，冲破了层层障碍，条条枷鎖，冲出了学校，"杀"上了社会，以笔作刀枪，"指点江山，激揚文字"，口誅笔伐，向党內一小撮走資本主义道路的当权派发起了猛攻。革命小将这一壮举，吓破了党內最大的一小撮走資本主义道路当权派及其爪牙旧山西省委和我院党內一小撮反革命修正主义分子的胆。他們顽固地站在反动的資产阶級立場上，实行資产阶級专政，将无产阶級轰轰烈烈的文化大革命运动打下去，顚倒黑白，混淆是非，圍剿革命派，压制不同意見，实行白色恐怖，自以为得意，长資产阶級的威风，灭无产阶級的志气，又何其毒也！当时太原工学院，帽子滿天飞，棍子遍地是，把許多革命小将打成了"反革命"、"野心家"等等，企图将他們置于死地而后快。但是烏云遮不住太阳，用毛泽东思想武装起来的革命小将是吓不倒、摧不垮的。他們心中牢牢銘刻着毛主席"下定决心，不怕牺牲，排除万难，去爭取胜利"的教导，在严峻的血的考驗面前，掄起了毛泽东思想的千鈞棒，把这"一小撮"揪在了光天化日之下。"一月革命"的紅色风暴席卷全中国，山西的广大无产阶級革命派和革命的領导干部，在解放軍的帮助下，夺了旧山西省委一小撮走資本主义道路当权派的权，我院的革命派也联合起来夺了"赵家黑店"的权，这个权夺得好，好得很！这是毛泽东思想的伟大胜利！是无产阶級文化大革命的伟大胜利！

东风联合

东风联合战斗队的全体战士认为：目前，社会上出現了一股自上而下的資本主毛主席教导我們：現在的文化大革命，仅仅是第一次，以后还必然要进行多次。革命的誰胜誰負，要在一个很长的历史时期內才能解决。如果弄得不好，資本主义复辟將是随时可能的。全体党員，全国人民，不要以为有一二次、三四次文化大革命，就可以太平无事了。千万注意，决不可喪失警惕。

义复辟的反革命逆流。这股逆流来自那些党內大大小小的走資本主义道路的当权派，他們虽被揪出，无产阶級革命派夺了他們的权，罢了他們的官。但是，他們人还在，心不死，还千方百計地妄图恢复失去的“天堂”。他們在社会上蒙蔽了一些群众，将斗爭矛头直接指向革命的領导干部，指向了伟大的中国人民解放軍，指向了革命左派組織，指向无产阶級司令部。这股逆流在我院也越来越明显地表現出来了。毛主席教导我們：“人民得到的权利，絕不允許輕易丧失，必須用战斗来保卫。”我們无产阶級革命派一定要击退这一股資本主义复辟的反革命逆流，用鮮血和生命捍卫我們的紅色政权。

永 紅

永紅战斗队表示：紀念全国第一张馬列主义的大字报发表一周年，就是要活学活用毛主席著作，紧紧掌握斗爭大方向，高举毛泽东思想的千鈞棒，穷追猛打党內一小撮走資本主义道路的当权派，狠批臭《修养》，彻底肅清資产阶級反动路綫的流毒，集中精力搞好本单位的斗、批、改。在当前，特别要狠斗自己头脑里的“私”字，大立“公”字；在大批判中，各革命組織之間的分歧要进行辯論，通过摆事实，讲道理，在大方向一致的前提下，实現革命派的大联合和革命的“三結合”。

紅小兵永遠聽毛主席的話

太工紅心附中紅星支隊

「千鈞霹靂開心宇，萬里東風掃殘雲。」去年的六月一日，在世界的延安中國，一聲震撼宇宙的號炮，毛主席親自決定廣播的第一張馬列主義大字報，點燃了無產階級文化大革命熊熊烈火，吹響了無產階級文化大革命的進軍號，革命風暴席捲全國。毛主席的紅小兵「敢」字當頭，高舉「造反有理」大旗，「其勢如暴風驟雨，迅猛異常」。他們大破資產階級的四舊，大立無產階級的四新，擊退了資產階級的種種反撲，專了資產階級的政。黨內最大的走資本主義道路當權派揪出來了！衛、王、王反革命修正主義集團宣布破產，趙、李、徐的反動堡壘已被攻破，牛鬼蛇神打翻在地了，工學院的黨政財文大權我們掌了。我們毛主席的紅小兵真是有說不出的高興，熱烈歡呼無產階級文化大革命的偉大勝利，振臂高呼：毛主席萬歲！萬歲！萬萬歲！

用毛澤東思想武裝起來的紅小兵，一定要遵照毛主席的教導，在階級鬥爭的大風大浪裡，經風雨，見世面，把自己鍛煉成一個無產階級革命事業的可靠接班人。

有了政權就有了一切，沒有政權就會喪失一切。紀念全國第一張馬列主義的大字報發表一週年，我們要繼續發揚「五敢」精神，誓死捍衛我們的紅色政權，誓死捍衛無產階級專政，把無產階級文化大革命進行到底。

× × ×

紅小兵永远听毛主席的話

太工紅心附中紅星支队

"千鈞霹靂开新宇，万里东風扫残云。"去年的六月一日，在世界的延安中国，一声震撼宇宙的号炮，毛主席亲自决定广播的全国第一张馬列主义大字报，点燃了无产阶級文化大革命的熊熊烈火，吹响了无产阶級文化大革命的进軍号，革命风暴席卷全国。毛主席的紅小兵"敢"字当头，高举"造反有理"大旗，"其势如暴风驟雨，迅猛异常"。他們大破資产阶級的四旧，大立无产阶級的四新，击退了資产阶級的种种反扑，专了資产阶級的政。党內最大的走資本主义道路当权派揪出来了！卫、王、王反革命修正主义集团宣告破产，赵、李、徐的反动堡垒已被攻破，牛鬼蛇神打翻在地了，工学院的党政財文大权我們掌了。我們毛主席的紅小兵眞是有說不出的高兴，热烈欢呼无产阶級文化大革命的伟大胜利，振臂高呼：毛主席万岁！万岁！万万岁！

用毛泽东思想武裝起来的紅小兵，一定要遵照毛主席的教导，在阶級斗爭的大风大浪里，經风雨，見世面，把自己鍛炼成一个无产阶級革命事业的可靠接班人。

有了政权就有了一切，沒有政权就会丧失一切。紀念全国第一张馬列主义的大字报发表一周年，我們要继續发扬"五敢"精神，誓死捍卫我們的紅色政权，誓死捍卫无产阶級专政，把无产阶級文化大革命进行到底。

本期开印时間：6月8日

當年鏖戰急，今朝更好看

挺進戰鬥隊　梅澄宇　張敬東

六六年六月一月，全國第一張馬列主義的大字報在報上發表後，像平地一聲春雷，震撼著全國、全世界！平靜的太原工學院也掀起了巨浪，革命造反派「破」字當頭，「敢」字為首，矛頭直指院黨委內一小撮走資本主義道路當權派，我們大膽地寫出了第一張「萬炮齊轟院黨委」的大字報。「神州豈有千重惡，赤縣總有萬重邪。」這下可敲響了我院黨內一小撮走資本主義道路的當權派的喪鐘，他們狼狽為奸，歇斯底裡大發作，上有衛、王、王策劃，下有保皇小丑賣力，三路夾攻，以百倍地瘋狂圍剿革命派。頓時，多少張圍攻大字報鋪天蓋地的壓來，什麼「炮打院黨委就是反黨」呀！什麼「右派翻天」呀！什麼「中央相信華北局，華北局絕對相信山西省委，省委相信院黨委」呀！……照相、查檔案、改變畢業分配方案，也接踵而來。冷眼譏笑，辱罵、指責，反革命的氣焰是何等囂張啊！真有「黑雲壓城城欲摧」之勢。「高天滾滾寒流急，大地微微暖氣吹。」在這關鍵時刻，我們想起毛主席的教導：「我們的同志在困難的時候，要看到成績，要看到光明，要提高我們的勇氣。」盡管頭上有一推大帽子，但絲毫壓不住我們徹底革命的決心，我們革命造反派就是越圍攻越強，越摔打越硬，越戰鬥越勇！一次又一次的戰鬥，使我們的隊伍由小變大，由弱變強！一次又一次的戰鬥，使我們的革命大旗越舉越高，越染越紅！

「憶往昔崢嶸歲月稠。」幾個月的反覆和曲折，一場場驚濤駭浪，暴風驟雨，使我們更加懂得：千重要，萬重要，掌握政權最重要！於是革命造反派懷著對階級敵人的深仇大恨，聯合起來，鐵臂一揮山河動。在元月十七日摧垮了趙家王朝，掌握了工學院的黨、政、財、文大權。這個權奪得有理，完全有理！但是奪權勝利僅是萬里長征走完了第一步。目前，社會上出現了一股資本主義復辟的反革命逆流，其矛頭直指無產階級司令部，直指中國人民解放軍，直指革命組織。要害就是要「反奪權」，就是要「篡權」，可是無產階級革命派浴血奮戰奪回來的「政權」怎能讓她輕易喪失呢！不能！堅決不能！頭可斷，血可流，紅色政權不可丟！我們一定要繼續戰鬥，擊潰這股反革命逆流，讓那些「反奪權」、「篡權」的陰謀徹底破產。

我們紀念全國第一張馬列主義大字報，就是要高舉革命的批判旗幟，批倒、批臭黨內最大的一小撮走資本主義道路當權派和他們所炮製的資產階級反動路線及其黑《修養》，並逐步轉入本單位的鬥、批、改，在大批判中促進革命派的大聯合和革命的「三結合」，徹底粉碎資本主義復辟的反革命逆流，捍衛無產階級的紅色江山。

「雄關漫道真如鐵，而今邁步從頭越。」展望未來，「無限風光在險峰！」

1967年6月1日

当年鏖战急，今朝更好看

挺进战斗队 梅澄宇 张敬东

六六年六月一日，全国第一张馬列主义的大字报在报上发表后，象平地一声春雷，震撼着全国、全世界！平靜的太原工学院也掀起了巨浪，革命造反派“破”字当头，“敢”字为首，矛头直指院党委內一小撮走資本主义道路当权派，我們大胆地写出了第一张“万炮齐轰院党委”的大字报。“神州豈有千重惡，赤县总有万重邪。”这下可敲响了我院党內一小撮走資本主义道路的当权派的丧钟，他們狼狽为奸，歇斯底里大发作，上有卫、王、王策划，下有保皇小丑卖力，三路夹攻，以百倍地疯狂围剿革命派。頓时，多少张围攻大字报鋪天盖地压来，什么“炮打院党委就是反党”呀！什么“右派翻天”呀！什么“中央相信华北局，华北局絕对相信山西省委，省委相信院党委”呀！……照相、查档案、改变毕业分配方案，也接踵而来。冷眼譏笑，辱駡、指責，反革命的气焰是何等囂张啊！眞有“黑云压城城欲摧”之势。“高天滚滚寒流急，大地微微暖气吹。”在这关鍵时刻，我們想起毛主席的教导：“我們的同志在困难的时候，要看到成績，要看到光明，要提高我們的勇气。”尽管头上有一堆大帽子，但絲毫压不住我們彻底革命的决心，我們革命造反派就是越围攻越强，越摔打越硬，越战斗越勇！一次又一次的战斗，使我們的队伍由小变大，由弱变强！一次又一次的战斗，使我們的革命大旗越举越高，越染越紅！

“忆往昔峥嶸岁月稠。”几个月的反复和曲折，一場場惊涛骇浪，暴风骤雨，使我們更加懂得：千重要，万重要，掌握政权最重要！于是革命造反派怀着对阶級敌人的深仇大恨，联合起来，鉄臂一揮山河动。在元月十七日摧垮了赵家王朝，掌握了工学院的党、政、財、文大权。这个权夺得有理，完全有理！但是夺权胜利仅是万里长征走完了第一步。目前，社会上出現了一股資本主义复辟的反革命逆流，其矛头直指无产阶級司令部，直指中国人民解放軍，直指革命組織。要害就是要“反夺权”，就是要“篡权”，可是无产阶級革命派浴血奋战夺回来的“政权”怎能让她輕易丧失呢！不能！坚决不能！头可断，血可流，紅色政权不可丢！我們一定要继續战斗，击潰这股反革命逆流，让那些“反夺权”、“篡权”的阴謀彻底破产。

我們紀念全国第一张馬列主义大字报，就是要高举革命的批判旗帜，批倒、批臭党內最大的一小撮走資本主义道路当权派和他們所炮制的資产阶級反动路綫及其黑《修养》，并逐步轉入本单位的斗、批、改，在大批判中促进革命派的大联合和革命的“三結合”，彻底粉碎資本主义复辟的反革命逆流，捍卫无产阶級的紅色江山。

“雄关漫道眞如鉄，而今迈步从头越。”展望未来，“无限風光在險峰！”

紅

彻底

我們伟大領袖毛主席亲自批准登載和广播的全国第一张馬列主义的大字报——北京公社宣言发表整整一周年了。

这一年，是广大无产阶級革命派向党內一小撮走資本主义道路的当权派展开全面反击的一年。是两条路綫激烈斗爭的一年。是毛主席的革命路綫取得伟大胜利的一年。是无产阶級文化革命大軍逐漸形成，迅速成长壮大的一年。是无产阶級革命派高举毛泽东思想伟大紅旗，取得无产阶級文化大革命决定性胜利的一年。

一年来，在伟大領袖毛主席直接領导下，在光焰无际的毛泽东思想的指引下，广大无产阶級革命派，发揚了“天不怕，地不怕，神不怕，鬼不怕”，刀山敢上，火海敢闖的大无畏精神，冲破了党內一小撮走資本主义道路当权派的重重障碍，打破了他們复辟資本主义的黃粱美梦，向他們展开了全面进攻，一批又一批的混进党里、政府里、軍队里和文化領域各界里的資产阶級代表人物被揪出来。党內最大的走資本主义道路的当权派，

徹底擊潰資本主義復辟的反革命逆流

・紅波・

我們偉大領袖毛主席親自批准登載和廣播的全國第一張馬列主義的大字報—北京公設宣言發表整整一週年了。

這一年，是廣大無產階級革命派向黨內一小撮走資本主義道路的當權派展開全面反擊的一年。是兩條路線激烈鬥爭的一年。是毛主席的革命路線取得偉大勝利的一年。是無產階級文化革命大軍逐漸形成，迅速成長壯大的一年。是無產階級革命派高舉毛澤東思想偉大紅旗，取得無產階級文化大革命決定性勝利的一年。

一年來，在偉大領袖毛主席直接領導下，在光焰無際的毛澤東思想的指引下，廣大無產階級革命派，發揚了「天不怕，地不怕，神不怕，鬼不怕」，刀山敢上，火海敢闖的大無畏精神，衝破了黨內一小撮走資本主義道路當權派的重重障礙，打破了他們復辟資本主義的黃粱美夢，向他們展開了全面進攻，一批又一批的混進黨裡、政府裡、軍隊裡和文化領域各界裡的資產階級代表人物被揪出來。黨內最大的走資本主義道路的當權派，復辟資本主義的總後台—劉少奇也陷入無產階級文化大革命大軍的汪洋大海之中，面臨滅頂之災。

在席捲全國，震撼世界的「一月風暴」洪流的衝擊下，由黨內一小撮走資本主義道路當權派所盤踞的陣地已經逐漸土崩瓦解，廣大無產階級革命派取得了奪權鬥爭的偉大勝利，正在實現大聯合和革命的「三結合」，形勢越來越好！

但是階級敵人絕不甘心他們的失敗，他們也不會自行退出歷史舞台，每當革命前進一步，他們就以百倍的瘋狂進行反撲，妄圖阻止滾滾向前的革命潮流，阻止歷史向前發展。

正如十六條中指出的那樣：「由於阻力較大，鬥爭會有反覆，甚至可能有多次的反覆。」

目前這股自上而下的資本主義反革命復辟逆流就是又一個「反覆」。黨內一小撮走資本主義道路的當權派為達到反革命復辟的目的，蒙蔽了一些群眾，把矛頭對準了新生的紅色政權，把鬥爭的鋒芒指向了革命的領導幹部，指向了偉大的中國人民解放軍，指向革命左派組織。胡說什麼山西省是「中間勢力奪權」，「核心小組沒有強調兩條路線的鬥爭」等等，抓住一點，不及其餘，全盤否定核心小組的工作；他們手伸得特別長，這裡抓權，那裡抓權，企圖把基層單位的權都抓到手，使核心小組、革命委員會成為空中樓閣，最後來一個篡奪，用心何其毒也。「沒有一個人民的軍隊，便沒有人民的一切。」可是這些人無視毛主席擁軍愛民的偉大號召，無視軍委的一再指示，對偉大的中國人民解放軍，也竭盡造謠誣蔑之能事，否定山西軍區在三支、兩軍中的巨大貢獻。甚至對解放軍當面侮辱，非法毆打。對於真正站在毛主席的革命造反派組織，更是處心嫉忌，肆無忌憚地顛倒是非，混淆黑白，造謠中傷，惡意誹謗，一切卑鄙無此的手段都無所不用其極，妄想把這些組織在社會上搞臭，為他們篡權掃除障礙，鋪平道路。

毛主席教導我們說：「世界上一切革命鬥爭都是為著奪取政權，鞏固政權。而反革命的拼死同革命勢力的鬥爭，也完全是為著維持他們的政權。」當前這股反革命逆流，就是妄圖奪回他們已經失去的政權。一切革命同志，都要百倍地提高警惕。

我們紀念聶元梓等七同志的大字報發表一週年，就是要進一步認清階級鬥爭的尖銳複雜性，認清一小撮已被和未被揭露出來的黨內走資本主義道路的當權派，打著「紅旗」反紅旗的反動本質；繼續發揚大無畏的革命造反精神，把黨內一小撮走資本主義道路的當權派鬥倒、鬥垮、鬥臭，把他們打翻在地，再踏上一只腳，讓他們永世不得翻身；高舉毛澤東思想偉大紅旗，堅決擊退反革命復辟逆流，捍衛我們的紅色政權，把無產階級文化大革命進行到底。

無產階級革命造反派一定要牢記主席的教導，緊緊掌握鬥爭的大方向，堅定不移地投入階級鬥爭的驚濤駭浪中去，迎著無產階級文化大革命的更加偉大的勝利！

徹底击潰資本主义复辟的反革命逆流

·红　波·

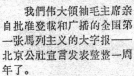

我們伟大領袖毛主席亲自批准登載和广播的全国第一张馬列主义的大字报——北京公社宣言发表整整一周年了。

这一年，是广大无产阶級革命派向党內一小撮走資本主义道路的当权派展开全面反击的一年。是两条路綫激烈斗爭的一年。是毛主席的革命路綫取得伟大胜利的一年。是无产阶級文化革命大軍逐漸形成，迅速成长壮大的一年。是无产阶級革命派高举毛泽东思想伟大紅旗，取得无产阶級文化大革命决定性胜利的一年。

一年来，在伟大領袖毛主席直接領导下，在光焰无际的毛泽东思想的指引下，广大无产阶級革命派，发揚了“天不怕，地不怕，神不怕，鬼不怕”，刀山敢上，火海敢闖的大无畏精神，冲破了党內一小撮走資本主义道路当权派的重重障碍，打破了他們复辟資本主义的黄粱美梦，向他們展开了全面进攻，一批又一批的混进党里、政府里、軍队里和文化領域各界里的資产阶級代表人物被揪出来。党內最大的走資本主义道路的当权派，复辟資本主义的总后台——刘少奇也陷入无产阶級文化革命大軍的汪洋大海之中，面临灭顶之灾。

在席卷全国，震撼世界的“一月风暴”洪流的冲击下，由党內一小撮走資本主义道路当权派所盘踞的陣地已經逐漸土崩瓦解，广大无产阶級革命派取得了夺权斗爭的伟大胜利，正在实现大联合和革命的“三結合”，形势越来越好！

但是阶級敌人絕不甘心他們的失败，他們也不会自行退出历史舞台，每当革命前进一步，他們就以百倍的疯狂进行反扑，妄图阻止滚滚向前的革命潮流，阻止历史向前发展。

正如十六条中指出的那样：“由于阻力較大，斗爭会有反复，甚至可能有多次的反复。”

目前这股自上而下的資本主义反革命复辟逆流就是又一个“反复”。党內一小撮走資本主义道路的当权派为达到反革命复辟的目的，蒙蔽了一些群众，把矛头对准了新生的紅色政权，把斗爭的鋒芒指向了革命的領导干部，指向了伟大的中国人民解放軍，指向了革命左派組織。胡說什么山西省是“中間势力夺权”，“核心小組沒有强調两条路綫的斗爭”等等，抓住一点，不及其余，全盘否定核心小組的工作；他們手伸得特别长，这里抓权，那里抓权，企图把基层单位的权都抓到手，使核心小組、革命委員会成为空中楼閣，最后来一个篡夺，用心何其毒也。“沒有一个人民的軍队，便沒有人民的一切。”可是这些人无视毛主席拥軍爱民的伟大号召，无视軍委的一再指示，对伟大的中国人民解放軍，也竭尽造謠誣蔑之能事，否定山西軍区在三支、两軍中的巨大貢献。甚至对解放軍当面侮辱，非法毆打。对于眞正站在毛主席的革命路綫一边，为夺取紅色政权建立不朽功勋的革命造反派組織，更是处心嫉忌，肆无忌憚地顚倒是非，混淆黑白，造謠中伤，恶意誹謗，一切卑鄙无耻的手段都无所不用其极，妄想把这些組織在社会上搞臭，为他們篡权扫除障碍，鋪平道路。

毛主席教导我們說：“世界上一切革命斗爭都是为着夺取政权，巩固政权。而反革命的拚死同革命势力的斗爭，也完全是为着維持他們的政权。”当前这股反革命逆流，就是妄图夺回他們已經失去的政权。一切革命同志，都要百倍地提高警惕。

我們紀念聶元梓等七同志的大字报发表一周年，就是要进一步认清阶級斗爭的尖銳复杂性，认清一小撮已被和未被揭露出来的党內走資本主义道路的当权派，打着“紅旗”反紅旗的反动本质；继續发揚大无畏的革命造反精神，把党內一小撮走資本主义道路的当权派斗倒、斗垮、斗臭，把他們打翻在地，再踏上一只脚，让他們永世不得翻身；高举毛泽东思想伟大紅旗，坚决击退反革命复辟逆流，捍卫我們的紅色政权，把无产阶級文化大革命进行到底。

无产阶級革命造反派一定要牢記主席的教导，紧紧掌握斗爭的大方向，坚定不移地投入阶級斗爭的惊涛駭浪中去，迎接无产阶級文化大革命的更加伟大的胜利！

打倒無政府主義，緊緊掌握鬥爭大方向

·遵義戰團·

在無產階級革命派實現革命的大聯合和革命的「三結合」，向黨內一小撮走資本主義道路當權派的偉大鬥爭中，無政府主義是無產階級革命派的敵人。

毛主席說：「我們看問題一定不要忘記劃清這兩種界限：革命和反革命的界限，成績和缺點的界限。」而無政府主義恰恰混淆了這兩種界限。他們不懂得對待無產階級專政和資產階級專政應採取兩種截然不同的態度，他們對待無產階級專政也是採取一概不相信，一概懷疑，一概打倒的態度，這就從根本上犯了錯誤。對待革命組織，他們混淆了正確與錯誤、成績和缺點的界限，把七分成績說成是三分成績，把成績為主說成是錯誤為主，甚至只相信自己，不相信別人，只承認自己是響噹噹的「左派」，別人都是不革命的，都是「保皇派」，都是「中間派」。

毛主席說：「在人民內部，不可以沒有自由，也不可以沒有紀律；不可以沒有民主，也不可以沒有集中。」無政府主義恰恰忘掉了毛主席的這一偉大教導，混淆了無產階級的大民主和資產階級自由化的界限，混淆了無產階級的革命紀律同資產階級奴隸主義的界限。他們抽去了無產階級的大民主最根本的東西，而變成了資產階級的自由化，亂搶、亂打、亂砸。只要「民主」，不要集中，只要「自由」，不要紀律，甚至把遵守無產階級的革命組織紀律的人說成是資產階級的奴隸主義，是「修養派」。

毛主席說：「要提倡顧全大局」，「以革命利益為第一生命，以個人利益服從革命利益。」可是無政府主義不是這樣。他極力在革命中發展個人或小集團的利益，不是在革命的大批判中推行革命的大聯合，實現革命的大聯合，而是阻礙革命的大聯合，破壞革命的大聯合。無政府主義思想嚴重的人，不是以革命利益為重，而是以個人或小集團的利益為重，以感情代替政策，維護小團體榮譽勝於捍衛毛澤東思想，甚至把勇敢捍衛毛澤東思想揭露小團體內部錯誤東西的革命者說成是「叛徒」。

由於革命隊伍中的無政府主義是以極「左」面目出現的，因此頗能煽惑一些人，分散我們的鬥爭目標，轉移鬥爭的大方向。

必須強調指出，無政府主義本身就是形「左」實右的機會主義，是資產階級反動路線的產物，是實行資本主義復辟的反動思潮、它的總根子總後台，就是黨內頭號走資本主義道路的當權派。所以，無產階級革命派在批判黨內最大的一小撮走資本主義道路當權派的同時，一定要把掃除無政府主義當作自己的光榮任務，遵照毛主席教導：「用最大的努力克服這些無紀律狀態和無政府狀態。」

無政府主義，歸根結底是資產階級個人主義。因此，要打倒無政府主義，就必須在鬥爭中不斷地活學活用毛主席的光輝著作，狠奪自己頭腦中「私」字的權。忠於毛主席，忠於毛澤東思想，就是最大的公。只有大破「私」字，大立「公」字，才能真正地理解和貫徹毛主席的革命路線。

無產階級革命派戰友們，我們一定要以毛澤東思想為武器，大破無政府主義，大立無產階級的革命性、科學性和組織紀律性，緊緊掌握鬥爭大方向，把無產階級文化大革命進行到底！

打倒无政府主义，紧紧掌握斗争大方向

·遵义战团·

在无产阶級革命派实现革命的大联合和革命的"三結合"，向党内一小撮走資本主义道路当权派夺权的伟大斗爭中，无政府主义是无产阶級革命派的敌人。

毛主席說："我們看問題一定不要忘記划清这两种界限：革命和反革命的界限，成績和缺点的界限。"而无政府主义恰恰混淆了这两种界限。他們不懂得对待无产阶級专政和資产阶級专政应采取两种截然不同的态度，他們对待无产阶級专政也是采取一概不相信，一概怀疑，一概打倒的态度，这就从根本上犯了錯誤。对待革命組織，他們混淆了正确与錯誤、成績和缺点的界限，把七分成績說成是三分成績，把成績为主說成是錯誤为主，甚至只相信自己，不相信别人，只承认自己是响当当的"左派"，别人都是不革命的，都是"保皇派"，都是"中間派"。

毛主席說："在人民内部，不可以没有自由，也不可以没有紀律；不可以没有民主，也不可以没有集中。"无政府主义恰恰忘掉了毛主席的这一伟大教导，混淆了无产阶級的大民主和資产阶級自由化的界限，混淆了无产阶級的革命紀律同資产阶級奴隶主义的界限。他們抽去了无产阶級的大民主最根本的东西，而变成了資产阶級的自由化，乱揪、乱打、乱砸。只要"民主"，不要集中，只要"自由"，不要紀律，甚至把遵守无产阶級的革命組織紀律的人說成是資产阶級的奴隶主义，是"修养派"。

毛主席說："要提倡顾全大局"，"以革命利益为第一生命，以个人利益服从革命利益。"可是无政府主义不是这样。他极力在革命中发展个人或小集团的利益，不是在革命的大批判中推进革命的大联合，实现革命的大联合，而是阻碍革命的大联合，破坏革命的大联合。无政府主义思想严重的人，不是以革命利益为重，而是以个人或小集团的利益为重，以感情代替政策，維护小团体荣誉胜于捍卫毛泽东思想，甚至把勇敢捍卫毛泽东思想揭露小团体内部錯誤东西的革命者說成是"叛徒"。

由于革命队伍中的无政府主义是以极"左"面目出现的，因此頗能煽惑一些人，分散我們的斗爭目标，轉移斗爭的大方向。

必须强調指出，无政府主义本身就是形"左"实右的机会主义，是資产阶級反动路綫的产物，是实行資本主义复辟的反动思潮、它的总根子总后台，就是党内头号走資本主义道路的当权派。所以，无产阶級革命派在批判党内最大的一小撮走資本主义道路当权派的同时，一定要把扫除无政府主义当作自己的光荣任务，遵照毛主席教导："**用最大的努力克服这些无紀律状态和无政府状态。**"

无政府主义，归根結底是資产阶級个人主义。因此，要打倒无政府主义，就必須在斗爭中不断地活学活用毛主席的光輝著作，狠夺自己头脑中"私"字的权。忠于毛主席，忠于毛泽东思想，就是最大的公。只有大破"私"字，大立"公"字，才能真正地理解和貫彻毛主席的革命路綫。

无产阶級革命派战友們，我們一定要以毛泽东思想为武器，大破无政府主义，大立无产阶級的革命性、科学性和組織紀律性，紧紧掌握斗爭大方向，把无产阶級文化大革命进行到底！

梅花歡喜漫天雪，凍死蒼蠅未足奇

・四野評論員・

我們心中最紅最紅的紅太陽毛主席親自決定廣播的，譽之為「廿世紀六十年代北京人民公社宣言」的聶元梓等七位同志的大字報到六月一日已經整整一年了。

這張大字報的廣播大長無產階級革命派的志氣，大滅資產階級保皇派的威風，吹響了無產階級文化大革命的戰鬥號角。我們砸爛了「衛家王朝」，勝利地向黨內一小撮走資本主義道路的當權派發起總攻擊的時候，懷著無限革命激情懷念六六年六月一日，我們千遍萬遍地高呼：毛主席萬歲！萬歲！！萬萬歲！！！

革命的根本問題是政權問題。一年來，我們革命造反派高舉「革命無罪，造反有理」的旗幟，造反、造反、再造反，就是為了「權」，而黨內一小撮走資本主義道路的當權派瘋狂圍剿革命派，實行資產階級專政，御用其保皇派，刮陰風，點鬼火，拼命掙扎也是為了「權」。在偉大的一月革命風暴中，我省革命造反派在偉大領袖毛主席的關懷下一舉取得了「1・12」奪權的偉大勝利，這個奪權得好！就是好！！就是好得很！！！

階級鬥爭是長期存在的，無產階級與資產階級誰勝誰負的鬥爭還要繼續相當長的時間，如果弄不好，資本主義的復辟隨時都是可能的。鐵的事實證明了這一點，「1・12」紅色政權還在搖籃中的時候，資產階級的代理人衛、王、王的忠實走卒劉志蘭削尖腦袋鑽進了革命陣營，她結黨營私，安插親信，拉攏那些「1・12」奪權中犯了嚴重錯誤的組織掀起了一股反革命復辟、篡權的逆流，妄想把紅色政權扼殺在搖籃裡，其用心何其毒也！何其毒也！！

「人民得到的權利，絕不允許輕易喪失，必須用戰鬥來保衛。」我們革命造反派大權在手，就是當仁不讓，絕不允許政治大扒手，絕不允許「紅聯站」某些人把權篡奪去。我們就是寸權必奪，寸利必爭，誓死用生命和鮮血保衛「1・12」紅色政權。我們要繼續發揚革命無罪、造反有理的大無畏精神，舉起紅大刀，攔腰斬斷那些黑蛇和白蛇，露出毒牙的蛇和化成美女的蛇，讓紅色政權永放毛澤東思想的光輝！

現在我們紀念這個光輝的日子，就是要向聶元梓同志學習，永遠忠於毛主席，向劉鄧猛烈開火；就是要永遠高舉「革命無罪，造反有理」的旗幟。當前，就是要「捨得一身剮，敢把劉志蘭拉下馬」，就是要把權牢牢掌握在無產階級革命派手中，徹底粉碎資本主義反革命復辟逆流，就是要高舉毛澤東思想偉大紅旗，把我省的無產階級文化大革命進行到底！

「梅花歡喜漫天雪，凍死蒼蠅未足奇。」

無產階級革命派戰友們，讓我們迎著革命的暴風雨衝上去吧！

梅花欢喜漫天雪，冻死蒼蝇未足奇

•四野评论员•

我們心中最紅最紅的紅太阳毛主席亲自决定广播的，誉之为“廿世紀六十年代北京人民公社宣言”的聶元梓等七位同志的大字报到六月一日已經整整一年了。这张大字报的广播大长无产阶級革命派的志气，大灭資产阶級保皇派的威风，吹响了无产阶級文化大革命的战斗号角。今天我們砸烂了“卫家王朝”，胜利地向党內一小撮走資本主义道路的当权派发起总攻击的时候，怀着无限革命激情怀念六六年六月一日，我們千遍万遍地高呼：毛主席万岁！万岁！！万万岁！！！

革命的根本問題是政权問題。一年来，我們革命造反派高举“革命无罪，造反有理”的旗帜，造反、造反、再造反，就是为了“权”，而党內一小撮走資本主义道路的当权派疯狂围剿革命派，实行資产阶級专政，御用其保皇派，刮阴风，点鬼火，拼命掙扎也是为了“权”。在伟大的一月革命风暴中，我省革命造反派在伟大領袖毛主席的关怀下一举取得了“1•12”夺权的伟大胜利，这个权夺得好！就是好！！就是好得很!!!

阶級斗爭是长期存在的，无产阶級与資产阶級誰胜誰負的斗爭还要继續相当长的时間，如果弄不好，資本主义的复辟随时都是可能的。鉄的事实証明了这一点，“1.12”紅色政权还在搖籃中的时候，資产阶級的代理人卫、王、王的忠实走卒刘志兰削尖脑袋鉆进了革命陣营，她結党营私，安插亲信，拉攏那些在“1.12”夺权中犯了严重錯誤的組織掀起了一股反革命复辟、篡权的逆流，妄想把紅色政权扼杀在搖籃里，其用心何其毒也！何其毒也！！

“人民得到的权利，絕不允許輕易丧失，必須用战斗来保卫。”我們革命造反派大权在手，就是当仁不让，絕不允許政治大扒手，絕不允許“紅联站”某些人把权篡夺去。我們就是寸权必夺，寸利必爭，誓死用生命和鮮血保卫“1.12”紅色政权。我們要继續发揚革命无罪、造反有理的大无畏精神，举起紅大刀，拦腰斬断那些黑蛇和白蛇，露出毒牙的蛇和化成美女的蛇，让紅色政权永放毛泽东思想的光輝！

現在我們紀念这个光輝的日子，就是要向聶元梓同志学习，永远忠于毛主席，向刘邓猛烈开火；就是要永远高举“革命无罪，造反有理”的旗帜。当前，就是要“舍得一身剐，敢把刘志兰拉下馬”，就是要把权牢牢掌握在无产阶級革命派手中，彻底粉碎資本主义反革命复辟逆流，就是要高举毛泽东思想伟大紅旗，把我省的无产阶級文化大革命进行到底！

“梅花欢喜漫天雪，冻死蒼蝇未足奇。”

无产阶級革命派战友們，让我們迎着革命的暴风雨冲上去吧！

要把力量集中在本單位的大聯合上

・永紅評論員・

目前，有些人，有些組織對當前運動的大方向不太感興趣，卻熱衷於搞校外大「聯合」，這是一種不良傾向。

誠然，在文化大革命以來，無產階級革命派堅決打破資產階級反動路線設置的層層障礙，打破單位之間、部門之間的界限，革命師生實行了全國大串連，到處點燃了文化大革命的熊熊烈火，一支支無產階級革命派隊伍在向黨內大大小小走資本主義道路的當權派做堅決鬥爭中形成壯大起來了。在向黨內一小撮走資本主義道路的當權派的奪權鬥爭中，無產階級革命派不畏艱險，衝鋒陷陣，取得了奪權鬥爭的決定性的勝利，立下了不朽的功勳，在我國無產階級文化大革命史上寫下了光輝的一頁。

然而現在擺在我們面前的任務是：在對黨內最大的一小撮走資本主義道路當權派進行大鬥爭、大批判的同時，與本單位的鬥、批、改緊密結合起來，在大批判中，通過大辯論，求大同，存小異，實現無產階級革命派的大聯合和革命的「三結合」。毛主席教導我們：「一切為了前線的勝利，組織任務必須服從於政治任務。」因而在現階段，無產階級革命派隊伍的組織形式必須適應新的戰鬥任務的要求。在一個單位中，無產階級革命派有著共同的鬥爭目標，有著共同的鬥、批、改任務，如果在組織上不是形成一個步調整齊一致的整體，就不利於共同任務的完成。

當前，各廠礦、學校和機關的革命組織由於在某些問題的認識上存在有分歧，因而都普遍分成兩派，但是這些分歧都屬於人民內部矛盾。毛主席教導我們：「國家的統一，人民的團結，國內各民族的團結，這是我們的事業必定要勝利的基本保證。」真正的無產階級革命派就應該遵照毛主席的教導，用「團結—批評—團結」的方法解決這些矛盾，以求得革命左派的大聯合。但是，有些組織則不是這樣，他們把大部份精力花費在如何到社會上拉一派，打一派。他們整天這裡衝衝，那裡串串，什麼是「支持」呀，「援助」呀，無非是想擴充自己的勢力，鬧宗派，搞「山頭」，甚至將矛頭對準其他革命組織，或造謠惑眾，惡意攻擊，或整理其黑材料，或打、砸、搶之。這種做法是十分錯誤的，完全違背了運動的大方向。本來，各單位兩派之間的分歧，通過正常辯論是會妥善解決的。但如果一大部份的人不著重本單位的聯合，而忙於搞社會上的所謂「聯合」，加之以階級敵人搧風點火，那末，小分岐就會變成大分歧，小對立就會變成大對立，甚至人民內部矛盾會轉化為敵我矛盾，無產階級文化大革命就會有夭折的危險。毛主席教導我們：「要提倡顧全大局。每一個黨員，每一種局部工作，每一項言論或行動，都必須以全黨的利益為出發點，絕對不許可違反這個原則。」那些與外單位「聯合」的組織中的決定政策的人們，須立即扭轉這種不良傾向，切切不可等閑視之。

當然，對黨內最大的一小撮走資本主義道路的當權派和他們伸向各地的黑爪牙大批判、大鬥爭的會議和一些必要的行動，還須集中優勢兵力，群起而攻之。這樣，與本單位以外的革命組織聯合起來，共同戰鬥是有必要的，這樣的聯合與前面所說的「聯合」有著本質的區別，是符合當前的運動大方向的。無產階級革命派應該支持這種革命行動。

真正的無產階級革命派，要緊緊掌握鬥爭的大方向，在大批判、大鬥爭的同時，集中力量搞本單位的大聯合。只有這樣，才能搞好鬥、批、改，才能把無產階級文化大革命進行到底。

第四版　　紅太工　　1967年6月1日

要把力量集中在本单位的大联合上

·永紅評論員·

目前，有些人，有些組織对当前运动的大方向不太感兴趣，却热衷于搞校外大"联合"，这是一种不良傾向。

誠然，在文化大革命以来，无产阶級革命派坚决打破資产阶級反动路綫設置的层层障碍，打破单位之間、部門之間的界限，革命师生实行了全国大串連，到处点燃了文化大革命的熊熊烈火，一支支无产阶級革命派队伍在向党內大大小小走資本主义道路的当权派作坚决斗爭中形成壮大起来了。在向党內一小撮走資本主义道路的当权派的夺权斗爭中，无产阶級革命派不畏艰险，冲鋒陷陣，取得了夺权斗爭的决定性的胜利，立下了不朽的功勛，在我国无产阶級文化大革命史上写下了光輝的一頁。

然而現在摆在我們面前的任务是：在对党內最大的一小撮走資本主义道路当权派进行大斗爭、大批判的同时，与本单位的斗、批、改紧密結合起来，在大批判中，通过大辯論，求大同，存小异，实現无产阶級革命派的大联合和革命的"三結合"。毛主席教导我們："一切为了前綫的胜利，組織任务必須服从于政治任务。"因而在現阶段，无产阶級革命派队伍的組織形式必須适应新的战斗任务的要求。在一个单位中，无产阶級革命派有着共同的斗爭目标，有着共同的斗、批、改任务，如果在組織上不是形成一个步調整齐一致的整体，就不利于共同任务的完成。

当前，各厂矿、学校和机关的革命組織由于在某些問題的认识上存在有分歧，因而都普遍分成两派，但是这些分歧都屬于人民內部矛盾。毛主席教导我們："国家的統一，人民的团結，国內各民族的团結，这是我們的事业必定要胜利的基本保証。"眞正的无产阶級革命派就应該遵照毛主席的教导，用"团結——批評——团結"的方法解决这些矛盾，以求得革命左派的大联合。但是，有些組織則不是这样，他們把大部分精力花費在如何到社会上拉一派，打一派。他們整天这里冲冲，那里串串，什么"支持"呀，"援助"呀，无非是想扩充自己的势力，鬧宗派，搞"山头"，甚至将矛头对准其他革命組織，或造謠惑众，恶意攻击，或整理其黑材料，或打、砸、搶之。这种做法是十分錯誤的，完全违背了运动的大方向。本来，各单位两派之間的分歧，通过正常辯論是会妥善解决的。但如果一部分人不着重本单位的联合，而忙于搞社会上的所謂"联合"，加之以阶級敌人搧风点火，那末，小分歧就会变成大分歧，小对立就会变成大对立，甚至人民內部矛盾会轉化为敌我矛盾，无产阶級文化大革命就会有夭折的危险。毛主席教导我們："要提倡顧全大局。每一个党員，每一种局部工作，每一項言論或行动，都必須以全党的利益为出发点，絕对不許可違反这个原則。"那些与外单位"联合"的組織中的决定政策的人們，須立即扭轉这种不良傾向，切切不可等閑視之。

当然，对党內最大的一小撮走資本主义道路的当权派和他們伸向各地的黑爪牙大批判、大斗爭的会議和一些必要的行动，还須集中优势兵力，群起而攻之。这样，与本单位以外的革命組織联合起来，共同战斗是有必要的，这样的联合与前面所說的"联合"有着本质的区别，是符合当前的运动大方向的。无产阶級革命派应該支持这种革命行动。

眞正的无产阶級革命派，要紧紧掌握斗爭的大方向，在大批判、大斗爭的同时，集中力量搞本单位的大联合。只有这样，才能搞好斗、批、改，才能把无产阶級文化大革命进行到底。

爹親娘親不如毛主席親

在我們偉大領袖毛主席「擁軍愛民」號召發表後的今天，又一支軍民團結的凱歌蕩漾在文化大革命的新篇章中。

事情發生在五月十五日。太工附中學生蔡春寧同志，因玩單槓不小心摔傷了。當時在附中搞組訓的解放軍的同志聞訊趕往現場，將蔡扶到了駐軍宿舍。解放軍同志有的跑著叫醫生；有的忙著打水給蔡洗臉；有的拿棉花棒擦傷口止血，大家十分焦急。直至醫生來了包紮後才送蔡回家了。但階級感情，血肉般的軍民關係怎能讓人放下心呢！

「我們都是來自五湖四海，為了一個共同的革命目標，走到一起來了。……我們的幹部要關心每一個戰士，一切革命隊伍的人都要互相關心，互相愛護，互相幫助。」毛主席這一諄諄教導讓人久久不能平靜。「軍愛民，民擁軍，軍民團結一條心。」傷痛在蔡春寧的身上，更痛在每個幹部戰士的心上。第二天，連長程傑義、王樹海、排長王維明等五人帶著全連解放軍的心意，來到蔡春寧的家中。當他們說明來意拿出糖、雞蛋和《解放軍報》時，蔡春寧同志激動的說：真是爹親娘親不如毛主席親，河深海深不如階級友愛深啊……。連長指著報紙說：春寧，這是毛主席讓我們這樣做的，可不能感謝我們呀！接著又說：這幾天你不能去學校參加組訓，我們給你帶來了幾張報紙，這裡邊有黨中央《通知》，有《人民日報》社論，這是毛主席的最新指示，你要好好學習啊！物少情深，語重心長，解放軍同志送來的只是幾個雞蛋、白糖和報紙嗎？不！他們送來了毛主席的關懷，送來了階級的溫暖，送來了毛主席的聲音。他使蔡春寧同志感到溫暖，感到渾身有使不完的力量，連長一席話說得蔡春寧同志激動的心情再也無法抑制了，她捧著連長送來的報紙，淌著激動的熱淚說：「連長同志！請你放心，請同志們放心，傷痛只能痛我肌膚，同志的關心，毛主席的聲音給了我戰勝傷痛的力量。流血可以止，傷痛可以忍，學習毛主席著作，永遠也要堅持。堅決做毛主席的忠實紅小兵，誓將文化大革命進行到底。」

凱歌激盪著。

毛主席的諄諄教導在我們耳邊響著，響著，他激動軍民更加團結，他激勵我們永遠永遠前進，再前進。

（組訓廿四團二連張文發）

报"的欢迎态度。总之，他"……总，锻炼了革命师生，取得……了一股把矛头指向解放军的……军，我们就和他拼到底！

爹亲娘亲不如毛主席亲

在我們伟大領袖毛主席"拥軍爱民"号召发表后的今天，又一支軍民团結的凱歌蕩漾在文化大革命的新篇章中。

事情发生在五月十五日。太工附中学生蔡春宁同志，因玩单杠不小心摔伤了。当时在附中搞組訓的解放軍的同志聞訊赶往现場，将蔡扶到了駐軍宿舍。解放軍同志有的跑着叫医生；有的忙着打水給蔡洗脸；有的拿棉花擦伤口止血，大家十分焦急。直至医生来了包扎后才送蔡回家了。但阶級感情，血肉般的軍民关系怎能让人放下心呢！

"我們都是来自五湖四海，为了一个共同的革命目标，走到一起来了。……我們的干部要关心每一个战士，一切革命队伍的人都要互相关心，互相爱护，互相帮助。"毛主席这一諄諄教导让人久久不能平静。"軍爱民，民拥軍，軍民团結一条心。"伤痛在蔡春宁的身上，更痛在每个干部战士的心上。第二天，連长程杰义、王树海，排长王維明等五人带着全連解放軍的心意，来到蔡春宁的家中。当他們說明来意拿出糖、鸡蛋和《解放軍报》时，蔡春宁同志激动的說：眞是爹亲娘亲不如毛主席亲，河深海深不如阶級友爱深啊……。連长指着报紙說：春宁，这是毛主席让我們这样做的，可不能感謝我們呀！接着又說：这几天你不能去学校参加組訓，我們給你带来了几张报紙，这里边有党中央《通知》，有《人民日报》社論，这是毛主席的最新指示，你要好好学习啊！物少情深，語重心长，解放軍同志送来的只是几个鸡蛋、白糖和报紙嗎？不！他們送来了毛主席的关怀，送来了阶級的溫暖，送来了毛主席的声音。他使蔡春宁同志感到溫暖，感到渾身有使不完的力量。連长一席話說得蔡春宁同志激动的心情再也无法抑制了，她捧着連长送来的报紙，淌着激动的热泪說："連长同志！請你放心，請同志們放心，伤痛只能痛我肌肤，同志的关心，毛主席的声音給了我战胜伤痛的力量。流血可以止，伤痛可以忍，学习毛主席著作，永远也要坚持。坚决做毛主席的忠实紅小兵，誓将文化大革命进行到底。"

凱歌激蕩着。

毛主席的諄諄教导在我們耳边响着，响着，他激励軍民更加团結，他激励我們永远永远前进，再前进。

（組訓廿四团二連　张文发）

在兩個階級、兩條道路、兩條路線鬥爭的決戰時刻

太原工學院紅衛兵在鬥爭中正式成立

張日清、劉貫一等同志來院對我太工紅衛兵成立表示堅決支持

鑼鼓喧天，紅旗招展，六月三日這一天，整個太原工學院校園沸騰起來了，太原工學院紅衛兵宣告成立。這是戰無不勝的毛澤東思想的又一偉大勝利，是無產階級文化大革命的又一偉大勝利，是我們政治生活中的一件大喜事。

山西革命工人決死縱隊、礦山烈火戰鬥指揮部、山西革命造反兵團115師、山西電業革命造反兵團、省革命委員會辦公廳東風兵團等八十多個革命組織參加了我們的大會。

大會儘管受到太工紅旗、太工瑞金等組織一小撮人的百般阻擾，無理擾亂，藉口什麼「不能代表工學院」呀，「不准欺騙我們偉大領袖毛主席」呀等等，多次企圖衝散我們的會議，但是在我紅衛兵的英勇戰鬥和外單位革命小將、革命工人的大力支持下，會議終於成功地召開了。而太工紅旗、太工瑞金一小撮人破壞大會的陰謀徹底破產了。

在會上，大會執行主席郭子富同志講了話。他首先和與會同志共同祝願我們心中最紅最紅的紅太陽、我們的最高紅司令偉大領袖毛主席萬壽無疆！萬壽無疆！！萬壽無疆！！！祝願毛主席的親密戰友林副統帥身體健康！永遠健康！！

他強調指出，我們紅衛兵當前最主要的任務是：高舉革命的批判旗幟，從政治上、思想上、理論上批深、批透、批臭黨內最大的一小撮走資本主義道路的當權派；徹底批判資產階級反動路線，肅清它的流毒；在革命的大批判中實現和鞏固革命派的大聯合，實現和鞏固革命的「三結合」；在革命的大批判中同本單位的鬥、批、改緊密結合起來，勝利完成一鬥、二批、三改的偉大歷史任務。

不少紅衛兵代表都發了言。他們一致表示：要緊緊掌握鬥爭大方向，徹底擊潰資本主義復辟的反革命逆流，在當前要活學活用毛主席的「老三篇」和「新五篇」等光輝著作，在靈魂深處鬧革命，以「只爭朝夕」的革命精神，狠抓世界觀的改造，徹底克服無政府主義、個人主義、小團體主義等資產階級思想傾向，加強革命性、科學性和組織紀律性；誓死捍衛紅色政權，鬥倒、鬥垮、鬥臭劉、鄧、陶，衛、王、王，趙、李、徐等黨內大大小小的走資本主義道路的當權派，把無產階級文化大革命進行到底！

兵團115師、工人決死縱隊等許多兄弟單位的代表分別講了話，對我們的大會表

示堅決的支持。他們指出：太原工學院紅衛兵的成立是毛澤東思想的偉大勝利，是無產階級文化大革命的偉大勝利。並表示永遠和我們團結在一起，戰鬥在一起，勝利在一起。

大會收到正在集訓的中國人民解放軍組訓五師全體指戰員同志們的賀信，組訓五師首長親自來院參加了大會，他們對大會表示熱烈的祝賀和堅決支持。

會後，進行了聲勢浩大的遊行。

由於太工紅旗、太工瑞金等一小撮人的搗亂，大會沒有完全按計畫進行下去。當省核心小組副組長、省軍區第二政委張日清同志和核心小組秘書長劉貫一等同志在百忙中抽出時間來我院與會祝賀和支持大會時，大會已經結束。為此，大會對太工紅旗、太工瑞金等一小撮人擾亂會議的一系列卑劣行徑提出最最強烈的抗議！

在两个阶級、两条道路、两条路綫斗爭的决战时刻

太原工学院紅卫兵在斗争中正式成立

張日清、刘貫一等同志来院对我太工紅卫兵成立表示坚决支持

鑼鼓喧天，紅旗招展，六月三日这一天，整个太原工学院校园沸騰起来了，太原工学院紅卫兵宣告成立。这是战无不胜的毛泽东思想的又一伟大胜利，是无产阶級文化大革命的又一伟大胜利，是我們政治生活中的一件大喜事。

山西革命工人决死纵队、矿山烈火战斗指揮部、山西革命造反兵团115师、山西电业革命造反兵团、省革命委員会办公厅东风兵团等八十多个革命組織参加了我們的大会。

大会尽管受到太工紅旗、太工瑞金等組織一小撮人的百般阻挠，无理扰乱，借口什么“不能代表工学院”呀，“不准欺騙我們伟大領袖毛主席”呀等等，多次企图冲散我們的会議，但是在我紅卫兵的英勇战斗和外单位革命小将、革命工人的大力支持下，会議終于成功地召开了。而太工紅旗、太工瑞金一小撮人破坏大会的阴謀彻底破产了。

在会上，大会执行主席郭子富同志讲了話。他首先和与会同志共同祝愿我們心中最紅最紅的紅太阳、我們的最高紅司令偉大領袖毛主席万寿无疆！万寿无疆！！万寿无疆！！！祝愿毛主席的亲密战友林副統帅身体健康！永远健康！！

他强調指出，我們紅卫兵当前最主要的任务是：高举革命的批判旗帜，从政治上、思想上、理論上批深、批透、批臭党內最大的一小撮走資本主义道路的当权派；彻底批判資产阶級反动路綫，肃清它的流毒；在革命的大批判中实現和巩固革命派的大联合，实現和巩固革命的“三結合”；在革命的大批判中同本单位的斗、批、改紧密結合起来，胜利完成一斗、二批、三改的伟大历史任务。

不少紅卫兵代表都发了言。他們一致表示：要紧紧掌握斗爭大方向，彻底击潰資本主义复辟的反革命逆流，在当前要活学活用毛主席的“老三篇”和“新五篇”等光輝著作，在灵魂深处闹革命，以“只爭朝夕”的革命精神，狠抓世界观的改造，彻底克服无政府主义、个人主义、小团体主义等資产阶級思想傾向，加强革命性、科学性和組織紀律性；誓死捍卫紅色政权，斗倒、斗垮、斗臭刘、邓、陶，卫、王、王，赵、李、徐等党內大大小小的走資本主义道路的当权派，把无产阶級文化大革命进行到底！

兵团115师、工人决死纵队等許多兄弟单位的代表分别讲了話，对我們的大会表示坚决的支持。他們指出：太原工学院紅卫兵的成立是毛泽东思想的伟大胜利，是无产阶級文化大革命的伟大胜利。并表示永远和我們团結在一起，战斗在一起，胜利在一起。

大会收到正在集訓的中国人民解放軍組訓五师全体指战員同志們的賀信，組訓五师首长亲自来院参加了大会，他們对大会表示热烈的祝賀和坚决支持。

会后，进行了声势浩大的游行。

由于太工紅旗、太工瑞金等一小撮人的搗乱，大会沒有完全按計划进行下去。当省核心小組副組长、省軍区第二政委张日清同志和核心小組秘书长刘貫一等同志在百忙中抽出时間来我院与会祝賀和支持大会时，大会已經結束。为此，大会对太工紅旗、太工瑞金等一小撮人扰乱会議的一系列卑劣行径提出最最强烈的抗議！

太原工學院紅衛兵成立大會

給毛主席的致敬電

我們心中最紅最紅的紅太陽、我們最最敬愛的偉大領袖毛主席：

您最忠實的紅衛兵在兩個階級、兩條道路、兩條路線的決戰時刻，手捧寶書，高唱凱歌，滿懷革命激情，高舉您的光輝的思想偉大紅旗，向您－我們心中最紅最紅的紅太陽、我們的偉大導師、偉大領袖、偉大統帥、偉大舵手致以最最崇高的無產階級文化大革命的戰鬥敬禮！

敬愛的毛主席，今天我們以萬分激動的心情，向您報告我們戰鬥的喜訊：我們太原工學院的紅衛兵在革命的大批判中正式成立了！這是您的光輝思想的又一支響徹雲霄的凱歌，是以您為代表的無產階級革命路線的又一偉大勝利！

毛主席啊毛主席，當我們回顧一年來無產階級文化大革命鬥爭歷程的時候，千言萬語傾訴不盡我們對您的無限崇敬和無限忠誠，千歌萬曲也表達不完我們對您的無限熱愛。

毛主席啊毛主席！是您親自發動和領導了史無前例的無產階級文化大革命。

是您親自決定廣播全國第一張馬列主義的大字報，點燃了無產階級文化大革命的熊熊烈火。

是您親自主持制定了《中國共產黨中央委員會關於無產階級文化大革命的決定》，宣告了以您為代表的無產階級革命路線的勝利，宣告了資產階級反動路線的失敗，撥正了無產階級文化大革命的航向。

是您英明地發現了和以最高的革命熱情支持了震撼世界的紅衛兵運動。在您英明的領導下，革命的小闖將－紅衛兵，大破剝削階級的四舊，大立無產階級的四新，站在批判資產階級反動路線的前線，成了無產階級文化大革命的急先鋒。

是您親自支持了和倡導了革命大串連，把全國的無產階級文化大革命連成一片。

是您一次又一次地在北京檢閱紅衛兵小將，成為國際共產黨主義運動史上的偉大創舉。

是您教導我們：「革命的根本問題是政權問題。」

是您發出了無產階級革命派聯合起來，奪走資本主義道路當權派的權的進軍令。

是您最堅決地支持了我省無產階級革命派的奪權鬥爭，把無產階級文化大革命的命運，把社會主義經濟的命運，把無產階級專政的命運緊緊地掌握在無產階級革命派手中。

是您最堅決地支持無產階級革命派向黨內最大的一小撮走資本主義道路的當權派

發動總進攻，吹響了無產階級文化大革命的進軍號。

是您教導我們：「帝國主義者和國內反動派絕不甘心於他們的失敗，他們還要做最後的掙扎。在全國平定以後，他們也還會以各種方式從事破壞和搗亂，他們將每日每時企圖在中國復辟。這是必然的，毫無疑義的，我們務必不要鬆懈自己的警惕性。」被打倒的一小撮反革命修正主義分子，他們人還在，心不死，時刻妄想恢復他們失去了的「天堂」，勾結社會上的牛鬼蛇神，掀起了一股自上而下的資本主義復辟的反革命逆流。我們遵循您的教導：「人民得到的權利，絕不允許輕易喪失，必須用戰鬥來保衛。」

「宜將剩勇追窮寇，不可沽名學霸王。」我們決心高舉革命的批判旗幟，以您的光輝思想作為最銳利的武器，從政治上、思想上、理論上徹底批倒黨內一小撮走資本主義道路的當權派，徹底批判資產階級反動路線，肅清它的流毒。在革命的大批判中，實現和鞏固革命派的大聯合、「三結合」，在革命的大批判中，有機地同本單位的鬥批改結合起來，勝利的完成一鬥二批三改的偉大歷史任務。

毛主席啊！毛主席，您是我們心中最紅最紅的紅太陽，您的光輝思想是我們的命根子。一年來的無產階級文化大革命的實踐證明：在困難時讀了您的書有力量，迷路時讀了您的書知方向。無論階級鬥爭多麼尖銳、複雜，無論階級敵人多麼狡猾，只要按您的指示辦事，我們就一定能無往而不勝，無堅而不摧。

最最敬愛的毛主席，我們是您最忠實的紅衛兵。我們對您無限熱愛、無限信仰、無限崇拜、無限忠誠。

敬愛的毛主席，我們一定要加強革命性、科學性和組織紀律性，打倒「私」字，奪頭腦中「私」字的權，在自己靈魂深處鬧革命。

我們向您老人家莊嚴宣誓：一定要一輩子讀您的書，聽您的話，照您的指示辦事，一輩子跟您在階級鬥爭的大風大浪中奮勇前進！做一個堅強可靠的無產階級革命事業的接班人。頭可斷，血可流，您的革命路線永不丟！您的光輝思想永不丟！誰不執行您的革命路線，我們就造誰的反！誰敢詆毀您的光輝革命的思想，我們就專誰的政！誰敢反對您，我們就打倒誰！

「問蒼茫大地，誰主沉浮？」我們！我們！我們無產階級！中國的前途是我們的！世界的前途是我們的！我們一定讓您的光輝思想的偉大紅旗插遍全世界！

毛主席啊！毛主席，我們千言萬語凝成一句話：最衷心地祝願您，我們心中最紅最紅的紅太陽萬壽無疆！萬壽無疆！萬壽無疆！

太原工學院紅衛兵成立大會一九六七年六月三日

太原工学院紅卫兵成立大会

給毛主席的致敬电

我們心中最紅最紅的紅太阳、我們最最敬爱的

偉大領袖毛主席：

您最忠实的紅卫兵在两个阶級、两条道路、两条路綫的决战时刻，手捧宝书，高唱凱歌，滿怀革命激情，高举您的光輝的思想伟大紅旗，向您——我們心中最紅最紅的紅太阳，我們的伟大导师、伟大領袖、伟大統帅、伟大舵手致以最最崇高的无产阶級文化大革命的战斗敬礼！

敬爱的毛主席，今天我們以万分激动的心情，向您报告我們战斗的喜訊：我們太原工学院的紅卫兵在革命的大批判中正式成立了！这是您的光輝思想的又一支响彻云霄的凱歌，是以您为代表的无产阶級革命路綫的又一伟大胜利！

毛主席啊毛主席，当我們回顧一年来无产阶級文化大革命战斗历程的时候，千言万語傾訴不尽我們对您的无限崇敬和无限忠誠，千歌万曲也表达不完我們对您的无限热爱。

毛主席啊毛主席！是您亲自发动和領导了史无前例的无产阶級文化大革命。

是您亲自决定广播全国第一张馬列主义的大字报，点燃了无产阶級文化大革命的熊熊烈火。

是您亲自主持制定了《中国共产党中央委員会关于无产阶級文化大革命的决定》，宣告了以您为代表的无产阶級革命路綫的胜利，宣告了資产阶級反动路綫的失敗，拨正了无产阶級文化大革命的航向。

是您英明地发現了和以最高的革命热情支持了震撼世界的紅卫兵运动。在您的英明領导下，革命的小闖将——紅卫兵，大破剝削阶級的四旧，大立无产阶級的四新，站在批判資产阶級反动路綫的前綫，成了无产阶級文化大革命的急先鋒。

是您亲自支持了和倡导了革命大串連，把全国的无产阶級文化大革命連成一片。

是您一次又一次地在北京检閱紅卫兵小将，成为国际共产主义运动史上的伟大創举。

是您教导我們：「革命的根本問題是政权問題。」

是您发出了无产阶級革命派联合起来，夺走資本主义道路当权派的权的进軍令。

是您最坚决地支持了我省无产阶級革命派的夺权斗爭，把无产阶級文化大革命的命运，把社会主义經济的命运，把无产阶級专政的命运紧紧地掌握在无产阶級革命派手中。

是您最坚决地支持无产阶級革命派向党內最大的一小撮走資本主义道路的当权派发动总进攻，吹响了无产阶級文化大革命的进軍号。

是您教导我們：「帝国主义者和国内反动派决不甘心于他們的失敗，他們还要作最后的挣扎。在全国平定以后，他們也还会以各种方式从事破坏和搗乱，他們将每日每时企图在中国复辟。这是必然的，毫无疑义的，我們务必不要松懈自己的警惕性。」被打倒的一小撮反革命修正主义分子，他們人还在，心不死，时刻妄想恢复他們失去了的「天堂」，勾結社会上的牛鬼蛇神，掀起了一股自上而下的資本主义复辟的反革命逆流。我們遵循您的教导：「人民得到的权利，决不允許輕易丧失，必須用战斗来保卫。」

「宜将剩勇追穷寇，不可沽名学霸王。」我們决心高举革命的批判旗帜，以您的光輝思想作为最銳利的武器，从政治上、思想上、理論上彻底批倒党內一小撮走資本主义道路的当权派，彻底批判資产阶級反动路綫，肃清它的流毒。在革命的大批判中，实現和巩固革命的大联合、「三結合」，在革命的大批判中，有机地同本单位的斗批改結合起来，胜利的完成一斗二批三改的伟大历史任务。

毛主席啊！毛主席，您是我們心中最紅最紅的紅太阳，您的光輝思想是我們的命根子。一年来的无产阶級文化大革命的实践証明：在困难时讀了您的书有力量，迷路时讀了您的书知方向。无論阶級斗爭多么尖銳、复杂，无論阶級敌人多么狡猾，只要按您的指示办事，我們就一定能无往而不胜，无坚而不摧。

最最敬爱的毛主席，我們是您最忠实的紅卫兵。我們对您无限热爱、无限信仰、无限崇拜、无限忠誠。

敬爱的毛主席，我們一定要加强革命性、科学性和組織紀律性，打倒「私」字，夺头脑中「私」字的权，在自己灵魂深处闹革命。

我們向您老人家庄严宣誓：一定要一辈子讀您的书，听您的話，照您的指示办事，一辈子跟您在阶級斗爭的大风大浪中奋勇前进！做一个坚强可靠的无产阶級革命事业的接班人。头可断，血可流，您的革命路綫永不丢！您的光輝思想永不丢！誰不执行您的革命路綫，我們就造誰的反！誰敢詆毀您的光輝革命的思想，我們就专誰的政！誰敢反对您，我們就打倒誰！

「問蒼茫大地，誰主沉浮？」我們！我們！我們无产阶級！中国的前途是我們的！世界的前途是我們的！我們一定让您的光輝思想的伟大紅旗插遍全世界！

毛主席啊！毛主席，我們千言万語凝成一句話：最衷心地祝愿您，我們心中最紅最紅的紅太陽万寿无疆！万寿无疆！万寿无疆！

太原工学院紅卫兵成立大会　一九六七年六月三日

太原工學院紅衛兵成立宣言

春雷滾滾，凱歌陣陣，史無前例的無產階級文化大革命正沿著我們偉大領袖毛主席指引的方向奔騰怒吼，一瀉千里，從一個勝利走向另一個勝利。

在無產階級文化大革命的急風暴雨中，震撼世界的紅衛兵，在戰火中誕生了。英雄的紅衛兵從誕生那一天起，就得到了我們偉大領袖毛主席的親切關懷和最堅決的支持。英雄的紅衛兵是在毛澤東思想的哺育下成長壯大的，英雄的紅衛兵，在毛澤東思想的哺育下越戰越強。

紅衛兵在光焰無際的毛澤東思想哺育下，在階級鬥爭中，迎風險，戰惡浪，成為毛澤東時代的敢想、敢說、敢幹、敢闖、敢革命的闖將。紅衛兵不愧為社會主義革命新階段的一支最可貴的政治突擊力量，紅衛兵為無產階級文化大革命立下了豐功偉績，在國際無產階級革命史上寫下了不朽的篇章。

我院紅衛兵是無產階級文化大革命進入兩個階級、兩條道路、兩條路線決戰的緊急關頭，光榮地成立了。這是光焰無際的毛澤東思想的偉大勝利！

我們的紅衛兵是以勞動人民家庭（工、農、兵、革命幹部和其他勞動者）出身的革命學生為主體，非勞動人民家庭出身的，對毛主席有深厚感情，有無產階級的革命精神，一貫在政治思想上表現比較好的，也可以參加。

我們的最高紅司令是最最敬愛的偉大領袖毛主席。

領導我們事業的核心力量是中國共產黨，指導我們思想的理論基礎是馬克思列寧主義、毛澤東思想。

我們是中國人民解放軍的最強大的後備軍。

我們的組織原則是民主集中制。

我們的作風是「三八」作風。

我們的紀律是「三大紀律八項注意」。

我們的戰鬥口號是：革命無罪，造反有理。

我們的戰鬥綱領是：十六條。

我們當前最主要的任務是：高舉革命的批判旗幟，從政治上、思想上、理論上批深批透批臭黨內最大的一小撮走資本主義道路的當權派。徹底批判資產階級反動路線，肅清它的流毒。在革命的大批判中實現和鞏固革命派的大聯合，實現和鞏固革命的「三結合」。在革命的大批判中有機地同本單位的鬥批改結合起來，勝利完成一鬥二批三改的偉大歷史任務。

我們是毛主席的紅衛兵，是用毛澤東思想武裝起來的頂天立地的紅色戰士。我們要讀毛主席的書，聽毛主席的話，照毛主席的指示辦事，永遠把毛主席的書作為各項工作的最高指示。我們要永遠努力學習最高指示，忠實執行最高指示，熱情宣傳最高指示，勇敢捍衛最高指示。我們天不怕、地不怕、神不怕、鬼不怕。刀山，我們敢上；火海，我們敢闖！只要階級和階級鬥爭還存在，我們就要造反，就是大反特反，一反到底！我們就是要大造帝國主義的反，大造修正主義的反，大造資產階級的反，大造一切反動派的反，一句話，就是大造一切不符合毛澤東思想的反。我們就是要把舊世界打個落花流水，人仰馬翻，砸它個稀巴爛！我們就是要殺出一個紅彤彤的毛澤東思想的新世界，就是要使光焰無際的戰無不勝的毛澤東思想的光芒照亮世界每個角落，就是要使毛澤東思想偉大紅旗在全球高高飄揚！永遠飄揚！

毛主席教導我們，在無產階級專政條件下，革命的主要對象是混入無產階級專政機構內部的資產階級代表人物，是黨內一小撮走資本主義道路的當權派。黨內一小撮走資本主義道路的當權派，同廣大工農兵、革命幹部、革命知識分子的矛盾，是主要矛盾，是對抗性的矛盾。解決這個矛盾的鬥爭，是無產階級和資產階級兩個階級的鬥爭，社會主義和資本主義兩條道路的鬥爭的集中表現，把黨內一小撮走資本主義道路當權派揭露出來，把他們那套修正主義貨色拿出來示眾，徹底批判，把他們鬥臭、鬥垮、鬥倒，對他們進行奪權鬥爭，這就是無產階級文化大革命所要解決的主要問題。這就是鬥爭的大方向。我們必要緊緊地掌握這個鬥爭的大方向，在革命的大批判、大鬥爭中實現和鞏固革命派的大聯合和「三結合」，把無產階級文化大革命進行到底。

我們紅衛兵戰士要熱烈響應毛主席最近提出的「擁軍愛民」的戰鬥號召，要堅決相信和依靠偉大的中國人民解放軍。我們永遠向解放軍學習，永遠和中國人民解放軍團結在一起，戰鬥在一起，勝利在一起。

我們紅衛兵是解放軍堅強可靠的後備軍。我們要大興「三八」作風，加強革命性、科學性、組織紀律性；做到召之即來，來之能戰，戰之能勝；隨時準備參軍參戰，痛擊一切來犯的敵人。

毛主席教導我們：「革命的根本問題是政權問題。」「世界上一切革命鬥爭都是為著奪取政權，鞏固政權。」有了政權，就有了一切，喪失了政權，就喪失了一切。我們紅衛兵，要牢記毛主席的教導，經過浴血奮戰從黨內一小撮走資本主義道路當權派手中把權奪回來，我們就是要堅定不移地為無產階級奪權，為無產階級掌權，把黨、政、財、文大權牢牢地掌握在我們無產階級革命派手中。

毛主席教導我們：「我們不但要善於破壞一個舊世界，我們還將善於建設一個新世界。」對於那些資產階級的專政的機構，我們要徹底摧毀，重新建立無產階級專政的機構。在鬥爭中，不斷強化無產階級專政，建立和鞏固革命的新秩序。在破舊立新的過程中，我們要念念不忘階級鬥爭，念念不忘無產階級專政，念念不忘突出政治，念念不忘高舉毛澤東思想偉大紅旗。

頭可斷，血可流，毛澤東思想不能丟！

頭可斷，血可流，紅色政權不能丟！

「宜將剩勇追窮寇，不可沽名學霸王。」無產階級的革命派聯合起來，徹底擊退資本主義復辟的反革命逆流，誓將無產階級文化大革命進行到底。

無產階級文化大革命是一場破「私」立「公」的思想大革命。林彪副統帥指出：「我們要把自己當作革命的一份力量，同時又不斷地把自己當作革命的對象。」我們每個紅衛兵戰士都必須在靈魂深處鬧革命，大破「私」字，大立「公」字，實現思想革命化。

要打倒「私」字，必須認真地、刻苦地學習毛主席著作。要帶著問題學，活學活用，學用結合，急用先學，立竿見影，在用字上狠下功夫。把「老三篇」和「新五篇」：《關於糾正黨內的錯誤思想》、《反對自由主義》、《中國人民解放軍總部關於重新頒布三大紀律八項注意的訓令》、《整頓黨的作風》、《黨委會的工作方法》作為座右銘來學。以毛主席《關於文學藝術的兩個批示》等五個戰鬥性文件為武器，徹底批判舊世界。

要打倒「私」字，必須在自己靈魂深處鬧革命，開展積極的思想鬥爭，以「只爭朝夕」的革命精神，狠抓世界觀的改造，樹立完全徹底的為人民服務的世界觀。徹底克服無政府主義、個人主義、小團體主義等資產階級思想傾向，加強革命性、科學性、組織紀律性。用毛主席提出的接班人的五項條件，嚴格要求自己，把自己培養成為無產階級革命事業的可靠接班人。要打倒「私」字，必須樹立全心全意為工農兵服務的思想。

我們堅信，在戰無不勝的毛澤東思想哺育下，英雄的紅衛兵將在階級鬥爭的大風大浪中越戰越強。

紅衛兵戰友們：我們要做革命到底的戰士。我們一定要永遠高舉毛澤東思想的偉大紅旗，把我們的紅衛兵組織辦成一個紅彤彤的毛澤東思想的大學校。

紅衛兵戰友們：為勝利完成一鬥二批三改的偉大歷史任務而奮鬥吧！

英雄的紅衛兵萬歲！

無產階級文化大革命萬歲！

無產階級專政萬歲！

中國共產黨萬歲！

光焰無際的毛澤東思想萬歲！

我們心中最紅最紅的紅太陽毛主席萬歲！萬歲！萬萬歲！

太原工學院紅衛兵成立大會1967年6月3日

太原工学院紅卫兵成立宣言

春雷滚滚，凱歌陣陣，史无前例的无产阶級文化大革命正沿着我們伟大領袖毛主席所指引的方向奔騰怒吼，一泻千里，从一个胜利走向另一个胜利。

在无产阶級文化大革命的急风暴雨中，震撼世界的紅卫兵，在战火中誕生了。英雄的紅卫兵从誕生那一天起，就得到了我們伟大領袖毛主席的亲切关怀和最坚决的支持。英雄的紅卫兵是在毛泽东思想哺育下成长壮大的，英雄的紅卫兵，在毛泽东思想的哺育下越战越强。

紅卫兵在光焰无际的毛泽东思想的哺育下，在阶級斗爭中，迎风险，战恶浪，成为毛泽东时代的敢想、敢說、敢干、敢闖、敢革命的闖将。紅卫兵不愧为社会主义革命新阶段的一支最可貴的政治突击力量，紅卫兵为无产阶級文化大革命立下了丰功伟績，在国际无产阶級革命史上写下了不朽的篇章。

我院紅卫兵是在无产阶級文化大革命进入两个阶級、两条道路、两条路綫决战的紧急关头，光荣地成立了。这是光焰无际的毛泽东思想的伟大胜利！

我們的紅卫兵是以劳动人民家庭（工、农、兵、革命干部和其他劳动者）出身的革命学生为主体，非劳动人民家庭出身的，对毛主席有深厚感情，有无产阶級的革命精神，一貫在政治思想上表现比較好的，也可以参加。

我們的最高紅司令是最最敬爱的伟大領袖毛主席。

領导我們事业的核心力量是中国共产党，指导我們思想的理論基础是馬克思列宁主义、毛泽东思想。

我們是中国人民解放軍的最强大的后备軍。

我們的組織原則是民主集中制。

我們的作风是“三八”作风。

我們的紀律是“三大紀律八項注意”。

我們的战斗口号是：革命无罪，造反有理。

我們的战斗綱領是：十六条。

我們当前最主要的任务是：高举革命的批判旗帜，从政治上、思想上、理論上批深批透批臭党内最大的一小撮走資本主义道路的当权派。彻底批判資产阶級反动路綫，肃清它的流毒。在革命的大批判中实现和巩固革命的大联合，实现和巩固革命的“三結合”。在革命的大批判中有机地同本单位的斗批改結合起来，胜利完成一斗二批三改的伟大历史任务。

我們是毛主席的紅卫兵，是用毛泽东思想武装起来的顶天立地的紅色战士。我們要讀毛主席的书，听毛主席的話，照毛主席的指示办事，永远把毛主席的书作为各項工作的最高指示。我們要永远努力学习最高指示，忠实执行最高指示，热情宣传最高指示，勇敢捍卫最高指示。我們天不怕、地不怕、神不怕、鬼不怕。刀山，我們敢上；火海，我們敢闖！只要阶級和阶級斗爭还存在，我們就要造反，就要大反特反，一反到底！我們就是要大造帝国主义的反，大造修正主义的反，大造資产阶級的反，大造一切反动派的反，一句話，就是大造一切不符合毛泽东思想的反。我們就是要把旧世界打个落花流水，人仰馬翻，砸它个稀巴烂！我們就是要杀出一个紅彤彤的毛泽东思想的新世界，就是要使光焰无际的战无不胜的毛泽东思想的光芒照亮世界每个角落，就是要使毛泽东思想伟大紅旗在全球高高飘揚！永远飘揚！

毛主席教导我們，在无产阶級专政条件下，革命的主要对象是混入无产阶級专政机构内部的資产阶級代表人物，是党内一小撮走資本主义道路的当权派。党内一小撮走資本主义道路的当权派，同广大工农兵、革命干部、革命知識分子的矛盾，是主要矛盾，是对抗性的矛盾。解决这个矛盾的斗爭，是无产阶級和資产阶級两个阶級的斗爭，社会主义和資本主义两条道路的斗爭的集中表现，把党内一小撮走資本主义道路当权派揭露出来，把他們那套修正主义貨色拿出来示众，彻底批判，把他們斗臭、斗垮、斗倒，对他們进行夺权斗爭，这就是无产阶級文化大革命所要解决的主要問題。这就是斗爭的大方向。我們必須紧紧地掌握这个斗爭的大方向，在革命的大批判、大斗爭中实现和巩固革命的大联合和“三結合”，把无产阶級文化大革命进行到底。

我們紅卫兵战士要热烈响应毛主席最近提出的“拥軍爱民”的战斗号召，要坚决相信和依靠伟大的中国人民解放軍。我們永远向解放軍学习，永远和中国人民解放軍团結在一起，战斗在一起，胜利在一起，

我們紅卫兵是解放軍坚强可靠的后备軍。我們要大兴“三八”作风，加强革命性、科学性、組織紀律性；做到召之即来，来之能战，战之能胜；随时准备参軍参战，痛击一切来犯的敌人。

毛主席教导我們：“革命的根本問題是政权問題。”“世界上一切革命斗爭都是为着夺取政权，巩固政权。”有了政权，就有了一切，丧失了政权，就丧失了一切。我們紅卫兵，要牢記毛主席的教导，經过浴血奋战从党内一小撮走資本主义道路当权派手中把权夺回来，我們就是要坚定不移地为无产阶級夺权，为无产阶級掌权，把党、政、財、文大权牢牢地掌握在我們无产阶級革命派手中。

毛主席教导我們：“我們不但要善于破坏一个旧世界，我們还将善于建設一个新世界。”对于那些資产阶級的专政的机构，我們要彻底摧毁，重新建立无产阶級专政的机构。在斗爭中，不断强化无产阶級专政，建立和巩固革命的新秩序。在破旧立新的过程中，我們要念念不忘阶級斗爭，念念不忘无产阶級专政，念念不忘突出政治，念念不忘高举毛泽东思想伟大紅旗。

头可断，血可流，毛泽东思想不能丢！

头可断，血可流，紅色政权不能丢！

“宜将剩勇追穷寇，不可沽名学霸王。”无产阶級的革命派联合起来，彻底击退資本主义复辟的反革命逆流，誓将无产阶級文化大革命进行到底。

无产阶級文化大革命是一場破“私”立“公”的思想大革命。林彪副統帅指出：“我們要把自己当作革命的一分力量，同时又要不断地把自己当作革命的对象。”我們每个紅卫兵战士都必須在灵魂深处闹革命，大破“私”字，大立“公”字，实现思想革命化。

要打倒“私”字，必須认眞地、刻苦地学习毛主席著作。要带着問題学，活学活用，学用結合，急用先学，立竿見影，在用字上狠下功夫。把“老三篇”和“新五篇”：《关于糾正党内的錯誤思想》、《反对自由主义》、《中国人民解放軍总部关于重新頒布三大紀律八項注意的訓令》、《整頓党的作风》、《党委会的工作方法》作为座右銘来学。以毛主席《关于文学艺术的两个批示》等五个战斗性文件为武器，彻底批判旧世界。

要打倒“私”字，必須在自己灵魂深处闹革命，开展积极的思想斗爭，以“只爭朝夕”的革命精神，狠抓世界观的改造，树立完全彻底的为人民服务的世界观。彻底克服无政府主义、个人主义、小团体主义等資产阶級思想傾向，加强革命性、科学性、組織紀律性。用毛主席提出的接班人的五項条件，严格要求自己，把自己培养成为无产阶級革命事业的可靠接班人。要打倒“私”字，必須树立全心全意为工农兵服务的思想。 （下轉三版）

太原工學院總務處革命造反指揮部

關於節約鬧革命的幾項措施

毛主席教導我們說：節省每一個銅板為著戰爭和革命事業，為著我們的經濟建設，是我們的會計制度的原則。

為了認真貫徹執行我們偉大領袖毛主席提出的「要節約鬧革命」的指示，狠抓革命，猛促生產，堅決保護國家財產，杜絕一切不必要的開支，永保和發揚艱苦奮鬥的傳統，徹底肅清反革命經濟主義流毒，把無產階級文化大革命進行到底，特擬定我院節約鬧革命的幾項措施如下：

一、我院一切無產階級革命的群眾組織和各教學行政等單位，要堅決的不折不扣的貫徹執行毛主席提出的「要節約鬧革命」的指示，擬定措施，杜絕一切浪費和不必要的開支。堅決與一切浪費現象做鬥爭。

二、各革命組織和教學行政單位都要清查一下庫存各種物資，發掘潛力，能利用的就利用，能暫時不買的就不買，能少用少買的就盡量少用少買，對多餘的物資應主動交回供應單位調劑使用。

三、印刷宣傳品要有計畫，在逐步實現大聯合的形勢下，盡量做到統一籌劃互相配合，避免重複，注意宣傳效果，刻印時要本著既節約又辦事，節省紙張油墨等文化用品，能油印的不鉛印，能用次紙的不用好紙，能用小紙的不用大紙，並一般不得到校外付印。寫大字報盡量利用廢舊紙張。凡鉛印的報紙報刊和成冊的材料，應實行收取工本費的辦法。

四、各革命組織要嚴格控制長途電話和電報的使用，能用信件解決的就不用長途電話或電報，必須用長途電話或電報時，要簡明扼要，避免長談或閑談，並須事前經代行權力機構指定的管理單位同意後方准予報銷。

五、為了節約用布，不再給製新的袖章和旗幟。

六、在反革命經濟主義泛濫時期發下的交通工具、廣播器材、印刷設備以及其他用具，在逐步實現大聯合的形勢下統一調劑使用，請將各種數字報有關部門。其機動車輛在不影響生產的前提下還要節約用油，注意維護。

七、各革命組織外出串連時，不論是由原當權派批准購買的或由供應單位領發的手電筒、背水壺、背帶、腿帶等，應一律交回供應單位。

八、外出調查材料的車旅費等，凡與我院有關的由我院開支，外出時每路不得超過二人（一人能辦的就不去二人），並事先經代行權力機構批准方給予報銷。

九、各革命組織或者個人，凡由財務科和供應單位借用的各種物資和款項，均應由原簽領人負責歸還結算。為了避免帳目混亂，不得轉給他人，更不允許私人占用。並要堅持專款專用的規定，所借款項必須按照原借款的用途開支，不得挪作其他使用。

十、凡無予算和不符合厲行節約、勤儉辦一切事業精神的開支，及未經財務科和供應管理單位同意，任意購買物品，花消車費、印刷費等，一律不予報銷。

十一、為了節約水電，各管理單位迅速檢查一次水電設備，加強管理和維護，盡快杜絕漏水跑電等。各革命組織和教學行政單位使用的燈光，能不用大燈泡的就不用大燈泡，辦公室一般不超過60w，宿舍不超過40w，並盡量減少盞數。浴室洗衣室家屬用水電開水等要加強管理，並訂出具體措施。

十二、各革命組織和廣大群眾必須愛護國家財產，不得亂拿亂扔和損壞。不准打、砸、搶，否則由有關專政部門處理。

十三、學生外出串連借支款項應迅速歸還，並要求訂出歸還計畫。至於已開支未作處理的串連補助費和車船費等，由革命群眾在短期內抽適當時間進行討論，提出處理意見報財務科。

十四、嚴格執行山西革命造反指揮部（67）總財字第4號有關文革經費開支的規定。

十五、財務科元月卅日發出的反經濟主義緊急措施，除與本措施抵觸者外，其餘仍應執行。

以上希各革命組織和行政部門負責同志向群眾傳達，並擬定有關措施貫徹執行。

無產階級革命派的同志們：讓我們迅速行動起來，發揚艱苦奮鬥的精神，想盡一切辦法杜絕一切浪費，徹底肅清反革命經濟主義的流毒，永保無產階級樸素節約的革命本色。

1967年5月20日

毛主席教导我們說：节省每一个铜板为着战爭和革命事业，为着我们的经济建设，是我们的会计制度的原則。

太原工学院总务处革命造反指揮部

关于节約鬧革命的几項措施

为了认眞貫彻执行我們伟大領袖毛主席提出的"要节約鬧革命"的指示，狠抓革命，猛促生产，坚决保护国家财产，杜絕一切不必要的开支，永保和发扬艰苦奋斗的传統，彻底肃清反革命經济主义流毒，把无产阶級文化大革命进行到底，特拟定我院节約鬧革命的几項措施如下：

一、我院一切无产阶級革命的群众組織和各教学行政等单位，要坚决的不折不扣的貫彻执行毛主席提出的"要节約鬧革命"的指示，拟定措施，杜絕一切浪費和不必要的开支，坚决与一切浪費現象作斗爭。

二、各革命組織和教学行政单位都要清查一下庫存各种物资，发掘潜力，能利用的就利用，能暫时不买的就不买，能少用少买的就尽量少用少买，对多余的物资应主动交回供应单位調剂使用。

三、印刷宣传品要有計划，在逐步实現大联合的形势下，尽量作到統一筹划互相配合，避免重复，注意宣传效果，刻印时要本着既节約又办事，节省紙张油墨等文化用品，能油印的不鉛印，能用次紙的不用好紙，能用小紙的不用大紙，并一般不得到校外付印。写大字报尽量利用废旧紙张。凡鉛印的报紙报刊和成册的材料，应实行收取工本費的办法。

四、各革命組織要严格控制长途电話和电报的使用，能用信件解决的就不用长途电話或电报，必須用长途电話或电报时，要簡明扼要，避免长談或閑談，并須事前經代行权力机构指定的管理单位同意后方准予报銷。

五、为了节約用布，不再給制新的袖章和旗帜。

六、在反革命經济主义泛濫时期发下的交通工具、广播器材、印刷設备以及其他用具，在逐步实現大联合的形势下統一調剂使用，需將各种数字报有关部門。共机动車輛在不影响生产的前提下还要节約用油，注意維护。

七、各革命組織外出串連时，不論是由原当权派批准购买的或由供应单位領发的手电筒、背水壶、背带、腿带等，应一律交回供应单位。

八、外出調查材料的車旅費等，凡与我院有关的由我院开支，外出时每路不得超过二人（一人能办的就不去二人），并事先經代行权力机构批准方給予报銷。

九、各革命組織或者个人，凡由财务科和供应单位借用的各种物资和款項，均应由原签領人負責归还結算。为了避免帐目混乱，不得轉給他人，更不允許私人占用。并要坚持专款专用的規定，所借款項必須按照原借款的用途开支，不得挪作其他使用。

十、凡无予算和不符合厉行节約、勤俭办一切事业精神的开支，及未經财务科和供应管理单位同意，任意购买物品，花銷車費、印刷費等，一律不予报銷。

十一、为了节約水电，各管理单位迅速检查一次水电設备，加强管理和維护，尽快杜絕漏水跑电等。各革命組織和教学行政单位使用的灯光，能不用大灯泡的就不用大灯泡，办公室一般不超过60w，宿舍不超过40w，并尽量减少盏数。浴室洗衣室家属用水电开水等要加强管理，并訂出具体措施。

十二、各革命組織和广大群众必須爱护国家财产，不得乱拿乱扔和損坏。不准打、砸、抢，否則由有关专政部門处理。

十三、学生外出串連借支款項应迅速归还，并要求訂出归还計划。至于已开支未作处理的串連补助費和車船費等，由革命群众在短期內抽适当时間进行討論，提出处理意見报财务科。

十四、严格执行山西革命造反总指揮部（67）总财字第4号有关文革經費开支的規定。

十五、财务科元月卅日发出的反經济主义紧急措施，除与本措施抵触者外，其余仍应执行。

以上希各革命組織和行政部門負責同志向群众传达，并拟定有关措施貫彻执行。

无产阶級革命造反派的同志們：让我們迅速行动起来，发扬艰苦奋斗的精神，想尽一切办法杜絕一切浪費，彻底肃清反革命經济主义的流毒，永保无产阶級朴素节約的革命本色。

1967年5月20日

短評

本刊這一期刊登的《總務處革命造反指揮部關於節約鬧革命的幾項措施》，很好，值得全院無產階級革命派充分注意，認真執行。

「要節約鬧革命。」這是我們偉大領袖毛主席發出的偉大號召。每一個革命同志，都應當不折不扣地、自覺地執行毛主席的這個偉大號召，發揚節約鬧革命的優良作風，以主人翁的政治責任感，為國家節約一粒米、一寸布、一張紙、一度電、一分錢。

毛主席說：「貪污和浪費是極大的犯罪。」目前，有個別組織或某些人不大注意節約，他們用紙張、墨汁、油墨、漿糊等文化用品都是大手大腳；還有的不注意節約廣播器材，甚至有的損壞集體財物。這一切不良傾向，都必須徹底抵制。

勤儉節約是無產階級的本色，鋪張浪費是資產階級的特性。真正的無產階級革命派，要發揚黨的艱苦奮鬥的優良傳統，掀起一個節約鬧革命的高潮。

短评

本刊这一期刊登的《总务处革命造反指挥部关于节约闹革命的几项措施》，很好，值得全院无产阶级革命派充分注意，认真执行。

「要节约闹革命。」这是我们伟大领袖毛主席发出的伟大号召。每一个革命同志，都应当不折不扣地、自觉地执行毛主席的这个伟大号召，发扬节约闹革命的优良作风，以主人翁的政治责任感，为国家节约一粒米、一寸布、一张纸、一度电、一分钱。

毛主席说：「贪污和浪费是极大的犯罪。」目前，有个别组织或某些人不大注意节约，他们用纸张、墨汁、油墨、浆糊等文化用品都是大手大脚；还有的不注意节约广播器材，甚至有的损坏集体财物。这一切不良倾向，都必须彻底抵制。

勤俭节约是无产阶级的本色，铺张浪费是资产阶级的特性。真正的无产阶级革命派，要发扬党的艰苦奋斗的优良传统，掀起一个节约闹革命的高潮。

眾志成城戰惡浪！

——太工紅旗等一小撮人破壞「太工紅衛兵成立大會」側記

觀察家

「太原工學院紅衛兵」經過一個半月的積極籌備，於六月三日正式成立了！這是戰無不勝的毛澤東思想的又一偉大勝利，是無產階級文化大革命的又一偉大勝利，是對黨內一小撮走資本主義道路的當權派及其保皇軍的當頭一棒，是對資本主義反革命復辟逆流的一次迎頭痛擊！一切革命的同志無不為此歡欣鼓舞，拍手稱快！

「太原工學院紅衛兵」的成立，好得很！

但是，我們這一革命行動卻遭到了太工紅旗、太工瑞金等組織的一些人惡意咒罵、無理阻攔和大肆破壞。他們經過周密策劃，在我「太原工學院紅衛兵」成立的這一天—六月三日，糾集他們組織中和外單位的一些不明真相的革命群眾，挑起了一場大規模的武鬥事件，企圖破壞我院紅衛兵成立大會。這是太工紅旗等組織的一些人打砸搶本質的又一次大暴露，是他們陰謀反奪權的又一次大暴露，是他們不折不扣地充當我省資本主義反革命復辟逆流急先鋒的又一次大表演。

六月二日下午，我指揮部所屬各戰鬥隊，為了慶祝「太工紅衛兵」的成立，在校園內張貼了一批批新的大字報和標語。太工紅旗等組織於是大起嫉妒之心，提出什麼「緊急建議」，並誣蔑我戰士覆蓋了他們的大字報，進行無理挑釁。同時，太工瑞金也發表《聲明》，說我們不能代表「太原工學院紅衛兵」等等，這是陰謀破壞大會的兩個信號彈！

果然，在第二天，他們展開了繼「2.19」、「5.25」後的又一次大規模的破壞活動。

六月三日凌晨四點多，太工瑞金突然緊急集合，襲擊我院印刷廠，他們私自砸開門鎖，又一次開創了打砸搶的先例。當印刷廠工人同志聞訊趕到和他們說理，指出他們是造了工人的反時，這一伙人理屈詞窮，原形畢露，公然辱罵工人，說：「我們造的是王八蛋的反！」並無理阻攔工人進廠工作，破壞毛主席提出的「抓革命、促生產」的偉大指示。更嚴重的是，這伙人竟肆意挑起武鬥，推推拉拉，動手打傷革命工人郝興鎰、魏學珍、文素萍等同志。與此同時，他們還賊喊捉賊，發表《聲明》，揚言「接管了印刷廠」，並捏造了大量罪名，什麼「不宣傳毛澤東思想」呀，「給保皇組織印刷傳單」呀，「唯我獨尊，以勢壓人」呀，「欺騙毛主席」呀，等等，等等，企圖強加在我院指揮部頭上。

隨後太工瑞金、太工紅旗、太工紅兵、太工縱隊等組織，又發表《聯合接管聲明》聲稱「聯合接管了印刷廠」，兩個聲明，如出一轍。

我們說，這完全是無事生非，別有用心，其目的無非是要以我「太原工學院紅衛兵」的名稱不能代表全院革命派為藉口，陰謀破壞紅衛兵成立大會，重演「2.19」、「5.25」的醜劇！

眾所周知，「太原工學院紅衛兵」是從四月十五日開始，由院指揮部倡導，永紅、紅心、四野、雄鷹、東聯、太工瑞金、太工紅旗、太工東方紅、太工紅兵等組織分別派代表共同開始籌備的。第一次會議就決定：籌備處的任務之一就是要籌備成立「太原工學院紅衛兵」。四月十九日第二次會議後籌備處又共同印刷了《太原工學院紅衛兵籌備處關於當前紅衛兵籌備工作的參考意見》，直至四月二十三日（第三次會議）還共同工作，發下表格，填寫各種有關數字。四月底，太工紅旗、太工瑞金、太工縱隊等組織聯合出了一張大字報，捏造了許多事實，聲明要退出籌備處，但又未公開聯繫過，也沒有聲明要求我們改變「太原工學院紅衛兵」的名稱。而現在，他們卻突然提出這個問題，難道不是說明他們故意挑起事端嗎？

我們紅衛兵是毛主席的忠實的紅小兵。我們成立紅衛兵，這是毛主席授予我們的神聖權利，任何人也不能阻擋！

我們是太原工學院的主人，是太原工學院的革命組織，為什麼不能掛「太原工學院」這個名字呢？

為了按時開會，我們一面和太工紅旗、太工瑞金等組織協商解決爭端，一面集合隊伍，迎接兄弟單位前來參加我們大會的戰友。而他們見一計不成，又生一計，糾集二百多群眾，打著太工東方紅、太工縱隊的旗子，朝我會場衝來。我們維持會場秩序的同志向他們指出：「今天是院指揮部召開的大會，邀請兄弟單位參加，你們不能進去。」他們卻蠻不講理，吵吵嚷嚷，擁擠不停。上午十時許，太工瑞金調來的宣傳車開進我院，對准我會場大喊大叫，造謠污蔑。由於他們的搗亂，致使來我院參加大會的八十餘個兄弟單位的數千革命群眾進不了會場（學生大飯廳），站在火熱的太陽地裡。他們中間，有初中的小戰友，有五六十歲的老前輩，還有山西榮軍醫院的榮復軍人。試問太工紅旗、太工瑞金的某些人，你們這是什麼階級的感情？太工紅旗廣播台為了煽動群眾破壞大會，竟對兄弟單位的革命組織進行無理謾罵，說東風兵團是「投機商」，要他們「滾出太原工學院」，太工瑞金也在他的宣傳車上廣播「紅兵、東方紅戰士要堅守崗位，無命令不准撤退」等等，煽動這些不明真相的群眾，進一步挑起武鬥事件！他們一面糾集人衝擊會場，一面在廣播車上喊：「要文鬥、不要武鬥！」真是自己打自己的嘴巴！賊喊捉賊！

當相持到十一點鐘的時候，我院指揮部各革命組織，整隊準備進入會場開會，但太工東方紅、太工縱隊、太工紅兵等組織中的某些人，卻又把我大隊人員和維持秩序的同志隔離開來，並肆意挑起武鬥，動手打人，致使我們不能進入會場開會。他們還誣蔑我院指揮部是「調兵遣將，搞大規模武鬥」，真是混淆是非，顛倒黑白，無恥到極點！

十一點半左右，我們看到在大飯廳開會已不可能，於是集合各戰鬥隊和外單位戰友到我院大操場，準備用宣傳車上的廣播器開會。但這伙人蓄意破壞，又把宣傳車開到大操場上進行挑釁，重彈「太工指揮部是大雜燴」的老調，和「今天的大會是個大陰謀」、「欺騙毛主席」的讕言。宣傳車周圍的太工紅旗、太工瑞金等組織的一些人還聲嘶力竭的狂喊叫囂，並衝擊會場，又一次挑起武鬥。他們公然違背黨中央指示，調動太原機械學院不明真相的人，開著卡車來破壞會議參加武鬥。

但是我方戰士和兄弟單位的戰友在炎熱的陽光下團結一致，手挽手，肩並肩，高聲朗誦毛主席語錄，保護著我們的宣傳車，堅持開會。他們的陰謀破了產！太原工學院紅衛兵成立大會在鬥爭中宣布開始，太工紅衛兵在一小撮別有用心的人的咒罵聲中，在階級大搏鬥的風浪中誕生了！全體參加大會的同志群情激昂，鬥志昂揚，毛主席語錄聲、口號聲此起彼伏。兵團115師、工人決死縱隊、礦山烈火、電業革命造反兵團等許多兄弟單位的代表分別講了話和作了書面發言，給我們的大會表示了堅決的支持，一致指出：太工紅衛兵的成立是毛澤東思想的偉大勝利，是文化大革命的偉大勝利，並表示永遠和我們團結在一起，戰鬥在一起，勝利在一起，徹底粉碎資本主義反革命復辟逆流，保衛紅色政權。

參加會議的全體同志自始至終精神飽滿，以自己的無產階級革命派團結戰鬥的革命意志，徹底擊敗一小撮陰謀家的罪惡活動。

會議在雄壯嘹亮的《大海航行靠舵手》的歌聲中結束後，我們準備上街遊行示威，但太工紅旗、太工瑞金等的一些人，對我們的行動恨得要命，怕得要死，生怕事實真相被廣大群眾知道，於是又大耍無賴，進一步挑起事件。太工瑞金、太機紅旗的宣傳車又放足馬力開到我院西校門口，擋住我遊行隊伍去路。相持一陣之後，我指揮部為了避免武鬥，我們向後轉，繞道開向工農兵西大街，但是他們實在不死心，又把車開到大街上，企圖再次擋住我們去遊行示威，致使寬闊的工農兵大街車輛擁擠，人員積滯，嚴重妨礙了交通進行。在此時間內，他們還大打出手，向我宣傳車衝去，企圖砸毀我宣傳車。但由於我指揮部戰士和兄弟單位的戰友團結一致，奮力保護，才未得逞。

更嚴重的是，他們為了破壞我們的遊行示威，竟又一次露出了打砸搶的凶相。太工縱隊的王發家竟揮拳打破了山西榮軍醫院轎車的玻璃。革命群眾見此情景，怒不可遏，當場抓住了這個兇手。

狂犬吠日，無損於太陽的光輝。一小撮保皇小丑的哀鳴和掙扎，正說明了他們的虛弱無能。由於我全體戰士和兄弟單位的戰友奮勇戰鬥，由於廣大革命群眾的熱情支持，我們終於衝破了這一小撮人多次的圍攻和阻攔，列隊從工農兵大街至五一廣場進行了遊行示威。

「已是懸崖百丈冰，猶有花枝俏。」

他們陰謀破壞我太工紅衛兵的成立大會的陰謀破產了。繼「2.19」、「5.25」後的又一個鬼胎流產了！太工指揮部並沒有被這些別有用心的人咒罵和其氣勢洶洶所嚇倒，而是越戰越勇，越戰越強！太工紅衛兵並沒有因他們的惡意攻擊和破壞停止進行。她在暴風雨中誕生了，她還必將在暴風雨中成長和壯大！正是：眾志成城戰惡浪！

無產階級革命派的戰友們，革命的同志們，這就是由太工紅旗、太公瑞金等組織中的一些人挑起的「六、三」太工事件事實經過。

众志成城战恶浪！

——太工紅旗等一小撮人破坏“太工紅卫兵成立大会”側記

·观察家·

“太原工学院紅卫兵”經过一个半月的积极筹备，于六月三日正式成立了！这是战无不胜的毛泽东思想的又一伟大胜利，是无产阶級文化大革命的又一伟大胜利，是对党内一小撮走资本主义道路的当权派及其保皇軍的当头一棒，是对资本主义反革命复辟逆流的一次迎头痛击！一切革命的同志无不为此欢欣鼓舞，拍手称快！

“太原工学院紅卫兵”的成立，好得很！

但是，我們这一革命行动却遭到了太工紅旗、太工瑞金等組織的一些人恶意咒罵、无理阻拦和大肆破坏。他們經过周密策划，在我“太原工学院紅卫兵”成立的这一天——六月三日，糾集他們組織中和外单位的一些不明眞相的革命群众，挑起了一場大規模的武斗事件，企图破坏我院紅卫兵成立大会。这是太工紅旗等組織的一些人打砸搶本质的又一次大暴露，是他們阴謀反夺权的又一次大暴露，是他們不折不扣地充当我省资本主义反革命复辟逆流急先鋒的又一次大表演。

六月二日下午，我指揮部所属各战斗队，为了庆祝“太工紅卫兵”的成立，在校园内张貼了一批批新的大字报和标語。太工紅旗等組織于是大起嫉妒之心，提出什么“紧急建議”，并誣蔑我战士复盖了他們的大字报，进行无理挑衅。同时，太工瑞金也发表《声明》，說我們不能代表“太原工学院紅卫兵”等等，这是阴謀破坏大会的两个信号弹！

果然，在第二天，他們展开了继“2.19”、“5.25”后的又一次大規模的破坏活动。

六月三日凌晨四点多，太工瑞金突然紧急集合，袭击我院印刷厂，他們私自砸开門鎖，又一次开創了打砸搶的先例。当印刷厂工人同志聞訊赶到和他們說理，指出他們是造了工人的反时，这一伙人理屈詞穷，原形毕露，公然辱罵工人，說：“我們造的是王八蛋的反！”并无理阻拦工人进厂工作，破坏毛主席提出的“抓革命、促生产”的伟大指示。更严重的是，这伙人竟肆意挑起武斗，推推拉拉，动手打伤革命工人郝兴懿、魏学珍、文素萍等同志。与此同时，他們还賊喊捉賊，发表《声明》，揚言“接管了印刷厂”，并捏造了大量罪名，什么“不宣传毛泽东思想”呀，“給保皇組織印刷传单”呀，“唯我独尊，以势压人”呀，“欺騙毛主席”呀，等等，等等，企图强加在我院指揮部头上。

随后，太工瑞金、太工紅旗、太工紅兵、太工纵队等組織，又发表《联合接管声明》，声称“联合接管了印刷厂”，两个声明，如出一轍。

我們說，这完全是无事生非，别有用心，其目的无非是要以我“太原工学院紅卫兵”的名称不能代表全院革命派为借口，阴謀破坏紅卫兵成立大会，重演“2.19”、“5.25”的丑剧！

众所周知，“太原工学院紅卫兵”是从四月十五日开始，由院指揮部倡导，永紅、紅心、四野、雄鷹、东联、太工瑞金、太工紅旗、太工东方紅、太工紅兵等組織分别派代表共同开始筹备的。第一次会議就决定：筹备处的任务之一就是要筹备成立“太原工学院紅卫兵”。四月十九日第二次会議后筹备处又共同印发了《太原工学院紅卫兵筹备处关于当前紅卫兵筹备工作的参考意見》，直至四月二十三日（第三次会議）还共同工作，发下表格，塡写各种有关数字。四月底，太工紅旗、太工瑞金、太工纵队等組織联合出了一张大字报，捏造了許多事实，声明要退出筹备处，但又未公开联系过，也沒有声明要求我們改变“太原工学院紅卫兵”的名称。而現在，他們却突然提出这个問題，难道不是說明他們故意挑起事端嗎？

我們紅卫兵是毛主席的忠实的紅小兵。我們成立紅卫兵，这是毛主席授予我們的神圣权利，任何人也不能阻挡！

我們是太原工学院的主人，是太原工学院的革命組織，为什么不能挂“太原工学院”这个名字呢？

为了按时开会，我們一面和太工紅旗、太工瑞金等組織协商解决爭端，一面集合队伍，迎接兄弟单位前来参加我們大会的战友。而他們見一計不成，又生一計，糾集二百多群众，打着太工东方紅、太工纵队的旗子，朝我会場冲来。我們維持会場秩序的同志向他們指出：“今天是院指揮部召开的大会，邀請兄弟单位参加，你們不能进去。”他們却蛮不讲理，吵吵嚷嚷，拥挤不停。上午十时許，太工瑞金調来的宣传車开进我院，对准我会場大喊大叫，造謠污蔑。由于他們的搗乱，致使来我院参加大会的八十余个兄弟单位的数千革命群众进不了会場（学生大飯厅），站在火热的太阳地里。他們中間，有初中的小战友，有五六十岁的老前辈，还有山西荣軍医院的荣复軍人。試問太工紅旗、太工瑞金的某些人，你們这是什么阶級的感情？太工紅旗广播台为了煽动群众破坏大会，竟对兄弟单位的革命組織进行无理謾罵，說东风兵团是“投机商”，要他們“滚出太原工学院”，太工瑞金也在他的宣传車上广播“紅兵、东方紅战士要坚守崗位，无命令不准撤退”等等，煽动这些不明眞相的群众，进一步挑起武斗事件！他們一面糾集人冲击会場，一面在广播車上喊：“要文斗、不要武斗！”眞是自己打自己的咀巴！賊喊捉賊！

当相持到十一点钟的时候，我院指揮部各革命組織，整队准备进入会場开会，但太工东方紅、太工纵队、太工紅兵等組織中的某些人，却又把我大队人員和維持秩序的同志隔离开来，并肆意挑起武斗，动手打人，致使我們不能进入会場开会。他們还誣蔑我院指揮部是“調兵遣将，搞大規模武斗”，眞是混淆是非，顚倒黑白，无耻到极点！

十一点半左右，我們看到在大飯厅开会已不可能，于是集合各战斗队和外单位战友到我院大操場，准备用宣传車上的广播器开会。但这伙人蓄意破坏，又把宣传車开到大操場上进行挑衅，重弹“太工指揮部是大杂燴”的老調，和“今天的大会是个大阴謀”、“欺騙毛主席”的讕言。宣传車周围的太工紅旗、太工瑞金等組織的一些人还声嘶力竭的狂喊叫嚣，并冲击会場，又一次挑起武斗。他們公然违背党中央指示，調动太原机械学院不明眞相的人，开着卡車来破坏会議参加武斗。

但是我方战士和兄弟单位的战友在炎热的阳光下团結一致，手挽手，肩并肩，高声朗誦毛主席語录，保护着我們的宣传車，坚持开会。他們的阴謀破了产！太原工学院紅卫兵成立大会在斗爭中宣布开始，太工紅卫兵在一小撮别有用心的人的咒罵声中，在阶級大搏斗的风浪中誕生了！全体参加大会的同志群情激昂，斗志昂揚，毛主席語录声、口号声此起彼伏。兵团115师、工人决死纵队、矿山烈火、电业革命造反兵团等許多兄弟单位的代表分别讲了話和作了书面发言，給我們的大会表示了坚决的支持，一致指出：太工紅卫兵的成立是毛泽东思想的伟大胜利，是文化大革命的伟大胜利，并表示永远和我們团結在一起，战斗在一起，胜利在一

是我們，毛主席最忠实的紅小兵，紧跟毛主席指引的航向，最先向「赵家王朝」开了火，大造了我院党内一小撮走资本主义道路的当权派的反。

是我們，毛主席最忠实的紅小兵，勇敢地「杀」向社会，大破四旧，大立四新，砸烂了黑省委。

是我們，毛主席最忠实的紅小兵，最先吹响了向资产阶級反动路綫猛烈开火的号角，冲破了资产阶級反动路綫重重障碍。

是我們，毛主席最忠实的紅小兵，宣判了刘邓黑司令部的死刑。

是我們英雄的紅卫兵小将，高举「造反有理」的大旗，发揚了「五敢」精神，在无产阶級文化大革命史上写下了不朽的篇章。

「宜将剩勇追穷寇，不可沽名学霸王。」我們决心更高地举起毛泽东思想的批判旗帜，向党内最大的走资本主义道路的当权派刘、邓和黑省委卫、王、王，向我院的「赵家王朝」杀！杀！杀！不杀出一个紅彤彤的毛泽东思想光輝普照的新世界来，誓不罢休！

「太工紅卫兵」在暴风雨中誕生了，她将在阶級斗爭的大风大浪中茁壮地成长！

通訊地址：　太原工学院《紅太工》編輯部（敎工三楼　３３２７）　电話：６７０１轉《紅太工》編

起，彻底粉碎資本主义反革命复辟逆流，保卫紅色政权。

参加会議的全体同志自始至終精神飽滿，以自己的无产阶級革命派团結战斗的革命意志，彻底击敗一小撮阴謀家的罪恶活动。

会議在雄壮嘹亮的《大海航行靠舵手》的歌声中結束后，我們准备上街游行示威，但太工紅旗、太工瑞金等的一些人，对我們的行动恨得要命，怕得要死，生怕事实眞相被广大群众知道，于是又大要无賴，进一步挑起事件。太工瑞金、太机紅旗的宣传車又放足馬力开到我院西校門口，挡住我游行队伍去路。相持一陣之后，我指揮部为了避免武斗，我們向后轉，繞道开向工农兵西大街，但是他們实在不死心，又把車开到大街上，企图再次挡住我們去游行示威，致使寬闊的工农兵大街車辆拥挤，人員积滞，严重妨碍了交通运行。在此时間內，他們还大打出手，向我宣传車冲去，企图砸毁我宣传車。但由于我指揮部战士和兄弟单位的战友团結一致，奋力保护，才未得逞。

更严重的是，他們为了破坏我們的游行示威，竟又一次露出了打砸搶的凶相。太工纵队的王发家竟揮拳打破了山西荣軍医院轎車的玻璃。革命群众見此情景，怒不可遏，当場抓住了这个凶手。

狂犬吠日，无損于太阳的光輝。一小撮保皇小丑的哀鳴和掙扎，正說明了他們的虛弱无能。由于我全体战士和兄弟单位的战友奋勇战斗，由于广大革命群众的热情支持，我們終于冲破了这一小撮人多次的围攻和阻拦，列队从工农兵大街至五一广場进行了游行示威。

"已是悬崖百丈冰，犹有花枝俏。"

他們阴謀破坏我太工紅卫兵的成立大会的阴謀破产了。继"2.19"、"5.25"后的又一个鬼胎流产了！太工指揮部并沒有被这些别有用心的人咒罵和其气势汹汹所吓倒，而是越战越勇，越战越强！太工紅卫兵并沒有因他們的恶意攻击和破坏停止前进。她在暴风雨中誕生了，她还必将在暴风雨中成长和壮大！正是：众志成城战恶浪！

无产阶級革命派的战友們，革命的同志們，这就是由太工紅旗、太工瑞金等組織中的一些人挑起的"六、三"太工事件的事实經过。

正確區分兩類社會矛盾

毛主席在十年前發表的《關於正確處理人民內部矛盾的問題》這部劃時代的著作，天才地創造性地發展了馬克思列寧主義的唯物辯證法和階級鬥爭、無產階級專政的理論。這部光輝著作國際共產主義事業的重大貢獻在於，它第一次最深刻、最全面、最正確地分析了社會主義社會的矛盾，提出了正確區分和處理兩類不同性質矛盾的偉大學說。為在無產階級專政條件下還必須繼續進行革命，奠定了理論基礎。

十年來，毛主席在他的一系列偉大著作和指示中，在他親自主持制定的中共中央一九六六年五月十六日《通知》和八月八日《關於無產階級文化大革命的決定》中，對於社會主義社會的矛盾、階級和階級鬥爭的理論，又作了巨大的發展。這進一步地標誌著馬克思列寧主義發展到了一個嶄新的階段，即毛澤東思想的階段。

毛主席分析了社會主義時期各種錯綜複雜的社會矛盾，指出：「在我們的面前的有兩類社會矛盾，這就是敵我之間的矛盾和人民內部的矛盾。這是性質完全不同的兩類矛盾。」

在社會主義的整個歷史階段，隨時存在著資本主義復辟的危險。黨內最大的一小撮走資本主義道路當權派，就是企圖實行資本主義復辟的最危險的人物。無產階級和廣大勞動人員，同黨內最大的一小撮走資本主義道路當權派的矛盾，是主要矛盾，對抗性的矛盾。無產階級文化大革命，就是要集中全力解決這個主要矛盾。

在無產階級專政條件下，壞人只是極少數，只是一小撮。對他們，就是要揭露，要打倒，要專政。

目前，有些同志，講的是抓住主要矛盾，掌握鬥爭大方向，實際上把鬥爭的矛頭指向自己的戰友或群眾。他們忘記了真正的敵人，顛倒了敵我關係，混淆了主要矛盾和次要矛盾。這是很錯誤的。

要集中力量打擊最主要的敵人，就要正確處理人民內部的矛盾，團結一切可以團結的力量，實現以左派為核心的最廣泛的革命大聯合。

當前，人民內部的矛盾，包括革命群眾之間的矛盾，無產階級革命派同受蒙蔽參加保守組織的群眾之間的矛盾，革命群眾同犯錯誤的幹部之間的矛盾，等等。這些矛盾，同敵我之間的矛盾有著根本性質的區別，是次要的矛盾，非對抗性的矛盾，是在根本利益一致的基礎上的矛盾。

運用毛主席的階級分析方法來觀察人民內部的矛盾，主要的大量的是思想方面、意識形態方面的矛盾。當然，敵我之間也存在著思想方面、意識形態方面的矛盾，但是，這同人民內部的矛盾是根本不相同的。

在無產階級文化大革命中，兩個階級、兩條道路、兩條路線的鬥爭，必然要反映到人民內部來。特別值得注意的是，形形色色的小資產階級的思潮，如無政府主義、個人主義、主觀主義、小團體主義、山頭主義，等等，同無產階級世界觀是根本對立的。這些小資產階級思潮，常常會干擾無產階級革命路線，轉移鬥爭的大方向，危害革命的大聯合。

我們必須警惕，小資產階級還會不斷生長出新的資本主義和資產階級。小資產階級的搖擺性是很嚴重的。被推翻了地主資產階級總是想通過這種搖擺性，為他們實行反革命復辟的活動，製造便利。

每一個革命同志，都要警惕自己，不要把小資產階級的思想和行動，當成無產階級的革命性。

毛主席教導我們：「凡屬於思想性質的問題，凡屬於人民內部的爭論問題，只能用民主的方法去解決，只能用討論的方法、批評的方法、說服教育的方法去解決，而不能用強制的、壓服的方法去解決。」

我們必須正確運用「團結—批評—團結」的公式，解決人民內部矛盾，實現革命的大聯合和革命的「三結合」，向黨內最大的一小撮走資本主義道路當權派展開大批判、大鬥爭，勝利完成本單位鬥批改的任務。

（六月十八日）

毛主席教导我們：敌我之間和人民内部这两类矛盾的性质不同，解决的方法也不同。簡單地說起来，前者是分清敌我的問題，后者是分清是非的問題。

红太工

1967年6月26日　　红9号

太原工学院革命造反指挥部主办

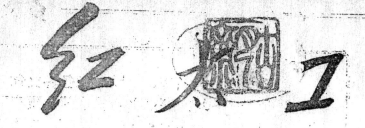

正确区分两類社会矛盾

毛主席在十年前发表的《关于正确处理人民内部矛盾的问题》这部划时代的著作，天才地创造性地发展了马克思列宁主义的唯物辩证法和阶级斗争、无产阶级专政的理论。这部光辉著作对国际共产主义事业的重大贡献在于，它第一次最深刻、最全面、最正确地分析了社会主义社会的矛盾，提出了正确区分和处理两类不同性质矛盾的伟大学说，为在无产阶级专政条件下还必须继续进行革命，奠定了理论基础。

十年来，毛主席在他的一系列伟大著作和指示中，在他亲自主持制定的中共中央一九六六年五月十六日《通知》和八月八日《关于无产阶级文化大革命的决定》中，对于社会主义社会的矛盾、阶级和阶级斗争的理论，又作了巨大的发展。这进一步地标志着马克思列宁主义发展到了一个崭新的阶段，即毛泽东思想的阶段。

毛主席分析了社会主义时期各种错综复杂的社会矛盾，指出：**“在我们的面前有两类社会矛盾，这就是敌我之间的矛盾和人民内部的矛盾。这是性质完全不同的两类矛盾。”**

在社会主义的整个历史阶段，随时存在着资本主义复辟的危险。党内最大的一小撮走资本主义道路当权派，就是企图实行资本主义复辟的最危险的人物。无产阶级和广大劳动人民，同党内最大的一小撮走资本主义道路当权派的矛盾，是主要矛盾，对抗性的矛盾。无产阶级文化大革命，就是要集中全力解决这个主要矛盾。

在无产阶级专政条件下，坏人只是极少数，只是一小撮。对他们，就是要揭露，要打倒，要专政。

目前，有些同志，讲的是抓住主要矛盾，掌握斗争大方向，实际上把斗争的矛头指向自己的战友或群众。他们忘记了真正的敌人，颠倒了敌我关系，混淆了主要矛盾和次要矛盾。这是很错误的。

要集中力量打击最主要的敌人，就要正确处理人民内部的矛盾，团结一切可以团结的力量，实现以左派为核心的最广泛的革命大联合。

当前，人民内部的矛盾，包括革命群众之间的矛盾，无产阶级革命派同受蒙蔽参加保守组织的群众之间的矛盾，革命群众同犯错误的干部之间的矛盾，等等。这些矛盾，同敌我之间的矛盾有着根本性质的区别，是次要的矛盾，非对抗性的矛盾，是在根本利益一致的基础上的矛盾。

运用毛主席的阶级分析方法来观察人民内部的矛盾，主要的大量的是思想方面、意识形态方面的矛盾。当然，敌我之间也存在着思想方面、意识形态方面的矛盾，但是，这同人民内部的矛盾是根本不相同的。

在无产阶级文化大革命中，两个阶级，两条道路，两条路线的斗争，必然要反映到人民内部来。特别值得注意的是，形形色色的小资产阶级的思潮，如无政府主义、个人主义、主观主义、小团体主义、山头主义，等等，同无产阶级世界观是根本对立的。这些小资产阶级思潮，常常会干扰无产阶级革命路线，转移斗争的大方向，危害革命的大联合。

我们必须警惕，小资产阶级还会不断生长出新的资本主义和资产阶级。小资产阶级的摇摆性是很严重的。被推翻了的地主资产阶级总是想通过这种摇摆性，为他们实行反革命复辟的活动，制造便利。

每一个革命同志，都要警惕自己，不要把小资产阶级的思想和行动，当成无产阶级的革命性。

毛主席教导我们：**“凡属于思想性质的问题，凡属于人民内部的争论问题，只能用民主的方法去解决，只能用讨论的方法、批评的方法、说服教育的方法去解决，而不能用强制的、压服的方法去解决。”**

我们必须正确运用“团结——批评——团结”的公式，解决人民内部矛盾，实现革命的大联合和革命的“三结合”，向党内最大的一小撮走资本主义道路当权派展开大批判、大斗争，胜利地完成本单位斗批改的任务。

（六月十八日）

院指揮部全體戰士、廣大革命師生員工和組訓的全體解放軍指戰員

最最熱烈地歡呼我國第一顆氫彈爆炸成功

六月十七日晚，我國第一顆氫彈爆炸成功的消息傳來，全院沸騰起來了。當晚院指揮部全體戰士和解放軍同志奔走相告，歡喜若狂。鑼鼓聲、廣播聲、歡呼聲、震天動地，喜報、賀信、決心書、巨幅標語飛滿全院。院指揮部的全體同志、全院廣大革命師生員工和組訓五師的全體解放軍指戰員一起，懷著對我們偉大領袖毛主席的無限熱愛、無限信仰、無限忠誠、無限崇拜的極其興奮的心情，抬著毛主席像，舉著紅彤彤的《毛主席語錄》，連夜進行了大規模的遊行，並且拿著紅光四射的喜報到省核心小組和省革命委員會報喜。同志們千遍萬遍地歡呼：我們心中最紅最紅的紅太陽毛主席萬歲！萬歲！萬萬歲！千遍萬遍的敬祝我們最最敬愛的偉大領袖毛主席萬壽無疆！萬壽無疆！萬壽無疆！同志們完全浸沉在無比歡樂之中。大家歡呼光焰無際的毛澤東思想又一偉大勝利，歡呼無產階級文化大革命的又一偉大勝利！

我們偉大領袖毛主席早在一九五八年六月指出：搞一點原子彈、氫彈，我看有十年功夫完全可能。在我國無產階級文化大革命取得決定性勝利的凱歌聲中，毛主席的英明預言和偉大號召已經實現了。

院指揮部的無產階級革命派和解放軍指戰員無比興奮激動地說：我國第一顆氫彈爆炸成功，大長了世界各國革命人民的志氣，大滅了帝、修、反的威風。進一步打破了美帝和蘇修的核壟斷地位，沉重地打擊了它們的核訛炸政策。這對越南人民、阿拉伯人民和全世界一切革命的人民是極大的鼓舞和支持。用毛澤東思想武裝起來的七億中國人民是無敵的。讓帝國主義、現代修正主義和各國反動派在革命人民面前發抖吧！大家一致表示，要以實際行動歡呼這一偉大勝利，在當前，就要更高地舉起毛澤東思想偉大紅旗，緊緊掌握鬥爭大方向，實現和鞏固革命的大聯合和革命的「三結合」，在批判黨內最大的一小撮走資本主義道路當權派的同時，搞好本單位的鬥批改，把無產階級文化大革命進行到底！

院指揮部全体战士、广大革命师生員工和組訓的全体解放軍指战員

最最热烈地欢呼我国第一顆氫彈爆炸成功

六月十七日晚，我国第一顆氢弹爆炸成功的消息传来，全院沸騰起来了。当晚院指揮部全体战士和解放軍同志奔走相告，欢喜若狂。鑼鼓声、广播声、欢呼声，震天动地，喜报、賀信、决心书、巨幅标語飞滿全院。院指揮部的全体同志、全院广大革命师生員工和組訓五师的全体解放軍指战員一起，怀着对我們伟大領袖毛主席的无限热爱、无限信仰、无限忠誠、无限崇拜的极其兴奋的心情，抬着毛主席象，举着紅彤彤的《毛主席語录》，連夜进行了大規模的游行，并且拿着紅光四射的喜报到省核心小組和省革命委員会报喜。同志們千遍万遍地欢呼：**我們心中最紅最紅的紅太阳毛主席万岁！万岁！万万岁！千遍万遍**的敬祝我們最最敬爱的偉大領袖毛主席万寿无疆！万寿无疆！万寿无疆！同志們完全浸沉在无比欢乐之中。大家欢呼光焰无际的毛泽东思想的又一伟大胜利，欢呼无产阶級文化大革命的又一伟大胜利！

我們偉大領袖毛主席早在一九五八年六月指出：搞一点原子彈、氢彈，我看有十年功夫完全可能。在我国无产阶級文化大革命取得决定性胜利的凱歌声中，毛主席的英明予言和伟大号召已經实現了。

院指揮部的无产阶級革命造反派和解放軍指战員无比兴奋激动地說：我国第一顆氢弹爆炸成功，大长了世界各国革命人民的志气，大灭了帝、修、反的威风。进一步打破了美帝和苏修的核垄断地位，沉重地打击了它們的核訛炸政策。这对越南人民、阿拉伯人民和全世界一切革命的人民是极大的鼓舞和支持。用毛泽东思想武裝起来的七亿中国人民是无敌的。让帝国主义、现代修正主义和各国反动派在革命人民面前发抖吧！大家一致表示，要以实际行动欢呼这一伟大胜利，在当前，就要更高地举起毛泽东思想伟大紅旗，紧紧掌握斗爭大方向，实现和巩固革命的大联合和革命的“三結合”，在批判党內最大的一小撮走資本主义道路当权派的同时，搞好本单位的斗批改，把无产阶級文化大革命进行到底！

短訊幾則

喜訊

中央指示，在我們心中最紅最紅的紅太陽毛主席的故鄉湖南湘潭韶山的大門—韶山車站要樹毛主席雕塑像和反應主席青年時代的浮雕像，現已組織專門力量在現場進行籌建工作。

三十四種外文版《毛主席語錄》即將出版

四海翻騰雲水怒，五洲震蕩風雷激。

世界人民在反帝反殖的革命鬥爭中迫切需要戰無不勝的毛澤東思想。經中央負責同志審批，我國即將出版三十四種外文版的毛主席語錄。即英、法、西、葡、日文等等。

毛主席是世界人民心中的紅太陽

五個尼泊爾青年利用通車這天不用護照的機會，徒步走了三天趕到中尼邊界，到中國境內的廣場上看《毛主席接見紅衛兵》的電影，在觀看時他們也跟著銀幕上的紅衛兵不斷地高呼「毛主席萬歲！萬萬歲！」

英國有人拿著紅彤彤的《毛主席語錄》，胸前戴著金光閃閃的毛主席紀念章，向到倫敦去的國際共產主義運動的大叛徒柯西金示威。

六月十二日我「紅總站」在體育館舉行會議，劉格平同志到會講了話，在談判對「紅總站」的看法時，他說：紅總站有許多組織我是比較熟悉的，有的和我們一塊參加了「一˙一二」奪權，有的沒有的參加奪權，但很早就讚成奪權，從各方面來看，紅總站是一支堅強的革命隊伍。

六月二十五日下午，在我省體育館舉行了《永紅兵團、永紅野戰軍》成立大會。省軍區組訓五師孫政委、鄭師長和部分指戰員，空字〇二五部隊和省城許多革命組織代表到會熱烈祝賀。毛主席的好學生劉格平同志在百忙中抽出時間參加了大會，並講了話，熱烈祝賀《永紅兵團、永紅野戰軍》在當前兩個階級、兩條道路、兩條路線大搏鬥的決戰時刻誕生。會上又收到了許多革命組織的祝賀信。會後由省歌一一二八團的革命文藝戰士演出了精采的文藝節目。

由紅聯站黑省委黨校東方紅一小撮暴徒挑起的「六、二〇」，「六、二一」大規模武鬥事件，毆打兵團三二一一一革命小將，毒打綁架省革委會常委吳春久（原總指揮部副總指揮）後，又突然襲擊，六月二十一日晚，無理綁架毒打省革委會常委楊承效（原山西革命造反總指揮部總指揮）至今下落不明，這就是紅聯站一小撮人反對「一、一二」奪權醜惡嘴臉的又一次大暴露，廣大無產階級革命派紛紛提出最最強烈的抗議。並表示決心用鮮血和生命捍衛年輕的紅色政權。

六月十四日院指揮部印刷廠革命委員會正式成立，掌管印刷廠的一切大權。在成立大會上，瑞金、紅旗等一小撮暴徒搗亂會場，挑起武鬥，綁架我指揮部戰士，使工人教師同學數人受傷。

六月十六日「紅總站」在體育館與首都紅代會體育界毛澤東思想紅衛兵團舉行聯歡晚會，中共山西核心小組組長劉格平同志、副組長張日清同志以及軍區首長陳金同志、駐晉部隊首長曹中南同志等出席了大會。會上首都紅代會代表著名乒乓球運動員周蘭蓀、徐寅生、何祖斌以及山西省體育界毛澤東思想紅衛兵團的運動員作了五場精彩的乒乓球表演。

短訊几則

喜訊

中央指示，在我們心中最紅最紅的紅太阳毛主席的故乡湖南湘潭韶山的大門——韶山車站要兴建毛主席雕塑象和反映主席青年时代的浮雕象，現已組織专門力量在現場进行筹建工作。

三十四种外文版《毛主席語录》即将出版

四海翻騰云水怒，五洲震蕩風雷激。

世界人民在反帝反修的革命斗爭中迫切需要战无不胜的毛泽东思想。經中央負責同志审批，我国即将出版三十四种外文版的毛主席語录。即英、法、西、德、日文等等。

毛主席是世界人民心中的紅太阳

▲五个尼泊尔青年利用道路这天不用护照的机会，徒步走了三天赶到中尼边界，到中国境内的广場上看《毛主席接見紅卫兵》的电影，在观看时他們也跟着銀幕上的紅卫兵不断地高呼"毛主席万岁！万岁！万万岁！"

▲英国有一人拿着紅彤彤的《毛主席語录》，胸前戴着金光閃閃的毛主席像紀念章，向到伦敦去的国际共产主义运动的大叛徒柯西金示威。

× × × ×

▲六月十二日我「紅总站」在体育館举行会議，刘格平同志到会讲了話，在談到对「紅总站」較熟悉的看法时，他說：「紅总站有許多組織参加了「一·一二」夺权，有的没有参加夺权，但很早就贊成夺权，从各方面来看，紅总站是一支坚强的革命队伍。」

▲六月二十五日下午，永紅野战軍《永紅兵团》成立大会在省体育館举行。省軍区組了《凱歌》五部队和孙师长、郑政委、許多革命組織和部队代表到会祝贺，空军○二毛主席的好学生刘格平同志在百忙中抽出时間参加了大会，并讲了話，热烈祝贺《永紅兵团》、永紅总站、大野战軍在当前两个阶級、两条道路的决战时刻誕生。会上又收到了許多革命文艺組織的祝贺信。会后由省歌舞剧院的文艺战士演出了精彩的文艺节目。二八团的革命

▲由紅联站黑手「六·二〇」，省委党校「东方紅」挑起的「六·二一」大規模武斗事件，殴打兵团三二一一一革命小将，毒打綁架省革委会常委吴春久（原总指揮部副总指揮）后，又突然袭击，六月二十一日晚，无理綁架毒打省革委会常委楊承效（原山西革命造反总指揮部总指揮）至今下落不明，这就是紅联站一小撮人反对「一·一二」夺权丑恶嘴臉的又一次大暴露。广大无产阶級革命派紛紛提出最强烈的抗議，并表示决心用鮮血和生命捍卫年輕的紅色政权。

▲六月十四日院指揮部印刷厂革命委員会正式成立，掌管印刷厂的一切大权。在成立大会上，瑞金、紅旗等一小撮暴徒搗乱会場，挑起武斗，綁架我指揮部战士，使工人教师同学数人受伤。

▲六月十六日「紅总站」在体育館与首都紅代会体育界毛泽东思想紅卫兵团举行联欢晚会，中共山西核心小組組长刘格平同志，副組长张日清同志以及軍区首长陈金珏同志，駐晋部队首长曹中南同志等出席了大会。会上首都紅代会代表著名乒乓球运动員周兰蓀、徐寅生、何祖斌以及山西省体育界毛泽东思想紅卫兵团的运动員作了五場精彩的乒乓球表演。

老反革命、大叛徒趙宗復的罪惡歷史

「鍾山風雨蒼黃，百萬雄師過大江。」

無產階級革命派高舉無產階級的革命批判大旗，匯成一股浩浩蕩蕩的革命大軍，直搗劉、鄧黑司令部。無產階級文化大革命洶湧的巨流蕩滌著舊社會留下來的所有污泥濁水，沉渣髒垢，暗藏了30年的劉記大叛徒集團的一群社會渣滓被衝擊的原形畢露。在劉少奇的「活命哲學」、「投降哲學」、「叛徒哲學」的大黑傘的掩護下，在無產階級大叛徒薄一波的庇護下，一貫被叛徒們恬不知恥地吹捧為「黨的紅色宣傳員」、「鎖在紅色保險櫃裡的共產黨員」、「老地下黨員」、「黨的馴服工具」的趙宗復反革命叛徒嘴臉被戳穿了！這是毛澤東思想的又一偉大勝利！這是用毛澤東思想武裝起來的革命小將所建立的又一不朽的功勳！

老反革命、大叛徒趙宗復在文化革命運動剛開始，企圖逃脫歷史對他的懲罰，雖然是已經自絕於黨，

自絕於人民，畏罪跳樓自殺了，但是趙宗復的罪惡歷史和對黨對人民所犯的滔天罪行，我們一定要徹底清算！

遠在一九三三年，這個大官僚、大地主的孝子賢孫，就偽裝進步，使盡了兩面三刀的反革命伎倆，混入黨內。他披著地下黨員的外衣，卻竭力為閻匪賣力，幹著反革命的罪惡勾當。在地下黨組織活動下，他曾多次嚴重地違犯黨的紀律，先後四次被捕，被捕後洩漏了黨和人民的許多重要機密。在一九四八年正當革命處於緊張關頭時他又背叛黨，背叛人民，給閻匪遞了長達萬字的「自白書」，成了可恥的叛徒，被開除黨籍。後在其後台大叛徒薄一波的包庇下，又二次混入黨內，鑽進了教育界，先後竊據了山西省政府委員、山西省教育廳廳長、山西大學副校長、太原工學院院長兼黨委第一副書記、省人大代表等要職。

叛徒趙宗復在二次入黨後採取了更加隱蔽、更加狡猾的手法，進行反黨反社會主義的罪惡活動。

在六二年我國國民經濟處於暫時困難的時候，正當國際帝國主義、現代修正主義和各國反動派大搞反華大合唱，國內地、富、反、壞、右蠢蠢欲動的時候，叛徒趙宗復與全國「三家村」黑店遙相呼應，在太原工學院營業起「弓冶文」黑店，把一支支的毒箭射向了三面紅旗，射向了無產階級專政，向黨向社會主義向毛澤東思想發起了猖狂的進攻。

叛徒趙宗復把持工學院十多年中，極力宣揚和美化封建主義、資本主義、修正主義，為反革命復辟作了輿論準備。他濫用職權，安插親信，包庇壞人，招降納叛，結黨營私，收羅閻匪幽靈，積蓄反革命力量，準備東山再起。

一系列鐵的事實證明，叛徒趙宗復是一個混進黨內的階級異己分子，是一個不折不扣的反黨反社會主義反毛澤東思想的反革命修正主義分子，是地地道道的大叛徒、老反革命。

這個叛徒對黨對人民所犯下的滔天罪行真是罄竹難書！

「借問瘟君欲何往，指船明燭照天燒。」波瀾壯闊的無產階級文化大革命宣判了這個罪惡累累的老反革命、大叛徒的死刑，把這個不齒於人類的狗屎扔進了歷史的垃圾堆。

紅旗漫卷，東風浩蕩。無產階級文化大革命又進入了更新的階段，我們一定要牢記毛主席的教導，奮起無產階級的千鈞棒，揮舞無產階級的鐵掃帚，橫掃一切害人蟲，全無敵！徹底砸爛趙家黑店，挖掉趙宗復這條黑根，斬斷所有的黑線，把叛徒趙宗復的同伙黨羽、走卒，從各個戰線各個部門中清除出去，把他們全部埋葬！讓我們更高地舉起毛澤東思想偉大紅旗，朝著偉大導師毛主席開辟的航道，為奪取無產階級文化大革命的全面勝利英勇戰鬥！

為了更清楚地認識趙宗復的反革命叛徒嘴臉，徹底肅清其社會流毒。讓我們把他的罪惡歷史拿出來示眾吧！

一、罪惡的家庭，封建的教育，使他牢牢地打上了剝削階級的烙印

毛主席說：「在階級社會中，每一個人都在一定的階級地位中生活，各種思想無不打上階級的烙印。」

趙宗復於一九一五年出生在一個罪大惡極的大官僚、大地主的家庭裡，其父趙戴文是閻錫山的老師。日本留學回國後，趙戴文就給閻匪當上了旅長、總參謀長、總參議、偽山西省政府主席、國民黨內務部長、國民黨中央監察院院長等要職。趙戴文解放前與閻匪狼狽為奸，相互勾結，對人民進行血腥的統治和殘酷的壓迫，是一個雙手沾滿鮮血的劊子手，是一個鼎鼎有名的反共老手，與人民有不共戴天的仇恨。

趙宗復兄弟四人。大兄趙效復，曾任閻匪教育廳廳長，二兄趙仰復，曾任閻匪省計處處長，都是閻匪的忠實走卒，得心應手的工具。趙宗復就是出生在這樣一個反動透頂罪惡累累的家庭裡。在趙宗復的骨髓裡，在他的每一個毛孔裡，都浸滿了對黨對人民的刻骨仇恨，從小就在他的思想裡牢牢地打上了階級的烙印。

趙宗復在幼年時就有家庭教師教育，受著一整套「孔、孟、曾」的封建教育。十一歲趙宗復入閻匪私自辦的為他培養忠實奴才的「進山中學」，畢業後又在閻匪專門聘請的英帝國主義衛立穆所辦的「外國文言學校」學習，十七歲考入「燕京大學」，受美帝國主義的奴化教育。罪惡的剝削階級家庭出身，封建、奴化教育就為趙宗復繼承剝削階級的衣缽，投靠閻匪尋找出路奠定了思想基礎。由於趙宗復的家世和他本人的反革命天才早已被閻匪所看中，趙宗復「燕京大學」畢業後就成了閻錫山眼

下的當然紅人。

二、披著黨員的外衣，死心塌地與人民為敵

毛主席說：「什麼人站在革命人民方面，他就是革命派，什麼人站在帝國主義、封建主義、官僚資本主義方面，他就是反革命派。」趙宗復是站在那一方面，看他的過去，就會知道他的現在。趙宗復根本不是一個革命者，而是混入黨內的階級異己分子，是地地道道的老反革命。

(一)偽裝進步，混入革命隊伍，其反動本質未變

一九三二年，叛徒趙宗復考入了司徒雷登辦的燕京大學，受美帝國主義的奴化教育。在燕大學習期間趙宗復偽裝進步，在表面上也做了些革命的動作，曾先後參加燕大反帝大同盟(並任過該組織的支部書記)和共產主義青年團。他認為貼反帝標語、遊行、呼口號效果不大，是形式主義。一九三三年十二月趙宗復經宋劭文(國家計委副主任、大叛徒)介紹給一個叫「黑李」(即李政文，現高教部政治教育司副司長)，又轉介紹給劉一樵(現在香港)，參加了蘇聯遠東情報工作，在劉一樵的領導下給蘇聯搞秘密的情報工作。趙宗復從劉一樵介紹加入蘇遠東情報工作之時起，就冒名為黨員，在他以後的填表中也填為在一九三三年加入中國共產黨。(注：根據我們調查，在一九三三年期間，劉一樵既不是中共黨員，也不是蘇共黨員，所以劉就根本不可能介紹趙宗復入黨，趙宗復在一九三三年加入中國共產黨是冒充的。)叛徒趙宗復就是以這樣的卑鄙手段混入黨內，從此趙宗復就披上了搞反革命活動的合法外衣，戴上了「革命者」的假面具。趙宗復在燕大活動中完全站在了反動的剝削階級立場上，在燕大《史學年報》上先後投出了《汪梅村年譜稿》(有關太平洋天國史料)，《李自成農民叛亂記實》等一系列毒箭，射向了勞動人民。在他的這些毒草裡，惡毒地誣蔑農民起義是「叛亂」，誣蔑明末農民起義是「流賊屢起，南倭北俺，交相擾亂」，極力抹煞太平天國農民起義的偉大成績，極力美化封建統治階級的代表朱元璋，醜化農民起義的領袖李自成，仇視、攻擊勞動人民的氣焰，一度甚囂塵上。

(二)剝削階級的孝子賢孫，閻錫山眼下的紅人

一九三七年夏天受過美帝國主義奴化教育的趙宗復於燕京大學畢業，畢業後原打算去日本受軍國主義教育，可是由於事變發生未遂。於是趙宗復就回到山西土皇帝閻錫山的身邊，投靠到大叛徒薄一波的門下，參加了被人們頌為「革命」組織，實際上是不折不扣的閻錫山御用工具的反革命組織——「犧盟會」，並成為「犧盟會」的頭面人物。從此趙宗復就與其主子大叛徒薄一波掛上了，同從反省院狗洞裡爬出來的眾叛徒們搭上了伙。

一九三七年趙宗復將任弼紹介紹給文水縣縣長李石庵，參加了游擊隊（李石庵系托派，後被我游擊隊槍斃），趙宗復早已就與托派有關係。

一九三七年十月——一九三八年二月趙宗復任山西戰地總動員委員會宣傳科科長。三八年二月趙宗復參與了反共組織偽「民族革命同志會」的發起工作，為偽同志會的當然成員，偽「民族革命同志會」成立之時起，叛徒趙宗復就開始了反共活動。

一九三八年二月，在日本帝國主義大舉進攻下，臨汾失守，趙宗復跟隨閻錫山到第二戰區政治部工作。當時政治部掛名主任是趙戴文，副主任梁化之，秘書主任劉岱峰（國家物價委員會副主任，大叛徒）。趙宗復任政治部交通科科長。（交通科主要任務是傳遞政治部與所屬單位來往信件和政治部領導所屬單位的指示文件）

一九三八年夏天交通科擴大為交通局，趙宗復任交通局主任，直到三九年十二月。趙健（又名趙宗樞，叛徒，解放後被我人民政府判處四年徒刑）任副主任。（交通局任務是專門建立閻匪政治部與各專署秘密交通情報工作）同一年交通局辦了一個「政治交通學校」，由趙宗復全面負責。學校的學生是來自各專區交通工作員和由各區派來的人，趙宗復在該校為閻匪培養了一大批交通情報員。

一九三九年十二月晉西事變發生，一大部分有熱血的愛國青年、優秀的共產黨員跑到了解放區，走上了抗日第一線。就在當時民族危亡的緊要關頭，貪生怕死的趙宗復卻跟隨閻匪司令總部跑到了河東吉縣，從此交通局取消。趙宗復此時先後在閻匪手下任第二戰區司令長官行營秘書，司令長官行營政治部科長、課長（少將軍銜），司令長官司令部第三組組長等要職。可見閻匪對趙宗復是如何之器重。

一九四零年一月，閻匪為了進一步發揮「同志會」的反共作用，就從會員中選拔了一批積極反共的分子，發展為「同先」（即「同志會先鋒隊」），叛徒趙宗復被選拔為「同先」的成員。

一九四零年五月，趙宗復於晉西參加國民黨，並先後任過國民黨參議員，國民黨省黨部委員，國民黨山西省文化界戡亂救國總動員會（反共組織）委員。成了閻匪政府紅極一時的政治「風雲人物」。

一九四零年九月趙宗復同智力展（閻匪舊官僚，現省政協工作）、王竹成（解放前曾任閻匪政治部秘書主任，太原解放時跑到台灣）受梁化之電調到「偽中央訓練團」受訓。趙宗復受訓以後就更成了維持閻匪反革命政權的鐵桿馴服工具，挖空心思地為閻匪的統治出謀劃策，聲嘶力竭地為閻匪政府賣力。

一九四零年冬季，閻匪密囑每個高幹介紹反共積極、絕對有把握的分子發展為「基幹」，作為反動組織的骨幹力量。叛徒趙宗復由王靖國介紹參加了「基幹組織」，並任幹部委員。

一九四一年，由於時局的發展，閻匪越來越感到造就一大批反革命政權的忠實走卒和應聲蟲的必要性，進山中學就在閻匪這種迫切的政治需要下復學了，閻錫山是掛名校長，他把學校的實權校務主任的要職交給了他的寵兒趙宗復，大特務兒子梁化之的弟弟梁祥厚任教務主任。由職務的安排，就很明顯看出閻匪對進山是相當重視的，閻匪對趙宗復也是相當重用的。以後閻匪又將趙提為進山校長直到一九四七年十月。趙宗復在進山期間，經常在大庭廣眾之下，恬不知恥肉麻地吹捧閻錫山，拼命地給學生灌輸親閻、崇閻、擁閻的反動思想。趙宗復在進山中學利用職權，大力給閻匪發展「同志會」這個反動組織，給閻匪招募了一大批俯首貼耳的馴服工具。在發展「同志會」會員期間，他威脅學生，說什麼「進山中學是閻錫山直接領導的，所以進山的學生都必須加入同志會……。」由此可見趙宗復對其主子閻錫山是何等效忠！當時在趙宗復領導下的進山學生百分之百的是「同志會」會員，趙宗復曾先後任過「同志會」進山中學主任委員，後閻在進山成立「同志會」特支部，趙又兼主任特派員，真是紅極一時！就是這個老反革命趙宗復毒害了進山相當大部分青年走上了反革命歧途，成了閻匪反動政府的忠實走卒，就是這個老反革命給進山青年灌輸了「明哲保身」、「活命第一」的資產階級的活命哲學觀，使進山一部分青年在革命的緊要關頭變節自首，當上了可恥的叛徒。老反革命趙宗復真是罪該萬死。

一九四一年三月六日閻匪提出了「同幹」五要，趙宗復又發表了「自誓」，表示決心努力具備「同幹」五條件，接受二個約束，遵守三條紀律，實踐兩項信約。

一九四一年三月閻匪為了進一步純潔「同志會」，組織一批親信和忠實於他的奴才，授意梁化之、李江負責組織了「最後同志」（即「文人組織」）。三月十九日趙宗復又在「同幹」組織裡發表「誓詞」（詳見附件一）。發誓堅決擁護閻錫山的「民族革命」和「社會革命」的主張，並決心為閻匪所提出的反動的「按勞分配、物產證券」奮鬥到底。不難看出趙宗復既是閻家王朝的忠實奴才，又是幫助閻匪進行反革命宣傳、欺騙群眾的得力幹將。趙宗復為了宣揚閻匪所提出的反動的「按勞分配、物產證券」，在進山中學將此專門規定為一門講授課程。可見趙宗復為維持閻家王朝是何等之賣力。

一九四二年二月十八日，趙宗復又向閻匪表示要終身做會長的忠實弟子，努力做到不欺會長、不欺組織（指「同志會」）不欺……。可見趙宗復追隨閻匪走反革命道路的信心是何等堅定。同年閻匪又從「基幹」中選拔反共積極、並有能力的為「領幹」，叛徒趙宗復又被選為40個「領幹」之一。（附件二）

一九四三年，青年幹部預備學校成立，趙宗復任進山校長兼青幹預備學校主任，為閻匪培養反革命政權的後繼人。

一九四四年冬季，梁化之為了減少外在的反對和內在的矛盾，又成立了包羅萬象的「建政委員會」，叛徒趙宗復又是28個委員之一。

叛徒趙宗復由於竭盡全力效忠閻匪，忠於反共組織「同志會」，所以深為閻匪所寵愛，受到閻匪器重，一直青雲直上，最後被閻匪提拔為「同志會」候補高幹，從此叛徒趙宗復就登上了閻偽政府決策機構高級官員的寶座。

一九四六年閻匪委任趙宗復擔任進山中學國民黨區分部宣傳委員。

一九四七年十月，由於趙宗復追隨閻匪工作賣力出色，被閻匪提拔為新聞處處長。

一九四七年十一月，山西學生軍訓總指揮部成立，趙宗復任總指揮部第一大隊大隊長，精心為閻匪訓練反革命政權的御林軍。

一九四八年七月，趙宗復又被閻匪提拔偽省政府教育廳代廳長。

一九四八年八月，「山西戰地動員工作團」（簡稱戰動團）於太原成立，趙宗復任該團秘書主任，伙同梁化之為閻家王朝積極訓練對抗解放太原的亡命徒。

一九四八年八月三十日，即太原解放前夕，地下黨組織為了配合我軍解放太原，繪製了閻匪的兵力分布、城防圖及飛機場的位置圖，準備送到當時八路軍司令部「909」聯絡站，趙宗復把這樣重要的任務交給了一個大壞蛋曹瑞庭，結果在送的途中被楊貞吉的特工隊查獲，將曹捕獲，曹捕後供出了趙，趙第三次被捕，送情報一事被破獲，給我軍解放太原造成了很大損失。此次被捕後叛徒趙宗復自首叛變，出賣了革命，出賣了同志。

一九四九年二月，太原臨近解放，趙宗復於三月二日被捕。被捕後趙宗復又向閻匪二次自首。

毛主席說：「我認為，對我們來說，一個人，一個黨，一個軍隊，或者一個學校，如若不被敵人反對，那就不好了，那一定是同敵人同流合污了。」物以類聚，人以群分，趙宗復在解放前的十一年之中，所以能與閻匪的大官僚、特務、奴才、看門狗與雜七雜八的人鬼混在一起，同流合污，這不正說明他們是一路貨色，一丘之貉嗎？他同閻匪的卵翼下孵出來的害人蟲絕無兩樣。不然的話，一個地下黨員怎麼能長久生活在那樣烏煙瘴氣臭氣沖天的環境裡，怎麼能甘心情願拜倒在閻匪的膝下，甘當閻的忠實奴才呢？

趙宗復解放前十一年的歷史，是繼承其剝削階級衣缽，充當剝削階級的孝子賢孫的歷史，是認賊作父，投降敵人的歷史，是與人民為敵進行罪惡的反革命活動的歷史。趙宗復在閻偽歷史上曾經一度是紅極一時的「政治風雲人物」，是閻錫山的心腹和寵兒。趙宗復就是在閻的親手扶植和提拔下，由一個偽政府普普通通的工作人員最後一步登上了閻偽政府高幹的寶座。

趙宗復的入黨也只不過是給自己這個大官僚、大地主出身的「少爺」裝潢門面，臉上鍍了一層浮金。他在地下組織活動中陽一套，陰一套，使盡了兩面三刀的手法，給黨工作是假，為閻匪辦事搞反革命活動是真，他起到了閻匪特務所起不到的作用。他的歷史就完全明白地告訴人們趙宗復根本就不是一個革命者，也根本不是一個共產黨員，而是地地道道的老反革命家，是埋藏在革命隊伍中的定時炸彈。

三、抗戰前夕，指使別人自首，叛徒嘴臉大暴露

叛徒趙宗復向敵人屈膝投降，叛變自首，由來已久，早在抗戰爆發前夕，他就指使押在駐薊縣的冀東保安隊區隊部的趙中池（原中國科學院科學出版社黨委書記，叛徒，三反分子）等五人向敵人寫悔過書出獄。一九三六年三月叛徒趙宗復來到薊縣獄中，同偽區隊部（冀東保安隊駐薊縣的區隊部）敵人進行了反革命的出賣原則的政治交易，他到獄中去看趙中池的時候，就轉告趙中池說：「請人營救衛爾有活動，據雲案情已動了，不久即可出獄。」又拿出幾張紙說：「這是區隊部要你們寫悔過書。」趙宗復再三勸說，並無恥地說什麼「這裡（指冀東）等於日本占領區，在這種地方、這種情況下（即特殊環境）可以寫悔過書……。」在他的指使下使下趙中池等五人就給敵人寫了悔過書，悔過書大意是：×××系參加共產黨甚悔，今後出去不再參加政治活動……。五人寫的是大同小異，由是趙中池等人就利用給敵人寫悔過書這根救命稻草，從敵人的狗洞裡爬出，成了可恥的叛徒。一九三七年他又給關押在河北保定監獄中的共產黨員張××（原中宣部副部長）寫信，要求張××只要能答應出獄後回山西閻匪手下工作，就是讓他父親趙戴文保張××出獄……。並在信上極力宣揚劉少奇的「叛徒哲學」「投降哲學」。當時遭到了張××嚴正言詞的拒絕，提出「要放行，必須要有我們的條件。……」

一九四八年夏天，叛徒趙宗復又給被關押在閻匪特種警憲處的喬亞、衛吉祥、楊友多寫信，告喬、楊、衛三人必須自白，並要他們表示今後願意隨梁化之（特務頭子）、徐端（大叛徒、特務）工作。在叛徒趙宗復的唆使下，喬、衛、楊先後向敵人自首。

趙宗復究竟是一個什麼樣的貨色？靈魂深處隱藏的是什麼樣醜惡的東西，不就一目了然了嗎？趙宗復指使別人自首變節，就完全暴露了他的叛徒嘴臉。

叛徒趙宗復忠實地貫徹了大叛徒集團的總頭目劉少奇的「活命哲學」「叛徒哲學」，他在指使別人自首時恬不知恥地說什麼「這裡是特殊環境（指日占區），在這種地方，這種情況下可以寫悔過書……」，真是無恥到了極點，這是地地道道的叛徒邏輯。

四、貪生怕死，叛變投敵，反革命原形畢露

毛主席說：「有的不徹底的革命者起初是鬥爭的，後來就變小差了，馬上有人變節，並把同志拿出來交給敵人作為見面禮。」劉記大叛徒集團就是這樣一種人，叛徒趙宗復當然也不例外，同樣走了他主子們所走過的路。現在我們剖析一下十幾年在劉少奇「叛徒哲學」這個大黑傘的庇護下，叛徒趙宗復的反革命嘴臉吧！

叛徒趙宗復在地下黨組織活動中，嚴重地違犯黨的紀律，洩漏了黨的機密，曾在

歷史上四次被捕。

趙宗復在歷史上雖曾先後被捕四次，但他的被捕卻不同於其他同志，別人被捕是住監獄，他被捕後是住公寓（只有第四次被捕才是關在閻錫山東花園七層鋼筋水泥的防空洞裡，這也是閻匪怕解放太原的炮彈炸死他，才不得不這樣做的。）在他被扣押期間閻匪未動他的一根毫毛。可見趙宗復與閻錫山的關係是何等密切！

趙宗復在第三、四次被捕後，為了保全自己的一條狗命，為了在閻匪面前立功，在未受審、更未受刑的情況下，就嚇壞了狗膽，立即向敵人投降自首，屈膝求饒，先後給閻匪寫過兩次「自白書」。四八年八月被捕後寫了第一份「自白書」還未發表，四九年三月又被捕寫了第二份「自白書」。到了民國三十八年三月十五日由偽「同志會」宣傳科加了個按語，一起合登於偽《復興報》十五、十六、十七日，並在閻偽《陣中日報》上連載三版。（附件從略）他在「自白書」中寫道：「×會長嚴正寬大，組織的政治救護，使我由迷知返。在和化之貞吉兩兄弟相談之下，感動到相對淚下，猶豫之念一掃而空，頓覺心情安定。現在把我的過去經歷，實錄如下：……」，「……但此時實有一種奇怪心理發生，即對中央的做法不服輸的看法，想像中以為不幹共產黨，就搞同志會，只要方法對，天下事革命有許誰不允許誰的道理嗎？此意念沒有得到發表，因為環顧全省全國全世界，大事所在，共產黨是下水順風。文王百里而王得膝下小國也是沒有辦法。……」在第二次自白時他說：「還有一段最重要的話，在上次寫的自白上未寫出，因為寫出來中共對我可能有必犧牲而甘心的舉動，近幾日反省的結果，寧可被中共所倍殺，也不能欺騙會長，所以決定寫出來。……」

夠了！夠了！！在我們不得不摘引叛徒的「自白」時，實在擔心弄髒我們的紙筆！趙宗復的自白，一言道破了他假革命真投降的叛徒嘴臉。上述幾段話雖文字不多，但卻完全刻畫了叛徒趙宗復的反革命臉譜；道出了趙宗復多年來披著「地下黨員」的外衣，進行反革命活動的醜態；道出了他對主子閻錫山、特務頭子梁化之、楊貞吉的「營救」是何等的感激，竟「感動的相對淚下」；道出了他對共產黨的刻骨仇恨；也道出了他死心塌地追隨閻匪的「決心」：「寧可被中共所倍殺，也不能欺騙會長。……」叛徒趙宗復的自白並非偶然。從他的家庭出身和所受的教育，從他以前的歷史和他的所作所為，他最後必然要走這條背叛黨、背叛人民的道路。這是他反動階級立場和思想基礎所決定的。他根本不是真正的共產黨員，而是混進黨內的剝削階級的代理人；他根本不是一個革命者，而是一個老反革命。

趙宗復這個大叛徒，為了保留自己的一條狗命，不僅寫「自白書」自首，而且出賣了組織，出賣了同志，使黨的事業受到了嚴重的損失！

就是這個無恥的叛徒，出賣了中共太原地下黨組織，出賣了北平領導同志徐會雲！

就是這個無恥的叛徒，出賣了「燕京大學」地下黨組織的領導人！

就是這個無恥的叛徒，出賣了早期幫助自己進步的同志！

就是這個無恥的叛徒，出賣了曾被他介紹入黨的幾位同志！

就是這個無恥的叛徒，出賣了「進山中學」的一部分左派學生！

就是這個無恥的叛徒，出賣了喬亞、李祥瑞、梁維書、劉鑫等六君子！（一九四九年三月×日被閻匪殺害。他們有的是進山的左派學生，有的是地下黨員）

就是這個無恥的叛徒，出賣了地下黨員的領導人和地下黨員！

就是這個無恥的叛徒，把許多黨的重要機密都洩漏給敵人！

就是這個無恥的叛徒，竟然在「自白書」裡惡毒地誣蔑我們偉大的領袖毛主席和偉大的毛澤東思想，並將我們黨中央和國家領導人周總理、陳伯達等同志的名字都寫在「自白書」中，供給了敵人！

這個無恥的叛徒，除他不知道的不能供外，凡他所知道的幾乎是全供了出來！僅他在「自白書」上當時供出的地下黨員、黨組織領導人、左派學生就不下五十餘人。

就是這個無恥的叛徒，自首叛變後，從敵人的狗洞裡爬出來，求得了苟全偷生。經過閻匪的幾擒幾放考驗後，其反共才能更為閻匪所賞識，以至以後留下他收集幽靈，積蓄反革命力量，準備東山再起。

趙宗復叛變之後，充當了閻匪的「紅旗」特務，幹了閻匪特務所不能幹的罪惡活動。他的罪名傾黃、汾之水也永遠洗不清。

趙宗復的奴才面目是何等的可恥可鄙！趙宗復的叛徒嘴臉是何等的可惡可憎！

五、投靠大叛徒薄、安，叛徒給叛徒做結論

太原剛一解放（太原於四九年四月廿四日解放），叛徒趙宗復就跑到華北局，找主子大叛徒薄一波給自己的歷史問題做結論。在大叛徒薄一波、安子文、劉瀾濤庇護和拉攏下，叛徒趙宗復一九四九年八月又二次混入黨內。

我們偉大的領袖毛主席對於如何處理叛徒，做過許多英明的指示。毛主席說：「對於叛徒除罪大惡極者以外，在其不繼續反共的條件下，予以自新出路，如果回頭革命，還可以接待，但不准重新入黨」。薄一波之流竟敢狗膽包天，對抗我們偉大領袖的指示，掩蓋叛徒趙宗復的醜惡歷史，將他又二次拉入黨內。我們看看叛徒是如何給叛徒做結論的。

第一次處理意見是留黨察看，受到中央反對後，薄一波（當時是華北局第一書記）、劉瀾濤（當時是華北局組織部部長）與安子文（當時是中央組織部副部長）串通，來了個一箭雙鵰的手法，對叛徒趙宗復的歷史問題勉強做了一邊開除黨籍，一邊允許重新入黨的結論。

華北局關於趙宗復被捕問題的審查的決定（一九四九年八月經以劉、鄧為首的黑司令部批准）。決定摘錄如下：「……趙在敵人面前自首屈服，是一種政治上的變節行為，不管其主觀意圖如何，總是損害了黨的政治影響，有失節操，為黨紀所不許，應受開除黨籍之處份。但趙的供詞亦確未危害黨的組織，因他欺騙了敵人，……趙在第一次被捕出來後仍然堅持工作不懈，二次被捕推翻前供，又堅定起來，改正了過去的錯誤，可准其重新入黨。……並將本決定在華北局全黨公布。」

不難看出，以大叛徒薄一波、劉瀾濤把持下的華北局和以大叛徒安子文把持下的中央組織部，對叛徒趙宗復自首變節歷史的結論，是在為叛徒趙宗復的自首變節行為辯護，是給叛徒臉上貼金。華北局的這個結論是大叛徒劉少奇「叛徒哲學」的具體應用和翻版。叛徒給叛徒作的結論，絕不能算數。我們一定要把歷史再顛倒過來，使它恢復本來面目，趙宗復叛變自己就把自己開除革命的隊伍，怎能再混入黨內？

大叛徒薄一波之流，為了保存反革命實力，為了庇護叛徒趙宗復的變節行為，在結論中挖苦心思地編造了種種謬論。

第一個謬論是：「趙在敵人面前自首屈服，不管主觀意圖如何，總是損害了黨的政治影響。」言下之意，就是說趙宗復寫「自白書」是假投降，雖然損害了黨的政治影響，但「主觀意圖」還是好的，這純粹是騙人的鬼話。

第二個謬論是：「趙的供詞亦確未危害黨的組織，因他欺騙了敵人。……」言下之意，就是說趙宗復的自白是一個「策略」。實在是無恥到了極點！對於無產階級革命者，對於共產黨員，只有革命的策略，絕對沒有出賣革命、出賣共產黨員靈魂的叛徒策略。

第三個謬論是：「趙第一次被捕出來後，仍然堅持工作不懈，二次被捕，推翻前供，又堅定起來，改正了過去的錯誤，可准其重新入黨。」他們製造這個謬論的落腳點是允許重入黨。他們第三個謬論言下之意是說趙宗復還是有「功」的。這純粹是叛徒粉飾叛徒。他們歪曲是非，顛倒黑白，把叛變說成是「錯誤」，把補充自白說成是「推翻前供」，他們真不知世界上還有「羞恥」二字。

以上種種謬論，只不過是為叛徒趙宗復開脫罪責而已！是為使他們叛徒集團的總後台劉少奇的「叛徒哲學」取得合法地位，這就是完全暴露了大叛徒集團的叛徒頭子們，收羅人馬，積蓄反革命力量，準備反革命復辟的險惡用心。是可忍，孰不可忍！

大叛徒薄一波之流為了擴大影響，並將劉少奇「叛徒哲學」的活樣板，「華北局關於趙宗復被捕問題審查決定」，在華北局全黨進行公布，實際上就是為了宣揚自首變節的合法化。此決定流毒廣，毒害深，必須進行徹底批判，並肅清其流毒。要把劉少奇「叛徒哲學」、「投降哲學」、「活命哲學」以及它的翻版統統清掃到歷史的垃圾推。

六、欲蓋彌彰，製造假象，騙取群眾信任

解放以後叛徒趙宗復為了掩蓋自己叛變自首的醜惡歷史，騙取廣大群眾的信任，偽造歷史，到處招搖撞騙，製造了種種假象，極力美化、裝璜自己。它的叛徒兄弟和伙伴們也竭力給趙宗復這個叛徒臉上貼金抹粉。

叛徒趙宗復的變節歷史，雖在其主子的庇護下做出了結論。二次重新混入黨內，但他作賊心虛，唯恐怕人們揭穿他的歷史老底，於是他就對解放前歷史大加偽造，恬不知羞地宣揚他「解放前被補寫的「自白書」是為了保存組織、保存同志」，真是騙人之談，難道將黨組織的活動，將同志們出賣給敵人這是為了保存組織嗎？這是地地道道的叛徒邏輯。說什麼「報上登的我的「自白書」不是我的手稿，是被梁化之改過的，原來在上邊寫的決心為革命犧牲的一類話都被梁篡改，筆跡顯然。」騙人的鬼話。難道當時五十多名地下黨員和進山的左派學生的名字是別人給加上的嗎？全然不是，是他親手把這些同志拿出來給敵人做見面禮，還怕聞者有懷疑，胡編什麼「太原快解放時，梁化之派兩個警衛來殺我，我給他們做了工作，保護了我。」歷史最公正，它會做出真正的結論。趙宗復所謂能留下一條狗命，一則是他給閻匪寫的長達萬言的「自白書」起了救命圈的作用；二則是閻匪有意留下他，收羅幽靈，準備東山再起。在叛徒趙宗復散布謠言、製造假象的時候，他的叛徒兄弟、黑伙伴們也是密切配合大幫其忙。說什麼「趙宗復的「自白書」好多地方被梁化之篡改，薄一波認得梁的筆體。……」說什麼「趙宗復自白是為了自己承擔責任，保存同志，「自白書」雖供出好多人但等於不供，所供出的人，有的死了，有的跑了，有的與趙沒有關係。……」還說什麼「趙沒有被殺是由於封建關係，趙戴文是閻的老師，與閻有老交情。」等等。簡直是胡說八道，不堪一笑。

叛徒就是叛徒，不管怎樣粉飾裝璜，也不會變成英雄。英雄和叛徒的界限絕不能混淆。「馬列主義是革命的科學。為投降變節行為辯解的語言，在馬列主義裡是找不到的。」我們所懷念的、所敬仰的是無數為革命獻出生命的英雄，對於那些不齒於人類的叛徒要統統把他們扔進歷史的垃圾推。

七、招降納叛，收羅閻匪幽靈，積極為反革命復辟準備力量

毛主席說：「帝國主義者和國內反動派決不甘心於他們的失敗，他們還要做最後的掙扎。在全國平定以後，他們也還會以各種方式從事破壞和搗亂，他們將每日每時企圖在中國復辟。這是必然的，毫無疑義的，我們務必不要鬆懈自己的警惕性。」

一九四九年四月廿四日，太原解放了，隨著解放太原的炮聲，閻家王朝徹底摧垮，宣告滅亡。但是敵人並不甘心他們的失敗，閻匪在他逃往台灣之前，就安插下了他的代理人，叛徒趙宗復就是其中一員。解放以後，叛徒趙宗復秉承主子之意，投靠了門兄大叛徒薄一波，在大叛徒這把黑傘的掩護下，一面積極尋找自己的叛徒弟兄和黑伙伴結成了死黨，一面又積極收羅閻匪幽靈，為反革命復辟積蓄力量。他與叛徒鄧

拓的「三家村」黑店密切配合，遙相呼應，在太原工學院開啟了「弓冶文」黑店，極力宣揚和美化封建主義、資本主義、修正主義，把一支支毒箭射向三面紅旗，射向無產階級專政，射向戰無不勝的光焰無際的毛澤東思想，為資本主義復辟的輿論準備鳴鑼開道。

叛徒趙宗復把持太工領導權十多年中，濫用職權，安插親信，包庇壞人，網羅社會渣滓，招降納叛，結黨營私，企圖東山再起。十幾年中，他把閻匪高級官員、司徒雷登秘書、馬歇爾的翻譯、偽國大代表、孔祥熙的親信、國民黨戰犯、帝國主義奴才、大特務、大右派、反革命修正主義分子等等都安插到學校的領導地位，把持了我院黨政、人事、總務、教學、科研、財務等領導大權，使工學院成了他們反黨反社會主義反毛澤東思想的頑固堡壘。他又伙同反革命修正主義分子李守清、徐舟之流在我院極力推行修正主義教育路線，瘋狂地反對我院革命師生學習毛澤東思想，想盡一切辦法和黨爭奪青年一代，妄圖把青年培養成為他們復辟資本主義的御用工具。叛徒趙宗復對黨、對人民犯下不可饒恕的滔天罪行。

無產階級革命派戰友們：我們一定要高舉毛澤東思想偉大紅旗，發揚革命先烈的光榮傳統，以「宜將剩勇追窮寇」的精神，挖出暗藏在我們革命陣營中的「定時炸彈」，徹底批判黨內頭號走資本主義道路的當權派劉少奇所販賣的「活命哲學」、「叛徒哲學」、「投降哲學」反革命修正主義黑貨；徹底粉碎劉少奇的叛徒集團；徹底斬斷大叛徒劉少奇伸進我院的黑手；徹底埋葬趙家王朝，對準我院的反革命修正主義分子趙宗復、李守清、徐舟之流，窮追猛打，把他們打翻在地，再踏上一只腳，讓他們永世不得翻身！我們要牢記毛主席的教導，念念不忘階級鬥爭，念念不忘無產階級專政，念念不忘突出政治，念念不忘高舉毛澤東思想偉大紅旗。讓毛澤東思想的偉大紅旗在我院高高飄揚！永遠飄揚！

徹底批判「叛徒哲學」！打倒劉鄧陶！打倒衛王王！

打倒劉少奇大叛徒集團！徹底埋葬趙家王朝！

打倒老反革命大叛徒趙宗復！

無產階級專政萬歲！

戰無不勝的毛澤東思想萬歲！

我們偉大的導師、偉大的領袖、偉大的統帥、偉大的舵手毛主席萬歲！萬歲！萬萬歲！

初稿於北京一九六七年五月八日

附件（一）

余誓以至誠擁護會長閻百川先生民族革命及社會主義革命的主張，為實現按勞分配，物產證券奮鬥到底，以完成鞏固並擴大民族革命同志的任務，今後個人一切交付組織，只有服從組織的決定，並沒有個人的自由，恪遵紀律，嚴守機密，如違誓詞願受最嚴厲之處分謹誓。

宣誓人趙宗復介紹人王靖國監誓人楊愛源

中華民國三十年三月十九日

（按：趙宗復的終身根本不是為實現黨的主張，而是為實現閻匪反動的「按勞分配，物產證券」而奮鬥。）

附件（二）

我決定為全人類謀幸福，為國家民族求生存，做我的終身事業參加組織，做組織的忠實同志，追隨會長，做會長的忠實弟子，努力做到不欺組織，不欺會長，不欺自己，不欺同志，不欺群眾，消極不犯紀律，積極維護紀律，敢呈會長必能做甚務甚冒險犯難。

趙宗復三十一年二月十八日

（按：這是趙宗復反革命的自我表白，趙宗復從他固有的階級本性出發，立下了他終身信仰反動組織「同志會」的志願，他決心追隨閻錫山，做閻錫山的忠實弟子，從他所走出來的歷史，也正是他投靠閻錫山，忠實為閻匪效勞的歷史。）

（雄鷹革命造反兵團）

第二版 红太阳 1967年6月26日

混进党里、政府里、軍队里和各种文化界的資产阶級代表人物，是一批反革命的修正主义分子，一旦时机成熟，他們就会要夺取政权，由无产阶級专政变为資产阶級专政。这些人物，有些已被我們識破了，有些則还沒有被識破，有些正在受到我們信用，被培养为我們的接班人，例如赫魯曉夫那样的人物，他們現正睡在我們的身旁，各級党委必須充分注意这一点。

毛泽东

老反革命、大叛徒赵宗复的罪恶历史

"鍾山風雨起蒼黃，百万雄师过大江。"

无产阶級革命派高举无产阶級的革命批判大旗，汇成一股浩浩蕩蕩的革命大軍，直搗刘、邓黑司令部。无产阶級文化大革命洶涌的巨流蕩滌着旧社会留下来的所有污泥浊水，沉渣脏垢，隱藏了30年的刘記大叛徒集团的一群社会渣滓被冲击的原形毕露。在刘少奇的"活命哲学"、"投降哲学"、"叛徒哲学"的大黑伞的掩护下，在无产阶級大叛徒薄一波的庇护下，一貫被叛徒們恬不知耻地吹捧为"党的紅色宣传員"、"鎖在紅色保险柜里的共产党員"、"老地下党員"、"党的馴服工具"的赵宗复反革命叛徒嘴脸被戳穿了！这是毛泽东思想的又一伟大胜利！这是用毛泽东思想武装起来的革命小将所建立的又一不朽的功勛！

老反革命、大叛徒赵宗复在文化革命运动刚开始，企图逃脱历史对他的懲罰，虽然是已經自絕于党，自絕于人民，畏罪跳楼自杀了，但是赵宗复的罪恶历史和对党对人民所犯的滔天罪行，我們一定要彻底清算！

远在一九三三年，这个大官僚、大地主的孝子賢孙，就伪装进步，使尽了两面三刀的反革命伎倆，混入党内。他披着地下党員的外衣，却竭力为閻匪卖力，干着反革命的罪恶勾当。在地下党組織活动下，他曾多次严重地违犯党的紀律，先后四次被捕，被捕后泄露了党和人民的許多重要机密。在一九四八年正当革命处于紧张关头时他又背叛党，背叛人民，給閻匪递了长达万字的"自白书"，成了可耻的叛徒，被开除党籍。后在其后台大叛徒薄一波的

一、罪恶的家庭，封建的教育，使他牢牢地打上了剝削阶級的烙印

毛主席說："在阶級社会中，每一个人都在一定的阶級地位中生活，各种思想无不打上阶級的烙印。"

赵宗复于一九一五年出生在一个罪大恶极的大官僚、大地主的家庭里，其父赵戴文是閻錫山的老师。日本留学回国后，赵戴文就給閻匪当上了旅长、总参謀长、总参議、伪山西省政府主席、国民党内务部长、国民党中央监察院院长等要职。赵戴文解放前与閻匪狼狈为奸，相互勾结，对人民进行血腥的統治和残酷的压迫，是一个双手沾滿鮮血的劊子手，是一个頂頂有名的反共老手，与人民有不共戴天的仇恨。

赵宗复兄弟四人。大兄赵效复，曾任閻匪教育厅厅长，二兄赵仰复，曾任閻匪省計处处长，都是閻匪的忠实走卒，得心应手的工具。赵宗复就是出生在这样一个反动透頂罪恶累累的家庭里。在赵宗复的骨髓里，在他的每一个毛孔里，都浸滿了对党对人民的刻骨仇恨，从小就在他的思想里牢牢地打上了阶級的烙印。

赵宗复在幼年时就有家庭教师教育，受着一整套"孔、孟、曾"的封建教育。十一岁赵宗复入閻匪私自办的为他培养忠实奴才的"进山中学"，毕业后又在閻匪专門聘請的英帝国主义卫立穆所办的"外国文言学校"学习，十七岁

学年报》上先后投出了《汪梅村年譜稿》（有关太平天国史料），《李自成农民叛乱記实》等一系列毒箭，射向了劳动人民。在他的这些毒草里，恶毒地誣蔑农民起义是"叛乱"，誣蔑明末农民起义是"流賊屡起，南侵北俺，交相扰乱"，极力抹煞太平天国农民起义的伟大成績，极力美化封建統治阶級的代表朱元璋，丑化农民起义的領袖李自成，仇視、攻击劳动人民的气焰，一度甚囂尘上。

（二）剝削阶級的孝子賢孙，閻錫山眼下的紅人

▲一九三七年夏天，受过美帝国主义奴化教育的赵宗复于燕京大学毕业，毕业后原打算去日本受軍国主义教育，可是由于事变发生未遂。于是赵宗复就回到了山西土皇帝閻錫山的身边，投靠到大叛徒薄一波的門下，参加了被人們頌为"革命"組織，实际上是不折不扣的閻錫山御用工具的反革命組織——"牺盟会"，并成为"牺盟会"的头面人物。从此赵宗复就与其主子大叛徒薄一波挂上了鈎，同从反省院狗洞里爬出来的众叛徒們搭上了伙。

▲一九三七年赵宗复将任卿紹介紹給文水县县长李石庵，参加了游击队（李石庵系托派，后被我游击队枪毙），赵宗复早已就与托派有关系。

▲一九三七年十月——一九三八年二月赵宗复任山西战地总动员委員会宣传科科长。三八年二月赵宗复参予了反共組織伪"民族革命同志会"的发起工作，为伪同志会的当然成員，伪"民族革命同志会"成立之时起，叛徒赵宗复就开始了反共活动。

老反革命、大叛徒赵宗复在文化革命运动刚开始，企图逃脱历史对他的惩罰，虽然是已經自絕于党，自絕于人民，畏罪跳楼自杀了，但是赵宗复的罪恶历史和对党对人民所犯的滔天罪行，我們一定要彻底清算！

远在一九三三年，这个大官僚、大地主的孝子賢孙，就伪装进步，使尽了两面三刀的反革命伎俩，混入党內。他披着地下党員的外衣，却竭力为閻匪卖力，干着反革命的罪恶勾当。在地下党組織活动下，他曾多次严重地违犯党的紀律，先后四次被捕，被捕后泄露了党和人民的許多重要机密。在一九四八年正当革命处于紧张关头时他又背叛党，背叛人民，給閻匪递了长达万字的"自白书"，成了可耻的叛徒，被开除党籍。后在其后台大叛徒薄一波的包庇下，又二次混入党內，鉆进了教育界，先后窃据了山西省政府委員、山西省教育厅厅长、山西大学付校长、太原工学院院长兼党委第一付书記、省人大代表等要职。

叛徒赵宗复在二次入党后采取了更加隐蔽、更加狡猾的手法，进行反党反社会主义的罪恶活动。

在六二年我国国民經济处于暂时困难的时候，正当国际帝国主义、现代修正主义和各国反动派大搞反华大合唱，国內地、富、反、坏、右蠢蠢欲动的时候，叛徒赵宗复与全国"三家村"黑店遥相呼应，在太原工学院营业起"弓冶文"黑店，把一支支的毒箭射向了三面紅旗，射向了无产阶級专政，向党向社会主义向毛泽东思想发起了猖狂的进攻。

叛徒赵宗复把持工学院十多年中，极力宣揚和美化封建主义、资本主义、修正主义，为反革命复辟作了輿論准备。他滥用职权，安插亲信，包庇坏人，招降納叛，結党营私，收罗閻匪幽灵，积蓄反革命力量，准备东山再起。

一系列鉄的事实証明，叛徒赵宗复是一个混进党內的阶級异己分子，是一个不折不扣的反党反社会主义反毛泽东思想的反革命修正主义分子，是地地道道的大叛徒、老反革命。

这个叛徒对党对人民所犯下的滔天罪行眞是罄竹难书！

"借問瘟君欲何往，紙船明烛照天燒。"波瀾壮闊的无产阶級文化大革命宣判了这个罪恶累累的老反革命、大叛徒的死刑，把这个不齿于人类的狗屎扔进了历史的垃圾堆。

紅旗漫卷，东风浩蕩。无产阶級文化大革命又进入了更新的阶段，我們一定要牢記毛主席的教导，奋起无产阶級的千鈞棒，揮舞无产阶級的鉄扫帚，横扫一切害人虫，全无敌！彻底砸烂赵家黑店，挖掉赵宗复这条黑根，斬断所有的黑綫，把叛徒赵宗复的同伙党羽、走卒，从各个战綫各个部門中清除出去，把他們全部埋葬！让我們更高地举起毛泽东思想伟大紅旗，朝着伟大导师毛主席开辟的航道，为夺取无产阶級文化大革命的全面胜利英勇战斗！

为了更清楚地认識赵宗复的反革命叛徒咀脸，彻底肃清其社会流毒，让我們把他的罪恶历史拿出来示众吧！

……滿鲜血的刽子手，是一个頂頂有名的反共老手，与人民有不共戴天的仇恨。

赵宗复兄弟四人。大兄赵效复，曾任閻匪教育厅厅长，二兄赵仰复，曾任閻匪省計处处长，都是閻匪的忠实走卒，得心应手的工具。赵宗复就是出生在这样一个反动透頂罪恶累累的家庭里。在赵宗复的骨髓里，在他的每一个毛孔里，都浸滿了对党对人民的刻骨仇恨，从小就在他的思想里牢牢地打上了阶級的烙印。

赵宗复在幼年时就有家庭教师教育，受着一整套"孔、孟、曾"的封建教育。十一岁赵宗复入閻匪私自办的为他培养忠实奴才的"进山中学"，毕业后又在閻匪专門聘請的英帝国主义卫立穆所办的"外国文言学校"学习，十七岁考入"燕京大学"，受美帝国主义的奴化教育。罪恶的剥削阶級家庭出身，封建、奴化教育就为赵宗复继承剥削阶級的衣鉢，投靠閻匪寻找出路奠定了思想基础。由于赵宗复的家世和他本人的反革命天才早已被閻匪所看中，赵宗复"燕京大学"毕业后就成了閻錫山眼下的当然紅人。

二、披着党員的外衣，死心塌地与人民为敌

毛主席說："什么人站在革命人民方面，他就是革命派，什么人站在帝国主义、封建主义、官僚資本主义方面，他就是反革命派。"赵宗复是站在那一方面，看他的过去，就会知道他的现在。赵宗复根本不是一个革命者，而是混入党內的阶級异己分子，是地地道道的老反革命。

（一）伪装进步，混入革命队伍，其反动本质未变

一九三二年，叛徒赵宗复考入了司徒雷登办的燕京大学，受美帝国主义的奴化教育。在燕大学习期間赵宗复伪装进步，在表面上也做了些革命的动作，曾先后参加燕大反帝大同盟（并任过該組織的支部书記）和共产主义青年团。他认为貼反帝标語、游行、呼口号效果不大，是形式主义。一九三三年十二月赵宗复經宋劭文（国家計委付主任、大叛徒）介紹給一个叫"黑李"（即李政文，現高教部政治教育司付司长），又輾介紹給刘一樵（現在香港），参加了苏联远东情报工作，在刘一樵的領导下給苏联搞秘密的情报工作。赵宗复从刘一樵介紹加入苏远东情报工作之时起，就冒名为党員，在他以后的填表中也填为在一九三三年加入中国共产党。（注：根据我們調查，在一九三三年期間，刘一樵既不是中共党員，也不是苏共党員，所以刘就根本不可能介紹赵宗复入党，赵宗复在一九三三年加入中国共产党是冒充的。）叛徒赵宗复就是以这样的卑鄙手段混入党內，从此赵宗复就披上了搞反革命活动的合法外衣，戴上了"革命者"的假面具。赵宗复在燕大活动中完全站在了反动的剥削阶級立場上．在燕大《史

皇帝閻錫山的身边，投靠到大叛徒薄一波的門下，参加了被人們頌为"革命"組織，实际上是不折不扣的閻錫山御用工具的反革命組織——"牺盟会"，并成为"牺盟会"的头面人物。从此赵宗复就与其主子大叛徒薄一波挂上了鉤，同从反省院狗洞里爬出来的众叛徒們搭上了伙。

▲一九三七年赵宗复将任弼紹介紹給文水县县长李石庵，参加了游击队（李石庵系托派，后被我游击队枪毙），赵宗复早已就与托派有关系。

▲一九三七年十月——一九三八年二月赵宗复任山西战地总动員委員会宣传科科长。三八年二月赵宗复参予了反共組織伪"民族革命同志会"的发起工作，为伪同志会的当然成員，伪"民族革命同志会"成立之时起，叛徒赵宗复就开始了反共活动。

▲一九三八年二月，在日本帝国主义大举进攻下，临汾失守，赵宗复跟随閻錫山到第二战区政治部工作。当时政治部挂名主任是赵戴文，付主任梁化之，秘书主任刘岱峰（国家物价委員会付主任，大叛徒）。赵宗复任政治部交通科科长。（交通科主要任务是传遞政治部与所属单位来往信件和政治部領导所属单位的指示文件）

▲一九三八年夏天交通科扩大为交通局，赵宗复任交通局主任，直到三九年十二月。赵健（又名赵宗枢，叛徒，解放后被我人民政府判处四年徒刑）任付主任。（交通局任务是专門建立閻匪政治部与各专署秘密交通情报工作）同一年交通局办了一个"政治交通学校"，由赵宗复全面負責。学校的学生是来自各专区交通工作員和由各区派来的人，赵宗复在該校为閻匪培养了一大批交通情报員。

▲一九三九年十二月晋西事变发生，一大部分有热血的爱国青年、优秀的共产党員跑到了解放区，走上了抗日第一綫。就在当时民族危亡的紧要关头，貪生怕死的赵宗复却跟随閻匪司令总部跑到了河东吉县，从此交通局取消。赵宗复此时先后在閻匪手下任第二战区司令长官行营秘书，司令长官行营政治部科长、課长（少将軍銜），司令长官司令部第三組組长等要职。可見閻匪对赵宗复是如何之器重。

▲一九四零年一月，閻匪为了进一步发揮"同志会"的反共作用，就从会員中选拔了一批积极反共的分子，发展为"同先"（即"同志会先鋒队"），叛徒赵宗复被选拔为"同先"的成員。

▲一九四零年五月，赵宗复于晋西参加国民党，并先后任过国民党省參議員，国民党省党部委員，国民党山西省文化界戡乱救国总动員会（反共組織）委員。成了閻匪政府紅极一时的政治"风云人物"。

▲一九四零年九月赵宗复同智力展（閻匪旧官僚，現省政协工作）、王竹成（解放前曾任閻匪政治部秘书主任，太原解放时跑到台湾）受梁化之电調到"伪中央訓练团"受訓。赵宗复受訓以后就更成了維持閻匪反革命政权的鉄杆馴服工具，挖空心思地为閻匪的統治出謀划策，声嘶力竭地为閻匪政府卖力。

（下轉三版）

1967年6月26日　红太原　第三版

[redacted]反革命、大叛徒趙宗復的罪恶历史

（上接二版）

▲一九四零年冬季，閻匪密嘱每个高干介紹反共积极、絕对有把握的分子发展为"基干"，作为反动組織的骨干力量。叛徒赵宗复由王靖国介紹参加了"基干組織"，并任干部委員。

▲一九四一年，由于时局的发展，閻匪越来越感到造就一大批反革命政权的忠实走卒和应声虫的必要性，进山中学就在閻匪这种迫切的政治需要下复学了，閻錫山是挂名校长，他把学校的实权校务主任的要职交給了他的宠儿赵宗复，大特务头子梁化之的弟弟梁祥厚任教务主任。由职务的安排，就很明显看出閻匪对进山是相当重視的，閻匪对赵宗复也是相当重用的。以后閻匪又将赵提为进山校长直到一九四七年十月。赵宗复在进山期間，經常在大庭广众之下，恬不知耻肉麻地吹捧閻錫山，拚命地給学生灌輸亲閻、崇閻、拥閻的反动思想。赵宗复在进山中学利用职权，大力給閻匪发展"同志会"这个反动組織，給閻匪招募了一大批俯首貼耳的馴服工具。在发展"同志会"会員期間，他威胁学生，說什么"进山中学是閻錫山直接領导的，所有进山的学生都必須加入同志会……。"由此可見赵宗复对其主子閻錫山是何等效忠！当时在赵宗复領导下的进山学生百分之百的是"同志会"会員，赵宗复曾先后任过"同志会"进山中学主任委員，后閻在进山成立"同志会"特支部，赵又兼主任特派員。眞是紅极一时！就是这个老反革命赵宗复毒害了进山相当大部分青年走上了反革命歧途，成了閻匪反动政府的忠实走卒，就是这个老反革命給进山青年灌輸了"明哲保身"、"活命第一"的资产阶級的活命哲学观，使进山一部分青年在革命的紧要关头变节自首，当上了可耻的叛徒。老反革命赵宗复眞是罪该万死。

▲一九四一年三月六日閻匪提出了"同干"五要，赵宗复又发表了"自誓"，表示决心努力具备"同干"五条件，接受二个約束，遵守三条紀律，实践两項信約。

▲一九四一年三月閻匪为了进一步純洁"同志会"，組織一批亲信和忠实于他的奴才，授意梁化之、李江負責組織了"最后同志"（即"文人組織"）。三月十九日赵宗复又在"同干"組織里发表"誓詞"（詳見附件一）。发誓坚决拥护閻錫山的"民族革命"和"社会革命"的主张，并决心为閻匪所提出的反动的"按劳分配、物产証券"奋斗到底。不难看出赵宗复既是閻家王朝的忠实奴才，又是帮助閻匪进行反革命宣传、欺騙群众的得力干将，宗复自首叛变，出卖了革命，出卖了同志。

▲一九四九年二月，太原临近解放，赵宗复于三月二日被捕。被捕后赵宗复又向閻匪二次自首。

毛主席說："我認为，对我們来說，一个人，一个党，一个軍队，或者一个学校，如若不被敌人反对，那就不好了，那一定是同敌人同流合污了。"物以类聚，人以群分，赵宗复在解放前的十一年之中，所以能与閻匪的大官僚、特务、奴才、看門狗与杂七杂八的人鬼混在一起，同流合污，这不正說明他們是一路貨色，一丘之貉嗎？他同閻匪的卵翼下孵出来的害人虫絕无两样。不然的話，一个地下党員怎么能长久生活在那样烏烟瘴气臭气冲天的环境里，怎么能甘心情愿拜倒在閻匪的膝下，甘当閻的忠实奴才呢？

赵宗复解放前十一年的历史，是继承其剝削阶級衣鉢，充当剝削阶級的孝子賢孙的历史，是认賊作父，投降敌人的历史，是与人民为敌进行罪恶的反革命活动的历史。赵宗复在閻伪历史上曾經一度是紅极一时的"政治风云人物"，是閻錫山的心腹和宠儿。赵宗复就是在閻的亲手扶植和提拔下，由一个伪政府普普通通的工作人員最后一步登上了閻伪政府高干的宝座。

赵宗复的入党也只不过是給自己这个大官僚、大地主出身的"少爷"裝璜門面，脸上鍍了一层浮金。他在地下組織活动中阳一套，阴一套，使尽了两面三刀的手法，給党工作是假，为閻匪办事搞反革命活动是眞，他起到了閻匪特务所起不到的作用。他的历史就完全明白地告訴人們赵宗复根本就不是一个革命者，也根本不是一个共产党員，而是地地道道的老反革命家，是埋藏在革命队伍中的定时炸弹。

三、抗战前夕，指使别人自首，叛徒咀臉大暴露

叛徒赵宗复向敌人屈膝投降，叛变自首，由来已久，早在抗战爆发前夕，他就指使押在駐獵县的冀东保安队区队部的赵中池（原中国科学院科学出版社党委书記，叛徒，三反分子）等五人向敌人写悔过书出獄。一九三六年三月叛徒赵宗复来到獵县獄中，同伪区队部（冀东保安队駐獵县的区队部）敌人进行了反革命的出卖原則的政治交易，他到獄中去看赵中池的时候，就轉告赵中池說："請人营救卫尔有活动，据云案情已动了，不久即可出獄。"律，泄露了党的机密，曾在历史上四次被捕。

赵宗复在历史上虽曾先后被捕四次，但他的被捕却不同于其他同志，别人被捕是住监狱，他被捕后是住公寓（只有第四次被捕才是关在閻錫山东花园七层鋼筋水泥的防空洞里，这也是閻匪怕解放太原的炮弹炸死他，才不得不这样做的。）在他被扣押期間閻匪未动他的一根毫毛。可見赵宗复与閻錫山的关系是何等密切！

赵宗复在第三、四次被捕后，为了保全自己的一条狗命，为了在閻匪面前立功，在未受审、更未受刑的情况下，就吓坏了狗胆，立即向敌人投降自首，屈膝求饒，先后給閻匪写过两次"自白书"。四八年八月被捕后写了第一份"自白书"还未发表，四九年三月又被捕写了第二份"自白书"。到了民国三十八年三月十五日由伪"同志会"宣传科加了个按語，一起合登于伪《复兴报》十五、十六、十七日，并在閻伪《陣中日报》上連載三版。（附件从略）他在"自白书"中写道："×会长严正宽大，組織的政治救护，使我由迷知返。在和化之貞吉两兄相談之下，感动到相对泪下，犹豫之念一扫而空，頓覚心情安定。现在把我的过去經历，实录如下：……"，"……但此时实有一种奇怪心理发生，即对中央的做法不服輸的看法，想象中以为不干共产党，就搞同志会，只要方法对，天下事革命有許誰不允許誰的道理嗎？此意念沒有得到发表，因为环顾全省全国全世界，大事所在，共产党是下水順风。文王百里而王得膝下小国也是沒有办法。……"在第二次自白时他說："还有一段最重要的話，在上次写的自白上未写出，因为写出来中共对我可能有必牺牲而甘心的举动，近几日反省的結果，宁可被中共所倍杀，也不能欺瞞会长，所以决定写出来。……"

够了！够了！！在我們不得不摘引叛徒的"自白"时，实在担心弄脏我們的紙笔！赵宗复的自白，一言道破了他假革命眞投降的叛徒咀脸。上述几段話虽文字不多，但却完全刻画了叛徒赵宗复的反革命脸譜；道出了赵宗复多年来披着"地下党員"的外衣，进行反革命活动的丑态；道出了他对主子閻錫山、特务头子梁化之、楊貞吉的"营救"是何等的感激，竟"感动的相对泪下"；道出了他对共产党的刻骨仇恨；也道出了他死心塌地追随閻匪的"决心"："宁可被共产党所倍杀，也不能欺瞞会长。……"叛徒赵宗复的自白并非偶然。从他的家庭出身和所受的教育，从他以前的历史和他的所作所为，他最后必然要走这条背叛党、背叛人民的道路。这是他的反动阶級立场

宗复又发表了"自誓"，表示决心努力具备"同干"五条件，接受二个約束，遵守三条紀律，实践两項信約。

▲一九四一年三月閻匪为了进一步純洁"同志会"，組織一批亲信和忠实于他的奴才，授意梁化之、李江負責組織了"最后同志"（即"文人組織"）。三月十九日赵宗复又在"同干"組織里发表"誓詞"（詳見附件一），发誓坚决拥护閻錫山的"民族革命"和"社会革命"的主张，并决心为閻匪所提出的反动的"按劳分配、物产証券"奋斗到底。不难看出赵宗复既是閻家王朝的忠实奴才，又是帮助閻匪进行反革命宣传、欺骗群众的得力干将。赵宗复为了宣揚閻匪所提出的反动的"按劳分配，物产証券"，在进山中学将此专門規定为一門讲授課程。可見赵宗复为維持閻家王朝是何等之卖力。

▲一九四二年二月十八日，赵宗复又向閻匪表示要終做会长的忠实弟子，努力做到不欺会长、不欺組織（指"同志会"）不欺……。可見赵宗复追随閻匪走反革命道路的信心是何等坚定。同年閻匪又从"基干"中选拔反共积极、并有能力的为"領干"，叛徒赵宗复又被选为40个"領干"之一。（附件二）

▲一九四三年，青年干部預备学校成立，赵宗复任进山校长兼青干預备学校主任，为閻匪培养反革命政权的后备人。

▲一九四四年冬季，梁化之为了减少外在的反对和内部的矛盾，又成立了包罗万象的"建政委員会"，叛徒赵宗复又是28个委員之一。

叛徒赵宗复由于竭尽全力效忠于閻匪，忠于反共組織"同志会"，所以深为閻匪所宠爱，受到閻匪器重，一直青云直上，最后被閻匪提拔为"同志会"候补高干，从此叛徒赵宗复就登上了閻伪政府决策机构高級官員的宝座。

▲一九四六年閻匪委任赵宗复担任进山中学国民党区分部宣传委員。

▲一九四七年十月，由于赵宗复追随閻匪工作卖力出色，被閻匪提拔为新聞处处长。

▲一九四七年十一月，山西学生軍訓总指揮部成立，赵宗复任总指揮部第一大队大队长，精心为閻匪訓练反革命政权的御林軍。

▲一九四八年七月，赵宗复又被閻匪提拔为伪省政府教育厅代厅长。

▲一九四八年八月，"山西战地动員工作团"（簡称动团）于太原成立，赵宗复任該团秘书主任，伙同梁化之为閻家王朝积极訓练对抗解放太原的亡命徒。

▲一九四八年八月三十日，即太原解放前夕，地下党組織为了配合我軍解放太原，繪制了閻匪的兵力分布、城防图及飞机場的位置图，准备送到当时八路軍司令部"9 9"联絡站，赵宗复把这样重要的任务交給了一个大坏蛋曹瑞庭，結果在送的途中被楊貞吉的特工队查获，将曹捕获，曹捕后供出了赵，赵第三次被捕，送情报一事被破获，給我軍解放太原造成了很大損失。此次被捕后叛徒赵

自首，叛徒咀臉大暴露

叛徒赵宗复向敌人屈膝投降，叛变自首，由来已久。早在抗战爆发前夕，他就指使押在駐獵县的冀东保安队区队部的赵中池（原中国科学院科学出版社党委书記，叛徒，三反分子）等五人向敌人写悔过书出獄。一九三六年三月叛徒赵宗复来到獵县獄中，同伪区队部（冀东保安队駐獵县的区队部）敌人进行了反革命的出卖原則的政治交易，他到獄中去看赵中池的时候，就轉告赵中池說："腊人营救卫尔有活动，据云案情已动了，不久即可出獄。"又拿出几张紙說："这是区队部要你們写悔过书的。"赵宗复再三劝說，并无耻地說什么"这里（指冀东）等于日本占領区，在这种地方、这种情况下（即特殊环境）可以写悔过书……。"在他的指使下赵中池等五人就給敌人写了悔过书，悔过书大意是：×××系参加共产党甚悔，今后出去不再参加政治活动……。五人写的是大同小异，由是赵中池等人就利用給敌人写悔过书这根救命稻草，从敌人的狗洞里爬出，成了可耻的叛徒。一九三七年他又給关押在河北保定监獄中的共产党員张××（原中宣部付部长）写信，要求张××只要能答应出獄后回山西閻匪手下工作，就是让他父亲赵戴文保张××出獄……。并在信上极力宣揚刘少奇的"叛徒哲学""投降哲学"。当时遭到了张××严正嚴詞的拒絕，提出"要放行，必須要有我們的条件。……"

一九四八年夏天，叛徒赵宗复又給被关押在閻匪特种警宪处的乔亚、卫吉祥、楊友多写信，告乔、楊、卫三人必須自白，并要他們表示今后愿意随梁化之（特务头子）、徐端（大叛徒、特务）工作。在叛徒赵宗复的唆使下，乔、卫、楊先后向敌人自首。

赵宗复究竟是一个什么样的貨色？灵魂深处隐藏的是什么样丑恶的东西，不就一目了然了嗎？赵宗复指使別人自首变节，就完全暴露了他的叛徒咀臉。

叛徒赵宗复忠实地貫彻了大叛徒集团的总头目刘少奇的"活命哲学""叛徒哲学"，他在指使別人自首时恬不知耻地說什么"这里是特殊环境（指日占区），在这种地方，这种情况下可以写悔过书……"，眞是无耻到了极点，这是地地道道的叛徒邏輯。

四、貪生怕死，叛变投敌，反革命原形畢露

毛主席說："有的不徹底的革命者起初是斗爭的，后来就开小差了，馬上有人变节，并把同志拿出来交給敌人作为見面礼。"刘記大叛徒集团就是这样一种人，叛徒赵宗复当然也不例外，同样走了他主子們所走过的路。現在我們剖析一下十几年在刘少奇"叛徒哲学"这个大黑伞的庇护下，叛徒赵宗复的反革命咀臉吧！

叛徒赵宗复在地下党組織活动中，严重地违犯党的紀律，实在指心罪就我們的救星！赵宗复的自首，一言道破了他假革命員投降的叛徒咀臉。上述几段話虽文字不多，但却完全刻画了叛徒赵宗复的反革命臉譜；道出了赵宗复多年来披着"地下党員"的外衣，进行反革命活动的丑态；道出了他对主子閻錫山、特务头子梁化之、楊貞吉的"营救"是何等的感激，竟"感动的相对泪下"；道出了他对共产党的刻骨仇恨；也道出了他死心塌地追随閻匪的"决心"："宁可被共产党所倍杀，也不能欺瞞会长。……"叛徒赵宗复的自白并非偶然。从他的家庭出身和所受的教育，从他以前的历史和他的所作所为，他最后必然要走这条背叛党、背叛人民的道路。这是他的反动阶級立場和思想基础所决定的。他根本不是眞正的共产党員，而是混进党內的剝削阶級的代理人；他根本不是一个革命者，而是一个老反革命。

赵宗复这个大叛徒，为了保留自己的一条狗命，不仅写"自白书"自首，而且出卖了組織，出卖了同志，使党的事业受到了严重的損失！

就是这个无耻的叛徒，出卖了中共太原地下党組織，出卖了北平領导同志徐会云！

就是这个无耻的叛徒，出卖了"燕京大学"地下党組織的領导人！

就是这个无耻的叛徒，出卖了早期帮助自己进步的同志！

就是这个无耻的叛徒，出卖了曾被他介紹入党的几位同志！

就是这个无耻的叛徒，出卖了"进山中学"的一部分左派学生！

就是这个无耻的叛徒，出卖了乔亚、李祥瑞、梁維书、刘鑫等六君子！（一九四九年三月×日被閻匪杀害。他們有的是进山的左派学生，有的是地下党員）

就是这个无耻的叛徒，出卖了地下党員的領导人和地下党員！

就是这个无耻的叛徒，把許多党的重要机密都泄露給敌人！

就是这个无耻的叛徒，竟然在"自白书"里恶毒地誣蔑我們伟大的領袖毛主席和伟大的毛泽东思想，并将我們党中央和国家領导人周总理、陈伯达等同志的名字都写在"自白书"中，供給了敌人！

这个无耻的叛徒，除他不知道的不能供外，凡他所知道的几乎是全供了出来！仅在他"自白书"上当时供出的地下党員、党組織領导人、左派学生就不下五十余人。

这个无耻的叛徒，自首叛变后，从敌人的狗洞里爬出来，求得了苟全偷生。經过閻匪的几擒几放考驗后，其反共才能更为閻匪所賞識，以至以后留下他收集幽灵，积蓄反革命力量，准备东山再起。

赵宗复叛变之后，充当了閻匪的"紅旗"特务，干了閻匪特务所不能干的罪恶活动。他的罪恶領黄、汾之水也永远洗不清。

（下轉四版）

第四版　红太工　1967年6月28日

老反革命、大叛徒趙宗復的罪恶历史

（上接三版）

赵宗复的奴才面目是何等的可耻可鄙！赵宗复的叛徒咀脸是何等的可恶可憎！

五、投靠大叛徒薄、安，叛徒給叛徒作結論

太原刚一解放（太原于四九年四月廿四日解放），叛徒赵宗复就跑到华北局，找主子大叛徒薄一波給自己的历史問題作結論。在大叛徒薄一波、安子文、刘澜涛庇护和拉攏下，叛徒赵宗复一九四九年八月又二次混入党內。

我們伟大的領袖毛主席对于如何处理叛徒，作过許多英明的指示。毛主席說："对于叛徒除罪大惡极者以外，在其不繼續反共的条件下，予以自新出路，如果回头革命，还可以接待，但不准重新入党"。薄一波之流竟敢狗胆包天，对抗我們伟大領袖的指示，掩盖叛徒赵宗复的丑恶历史，将他又二次拉入党內。我們看看叛徒是如何給叛徒作結論的。

第一次处理意見是留党察看，受到中央反对后，薄一波（当时是华北局第一书記）、刘澜涛（当时是华北局組織部部长）与安子文（当时是中央組織部副部长）串通，来了个一箭双雕的手法，对叛徒赵宗复的历史問題勉强作了一边开除党籍，一边允許重新入党的結論。

华北局关于赵宗复被捕問題的审查的决定（一九四九年八月經以刘、邓为首的黑司令部批准）。决定摘录如下："……赵在敌人面前自首屈服，是一种政治上的变节行为，不管其主观意图如何，总是損害了党的政治影响，有失节操，为党紀所不許，应受开除党籍之处分。但赵的供詞亦确未危害党的組織，因他欺騙了敌人，……赵在第一次被捕出来后仍然坚持工作不懈，二次被捕推翻前供，又坚定起来，改正了过去的錯誤，可准其重新入党。……并将本决定在华北局全党公布。"

不难看出，以大叛徒薄一波、刘澜涛把持下的华北局和以大叛徒安子文把持下的中央組織部，对叛徒赵宗复自首变节历史的結論，是在为叛徒赵宗复的自首变节行为辯护，是給叛徒脸上貼金。华北局的这个結論是大叛徒刘少奇"叛徒哲学"的具体应用和翻版。叛徒給叛徒作的結論，絕不能算数。我們一定要把历史再顛倒过来，使它恢复本来面目，赵宗复的叛变自己就把自己开除出革命的队伍，怎能再混入党內？

大叛徒薄一波之流，为了保存反革命实力，为了庇护叛徒赵宗复的变节行为，在結論中挖苦心思地編造了种种謬論。

第一个謬論是："赵在敌人面前自首屈服，不管主观意图如何，总是損害了党的政治影响。"言下之意，就是說赵宗复写"自白书"是假投降，虽然損害了党的政治影

哲学"的活样板"华北局关于赵宗复被捕問題审查决定"，在华北局全党进行公布，实际上就是为了宣揚自首变节的合法化。此决定流毒广，毒害深，必须进行彻底批判，并肃清其流毒。要把刘少奇"叛徒哲学"、"投降哲学"、"活命哲学"以及它的翻版統統清扫到历史的垃圾堆。

六、欲盖弥彰，制造假象，騙取群众信任

解放以后叛徒赵宗复为了掩盖自己叛变自首的丑恶历史，騙取广大群众的信任，伪造历史，到处招搖撞騙，制造了种种假象，极力美化、裝璜自己。他的叛徒弟兄和伙伴們也竭力給赵宗复这个叛徒脸上貼金抹粉。

叛徒赵宗复的变节历史，虽在其主子的庇护下作出了結論，二次重新混入党內，但他作賊心虛，唯恐怕人們揭穿他的历史老底，于是他就对解放前历史大加伪造，恬不知羞地宣揚他"解放前被捕写的"自白书"是为了保存組織、保存同志"，真是騙人之談，难道将党組織的活动，将同志們出卖給敌人这是为了保存組織嗎？这是地地道道的叛徒邏輯。說什么："报上登的我的'自白书'不是我的手稿，是被梁化之改过的，原来在上边写的决心为革命牺牲的一类話都被梁篡改，笔迹显然。"騙人的鬼話。难道当时五十多名地下党員和进山的左派学生的名字是别人給加上的嗎？全然不是，是他亲手把这些同志拿出来給敌人作見面礼，还怕聞者有怀疑，胡編什么"太原快解放时，梁化之派两个警卫来杀我，我給他們做了工作，保护了我。"历史最公正，它会做出眞正的結論。赵宗复所謂能留下一条狗命，一則是他給閻匪写的长达万言的"自白书"起了救命圈的作用；二則是閻匪有意留下他，收罗幽灵，准备东山再起。在叛徒赵宗复散布謠言、制造假象的时候，他的叛徒弟兄、黑伙伴們也是密切配合大帮其忙。說什么"赵宗复的'自白书'好多地方被梁化之篡改，薄一波认得梁的笔体……"說什么"赵宗复自白是为了自己承担責任，保存同志，"自白书"虽供出好多人但等于不供，所供出的人，有的死了，有的跑了，有的与赵沒有关系。……"还說什么"赵沒有被杀是由于封建关系，赵戴文是閻的老师，与閻有老交情。"等等。简直是胡說八道，不堪一笑。

叛徒就是叛徒，不管怎样粉飾裝璜，也不会变成英雄。英雄和叛徒的界限絕不能混淆。"馬列主义是革命的科学。为投降变节行为辯解的謡言，在馬列主义里是找不到的。"我們所怀念的、所敬仰的是无数为革命献出生命的英雄，对于那些不齿于人类的叛徒要統統把他們扔进历史的垃圾堆。

应，在太原工学院开起了"弓冶文"黑店，极为宣揚和美化封建主义、資本主义、修正主义，把一支支毒箭射向三面紅旗，射向无产阶級专政，射向战无不胜的光焰无际的毛泽东思想，为資本主义复辟的輿論准备鳴鑼开道。

叛徒赵宗复把持太工領导权十多年中，滥用职权，安插亲信，包庇坏人，网罗社会渣滓，招降納叛，結党营私，企图东山再起。十几年中，他把閻匪高級官員、司徒雷登秘书、馬歇尔的翻譯、伪国大代表、孔祥熙的亲信、国民党战犯、帝国主义奴才、大特务、大右派、反革命修正主义分子等等都安插到学校的領导地位，把持了我院党政、人事、总务、教学、科研、財务等領导大权，使工学院成了他們反党反社会主义反毛泽东思想的頑固堡垒。他又伙同反革命修正主义分子李守清、徐舟之流在我院极力推行修正主义教育路綫，疯狂地反对我院革命师生学习毛泽东思想，想尽一切办法和党爭夺青年一代，妄图把青年培养成为他們复辟資本主义的御用工具。叛徒赵宗复对党、对人民犯下不可饒恕的滔天罪行。

无产阶級革命派战友們：我們一定要高举毛泽东思想伟大紅旗，发揚革命先烈的光荣传統，以"宜将剩勇追穷寇"的精神，挖出暗藏在我們革命陣营中的"定时炸弹"，彻底批判党內头号走資本主义道路的当权派刘少奇所販卖的"活命哲学"、"叛徒哲学"、"投降哲学"反革命修正主义黑貨；彻底粉碎刘少奇的叛徒集团；彻底斬断大叛徒刘少奇伸进我院的黑手；彻底埋葬赵家王朝，对准我院的反革命修正主义分子赵宗复、李守清、徐舟之流，穷追猛打，把他們打翻在地，再踏上一只脚，让他們永世不得翻身！我們要牢記毛主席的教导，**念念不忘阶級斗爭，念念不忘无产阶級专政，念念不忘突出政治，念念不忘高举毛澤东思想偉大紅旗。**让毛泽东思想的伟大紅旗在我院高高飘揚！永远飘揚！

彻底批判"叛徒哲学"！打倒刘邓陶！打倒卫王王！

打倒刘少奇大叛徒集团！彻底埋葬赵家王朝！

打倒老反革命大叛徒赵宗复！

无产阶級专政万岁！

战无不胜的毛泽东思想万岁！

我們偉大的导师、偉大的領袖、偉大的統帅、偉大的舵手毛主席万岁！万岁！万万岁！

初稿于北京　一九六七年五月八日

附件（一）

誓　詞

余誓以至誠拥护会长閻百川先生民族革命及社会主义革命的主张，为实現按劳分配，物产証券奋斗到底，以完成巩固并扩大民族革命同志会的任务，今后个人一切交付組織，只有服从組織的决定，并沒有个人的自由，恪遵紀

不难看出，以大叛徒薄一波、刘瀾涛把持下的华北局和以大叛徒安子文把持下的中央組織部，对叛徒赵宗复自首变节历史的結論，是在为叛徒赵宗复的自首变节行为辯护，是給叛徒臉上貼金。华北局的这个結論是大叛徒刘少奇"叛徒哲学"的具体应用和翻版。叛徒給叛徒作的結論，絕不能算数。我們一定要把历史再顛倒过来，使它恢复本来面目，赵宗复的叛变自已就把自己开除出革命的队伍，怎能再混入党内？

大叛徒薄一波之流，为了保存反革命实力，为了庇护叛徒赵宗复的变节行为，在結論中挖苦心思地編造了种种謬論。

第一个謬論是："赵在敌人面前自首屈服，不管主观意图如何，总是損害了党的政治影响。"言下之意，就是說赵宗复写"自白书"是假投降，虽然損害了党的政治影响，但"主观意图"还是好的，这純粹是騙人的鬼話。

第二个謬論是："赵的供詞亦确未危害党的組織，因他欺騙了敌人。……"言下之意，就是說赵宗复的自白是一个"策略"。实在是无耻到了极点！对于无产阶級革命者，对于共产党員，只有革命的策略，絕沒有出卖革命、出卖共产党員灵魂的叛徒策略。

第三个謬論是："赵第一次被捕出来后，仍然坚持工作不懈，二次被捕，推翻前供，又坚定起来，改正了过去的錯誤，可准其重新入党。"他們制造这个謬論的落脚点是准許重入党。他們第三个謬論言下之意是說赵宗复还是有"功"的。这純粹是叛徒粉飾叛徒。他們歪曲是非，顛倒黑白，把叛变說成是"錯誤"，把补充自白說成是"推翻前供"，他們眞不知世界上还有"羞耻"二字。

以上种种謬論，只不过是为叛徒赵宗复开脫罪責而已！是为使他們叛徒集团的总后台刘少奇的"叛徒哲学"取得合法地位，这就完全暴露了大叛徒集团的叛徒头子們，收罗人馬，积蓄反革命力量，准备反革命复辟的險恶用心。是可忍，孰不可忍！

大叛徒薄一波之流为了扩大影响，并将刘少奇"叛徒說什么"赵宗复的'自白书'好多地方被梁化之篡改，薄一波认得梁的笔体……"說什么"赵宗复自白是为了自己承担責任，保存同志，"自白书"虽供出好多人但等于不供，所供出的人，有的死了，有的跑了，有的与赵沒有关系。……"还說什么"赵沒有被杀是由于封建关系，赵戴文是閻的老师，与閻有老交情。"等等。簡直是胡說八道，不堪一笑。

叛徒就是叛徒，不管怎样粉飾裝璜，也不会变成英雄。英雄和叛徒的界限絕不能混淆。"馬列主义是革命的科学。为投降变节行为辯解的謊言，在馬列主义里是找不到的。"我們所怀念的、所敬仰的是无数为革命献出生命的英雄，对于那些不齿于人类的叛徒要統統把他們扔进历史的垃圾堆。

七、招降納叛，收罗閻匪幽灵，积极为反革命复辟准备力量

毛主席說："帝国主义者和国内反动派决不甘心于他們的失敗，他們还要作最后的掙扎。在全国平定以后，他們也还会以各种方式从事破坏和搗乱，他們将每日每时企图在中国复辟。这是必然的，毫无疑义的，我們务必不要松懈自己的警惕性。"

一九四九年四月廿四日太原解放了，随着解放太原的炮声，閻家王朝彻底拙垮，宣告灭亡。但是敌人并不甘心他們的失敗，閻匪在他逃往台湾之前，就安插下了他的代理人，叛徒赵宗复就是其中一員。解放以后，叛徒赵宗复秉承主子之意，投靠了門兄大叛徒薄一波，在大叛徒这把黑伞的掩护下，一面积极寻找自已的叛徒弟兄和黑伙伴結成了死党，一面又积极收罗閻匪幽灵，为反革命复辟积蓄力量。他与叛徒邓拓的"三家村"黑店密切配合，遙相呼

无产阶級专政万岁！

战无不胜的毛泽东思想万岁！

我們偉大的导师、偉大的領袖、偉大的統帅、偉大的舵手毛主席万岁！万岁！万万岁！

初稿于北京　一九六七年五月八日

附件（一）

誓　詞

余誓以至誠拥护会长閻百川先生民族革命及社会主义革命的主张，为实现按劳分配、物产証券奋斗到底，以完成巩固并扩大民族革命同志会的任务，今后个人一切交付組織，只有服从組織的决定，并沒有个人的自由，恪遵紀律，严守机密，如违誓詞愿受最严厉之处分謹誓。

宣誓人　赵宗复　介紹人　王靖国　监誓人　楊爱源

中华民国三十年三月十九日

（按：赵宗复的終身根本就不是为实現党的主张，而是为实現閻匪反动的"按劳分配，物产証券"而奋斗。）

附件（二）

我决定为全人类謀幸福，为国家民族求生存，做我的終身事业参加組織，做組織的忠实同志，追随会长，做会长的忠实弟子，努力做到不欺組織，不欺会长，不欺自己，不欺同志，不欺群众，消极不犯紀律，积极維护紀律，敢呈会长必能做甚务甚冒险犯难。

赵宗复　三十一年二月十八日

（按：这是赵宗复反革命的自我表白，赵宗复从他固有的阶級本性出发，立下了他終身信仰反动組織"同志会"的志愿，他决心追随閻锡山，做閻锡山的忠实弟子，从他所走出来的历史，也正是他投靠閻锡山，忠实为閻匪效劳的历史。）

（雄鷹革命造反兵团）

劉鄧罪行點滴

劉少奇反對毛主席的鐵證（某中央首長在中央軍委會上講話摘錄）

這次在文化大革命中，主席寫《炮打司令部》這張大字報，下決心把他公開給全黨，過去主席講過多少次劉少奇是不準備搞社會主義的，我就聽過主席講過多少次，在搞《二十三條》的時候，毛主席發了很大的脾氣，因為劉少奇要專毛主席的政，毛主席把憲法和黨章端出來，說我有言論自由，黨員可以在黨內說話。毛主席批評劉少奇當時在四清運動中的錯誤，他那個錯誤是要把王光美的《桃園經驗》推廣全國，否定毛主席的方針，否定毛主席的工作方法，他在吹噓王光美的《桃園經驗》的時候，公開說：「毛主席的調查研究已經過時了」。這個記錄落到我的手裡，我和王力同志把這一段改掉後，他就不發了，他說這一段改了不行，發下去變成嚴重問題，不發了。當時改，是想把他的胡說八道勾掉，結果他不接受。現在了解《桃園經驗》是假的。事實上王光美並沒有真心蹲點，說起來很好笑，什麼「同吃、同住、同勞動」，完全是假的，學馮玉祥的辦法罷了，馮玉祥請客吃窩窩頭，小米稀飯，進去喝雞湯，彭德懷也是這樣。劉少奇、王光美這些是老的腐朽的東西罷了。可是他在我們黨內作為一個新發明。

「活動宮殿」

六〇年，正當國民經濟處於暫時困難時期，劉修卻藉口「視察」，到處遊山玩水，吃喝玩樂。四月某日，他同臭婆娘王光美赴西安，坐火車不過一天就到，而這對狗男女竟占用了一列專車，全車十多節車廂，廚房、餐廳、浴室、臥室、會客室、遊藝室應有盡有。另專門設一打台球之車箱。至於地毯、沙發等室內高級用品，亦無一不備。其生活之奢侈，較之封建帝王所謂的「行宮」有過之而無不及。美其名曰「專車」，實則一座地地道道之「活動宮殿」也。

捏著鼻子吃窩頭

五六年河北遭水災，劉赴災情嚴重的清苑東石橋村去「看災」。某日，至一農家，拿起用受了潮的玉米麵做的窩頭聞了聞，竟問道：「能不能吃？」(真他媽混蛋透頂！既是窩頭，怎不能吃？)農民說：「能吃。」劉不得不裝模作樣，捏著鼻子嘗了嘗，其面目比吃藥還難看，劉修之骯髒靈魂由此可見一般矣。

鄧小平包庇叛匪達賴，罪該萬死

據西安《一〇一八》革命造反兵團，在五月十一日公布的調查材料《西藏叛亂是怎樣發生的？》中，用大量的事實說明鄧小平對抗毛主席的指示，頑固推行投降路線，庇護叛首達賴和叛匪副司令員×××（原屬二野的，鄧小平為二野政委）。早在一九五七年當時的西藏工委副書記范×就揭發達賴「外向多而明，內向少而暗」。即傾向帝國主義的多，傾向祖國的少。而鄧小平之流對范橫加罪名為：「誣蔑、陷害達賴，抵制中央。」大量材料證明鄧小平是帝國主義及其走狗封建農奴主在黨內的忠實代表。

刘邓罪行点滴

▲刘少奇反对毛主席的铁証（某中央首长在中央軍委会上讲話摘录）

这次在文化大革命中，主席写《炮打司令部》这张大字报，下决心把他公开給全党，过去主席讲过多少次刘少奇是不准备搞社会主义的，我就听过主席讲过多少次，在搞《二十三条》的时候，毛主席发了很大的脾气，因为刘少奇要专毛主席的政，毛主席把宪法和党章端出来，說我有言論自由，党員可以在党內說話。毛主席批評刘少奇当时在四清运动中的錯誤，他那个錯誤是要把王光美的《桃园經驗》推广全国，否定毛主席的方針，否定毛主席的工作方法，他在吹嘘王光美的《桃园經驗》的时候，公开說："毛主席的調查研究已經过时了"。这个記录落到我的手里，我和王力同志把这一段改掉后，他就不发了，他說这一段改了不行，发下去变成严重問題，不发了。当时改，是想把他的胡說八道勾掉，結果他不接受。現在了解《桃园經驗》是假的。事实上王光美并沒有真心蹲点，說起来很好笑，什么"同吃、同住、同劳动"，完全是假的，学馮玉祥的办法罢了，馮玉祥請客吃窝窝头，小米稀飯，进去喝鸡湯，彭德怀也是这样。刘少奇、王光美这些是老的腐朽的东西罢了。可是他在我們党內作为一个新发明。

▲"活动宫殿"

六〇年，正当国民經济处于暫时困难时期，刘修却借口"視察"，到处游山玩水，吃喝玩乐。四月某日，他同臭婆娘王光美赴西安，坐火車不过一天就到，而这对狗男女竟占用了一列专車，全車十多节車厢，厨房、餐厅、浴室、臥室、会客室、游艺室应有尽有。另专門設一打台球之車厢。至于地毯、沙发等室內高級用品，亦无一不备。其生活之奢侈，較之封建帝王所謂的"行宫"，有过之而无不及。美其名曰"专車"，实則一座地地道道之"活动宫殿"也。

▲捏着鼻子吃窝头

五六年河北遭水灾，刘赴灾情严重的清苑东石桥村去"看灾"。某日，至一农家，拿起用受了潮的玉米面做的窝头聞了聞，竟問道："能不能吃？"（真他媽混蛋透頂！既是窝头，怎不能吃？）农民說："能吃。"刘不得不裝模作样，捏着鼻子尝了尝，其面目比吃药还难看，刘修之肮脏灵魂由此可見一般矣。

▲邓小平包庇叛匪达賴，罪該万死

据西安《一〇一八》革命造反兵团，在五月十一日公布的調查材料《西藏叛乱是怎样发生的？》中，用大量的事实說明邓小平对抗毛主席的指示，顽固推行投降路綫，庇护叛首达賴和叛匪副司令員××（原属二野的，邓小平为二野政委）早在一九五七年当时的西藏工委副书記×就揭发达賴"外向多而明，內向少而暗"。即傾向帝国主义的多，傾向祖国少。而邓小平之流对范横加罪名为："誣蔑、陷害达賴，抵制中央。"大量材料証明邓小平是帝国主义及其走狗封建农奴主在党內的忠实代表。

劉志蘭編《劉少奇言論摘錄》罪該萬死

一九六六年是我國人民繼續高舉毛澤東思想偉大紅旗，繼續突出政治，使人的思想不斷革命化，並將取得新的更加偉大成就的一年。《紅旗》雜誌一九六六年元旦社論《政治是統帥、是靈魂》和《解放軍報》一九六六年元旦社論《更高地舉起毛澤東思想偉大紅旗，為繼續突出政治堅持五項原則而鬥爭》，吹響了向新的一年進軍的衝鋒號。

一九六六年元月，正是我們偉大領袖毛主席親自主持制定的《二十三條》發表一周年，這個重要的文件就是批判中國的赫魯曉夫劉少奇的。《二十三條》發表一年以來，大大地揭露了劉少奇形「左」實右的機會主義路線。這些劉志蘭是非常清楚的。

一九六六年元月，姚文元同志的《評新編歷史劇＜海瑞罷官＞》已發表兩個月，我國的無產階級文化大革命正蓬蓬勃勃地開展起來，黨內一小撮走資本主義道路的當權派和一切牛鬼蛇神都將陷入革命群眾的汪洋大海之中，黨內最大的走資本主義道路的當權派劉少奇也將處於四面楚歌的境地。可是，就在這種情況下，劉志蘭為了美化她的黑主子劉少奇，為了掩蓋老反革命分子劉少奇一貫反毛澤東思想的滔天罪行，所以便迫不及待地親自出馬，赤膊上陣，廢寢忘食地翻閱了劉少奇的大毒草《論修養》、《論黨》等，「巨著」，精心編了一本惡毒地攻擊毛澤東思想的《劉少奇言論摘錄》，同毛主席語錄相對抗，由劉志蘭批示出版，發至山西省農村政治工作會議，流毒全省。劉志蘭真不愧為劉少奇的孝子賢孫，忠實走狗！

劉志蘭藉中國的赫魯曉夫的口，在劉修語錄中肆無忌憚地攻擊我們最偉大的領袖毛主席和光焰無際的毛澤東思想，為其復辟資本主義大造輿論準備。

為什麼劉志蘭在山西省農村政治政工作會議期間，不積極發行毛主席語錄，而是販賣她主編的劉修語錄？

為什麼在轟轟烈烈的社會主義教育運動中和文化大革命開展的一九六六年，劉志蘭迫不及待地拋其大毒草劉修語錄？

答案只有一個，那就是劉志蘭堅持反動立場，與劉少奇觀點一致，立場相同，臭氣相投，妄圖以此美化劉少奇，保護黑主子，貶低林副主席，對抗《毛主席語錄》，反對活學活用毛主席著作，為其搞反革命復辟製造輿論。

劉志蘭和劉少奇可謂一丘之貉也！

（紅心戰鬥隊）

刘志兰編《刘少奇言論摘录》罪該万死

一九六六年是我国人民继續高举毛泽东思想伟大紅旗，继續突出政治，使人的思想不断革命化，并将取得新的更加伟大成就的一年。《紅旗》杂志一九六六年元旦社論《政治是統帅、是灵魂》和《解放軍报》一九六六年元旦社論《更高地举起毛泽东思想伟大紅旗，为继續突出政治坚持五項原則而斗争》，吹响了向新的一年进軍的冲鋒号。

一九六六年元月，正是我們伟大領袖毛主席亲自主持制定的《二十三条》发表一周年，这个重要的文件就是批判中国的赫魯晓夫刘少奇的。《二十三条》发表一年以来，大大地揭露了刘少奇形“左”实右的机会主义路綫。这些刘志兰是非常清楚的。

一九六六年元月，姚文元同志的《評新編历史剧〈海瑞罢官〉》已发表两个月，我国的无产阶級文化大革命正蓬蓬勃勃地开展起来，党内一小撮走資本主义道路的当权派和一切牛鬼蛇神都将陷入革命群众的汪洋大海之中，党内最大的走資本主义道路的当权派刘少奇也将处于四面楚歌的境地。可是，就在这种情况下，刘志兰为了美化她的黑主子刘少奇，为了掩盖老反革命分子刘少奇一貫反毛泽东思想的滔天罪行，所以便迫不及待地亲自出馬，赤膊上陣，废寢忘食地翻閱了刘少奇的大毒草《論修养》、《論党》等“巨著”，精心汇編了一本恶毒地攻击毛泽东思想的《刘少奇言論摘录》，同毛主席語录相对抗，由刘志兰批示出版，发至山西省农村政治工作会議，流毒全省。刘志兰真不愧为刘少奇的孝子賢孙，忠实走狗！

刘志兰借中国的赫魯晓夫的口，在刘修語录中肆无忌惮地攻击我們最伟大的領袖毛主席和光焰无际的毛泽东思想，为其复辟資本主义大造輿論准备。

为什么刘志兰在山西农村政治工作会議期間，不积极发行毛主席語录，而是販卖她主編的刘修語录？

为什么在轰轰烈烈的社会主义敎育运动中和文化大革命开展的一九六六年，刘志兰迫不及待地抛其大毒草刘修語录？

答案只有一个，那就是刘志兰坚持反动立場，与刘少奇观点一致，立場相同，臭气相投，妄图以此美化刘少奇，保护黑主子，贬低林付主席，对抗《毛主席語录》，反对活学活用毛主席著作，为其搞反革命复辟制造輿論。

刘志兰和刘少奇可謂一丘之貉也！　（紅心战斗队）

解放后刘志兰就在旧北京市委党校工

從劉志蘭的「檢查」看其對袁振同志的態度

劉志蘭為了達到不可告人的卑鄙目的，為了討得主人的歡心，不擇手段，處心積慮地陷害袁振同志，聲嘶力竭地為黑省委服務，把袁振同志打成了「反黨分子」、「陰謀家」、「野心家」、「反革命」，極力表白自己對黑省委的忠心耿耿，從劉志蘭六六年九月十三日在部內全體幹部會議上的「檢查」就可以看出她是如何為衛家王朝效勞的。

「聽了老衛的報告，知道袁振是個野心家、陰謀家，他搞那兩個文件就是有陰謀，反對省委和市委，達到撈取政治資本的目的，袁振在華北局會議上反對省委是個大暴露。」

「《八年總結》是續純實起草的，袁振叫陳守中去幫助搞的，《反對折衷主義十二條》是袁振叫陳守中擬了幾個問題，有四、五個問題，我向老陳說：「農村對突出政治，有穿靴戴帽⋯⋯，他是用了我的話，以後發展到十二條，是袁振和彭少林搞成的，袁振親自交內部發表參考，想撈取政治資本。」」

「老陳自己檢查：「過去認為袁振是好班長，對崇拜，對假象沒有識破，政治不銳敏，現在看來全面否定六一和六二年的工作是否定了省、市委的領導。」」

「袁振指示：「一切給文化革命開綠燈，分兩個戰線給市委提意見。」老陳說：「要請示老衛。」袁振說：「不要了，老衛忙。老陳的錯誤在於六月三日老衛回來，沒有向老衛請示。」

「華北局會議期間，老陳給我講：「袁振可能犯錯誤，打電話別人能找見，就是找不見他，當時認為袁振在工作上犯錯誤，多虧沒有和他聯繫，只打過兩次電話，動員的文化革命運動沒有向省委請示就開展起來了」」

「六中學生先後三次找老陳，第一批三人要搜集省委材料，第二批五人要去京告狀，替袁振翻案，說袁振是向黑省委提意見。老陳告訴他們：「袁不是批評省委，而是野心家、陰謀家，反對省委。」三次談話都已向賈俊報，太機院的學生到袁振家活動了幾次。昨天又找老陳問「對袁振翻案的態度」，老陳答覆他們：「袁振是反黨、陰謀家、野心家，他盡說瞎話，如批評徐鎮海，市委領導人分工，他都說省委同意，經查清省委就沒有同意過。」這樣交代後，學生的思想有變化。六中的同學強迫我、彭少林核對看法。」

「魯克楠是袁振個人野心的思想根源。如她說：「衛恒三八年入黨。」前後我知道的情況都先後向王大任、趙雨亭書記反映了，向賈俊同志反映了，四次書面材料共三十一個問題。」

「現在我認識到這個人（指魯克楠）政治上、思想上完全蛻化變質了，前些日子太原市委到她家去鬥她，說她是反黨分子，與袁振一丘之貉，給袁振招降納叛（勾結王中青老婆丁納和太原市委一個人），我認為她確實是這樣。」

（永紅戰鬥隊）

从刘志兰的"檢查"看其对袁振同志的态度

刘志兰为了达到不可告人的卑鄙目的，为了討得主子的欢心，不择手段，处心积虑地陷害袁振同志，声嘶力竭地为黑省委服务，把袁振同志打成了"反党分子"、"阴謀家"、"野心家"、"反革命"，极力表白自己对黑省委的忠心耿耿，从刘志兰六六年九月十三日在部內全体干部会議上的"检查"，就可以看出她是如何为卫家王朝效劳的。

"听了老卫的报告，知道袁振是个野心家、阴謀家，他搞那两个文件就是有阴謀，反对省委和市委，达到捞取政治资本的目的，袁振在华北局会議上反对省委是个大暴露。

"《八年总結》是續純实起草的，袁振叫陈守中去帮助搞的，《反对折衷主义十二条》是袁振叫陈守中拟了几个問題，有四、五个問題，我向老陈說：'农村时突出政治，有穿靴戴帽……，他是用了我的話，以后发展到十二条，是袁振和彭少林搞成的，袁振亲自交內部发表参考，想捞取政治資本。'

"老陈自己检查：'过去认为袁振是好班长，对崇拜，对假象沒有識破，政治不銳敏，現在看来全面否定六一和六二年的工作是否定了省、市委的領导。'

"袁振指示：'一切給文化革命开綠灯，分两个战線給市委提意見。'老陈說：'要請示老卫。'袁振說：'不要了，老卫忙。'老陈的错誤在于六月三日老卫回来，沒有向老卫請示。

"华北局会議期間，老陈給我讲：'袁振可能犯錯誤，打电話别人能找見，就是找不見他，当时认为袁振在工作上犯错誤，多亏沒有和他多联系，只打过两次电話，动員的文化革命运动沒有向省委請示就开展起来了。'

"六中学生先后三次找老陈，第一批三人要搜集省委材料，第二批五人要去京告状，替袁振翻案，說袁振是向黑省委提意見。老陈告訴他們：'袁不是批評省委，而是野心家、阴謀家，反对省委。'三次談話都已向賈俊汇报，太机院的学生到袁振家活动了几次。昨天又找老陈問'对袁振翻案的态度'，老陈答复他們：'袁振是反党、阴謀家、野心家，他尽說瞎話，如批評徐鎮海，市委領导人分工，他都說省委同意，經查清省委就沒有同意过。'这样交待后，学生的思想有变化。六中的同学强迫我、彭少林核对看法。

"魯克楠是袁振个人野心的思想根源。如她說：'卫恒三八年入党。'前后我知道的情况都先后向王大任、赵雨亭书記反映了，向賈俊同志反映了，四次书面材料共三十一个問題。

"現在我认識到这个人（指魯克楠）政治上、思想上完全蛻化变质了，前些日子太原市委到她家去斗她，說她是反党分子，与袁振一丘之貉，給袁振招降納叛（勾結王中青老婆丁納和太原市委一个人），我认为她确实是这样。"

（永紅战斗队）

劉志蘭迫害袁振同志的罪證

從劉志蘭六六年七月二十八日、八月七日、八月十日和八月十四日四次給賈俊的報材料（關於魯克楠對我的談話）的要點中不難看出，劉志蘭對袁振同志的反省委「罪行」多麼「深惡痛絕」！

「六月裡的一天，她（指魯克楠）說：「《解放軍報》突出政治要落實到那裡的文章是批判鄧小平的。」我聽了感到很不對頭，但未當時批評她，只告訴她《解放軍報》是批判《人民日報》二論突出政治的」

「我問她，是誰告訴她《解放軍報》是批評鄧小平的？她含混的說是她妹夫問她的，說她看見鄧小平報告上說的突出政治要落實到生產，我說我看了小平同志在工交會議上的報告，沒有這樣講，如果《解放軍報》批判了鄧小平，那不是《解放軍報》要造反嗎？究竟誰和她講的，她沒有說清。」

「又一天，她（魯克楠）找我談，說她兒子袁南初的同學××（廿一軍一個烈士的兒子）問鄧小平有沒有問題，她說沒有問題，我一聽問題太嚴重了，當即告訴她，不應隨便議論中央同志……我告訴她：「如果這個學生在五中給小平同志貼了大字報，太原市委的問題就大了。」」

「（袁振去華北局開會走時）魯說：「在三家村被揪出來後，他們二人曾議論過懷疑彭真出了問題。」魯曾要袁振在北京知道消息後，只寫信告她，只說一句就行了。」

「在文化大革命初，袁振說過「傅山畫冊和鄭林、岳維藩、劉舒俠有關係，這些人有問題。」」

「太原市委機關貼出大字報時，她（魯克楠）曾兩次說過「寫大字報應抓住傅山去北京帶了幾百兩銀子，帶了好多學生，到北京保了一個罷了官的愛人這個問題寫。」當時我沒有聽明白她說的意思，也沒理會這件事，現在才知道她是聽袁振說過的，是要把傅山問題引導到罷官這個要害問題上來反對省委。」

（永紅戰鬥隊）

刘志兰迫害袁振同志的罪証

从刘志兰六六年七月二十八日、八月七日、八月十日和八月十四日四次給賈俊的汇报材料（关于魯克楠对我的談話）的要点中不难看出，刘志兰对袁振同志的反省委“罪行”多么“深恶痛絕”！

“六月里的一天，她（指魯克楠）說：‘《解放軍报》突出政治要落实到那里的文章是批判邓小平的。’我听了感到很不对头，但未当时批評她，只告訴她《解放軍报》是批判《人民日报》二論突出政治的。

“我問她，是誰告訴她《解放軍报》是批評邓小平的？她含混的說是她妹夫問她的，說她看見邓小平报告上說的突出政治要落实到生产，我說我看了小平同志在工交会議上的报告，沒有这样讲，如果《解放軍报》批判了邓小平，那不是《解放軍报》要造反嗎？究竟誰和她讲的，她沒有說清。

“又一天，她（魯克楠）找我談，說她儿子袁南初的同学××（廿一軍一个烈士的儿子）問邓小平有沒有問題，她說沒有問題，我一听問題太严重了，当即告訴她，不应随便議論中央同志……我告訴她：‘如果这个学生在五中給小平同志貼了大字报，太原市委的問題就大了。’

“（袁振去华北局开会走时）魯說：‘在三家村被揪出来后，他們二人曾議論过怀疑彭眞出了問題。’魯曾要袁振在北京知道消息后，只写信告她，只說一句就行了。

“在文化大革命初，袁振說过‘傅山画册和郑林、岳維藩、刘舒侠有关系，这些人有問題。’

“太原市委机关貼出大字报时，她（魯克楠）曾两次說过‘写大字报应抓住傅山去北京带了几百两銀子，带了好多学生，到北京保了一个罢了官的爱人这个問題写。’当时我沒有听明白她說的意思，也沒理会这件事，現在才知道她是听袁振說过的，是要把傅山問題引导到罢官这个要害問題上来反对省委。”

（永紅战斗队）

劉志蘭在北京、包頭的罪惡點滴

解放後劉志蘭就在舊北京市委黨校工作，擔任主任。1956年，在劉少奇、鄧小平、彭真、劉仁一伙反革命修正主義分子的精心策劃下，將舊北京市委黨校改建為北京市委中級黨校，這是劉、鄧搞資本主義復辟的合謀計畫之一。而這一工作的具體籌劃者就是劉志蘭和陳偉（現西藏大黑幫分子）。在籌建過程中，黑幫頭子劉仁還多次找劉志蘭連繫。該校完全是劉、鄧培養修正主義黑人材的。

劉志蘭在中級黨校任教育長兼黨委副書記，在教學中，她忠實地推行了劉少奇、陸定一、楊獻珍等反革命修正主義分子提出的「學習理論，聯繫實際，提高認識，改造思想」的十六條反動教育方針。在課程設置上，不是以主席著作為紅線，而是以修正主義的黑教材為主。1957年6月，毛主席的光輝著作《關於正確處理人民內部矛盾的問題》一文發表後，劉志蘭一伙竟公開抗拒這一課程學時的增加，最後只勉強安排了兩週的學習時間。在理論隊伍的建立問題上，她大力鼓吹並極力強調要以大學助教、講師、教授等資產階級的名利學位為奮鬥目標。

劉志蘭對彭真大黑幫頭子和反革命修正主義分子范瑾崇拜的五體投地，她曾吹捧說：「彭真的修養好。」「范瑾會說能幹，婦女裡少有，我很佩服她。」

劉志蘭在舊北京市委黨校工作期間，重用壞人，如該校副主任陳偉（黑幫分子）、教務處處長蕭遠烈（黑幫分子）、黨史室主任范承秀（右派分子）以及三反分子陳煥文、劉紹文等都是劉志蘭的紅人。

早在1955年，劉志蘭就對黨史教研室的同志們講：「以後不提毛澤東思想，因為毛澤東思想就是馬列主義與中國革命相結合。」「不要單純提了，單純提國際影響不好。」妄圖阻止學習毛主席著作，以達到其反毛澤東思想的目的。

1957年劉志蘭由北京調往包鋼任黨委宣傳部部長，1960年提升為黨委副書記兼任宣傳部長，並主管文教工作。

劉志蘭在包鋼時一貫包庇重用壞人，結黨營私：

三反分子斯平就是劉志蘭最賞識的大紅人。斯平是大資本家出身，有複雜的港台關係，是保衛部門控制對象。反右傾中，在劉志蘭的庇護下，只劃為嚴重右傾，不但不鬥爭，反而由劉志蘭一手提拔，青雲直上，1959年由黨委宣傳部理論科科長提升為毛澤東思想研究室副主任，1960年又登上了包鋼宣傳部副部長的寶座。

地主家庭出身的周菊芬也是劉志蘭最寵愛、最重用的人。周的舅父是國民黨師長，解放前逃往台灣，周從小在其舅父家長大。劉志蘭竟把這樣的人視為掌上明珠，周不是黨員，但劉志蘭去北京開會時卻帶周作為自己的秘書，並企圖拉入黨內。

劉志蘭還把惡霸地主出身的、其父被我政府鎮壓的徐海提拔為宣傳科長。同時，地主出身的反革命修正主義分子林陰也被劉志蘭所重用，62年給林平反，並先後安插在平反辦公室當了副主任和黨校當了黨委副書記。

劉志蘭是地主階級的孝子賢孫，她的大姐是被管制的地主婆，1958年劉以包鋼宣傳部的名義給其大姐所在公安部門寫信為地主婆喊冤叫屈，後又接往包鋼居住。劉志蘭的一個弟弟是右派分子，但劉得知後十分惱火，大罵什麼：「他媽的，說幾句錯誤話，就定為右派」。在其弟由北京冶金部某設計院調往西北冶金建築工程處時，劉還給工程處長寫信讓給其弟摘去右派分子的帽子。

三年困難時期，劉志蘭大刮單幹風，號召工人多拿出一些時間去打草賣草，並給五級以上的工人以特殊待遇，即每個人可種半畝地，可以養豬，有煙、糖、肉等照顧，推行「和平演變」的修正主義路線，並在包鋼報上提出了「一手抓生產，一手抓生活」的口號，公開和毛主席提出的「抓革命，促生產」唱對台戲。

僅從以上劉的罪惡點滴，我們不難看出劉志蘭根本不是毛主席司令部的人，而是劉、鄧黑司令部的一員得力女幹將。

（紅心戰鬥隊）

刘志兰和刘少奇可謂一丘之貉也！　（紅心战斗队）

刘志兰在北京、包头的罪恶点滴

解放后刘志兰就在旧北京市委党校工作，担任主任。1956年，在刘少奇、邓小平、彭眞、刘仁一伙反革命修正主义分子的精心策划下，将旧北京市委党校改建为北京市委中級党校，这是刘、邓搞资本主义复辟的合謀計划之一。而这一工作的具体筹划者就是刘志兰和陈伟（现西藏大黑帮分子）。在筹建过程中，黑帮头子刘仁还多次找刘志兰連系。該校完全是为刘、邓培养修正主义黑人材的。

刘志兰在中級党校任教育长兼党委副书記，在教学中，她忠实地推行了刘少奇、陆定一、楊献珍等反革命修正主义分子提出的“学习理論，联系实际，提高认識，改造思想”的十六字反动教育方針。在課程設置上，不是以主席著作为紅綫，而是以修正主义的黑教材为主。1957年6月，毛主席的光辉著作《关于正确处理人民内部矛盾的問題》一文发表后，刘志兰一伙竟公开抗拒这一課程学时的增加，最后只勉强安排了两周的学习时間。在理論队伍的建立問題上，她大力鼓吹并极力强調要以大学助教、讲师、教授等資产阶級的名利学位为奋斗目标。

刘志兰对彭眞大黑帮头子和反革命修正主义分子范瑾崇拜的五体投地，她曾吹捧說：“彭眞的修养好。”“范瑾会說能干，妇女里少有，我很佩服她。”

× × ×

刘志兰在旧北京市委党校工作期間，重用坏人，如該校副主任陈伟（黑帮分子）、教务处处长肖远烈（黑帮分子）、党史室主任范承秀（右派分子）以及三反分子陈焕文、刘紹文等都是刘志兰的紅人。

早在1955年，刘志兰就对党史教研室的同志們讲：“以后不提毛泽东思想了，因为毛泽东思想就是馬列主义与中国革命相結合。”“不要单純提了，单純提国际影响不好。”妄图阻止学习毛主席著作，以达到其反毛泽东思想的目的。

× × ×

1957年刘志兰由北京調往包鋼任党委宣传部部长，1960年提升为党委副书記兼任宣传部长，并主管文教工作。

刘志兰在包鋼时一貫包庇重用坏人，結党营私：

三反分子斯平就是刘志兰最賞識的大紅人。斯平是大资本家出身，有复杂的港台关系，是保卫部門控制对象。反右傾中，在刘志兰的庇护下，只划为严重右傾，不但不斗争，反而由刘志兰一手提拔，青云直上，1959年由党委宣传部理論科科长提升为毛泽东思想研究室副主任，1960年又登上了包鋼宣传部副部长的宝座。

地主家庭出身的周菊芬也是刘志兰最宠爱、最重用的人。周的舅父是国民党师长，解放前逃往台湾，周从小在其舅父家长大。刘志兰竟把这样的人視为掌上明珠，周不是党員，但刘志兰去北京开会时却带周作为自己的秘书，并企图拉入党內。

刘志兰还把恶霸地主出身的、其父被我政府鎮压的徐海提拔为宣传科长。同时，地主出身的反革命修正主义分子林阴也被刘志兰所重用，62年給林平反，并先后安插在平反办公室当了副主任和党校当了党委副书記。

刘志兰是地主阶級的孝子賢孙，她的大姐是被管制的地主婆，1958年刘以包鋼宣传部的名义給其大姐所在公安部門写信为地主婆喊冤叫屈，后又接往包鋼居住。刘志兰的一个弟弟是右派分子，但刘得知后十分恼火，大駡什么：“他媽的，說几句錯誤話，就定为右派”。在其弟由北京冶金部某設計院調往西北冶金建筑工程处时，刘还給工程处长写信让給其弟摘去右派分子的帽子。

三年困难时期，刘志兰大刮单干风，号召工人多拿出一些时間去打草卖草，并給五級以上的工人以特殊待遇，即每人可种半亩地，可以养猪，有烟、糖、肉等照顾，推行“和平演变”的修正主义路綫，并在包鋼报上提出了“一手抓生产，一手抓生活”的口号，公开和毛主席提出的“抓革命，促生产”唱对台戏。

仅从以上刘的罪恶点滴，我們不难看出刘志兰根本不是毛主席司令部的人，而是刘、邓黑司令部的一員得力女干将。

（紅心战斗队）

要害在於反奪權

—評紅聯站「五・三」黑會

・本報評論員・

前言

目前，史無前例的無產階級文化大革命正在進入兩個階級、兩條道路、兩條路線大決戰的關鍵時刻。舉國上下，大江南北，億萬革命群眾正奮起毛澤東思想千鈞棒，高舉革命的批判旗幟，窮追猛打黨內最大的一小撮走資本主義道路的當權派，對臭《修養》、《二月黑提綱》的大批判運動正掀起一個更加全面、更加廣泛、更加深入的新高潮。黨內大大小小的走資本主義道路當權派，一小撮反革命修正主義分子和社會上的牛鬼蛇神正陷入了人民戰爭的汪洋大海之中，面臨滅頂之災。這個形勢好得很！就是好得很！！

毛主席教導：「敵人是不會自行消滅的，無論是中國的反動派，或是美國帝國主義在中國的侵略的勢力，都不會自行退出歷史舞台。」「帝國主義者和國內反動派絕不甘心於他們的失敗，他們還要做最後的掙扎。」

就在這樣的大好形勢下，社會上出現了一股資本主義復辟的反革命逆流，其矛頭直指年輕的紅色政權，直指革命的領導幹部，直指偉大的中國人民解放軍，直指革命組織企圖把年輕的紅色政權扼殺在搖籃中，企圖使轟轟烈烈的無產階級文化大革命半途而廢，用心何其毒也！

必須指出，這股資本主義復辟的反革命逆流來自於黨內一小撮走資本主義道路的當權派和社會上的牛鬼蛇神。他們雖被打倒，但人還在，心不死，每日每時都企圖復辟他們失去的「天堂」。

就在這奪權與反奪權、反復辟與復辟的決戰時刻，紅聯站的領導人扮演了極不光彩的角色，導致紅聯站充當了資本主義反革命復辟的急先鋒，「五、三」黑會這一「反革命復辟的動員令」就是很好的例證。一個多月的事實證明，紅聯站在思想上、組織上、作戰部署上正按「五、三」會議的黑綱領行動。

「五、三」黑會的要害在於反奪權。

一、所謂「1.12」奪權是中間勢力奪權

眾所周知，在「1.12」這光輝的一日，我省廣大工農兵、革命幹部和革命知識分子在光焰無際的毛澤東思想指引下，在強大的中國人民解放軍山西軍區全體指戰員的大力支持下，奪了黨內一小撮走資本主義道路當權派所竊据的山西省委、省人委、太原市委、市人委的黨、政、財、文大權，以衛恒、王謙、王大任為首的反革命修正主義集團統治著的頑固堡壘被摧垮了，他們妄圖在山西復辟資本主義的陰謀徹底破產了，山西省的一千八百萬人民當家作主了。正如一月二十五日《人民日報》社論指出的：「這是繼上海市無產階級革命造反派奪權鬥爭勝利以後，在一個省的範圍內向黨內一小撮走資本主義道路當權派奪權鬥爭的偉大勝利，這是以毛主席為代表的無產階級革命路線的偉大勝利，這是戰無不勝的毛澤東思想的偉大勝利！」

「山西省的無產階級革命造反派，為全國無產階級革命造反派的奪權鬥爭創造了新的經驗。山西省委內革命的領導幹部，為全國革命的領導幹部做出了良好的榜樣。山西省軍區的人民解放軍部隊，為全國人民解放軍指戰員樹立了鮮紅的旗幟。」

「山西省革命造反派奪權鬥爭的大方向，是完全正確的。……」

然而這樣的偉大勝利，這樣的紅色政權，紅聯站的領導人在「五、三」黑會上卻說成是「中間勢力奪權」，那末，紅聯站的決策者站在什麼立場上，在為誰說話，豈不昭然若揭了嗎？

紅聯站的決策者先生們：

曾記得，在「山西省革命造反總指揮部」剛剛誕生的時候，就是你們這些人，聲嘶力竭的叫喊什麼：「你們奪錯了！」「不能用「政變」的方式來奪權」；就是你們這些人，說什麼是「假奪權」，是「一小撮別有用心的當權派，煽動和欺騙了一些不明真相的群眾，和群眾組織成立一個所謂「山西革命造反總指揮部」」；就是你們這些人，把《山西省革命造反總指揮部第一號通告》誣蔑為「一份地地道道的反革命宣言書」、「一顆資產階級反動路線新反撲的信號彈」和「形「左」實右的典型作」；就是你們這些人，把革命的領導幹部說成是：「政治投機商」，「一小撮極端反動的傢伙」，「妄想摘桃子，學袁世凱的榜樣」；就是你們這些人，把人民解放軍支持左派廣大群眾說成是「不符合十六條」，是企圖用軍隊「策劃政變」；就是你們的主力軍—「太工紅旗」某些人拋出了「三評」、「二告」，來否定「1.12」奪權和攻擊革命的領導幹部。

而在今天，特別在「五、三」黑會以來，你們又在重彈老調了。說「讓中間勢力奪了權，核心小組又沒有強調兩條路線鬥爭，山西省文化革命階級陣營不明顯，兩條路線鬥爭不明朗化。」的是你們；說「當前亂得不夠，左派不香，右派不臭，中間派吃香」的是你們；「以革命利益為重，致核心小組十句話」中攻擊革命的領導幹部是你們；炮轟劉格平同志，誣蔑劉格平同志「無視太原目前出現的資本主義復辟逆流，……用形而上學的眼光，片面地把對待「1.12」奪權的態度作為衡量是否革命組織的主要依據，不願對複雜的階級鬥爭中的情況作具體分析，輕易地做出肯定或否定的結論……」的是你們；誣蔑劉格平同志「挑撥離間，挑動群眾鬥群眾」的是你們；

攻擊革命的領導幹部，說什麼「一些領導同志奪權之後，高高在上……態度傲慢，盛氣凌人」，「在他們狹隘的心胸裡裝的是實用主義……在身旁培植自己的實力，對自己的實力百般庇護，大力支持」的是你們；攻擊劉格平同志「其實已站在資本主義復辟的資產階級立場上了……，而在局部上執行了資產階級反動路線」的是你們；說「山西軍區支左支錯了，支持了保皇派」，「山西軍區犯了拿槍的劉、鄧路線的錯誤」的也是你們；在八中毆打解放軍，太原工學院二次撕毀解放軍的筆記本的也是你們；企圖把劉格平同志左右的太工永紅、太機四野、東風兵團等革命組織在社會上搞臭的還是你們！……

紅聯站的決策者先生們：在這鐵的事實面前，你們還有什麼可說呢？你們不是在為反奪權製造輿論，又是在幹什麼呢？有時，你們也喊什麼「擁護山西核心小組的正確領導」呀！什麼「向解放軍學習、向解放軍致敬」呀！難道這就是你們的實際行動嗎？！事實畢竟是事實，瞞，是瞞不過的，賴，是賴不掉的。

「五、三」會議以來，紅聯站的領導見反奪權的陰謀不能得逞，便調動人馬，分赴工廠、農村、學校，他們四面搧風，八面點火，大造輿論，迷惑群眾，收買人心，策劃於密室，點火於基層，提出「以農村包圍城市」的戰略部署，企圖把山西核心小組、山西省革命委員會變成空中樓閣，最後來一個「篡權」。這是什麼行動呢？！

老實告訴你們—紅聯站的決策者先生們：中共山西核心小組、山西省革命委員會是毛主席和黨中央肯定了的紅色權力機構；劉格平等同志是毛主席司令部裡的人，是從黑省委的白色恐怖中「殺」出來的堅定的革命領導幹部。在過去戰爭年代裡，在敵人的刺刀面前，站得穩，頂得住，不愧為英雄好漢。在無產階級文化大革命的今天，在這尖銳複雜的階級鬥爭中，他們眼睛更亮，觀點更明，豪情壯志不減當年。一切造謠中傷，惡意攻擊，都無損於他們的一根毫毛。

中共山西核心小組、山西省革命委員會自奪權以來，一貫遵循了毛主席和黨中央的最高指示，緊緊掌握了鬥爭的大方向，引導山西省廣大的無產階級革命造反派向黨內最大的一小撮走資本主義道路當權派和以衛、王、王為首的反革命修正主義集團展開了大批判、大鬥爭，並逐步同本單位的鬥批改結合起來，無論是城市還是農村，工廠還是學校，無產階級革命派狠抓革命，猛促生產，一個個按單位、按部門大聯合，「三結合」臨時權力機構建立，一批批生產捷報頻傳，這是有目共睹的。

以劉格平同志為首的中共山西核心小組、山西省革命委員會的大方向始終是正確的。紅聯站的某些人抓住革命幹部在工作中的某些缺點，攻其一點，不及其餘，一葉障目，不見泰山，企圖否定我省無產階級文化大革命，否定「1.12」奪權的偉大成果，否定奪權以來的光輝成就，企圖來一個反奪權。我們堅決不答應，一千個不答應！一萬個不答應！！

二、紅聯站保護劉志蘭揪丁磊的背後

毛主席教導我們：「什麼人站在革命人民方面，他就是革命派，什麼人站在帝國主義封建主義官僚資本主義方面，他就是反革命派。什麼人只是口頭上站在革命人民方面而在行動上則另是一樣，他就是一個口頭革命派，如果不但在口頭上而且在行動上也站在革命人民方面，他就是一個完全的革命派。」

劉志蘭到底是什麼貨色呢？一系列的事實證明，劉志蘭並不是什麼堅定的革命左派，也並不是從黑省委的重重迫害中「殺」出來的。她與衛、王、王反革命修正主義集團並沒有什麼鬥爭，直到元月四日還在大字報中一再表白自己「我從來沒有反過省委，沒有反過衛恒同志」。

相反地為老反革命劉少奇編「劉氏語錄」的是劉志蘭；同反革命修正主義分子彭真、彭德懷勾勾搭搭的是劉志蘭；配合「三家村」鼓吹向海瑞學習，為被罷官的右傾機會主義分子招魂的是劉志蘭；包庇衛、王、王的幫兇陰發祥的是劉志蘭；伙同衛、王、王集團迫害革命幹部袁振同志的是劉志蘭；操縱反動保皇組織「七一公社」一月十五日坐飛機赴京告密劉格平、張日清等革命幹部，誣蔑劉格平同志是「政治扒手」、「野心家」的是劉志蘭；操縱「七一公社」等反動保皇組織的某些人妄圖摧垮「太工紅心」等革命組織，打擊革命小將的幕後策劃者是劉志蘭；炮製反動保皇組織「七一公社」，安插私人勢力，打進核心小組辦公室的是劉志蘭；「不把李雪峰拉下馬就死不瞑目」，搞個人報復，破壞天津文化大革命的急先鋒是劉志蘭；在資本主義復辟逆流中，挑動群眾鬥群眾的罪魁禍首是劉志蘭。……尤其在「四、一四」以後，不但不向群眾檢查自己的錯誤而是變本加厲，公開對革命群眾絕食，向革命群眾示威。劉志蘭這樣的人為什麼不可以炮轟炮轟呢？

我們說：「四、一四」紅色風暴好得很！就是好得很！！「四、一四」炮轟劉志蘭完全是革命的行動，是無可非議的！

「紅聯站」的某些人卻企圖在「四、一四」上撈什麼稻草，他們開動所有的宣傳機器，到處招搖撞騙，迷惑群眾。什麼「四、一四事件是政治大陰謀」呀！「必須揪出四、一四事件的後台」呀，而且黑省委黨校東方紅還煞費苦心，不惜花費大量筆墨，連續拋出了四論「四、一四事件是個政治大陰謀」，在這幾篇大毒草中，不遺餘力地攻擊、誣蔑其他革命組織的革命行動。尤其在「五、三」黑會的動員令中，說什麼「這個後台絕非只袁振」，公開提出「要往出揪丁磊」，主子一聲令下，下面的誰敢不從，頓時滿城風雨，炮轟丁磊的大標語到處皆是，其來勢之猛，影響之廣，遠遠地超過了批劉、鄧。「紅聯站」的決策者硬要把丁磊說成是「四、一四」事件的後台，真是荒唐又荒唐，可笑又可笑。

我們老實告訴你們：我們革命造反派的革命行動絕沒有什麼後台，我們完全是按照毛主席的指示辦事的。你們竟敢冒天下之大不韙的話，那你們就揪吧！到你們揪出後台之時，也就是你們徹底完蛋之日。

你們真的是要揪丁磊嗎？丁磊這個十八級的普通幹部值得你們動用那麼多的兵馬來揪嗎？絕非如此，你們—「醉公之意不在酒」，而是「項莊舞劍，意在沛公」藉揪「四、一四」後台之名，行攻擊劉格平同志之實，妄圖把山西核心小組一個一個「吃」掉，以達到你們反奪權的罪惡目的。

紅聯站的決策者先生們，你們這不是反奪權又是幹什麼呢？

三、搞臭太工永紅、太機四野、東風兵團等革命組織的實質

紅聯站的決策者在「五、三」黑會的動員令中說：「目前最終要把劉格平的左右組織永紅、太機四野、東風兵團在社會上搞臭，永紅的材料整理，希望寄託在工學院的幾個組織身上。」

為了達到這一可恥目的，紅聯站的兵馬積極性可謂大矣！大字報、大幅標語、宣傳機器，「三管齊下」，什麼「太工永紅是政治投機商」呀，「太機四野是打、砸、搶的急先鋒」呀，「東風兵團是地地道道的大雜燴」呀，等等，等等，一大批莫須有的罪名強加在革命派頭上。其造謠、誹謗之能事，已達到登峰造極的地步，他們不放過任何一個空間，真可謂做到了「家喻戶曉」。試問「紅聯站」的決策者先生們：你們對宣傳劉、鄧反黨反社會主義反毛澤東思想的滔天罪行下過這麼大的辛苦嗎？完全沒有。

然而誰不知道造謠是「紅聯站」的拿手好戲呢？尤其是豬八戒很早就贈送給「紅聯站」每人一把耙子，以便他們在狗急跳牆時，倒打一耙，這也是人所共知的。但墨寫的謊言掩蓋不了鐵的事實，「紅聯站」靠造謠度日，越來越不好過了。因而，太工永紅、太機四野、東風兵團等革命組織不但沒有搞臭，反而越戰越強了。「紅聯站」的決策者先生們：目睹這些，你們難道不覺得內疚嗎？

這裡也不妨隨便告訴奉命整理永紅黑材料的工學院的那幾個組織，還是趁早收起你們的破爛吧！想搞臭太工永紅，那是癡心妄想！永遠不能得逞！

我們偉大領袖毛主席告訴我們：「世界上沒有無緣無故的愛，也沒有無緣無故的恨。」

「紅聯站」的決策者先生們：你們認為什麼是對革命組織那樣恨之入骨呢？你們在「五、三」黑會中的形勢分析中說：「兵團正成為不純的組織，遠遠不能和我紅聯站相比，在社會上是個大雜燴，滿足於現狀，對兩條路線的鬥爭不大關心。」「永紅登上了政治舞台，1.12奪權沒犯錯誤，是劉格平的左右手，很囂張。」卻恬不知恥的說什麼「紅聯站大方向始終正確」，什麼「紅聯站是一貫造反的，沒有它山西文化大革命就沒有今天。」等等，看來你們倒不太謙虛，大講「唯我革命」。

然而事實究竟是怎樣的呢？

我們認為：以六中32111公社等革命組織為首的山西革命造反兵團大方向始終是正確的，他們在1.12奪權的關鍵時刻，堅定不移地站在以毛主席為代表的革命路線一邊，為山西的無產階級文化大革命立下了不朽的功勳。而且在奪權後也一貫緊緊掌握鬥爭的大方向，在批劉、鄧和反擊資本主義復辟逆流中都做出了新的貢獻。

太工永紅登上了政治舞台，當了劉格平的左右手，你們不服氣嗎？難道無產階級革命派掌權不如衛、王、王反革命修正主義集團掌權嗎？你們為什麼要為衛、王、王鳴不平呢？如果你們說太工永紅在1.12奪權關鍵時刻沒有跟上你們「紅聯站」犯錯誤，而堅定地站在毛主席革命路線一邊，你們就給他們一頂「政治投機商」的帽子戴，那麼戴上這頂帽子就感到無限高興，無限自豪！這樣，你們把太工永紅越說得一塌糊塗，一無是處，那就更好了，證明他們的工作是很有成績的了。

你們在社會上到處宣傳太機四野是打、砸、搶的急先鋒。然而在5.2事件中，山醫紅革聯、太工紅旗為了得到劉志蘭的什麼好處，卻大打出手，慷國家之慨，一舉砸掉兩輛宣傳車，把所有的廣播器材搶劫一空，還打傷了百餘名革命小將。在「五、三」黑會上，你們又重申了你們的行動綱領—凡來砸者，我們先給他一些甜頭，然後徹底砸爛之。就像5.1、5.2一樣，叫他有去無回，吃點苦頭。這說明了什麼問題呢？而且「五、三」黑會以來，又在一系列的打、砸、搶中建立了不朽的「豐功偉績」。

不信，請看事實！

4月28日晚，紅聯站十中「七一」一小撮砸了十中子弟兵站報編輯室，並對十中革委會總勤務員「七一」子弟兵負責人王海軍同志進行了非法的抄家，在全市打、砸、搶開了第一炮。

5月2日，紅聯站山醫紅革聯、太工紅旗等一小撮暴徒毆打了太工永紅、太工紅心等革命組織的戰士114人，重傷16人，被綁架、監禁的18人，撕破衣服者58人，又毒打孕婦李××（引起先期流產，住院搶救），砸爛宣傳車兩輛，搶走全部廣播器材（計150瓦擴大器兩台，發電機一台，喇叭八個，話筒四個，變壓器12個）製造成駭人聽聞的流血事件。

5月3日下午，紅聯站山醫紅革聯一小撮人把山醫一院兵團的一女同志打得腎臟出血。

5月4日晨，紅聯站山醫紅革聯200餘人揪打山醫小米加步槍五縱隊隊員李權、王生殿、孫樂義等同學達兩小時之久。當天山醫紅革聯等組織又開入礦院武鬥。

5月5日下午，黑省委黨校東方紅圍攻和毒打兵團32111革命小將。

5月8日，紅聯站八中「革聯」某些人伙同紅聯站某些組織，破壞八中「紅革聯」等九個組織所召開的聲討反革命修正主義分子劉舒俠滔天罪行大會，更不能容忍的是公然對我支左的解放軍戰士及革命小將進行毒打，解放軍4人被打，重傷一人，是我省第一起毆打解放軍的嚴重政治事件。

5月10日，紅聯站太工紅旗魏××撕毀解放軍筆記本，並吹口哨、鼓掌起鬨，肆意侮辱支左的解放軍戰士。

5月13日晚，山西省批判劉鄧紅色聯絡總站在廣場召開形勢討論會，紅聯站怕的要命，用三輛廣播車搗亂會場，一些暴徒扔石頭、棍子上主席台，引起流血事件。

5月18日，紅聯站太工紅旗再一次強行撕毀解放軍筆記本的嚴重政治事件。

5月22日，紅聯站山醫紅革聯100多人圍攻毆打山醫工學幹「八、一八」數名戰士，從下午延續到深夜。致使劉蘭祥、姬建國等五名戰士身受重傷。

5月25日，紅聯站山醫紅革聯對醫學院印刷廠工人史愛芬同志進行政治陷害，要強行排擠出廠，三食堂炊事員上前勸說殘遭毒打。秦林娥同志被打傷在地，住醫院診斷是腦震盪，脾下淤血，長期不能工作。紅革聯一小撮還惡毒謾罵：「打的輕了，打死才好。」「別理她，打死活該！」甚至罵工人是「一條死狗」、「流氓」。

5月24日，紅聯站太工紅旗策劃十中七一，毆打綁架十中七一紅小將、七一子弟兵、七一紅警衛等革命組織戰士，強占了房子。

5月24日，紅聯站一小撮人糾集一些人在廣場開所謂控訴打砸搶會。但就在會後砸了電業革命造反兵團的宣傳車。

5月25日，太機華北野戰軍、太機四野等革命組織在太原機械學院召開大會，紅聯站太機紅旗聚眾破壞會場，挑起武鬥，揪打參加會議的太師紅岩和太機華野等組織戰士。為了反對武鬥，太師紅岩、太機華野、四野等革命組織絕食抗議，但紅聯站太機紅旗糾集山醫紅革聯等上千人，在26日中午搞突然襲擊，他們十幾個人圍打一個人，致使兵團紅岩、太機四野等戰士重傷五人，輕傷不計其數。

5月30日，紅聯站冶校東方紅，先破壞了紅旗大樓的電閘，然後乘黑毆打冶校八、八紅旗、愚公移山等組織的戰士30餘人，致使楊××身負重傷，南××八個牙齒活動。

無數事實證明，那裡有武鬥，那裡就有紅聯站的人參加，而且打手就是紅聯站的人，這難道能把「太機四野」等組織說成是打砸搶的急先鋒嗎？

你們還說什麼「東風兵團是大雜燴」，而你們卻和反袁振同志的急先鋒—古田公社、愛武裝兵團，反動保皇組織「七一公社」等勾勾搭搭，打得火熱。「大雜燴」不是別的組織，正是你們「紅聯站」。

紅聯站的決策者先生們：你們充當了資本主義反革命復辟的急先鋒，把矛頭指向了革命的領導幹部，指向了中國人民解放軍，指向了革命組織，然而你們還在「五、三」黑會上大言不慚地說：「紅聯站的大方向始終正確。沒有紅聯站山西文化大革命就沒有今天。」真是恬不知恥。什麼紅聯站的大方向是正確的？

難道竟有這樣把鬥爭矛頭指向革命的「三結合」的臨時權力機構，指向革命的領導幹部，指向英雄的中國人民解放軍，指向革命左派群眾組織，而包庇反革命修正主義分子的大方向嗎？難道竟有這樣否定「一˙一二」奪權，企圖扼殺紅色政權，搞反奪權的正確大方向嗎？如果你們的大方向真是正確的話，那麼請問：

為什麼紅聯站的成立大會，反革命修正主義分子衛恒到會祝賀呢？

為什麼三反分子王謙說：「紅聯站是左派，太工紅旗是左派」呢？

為什麼其他革命組織自行車都領不上，而太工紅旗要汽車，三反分子王大任卻滿口答應呢？

為什麼三反分子武光湯指示省接待站站長白××，對紅聯站要在物質方面大力支援呢？

為什麼紅聯站「太工紅旗」把衛恒的大特務三反分子陰發祥長期窩藏，而不讓其他革命組織鬥爭呢？

為什麼在1.12奪權的緊要關頭，反革命修正主義分子衛、王、王準備投靠紅聯站，投靠太工紅旗呢？

為什麼你們死保政治大扒手劉志蘭而至今不諱呢？

為什麼紅聯站某些人大肆揚言山西省委是三類問題，是人民內部矛盾，不是奪權的問題呢？

為什麼黑省委黨校東方紅把反革命修正主義分子楊獻珍的爪牙、反革命修正主義分子葛萊拉近所謂的「三結合」隊伍中，做你們的後台指揮，大搞反攻倒算，進行資本主義復辟呢？

為什麼你們某些人要替反動組織太紡紅衛兵翻案，而瓦解太紡紅衛隊這個革命左派組織呢？

為什麼你們把矛頭直接指向中國人民解放軍，毆打解放軍戰士，撕毀人民解放軍的筆記本，搜集軍區首長材料，企圖全盤否定山西軍區支左工作的成績呢？

為什麼你們把矛頭直接指向革命左派組織，挑起大規模武鬥，僅在五、二事件中攻擊革命組織的造謠傳單，竟用紙達十噸之多，而批判劉、鄧的大字報、標語卻寥寥無幾呢？

為什麼你們五月二日調動數千名不明真相的群眾，對無產階級司令部省核心小組和革命委員會靜坐示威，要挾持劉格平同志呢？

為什麼你們多次盜用中央文革的名義，欺騙群眾，攪亂階級陣線，為你們反奪權製造輿論呢？

為什麼你們挑起一系列武鬥，打、砸、搶、抄、抓其他革命組織，而又要把罪名強加到受害者頭上呢？

為什麼你們極力挑撥軍政關係、軍民關係、革命小將和革命領導幹部的關係呢？

夠了！夠了！夠了！答案只有一個。你們的大方向早就錯了！完全錯了！你們是假造反，真保皇，你們充當了資本主義復辟的急先鋒！

總之，從「五、三」黑會，再看看紅聯站的過去和現在，無數鐵的事實表明：紅聯站的大方向就是向新生的山西紅色政權進行反奪權！

紅聯站的「勇士」們：

你們不是「準備冒風險」，「準備再次被打成反革命」嗎？如果你們甘心「輕於鴻毛」的話，那就請吧！當歷史做出無情的判決時，可悔之無及矣！

山西的紅色政權傲然屹立，巋然不動！

結束語

當然，我們相信紅聯站的廣大群眾還是要革命的，你們也曾經為山西的無產階級文化大革命做了不少工作。但是在你們某些決策者的引導下，你們的大方向錯了！你們背離毛主席的革命路線越來越遠了！

我們衷心地希望你們能夠迷途知返，浪子回頭，重新回到毛主席革命路線一邊，為把無產階級文化大革命進行到底做出新的努力！

1967年6月26日　紅太陽　第七版

毛主席教导我們：革命的根本問題是政权問題。

世界上一切革命斗爭都是为着夺取政权，巩固政权。而反革命的拚死同革命勢力的斗爭，也完全是为着維持他們的政权。

要害在于反夺权

——評紅联站“五·三”黑会

•本报評論員•

前　言

目前，史无前例的无产阶級文化大革命正在进入两个阶級、两条道路、两条路綫大决战的关鍵时刻。举国上下，大江南北，亿万革命群众正奋起毛泽东思想千鈞棒，高举革命的批判旗帜，穷追猛打党內最大的一小撮走資本主义道路的当权派，对臭《修养》、《二月黑提綱》的大批判运动正掀起一个更加全面、更加广泛、更加深入的新高潮。党內大大小小的走資本主义道路当权派、一小撮反革命修正主义分子和社会上的牛鬼蛇神正陷入了人民战爭的汪洋大海之中，面临灭頂之灾。这个形勢好得很！就是好得很！！

毛主席教导我們：“敌人是不会自行消灭的，无論是中国的反动派，或是美国帝国主义在中国的侵略的勢力，都不会自行退出历史舞台。”“帝国主义者和国內反动派决不甘心于他們的失敗，他們还要作最后的挣扎。”

就在这样的大好形勢下，社会上出現了一股資本主义复辟的反革命逆流，其矛头直指年輕的紅色政权，直指革命的領导干部，直指伟大的中国人民解放軍，直指革命組織，企图把年輕的紅色政权扼杀在搖籃之中，企图使轰轰烈烈的无产阶級文化大革命半途而废，用心何其毒也！

必須指出，这股資本主义复辟的反革

国无产阶級革命造反派的夺权斗爭創造了新的經驗。山西省委內革命的領导干部，为全国革命的領导干部作出了良好的榜样。山西省軍区的人民解放軍部队，为全国人民解放軍指战員树立了鮮紅的旗帜。

“山西省革命造反派夺权斗爭的大方向，是完全正确的。……”

然而这样的伟大胜利，这样的紅色政权，紅联站的領导人在“五、三”黑会上却說成是“中間勢力夺权”，那末，紅联站的决策者站在什么立場上，在为誰說話，岂不昭然若揭了嗎？

紅联站的决策者先生們：

曾記得，在“山西省革命造反总指揮部”刚刚誕生的时候，就是你們这些人，声嘶力竭的叫喊什么：“你們夺錯了！”“不能用‘政变’的方式来夺权”；就是你們这些人，說什么是“假夺权”，是“一小撮別有用心的当权派，煽动和欺骗了一些不明眞相的群众，和群众組織成立了一个所謂‘山西革命造反总指揮部’”；就是你們这些人，把《山西省革命造反总指揮部第一号通告》誣蔑为“一份地地道道的反革命宣言书”、“一顆資产阶級反动路綫新反扑的信号弹”和“形‘左’实右的典型作”；就是你們这些人，把革命的領导干部說成是：“政治投机商”，“一小撮极端反动的家伙”，“妄想摘桃子，学袁世凱的榜样”；就是你們这些人，把人民解放軍支持左派广大群众說成你們！……

紅联站的决策者先生們：在这鉄的事实面前，你們还有什么可說呢？你們不是在为反夺权制造輿論，又是在干什么呢？有时，你們也喊什么“拥护山西核心小組的正确領导”呀！什么“向解放軍学习、向解放軍致敬”呀！难道这就是你們的实际行动嗎？！事实毕竟是事实，瞞，是瞞不过的，賴，是賴不掉的。

“五、三”会議以来，紅联站的領导見反夺权的阴謀不能得逞，便調动人馬，分赴工厂、农村、学校，他們四面煽风，八面点火，大造輿論，迷惑群众，收买人心，策划于密室，点火于基层，提出“以农村包围城市”的战略部署，企图把山西核心小組、山西省革命委員会变成空中楼閣，最后来一个“篡权”。这是什么行动呢？！

老实告訴你們——紅联站的决策者先生們：中共山西核心小組、山西省革命委員会是毛主席和党中央肯定了的紅色权力机构；刘格平等同志是毛主席司令部里的人，是从黑省委的白色恐怖中“杀”出来的坚定的革命領导干部。在过去战爭年代里，在敌人的刺刀面前，站得稳，頂得住，不愧为英雄好汉。在无产阶級文化大革命的今天，在这尖銳复杂的阶級斗爭中，他們眼睛更亮，观点更明，豪情壮志不减当年。一切造謠中伤，恶意攻击，都无損于他們的一根毫毛。

左派，也并不是从黑省委的重重迫害中“杀”出来的。她与卫、王、王反革命修正主义集团并沒有什么斗爭，直至元月四日还在大字报中一再表白自己“我从来沒有反过省委，沒有反过卫恒同志”。

相反地为老反革命刘少奇編“刘氏語录”的是刘志兰；同反革命修正主义分子彭真、彭德怀勾勾搭搭的是刘志兰；配合“三家村”鼓吹向海瑞学习，为被罢官的右傾机会主义分子招魂的是刘志兰；包庇卫、王、王的帮凶阴发祥的是刘志兰；伙同卫、王、王集团迫害革命干部袁振同志的是刘志兰；操纵反动保皇組織“七一公社”一月十五日坐飞机赴京告密刘格平、张日清等革命干部，誣蔑刘格平同志是“政治扒手”、“野心家”的是刘志兰；操纵“七一公社”等反动保皇組織的某些人妄图摧垮“太工紅心”等革命組織，打击革命小将的幕后策划者是刘志兰；炮制反动保皇組織“七一公社”，安插私人勢力，打进核心小組办公室的是刘志兰；“不把李雪峰拉下馬就死不瞑目”，搞个人报复，破坏天津文化大革命的急先鋒是刘志兰；在資本主义复辟逆流中，挑动群众斗群众的罪魁禍首是刘志兰。……尤其在“四、一四”以后，不但不向群众检查自己的錯誤，而是变本加厉，公开对革命群众絕食，向革命群众示威。刘志兰这样的人为什么不可以炮轰炮轰呢！

我們說：“四、一四”紅色风暴好得

道消息
說一句

初，袁
郑林、
系，这

贴出大
南）曾两
立抓住傅
两銀子，
北京保了
这个問題
听明白她
会这件
是听袁振
山問題引
問題上来

队）

党校当了

孙，她的
刘以包鋼
安部門写信
包鋼居住。
但刘得知
遇的，說几
其弟由北京
建筑工程处
其弟摘去右

刮单干风，
草奕草，并
，即每人可
糖、肉等照
主义路綫，
生产，一手
主席提出的
。
我們不难看
部的人，而
力女干將。
战斗队）

帝国主义在中国的侵略的势力，都不会自行退出历史舞台。”“帝国主义者和国内反动派决不甘心于他們的失敗，他們还要作最后的挣扎。”

就在这样的大好形势下，社会上出現了一股资本主义复辟的反革命逆流，其矛头直指年輕的紅色政权，直指革命的領导干部，直指伟大的中国人民解放軍，直指革命組織，企图把年輕的紅色政权扼杀在搖籃之中，企图使轰轰烈烈的无产阶級文化大革命半途而废，用心何其毒也！

必須指出，这股資本主义复辟的反革命逆流来自于党內一小撮走資本主义道路的当权派和社会上的牛鬼蛇神。他們虽被打倒，但人还在，心不死，每日每时都企图复辟他們失去的“天堂”。

就在这夺权与反夺权、反复辟与复辟的决战时刻，紅联站的領导人扮演了极不光彩的角色，导致紅联站充当了資本主义反革命复辟的急先鋒，“五、三”黑会这一“反革命复辟的动員令”就是很好的例証。一个多月的事实証明，紅联站在思想上、組織上、作战部署上正按“五、三”会議的黑綱領行动。

“五、三”黑会的要害在于反夺权！

一、所謂“1.12”夺权是中間势力夺权

众所周知，在“1.12”这光輝的一日，我省广大工农兵、革命干部和革命知識分子在光焰无际的毛泽东思想指引下，在强大的中国人民解放軍山西軍区全体指战員的大力支持下，夺了党內一小撮走資本主义道路当权派所窃据的山西省委、省人委、太原市委、市人委的党、政、財、文大权，以卫恒、王謙、王大任为首的反革命修正主义集团統治着的顽固堡垒被摧垮了，他們妄图在山西复辟資本主义的阴谋彻底破产了，山西省的一千八百万人民当家作主了。正如一月二十五日《人民日报》社論指出的：“这是继上海市无产阶級革命造反派夺权斗爭胜利以后，在一个省的范围内向党內一小撮走資本主义道路的当权派夺权斗爭的伟大胜利，这是以毛主席为代表的无产阶級革命路綫的伟大胜利，这是战无不胜的毛泽东思想的伟大胜利！

“山西省的无产阶級革命造反派，为全……你們这些人，說什么是“假夺权”，是“一小撮別有用心的当权派，煽动和欺骗了一些不明真相的群众，和群众組織成立了一个所謂‘山西革命造反总指揮部’”；就是你們这些人，把《山西省革命造反总指揮部第一号通告》誣蔑为“一份地地道道的反革命宣言书”、“一顆資产阶級反动路綫新反扑的信号弹”和“形‘左’实右的典型作”；就是你們这些人，把革命的領导干部說成是：“政治投机商”，“一小撮极端反动的家伙”，“妄想摘桃子，学袁世凱的榜样”；就是你們这些人，把人民解放軍支持左派广大群众說成是“不符合十六条”，是企图用軍队“策划政变”；就是你們的主力軍——“太工紅旗”某些人拋出了“三評”、“二告”，来否定“1.12”夺权和攻击革命的領导干部。

而在今天，特别在“五、三”黑会以来，你們又在重弹老调了。說“让中間势力夺了权，核心小組又沒有强調两条路綫斗爭，山西省文化革命阶級陣营不明显，两条路綫斗爭不明朗化。”的是你們；說“当前乱得不够，左派不香，右派不臭，中間派吃香”的是你們；“以革命利益为重，致核心小組十句話”中攻击革命的領导干部是你們；炮轰刘格平同志，誣蔑刘格平同志“无視太原目前出現的資本主义复辟逆流，……用形而上学的眼光，片面地把对待‘1.12’夺权的态度作为衡量是否革命組織的主要依据，不愿对复杂的阶級斗爭中的情况作具体分析，輕易地作出肯定或否定的結論……”的是你們；誣蔑刘格平同志“挑拨离間，挑动群众斗群众”的是你們；攻击革命的領导干部，說什么“一些領导同志夺权之后，高高在上……态度傲慢，盛气凌人”，“在他們狭隘的心胸里裝的是实用主义……在身旁培植自己的实力，对自己的实力百般庇护，大力支持”的是你們；攻击刘格平同志“其实已站在資本主义复辟的資产阶級立場上了……，而在局部上执行了資产阶級反动路綫”的是你們；說“山西軍区支左支錯了，支持了保皇派”，“山西軍区犯了拿枪的刘、邓路綫的錯誤”的也是你們；在八中毆打解放軍，太原工学院二次撕毀解放軍的笔記本的也是你們；企图把刘格平同志左右的太工永紅、太机四野、东风兵团等革命組織在社会上搞臭的还是呢？！

老实告訴你們——紅联站的决策者先生們：中共山西核心小組、山西省革命委員会是毛主席和党中央肯定了的紅色权力机构；刘格平等同志是毛主席司令部里的人，是从黑省委的白色恐怖中“杀”出来的坚定的革命領导干部。在过去战爭年代里，在敌人的刺刀面前，站得稳，頂得住，不愧为英雄好汉。在无产阶級文化大革命的今天，在这尖銳复杂的阶級斗爭中，他們眼睛更亮，观点更明，豪情壮志不减当年。一切造謠中伤，恶意攻击，都无損于他們的一根毫毛。

中共山西核心小組、山西省革命委員会自夺权以来，一貫遵循了毛主席和党中央的最高指示，紧紧掌握了斗爭的大方向，引导山西省广大的无产阶級革命造反派向党內最大的一小撮走資本主义道路当权派和以卫、王、王为首的反革命修正主义集团展开了大批判、大斗爭，并逐步同本单位的斗批改結合起来，无論是城市还是农村，工厂还是学校，无产阶級革命派狠抓革命，猛促生产，一个个按单位、按部門大联合，“三結合”临时权力机构建立，一批批生产捷报頻传，这是有目共睹的。

以刘格平等同志为首的中共山西核心小組、山西省革命委員会的大方向始終是正确的。紅联站的某些人抓住革命干部在工作中的某些缺点，攻其一点，不及其余，一叶障目，不見泰山，企图否定我省无产阶級文化大革命，否定“1、12”夺权的伟大成果，否定夺权以来的光輝成就，企图来一个反夺权。我們坚决不答应，一千个不答应！一万个不答应！！

二、紅联站保刘志兰揪丁磊的背后

毛主席教导我們：“什么人站在革命人民方面，他就是革命派，什么人站在帝国主义封建主义官僚資本主义方面，他就是反革命派。什么人只是口头上站在革命人民方面而在行动上則另是一样，他就是一个口头革命派，如果不但在口头上而且在行动上也站在革命人民方面，他就是一个完全的革命派。”

刘志兰到底是什么貨色呢？一系列的事实証明，刘志兰并不是什么坚定的革命人妄图摧垮“太工紅心”等革命組織，打击革命小将的幕后策划者是刘志兰；炮制反动保皇組織“七一公社”，安插私人势力，打进核心小組办公室的是刘志兰；“不把李雪峰拉下馬就死不瞑目”，搞个人报复，破坏天津文化大革命的急先鋒是刘志兰；在資本主义复辟逆流中，挑动群众斗群众的罪魁禍首是刘志兰。……尤其在“四、一四”以后，不但不向群众检查自己的錯誤，而是变本加厉，公开对革命群众絕食，向革命群众示威。刘志兰这样的人为什么不可以炮轰炮轰呢？

我們說：“四、一四”紅色风暴好得很！就是好得很！！“四、一四”炮轰刘志兰完全是革命的行动，是无可非議的！

“紅联站”的某些人却企图在“四、一四”上捞什么稻草，他們开动所有的宣传机器，到处招謠撞騙，迷惑群众。什么“四、一四事件是政治大阴謀”呀，“必須揪出四、一四事件的后台”呀，而且黑省委党校东方紅还煞費苦心，不惜花費大量笔墨，連續拋出了四論“四、一四事件是个政治大阴謀”，在这几篇大毒草中，不遗余力地攻击、誣蔑其他革命組織的革命行动。尤其在“五、三”黑会的动員令中，說什么“这个后台絕非只袁振”，公开提出“要往出揪丁磊”，主子一声令下，下面的誰敢不从，頓时滿城风雨，炮轰丁磊的大标語到处皆是，其来势之猛，影响之广，远远地超过了批刘、邓。“紅联站”的决策者硬要把丁磊說成是“四、一四”事件的后台，真是荒唐又荒唐，可笑又可笑。

我們老实告訴你們：我們革命造反派的革命行动絕沒有什么后台，我們完全是按照毛主席的指示办事的。你們竟敢冒天下之大不韪的話，那你們就揪吧！到你們揪出后台之时，也就是你們彻底完蛋之日。

你們真的是要揪丁磊嗎？丁磊这个十八級的普通干部还值得你們动用那么多的兵馬来揪嗎？决非如此，你們——“醉公之意不在酒”，而是“項庄舞剑，意在沛公”，借揪“四、一四”后台之名，行攻击刘格平同志之实，妄图把山西核心小組一个一个“吃”掉，以达到你們反夺权的罪恶目的。

紅联站的决策者先生們，你們这不是反夺权又是干什么呢？

（下轉八版）

有掌权，对两条路綫的斗争……看得較明显。由于山西运动……对于刘志兰紅联站沒有……象"5.1"、"5.2"一样，……他走。

（上接七版）

要害在于反夺权

三、搞臭太工永紅、太机四野、东风兵团等革命組織的实質

紅联站的决策者在"五、三"黑会的动員令中說："目前最終要把刘格平的左右組織永紅、太机四野、东风兵团在社会上搞臭，永紅的材料整理，希望寄托在工学院的几个組織身上。"

为了达到这一可耻目的，紅联站的兵馬积极性可謂大矣！大字报、大幅标語、宣传机器，"三管齐下"，什么"太工永紅是政治投机商"呀，"太机四野是打、砸、抢的急先鋒"呀，"东风兵团是地地道道的大杂烩"呀，等等，等等，一大批莫須有的罪名强加在革命派头上。其造謠、誹謗之能事，已达到登峰造极的地步，他們不放过任何一个空間，真可謂做到了"家喻戶晓"。試問"紅联站"的决策者先生們：你們对宣传刘、邓反党反社会主义反毛泽东思想的滔天罪行下过这么大的辛苦嗎？完全沒有。

然而誰不知道造謠是"紅联站"的拿手好戏呢？尤其是猪八戒很早就贈送給"紅联站"每人一把耙子，以便他們在狗急跳墙时，倒打一耙，这也是人所共知的。但墨写的謊言掩盖不了鉄的事实，"紅联站"靠造謠度日，越来越不好过了。因而，太工永紅、太机四野、东风兵团等革命組織不但沒有被搞臭，反而越战越强了。"紅联站"的决策者先生們：目睹这些，你們难道不觉得內疚嗎？

这里也不妨順便告訴奉命整理永紅黑材料的工学院的那几个組織，还是趁早收起你們的破烂吧！想搞臭太工永紅，那是痴心妄想！永远不能得逞！

我們伟大領袖毛主席告訴我們："世界上沒有无緣无故的爱，也沒有无緣无故的恨。"

"紅联站"的决策者先生們：你們为什么对革命組織那样恨之入骨呢？你們在"五、三"黑会中的形势分析中說："兵团正成为不純的組織，远远不能和我紅联站相比，在社会上是个大杂烩，滿足于現状，对两条路綫的斗爭不大关心。""永紅登上了政治舞台，1.12夺权沒犯錯誤，是刘格平的左右手，很囂张。"却恬不知耻的說什么"紅联站大方向始終正确"，什么"紅联站是一貫造反的，沒有它山西文化大革命就沒有今天。"等等，看来你們倒不太謙虛，大讲"唯我革命"。

然而事实究竟是怎样的呢？

我們认为：以六中32111公社等革命組織为首的山西革命造反兵团大方向始終是正确的，他們在1.12夺权的关鍵时刻，坚定不移地站在以毛主席为代表的革命路綫一边，为山西的无产阶級文化大革命立下了不朽的功勛。而且在夺权后也一貫緊緊地掌握斗爭的大方向，在批刘、邓和反击资本主义复辟逆流中都作出了新的貢献。

太工永紅登上了政治舞台，当了刘格平的左右手，你們不服气嗎？难道无产阶級革命派掌权不如卫、王、王反革命修正主义集团掌权嗎？你們为什么要为卫、王、王鳴不平呢？如果你們說太工永紅在1.12夺权关鍵时刻沒有跟上你們"紅联站"犯錯誤，而坚定地站在毛主席革命路綫一边，你們就給他們一頂"政治投机商"的帽子戴，那么戴上这頂帽子就感到无限自豪，无限高兴，这样，你們把太工永紅越說得一塌糊涂，一无是处，那就更好了，証明他們的工作是很有成績的了。

你們在社会上到处宣传太机四野是打、砸、抢的急先鋒。然而在5.2事件中，山医紅革联、太工紅旗为了得到刘志兰的什么好处，却大打出手，根国家之慨，一举砸掉两辆宣传车，把所有的广播器材抢劫一空，还打伤了百余名革命小将。在"五、三"黑会上，你們又重申了你們的行动綱領——凡来砸者，我們先給他一些甜头，然后彻底砸烂之。就象5.1、5.2一样，叫他有去无回，吃点苦头。这說明了什么問題呢？而且"五、三"黑会以来，又在一系列的打、砸、抢中建立了不朽的"丰功伟績"。

不信，請看事实！

4月28日晚，紅联站十中"七一"一小撮人砸了十中子弟兵战报編輯室，并对十中革委会总勤务員"七一"子弟兵負責人王海軍同志进行了非法的抄家，在全市打、砸、抢开了第一炮。

5月2日，紅联站山医紅革联、太工紅旗等一小撮暴徒毆打了太工永紅、太工紅心等革命組織的战士114人，重伤16人，被綁架、监禁的18人，撕破衣服者58人，又毒打孕妇李××（引起先期流产，住院搶救），砸烂宣传車两輛，搶走全部广播器材（計150瓦扩大器两台，发电机一台，喇叭八个，話筒四个，变压器12个）制造成駭人听聞的流血事件。

5月3日下午，紅联站山医紅革联一小撮人把山医一院兵团的一女同志打得腎脏出血。

5月4日晨，紅联站山医紅革联200余人揪打山医小米加步枪五纵队队員李权、王生殿、孙乐义等同学达两小时之久。当天山医紅革联等組織又开入矿院武斗。

5月5日下午，黑省委党校东方紅围攻和毒打兵团32111革命小将。

5月8日，紅联站八中"革联"某些人伙同紅联站某些組織，破坏八中"紅革联"等九个組織所召开的声討反革命修正主义分子刘舒侠滔天罪行大会，更不能容忍的是公然对我支左的解放軍战士及革命小将进行毒打，解放軍4人被打，重伤一人，是我省第一起毆打解放軍的严重政治事件。

5月10日，紅联站太工紅旗魏××撕毁解放軍笔記本，并吹口哨、鼓掌起哄，肆意侮辱支左的解放軍战士。

5月13日晚，山西省批刘邓紅色联絡总站在广场召开形势討論会，紅联站怕的要命，用三辆广播車搗乱会場，一些暴徒扔石头、棍子上主席台，引起流血事件。

5月18日，紅联站太工紅旗再一次强行撕毁解放軍笔記本的严重政治事件。

5月22日，紅联站山医紅革联100多人围攻毆打山医工学干"八、一八"数名战士，从下午延續到深夜。致使刘兰群、姬建国等五名战士身受重伤。

5月25日，紅联站山医紅革联对医学院印刷厂工人史爱芬同志进行政治陷害，要强行排挤出厂，三食堂炊事員上前劝說残遭毒打。秦林娥同志被打伤在地，住医院診断是脑振蕩，脾下淤血，长期不能工作。紅革联一小撮还恶毒謾罵："打的輕了，打死才好。""别理她，打死活該！"甚至罵工人是"一条死狗"、"流氓"。

5月24日紅联站太工紅旗策划十中七一，毆打綁架十中七一紅小将、七一子弟兵、七一紅警卫等革命組織战士，强占了房子。

5月24日，紅联站一小撮人糾集一些人在广場开所謂控訴打砸搶会。但就在会后砸了电业革命造反兵团的宣传車。

5月25日，太机华北野战軍、太机四野等革命組織在太原机械学院召开大会，紅联站太机紅旗聚众破坏会場，挑起武斗，揪打参加会議的太师紅岩和太机华野等組織战士。为了反对武斗，太师紅岩、太机华野、四野等組織絕食抗議，但紅联站太机紅旗糾集山医紅革联等上千人，在26日中午搞突然袭击，他們十几个人围打一个人，致使兵团紅岩、太机四野等战士重伤五人，輕伤不計其数。

5月30日晚，紅联站冶校东方紅，先……

（下轉五版）

通訊地址：　太原工学院《紅太工》編輯部（教工三楼3327）　电話：6701轉《紅太工》編輯部　发稿日期：6月19日

要害在于反夺权

（上接八版）

破坏了紅旗大楼的电閘，然后乘黑殴打冶校八、八紅旗、愚公移山等組織的战士30余人，致使楊××身負重伤，南××爪个牙齿活动。

无数事实証明，那里有武斗，那里就有紅联站的人参加，而且打手就是紅联站的人，这难道能把“太机四野”等組織說成是打砸搶的急先鋒嗎？

你們还說什么“东风兵团是大杂燴”，而你們却和反袁振同志的急先鋒——古田公社、爱武装兵团，反动保皇組織“七一公社”等勾勾搭搭，打得火热。“大杂燴”不是別的組織，正是你們“紅联站”。

紅联站的决策者先生們：你們充当了資本主义反革命复辟的急先鋒，把矛头指向了革命的领导干部，指向了中国人民解放軍，指向了革命組織，然而你們还在“五、三”黑会上大言不慚地說：“紅联站的大方向始終正确。沒有紅联站山西文化大革命就沒有今天。”眞是恬不知耻。什么紅联站的大方向是正确的？

难道竟有这样把斗爭矛头指向革命的“三結合”的临时权力机构，指向革命的领导干部，指向英雄的中国人民解放軍，指向革命左派群众組織，而包庇反革命修正主义分子的大方向嗎？难道竟有这样否定“一•一二”夺权，企图扼杀紅色政权，搞反夺权的正确大方向嗎？如果你們的大方向眞是正确的話，那么請問：

为什么紅联站的成立大会，反革命修正主义分子卫恒到会祝賀呢？

为什么三反分子王謙說：“紅联站是左派，太工紅旗是左派”呢？

为什么其他革命組織自行車都領不上，而太工紅旗要汽車，三反分子王大任却滿口答应呢？

为什么三反分子武光湯指示省接待站站长白××，对紅联站要在物质方面大力支援呢？

为什么紅联站“太工紅旗”把卫恒的大特务三反分子阴发祥长期窝藏，而不让其他革命組織斗爭呢？

为什么在1.12夺权的紧要关头，反革命修正主义分子卫、王、王准备投靠紅联站，投靠太工紅旗呢？

为什么你們死保政治大扒手刘志兰而至今不諱呢？

为什么紅联站某些人大肆揚言山西省委是三类問題，是人民內部矛盾，不是夺权的問題呢？

为什么黑省委党校东方紅把反革命修正主义分子楊献珍的爪牙、反革命修正主义分子葛萊拉进所謂的“三結合”队伍中，做你們的后台指揮，大搞反攻倒算，进行資本主义复辟呢？

为什么你們某些人要替反动組織太紡紅卫兵翻案，而瓦解太紡紅卫队这个革命左派組織呢？

为什么你們把矛头直接指向中国人民解放軍，殴打解放軍战士，撕毁人民解放軍的笔記本，搜集軍区首长材料，企图全盘否定山西軍区支左工作的成績呢？

为什么你們把矛头直接指向革命左派組織，挑起大规模武斗，仅在五、二事件中攻击革命組織的造謠传单，竟用紙达十吨之多，而批判刘、邓的大字报、标語却寥寥无几呢？

为什么你們五月二日調动数千名不明眞象的群众，对无产阶級司令部省核心小組和革命委員会靜坐示威，要挟持刘格平同志呢？

为什么你們多次盜用中央文革的名义，欺騙群众，攪乱阶級陣綫，为你們反夺权制造輿論呢？

为什么你們挑起一系列武斗，打、砸、搶、抄、抓其它革命組織，而又要把罪名强加到受害者头上呢？

为什么你們极力挑拨軍政关系、軍民关系、革命小将和革命領导干部的关系呢？

够了！够了！够了！答案只有一个。你們的大方向早就錯了！完全錯了！你們是假造反，眞保皇，你們充当了資本主义复辟的急先鋒！

总之，从“五、三”黑会，再看看紅联站的过去和現在，无数鉄的事实表明：紅联站的大方向就是向新生的山西紅色政权进行反夺权！

紅联站的“勇士”們：

你們不是“准备冒风險”，“准备再次被打成反革命”嗎？如果你們甘心“輕于鴻毛”的話，那就請吧！当历史作出无情的判决时，可悔之无及矣！

山西的紅色政权傲然屹立，巋然不动！

結束語

当然，我們相信紅联站的广大群众还是要革命的，你們也曾經为山西的无产阶級文化大革命做了不少工作。但是在你們某些决策人的引导下，你們的大方向錯了！你們背离毛主席的革命路綫越来越远了！

我們衷心地希望你們能够迷途知返，浪子回头，重新回到毛主席革命路綫一边，为把无产阶級文化大革命进行到底作出新的努力！

紅聯站一小撮人把紅聯站引向何處去？

按語：五月八日，太工「東方紅」戰團內一批革命造反者起來造反了！他們揭露了山西紅聯站內一小撮人否定我省「一˙一二」奪權，陰謀搞反奪權的罪惡計畫。這一革命造反行動好得很！就是好得很！！

山西省無產階級革命派的「一˙一二」奪權是在我們最最敬愛的偉大領袖毛主席親切關懷和大力支持下進行的，是毛澤東思想的偉大勝利，是無產階級文化大革命的偉大勝利。但是，山西紅聯站內的一小撮人卻誣蔑「一˙一二」奪權是「中間勢力奪權」，並制定了先「把劉格平左右組織太工永紅、太機四野、東風兵團在社會上搞臭」，然後進行反奪權的罪惡計畫。毛主席教導我們：「人民得到的權利，絕不允許輕易喪失，必須用戰鬥來保衛。」無產階級革命派戰友們，頭可斷，血可流，紅色政權不能丟！我們必須戳穿山西紅聯站內一小撮人的反奪權陰謀，徹底粉碎資本主義復辟的反革命逆流，把無產階級文化大革命進行到底！

第三版　　红太工　　1967年6月26日

紅联站一小撮人把紅联站引向何处去?

按语：五月八日，太工"东方红"战团内一批革命造反者起来造反了！他们揭露了山西红联站内一小撮人否定我省"一·一二"夺权，阴谋搞反夺权的罪恶计划。这一革命造反行动好得很！就是好得很！！

山西省无产阶级革命派的"一·一二"夺权是在我们最最敬爱的伟大领袖毛主席亲切关怀和大力支持下进行的，是毛泽东思想的伟大胜利，是无产阶级文化大革命的伟大胜利。但是，山西红联站内的一小撮人却诬蔑"一·一二"夺权是"中间势力夺权"，并制定了先"把刘格平左右组织太工永红、太机四野、东风兵团在社会上搞臭"，然后进行反夺权的罪恶计划。毛主席教导我们："人民得到的权利，决不允许轻易丧失，必须用战斗来保卫。"无产阶级革命派战友们，头可断，血可流，红色政权不能丢！我们必须戳穿山西红联站内一小撮人的反夺权阴谋，彻底粉碎资本主义复辟的反革命逆流，把无产阶级文化大革命进行到底！

掌握足够的材料，对炮轰刘……

叫他有去无回，吃些苦头。

现在社会上有流传說要……

②統一口径，不要为别人左右，防止有人抓小辮，……

紅联站决心要干下去，并准备冒风险，在急风暴雨中……

「五・三」黑會的黑綱領

常委談形勢：

當前社會上有三股勢力：兵團；紅聯站，省歌舞團東方紅；永紅。紅聯站看來處於孤立的地位，但大方向始終正確。兵團正成為不純的組織，遠遠不能和我紅聯站比。在社會上看，是個大雜燴，滿足於現狀，對兩條路線鬥爭不大關心，「永紅」登上政治舞台，「1.12」奪權沒犯錯誤，是劉格平的左右手，很囂張。紅聯站在「1.12」奪權犯了錯誤，沒有掌權，對兩條路線的鬥爭看得較明顯。由於山西運動發展緩慢，奪權又早，讓中間勢力奪了權，核心小組又沒有強調兩條路線的鬥爭，山西省文化革命階級陣營不明顯，兩條路線鬥爭不明朗化，我看這個擔子首先要由紅聯站來擔負。紅聯站雖在「1.12」奪權犯了錯誤，難道不能再起來革命嗎？

對劉格平是肯定的幹部，但是對於他對某些問題處理得不明顯而生氣。他身邊常有「永紅」派造謠，所以在兩條路線上含糊其詞。劉格平不可能不聽永紅的一些不三不四的話。

對於劉志蘭紅聯站沒有掌握足夠的材料，對炮轟劉志蘭我們保留意見。但對於炮轟劉志蘭的一齊出現，認為是有幕後策劃的。「紅心」、「永紅」現在有這樣大的膽量，是有人支持的，且得到的材料也不是親手得到的，是別人給的。但這個背後人絕非指袁振，主要是丁磊，因此要往出揪丁磊。現在社會上有很多人把希望寄託在紅聯站身上，兵團滿足於現狀，不會揪。

目前社會上的打、砸、搶主要是對準紅聯站的下屬一些單位，這主要是對紅聯站的一些人恨之入骨。據楊成效的計畫，還要砸幾個組織，我們要密切注意此事。凡來砸者，我們先給其一些甜頭，然後徹底砸爛之。就像「5.1」、「5.2」一樣，叫他有去無回，吃些苦頭。

現在社會上有流傳說要擠垮紅聯站，據說是丁磊說的，第一個批判劉、鄧聯絡站的成立，看來是想擠垮紅聯站的。

首都赴晉大隊對紅聯站非常支持，和他們交換過一系列的觀點。

段立生對紅聯站下屬單位的幾點要求：

目前狀況下，注意統一思想，學習《將革命進行到底》和《革命英雄主義》有關語錄，準備再次被打成反革命。現在我們再不能踏著別人的足印走了。紅聯站是一貫造反的，沒有他，山西文化大革命就沒有今天。兵團、永紅，我們都不能跟他走。

統一口徑，不要為別人左右，防止有人抓小辮，騷亂我們的作戰部屬。各隊要以整體為重，不要搞山頭主義，要加強團結，步調一致，有利於戰鬥，由聯絡站統一指揮行動。

最近聯絡站下屬各單位要多提高警惕，嚴防打砸搶，如有來者，予以迎頭痛擊。對於一些出頭露面的人物要注意人身安全。據說有人要動武器，這和聯動有什麼區別。

電話應控制在自己身邊，有事能及時聯繫。

山西日報5.1號社論調子變了，和人民日報差不多了，主要是由於軍管，張日清親自抓，5.1社論應好好學習，紅聯站準備發表社論來配合。

紅聯站決心要幹下去，並準備冒風險，在急風暴雨中挺得住，緊緊掌握大方向，把兩條路線的鬥爭進行到底。

常委要求：

目前最終要把劉格平左右的組織永紅、太機四野、東風兵團在社會上搞臭，永紅的材料整理，希望寄託在工學院的幾個組織身上。

團結真正造反派，不搞大雜燴，接受兵團教訓。

原來紅聯站有許多組織，其中有很多是工人組織，現在能不能吸收工人參加，還得請示中央，現在工人組織起個工人聯合會（沒聽清），我們要注意和他們合作。

（摘自「遵義戰團」大字報）

是毛泽东思想的伟大胜利，是无产阶级文化大革命的伟大胜利。但是，山西紅联站內的一小撮人却诬蔑"一·一二"

行到底！

"五·三"黑会的黑綱領

常委談形势：

当前社会上有三股势力：兵团；紅联站；省歌舞团东方紅；永紅。紅联站看来处于孤立的地位，但大方向始終正确。兵团正成为不純的組織，远远不能和我紅联站比。在社会上看，是个大杂烩，满足于现状，对两条路綫斗爭不大关心。"永紅"登上政治舞台，"1.12"夺权沒犯錯誤，是刘格平的左右手，很嚣张。紅联站在"1.12"夺权犯了錯誤，沒有掌权，对两条路綫的斗爭看得較明显。由于山西运动发展緩慢，夺权又早，让中間势力夺了权，核心小組又沒有强調两条路綫的斗爭，山西省文化革命阶級陣营不夠明显，两条路綫斗爭不明朗化，我看这个担子首先要由紅联站来担負。紅联站虽在"1.12"夺权犯了錯誤，难道不能再起来革命嗎？

对刘格平是肯定的干部，但是对于他对某些問題处理得不明显而生气。他身边常有"永紅"派谣諑，所以在两条路綫上含糊其詞。刘格平不可能不听永紅的一些不三不四的話。

对于刘志兰紅联站沒有掌握足够的材料，对炮轰刘志兰我們保留意見。但对于炮轰刘志兰的一齐出现，认为是有幕后策划的。"紅心"、"永紅"現在有这样大的胆量，是有人支持的，且得到的材料也不是亲手得到的，是别人給的。但这个背后大決非指裹振，主要是丁磊，因此要往出揪丁磊。現在社会上有很多人把希望寄托在紅联站身上，兵团满足于现状，不会揪。

目前社会上的打、砸、搶主要是对准紅联站的下属一些单位，这主要是对紅联站的一些人恨之入骨。据楊成效的計划，还要砸几个組織，我們要密切注意此事。凡来砸者，我們先給其一些甜头，然后彻底砸烂之。就象"5.1"、"5.2"一样，叫他有去无回，吃些苦头。

現在社会上有流传說要挤垮紅联站，据說是丁磊說的，第一个批判刘、邓联絡站的成立，看来是想挤垮紅联站的。

首都赴晋大队对紅联站非常支持，和他們交換过一系列的观点。

段立生对紅联站下属单位的几点要求：

①目前状况下，注意統一思想，学习《将革命进行到底》和《革命英雄主义》有关語录，准备再次被打成反革命。現在我們再不能踏着別人的足印走了。紅联站是一貫造反的，沒有他，山西文化大革命就沒有今天。兵团、永紅，我們都不能跟他走。

②統一口径，不要为別人左右，防止有人抓小辮，騷乱我們的作战部署。各队要以整体为重，不要搞山头主义，要加强团結，步調一致，有利于战斗，由联絡站統一指揮行动。

③最近联絡站下属各单位要多提高警惕，严防打砸搶，如有来者，予以迎头痛击。对于一些出头露面的人物要注意人身安全。据說有人要动武器，这和联动有什么区別。

④电話应控制在自己身边，有事能及时联系。

⑤山西日报5.1号社論調子变了，和人民日报差不多了，主要是由于軍管，张日清亲自抓，5.1社論应好好学习，紅联站准备发表社論来配合。

紅联站决心要干下去，并准备冒风险，在急风暴雨中挺得住，紧紧掌握大方向，把两条路綫的斗爭进行到底。

常委要求：

①目前最終要把刘格平左右的組織永紅、太机四野、东风兵团在社会上搞臭，永紅的材料整理，希望寄托在工学院的几个組織身上。

②团結真正造反派，不搞大杂烩，接受兵团教训。

原来紅联站有許多組織，其中有很多是工人組織，現在能不能吸收工人参加，还得請示中央，現在工人組織起个工人联合会（沒听清），我們要注意和他們合作。

（摘自"遵义战团"大字报）

人，是我省第一起毆打解放軍的严重政治事件

讓「四·一四」紅色風暴來得更猛烈吧！

—紀念「四·一四」兩週月紅心戰鬥隊評論員

「虎踞龍盤今勝昔，天翻地覆慨而慷。」繼「一˙一二」奪權以後，平地又一聲春雷，「四˙一四」掀起了震動全省的紅色風暴。「四˙一四」紅色風暴打破了山西運動暫時沉悶狀態，把山西的無產階級文化大革命推向了新的階段。「四˙一四」紅色風暴開闢山西無產階級文化大革命的新紀元，其勢如暴風驟雨，迅猛異常，從此，批判黨內最大的一小撮走資本主義道路的當權派出現了嶄新的局面。「四˙一四」紅色風暴吹響了擊退自上而下的資本主義復辟的進軍號，廣大無產階級盡情地歡呼：「四˙一四」紅色風暴好得很！就是好得很！毛主席教導我們說：「革命的根本問題是政權問題。」無產階級革命派在「一˙一二」奪權勝利以後，遇到的問題千頭萬緒，但根本問題還是政權問題。毛主席又教導我們說：「要特別警惕像赫魯曉夫那樣的野心家和陰謀家，防止這樣的壞人篡權黨和國家各級的領導。」「混進黨裡、政府裡、軍隊裡和各種文化界的資產階級代表人物，是一批反革命修正主義分子，一旦時機成熟，他們就會要奪取政權，由無產階級專政變為資產階級專政。」

劉志蘭就是這樣的野心家和陰謀家，就是鑽進紅色政權的資產階級代表人物。

就是這個劉志蘭，猖狂地反對我們心中最紅最紅的紅太陽毛主席，瘋狂地反對我們革命人民的命根子，她狗膽包天叫囂什麼「以後不提毛澤東思想了，因為毛澤東思想就是馬列主義和中國實踐相結合。」「不要單獨提，單獨提影響不好。」

就是這個劉志蘭，把中國的赫魯曉夫劉少奇吹捧上天，提出誰反對劉少奇、鄧小平就是反革命修正主義分子的謬論。去年一月十三日這個傢伙主編出版《劉少奇同志論學習毛主席著作言論集》的黑貨，直到去年十月還散布什麼「劉少奇鄧小平沒有什麼問題」，為她的黑主子開脫罪責。

就是這個劉志蘭，和彭德懷、彭真、鄧拓、范瑾等反革命修正主義分子打得火熱，說什麼「彭總被打成右傾機會主義分子情緒上過不去。」「彭真同志修養好。」「鄧拓很有學問，知識淵博，讀了他不少書，還請他畫過畫。」「范瑾很會說，很能幹，婦女裡少有，我很佩服她，她對我好的印象至今也很難扭轉。」

就是這個劉志蘭，在任北京市中級黨校教務長期間，忠實貫徹劉少奇、陸定一、楊獻珍的「學習理論，聯繫實際，提高認識，改造思想」十六字修正主義教育方針，把市委中級黨校辦成資本主義復辟的重要基地。

就是這個劉志蘭，是黑省委黑線人物，無恥地吹噓反革命修正主義分子衛恒、王謙、王大任，說什麼「衛恒同志比陶魯笳穩當，民主作風好。」「王謙是農村工作專家，後來搞了工業。」「王大任這個人不錯挺好，考慮問題較冷靜，穩當年輕能幹，態度好。」直到今年一月四日還在大字報上表白「我從來沒有反過省委，沒有反過衛恒同志。」

就是這個劉志蘭，是反袁振同志的急先鋒，是黑省委的大特務，跟衛、王、王亦步亦趨，說什麼「袁振是野心家、陰謀家、伸手派」。文化大革命中監視袁振同志的活動，替黑省委刺探革命小將的情報。

就是這個劉志蘭，在「一˙一二」奪權以後支持保皇組織七一公社和「紅聯站」，成立第二指揮部，陰謀反奪權。

就是這個劉志蘭削尖腦袋鑽進了中共山西核心小組、山西省革命委員會，扶植保皇勢力，招降納叛，結黨營私，包庇反革命修正主義分子鄭林、大特務陰發祥，繼續推行「打擊一大片，保護一小撮」的資產階級反動路線。為衛、王、王的全面復辟鋪平了道路。

就是這個劉志蘭，對抗毛主席的革命路線，狗膽包天，公然對抗我們心中的紅太陽毛主席，派人到天津揪李雪峰，破壞天津市文化大革命，揚言「不把李雪峰拉下馬我死不瞑目」。

就是這個劉志蘭，搧陰風，點鬼火，挑動群眾鬥群眾，掀起了一股打砸搶的黑風，掀起一股資本主義復辟的惡浪。

就是這個劉志蘭，支持「紅聯站」，企圖進行卑鄙的反奪權的勾當。

夠了！夠了！鐵的事實證明，劉志蘭就是一個地地道道的貨真價實的鑽進黨內的資產階級代表人物，是一個地地道道的鑽進黨內的赫魯曉夫式的陰謀家和野心家。

「徹底的唯物主義者是無所畏懼的。」誰要是反對黨中央，反對毛主席，反對無產階級專政，反對社會主義制度，不管他是什麼人，不管他的職位有多高，資格有多老，我們無產階級革命派都要把他拉下馬，讓他靠邊站，我們就是要打倒劉志蘭，把她打翻在地，再踏上一只腳。

「四˙一四」紅色風暴徹底粉碎了衛、王、王反革命修正主義復辟資本主義的美夢，一些反革命修正主義、大叛徒、地富反壞都跳了出來，「紅聯站」的某些反奪權的先生們也一跳三尺高，歇斯的里大發作，他們站在反動的資產階級立場上叫嚷什麼「四˙一四事件是個大陰謀」呀！「是一小撮赫魯曉夫式的野心家、陰謀家背後策畫」呀！等等，並揚言要揪「四˙一四」的後台。這些保皇小丑們你們聽著：我們無產階級革命派是頂天立地的英雄，我們不受任何人的操縱，誰反對毛主席，我們就打倒誰，我們是按毛主席的指示辦事的。你們說「四˙一四」的要害是反奪權，我們說「四˙一四」的要害是捍衛紅色政權，奪劉志蘭的權，把她拉下馬，讓她靠邊站！

「當年鏖戰急，彈洞前村壁。」「四˙一四」以來的兩個月，在歷史上只不過是短暫的一息，然而這兩個月，我們的道路是多麼曲折，我們的生活是多麼不平凡。一陣陣資本主義的妖風惡浪妄圖顛覆我們的歷史航船，一頂頂嚇人的帽子，什麼「資本主義復辟的急先鋒」呀！「野心家」呀！「陰謀家」呀！「投機商」、「修養派」呀！鋪天蓋地而來，多少莫須有的罪名：「你們要反奪權」呀！「你們要一個個地吃掉核心小組成員」呀！等等，強加在我們頭上，他們刮陰風放暗箭，要搞垮我們革命造反派，保皇小丑圍攻，暴徒打、砸、搶，大有「烏雲壓城城欲摧」之勢。「獨有英雄驅虎豹，更無豪傑怕熊羆。」我們無產階級革命派就是在大風大浪中成長，我們不但沒有摧垮，我們又經受了一次激烈的階級鬥爭的考驗，我們自豪地說：「我們更加堅強了！」

「宜將剩勇追窮寇，不可沽名學霸王。」我們取得的勝利，僅僅是萬里長征的第一步，以後的路程更長，在鞏固紅色政權的浴血奮戰中，我們的阻力將更大，但是我們有光焰無際的毛澤東思想做指路明燈，我們心中最紅最紅的紅太陽毛主席做我們的舵手，最後的勝利一定是我們的。高舉毛澤東思想偉大紅旗，發揚「四˙一四」五敢精神奮勇前進，讓我們大喊大叫：讓「四˙一四」紅色風暴來得更猛烈吧！

打倒劉鄧陶！打倒衛王王！

打倒劉志蘭！誓死捍衛紅色政權！

1967年6月26日　紅太工　第五版

毛主席教导我們說：革命战争是群众的战争，只有动員群众才能进行战争，只有依靠群众才能进行战争。

讓“四·一四”紅色风暴来得更猛烈吧！

——紀念“四·一四”两周月

紅心战斗队評論員

“虎踞龙盘今胜昔，天翻地覆慨而慷。”继“一·一二”夺权以后，平地又一声春雷，“四·一四”掀起了震动全省的紅色风暴。“四·一四”紅色风暴打破了山西运动暂时沉悶狀态，把山西的无产阶級文化大革命推向了新的阶段。“四·一四”紅色风暴开辟了山西无产阶級文化大革命的新紀元，其势如暴风驟雨，迅猛异常，从此，批判党內最大的一小撮走資本主义道路的当权派出現了嶄新的局面。“四·一四”紅色风暴吹响了击退自上而下的資本主义复辟的进軍号，广大无产阶級尽情地欢呼：“四·一四”紅色风暴好得很！就是好得很！毛主席教导我們說：“革命的根本問題是政权問題。”无产阶級革命派在“一·一二”夺权胜利以后，遇到的問題千头万緒，但根本問題还是政权問題。毛主席又教导我們說：“要特別警惕象赫魯晓夫那样的野心家和阴謀家，防止这样的坏人篡夺党和国家各級的領导。”“混进党里、政府里、軍队里和各种文化界的資产阶級代表人物，是一批反革命修正主义分子，一旦时机成熟，他們就会要夺取政权，由无产阶級专政变为資产阶級专政。”

刘志兰就是这样的野心家和阴謀家，就是鉆进紅色政权里的資产阶級代表人物。

就是这个刘志兰，猖狂地反对我們心中最紅最紅的紅太阳毛主席，疯狂地反对我們革命人民的命根子，她狗胆包天叫嚣什么“以后不提毛泽东思想了，因为毛泽东思想就是馬列主义和中国实践相結合。”“不要单独提，单独提影响不好。”

就是这个刘志兰，把中国的赫魯晓夫刘少奇吹捧上天，提出誰反对刘少奇、邓小平就是反革命修正主义分子的謬論。去年一月十三日这个家伙主編出版《刘少奇同志論学习毛主席著作言論集》的黑貨，直到去年十月还散布什么“刘少奇邓小平沒有什么問題”，为她的黑主子开脫罪責。

就是这个刘志兰，在任北京市中級党校教务长期間，忠实貫彻刘少奇、陆定一、楊献珍的“学习理論，联系实际，提高认識，改造思想”十六字修正主义教育方針，把市委中級党校办成資本主义复辟的重要基地。

就是这个刘志兰，是黑省委黑綫人物，无耻地吹嘘反革命修正主义分子卫恒、王謙、王大任，說什么“卫恒同志比陶魯笳稳当，民主作风好。”“王謙是农村工作专家，后来搞了工业。”“王大任这个人不錯挺好，考虑問題較冷静，稳当年輕能干，态度好。”直到今年一月四日还在大字报上表白“我从来沒有反过省委，沒有反过卫恒同志。”

就是这个刘志兰，是反袁振同志的急先鋒，是黑省委的大特务，跟卫、王、王亦步亦趋，說什么“袁振是野心家、阴謀家、伸手派”。文化大革命中监視袁振同志的活动，替黑省委刺探革命小将的情报。

就是这个刘志兰，在“一·一二”夺权以后支持保皇組織七一公社和“紅联站”，成立第二指揮部，阴謀反夺权。

就是这个刘志兰削尖脑袋鉆进了中共山西核心小組、山西革命委員会，扶植保皇势力，招降納叛，結党营私，包庇反革命修正主义分子郑林、大特务阴发群，继續推行“打击一大片，保护一小撮”的資产阶級反动路綫。为卫、王、王的全面复辟鋪平了道路。

就是这个刘志兰，对抗毛主席的革命路綫，狗胆包天，公然对抗我們心中的紅太阳毛主席，派人到天津揪李雪峰，破坏天津市文化大革命，揚言“不把李雪峰拉下馬我死不瞑目”。

就是这个刘志兰，搧阴风，点鬼火，挑动群众斗群众，掀起了一股打砸搶的黑风，掀起一股資本主义复辟的惡浪。

就是这个刘志兰，支持“紅联站”，企图进行卑鄙的反夺权的勾当。

够了！够了！鉄的事实証明，刘志兰就是一个地地道……

“四、一四”紅色风暴彻底粉碎了卫、王、王反革命修正主义复辟資本主义的美梦，一些反革命修正主义、大叛徒、地富反坏都跳了出来，“紅联站”的某些反夺权的先生們也一跳三尺高，歇斯的里大发作，他們站在反动的資产阶級立場上叫嚷什么“四·一四事件是个大阴謀”呀！“是一小撮赫魯晓夫式的野心家、阴謀家背后策划”呀！等等，并揚言要揪“四·一四”的后台。这些保皇小丑們你們听着：我們无产阶級革命派是頂天立地的英雄，我們不受任何人的操纵，誰反对毛主席，我們就打倒誰，我們是按毛主席的指示办事的。你們說“四·一四”的要害是反夺权，我們說“四·一四”的要害是捍卫紅色政权，夺刘志兰的权，把她拉下馬，让她靠边站！

“当年鏖战急，彈洞前村壁。”“四·一四”以来的两个月，在历史上只不过是短暫的一息，然而这两个月，我們的道路是多么曲折，我們的生活是多么不平凡。一陣陣資本主义的妖风恶浪妄图顛复我們的历史航船，一頂頂吓人的帽子，什么“資本主义复辟的急先鋒”呀！“野心家”呀！“阴謀家”呀！“投机商”、“修养派”呀！鋪天蓋地而来，多少莫須有的罪名：“你們要反夺权”呀！“你們要一个个地吃掉核心小組成員”呀！等等，强加在我們头上，他們刮阴风放暗箭，要搞垮我們革命造反派，保皇小丑围攻，暴徒打、砸、搶，大有“烏云压城城欲摧”之势。“独有英雄驅虎豹，更无豪杰怕熊羆。”我們无产阶級革命派就是在大风大浪中成长，我們不但沒有被摧垮，我們又經受了一次激烈的阶級斗爭的考驗，我們自豪地說：“我們更加坚强了！”

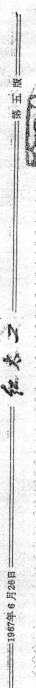

“宜将剩勇追穷寇，不可沽名学霸王。”我們取得的胜利，仅仅是万里长征的第一步，以后的路程更长，在巩固紅色政权的浴血奋战中，我們的阻力将更大，但是我們……

問題。毛主席又教导我們說："要特别警惕象赫魯晓夫那样的野心家和阴謀家，防止这样的坏人篡夺党和国家各級的领导。""混进党里、政府里、軍队里和各种文化界的資产阶級代表人物，是一批反革命修正主义分子，一旦时机成熟，他們就会要夺取政权，由无产阶級专政变为資产阶級专政。"

刘志兰就是这样的野心家和阴謀家，就是鉆进紅色政权里的資产阶級代表人物。

就是这个刘志兰，猖狂地反对我們心中最紅最紅的紅太阳毛主席，疯狂地反对我們革命人民的命根子，她狗胆包天叫嚣什么"以后不提毛泽东思想了，因为毛泽东思想就是馬列主义和中国实践相結合。""不要单独提，单独提影响不好。"

就是这个刘志兰，把中国的赫魯晓夫刘少奇吹捧上天，提出誰反对刘少奇、邓小平就是反革命修正主义分子的謬論。去年一月十三日这个家伙主编出版《刘少奇同志論学习毛主席著作言論集》的黑貨，直到去年十月还散布什么"刘少奇邓小平沒有什么問題"，为她的黑主子开脫罪責。

就是这个刘志兰，和彭德怀、彭眞、邓拓、范瑾等反革命修正主义分子打得火热，說什么"彭总被打成右傾机会主义分子情緒上过不去。""彭眞同志修养好。""邓拓很有学問，知識渊博，讀了他不少书，还請他画过画。""范瑾很会說，很能干，妇女里少有，我很佩服她，她对我好的印象至今也很难扭轉。"

家、阴謀家、伸手派"。文化大革命中监视袁振同志的活动，替黑省委刺探革命小将的情报。

就是这个刘志兰，在"一·一二"夺权以后支持保皇組織七一公社和"紅联站"，成立第二指揮部，阴謀反夺权。

就是这个刘志兰削尖脑袋鉆进了中共山西核心小組、山西革命委員会，扶植保皇势力，招降納叛，結党营私，包庇反革命修正主义分子郑林、大特务阴发祥，继續推行"打击一大片，保护一小撮"的資产阶級反动路綫。为卫、王、王的全面复辟鋪平了道路。

就是这个刘志兰，对抗毛主席的革命路綫，狗胆包天，公然对抗我們心中的紅太阳毛主席，派人到天津揪李雪峰，破坏天津市文化大革命，揚言"不把李雪峰拉下馬我死不瞑目"。

就是这个刘志兰，搧阴风，点鬼火，挑动群众斗群众，掀起了一股打砸搶的黑风，掀起一股資本主义复辟的恶浪。

就是这个刘志兰，支持"紅联站"，企图进行卑鄙的反夺权的勾当。

够了！够了！鉄的事实証明，刘志兰就是一个地地道道的貨眞价实的鉆进党內的資产阶級代表人物，是一个地地道道的鉆进党內的赫魯晓夫式的阴謀家和野心家。

"徹底的唯物主义者是无所畏惧的。"誰要是反对党中央，反对毛主席，反对无产阶級专政，反对社会主义制度，不管他是什么人，不管他的职位有多高，資格有多老，我們无产阶級革命派都要把他拉下馬，让他靠边站，我們就是要打倒刘志兰，把她打翻在地，再踏上一只脚。

刘志兰的权，把她拉下馬，让她靠边站！

"当年鏖战急，彈洞前村壁。""四·一四"以来的两个月，在历史上只不过是短暂的一息，然而这两个月，我們的道路是多么曲折，我們的生活是多么不平凡。一陣陣資本主义的妖风恶浪妄图颠复我們的历史航船，一頂頂吓人的帽子，什么"資本主义复辟的急先鋒"呀！"野心家"呀！"阴謀家"呀！"投机商"、"修养派"呀！鋪天盖地而来，多少莫須有的罪名："你們要反夺权"呀！"你們要一个个地吃掉核心小組成員"呀！等等，强加在我們头上，他們刮阴风放暗箭，要搞垮我們革命造反派，保皇小丑围攻，暴徒打、砸、搶，大有"烏云压城城欲摧"之势。"独有英雄驅虎豹，更无豪杰怕熊羆。"我們无产阶級革命派就是在大风大浪中成长，我們不但沒有被推垮，我們又經受了一次激烈的阶級斗爭的考驗，我們自豪地說："我們更加坚强了！"

"宜将剩勇追穷寇，不可沽名学霸王。"我們取得的胜利，仅仅是万里长征的第一步，以后的路程更长，在巩固紅色政权的浴血奋战中，我們的阻力将更大，但是我們有光焰无际的毛泽东思想作指路明灯，我們心中最紅最紅的紅太阳毛主席作我們的舵手，最后的胜利一定是我們的。高举毛泽东思想伟大紅旗，发揚"四·一四"五敢精神奋勇前进，让我們大喊大叫：让"四·一四"紅色风暴来得更猛烈吧！

打倒刘邓陶！　打倒卫王王！

打倒刘志兰！　誓死捍卫紅色政权！

（上接八版）

1—6期

革命造反

第一期

1966年10月29日

大字报选登（內部閲讀　注意保存）

毛主席語录

馬克思主义的道理千条万緒，归根結底，就是一句話："造反有理。"……根据这个道理，于是就反抗，就斗爭，就干社会主义。

要不要批判資产階級反动路綫，是能不能貫徹执行文化革命的十六条，能不能正确进行广泛的斗、批、改的关鍵。在这里，不能采取折衷主义。

《紅旗》杂誌1966年13期社論

北京石油学院

紅旗战斗团

目　　录

寫 在 前 面

毛主席亲自發动和領導的无产階級文化大革命，正以雷霆万鈞之力，排山倒海之势，席捲全中国，震动全世界。革命的形势好得很！形势越来越好！

在这样一派大好形势下，紅旗战斗团在革命的暴風驟雨中迅速壯大起来，和兄弟革命組織一起向資产階級反动路綫猛烈开火，充分显示出了这些革命組織及其成員的大无畏革命精神，把我院文化大革命推向新的階段。

在这次文化大革命中，革命的大字報發揮了它无穷的威力，大長无产階級革命派的志气，大灭反党反社会主义分子的威風，大灭資产階級“权威”老爺们的威風。在这誓死保衛以毛主席为代表的无产階級革命路綫，徹底批判資产階級反动路綫的关鍵时刻，革命的大字報又使得那些坚持执行这条反动路綫的一小撮人恐慌万狀，渾身發抖，直冒冷汗。革命的大字報眞是好得很！好得很！好得很！我们要更充分地运用革命的大字報对这条資产階級反动路綫进行无情的揭露和批判，把它打入十八層地獄，使它永世不得翻身。

北京石油学院以張兆美为首的工作队犯了方向和路綫的錯誤，执行了一条資产階級反动路綫，頑固地站在資产階級反动立場上，殘酷鎮压革命群众运动。在工作队撤离以后革委会又忠实地执行了沒有工作队的工作队路綫，以各种手段包庇工作队，压制少数派。直到紅旗杂志第十三期社論發表，中央軍委紧急指示下达后，革委会、院党委及石油部的某些人还在耍陰謀，放暗箭，口里喊着要貫徹执行“十六条”和中央指示，实际上是陽奉陰違，采取了更隐蔽的手法抵制和違抗十六条和中央指示。总之，十六条公布已經80天了，在我院沒有得到貫徹执行。我们是毛主席的紅小兵，捍衞以毛主席为代表的无产階級革命路綫是我们神聖的天職，我们人数虽少，但宣傳毛澤东思想的能量无穷。为了宣傳以毛主席为代表的无产階級革命路綫，我们就是要大喊大叫，大吵大嚷，搞得滿城風雨，搞得家喻戶曉，把毛澤东思想偉大紅旗高举再高举，把資产階級反动路綫揭深揭透批臭，进而在正确路綫的指導下进行一斗二批三改，把无产階級文化大革命进行到底。我们选編具有代表性的大字報，供同志们参考。也为过去在資产階級反动路綫指導下，革委会通过各种宣傳方式向全国进行的顚倒黑白，混淆是非的歪曲宣傳进行消毒。徹底肃清張兆美的資产階級反动路綫的影响。

我们除了选登紅旗战斗团战士所写的大字報外，也选用兄弟革命組織的大字報，有些为了表明我们的观点，在必要时加有适当的按語。我们誠恳地希望各兄弟革命組織大力支持，向我们推荐富有无产階級战斗風格的大字報。共同把革命造反大字報选編办得生动、尖銳、潑辣、鮮明。对我院无产階級文化大革命起到推波助瀾的作用。

毛主席說：“大字報是一种極其有用的新式武器”。讓我们按毛主席的教導，充分發揮大字報这一新式武器的威力！

紅旗战斗团大字報选編組

一九六六年十月二十八日

揭主308会議的內幕

六月二十一日，楊瑞發等十位同志的革命的大字報一貼出，就震动了全院。这張大字報吓坏了張兆美工作队，当天下午，工作队員集中到主楼开会，研究对策。革委会在同时也召集了会議。现在把这次革委会的会議的主要內容公布于众，請同志们用主席思想对照。

地点：主308。

时間：1966年6月21日下午5：00

参加人：在京院革委会委員，及各系、处文革領導小組負責人。

主持人：革委会主席×××。

会議記录：院文革委員×××。

內容：

1.斗石生問題。

2.楊瑞發的大字報問題。

会議簡要記实：

会議开始时兩項內容是交替进行的，首先各系到会同志簡單地匯報了关于是否馬上斗石生問題的反映。

当討論到楊瑞發大字報問題时，革委会委員，保衛处副处長×××說："楊瑞發这張大字報是对党的猖狂进攻，必須給予回击，利用广播，广播是要为无产階級服务的，我们就是要掌握这个无产階級專政的工具；把楊瑞發大字報印成小册子，在群众中散發，然后組織辯論；……"

革委会副主席×××也說：“他媽的！他们說我们广播有傾向性，就他媽的有傾向性，广播是我们无产階級專政的工具，就是要掌握在我们无产階級手中，整天广播，組織好稿件！他们就是向党进攻，我们就是要保衞党！”。

另一位革委会副主席×××說：“我们就是要批判石生，别有用心的想轉移我们的方向，要坚决斗爭，面对面的斗爭……。楊瑞發这張大字報就是向我们猖狂进攻，我们不能等閒視之，要和这張大字報坚决斗爭，要發动群众，叫群众去識别，边斗爭边整理队伍，还要利用广播，要組織稿件，把楊瑞發大字報印成小册子發下去，組織大辯論。……”

会上有人提出請示工作队，当时工作队正在对面开会，会議中途文革主席出去过兩次。

机械厂党总支書記，院革委会委員×××說：“除此之外，要高举斗爭的旗幟，坚持斗石生，只有这样才能爭取中間群众，分化敌人，要高姿态。”

会議快結束时，工作队長兼党委書記張兆美亲自来到会場。有人請張兆美作指示，張兆美胸有成竹地說：“我馬上發表广播演說，你们听广播演說”。轉身就走出会場。

革委会主席最后总結說：“把楊瑞發大字報印成小册子，人手一册，叫大家辯論。組織稿件广播。……关于斗石生問題我们表决一下。……”最后院文革委員举手通过，决定馬上斗石生。韓文芳說：“具體怎么干还要請示工作队。”

紅旗战斗团

“敢揭底”战斗組

1966.10.21.

鉄証如山　罪責难逃

評6.21主楼308会議

6月21日主楼308会議的內幕被揭开了。

明眼人可以看出，这是在張兆美的精心策划下，召开的一次向我院革命师生全面反击的会議，張兆美在轟轟烈烈的群众运动面前吓破了胆，惊惶失魄，揪集工作队和革委会中的追随者，向以楊瑞發等同志为首的革命师生發动了总攻击。斗石生是为了拴住革命师生的手脚，鎮压革命群众才是他们的最終目的。

一切形形色色的机会主义者的共同特点是害怕群众，害怕革命，張兆美及其頑固的追随者当然也不例外，不然的話，他们为什么中午見了楊瑞發的革命造反的大字報，下午就慌慌張張的同时召开工作队和革委会会議，研究对策，吹起攻击号呢？从会議上一些人的發言可以看出，他们当时一方面心虚的很，另一方面，反击的气焰又囂張得很，什么"楊瑞發等向党猖狂进攻"啦！什么必須"給予坚决回击"啦！……等等。的的确确也是这样做了，他们开动一切宣傳机器，組織全面进行反击，楊瑞發不是成了反革命了嗎？斗爭会不是开了嗎？广大的革命师生，特别是楊瑞發的同情者和支持者不是也都进行檢討和交待了嗎？我们謝謝張兆美及其頑固的追随者没有失言，可是有一点，你们忘了，你们为什么不把楊瑞發等的大字報印成小冊子，人手一冊的發給大家呢？显然你们是把这張大字報視为洪水猛兽，怕的要死，力圖縮小它的影响，而不讓群众拿到它。

你是革命派嗎？你就必然欢迎革命的大字報，拥护大字報，放手讓群众写大字報。你是保皇派嗎？你就必然見了革命的大字報臉色發黃，怕的要死，千方百計的鎮压群众的大字報。張兆美及其頑固的追随者，你们究竟屬于那一派呢？

到如今楊瑞發等的大字報的性質已經很清楚了。連頑固推行資产階級反动路綫的張兆美也被迫承認这是一張革命的，造反的，好得很的大字報。今天我们每一个革命同志都應該結合6.21事件，主楼308会議和薛仁宗在七.二会議上的"供詞"（見石油学院紅衛兵大字報）重温一下我院四个月文化大革命的历史，看看張兆美及其頑固的追随者是怎样瘋狂地推行資产階級反动路綫殘酷压制革命群众的，想想我院文化大革命运动是怎样由轟轟烈烈变成冷冷清清的？从这里激發我们的无产階級感情，激發对党对毛主席的階級感情，誓死保衛以毛主席为代表的无产階級革命路綫，誓死把无产階級文化大革命进行到底。

我们相信，死心塌地地跟着張兆美走的人只是極少数，即使在革委会成員中，也是这样，多数人是資产階級反动路綫的受害者，我们希望这些同志能勇敢地站出来揭發，徹底批判張兆美在我院鎮压学生运动的罪行。我们也正告那些至今仍千方百計抵制中央指示，頑固推行資产階級反动路綫的人，如果你们执迷不悟，沿着这条道路走下去，不会有什么好下場！

誓死保衛毛主席！

毛主席万岁！万岁！万万岁！

紅旗战斗团"敢揭底"評論員

严重的政治迫害事件

坚持錯誤路綫的人，只是一小撮人。他们脫离人民，反对人民，反对毛澤东思想。因此，他们是一定要失敗的。一时被他们蒙蔽和欺騙的群众，一定会覚悟起来，同他们划清界限，反对他们。

《紅旗》杂誌一九六六年第十三期社論

北京石油学院党委、革委会和石油部的某些人，串通一气，頑固对抗十六条，頑固抵制中央指示。时至九月廿七日，他们居然还在主楼六楼密謀策划整理"少数派"同志的材料，企圖秋后算賬。

在九月廿七日的会上，党委办公室付主任，政治部办公室主任趙大駿提出要整理楊瑞發（工人出身，党員）、姜陽（革命烈士子弟，团員）、楚澤涵（革干出身）和田浩（孤儿，党員）等四名坚定的少数派同志的材料，以便在适当时机公布于众，企圖搞臭少数派的"头头"，达到鎮压革命群众运动的目的。到会的人通过了这个提議，并落实了整材料的人員。革委会主席韓文芳及主要干部都到会了。值得注意的是党委書記刘長亮等及石油部××也一度在場。

这个会發生在十六条公布后的第五十天，發生在周总理九月廿六日宣布退还少数派被迫写的檢查，銷毁所整的少数派材料之后。这是一个严重的政治迫害事件。

趙大駿，何許人也？趙大駿出身于反动的汉奸、地主、貪污犯家庭（其家被抄）。工作队撤走时，趙大駿因保工作队有功，被工作队队長張兆美非法拉入革委会，充当革委会办公室主任，根本就沒有經过群众选举。經群众一再抗議，革委会在九月中旬才不得不宣布讓趙大駿等下台。

九月二十七日会議，說明趙大駿幷沒有眞正下台，而在繼續与革委会密謀策划鎭压少数派，鎭压革命的群众运动。

九月二十七日会議說明院党委和石油部的某些人隐居幕后共同合伙，頑固推行資产階級反动路綫。

九月二十七日会議是違抗十六条，炮打以毛主席为首的无产階級革命司令部的严重事件。

誰胆敢炮打我们无产階級革命司令部，我们就要豁出命来和他斗爭到底。用我们的热血和生命来捍衞十六条，捍衞以毛主席为代表的无产階級革命路綫。

誓死保衞毛主席！

誓死捍衞以毛主席为代表的无产階級革命路綫！

向資产階級反动路綫猛烈开火！

誰反对毛主席就打倒誰！

偉大的中国共产党万岁！

战无不胜的毛澤东思想万岁！

最最敬爱的領袖毛主席万岁！万岁！万万岁！

北京石油学院　紅旗战斗团評論組

1966.10.25

院党委和革委会是如何对抗《十六条》的？

《紅旗》杂志第十三期社論指出："兩条路綫的斗爭并未就此結束。有些地方，有些單位，兩条路綫的斗爭还是很尖銳，很复杂的。有極少数人采取新的形式欺騙群众，对抗十六条，頑固地坚持資产階級反动路綫，極力采取挑动群众斗群众的形式，去达到他们的目的。"

革委会、院党委、石油部党委，你们在这場文化大革命中干了些什么？你们在十六条頒布以后，又干了些什么？

九月下旬，航空学院《紅旗》战斗队"大鬧"了国防科委，地質学院"东方紅"公社"大鬧"了地質部，并且对革委会采取了革命行动。这种革命行动好得很，可就是吓坏了一些人。我院革委会某些同志，你们在这种形势下干了些什么？

你们怕我院發生类似事件，在九月二十七日晚，革委会在主楼六楼召开了革委会擴大会議，專題研究了我院形势，分析少数派可能采取的行动，研究應取的对策。会上原党委办公室付主任趙大駿提出要整姜陽等四位同志的材料，以便于在适当时机公布于众，企圖把少数派的"头头"搞臭，以达到鎮压革命群众运动的目的。这一提議开始遭到一些同志的反对，但革委会最后还是决定这样做，特别要提出的是，开始期間，刘長亮同志和××同志（可能是石油部的）一度在場。

上面事实，大家(包括革委会的同志)用十六条来衡量，对照一下，是屬于什么性質，反映了什么問題，是什么路綫？試問革委会，你们受誰指使？我認为在十六条公布以后，院党委和革委会企圖采取如此卑劣的手法，繼續对抗破坏十六条，压制革命群众的革命运动，手段極为險惡。你们破坏十六条，压制革命的群众运动何只一时一事。告訴你们，我们一定要徹底造反，同时我也希望各級文革成員一起来造反。

革命无罪，造反有理！

誓死捍衛以毛主席为代表的无产階級革命路綫！

紅色造反队队員　陸介明

1966.10.22.

石油部党委、院党委对十六条采取了什么态度？

“紅色造反队”队員陸介明同志揭露了九月二十七日会議上院党委、革委会对抗十六条的行动，好得很！我们表示坚决支持。同时，对这件事我们补充揭露如下：

在会上决定整姜陽等四位同志的材料后，革委会責成党委办公室付主任、政治部办公室主任趙大駿，具體負責这一工作（請注意：当时在广大革命群众的强烈要求下，革委会已被迫罢去趙大駿在革委会的重要职务，而此时又重用趙大駿这个当权派干此事，这是采取新的形式对抗十六条），为此趙于九月二十九日晚把測井教研室的陸××等三同志叫到政治部办公室，面授“机宜”，要整楚××的材料。趙首先分析了楚××的矛盾，他說：“目前看来，还是人民內部矛盾，但是，它是階級斗爭、兩条道路斗爭的反映。我們先整出他的材料，先放在那儿，等待着事态的發展，先讓他暴露一下，到必要的时候揭出去”。接着又具體布置了整理的綫索。

值得指出的是，趙大駿的这些活动，院党委第一書記刘長亮同志是知道的，石油部派駐我院的邱××（系石油部某領導的秘書，从工作队撤走后，邱一直“常駐”我院革委会，經常参加一些重要会議，并听取各种匯報）也是知道的。

更值得指出的是，石油部曾把楚××訪問石油部时与石油部政治部付主任刘濤同志的談話記录，轉到我院革委会，一些干部將此往下傳达时，給人以这样的印象：楚是企圖搞石油部，企圖否定大庆，要大家提高警惕。趙大駿在九月二十九日晚对陸××等三人布置时也提到这点。

《紅旗》杂志十三期社論指出：“有些地方，有些單位，兩条路綫的斗爭还是很尖銳，很复杂的。有極少数人采取新的形式欺騙群众，对抗十六条，頑固地堅持資产階級反动路綫，極力采取群众斗群众的形式，去达到他們的目的。”

我們要問石油部党委、院党委部分同志，你們在文化大革命中究竟干了些什么？你們对十六条究竟采取什么态度？

我們希望这些同志認眞地学習《紅旗》杂志十三期社論中的一段話：“党中央認为，在无产階級文化大革命中，犯过方向錯誤、路綫錯誤的同志，應当正視自己的錯誤，改正自己的錯誤，回到正确立場、正确路綫上来，而不要發展到同党对抗的地步。”

紅瑞金縱队　“瀘定桥”战斗組

一九六六年十月二十三日

编者按：

下面介紹兩篇革命的大字報，它们揭露了在“紅旗”杂志第十三期社論發表后，院党委、革委会和石油部某些領導人仍然站在資产階級反动立場上对抗十六条。他们上下串通一气，采用新的欺騙手法，蒙蔽广大革命师生，企圖分化瓦解長期以来坚决和資产階級反动路綫作斗爭的《大庆公社》等革命組織，想使这場批判資产階級反动路綫的斗爭流产，以便掩盖他们破坏我院文化大革命的罪行。

我们奉告这些人，不要再执迷不悟，一意孤行，應赶快回到正确的立場、正确的路綫上来，而不要發展到同党对抗的地步。凡是鎮压学生运动的都沒有好下場！

揭露內幕

在工作队匆匆撤走后，張兆美同志拒不檢查和認識自己的錯誤，在撤走五十多天后，在少数派同志的坚持斗爭下，才被迫于九月二十二日晚到我院作了一个毫不触及灵魂，繼續挑动群众斗群众的檢查，引起群众强烈的不滿。要求張作触及灵魂的深刻檢查，張兆美和革委会对此到底采取了什么态度呢？

在十月三日，人民日報發表了《紅旗》杂誌第十三期社論，提出必須徹底批判資产階級反动路綫后，革委会于十月三日在主楼308召开了一次革委会擴大会議，研究“对策”。会上指出：“張兆美住到《大庆公社》去向少数派同志作“檢查”，接着当天下午和晚上各系文革小組紛紛召集各級干部“統一認識”，研究如何学習《紅旗》社論。革委会付主任雍世和同志和石油部邱××（石油部在运动中“常駐”我院的代表）等到勘探系参加討論会，在会上，雍世和同志对張兆美去《大庆公社》作檢查，作了四点“指示”：

1.要支持張兆美去作檢查。我们左派一定要明确这是进攻，这是高姿态，張兆美同志是老革命，很有斗爭經驗，他去了以后，必然会促使少数派进一步分化，少数派也很怕这一手。

（按：这能叫“檢查”嗎？不！是在采取新的形式，欺騙群众，对抗十六条。）

2.左派不要“捅漏子”，不要去斗他们（指少数派），不要去保張兆美。

（按：眞是一語道破“天机”，它說明过去确实斗了少数派，确实保了張兆美，否則这些話又从何而来?!）

3.要高举团結的旗幟，国庆后要搞一个“团結运动”。

（按：好一个“团結运动”！《紅旗》杂志十三期社論明确指出：“要不要批判資产階級反动路綫，是能不能貫徹执行文化革命的十六条，能不能正确进行广泛的斗批改的关鍵。在这里，不能采取折衷主义。”而此时革委会却高唱“团結”，显然，这是明目張胆地与社論精神相对抗。）

4.要坚持肯定运动的大方向是正确的，要謹防“扒手”。

（按：要謹防的是什么样的“扒手”，同九月二十七日会議上決定整姜陽等四个同志的材料一事相联系，就不难看出其中的“奧妙”。）

当时，有的同志提出，應按社論的精神，認真批判資产階級反动路綫在我院的表现。首先，要認清派工作队这一作法就是方向路綫錯誤，同时要批判以張兆美同志为首的工作队和石油附中以孙鷹为首的工作队所执行的資产階級反动路綫。这时石油部的邱××說：“我们批判資产階級反动路綫，早就开始了嘛！批判孙鷹不就是嗎？連他的老窩（指前团中央的修正主义集团）都一起端啦！”接着，勘探系文革小組成員袁庆和王志成分别發言。袁說：“張兆美同志的工作队和孙鷹的工作队就是不一样，对孙鷹的工作队應当批判，对張兆美的工作队不應提批判，只能說是澄清事实。”（按：意思是对少数派提出的事实加以澄清。）王說：“我看，在我院，斗什么，批什么，改什么，依靠誰来斗，誰来批，誰来改，这些問題都很清楚了。”（按：意指我院不需要再批判資产階級反动路綫了。）雍世和急忙对这些意見表示同意。

从以上事实不难看出，張兆美同志，革委会对十六条，对《紅旗》杂志十三期社論到底采取什么态度？他们采取的是对抗的态度。我们要問，这一切行动，根子在那里？到底誰指使的？

在我院深知这些內幕的“知情人”大有人在，我们要向这些同志大喝一声：同志！請你站在无产階級的革命立場，是揭發的时候了！

紅瑞金縱队　《瀘定桥》战斗組

1966.10.23.

看！賈皞在干什么？

揭发10.3晚北216会議

內容：国庆后如何开展运动的問題。

參加人：机械系各班文革負責人、积極分子、系文革領導成員、院文革委員李××，賈皞在开会后不久随同一毛澤东主义紅衛兵进入会場。

开始时各單位彙報了情况，分析了群众动态。最后，賈皞就“紅旗”杂志第十三期社論發表了看法，李才作了总結發言，归納起来賈皞談了四点意見：

（一）过去群众斗群众这些問題，就事論事，沒有上綱分析，現在中央把这些問題提高到兩条道路斗爭的高度来，說明了中央对这个問題的重視，解决这个問題的决心，这是社論的第一个精神。我院前階段出現过群众斗群众，学生斗学生的现象。但总的来說，我院与其他院校相比，情况是好的，沒有那么严重，其他院校黑幫斗不下去了，搞了几个月，搞什么呢？搞了工作队的問題，而我院思想比較統一，能够坚持斗爭的大方向。

（二）这篇社論給各級領導打个招呼，要下决心来解决这些問題（压制少数問題）。

（三）联系到我院，对工作队的看法是有發展过程的，他们（少数派）反了張兆美为首的工作队，但一开始未提高到兩条道路的高度去認識，只認識到阻碍我院文化大革命，因此要反对他，这是低水平的認識，不管他怎么反，但反对了。而我们呢？（多数派）也反工作队，我们反的是孙鷹这个工作队，开始認識也是低水平的，所以不僅他们（少数派）反工作队，我们多数派也反工作队，从这点看来是一致的。不过紅旗杂志十三期社論出来后，他们（少数派）順着桿往上爬，提高到兩条道路斗爭上来了，这是高水平的認識，也就是說上綱了。

（四）现在少数派揪張兆美，批判工作队的錯誤是对的，我们多数派不要干涉，可以支持，也可以不表态，但不要反对。我们左派各方面都好，就是肚量小。如果你们干涉他们批判，搞起对立，他们就会說：你看这是工作队留下的遺毒，反而麻煩。

根据揭發十月三日革委会开了会，晚上各系布置統一思想，在这期間賈皞亲自出馬参加机械系召开的“积極分子”会不是偶然的，实际表明賈皞是在幕后指揮，对抗十六条，从他的發言中可以看出：

1.稳定人心，再定調子，拿出“我院坚持了斗、批大方向”抵制对張兆美工作队錯誤的揭發、批判。

2.偷樑換柱，轉移目标，企圖抬出孙鷹掩护張兆美工作队的揭發、批判。

3.对“保字”当头者出主意，你们眞想保張兆美，就不要干涉少数派揪張兆美，張兆美自有办法，免得把事情鬧大，不可收拾，还是大事化小事，小事化无为妙，你们可以大搞孙鷹。

4.对少数派問題，領導有决心，能够解决，你们不要多管了，管不好，还会出麻煩。

东方紅公社《永向陽》战斗組

一九六六年十月廿五日

革命造反

大字报选登 二期。

（內部閱讀　注意保存）　　第二期

毛主席語录

魯迅是中国文化革命的主將，他不但是偉大的文学家，而且是偉大的思想家和偉大的革命家。魯迅的骨头是最硬的，他沒有私毫的奴顏和媚骨，这是殖民地半殖民地人民最可宝貴的性格。魯迅是文化战綫上，代表全民族的大多数，向着敌人冲鋒陷陣的最正确、最勇敢、最坚决、最忠实、最热忱的空前的民族英雄。魯迅的方向，就是中华民族新文化的方向。

人要学会走路，也得学会摔跤，而且只有經过摔跤他才能学会走路。

——馬克思——

北京石油学院　紅旗战斗团

一九六六年十一月一日

目　录

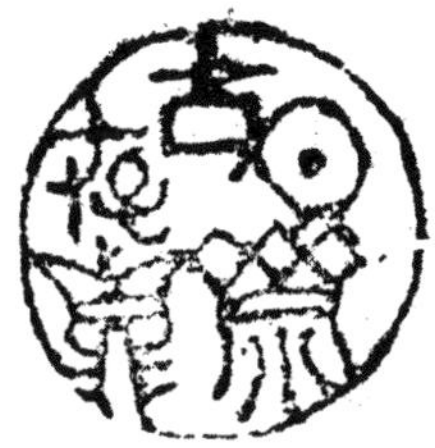

刘康、賈皥、刘永昌在文化大革命中干了些什么？

我院无产階級文化大革命从六月初一开始就执行了一条不折不扣的資产階級反动路綫。我院党委在校主要領導干部賈皥、刘永昌在石油部人事司司長刘康参与下，于六月四日召开总支書記会議，布置了一整套轉移斗爭矛头，压制革命群众，反对革命大字报的原則和方法，为我院文化大革命定了調子，造成極其严重的惡果。为了捍衞以毛主席为代表的无产階級革命路綫，对这些惡劣的作法，必須予以严肃的批判。

六月四日賈皥在总支書記会上說：“怎样讓群众在运动中随时掌握主席思想武器呢？怎样掌握報紙和中央方針政策呢？很明确，應逐步深入，现在不注意学習，头脑發暈，是对准牛鬼蛇神，还是对准党委？这样就会迷失方向。”

“运动深入了，擺在我们面前有三类人，如何对待？

1.全国、全市重点人物，如何对待？这是当前运动的重点。批判的还不够，是主攻方向。

2.院內的資产階級“权威”，如何对待？群众点朱亞杰、張希陸、田曰灵、王檝如何对待？怎么搞？

3.普通群众、教师、学生、干部如何对待？一种是头脑發脹，一种是确实有問題，要严格区分。总的来講，目前不搞，最好不搞，不能往学生中轉，如果要轉，也在后面，也要有个步驟。”

刘永昌說：“对自己的队伍开始排队、摸底，摸牛鬼蛇神，摸革命派有多少？是那些？有准备，心中有数。新的和老的各多少？是什么性質？有人攻击党委，有人攻击領導，把材料整出来，是認識問題，还是政治問题，要做具體分析。”

“目前学生、教职工中出现了反面的大字報，要逐句分析。”

“对重点人物材料：(1)当前冒出来的；(2)摸出来的，过去的，现在的，都弄清楚，經过研究，进行分析。”

刘康的講話：“总的說来搞好領導工作，原則問題是領導敢不敢領導，善于不善于領導，打主动仗是好的，但精力不集中，統統按党委决定执行，不能改变。”

“那些对运动有利要清楚，要支持有利的，有妨碍的首先要阻碍它，阻碍不了要掌握它，不受影响。”

“运动今后走向哪里？……你们有的人脑子發热，把你们院里的一些人圍住了，晚一点嘛！你们现在把这些反面的大字報抄下来就够了，記他一笔賬。”

“现在發现有些干部誰都不相信，这样做实际上是把毛主席的左右手都反掉了，这就是反对毛主席，要坚决加以駁斥。要相信党，相信群众，依靠95%，有的人就不这样干，他们首先怀疑党，这一手很厉害，这样非乱不可。这种情况必須坚决扭轉，不但要帶耳朵，而且帶嘴巴，下去參加討論，那些是正确意見，那些是按上級指示办事，要支持，要鼓励；反之就抓他活思想。这就是掌握情况，这就是領導。

反之，就是不領導，就是破坏，支持了錯誤的意見，不是破坏是什么？对待錯誤的意見要分析，要研究，是偶然的，还是一貫的？是思想問題还是認識問題要分清。”

“……群众說你们不叫貼大字報就是北大，这根本不是一回事，那时不叫貼是那时需要，现在叫貼是运动需要，如果不感兴趣，就要看看是什么人。說我们是北大，根本不一样，石油学院党委是革命的。”

从这次会議的主調中不难看出，在以下几个关于文化大革命的重大原則問題上与毛主席关于无产階級文化大革命的指示精神是完全背道而馳的。

一、轉移斗爭矛头

十六条明确指出：“这次运动的重点是整党內那些走資本主义道路的当权派。”賈皞提出了这次运动中要对待的三类人，却只字不提党內走資本主义道路的当权派，反而大講“普通群众、学生、教师、干部如何对待？”賈皞还說：“……是对准牛鬼蛇神，还是对准党委？这样就会迷失方向。”在这次会議之前，在六月一、二、三日的人民日報社論中都明确地把反党反社会主义的資产階級代表人物、資产階級“学术权威”，作为这次运动的矛头所向。在六月二日《人民日報》题为“触及人们灵魂的大革命”这篇社論中，就十分明确的指出：“大敌当前，我们必須在毛澤东思想的偉大旗幟下团結起来，坚决向那些反党反社会主义的資产階級代表人物，資产階級“学者权威”展开坚决的毫不留情的斗爭。”作为院党委付書記、代院長的賈皞却采取了这些作法，不能不說是别有用心的吧！

二，怕字当头，定調子划框框，束縛群众手脚。

十六条明确指出，各級党委要“敢”字当头，放手發动群众，“党的領導敢不敢放手發动群众，將決定这場文化大革命的命运。”“要信任群众，依靠群众，尊重群众的首創精神。”只有这样，才能把一切牛鬼蛇神揭露出来，把他们打倒，也才能使广大群众在斗爭中提高覚悟，增長才干，辨别是非，分淸敌我，但是刘康在运动一开始就說：“石油学院党委是革命的。”还說：“……有妨碍的，首先要阻碍他，阻碍不了，要掌握他，不受影响。”賈𩨊也說：“……是对准牛鬼蛇神，还是对准党委？这样就会迷失方向。”这那里有一点敢于發动群众，引火燒身的意思呢？刘永昌也說：“有人攻击党委，有人攻击領導，把材料整出来！”刘康并且还要中層干部“不但要帶耳朶，而且帶嘴巴，下去参加討論。那些是正确的，那些是按上級精神办事，要支持，要鼓励；反之，就抓他的活思想。”并且美其名曰：“这就是掌握情况，这就是領導。”接着，刘康还唯恐中層干部不听話，威胁地說：“反之，就是不領導，就是破坏，支持了錯誤的意見，不是破坏是什么？”力圖堵住中層干部的嘴，不許他们起来揭發。从这就不难理解，为什么运动开始以后，中層干部一直按兵不动，不敢起来揭發。

三、有计划，有組織的打击，压制革命群众，把革命群众打成反革命。

十六条明确指出：“有些学校、有些單位、有些工作組的負責人，对給他们貼大字報的群众組織反击，甚至提出所謂反对本單位或工作組領導人就是反对党中央，就是反党反社会主义，就是反革命等类口号。他们这样做，必然要打击到一些眞正革命的积極分子。这是方向的錯誤，路綫的錯誤，决不允許这样做。”

請看刘康等人对革命大字報，革命群众是什么态度吧！刘康說：“他们首先怀疑党，这一手很厉害，这样非乱不可。这种情况必須坚决扭轉，”并且給扣上了“把毛主席的左右手都反掉了，这就是反对毛主席”的大帽子。提出了巧妙的策略說：“你们有的人脑子發热，把你们院里的一些人圍住了，晚一点嘛！你们现在把这些反面大字報抄下来，就够了，記他们一笔賬。”刘永昌說得更露骨“有人攻击党委，有人攻击領導，把材料整出来……。”“目前学生、教职工中出现了反面的大字報，要逐句分析。对重点人物材料：（1）当前冒出来的；（2）摸出来的，过去的，现在的，都弄清楚，經过研究，进行分析。”这不是有准备，有計划，有組織地鎭压革命群众是什么？

从以上事实可以看出，我院运动从一开始就执行着一条資产階級反动路綫。如果对照六月四日会議傳达的“总精神”回忆一下，我院运动过程的很多疑团就不难找到了答案，我院运动正是沿着六月四日会議的規定的道路走的。

向資产階級反动路綫猛烈开火！

誓死捍衛以毛主席为代表的无产階級革命路綫！

无产階級文化大革命万岁！

偉大的領袖毛主席万岁！

《大庆公社》

北京石油学院紅衛兵教工战斗队

1966.10.17.

引导群众斗群众的鉄証

——开辟群众专栏

在六月下旬，我院无产階級文化大革命的关鍵时刻，开辟了揭發批判刘文龙、楊瑞發、黄洵炮、姜陽、甘沛、謝小貝……等紅五类子弟的專欄。这在首都高等院校还是罕見的！有人說："这是革命师生自發搞的，工作队沒有責任。"但事实并非如此。

第一，革委会派一位付主席負責大字報組。一开始就明确，要及时向革委会，工作队反映大字報动向，要看到这是一場階級斗爭，必須及时請示滙報。当时大字報服务組組長一再强調要有組織性、紀律性，要多請示、多滙報。

第二，一开始这位革委会付主席指明：开辟專欄要考慮怎样把方向引正，成为階級斗爭的战場。院內开辟誰的專欄，專欄的分布都要經工作队批准。例如，印發的大字報專欄平面圖就是經工作队審批过的。

第三，大紅紙上的黑字，就是大字報服务組写的。不僅开辟了批判群众的專欄，而且还写了广播稿，介紹專欄的位置。

第四，当时在大字報服务組工作的个別同志，对这种做法提出异議，却被大字報組負責人指責为"右傾"。

揭發批判刘文龙、楊瑞發、黄洵炮、姜陽……等等的專欄，当时貼在离工作队办公室不远的大字報中心区，工作队队長們每天进进出出都可看到，此时不知有何感想！但从开辟專欄后張兆美队長在6月28日的全院大会上的講話来看，他頗为得意。他說，我院革命形势不是糟得很，而是好得很！群众發动比較好，革命左派，敢于斗爭，敢于胜利，斗爭的矛头对得准等等。

显然，这些引導群众斗群众的惡劣做法，是方向的錯誤，路綫的錯誤。这是工作队、革委会某些領導人，違背毛主席教導，推行資产階級反动路綫，压制、打击革命师生的一种表现。对此，必須进行坚决徹底的批判！

紅旗战斗团第17战斗队

1966.10.8.

張兆美、賈皞干了些什么？

張兆美和革委会曾經得意地一再宣称"發动了群众，揭开了我院党委內部兩条道路斗爭的盖子。"

实际上，戳穿了說，發动群众"揭开"党委內部兩条道路斗爭的盖子，純粹是張兆美、賈皞一手導演的大騙局，是張兆美、賈皞鎮压革命群众运动的大陰謀。

在6月中下旬，全院掀起了一个轟轟烈烈的抓黑帮，追黑綫的革命群众运动，揭發了大量有关賈皞的材料。在这个紧張时刻，工作队一方面顚倒黑白，極力混淆革命和反革命的界限，把姜陽、楊瑞發、刘文龙等革命同志打成"反革命"；另一方面張兆美又和賈皞合伙"揭开党委內部兩条道路斗爭的盖子。"并以此作为对給院党委提意見的革命群众組織反击的根据。

七月二日、三日晚上，在張兆美、薛仁宗的精心策划下，在机260召开了两个晚上的“左”派会議。身为我院主要当权派的賈皞，不僅不接受群众審查，而且經常出席工作队党委会早巳不是奇聞，这次又成了会議的中心人物，会前又与張兆美密謀。

会議由薛仁宗主持，張兆美三日亲自到会座談。

薛仁宗首先对我院文化革命形势作了“精辟”的分析，实际上是工作队执行資产階級反动路綫的“自供狀”。他說，在这以前的斗爭会都算不了什么，斗石生、斗韓浩，都是叫你们自己斗斗，目的是把群众拴在斗爭会上，不和鋼院、北医的同学接触。还讓斗了刘文龙，目的是为了分化这个“反党小集团”。这些都不算什么，大仗还在后头，这就是要揭开党委內部兩条道路斗爭的盖子。这盖子由誰来揭呢？还得由賈院長来揭。薛仁宗还說，现在学生热情很高，但了解情况少，主要靠我们干部、教师組織起来，調查研究。要反击，我们不能老是忍气吞声。有人告了密，說我们是陰謀，好吧！陰謀就是陰謀，我们左派就是要反击右派！我们第一个目标就是孙卓夫，这是个大右派。

接着，賈皞作了簡單的开場白，其中心內容是：现在有些人蹦出来了，是反击的时候了，不然就要翻个了。同志们給我提意見，凡是正确的、善意的我接受，并在今后适当的时候，一定作檢討，但說我是牛鬼蛇神，我要坚决斗爭到底。今年五月开厂矿長会議就商量定了，要揭开階級斗爭的盖子，时間予定在6—7月，結果正好赶上文化大革命。

他还說，在我院，什么是黑帮，什么是資产階級在党內的代理人，凡是忠实执行了前市委修正主义路綫的就是黑帮，凡是忠实执行石油部党委的路綫的就是革命派，这是基本界限。

賈皞随后用了兩个晚上的时間，談兩条道路的斗爭，把自己說成是革命左派。報告內容就是后来制定的《我院党委兩条道路斗爭大事記》的最初雛形。

会后，薛仁宗指示到会者以自己的名义往下談。

从这次会議，可以看出張兆美一貫采取打着“紅旗”反紅旗的惡劣手法来鎮压革命群众。他们明里一套，暗里一套，他们耍陰謀、玩手段，掄大棒，就是要把革命的群众运动引向絶路。

請看：

他们不顧当时革命师生暫緩斗石生、追究惠民这条黑綫的强烈要求，硬要斗石生，明里說斗石生是斗黑帮，实际上原来是“要把群众拴在斗爭会上”，“不讓和鋼院、北医的同学接触”，并把要求暫緩斗石生的广大革命群众打成“反党”。

他们明里說，我们工作队沒有組織群众斗群众，是什么“辯論会”，是什么“群众自發斗群众”，是什么“群众激于义憤，互相扣了帽子”，实际上是“我们左派就是要反击右派”，“讓斗了刘文龙，目的是分化这个‘反党小集团’”，把革命群众打成“右派”、“反党”。

他们明里說，我们信任群众，依靠群众的大多数，实际上他们对革命群众怕得要死，說什么“现在学生热情很高，但了解情况少，主要靠我们干部、教师組織起来，調查研究。”后来就委派了刘汝洵等人領導了調查組，調查完畢这些人都成了“左派”。

他们明里說：“你看誰象牛鬼蛇神，就揭誰，对刘長亮、賈皞，有問題也可以揭。”实际上却讓賈皞来介紹我院兩条道路斗爭的情况，封賈皞是“坚定的革命左派”，这样誰要是給賈皞提了意見，不就是“别有用心”，不就是“站錯了立場”，甚至不就是“炮打无产階級司令部”了嗎？就是“反党、反革命”。請看，賈皞在張兆美的授意下，竟然公开宣称“现在是反击的时候了。”以揭开院党委兩条道路斗爭的盖子为名，实际上把大批革命群众都打成“反党”。

根据这些事实，不难看出，張兆美确确实实在我院打着“紅旗”反紅旗，执行了一条資产階級反动路綫，对广大革命师生犯下了罪行，張兆美的遺毒必須完全肃清。严重的是張兆美至今仍在坚持錯誤，負隅頑抗，在資产階級反动路綫的泥坑里，越陷越深。張兆美竟敢如此猖狂，决非偶然，我们要大喝一声：这里面有鬼！

誓死保衛毛澤东思想！
誓死保衛毛主席！
无产階級文化大革命万岁！
毛主席万岁！万岁！万万岁！

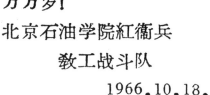

北京石油学院紅衛兵
教工战斗队
1966.10.18.

洩露天机

——評7.2～7.3“左左”派会議上薛仁宗的讲話

張兆美有兩件法宝：①我抓了主席著作学習；②我抓了斗黑帮。妄圖以这兩件法宝負隅頑抗，坚持自己的資产階級反动路綫，与党对抗。他这兩件法宝确实迷惑了不少人，使得一些人至今仍与張兆美划不清界綫。

7.2～7.3工作队召开了一个“左左”派会議，讓賈皞講了兩个晚上，給“左左”派交我院党委的階級斗爭的底。薛仁宗在会上講了話。这一下洩露了天机，工作队在我院执行了一条不折不扣的資产階級反动路綫。这里且不談工作队歪曲主席著作学習来鎮压学生运动，專談談是如何放手發动群众斗黑帮的。

我院阶级斗爭的調子是賈皞定的

十六条指出：“这次运动的重点，是整党內那些走資本主义道路的当权派。”誰是不是走資本主义道路的当权派，要由群众充分运用四大武器来鑑定，任何人不得包办代替，划框框，定調子。

运动一开始，工作队和張兆美就給賈皞定了“革命左派”的調子。工作队副队長薛仁宗对“左左”派說：“孙卓夫清楚，賈皞不是黑帮，他即是，想尽一切办法給賈戴黑帮帽子。……这場战爭是你挑起的，你挑起更跑不了，我们还不知誰革命？誰反革命？”

不僅如此，还讓賈皞，以比“左左派”更“左”的資格，去向“左左派”交我院党委內部兩条道路斗爭的底。薛仁宗說：“賈皞講了兩晚上，是石院的元老，对石院的历史清楚得很。石油部党委清楚得很，兩条道路斗爭在石油学院多少年了。”我院的揪黑帮、斗黑帮，正是按照賈皞的調子来搞的，大家想想祝惠民是由賈皞定成黑帮的，在斗爭孙卓夫的大会上，一下子揪上去六个黑帮，这些人未經群众充分揭發、鳴放，而是工作队事先布置好了揪出来的，从这一点就可以看出，斗黑帮，僅僅是走过場，做形式。这能說方向、路綫对头嗎？

工作队保护黑帮可謂賣力

薛仁宗对“左左派”說：“追5月27日会議，到晚上11点才广播（指革委会委員訪問賈皞紀要）是为了考驗党員，原想第二天广播，当时不是眞正的党員已經完了。”（指李文振等同志揭發了5.27会議的黑話）这里可以看出，工作队心中有鬼。我们不妨回忆一下当时的情景。

黑帮分子祝惠民、刘怀杰，召开5.27党員干部会，会上把聶元梓革命的大字報說成是反面的大字報，不讓革命师生貼大字報，不讓党員在运动中貼大字報，群众看准了这当中有鬼，穷追5.27会議不放，这本是革命的行动，工作队本應大力支持。但是这时群众起来了，有人揭發了，再拖下去祝惠民，刘怀杰，以及其幕后指使人就会被揪出来，工作队再不能按兵不动了。于是兵分三路，一齐出动。一路由工作队出謀划策，走訪新市委，工作队長張兆美挖空心思篡改走訪紀要，把追5.27会議說成“立場問題”，来压制群众追5.27会議（这些大庆公社已揭發）；另一方面工作队派出革委会四委員，走訪賈皞，于当晚广播訪問賈皞的紀要，以三条“罪狀”把祝惠民打成黑帮，抛給广大革命师生做擋箭牌，和緩一下形势；再一方面于当晚紧急召集文革代表会議，宣讀走訪新市委紀要，工作队定調子，并且要各系当夜回去召集全體师生会議傳达訪問新市委紀要，最迟第二天早晨得傳达。当时的气氛眞可謂紧張得很，还好，来了这么一手之后，再由广播把追5.27会議說成是“妖風”，“想把党員干部搞臭，是夺权斗爭”。把敢揭發的党員李文振打成“叛徒”，因而群众被压下去了，总算这場風波平息了。

我们不禁要問：工作队为什么这么賣力地保5.27会議上的黑話？为什么这样賣力地保护黑帮份子祝惠民、刘怀杰？这里面大有奥妙，必須进一步揭發。

是斗黑帮还是斗群众！

有人說：工作队是革命的，因为他高举了斗爭的旗幟，狠抓了斗黑帮。其实斗黑帮只是一个幌子，斗爭群众才是眞正的目的。这一点有工作队付队長薛任宗的講話为証。

就在这次的“左左派”会議上，薛仁宗对“左左派”說：“向孙卓夫开刀，大会見。斗石生、韓浩不叫斗爭会。为什么要斗？右派不讓斗（当时刘文龙、楊瑞發等革命师生要求緩斗石生），我们非斗不可，打了，戴帽子也活該，右派說斗石生是大陰謀，所以要撇开手干。为了鼓舞左派士气，孤立右派，斗爭会，少数人不参加就有了底。不斗石生，韓浩，他们（指革命师生）好串連，組織斗爭会，群众参加了会，他们沒办法活动，右派拉攏人搞不成，所以組織几个战場搞，白天晚上干，研究生搞了不斗石生簽名运动，不跟他们跑。”看，斗黑帮的目的是針对当时反工作队的革命师生来的，不是說得再清楚也不过了嗎！

紧接着，薛仁宗还說：“现在沒有人交代問題了，不能輕松，斗爭僅僅是开始，早着呢！这时有大量的工作，武裝左派，爭取中間派。昨天斗刘文龙，不斗不能分化瓦解，……階級斗爭是复杂的，要动脑筋，不要認为天下太平，右派投降了。”又說：“现在我们势力加强，人家也在准备，一个准备反攻，另一个准备打防綫，起碼保住不是右派。研究生班假傳聖旨，非斗他不可，一斗就揭發，就檢討了，光講政策也不行，还要斗爭。……”

我们眞的很感謝薛仁宗的直言不諱，他忠告我们，斗黑帮“不是斗爭会”，是为了暴露“右派”，为了限制“右派”的活动，而工作队大量的紧張的工作，是为了斗“右派”，并且是“不斗不行”。以張兆美为首的工作队，是鎮压群众运动的劊子手，他对革命师生有着比对黑帮还刻毒的仇恨，我们認为这样說一点也不过分。

最后再讲几句

从以上事实看来，以張兆美为首的工作队，在石油部某些人領導下，不折不扣地执行了一条殘酷鎮压学生运动的資产階級反动路綫，我们奉劝張兆美和石油部某些人，要老实坦白交待，低头認罪，否則是沒有好下場的。我们也正告那些至今仍然頑固地保張兆美这条資产階級反动路綫的“左左派”同志们，别保了，保是保不住的，因为眞理不在你们那边，越保反而自己越被动，弄到后来自己也不好收拾！

誓死捍衞以毛主席为代表的无产階級革命路綫！

偉大的中国共产党万岁！

最敬爱的領袖毛主席万岁！万岁！万万岁！

紅旗战斗团《毛澤东思想学習小組》1966.10.29

编者按：

張兆美7月13日的報告是一个歪曲事实，为資产階級反动路綫塗脂抹粉的報告。張兆美首先把敢想、敢說、敢干、敢闖的革命群众，打成了“反革命”，“反党”。將一場轟轟烈烈的群众运动搞得冷冷清清。在群众尚未充分揭發的情况下，就对院部的某些主要当权派定調子，下結論，这是不信任群众，不依靠群众的表现，完全是違背十六条精神的，这样的斗批只能是走过場。以張兆美为首的工作队所推行的这条資产階級反动路綫，流毒很深很广，必須給予徹底揭露批判。

揭发“7.13”张兆美的报告

这个報告是工作队一手写成的，是向新市委作彙報用的。首先向全體工作队員和系文革以上的干部講了一次，为了征求意見。这次会是把革命群众打成“反革命”的会，是划框框，定調子的会。什么誰是坚定的革命左派呀！誰是革命派呀！調子都定好了，这那有一点放手發动群众的样子？

十六条中說：“要充分應用大字報，大辯論这些形式，进行大鳴大放，以便群众闡明正确的观点，批判錯誤的意見，揭露一切牛鬼蛇神。”

下面是这次会的主要內容：

一，三个高潮：

1.新市委的成立，掀起了大字報的高潮，揭發了宋碩等前市委反对我院大学毛主席著作，大学解放軍，大搞教育革命，思想革命化；

2.本着不能乱的精神，进一步鳴放院領導問題；

3.傳达討論了六月二十三日雪峰同志的報告，左派力量开始壯大。在三个高潮中連續打退了四次“右派分子”的进攻：

①六月十三日石油附中某些人糾集其他院校三百余人，石油附中六百人到我院游行，砸了工作队長張兆美的汽車，捉走了一名教师，由此开始形成左派队伍。

②六月十七日至十八日兩天，石油附中某些人組織北医、鋼院一些人，先到附中集合，然后發表演說。

③六月廿一日石油附中某些人又組織了一次大进攻，中午楊瑞發写了攻击革委会、赶工作队的大字報。

④六月廿一日晚上附中糾集了三百余人到石油学院辯論，打伤了革委会主席薛文芳。矿62—1班进行反击，测井教研室写出了“一条紅綫和一条黑綫斗爭”的大字報，回击了“右派”。

二、全院师生員工排队（根据在运动中的表现，当时在京师生共有2463人）：

		干部	教师	工人	学生
坚定左派39%	（記录时	36.5%	38%	41.5%
中間偏左49.5%	沒有記	47.5%	56%	49%
中間偏右8%	上此項	10.9%	5 %	6%
右派3.5%	数字）	5.1%	1 %	3.5%

三、原領導班子分析排队（主要根据鳴放，同时結合平常）：

石油学院是个較好的單位，刘長亮是坚定的革命派，賈皡是革命派，刘永昌同志也是革命派。

（下面談了在我院兩个階級斗爭，兩条道路斗爭情况，基本上和我院党委兩条道路斗爭大事記相同，从略）

23名党委人員：好的35%，較好的20%，

問題多的30%，性質严重的15%。

党总支書記，主任，处長：

好的27%，較好的27%，

問題多的39%，性質严重的7%。

教研室主任：好的17%，較好的30%，

問題多的39%，性質严重的14%。

說明：是根据記录整理的，可能有錯誤，希望参加者提出意見。

五七縱队十三支队

楊宝华、袁础

1966.10.20

从广播中看工作队压制群众运动的罪行

我院工作队忠实执行了資产階級反动路綫，残酷地压制了群众的革命造反精神。工作队用多种手段，包括主席著作講用会、广播等等制造了严重的白色恐布，把一批敢打、敢冲富有革命造反精神的紅五类子弟，好党員、好同志打成“反革命”、“反党分子”，造成了严重的群众斗群众现象，使广大群众畏畏縮縮，恐惧万分，生怕說錯了一句話，被人抓住辮子，不敢發表不同意見，从而把我院文化大革命引向歧途。

我院广播台当时就成了工作队鎮压群众运动的得力工具，喇叭一开，响徹全院的就是“反革命分子”楊瑞發、以刘文龙为首的“反党集团”、唐天明的“反党”言行……等等等等。这样的广播台不該反嗎？搶它几次又有什么了不起！

六月廿一日

背景：当时楊瑞發等十名同志貼出“揭穿最最最最大的陰謀”的革命大字報，在全院引起了广泛的强烈反應，很多同志貼出了坚决拥护楊瑞發的大字報。

播音內容：

①当矿62.1班貼出第一張“最最最最最拥护工作队”的大字報后，立即声嘶力竭地予以广播，以后第二、第三……

張拥护工作队的大字報相繼予以广播，全院响徹了保衞工作队的喇叭声。

②晚飯后，張兆美急急忙忙發表了广播講話，全盤否定楊瑞發同志的大字報。

六月廿二日

背景：（与六月廿一日相同）

播音內容：

①半工半讀教师周××、路××等八同志来稿——坚决拥护党中央毛主席派来的工作队。

②自动化教研室范××等六同志的来稿——我们坚决拥护毛主席派来的工作队。

六月廿四日

背景：附中及我院部分同学多次要进入工作队的駐地，我院工作队惊慌异常，召集部分师生保衞工作队駐地——工字楼。

播音內容：

①煉制系来稿說："保衞工作队就是保衞党中央、保衞毛主席。"

②共靑团員站在革命斗爭最前列——矿65.2張××等三位共靑团員頂住"歪風"坚决拥护毛主席派来的工作队。

請看，广播台中所反映出来的工作队和革委会中某些人，把工作队就看成是党中央、毛主席，碰不得，摸不得。老实告訴你们，一切違背毛主席思想的言行，一切資产階級反动路綫的罪惡，我们不僅要摸，而且要徹底造它的反，把它打翻在地，再踏上一只脚！

六月廿五日

背景：楊瑞發貼出“揭穿最最最最大的陰謀”大字報后的第四天。

播音內容：机62紀××、武××、刘××等十三名同学来稿——楊瑞發等人制造的六、廿一“反革命”事件。

六月廿七日

背景：6.23刘文龙和楊瑞發等人召开一次要擺脫工作队束縛，自己当家作主搞文化大革命的革命会議。

播音內容：

①吳××、朴××兩人揭發刘文龙等五人“反党”的大字報——“穷追到底！揭开这个謎。”

②楊××、王××、門××等五人的大字報——“揭發以刘文龙为首的反革命大陰謀。”

③工讀教师路××等十人写的大字報——“追！徹底鏟掉这条反革命黑綫。”

④地65.1田××等十五位同志的大字報——“揭發唐天明的反革命言行。”

按：同学们！回想一下当时的情景吧！在工作队所执行的資产階級反动路綫下，多少紅五类子弟被打成“反革命”、“反党分子”。在工作队的挑动下，造成群众斗群众、紅五类子弟和紅五类子弟互相斗爭和对立的局面。林彪同志說：“我们一定要按照毛主席的教導，分清誰是我们的敌人，誰是我们的朋友。要注意团結大多数。集中力量打击一小撮資产階級右派分子，打击的重点是鉆进党內的走資本主义道路的当权派。一定要掌握这个斗爭的大方向。”我院工作队違背了主席的这一指示，違背了十六条，把运动引向歧途。

六月廿七日——六月廿九日

背景：5.27我院党委在京負責人之一祝惠民向党員干部傳达新市委文教書記郭影秋所作的压制文化大革命的傳达報告；6.19祝惠民被揪出来，广大革命师生出于对党中央毛主席的热爱，对黑帮的仇視和揪黑帮的革命热情，要追查5.27会議。

播音內容：

①物探教师袁庆談自己在文化大革命中与“反党黑風”作斗爭的體会，就是掉了脑袋我也不能把党的机密告訴敌人。

②煉61級楊××来稿——一个共产党員要勇敢地站在文化大革命运动的前列。

③本台評論：共产党員要做文化革命的先鋒。

按：当黑帮分子祝惠民被揪出以后，广大革命师生出于对黑帮的仇恨，掀起了“追查”5.27会議的热潮，工作队把群众的革命行动同一小撮别有用心的人混淆起来，統統打入“妖風”。使得追查5.27会的同学抬不起头来，从此一場轟轟烈烈的群众运动变得冷冷清清。

六月廿八日

背景：当时相当一部分同学因为自己的行动触犯了工作队的框框，而受到压制，不得不作一些檢查。

播音內容：

①自62陈軍的初步檢查“痛改前非，回到党的怀抱，人民的怀抱中来。”

②刘延淮的自我檢查。

③本台評論：一切被蒙騙的人们應該相信党的政策，迅

速站到无产階級革命立場上来。

④政治部机关刘永昌等十八人写的“致所有受蒙騙者的一封公开信。”

按：請看工作队、革委会的手段多么“高明”，竟然用了广播播出陈軍的檢查声，使得所有敢打、敢冲、敢革命的青年师生作檢查，以达到压制群众革命热情的目的。看来当时目的好象达到了。但现在事实怎样呢？搬起石头砸自己的脚，紅小鬼解放了。毛主席給我们解放了！我们要造反，我们就是要徹底批判，徹底肃清資产階級反动路綫的罪惡，不获全胜，誓不罢休，死不瞑目。

结　束　语

由以上公布的內容，充分証明了以張兆美为首的我院工作队，严重压制了我院无产階級文化大革命，挑动了我院群众斗群众，学生斗学生，貫徹了一条資产階級反动路綫。同时，也証明了北京石油学院广播台是工作队压制群众运动的得力工具，我们呼吁毛澤东主义紅衞兵广播台的同志们，起来徹底揭發批判工作队利用广播台所犯下的方向、路綫錯誤。

井崗山战斗团

《解放》战斗队

1966.10.20.

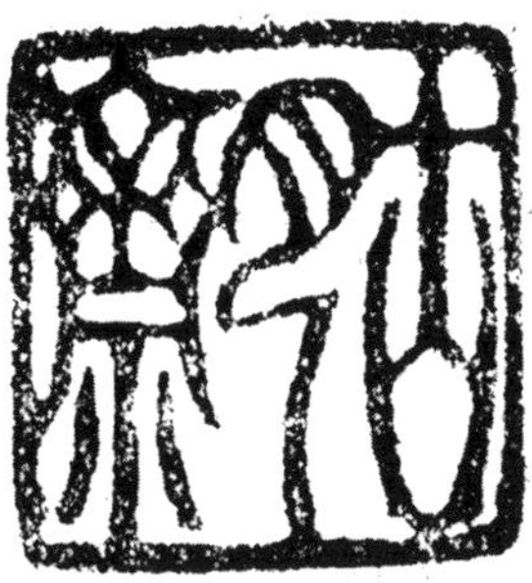

革命造反

大字报选登

（内部閲讀　注意保存）　　　　第三期

毛主席語录

凡是錯誤的思想，凡是毒草，凡是牛鬼蛇神，都應該进行批判，决不能讓它们自由泛濫。

一般說来，犯了路綫錯誤的同志，他们同党同群众的矛盾，还是人民內部的矛盾。……但是，必須向这些同志大喝一声：无論什么人，无論过去有多大功績，如果坚持錯誤路綫，他们同党同群众的矛盾的性質就会起变化，就会从非对抗性矛盾变成为对抗性矛盾，他们就会滑到反党反社会主义的道路上去。

《紅旗》杂志一九六六年第十四期社論

北京石油学院　紅旗战斗团

一九六六年十一月十六日

目　录

院党委、革委会、石油部对抗中央指示的罪責难逃

党中央批轉的軍委和总政的紧急指示，在北京石油学院傳达有廿六天了。但是，院党委、革委会和石油部的某些人，至今还在串通一气，采用各种卑鄙的手段，猖狂地、極其頑固地对抗党中央的指示。他们轉移材料，銷毀罪証；制造工人、社員和学生之間的冲突；挑起工人、社員斗学生，挑起工人斗工人。

十一月一日上午，紅色工人战斗兵团的几名工人和鍋炉房临时工作的几名社員，在某些人的指使下，匆匆忙忙的將一些物品由主楼六楼档案室轉入紅色工人战斗兵团总部（平房）。然后又轉移到鍋炉房二楼。这一行动，引起大庆公社、紅旗战斗团等組織的密切注意和警惕。我们的代表同紅色工人战斗兵团代表、賈皞以及石油部代表等交涉，沒有得到合理解决。十一月一日晚，大庆公社、紅旗战斗团和工人紅衞兵等組織在鍋炉房查获了七只箱子（其中兩只已空，物品下落不明。五只还有物品）。

經查証，五箱物品是文化革命中的录音膠帶（約200多盤）。其中有張兆美（工作队長）九月二十二日的假檢查和革委会付主席×××当众破口大罵少数派的实况录音。更駭人听聞的是，少数派×××等同志与革委会打电話时，都被偷偷地进行了录音。这件事發生在国庆前夕，發生在十六条

公布后的五十天，眞是猖狂已極！反动已極！这不是实行資产階級專政，又是什么？这不是明目張胆地破坏中华人民共和国宪法，破坏文化大革命，又是什么？

参与这次非法轉移的石油附小教师王武江，在我们查出箱內裝有录音帶以后，声称：“因为工人不了解情况，想把录音帶借来，放給他们听一听”。后又揚言，这些东西是“向毛澤东主义紅衞兵借的，从主楼档案室拿的”。小学的教师，拿大学的录音帶，送到鍋炉頂上“放录音”，豈非咄咄怪事！

必須指出的是，十一月一日，当大庆公社、紅旗战斗团和工人紅衞兵等組織的紅衞兵战士进入鍋炉房搜查这些材料时，鍋炉房內早已布置好了許多非本班的工人。不明眞相而被挑动的工人和社員同志罵这些紅衞兵是“反党分子”，用水龙噴射，鉄鍬毆打，并揚言：“乐意打誰就打誰”，“要讓鉄鍬見紅”。造成一場工人、社員斗学生，工人斗工人的严重事件。

我们要警告院党委、革委会和石油部的某些人，如果你们繼續执迷不悟，頑固到底，繼續和以毛主席为代表的无产階級革命路綫对抗下去，我们就坚决把你们打倒！

北京石油学院紅旗战斗团

1966年11月2日

註：賈皞是北京石油学院党委付書記兼代院長。

张兆美打着“紅旗”反紅旗

——工作隊通过树标杆推行資产阶級反动路綫

一、前　言

測井教研室自61年以来，一直被評为我院先进單位，65年被树为全院唯一的标杆教研室。在院内享有較高的威望，在院外也有一定的影响。

以張兆美为首的工作队来院后，貫徹执行了一条資产階級反动路綫。他们極力利用标杆在群众中已有的威望和影响，来推行他那一套方案与部署。他们利用測井教研室的同志们对毛主席，对毛主席著作怀有比較深厚的感情，把学習主席著作的方向引導到邪路上去，引到死保工作队及某些領導人的方向上去。

在大批工作队員进校不过才半月的时候，工作队就急急忙忙的根据几篇保工作队，打击“反党”、“反社会主义”分子“有功”的大字報，又把測井教研室树为我院文化大革命运动中的标杆。

在文化大革命剛剛开始，階級斗爭盖子尚未揭开，階級队伍尚未整頓和形成的情况下，就树立起文化大革命的标杆，这种做法在整个北京市是独一无二的，因此它是石油学院工作队的“創举”和“特产”。石油学院工作队树标杆的目的，就是將标杆作为一根特号大棒，通过标杆的嘴，說工作队不便說出的話，从而达到其压制、打击敢于革命造反的紅五类子弟和其他革命群众。把轟轟烈烈的革命群众运动鎮压下去，使資产階級反动路綫得到暢通无阻的推行。

測井教研室的党支部書記雍世和同志，在这次运动中，担任了革委会副主任职务。因此，測井教研室領会工作队意圖最快，跟工作队部署最紧。运动以来，教研室的一些同志先后写了大量的誤誤的大字報和广播稿。尤其在六月下旬七月上旬較为集中，較为系統。其中相当部分被工作队树为"香花"，把它編入《大字報选編》，广为散發，并利用它控制的广播台，一遍又一遍地广播，影响極坏，流毒甚广。

当前，以毛主席为代表的无产階級革命路綫同資产階級反动路綫之間的斗爭，还在尖銳地激烈地进行着。在我院，兩条路綫的斗爭也正深入开展。它已經，并將更深地触及到每一个人的灵魂。我们希望一切要革命的同志在这关鍵时刻，立即行动起来，抛弃一切私心杂念，以革命利益为重，堅决站在以毛主席为代表的无产階級革命路綫这一边，与資产階級反动路綫徹底决裂，对于資产階級反动路綫的流毒充分揭露，深刻批判，肃清其影响。

下面我们摘录了物測教研室在八月初以前所出的一部分大字報中反映資产階級反动路綫的一些段落。目的是供大家在分析工作队通过树标杆这一手法，如何推行資产階級反动路綫时作参考。所加按語有不妥之处欢迎批評。

二、把毛主席亲自发动与領导的这場史无前例的文化大革命看成"57年右派进攻又来了"

［按］ 当前开展的无产階級文化大革命，是一場触及人们灵魂的大革命，是我国社会主义革命發展的一个更深入更广闊的新階段。但有些人，閉眼不看九年来我们国家已發生了天翻地复的变化，毛澤东思想掌握了亿万革命群众，全国正在掀起活学活用毛主席著作的新高潮，硬把毛主席亲自發动和領導的这場无产階級文化大革命运动說成是57年右派进攻又来了，要“出匈牙利事件”了。在工作队資产階級反动路綫指使下，測井教研室某些人于6月27日写出了《戳穿牛鬼蛇神向党进攻的反革命手法》的大字報。为把一大批革命闖將、紅五类子弟打成“反革命分子”、“反党反社会主义分子”、“右派分子的徒子徒孙”……作了輿論准备。

1957年春天，資产階級右派分子借“帮助”党整風之机，向党發起了猖狂进攻，傾刻間，牛鬼蛇神紛紛出籠，他们呼陰風，喚黑雨，利令智昏地企圖推翻党的領導，破坏无产階級專政，搞垮社会主义制度，达到实现資本主义复辟的目的。

1957年到1966年，才經过九个年头，对于我们这一代来說，确实是記忆犹新……。今天正当我们进行这場史无前例的无产階級文化大革命的时候，又有一小撮反党反社会主义分子（按：指敢于向党委、工作队提意見的革命群众。以下同）把矛头指向党的領導，妄圖篡夺党的領導权。难道你们这些跳樑小丑就能逃脫历史的懲罰嗎？

《戳穿牛鬼蛇神向党进攻的反革命手法》

1957年时右派分子在个别地方也搞了些反革命“示威”、“遊行”和行兇事件。而今天的反党反社会主义分子盗用各种名义到处招搖撞騙，組織了一次又一次的所謂声援，威胁部分受蒙蔽的群众，制造了反革命的“遊行”、“示威”和行兇事件；楊瑞發一伙，甚至包圍广播台，揚言要把他们的反革命毒草“連播兩天”，可見他们比起右派分子的反革命气焰，有过之而无不及。

《戳穿牛鬼蛇神向党进攻的反革命手法》

三、殘酷打击革命群众，瘋狂鎮压革命造反精神

1.运动初期圍攻給院党委貼大字报的同志

［按］《人民日报》社論指出：任何一个地区，任何一个單位的党組織，都必須无条件地走群众路綫，接受群众的监督和批評，决不允許以任何借口拒絶和压制群众的批評，更絶对不允許把批評自己的群众打成“反党”，“反党中央”的“反革命分子”。

在我院运动初期，就对給院党委貼大報的同志組織圍攻，把他们打成“反党”，“反革命”。以此打击革命群众的革命造反精神。妄圖扼殺毛主席亲自發动与領導的这場史无前例的偉大的无产階級文化大革命。这是我院党委、工作队一开始就执行一条資产階級反动路綫的鉄証。

……在北大聶元梓等七同志貼出第一張大字報后，沈（志成）忽然“积極”起来，到处煽風点火，誣蔑李雪峰同志（沈說：李雪峰对聶元梓5月25日的大字報起了压抑作用——編者），6月3日竟然貼出了誣蔑院党委“繼續执行修正

主义路綫”的臭名昭著的大字報……。

《向党进攻的修正主义小丑——沈志成》

运动一开始，就有人迫不及待地向党發起猖狂进攻，他们假借向院領導提意見为名，行反党之实。

《在复杂的階級斗爭中，用毛澤东思想撥开迷霧奋勇前进》

2. 把群众的革命組織打成“反革命小集团”，把革命群众的革命串联会打成“黑会”

［按］十六指出：“无产階級文化大命革，只能是群众自己解放自己，不能采用任何包办代替的办法。”从运动一开始，我院就有一部分革命师生打破了工作队的框框，自己起来鬧革命。他们自發的組織了战斗的小集體，他们發出的排排炮彈却使工作队感到非常害怕。因此把他们看成眼中訂，肉中刺。利用他们树的标杆进行圍攻，直至打成“反革命集团”而后快，这样的“反革命集团”工作队“破获”了四个，成績眞可謂大矣。把具有相同观点的革命群众的互相串联打成“右派”的“上竄下跳”，把革命群众的自發的串联会打成“黑会”。

于是，当天下午（按：指6月23日——編者），就有刘文龙反革命集团密謀赶走工作队，实现反革命复辟的秘密会議及会后一系列反革命勾当，校內串联政治理論、数学教研室等單位一伙别有用心的人，校外串联石油附中、北医、鋼院等單位一伙别有用心的人……

《孙卓夫十大罪狀》

那一小撮反党反社会主义上通幕后指使人孙卓夫、韓浩、石生之流，下串形形色色的牛鬼蛇神，組成了“刘文龙、楊瑞發反革命集团”。他们开黑会（按：指6月23日会議）搞陰謀，他们东拼西凑，上竄下跳所組織起来的反党集团，只能是一小撮蝦兵蟹將，历史的車輪必將把它们压得粉碎！

《戳穿牛鬼蛇神向党进攻的反革命手法》

从孙卓夫、韓浩、石生到刘文龙、楊瑞發、郝建国之流都是掛着共产党員的招牌，甚至盜用組織名义，上下串联，內外夾攻，打进来，拉出去，妄圖瓦解党的組織，改变党的顏色，里應外合，推行修正主义貨色，实行資产階級專政。……魔高一尺，道高一丈……。

《戳穿牛鬼蛇神向党进攻的反革命手法》

3.把兄弟院校革命师生的声援，打成“反革命活动”。

［按］ 全国各地、各校的革命师生进行革命的串联，交流革命的經驗加强革命的团結，这是革命的行动。它必將有力地促进无产階級文化大革命的深入發展。但是，我院工作队，站在反动的資产階級立場上，对此十分害怕，如临大敌。規定凡来我院串联者必須持有介紹信，进行种种刁难。物測教研室某些同志的大字報中，也把革命的声援誣蔑为“反党活动”，“逆流”，“妖風”。这是工作队执行資产階級反动路綫的必然产物。

造謠、誣蔑、“遊行”、“声援”，都是他们的各种手段。十三日到十七日一系列的反常现象，决不是孤立的，而是敌人有組織，有計划、有目的的反党活动的各个环节。

《在复杂的階級斗爭中用毛澤东思想撥开迷霧奋勇前进》

他们不僅把自已的毒草外送（如楊瑞發給鋼院的所謂“公开信”），而且也勾結外校的牛鬼蛇神，把許多帶有反动口号的什么“公开信”呀，“訪問記”呀，大批移植校內。

《戳穿牛鬼蛇神向党进攻的反革命手法》

……就在这大好形势下，也还潛伏着一股逆流（指外校声援——編者）……要求我们兩路开火痛打一个黑根，……同时也要給这股逆流，以狠狠的打击，痛打反党反社会主义反毛澤东思想的黑根。

《用主席思想識破楊瑞發等人的陰謀詭計，保衛党中央，保衛毛主席》

4. 把追查“5.27”会議黑話的革命行动誣蔑为“一股妖风”，对革命群众进行残酷打击

［按］ 5月25日黑帮分子辛毅主持召开了市人委外办“5.25”会議，黑帮分子祝惠民在5月27日向我院党員干部进行了傳达（簡称“5.27”会議）。会上他講了不少黑話。广大革命师生以高度的革命警惕性及对黑帮分子的无比仇恨，希望会議参加者出来揭發黑帮分子祝惠民在会上攻击聶元梓同志及所講的黑話，这种革命行动好得很！而物測教研室的某些人，在工作队和革委会的授意下，却把这种革命行动誣蔑为“妖風”，把帶头揭發黑話的同志打成“叛徒”。把这

些黑話美化成党的“机密”。說什么“就是掉了脑袋也要坚决捍衞党的利益，”这完完全全混淆了是非，顚倒了黑白，站錯了立場，打击了革命群众，庇护了黑帮。

在黑帮分子祝惠民揪出来后，紧跟着又刮起了一股妖風，以穷追黑帮为名，掀起了一个所謂追查“五月二十七日会議”的妖風，要所有党員干部洩露党的机密……。

是誰积極追这次会呢？是韓浩、李文振之流，是一些右派分子。……他们利用这件事圍攻党員，妄圖搞臭党員，瓦解党的各級組織，搞垮文化革命委員会，实现他们夺权的目的。

《在复杂的階級斗爭中用毛澤东思想撥开迷霧奋勇前进》

刘文龙之流不也策动了对参加5月27日会議的一百多名党員的大圍攻嗎？……他们要把党員，眞正的革命左派一股脑搞“臭”，来个取而代之，眞是狂妄已極。

《戳穿牛鬼蛇神向党进攻的反革命手法》

为什么他们要把矛头对准我们这一百多共产党員呢？我想到反右斗爭时，右派分子不也搞同样的圍攻嗎？他们企圖把我们党員搞臭，把我们党搞臭，好夺取文化大革命的領導权。现在不正有人在發动簽名，要求赶走革委会中的党員嗎？我越想心里越亮堂了，胆子更壯了。江姐在獄中，受那么大的折磨，一个字也不說，用自己的生命保衞党，我就連这么一点風浪也經不住考驗嗎？咬紧牙关頂住，就能击破敌人的陰謀，就是掉了脑袋也要坚决捍衞党的利益。

《就是掉了脑袋也要坚决捍衞党的利益》

5.把反工作队的革命大字报打成大“毒草”，对革命造反精神进行瘋狂鎮压

［按］ 工作队是群众运动的絆脚石，它推行一条資产階級反动路綫，把运动搞得冷冷清清，革命群众起来造它的反，要搬掉这块絆脚石，这是大无畏的革命行动，好得很！革命无罪，造反有理。可是工作队的某些人却吓破了胆，使用各种手法进行殘酷鎮压。他们自以为“高明”得意的一手就是讓“标杆”来說出他们不便公开說出的心里話。不信嗎？請看工作队树的标杆物測教研室的某些大字報和广播稿中是如何把楊瑞發、刘文龙、孙茂倫……等同志打成“反党”、“反动分子”，“蝦兵蟹將”，“牛鬼蛇神”的吧！

6月21日，在我院出现了楊瑞發等10人的毒草——《揭开最最最最大的陰謀》，……一些早巳“枕戈以待”的牛鬼蛇神，紛紛出籠，赤膊上陣，彷彿“工作队就要捲舖蓋走了”，而他们一小撮人就要出来主持“朝政”了。

广播稿《用毛澤东思想分析一切》

6月21日中午，楊瑞發等人出的大字報，就是一株反对工作队党委，反对党的領導，誣蔑群众，反对无产階級專政，反对毛澤东思想的大毒草。

《用主席思想識破楊瑞發等人的陰謀詭計，保衛党中央，保衛毛主席》

他们（按：指楊瑞發等同志）的目的就是攻击党的領導，就是要夺权。我们决不能出于好心而輕視敌人的謠言，上了敌人的当。

敌人是陰险的、毒辣的、也是最卑鄙、最狡猾的……楊瑞發等人的大字報就是……达到攻击党的陰险目的，我们必須戳穿敌人的詭計。

广播稿《用毛澤东思想分析一切》

我们这篇大字報就像一發重炮彈打中了敌人的要害，使他们无还手余地。

《用主席思想識破楊瑞發等人的陰謀詭計，保衛党中央，保衛毛主席》

以反动分子楊瑞發等人在 6 月21日向党射出的大毒箭为信号的反革命逆流遭到了广大革命师生員工的迎头痛击之后，一次反革命逆流被粉碎了。

《造資本主义的反，造修正主义的反》

正当射出"揭露最最最最大的陰謀"这一臭名昭著的大毒箭的楊瑞發等一小撮人，被……駁得體无完膚之时，郝建国又急急忙忙地射出兩支毒箭——"張兆美心目中的賈韓"和"号外"。这是文化大革命中一条紅綫与一条黑綫的斗爭中的那条黑綫的延續。

……郝的自白恰恰宣判自己是一个为了进行政治投机，而不惜出賣党的机密的一个不折不扣的叛徒。郝建国，我们要严厉地警告你：这笔賬，总有一天是要向你算清的。

这个打着"誓死保衛党中央，誓死保衛毛主席"的无耻叛徒，……眞是"不知人間羞耻多"。

……当这个愚蠢鹵莽的反党"英雄"在搖旗吶喊的时候，郎一寬、孙茂倫、高玉崑、楊淑芳、張玉柱之流，紛紛得意忘形，破門而出了。……更可惡的是臭名昭著的郎一寬竟乘机写出了"你是舊世界的叛逆者，我们要把舊世界打得落花流水”的反动口号（按：竟把国际歌中的話也打成“反动口号”，豈非怪哉！）。眞是烏烟瘴气，喧嚣一时，演出了一場反党反社会主义的大丑剧！但是，可敬的先生们，你们高兴得太早了。广大革命师生員工的“千鈞棒”將把你们打得落花流水，历史將无情地嘲弄你们这批蠢驢。

《坚决反击郝建国之流的猖狂进攻》

四、工作队的老虎屁股摸不得只能肉麻地吹捧，不許說半个“不”字

1.胡说工作队是党中央，毛主席派来的，反工作队就是反党。

［按］ “紅旗”杂志第十期社論指出，有些單位的負責人或派到那里的工作組的負責人，“对貼大字報批評他们的群众，組織反击，甚至提出所謂反对本單位或工作組的那一个負責人就是反对党中央，就是反党反社会主义，就是反革命等类口号，……”。張兆美正是通过主席著作講用会，大字報，广播台提出了反对工作队就是反对党的領導，利用革命群众之口、之笔說出了張兆美的心里話。

有人假借穷追黑帮为名，包圍党員干部，进行反党活动；有人用“打倒保皇派”，“先破后立”等革命詞句，伪裝自己，迷惑群众，要人们怀疑一切，把矛头指向工作队，指向党的領導。

广播稿《用毛澤东思想分析一切》

6月21日当反党反社会社义的反动分子楊瑞發等人拋出

了那篇臭名远揚的大毒草后，……馬上群起而攻之，为保衛党中央、毛主席，新市委派来的工作队，为捍衛党的領導而斗爭。

《政治理論教研室在文化大革命中的資产階級立場必須批判》

2.对工作队只能极力美化，歌功頌德，为工作队的錯誤涂脂抹粉。

〔按〕 張兆美打着“紅旗”反紅旗，利用广大革命群众对毛主席无限热爱的階級感情，極其陰險地將主席著作講用会，变成了对敢于造反的革命师生的声討会、斗爭会（某教研室33人就有32人作了檢查），鎮压了群众的革命造反精神，把主席著作的学習引入了歧途。在揪黑帮的問題上走的也是一条包办代替，不相信群众，形“左”实右的錯誤路綫，对抗中央指示。把持有不同意見的同志打成“反党”，“反革命”。对少数派采取高压政策，实行資产階級專政。工作队在我院完完全全貫徹执行了一条資产階級反动路綫，其手段可謂“高明”！

物測教研室的某些同志，受这条資产階級反动路綫影响極深，他们不看問題的实質，給工作队大唱頌歌，一曰：革委会，工作队“高举毛澤东思想偉大紅旗”；二曰：工作队“作到了充分相信群众，放手發动群众，坚决依靠群众，紧密联系群众”；三曰：工作队“矛头对得准，坚决不动搖”；四曰：工作队“認眞貫徹了党的方針政策”。而“奉劝”批判資产階級反动路綫的同志“收起……破爛不堪的謊言吧！”这純粹是顚倒黑白，自己受了資产階級反动路綫毒害不批判，还要去迷惑别人。工作队通过树标杆去推行它的那套錯誤路綫可眞毒矣！

一曰：工作队“毛澤东思想偉大紅旗越举越高”

焦裕祿同志曾說过：“榜样的力量是无穷的”。工作队党委在組織毛主席著作学習和宣傳毛澤东思想方面，就及时总結群众中的学習經驗，树立样板，推广典型。在院內，树起了矿62—1班和物測支部兩个活学活用毛主席著作的先进單位。……学習經驗在全院推广，使我院出现了一个后浪推前浪，一浪高一浪，互相学習互相交流的活学活用主席著作的新局面。

《造資本主义的反，造修正主义的反》

二曰：工作队使“广大革命师生做了文化大革命的主人”

……我院革委会，工作队坚定地执行了毛主席关于相信群众，發动群众，从群众中来，到群众中去的教導，使我院广大革命师生員工在革委会的領導下，眞正行使了在文化大革命中当家作主的权利。因而，我院广大革命师生員工一直保持着高度的革命極积性……

《造資本主义的反，造修正主义的反》

三曰：工作队“矛头对得准，坚决不动摇”

兩个月来的革命实踐雄辯地証明：我院的运动形势好得很，运动的目标对得很准，方向很对头，我们完全是按照中央的一斗二批三改的精神办事的。

《造資本主义的反，造修正主义的反》

四曰：“認眞貫徹执行了党的方針政策”

团結教育大多数群众。……对运动中迷失方向，犯有錯誤的同志，革委会、工作队和各級文化革命領導小組及工作組和广大革命同志，都正确执行了党的指示，找这些同志一塊学習主席著作，談心，誠懇帮助他们进步。使其多数人有了轉变，有了提高，有的已經成为革命左派。

《造資本主义的反，造修正主义的反》

保护少数。革委会，工作队以及大部分革命师生对待“少数派”的态度和对他们的处理基本上是符合刘主席指示精神的。所謂工作队組織了“学生斗学生”是純屬揑造。

《造資本主义的反，造修正主义的反》

革委会和工作队一直是站在运动的最前头指導运动的。由我院广大革命师生員工，經过充分醞釀民主选举的革委会是革命的革委会，是得到广大革命师生員工完全信賴的，以張兆美为首的工作队是革命的工作队，为我院文化大革命作出了很大的成績。

《造資本主义的反，造修正主义的反》

今天，还有一小撮人趁撤銷工作队之机，又出来叫讓什么“工作队殘酷鎮压革命左派”啦，什么“方向不对头”，“矛头沒对准”啦！……等等。我们願意奉劝这些人：还是收起这些破爛不堪的謊言吧！

《造資本主义的反，造修正主义的反》

3.竭力替張兆美打掩护，包庇过关

［按］ 8月1日清晨，革委会以突然襲击的方式，紧急集合全院师生員工，宣布同意工作队离校，献花后，張兆美等披紅戴花，以空前的热鬧送出了石油学院。少数派同志为了徹底批判資产階級反动路綫，为无产階級革命造反精神翻案，將无产階級文化大革命进行到底，曾多次要求工作队張兆美队長回校作檢查，但他却一直頑抗，直到周总理亲自給石油部打电話責成他回校进行檢查后，才不得不于9月22日和革委会串通一气，作了个所謂“总結檢查”。这个檢查，純系混淆是非，給少数派施加压力，繼續挑动群众斗群众，加深分裂，頑固地坚持資产階級反动路綫。但测井教研室某些人却竭力替張兆美打掩护，包庇过关。

……張兆美同志的态度是誠恳的，9月22日总結檢查的內容是实事求是的，深刻的，他主动承担責任，并向有关同志作了賠礼道歉，說明作檢查的动机也是完全正确的。

我们……認为以張兆美为首的工作队和我院革委会是革命的，是高举主席思想紅旗的，革命的大方向是对头的，取得的成績是巨大的。

《以張兆美同志为首的工作队是革命的
——同意張兆美同志的总結檢查》

結　束　語

从前面我们所列出的一些材料，可以看出，張兆美貫徹执行的一条資产階級反动路綫，把我院文化大革命破坏到何

等严重的程度，流毒多深，影响多广！

《紅旗》十三期社論明确指出：“对資产階級反动路綫，必須徹底批判。只有徹底批判它，肃清它的影响，才能貫徹执行无产階級的十六条，才能在正确路綫指導下进行社会上的、学校的以及其他文化部門的斗、批、改，才能明确斗什么，批什么，改什么，才能明确依靠誰来斗，誰来批，誰来改，才能胜利完成一斗二批三改的任务。”，“要不要批判資产階級反动路綫是能不能貫徹执行文化革命的十六条，能不能正确进行广泛的斗批改的关鍵。在这里，不能采取折衷主义。”

不徹底批判以張兆美为首的工作队以及石油学院革委会所貫徹执行的資产階級反动路綫，不肃清其影响，无产階級的十六条就不能在石油学院得到貫徹执行。石油学院的斗批改也就不能正确地进行。張兆美同志，你必須作觸及灵魂的檢查！抵賴是不行的。革委会也必須进行严肃認眞和深刻的檢查，徹底批判自己所貫徹执行的資产階級反动路綫，幷在全院范圍清除其影响，否则也过不了关！

要貫徹执行无产階級的十六条，就必須同錯誤路綫作斗爭，同各种各样的机会主义作斗爭，同舊的習慣勢力作斗爭。革命的同志们，讓我们更高举起毛澤东思想偉大紅旗，向資产階級反动路綫猛烈开火！

打倒折衷主义！

向資产階級反动路綫猛烈开火！

誓死捍衞以毛主席为代表的无产階級革命路綫！

北京石油学院紅旗战斗团測井战斗組

（註：选登时对原文有所删节）　　1966.10.21.

看！工作队把我院主席著作学习引向何方？

以張兆美为首的我院工作队在我院执行了一条資产階級反动路綫，把一場轟轟烈烈的群众运动搞得冷冷清清。

更严重的是張兆美利用广大师生員工对毛澤东思想的无比热爱，把主席著作講用会变成了群众斗群众，学生斗学生的声討会。在这里我們进行揭發和控訴張兆美是如何把我院学習主席著作的方向引上邪路的。

全院講用会

工作队在我院一共召开了二次全院性主席著作講用会。在第一次講用会上，張兆美通过矿62.1班的“胜利全靠偉大的毛澤东思想”大力宣揚“反对工作队就是反党反人民”，“誣蔑工作队就是誣蔑党中央、誣蔑毛主席”，結果“合法”地把楊瑞發（工人出身、孤儿、党員），李文振（貧农出身、党員）等革命群众打成了“反革命”。

在第二次主席著作講用会上，張兆美树革干子弟陈軍作“反党”檢查的样板，再一次在全院造成一片檢討声。

年級講用会

“胜利全靠偉大的毛澤东思想”出版后，張兆美立即散發全院（包括在大庆、胜利兩建校基地），人手一冊，要求大家精心攻讀。并且立即树其作者为全院"活学活用"主席著作的样板。号召全院学習矿62.1，說什么"学不学矿62.1是革命不革命的問題"。在張兆美的指示下，于是机械厂工作組就掄起了"胜利全靠偉大的毛澤东思想"这根大棒子，从6月29日至7月5日几天之內在主210連續召开了矿63級二次年級主席著作講用会，多次班級講用会。黄洵炮所在的矿63.1班变成了典型的声討会和"反党"檢查会。

黄洵炮是矿63.1班团支書、予备党員、下中农出身、院三好标兵，因为他参加了追查5月27日会議的黑話，参加了所謂"6月23日反革命黑会"，因此被工作組打成了"反革命"。在6月底的講用会上工作組就讓班上的三个"左派"大講特講他們是如何以毛澤东思想为武器和黄洵炮及其一伙展开針鋒相对的斗爭的，主席著作的講用会变成了一个声討黄洵炮的大会。發言人罵他是"党的叛徙"，是"反党的"，是"个人主义的野心家，妄想篡夺文化革命的領導权"。一次主席著作講用会上就指名敲打的有十几个同学。輔導員尹××"高水平"地总結說："揪出黄洵炮是毛澤东思想的偉大胜利"。这一切，机械厂工作組長刘子明和組員顧国权都亲自光临，刘子明还發了言，称他們是"学習主席著作过来的"。說这次会"开得很好"是"一次活学活用主席著作的講用会"。

这也就是張兆美一再吹噓的活学活用主席著作的講用会。

班級講用会

7月19日上午9:45，在54楼352开了全班主席著作講用会。

会上由班文革領導小組認为檢査比較深刻的徐××作了一个多小时的發言，他說自己想要給賈皡同志貼大字報，在暫不斗石生，对楊瑞發的大字報等問題上，丧失了立場，根据“动机效果統一論”得出自己动机是“反党”。同学们認为他的“檢查”有点过分，班文革領導小組却認为“好得很”。

这个“講用会”为同学树起了檢査的样板，拉开了我班公开整群众的序幕，紧接着下午各小組召开的“講用会”会上是一片檢討声。

由于小組会上有人檢討不深刻，沒有檢查到动机是反党。于是在7月20日上午在54楼352室又召开了班級“动机效果專題講用会”。

在他们这种高压下，我们中的一位同志含着眼泪“承認”自己写賈皡的大字報动机不純，有个人杂念。因为誰也不能談自己当时的想法，一談就是說为自己辯护，为自己开脫。

为了引導大家認識自己是反党，是站在反革命立場上，会議主席讀了陈軍在全院主席著作講用会上的發言。

表决心会

工作队在我院期間，不但把主席著作講用会变成了声討会，檢討会，同时連向刘英俊和32111鉆井队学習的表决心会也变成了檢討会，在我班的这次会上，有13个人發言，其中就有8个人檢査。

这次会上檢查的人都是由于写了賈皡的大字報報，6月21日在“致工作队大字報編委会”和暫不斗石生的大字報上簽了名，斗黃洵炮不积極等問題上，而所謂的犯了严重錯誤，站錯了立場，反了党。

宿舍講用会

不僅年級、班級的毛选講用会在当时变成了声討会，檢查会，而且宿舍講用会也成了檢查“反党”动机的檢查会。

七月中旬，矿63.1班357宿舍召开了宿舍主席著作講用会，会上大家紛紛檢查，幷且提高“上綱”，檢查自己沒有分清“敌我”，充当了敌人的“帮凶”，357宿舍絕大多数参加了“圍攻”党員干部，追查5月27日会議中黑話。

張××說：“我充当了急先鋒，团結在敌人的周圍，对无产階級文化大革命帶来了很大的損失。”“黃洵炮后来本質暴露了，才認淸了他。”

王××檢查說：“圍攻党員干部，自己充当了敌人的工具，自己为什么会这样，就是沒有学習主席著作。”

当时講用会成了声討会，宿舍毛选講用会也变成了檢查会。这充分說明反动資产階級路綫的余毒是很深的，必須徹底肅淸。

不結束語

同志们，“我院工作队是高举毛澤东思想偉大紅旗的。”这是某些人作为抵制批判工作队执行資产階級反动路綫的一張王牌。我们这份大字報只是我院主席著作講用会的一个小小剖視。从这里面，你们該得出一个正确的結論了吧！

最后，讓我们热烈响應林副主席的号召，把活学活用主席著作的群众运动提高到一个新的階段，高举主席思想偉大紅

旗，徹底批判資产階級反动路綫，把无产階級文化大革命进行到底。

活学活用毛主席著作的群众运动万岁！

战无不胜的毛澤东思想万岁！

偉大的中国共产党万岁！

偉大的領袖毛主席万岁！万岁！万万岁！

紅旗战斗团工讀《斗批改》战斗队

工讀《10.3》战斗組

10.16

革命造反

大字报选登

（內部閱讀　注意保存）　　第四期

毛主席語录

你们要关心国家大事，要把无产階級文化大革命进行到底！

在毛主席正确路綫的指引下，我国广大革命群众，創造了无产階級專政下發展大民主的新經驗。这种大民主，就是党无所畏惧地讓广大群众运用大鳴、大放、大字報、大辯論、大串連的形式，批評和监督党和国家的各級導領机关和各級領導人。……这种大民主，是毛主席对馬克思列宁主义关于无产階級革命和无产階級專政学說的新貢献。

林　彪

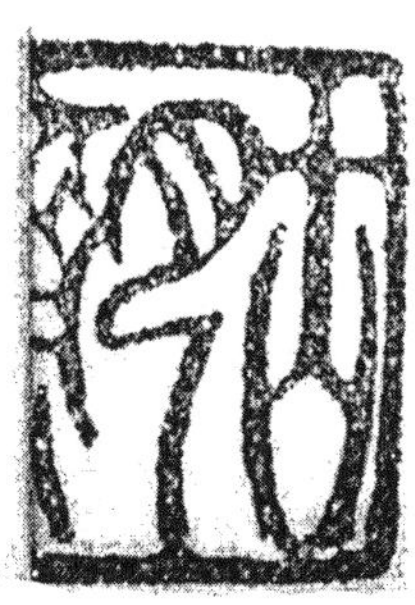

北京石油学院　大庆公社

一九六六年十一月十六日

目　录

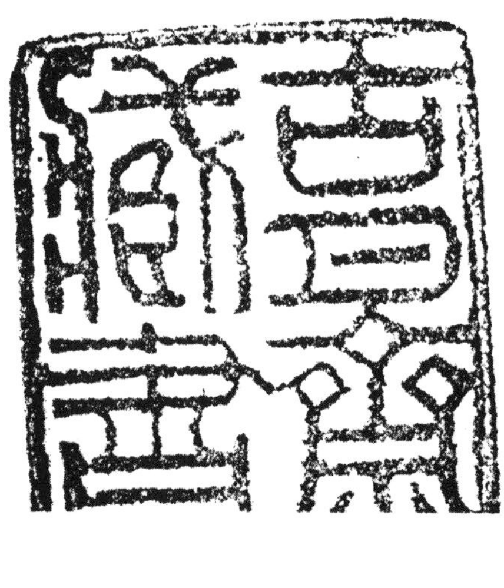

北京石油学院“毛泽东主义紅卫兵”的某些領导人执行的是一条什么路綫？

我是最早加入“毛澤东主义紅衞兵”的成員之一，并参加了这个組織的發起工作，我認为广大的“毛澤东主义紅衞兵”战士是要革命的。但是，从8月19日成立到现在还不到兩个月，这个組織的某些領導人，在許多原則問題上，直接違抗了十六条，站在資产階級反动路綫一边，跟在我院革委会的后头，竭力推行沒有工作队的工作队路綫，十分賣力地保革委会，保工作队。

现在举几个例字，来看看我院“毛澤东主义紅衞兵”这个組織究竟是什么貨色？某些領導人执行的是什么路綫？

一、成立，封官問題

8月19日晚，朱××讓郝××把我叫到工字楼116去，当时已有五、六个人了。朱××宣布，要成立“毛澤东主义紅衞兵”。在討論过程中，范玉琦来了，他說，他可以做我们的顧問；还說：“革委会支持你们，可以帮你们印刷宣傳品，給你们办公室，还可以按个电話机，广播电台也可以为你们專开，……。”范玉琦还給出主意，說已和韓文芳談过，韓也愿意参加“毛澤东主义紅衞兵”，并建議叫韓当我们的司令，不一定做什么工作，主要工作由副司令搞，讓高学文当政治部主任，还可以选宣傳部長，联絡部長等职。后来，我去起草給全院紅五类子弟的一封公开信，他们几个主要人物开了会，互相封了官，第二天，大紅告示一出，我才看到昨晚参加發起的人几乎全都当了官（我和郝××因观点和他们不同，不在此列）。当时，"毛澤东主义紅衛兵"还沒有几个兵，可是司令，副司令若干，政治部主任，副主任，宣傳部長，副部長，審查委員会主任等等，都已安排就緒，而革委会主席韓文芳也确实当上了司令。以后我和不少同志曾多次提出革委会和"毛澤东主义紅衛兵"領導成員的改选問題，但某些領導人就是不按十六条办事，不听取群众意見，不及早按巴黎公社的形式进行改选，繼續执行錯誤路綫。

某些領導人口头上說得头头是道，而实际行动上却違背毛澤东思想！

二、报名，审查問題

8月18日晚討論宣言时，还說只要学生参加，也吸收个别紅五类出身的青年教师参加这个組織。然而，第二天未經討論，几个"官"就决定不限年龄，都可以報名。

8月18日晚討論时决定吸收紅五类子弟参加，宣言上也有明文規定，然而，第二天听說有些班上不少黑五类子弟及非紅五类子弟因此思想情緒極大，哭哭啼啼，于是晚上又是司令部的某些人決定后，在第三天早晨六点多广播宣布：其它出身的革命左派也可以参加"毛澤东主义紅衛兵"。

在"毛澤东主义紅衛兵"的某些負責人看来，堅定地站在工作队一边的，表现好的，反对姜陽、楊瑞發等观点的，就是所謂左派。

8 月 21日上午，全院召开主席著作講用会，我和刘学賢当时在報名处負責接待工作。一批批年青的紅五类子弟（不少是共产党員，共青团員）听到要吸收其它出身的“革命左派”后，紛紛气憤地来到報名处提出質問，有的又气又难过地划去了自已的名字；而与此同时，不少大地主、大資本家的子弟，上了岁数的老头、老太太、家屬等却到報名处簽上了自己的名字。当时，看到这种情景，我和刘学賢焦急和难过地流下了眼泪，極力劝阻那些同志不要退出，有意見就提，讓司令部研究。为此我去司令部交涉多次，可是審查委員会主任却大言不慚地說，参加不参加“毛澤东主义紅衞兵”是自由，我还替他们划掉了几个名字呢！兩个家庭出身中农的烈士子弟，在審查时也被狠狠地划掉了名字。

后来在紅后代群众的强烈抗議下，某些負責人才急急忙忙开了会，他們經过激烈爭論，由朱××在大会上重新宣讀了宣言，以示撤銷这个决定，而絲毫不認为这是严重的右傾情緒。

对給工作队貼了大字報或者支持同意楊瑞發，刘文龙同志观点的紅五类子弟，以及研究生班的紅五类子弟，尽管三番五次請求加入“毛澤东主义紅衞兵”，但就是把他们排擠在外，过了一段时間后才勉勉强强地吸收了一小部分。

对紅五类子弟如此狠心，而对非紅五类子弟却关怀备至；对工作队鎮压学生运动的反动路綫百般維护，而对党的階級路綫却歪曲踐踏，这就是某些領導人的階級感情。

三、造謠誣蔑，威脅利誘

"毛澤东主义紅衛兵"的某些領導人極力汚蔑北京石油学院紅衛兵及姜陽等同志。某些人造謠說："姜陽家庭出身是大資本家，謝小貝家庭出身是高級知識分子……。"保衛部長还專門調查了石油学院紅衛兵的每个成員及支持他们的同学的出身，平时表现等等，企圖从中撈取什么。在《大庆公社》誕生后，極力加以汚蔑，保衛部長極力調查《大庆公社》成員，得到結論是："里边也尽是些坏家伙。"《紅旗战斗团》成立了，又无耻地造謠惑众，"告訴你吧，史××这家伙是个大坏蛋！……。"在一段时間內，校园里到处有"毛澤东主义紅衛兵"关于石油学院各种紅衛兵的人数，領導人情況介紹的大字報，不少大字報賣力地宣傳："北京石油学院紅衛兵是由姜陽等12人組成的。"企圖以多数压少数，仗势欺人。所有这些造謠汚蔑其目的就是为了破坏这些革命組織的声譽，而为执行錯誤路綫的"毛澤东主义紅衛兵"的某些人塗脂抹粉。

繼造謠汚蔑之后，就是威脅利誘，工作組，文革領導小組，革委会及"毛澤东主义紅衛兵"的某些負責人都曾对我又打又拉。工作組長对我說："以后再也不要去附中了"，"再也不要去研究生班了"。我想去研究生班了解些情況，去"請示"工作組長，也得不到允許。"毛澤东主义紅衛兵"審查委員会主任也亲自找我談話，威脅說："因为你们的表现（看来我和郝××在那时态度不'老实'），现在紅衛兵中对你们参加'毛澤东主义紅衛兵'很有意見……"；还說："以后少和刘文龙、姜陽等勾勾搭搭"！这是他媽的什么混蛋話？！和工作队完全唱一个調子，甚至有过之而无不及！

“紅联軍”將成立时，因为我当时对它的本質認識不清，也報了名。但是“毛澤东主义紅衛兵”某些主要負責人（包括副司令、保衛部長、審査委員会主任、宣傳部長，大队長等）討論我的問題，極力反对我加入“紅联軍”，最后决定暫不吸收我参加，保衛部長事后对我說：“我对你很担心，这样做就是为了叫你清醒一下。”又說：“暫不吸收你加入‘紅联軍’，再过几天看看你的态度如何，再决定吸收与否。”这明明是給我施加压力。这不但不能把我压服，反倒使我看清了“紅联軍”的本質。“紅联軍”不是一个革命的組織，它是为了对付《大庆公社》和拉住即將起来革命造反的广大群众，它是資产階級反动路綫指導下的产物。

当我写大字報揭露了“紅联軍”的錯誤和指出工作队犯了方向性、路綫性錯誤之后，惊动了許多人。負責審批的岳××亲自找我談話，道歉，請我参加“紅联軍”，基础处文革領導小組長，“毛澤东主义紅衛兵”政治部主任都找我談話，保衛部長也表示道歉。我不願参加，但在下午我去文革領導小組办公室时，在黑板上干部名單中發现了我的名字，我問是怎么回事？保衛部長說！“咳！我給你報的名，准备叫你当委員，”我拒絶了。后来“毛澤东主义紅衛兵”負責人又通知我，叫我当“毛澤东主义紅衛兵”第六大队第一中队的队長。”以官职利誘，看来我的大字報“这是为什么？”起了作用！請問某些領導人你们“封官許願”究竟想干什么？

四、两条路綫的斗爭中到底站在哪一边？

在首都大專院校紅衛兵总部成立以后，“毛澤东主义紅衛兵”的某些領導人給我透露了一个“絶大”的“秘密”，說：“现在的兩个司令部（当时第三司令部未成立。）是由不同的人領導的，一个是站在毛主席这边，另一个是其他某人。告訴你可靠的消息，咱們是站在毛主席这边的……。这是范玉琦說的，他是不会沒有根据地乱說的。”

是不是站在毛主席这边，不是光說了算，要看实际行动。“毛澤东主义紅衛兵”的某些領導人，尤其是韓司令，坚定地站在資产階級反动路綫一边，慣于把孙卓夫，孙鷹等和反对工作队的革命同志联到一起，相提并論。某些領導人在群众斗群众、学生斗学生的白色恐怖的日子里，干了不少坏事，这是絶对抵賴不了的。

在当前兩条路綫激烈斗爭中，某些領導人仍繼續站在工作队一边，声称要保的是石油部，还散布流言蜚語。副司令孙××听說有人喊了“打倒張兆美！”，叫張兆美低头，竟伤心地痛哭，并狠狠地說：“階級感情到哪里去了？”我倒要反問一句，你这样对待鎮压学生运动的罪魁禍首，你的“階級感情到哪里去了？”

由于“毛澤东主义紅衛兵”的主要負責人，跟在革委会的后头，执行了沒有工作队的工作队路綫，自己不承認和改正錯誤，对工作队又采取了假批判，眞包庇的手法；而把《大庆公社》、《紅旗战斗团》等革命組織視为洪水猛兽，完全違背了十六条和中央指示。

鑑于以上原因，我認为这样的紅衛兵組織已經不是在保衞毛主席了，已經不是站在毛主席这边了，不造它的反怎么行呢？

我郑重声明：坚决退出北京石油学院“毛澤东主义紅衞兵”这个組織，并罢去我“毛澤东主义紅衞兵”第六大队第一中队队長的“官”；坚决参加“紅旗紅衞兵”这个革命的造反的战斗組織，眞正做毛主席他老人家的忠实紅小兵！

无产階級專政万岁！

革命造反有理万岁！

敬爱的毛主席，我要誓死保衞您！

为了保衞您，不怕沒飯吃！为了保衞您，不怕坐监牢！

为了保衞您，不怕洒尽滿腔热血！

您忠实的紅小兵，一片紅心永向您！

永远跟着您，在大風大浪中奋勇前进！

关心国家大事，把无产階級文化大革命进行到底！

紅旗战斗团紅旗紅衞兵战士　**刘延淮**

1966.10.19

编者按　紅旗战斗团“赤衞”的同志初揭了机械系的問題。机械系工作組和系文革領導小組确确实实是推行資产階級反动路綫的急先鋒。他们比工作队鎮压革命群众运动，把革命群众打成反革命做得更露骨，更兇狠，走的更远。單單机械系是这样嗎？不，煉制系、开發系也是这样。现在各系文革領導小組仍然在控制着一些战斗团體进行眞包庇，假批判，口头上說得好听，有时調子唱得也很高，但就是“干打雷，不下雨”。我们呼吁一些願意革命、願意站在以毛主席为代表的无产階級革命路綫一边的系、班文革領導同志抛掉一切私心杂念，勇敢地站出来，大胆揭發、批判工作队張兆美执行的資产階級反动路綫，并与資产階級反动路綫徹底决裂，眞正站到保衛毛主席为首的党中央，保衛毛主席的战斗行列中来。我們警告一小撮至今頑固执行資产階級反动路綫对抗中央指示的混蛋们，要知道鎭压群众运动的沒有好下場！

革命造反广播台編輯部

机械系工作組和系文革領导小組是推行資产阶級反动路綫的急先鋒

《紅旗》十三期社論指出："无产階級文化大革命是兩个階級，兩条路綫斗爭的新階段。"

回顧我們机械系前一段文化大革命，兩条路綫的斗爭是非常尖銳的。一条是堅持以毛主席为代表的无产階級革命路綫，敢想、敢說、敢干、敢造反、敢革命。另一条是忠实地执行資产階級的反动路綫，死保工作队，打击压制革命群众。

我系兩方面陣綫十分明显，一方面以姜陽、楊瑞發、李文振、郎一寬、黄洵炮等紅五类子弟为代表，另一方面以系工作組、系文革領導小組为代表，斗爭相当激烈，十分尖鋭。

資产階級反动路綫在我们机械系执行的最坚决，流毒最深，压制的最厉害，革命的反抗力量也就最强烈。革命的烈火是压不下去的！

机械系工作組和系文革領導小組是推行資产階級反动路綫的急先鋒，主要表现有以下几个方面：

机械系工作組及系文革領導小組是打击和斗爭革命群众，把广大革命群众打成“反革命”的干將。

1.全院聞名的所謂“反党分子”、“反革命分子”很多在机械系。

我系64級姜陽、甘沛、謝小貝等同学，63級黄洵炮、郎一寬等同学，自62楊瑞發等十人和厂62李文振等同学由于他们怀疑了工作队，給院党委提了意見，結果把他们打成了“反党分子”，“反革命分子”，“亡命之徒”。并在全院最先斗爭了郎一寬同学，接着斗爭了楊瑞發、黄洵炮、姜陽等紅五类同学，这是全院聞名众所周知的事，但这僅僅是一些有名的代表。

2.大檢查，打击迫害广大的革命师生。

除以上有名的外，全系受打击迫害的一百多人。貯运教研室郭安奎同志由于对工作队貼了大字報，而被打为“反党宣言書”，在教研室开会批判一次，追問反党的主謀是誰？檢討一次通不过，二次通不过，三次通不过……最后郭安奎同志“承認”客观上有反党的效果，于是他们就进一步用动机与效果一致論硬逼他承認动机上反党……。郭安奎同志被逼的无法，当时曾想自殺。經过激烈的思想斗爭，經过毛主席著作的学習，他在主席語录本上才写道：“为革命而生，为革命而生！”打消了自殺的念头。

电工敎研室由于在6.21貼大字報支持了楊瑞發的大字報赶了工作队，被認为全敎研室爛掉了，全室29人中只有1人支持了工作队，被譽为最坚定的革命左派，在主席著作講用会上和全體师生見面。其他的28人从6月24日起整整檢討了一个月，支部書記田××也被撤职了。

其他各敎研室利用毛著学習講用会或学習32111队、学習刘英俊的会上，讓“犯錯誤”的同志檢查的次数，人数更多！

下面僅就八个敎研室的統計，列表于后：

（缺兩个敎研室材料，更不包括广大的同学）

参加运动总人数	利用敎研室会，学習32111会上，毛选学習講用会等作口头檢查的人数	写檢查材料或出大字報檢討的人数
140人	96人佔总人数68.3%	51人佔总人数33.3%

3.大清洗

在6.21楊瑞發的大字報貼出后，我系上百名师生支持了这一革命的大字報，但这些革命同志被系工作組和系文革領導小組打成了“反党”，“严重丧失立場”。他們背地整理材料，划分左、中、右，把支持与同情楊瑞發的师生划为右派，把拥护工作队的划为左派。進行了一場大清洗。如电工敎研室党支部書記田××貼大字報支持了楊瑞發的大字報被撤了职。系文革領導小組成員朱××由于給工作队提了意見，系总支書記王迺、系文革領導小組李才、貯运支部書記罗××、系文革工作人員唐××等出大字報把这張大字報打成了“反党宣言書”要罢他的官，于是革除了他系文革領導小組成員之职。不少文革代表被排斥，只掛代表名，实际不讓参加任何具體工作，讓他（她）們靠边站。

根据八个教研室的統計，列表于下：（缺兩个教研室的材料及广大同学的材料）

文革代表	罢官或被排斥靠边站的	文革小組長	不是代表倒被派为文革小組長的
24人	8人 佔代表总数的33%	8 人	4人 佔小組長的50%

眞正的革命群众被打下去了，中間群众不敢說話了，在外校来訪时他們根本不讓不同意見的人說話，我系出现了一片白色恐怖。

打下了許多紅五类子弟，爬上了一些“左派”，表现在：

（1）汪云瑛的上台

系文革領導小組旣然打下了由代表正式选举出来的朱乃昭（紅五类子弟），于是就把代表大会上通不过的汪云瑛（出身高級職員）变相拉入了系文革領導小組，从此，汪英瑛便成为負責机械系教师文化大革命运动的領導者，經常在教师中指手划脚，成为工作組的干將，打击革命群众的决策人，此人现为《紅衞东》战斗兵团的得力干將。

（2）非文革代表成了文革代表小組長

自动化、热工、电工、零件等教研室一些連代表都未选上的人，他們却相繼被派为文革代表小組長，篡夺了文化革命的領導权，还有一些莫名其妙的“大左派”他們也經常在班、室，掌握会場，指手划脚，群众也根本不知道这些职务不明的人是誰封的“官”。

系文革領導小組成員中也突然蹦出了閻××，連代表也不知道他是干吆的。系文革領導小組眼睛里根本沒有群众，独断專行到了極点。

（3）一些狗崽子，耀武揚威起来了

地主狗崽子龙以宁成了大字報服务組的一个副組長（在紅衛兵抄他家时，他聞訊回家照像，企圖報复，因而被斗）。还有其他的地主狗崽子×××，也在大字報組耀武揚威起来，儼然以“左派”自居。62級学生黃××（大右派之女）也登台大駡紅五类子弟，出名一时，不可一世。

系工作組和系文革小組狼狽为奸，互相包庇。

系工作組和系文革領導小組，他们打击革命群众最坚决，但是对一些有問題的人千方百計的包庇，这里只举一个例子：

工程画教研室文革領導小組長談瑞章（代理党支部書記）本人問題很多：①一向与資产階級家庭划不清界限；②資产階級感情比較濃，缺乏无产階級感情、厭惡与迴避劳动，参加教研室工作十年余，以支部書記或作党的工作的身份为掩护，極少参加劳动，群众意見很大；③64—65年在师大参加四清中，受黑帮分子吳子牧（师大四清队長）的直接領導，大家知道师大的四清运动实际上是一場包庇右派打击左派的階級報复。談瑞章究竟充当了什么角色。她了解內情，需要考驗她，需要她站出来揭發；④談瑞章在机械系总支連任好几届总支委員和承光武关系甚密切，66年初承光武去大庆时把总支的領導权交給了談瑞章，去师大四清也是承拉去的

（承光武和談瑞章同时离校，当了黑帮分子宋碩的連絡員），当群众起来揭發承光武，她却一直躲躲閃閃，不出来揭發；⑤运动开始以来一直不积極参加运动，不写大字報、也不怎么發言，到现在为止，未亲自写过一張揭發、批判的大字報，几次炮轟都无动于衷；⑥当教研室革命同志討論如何弄清承光武的問題时，談瑞章却逃避領導，以致这一問題不了了之。整个运动中，領導極不得力，开会很少發表自己的看法，只是在笔記本上記别人的發言，尤其記不同意見特别积極、特别努力，引導掌握会場，只是問别人："对楊瑞發、对姜陽應該怎么看呀！"……外套别人的观点，吓的大家不敢發言，有的会很長时間大家沉默，冷冷清清。

这些問題，同志们下面議論紛紛，早有人反映給工作队和系文革領導小組成員，但他们拒絶采納这些意見。系工作組队員張景庫在同志反映此情况时，竟明目張胆地拒絶說："你反映这些意見，有什么具體事实？这些意見我是否向工作队反應上去，我不表示态度。"就这样压下了群众的意見。以致談瑞章在教研室会上得意洋洋地說："由于組織的信任，叫我当小組長……"，"这是一場夺权斗爭"……。

更严重的是今年九月份談瑞章的家被紅衛兵抄了，搜出槍票三張，証明家里曾存有三支槍，还搜出子彈，美鈔等反动东西，还有11灯的大收音机，电冰箱等奢侈品。这个每月收人民幣300多元的狗老子的照片，直到九月份还一直压在談瑞章的玻璃板下。

談瑞章一直隐瞞家庭情况，这次抄家后，才被迫"主动"表示欢迎紅衛兵抄家，說什么："我过去迴避家庭問題”，假惺惺地說：“以前我只認为家里是經濟問題，不認为有政治問題……”以此想进一步欺騙同志，大家指出要他以实际行动揭發这个反动的大資产階級家庭，并提出罢他的“官”。当时系文革領導小組成員汪云瑛却表示了与大家相反的意見，說什么：“談瑞章还是欢迎紅衞兵抄家的，只是感情上还不那么坚决……，至于取消代表和代表小組長的問題嘛，以后还需要在全體会上討論”。本人不表示意見，会后溜之大吉，再也不过問这件事了。汪云瑛为什么这样躲躲閃閃，这样同情？这是由汪云瑛本人的出身和立場所决定的，毛主席說：“世上絶沒有无緣无故的爱，也沒有无緣无故的恨。”眞是千眞万确。

事后别的教研室的同志也曾到系領導小組和革委会去要求罢官，可是他们干尽了包庇之能事，至今談瑞章还仍然是什么文革小組長，支部書記。

4.利用主席著作讲用会，打击压制群众

且看以下几个样板

（1）保工作队的样板

树保工作队最得力的矿62.1为标杆，借标杆之口，把楊瑞發等同志打成了“反革命”。6月28日上午全系主席著作講用会，是一次不折不扣的声討会，其中有一些黑五类子弟也登台咬牙切齿的大罵，說什么6.21刮起了妖風，嘍囉们粉墨登場，反动分子等欢喜若狂，眞是烏龟找个大王八……，这对同情或支持楊瑞發大字報的师生，压力很大，特别在斗楊瑞發后，人人担心，还不知道那一天也会挨斗。

此后，由机62党支部書記刘××提出“学不学矿62.1是革命与不革命的問題”。机62其他班的学習經驗傳达出后，全系各班室也学，全院也学……，越学越压制群众，誰还再敢对工作队講一个“不”字。

（2）檢討的样板：

在全院主席著作講用会上，我系陈軍同学檢查自己“反党”，被树为样板，这已是众所周知的，不想多談。这里再談七月十九日的一次所謂的主席著作講用会，这次会由系工作組長單永复亲自主持，地点在工字楼三楼文娛室，参加人数 120 多人。这次会由系工作組專門召集全系犯“錯誤”的师生参加，还讓反动教授湯楷遜，右派分子邵鐘武、史光筠，反动分子吉宗吾等参加，这算一方面的人；另外各班、室支部書記或所謂坚定的“左派”也参加。

这个会美其名曰，主席著作講用会，会上由被打成“反党分子”的李文振檢查，还有被打成“反革命分子”的楊瑞發檢查，这是事先工作組有組織的按排的。工作組長單永复在会上号召其他犯“錯誤”的也要向他们学習，并說李文振認識了錯誤，现在讓他参加了革委会組織的調查組工作，只要認識錯誤，才有前途，这实际上是在会上繼續玩弄又打又拉的手法。把你打成反党后，还得为我服服貼貼工作，眞可謂手法高明。

大会后，分小組討論，討論时有工作組成員参加，由参加大会的支部書記或坚定“左派”掌握主持，在小会上基本上是人人过关，檢查“罪行”。舊的包袱未放下，新的又压上来了。

（3）吹牛皮样板：

八月四日系召开主席著作講用会，会上由矿61×××等同学介紹“說服”鋼院来訪的同学的經驗，×××等同学向鋼院同学大談“我院95%以上的革命师生都發动起来了，”“革委会成員都是坚定的革命左派，革委会是完全信得过的。”“我院前一段文化革命的方向是对头的。”……。这本来只是个人的一些片面看法，但由于这些正符合于革委会某些人的胃口，于是又拿上全院主席著作講用会上介紹，号召大家向他们学習，要給外校介紹出高水平来，并且要求把接待时談話記录交革委会准备印發，說露骨点就是越能吹越好，要在接待工作上創造出个“高水平”来。

革委会、系文革，教研室文革小組長，他们同一个腔調在班、室討論对形势的看法，討論如何接待，以便統一思想，統一認識，一致对外，对意見观点不一致的，他们采取了不讓与外校同志接触的办法，片面的由几个“左派”或标杆出面接待，封閉与歪曲了眞实情况，欺騙了外校来訪的革命师生。

以上僅是我们了解的部分情况，同学中的情况了解的更少些，机械系文革領導小組，在前一段压制群众最厉害，至今还有不少人不敢說話。

你们这些領導人过去是忠实地执行了資产階級反动路綫，我们不怪你们，你们实际上受害最深，你们中資产階級反动路綫的毒尤深。今天希望你们站起来揭發控訴这条資产階級反动路綫，你们是知情人，要大胆站出来揭發，和这条資产階級反动路綫划清界限，徹底絶裂，坚决捍衞以毛主席为代表的无产階級革命路綫，不要再执迷不悟，而要迷途知返。你们不要走的太远了，这是我们的忠告，望再思，三思。

坚决捍衞以毛主席为代表的无产階級革命路綫!

战无不胜的毛澤东思想万岁！

无产階級文化大革命万岁！

毛主席万岁！万万岁！

紅旗战斗团《赤衛》

10.21.

看！糾察队是如何充当了我院工作队鎮压群众运动的工具

六月初开始，轟轟烈烈的群众运动起来了，群众革命热情很高，尤其附中的同学，他們敢打、敢冲、敢造反、敢革命。他們大鬧了石油学院，石油学院大“乱”了，使工作队慌了手脚。工作队白队長亲自出馬，迫不及待于六月二十六日成立了北京石油学院糾察队，美其名曰：一文一武，大字報搞文，糾察队搞武，文武双全。现在讓我們看看糾察队是如何搞武的，又是对誰搞武的？

1.糾察队破坏革命声援。

七月上旬，外校同学要来附中声援附中同学。糾察队队部事先就打听到此消息，晚上馬上集合全體糾察队員，各派十个糾察队員跑步到南、西校門口去执行任务，并布置說：沒有介紹信不讓进，有介紹信还要有附中工作組的人帶进来，并声明如發生事情由附中工作組負完全責任。由于他們的限制和阻撓，使許多外校同学被擋在校門外。其余的队員在大字報区巡邏，在各楼門口守衛，戒备森严，簡直如临大敌。請注意，这不止一次，而是有好几次都是如此。

2.糾察队破坏革命串连。

六月底到七月中旬，北医和鋼院的同学来我院革命串連，他们是来煽革命之風，点革命之火的。可是糾察队非要工作組的介紹信不可，否則就不讓进，使外校同学非常不滿，这严重地坏破了校与校之間的革命串連。

3.糾察队是"特务"組織，跟踪，盯梢所謂"反革命分子"，"反党分子"，"右派分子"和其他的"嫌疑分子"，其实，这些人絶大多数都是紅五类子弟。

糾察队剛成立不久，糾察队負責人之一范玉琦（后到革委会去了，負責搞材料工作的）就对糾察队員布置，对姜陽，楊瑞發等人，注意观察他们的行动，幷注意还有哪些人和他们有来往。只要他们一出楼門口，后面就有人跟踪，盯梢，幷向队部彙報他们活动的情况。連刘文龙进煉化楼也得同黑帮分子祝惠民一样，把进楼和出楼时間記录下来，幷注意观察他的行动。請注意，糾察队有專人負責和專人整理少数派的材料，他们至今还未把整理少数派的材料交出来。

4.糾察队参与了群众斗群众，学生斗学生。

（1）斗姜陽时有糾察队員参与拉走姜陽和維持会場。

（2）斗刘文龙时有糾察队員看守。

5.糾察队保卫"材料組"大整同学材料。

糾察队負責人对糾察队員布置說：这是組織对你们的信任，你们要注意保密啊！当时材料組設在北教室楼（七月份），一天到晚都要有人值班，看守楼門口，找人也不能随便进去，还要先和上面联系，經允許后，登記才能进去。他们开会或討論什么东西，他们就先派人下来到楼下周圍听听能否听得見，預防走漏秘密，生怕别人知道。同志们！当时材料組設在北教室楼是保密的啊！可能现在材料組在哪儿还有很多人不知道，为什么这样保密，这是值得深思的。

从以上事实，我们可以看出：北京石油学院糾察队的成立一直到后来一系列的問題都說明了糾察队的矛头是对准了革命学生，成为我院工作队推行資产階級反动路綫的有力工具，因此，我们必須起来揭發控訴它。我们紧急呼吁：一切知情人（包括所有的糾察队員）勇敢地站出来揭發糾察队的內幕，徹底肃清資产階級反动路綫的余毒。最后，我们警告賈春吉（原糾察队長，革委会委員），韓生田（糾察队副队長）！必須赶快把整理少数派的材料交出来，否則由此而引起的严重后果由你们負完全責任！

紅旗战斗团《紅騎兵》战斗組

66.10.25.

九·二七会議以后

九·二七会議上趙大駿提出要整姜陽等四人的材料，这到底是什么材料，是为了国庆后进行辯論嗎？不！这在我们以紅瑞金縱队瀘定桥战斗組的名义所出的大字報中已說明了这个問題。

为了駁斥某些人就九·二七会議問題散布的种种謬論，为了澄清某些人对这个問題的糊塗观念，为了便于大家对此事进行进一步了解分析、批判，现再將这件事的有关情况补充說明如下：

九·二七晚八点半，陸介明、刘鋼和我三人到政治部办公室，趙大駿在分析了与楚澤涵的矛盾和談了楚澤涵、于延琳在石油部的談話內容后，又具體建議从四个方面去整理楚澤涵的材料。这四个方面是：

一、了解楚的父亲（某国家机关負責同志）有沒有問題。因为一般說来某些部門的干部出問題可能性比較大。

二、了解楚在兩期“四清”运动中的問題。因为据說楚在兩期“四清”运动中与孙卓夫接触較多。

三、整理在这次文化大革命中的問題。

四、整理楚在参加工作以来，几年中有些什么問題。

这些內容难道是为了与楚辯論所需要的嗎？

趙又說材料整理好以后不必急于發表，要先讓他表現，到矛盾暴露到一定程度后，再拿出去。这种手段难道也是为了与楚辯論需要嗎？

以后，我整理楚在“四清”中的問題，刘鋼又專門去找过趙，讓他介紹一些可靠的人，以便去了解情況，趙給他介紹了誰呢？給他介紹的唯一可靠的人物就是曹承彬！請大家看一看，竟要从一个官僚地主出身的，跟随孙卓夫干了許多坏事的当权派那儿来了解一个紅五类出身的一般教师的情況。难道这也是为了与楚辯論所需要的嗎？在这里趙大駿的階級本性是暴露无遺了！趙大駿之心是何其毒也！

順便提及，我認为雍世和对要整什么样的材料这个問題是清楚的。他与范玉琦、王永澄三人的大字報中說，只以为是整辯論的材料，真是欲盖弥彰！这一点可由以下事实說明。

十月一日上午我去雍世和家，談及整楚的材料問題。为便于整楚参加工作以来的問題，他翻出了黃×× 的笔記本（其中詳細記录了楚的某些缺点）給了我，并要我去翻閱过去党支部的会議記录本。請問这难道是为了与楚辯論所需要的嗎？

同时，为了整楚在“四清”中的問題，雍說：“刘兴三还比較可靠，可以去了解”。請問这难道也是为了与楚辯論所需要的嗎？

一个共产党員，應該是襟怀坦白，忠实积極，以革命利益为第一生命，对就是对，錯就是錯，希望雍世和同志能以一个共产党員的标准要求自己，大胆地投入揭發批判資产階級反动路綫的斗爭中来，如果想采取文过飾非的态度，那是行不通的。

長征造反团紅色造反队　張京源

一九六六年十月三十一日

雍世和在測井教研室起了什么作用？

雍世和同志多年来一直担任勘探系党总支委員，測井教研室党支部書記，运动开始时，担任勘探系临时总支書記，革委会付主任。在这次运动中，測井教研室被工作队利用来作为压制群众运动的大棒，貫徹执行了一条資产階級反动路綫，其中雍世和同志的“功劳”确实不小。下面讓我们看看雍世和同志在文化大革命中是充当了什么角色。同时也希望雍世和同志能由此触及灵魂。

充当“打手”把革命羣众打成“反革命”

沈志誠同志运动一开始就貼出了揭露院党委的大字報，同时向其他同志傳达了五月廿五日李雪峰在北大的講話（此講話是資产階級反动路綫的产物），沈志誠同志的行动好得很！可是遭到了圍攻，被打成“反党”，“修正主义的小丑”。雍不但同意和支持了这些行动，而且当其他同志陸續返校时，他总是以沈志誠作典型的反面材料向他们介紹，使其他同志不敢与沈接近，不敢給党委提意見。

六月十日我们从校外返校，曾提出要讓沈一起参加写揭發石生的大字報（当时我認为沈的問題不是敌我矛盾。），但遭雍反对。

六月廿四日工作队第一次傳达了李雪峰六月廿三日的報告后，反动軍閥崽子范成中在小組討論会上將这次运动与57年反右进行对比，馬上得到工作队員田××的讚賞，馬上讓雍把它整理出来，写成大字報。于是，范等人大笔一揮，把許多革命群众打成了“反革命”，“牛鬼蛇神”，“反党分子”。雍对此甚为讚賞，認为“这是一篇帶有指導性的大字報”，多次参加討論、修改，并且自己还写了一段。在写这段大字報过程中，他还批評教研室，文革小組对該大字報不重視，投的人力太少。大字報貼出后，他还嫌貼得太偏僻，批評了大字報服务組的同志。雍世和同志对此大字報眞可謂“关心备至”。

充当“褓姆”，运动羣众

測井教研室的大字報因为“紧跟形势”而聞名，其“奥妙”在何处？重要原因之一是雍世和的“关照”。

例如，六月十九日后，院內掀起追查5.27会議的热潮时，雍急于来布置，测井教研室就写出了一張“目标應当指向何处？”的大字報。

当工作队急于要揪出孙卓夫时，雍又跑来与测井教研室的同志一起“学習”毛主席著作，于是大字報“一条反党反社会主义的黑綫的幕后指使者——孙卓夫”就出现了。

在七月上旬斗了孙卓夫后，工作队准备在七月中旬再开辟六个战場，于是在雍世和的“指点”下，测井教研室的大字報“孙卓夫的心腹——樊世忠”就出现了。

在院內展开对四个專題的辯論时，雍又亲自到测井教研室布置了有关四專題的大字報。接着，测井教研室就写出了“一場革命与反革命的搏斗”，“八長会議是革命的会議”等大字報。

工作队撤走后，为了給工作队歌功頌德，借以巩固由工作队一手包办下成立的革委会的地位，以便推行工作队所执行的資产階級反动路綫。在雍进行了一系列的幕后活动以后，测井教研室的“造資本主义的反，造修正主义的反”的大字報又轟动了全院，指導运动的發展。雍还讓革委会宣傳組进行了審查修改，非法任命的革委会办公室主任趙大駿还为該大字報命了題，請看！在雍世和的“培养”下，测井教研室变成了革委会的“官方代言人”。

在四个專題的辯論期間，有一次雍世和布置了测井教研室去訪問張成竹，然后出訪問紀要。当时测井的同志很忙未去，这件事讓地質支部的同志去做了，他知道后很为不滿，好象这个功被别人搶去了。由此可以看出他对他心目中的

“标杆”的“关怀”眞是“无微不至”。

因此，如果說工作队是全院的“大褓姆”的話，那么雍世和就是测井教研室的一个“小褓姆”了。在他的“照料”之下，测井教研室在文化大革命中确实是紧跟工作队的意圖，充当了执行資产階級反动路綫的急先鋒。

充当“消防队員”，扑灭革命之火

在雍的心目中，测井这个“标杆”應当是工作队，革委会的一个馴服的工具。在他们的極力控制之下，测井長期是“鉄板”一塊，死气沉沉，不敢出现稍有背离工作队、革委会意圖的意見。如果出现了就赶紧起来扑灭。

八月中旬，测井出现了一些不同意見。这是个大好形势。可是这下可吓坏了雍世和，赶紧把在外工作的絶大部分同志調回，美其名曰：“保标杆”。其实是为了压制少数派，鎮压革命的群众运动。

八月下旬，盧毅杰等同志貼出了揭發测井內部情况的大字報，雍十分紧張，多次找人商量，組織針鋒相对的大字報，并亲自修改。不僅如此，他还为此事在教研室会上說：“现在大家揭嘛！测井是全院的标杆，而且曾被評为石油部的先进集體，所以测井的問題是关系到全院和石油部的大問題。”企圖以石油部来压制群众揭發教研室的問題。

八月下旬测井有不少同志对革委会拒不听取群众意見，迟迟不进行改选的行为非常不满，紛紛要求改选。雍对此很不滿，赶忙跑到教研室說：“改选是个爭夺領導权的問題，你们不要想得那么簡單。”“你们就是不如人家矿62.1，他们就是班內意見一致，所以人家攻不动。”以此来压制群众的正确要求。

当时我和陸介明同志因多次給革委会提口头意見无效，曾准备写一篇“敦促革委会”的大字報，以促使革委会听取群众的正确意見。雍聞訊急忙赶来制止，不滿地說：“你们想写就写吧！我看你们这标杆还要不要？”

八月廿九日，在与姜陽的辯論会上，革委会压制少数派，严重違背十六条的行为，引起了群众的强烈不滿，当时我们有些人就退出了会議。当我们同雍談及此事时，他很反感地說：“你们就是右傾，沒有階級感情！人家听了姜陽的造謠誣蔑，群众都气得不得了，可是你们却跑了，这就是迴避斗爭！”我们要問雍世和，你要的是什么階級感情？难道对違背十六条的行为表示不滿不是无产階級感情嗎？你的这番話，只能起到压制少数派，繼續挑动群众之間的对立情緒的作用。

充当“庇护人”，包庇一些有問題的人

反动軍閥家庭出身的范成中与其家庭划不清界限的問題，雍早就有所了解，在討論范入党时，不少同志对此提出过反对意見，八月下旬，当有同志提出要对范的問題进行揭發批判时，他赶紧布置，要他们“对范成中要全面分析，最好不要写大字報，出大字報会对集體不利。”并布置讓陸介明、趙庆义和我等人去做“个别工作”以阻撓对范的揭發，直到測61白云程等同学貼出了揭發范成中黑窩內幕的大字報后，測井教研室才开始了对范的揭發，追查和批判。可是在追查范成中的大会上，在群众揭發了范的大量問題后，他突然搖身一变，好象变成坚定的批判者了，在会上，他不但不

作自我批評，反而使尽了文过飾非的手法，把責任推得一干二凈。什么范成中的入党全是石生所提拔的呀，什么由于范欺騙組織，范的問題我们以前都不知道呀！等等，自己儼然是一个“一貫正确派”了。

袁庆父母的問題，雍早在七月份就知道了，可是一直被他压了下来。当群众对袁庆担任文革領導小組長一事提出意見时，雍以“这个問題关联到爭夺領導权”为借口，搪塞过去，不讓群众揭露袁庆的問題，后来由于群众的要求越来越强烈，才不得不讓袁庆“主动提出”离职。

九月中旬，測井許多同志由于对革委会迟迟不揪回阮錦鈿的行为很有意見，写出了“革委会为何迟迟不揪回阮錦鈿”的大字報，在全院引起了一些反响。雍对此極不滿，他气呼呼地說：“我早就对你们打过招呼了，现在标杆的旗号还要不要，就看你们自己了。”“标杆”这面旗子是雍世和用以压制反面意見的一件得力工具。

从以上几个方面，我们可以看到，雍世和同志在文化大革命中，是扮演了一名不光采的角色，是資产階級反动路綫的一名积極推行者。对測井教研室起了極坏的作用，使測井的許多同志中了毒，我也是其中之一。（当然，造成这种情况主要應由自己負責，應当由此吸取教訓。）我希望雍世和同志能够站到以毛主席为代表的无产階級革命路綫一边来，按照毛主席的教導，堅持眞理，修正錯誤，抛弃一切个人杂念，正視自己的問題，徹底揭露和批判資产階級反动路綫，肃清它的毒害，而不要采取文过飾非的的态度。但是从雍世和同志最近的态度来看，离这一点还是有很大距离的。

最后送雍世和同志一条主席語录：“共产党人必須随时

准备坚持眞理，因为任何眞理都是符合于人民利益的；共产党人必須随时准备修正錯誤，因为任何錯誤都是不符合于人民利益的。”

雍世和同志在兩条路綫斗爭中究竟站在哪一边？这个問題要三思啊！

長征造反团紅色造反队　**張京源**

1966.10.31.

告讀者

北京石油学院《大庆公社》、《紅旗战斗团》、《胜利烈火》、《井崗山战斗团》、《东方紅公社》、《大庆紅色暴动軍》、《紅后代》等三十一个革命組織于十二月十三日宣布在毛澤东思想偉大紅旗的原則基础上联合起来了，团結起来了，幷决定以《大庆公社》作为联合組織的名称，这是毛澤东思想的又一偉大胜利，是以毛主席为代表的无产階級革命路綫的偉大胜利。

經研究决定，該組織的大字報选登仍采用《革命造反大字報选登》这个名称，只是从本期起將《紅旗战斗团》改为《大庆公社》（指封面一页），特此敬告讀者。

大字報选登組

1966年12月15日

革命造反

大字报选登

（內部閱讀　注意保存）　　第五期

毛主席語录

任何新生事物的成長都是要經过艰难曲折的。在社会主义事業中，要想不經过艰难曲折，不付出極大努力，总是一帆風順，容易得到成功，这种想法，只是幻想。

凡是符合毛澤东思想的，我们就贊成，就拥护。凡是反对毛澤东思想的，无論他有多高的职位，拥有多大的“声譽”和“权威”，我们就要无所畏惧地同他斗爭，把他打倒。

《紅旗》杂志一九六六年第八期社論

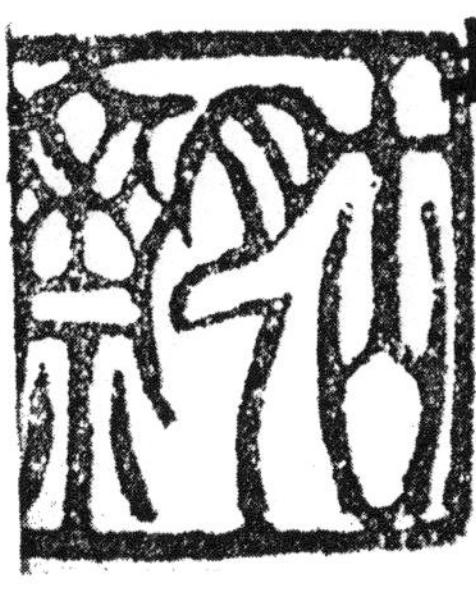

北京石油学院　大庆公社

一九六六年十一月二十一日

目　录

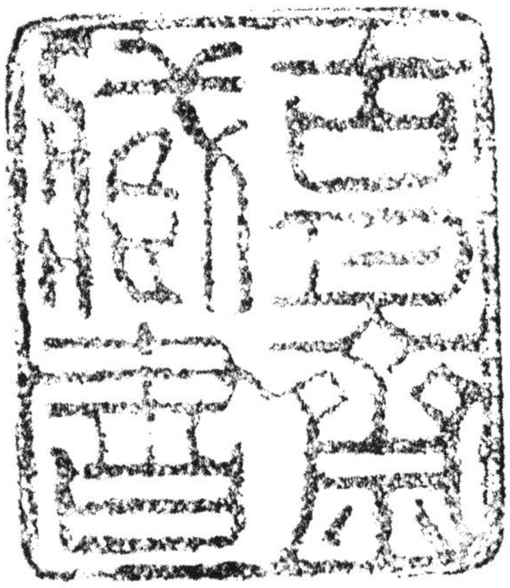

热烈欢呼无产阶級革命路綫的胜利！

北京石油学院《胜利烈火》、《紅旗战斗团》、《大庆公社》等革命少数派組織，为了捍衛以毛主席为代表的无产階級革命路綫，向資产階級反动路綫猛烈开火，坚持了長期的艰苦的斗爭。我们的这一革命行动得到了北京医学院《八．一八》紅衞兵、北京航空学院、鋼鉄学院、地質学院东方紅公社、政法学院、外国語学院的紅衞兵及革命师生，以及天津大学《八．一三》战斗团、甘肃、江苏、吉林、武汉、浙江等全国各地革命师生的热情支持和关心，在此我们表示衷心的感謝。在革命师生所揭發出的大量事实下，石油部唐克副部長代表部党委于11月12日晚11点半鐘当众宣布幷立字为据：

（一）張兆美（石油工会主席兼石油部政治部副主任，原北京石油学院工作队队長）、賈仲嶺（××油田工委政治部副主任，××建校基地工作队队長）、李欣吾（大庆工委政治部副主任，大庆地区文化革命总联絡員）立即停职反省。李欣吾的問題允許事后調查。

（二）石油部对石油学院革命师生被迫××事件應負完全責任。

石油部党委代表 唐克（簽字）

一九六六年十一月十二日

这是革命少数派組織的同志敢于革命、敢于斗爭，坚持革命、坚持斗爭的結果。这是以毛主席为代表的无产階級革命路綫的胜利。

石油部在文化革命中所推行的資产階級反动路綫至今仍然很頑固，我们深知今后的斗爭还很艰巨，今天的胜利僅僅是万里長征的第一步。我们一定繼續坚持斗爭，將資产階級反动路綫徹底打倒，將无产階級文化大革命进行到底！

无产階級文化大革命胜利万岁！

以毛主席为代表的无产階級革命路綫万岁！

偉大的中国共产党万岁！

偉大的战无不胜的毛澤东思想万岁！

偉大的領袖毛主席万岁！万岁！万万岁！

北京石油学院

胜利烈火、紅旗战斗团、大庆公社、井崗山战斗团、东方紅公社、紅后代、大庆紅色暴动軍、長征战斗团等革命少数派組織

一九六六年十一月十二日

前北京石油学院工作队长
張兆美必須立即停職反省

張兆美，男，45岁，家庭出身：富农，本人为共产党員，任石油工会主席兼石油部政治部副主任。

1966年6月4日—7月31日任北京石油学院工作队長。張兆美在文化大革命中，竭力破坏文化革命运动，篡改抵制中央指示，鎮压革命群众运动，手段十分惡劣，性質十分严重，现將主要問題整理如下：

一、任工作队长期間的主要問題：

1.篡改中央指示

張兆美任工作队長期間，数次公然篡改中央有关运动的主要矛头應指向党內走資本主义道路当权派的指示，在群众中提倡“对誰有意見都可以提，什么問題都可以揭，什么人都可以出大字報”，造成严重的混战局面。自6月7日下午6时至6月13日下午5时止，大字報点名已达191人，其中党內当权派僅8人，被点名的群众佔当时在京师生員工的20%以上，对此張兆美不加制止、引導，而是对这种錯誤作法加以鼓励。6月17日張兆美說：“被揭發点名240多人，上至部長，下至一般教师、干部、工人、学生，揭得好！……”以至到6月下旬，大字報点名竟达500多人。

張兆美还篡改中央提出的按“五反”划牛鬼蛇神的原

則，提出了“是否积極学用主席著作，是否狠抓階級斗爭，是否貫徹党的教育方針，是否贊成大学解放軍、大学大庆，是否贊成迁校大庆”等标准作为划分右派的依据，严重的歪曲了中央指示的精神。

2.把群众打成“反革命”

張兆美任工作队長期間，把6月13日石油附中革命学生遊行，6月17日外校师生到本校辯論，6月21日外校革命师生声援我院及附中革命师生的正当活动，以及7月5日石油附中学生到本校貼大字報并抗議斗爭革干子弟姜陽的事件，打成四次“右派向党猖狂进攻”的“反革命事件”。整理了有关材料。并无中生有的把部分对工作队持有不同意見的师生和資产階級右派分子联系起来，划了四个“反革命小集团”，整理了这些师生的材料

6月下旬，工作队划了194名向党猖狂进攻的“牛鬼蛇神”，其中多数为勇于革命的师生。已掌握名單的35人中，僅有二人是中層当权派，其余全是革命师生，其中紅五类子弟20多人。7月7日，工作队再次划类，有54名师生被打成“右派”，“新出籠牛鬼蛇神”，其中都是革命师生，并計划在9月份进行批判斗爭。

6月下旬、工作队批准开辟了揭發、批判刘文龙、楊瑞發、姜陽等8名革命师生（都为紅五类子弟）的大字報專欄，并組織了广播，对这些革命师生进行圍攻。

6月24日至7月上旬，先后有組織、有計划的斗爭了楊瑞發、黃洵炮、刘文龙、姜陽、郎一寬等30余人，其中僅7月4日一次就斗爭了采62的9名学生。

更为惡劣的是，6月29日工作队組織的傳达李雪報告的

会上，公然將唐天明、郎一寬、周忠仁等革命师生赶出会場，与右派同等对待，甚至对他们进行关押，强迫他们劳改，使这些同志精神上遭到極大打击。

3.打着“红旗”反红旗，歪曲主席思想

張兆美在运动初期沒有組織过师生系統学習主席有关文化大革命的指示及文件，却在6月28日树立了矿62—1班及測井教研室为学習主席著作的标杆、这兩个單位提出了“反队工作队，反对革委会就是反对党中央、毛主席”的錯誤口号，張兆美極力贊揚这些錯誤提法，并在会上鼓励某些人提出的“学不学矿62—1是革命不革命的問題”的極端錯誤的提法。对待一些对工作队持有不同意見的人，張兆美指示工作队主要負責人“啓發”这些同志承認“反党”，表示“悔改”，并作为“主席著作講用标兵”。張兆美把这些“标杆”、“标兵”的材料，广为宣傳，流毒全国，影响極坏。

4.包庇院內当权派賈皞

石油学院党委副書記代院長賈皞，多年来散布了一系列修正主义言論，与前市委黑帮分子宋碩等人关系密切，运动开始后又竭力破坏文化大革命，群众意見極大，而且至今賈皞的問題尙未搞清楚。但張兆美一貫包庇賈皞，有以下主要事实：

6月初，賈皞等人策划了一系列轉移斗爭矛头企圖蒙混过关的作法，張兆美数次表示贊許，認为“矛头对的准”。

6月下旬，群众揭發了賈皞大量修正主义言論及任用坏人，破坏运动的事实，張兆美为了鎭压革命群众，与賈皞密謀策划，于7月2日、3日召集秘密会議，由賈皞報告所謂院党委內部兩条道路斗爭。实际上把給賈皞提意見的革命师生都当右派来反击。

7月上旬，工作队压制了群众意見，將賈皞划为革命派，并上報市委、石油部，欺騙上級。此外，張兆美还私自拉賈皞参加工作队的干部会議。

8月29日，賈皞聞訊少数派学生要揪他，慌忙逃至石油部，受到張兆美的接待。

5.任用坏人

張兆美任工作队長期間，通过"树标杆"、"推荐干部"等方式大批任用坏人，有以下事实:

原党委办公室主任趙大駿，家庭出身地主，其父曾任日伪汉奸（房山县代理县長，四县联防防共自治委員会秘書）及蔣伪特务要职。解放后又曾因貪污，1958年被逮捕劳改。运动中，家被紅衞兵造反。趙大駿本人在反右傾整風时也有問題。同时趙本人系当权派，應交群众審查。但張兆美于7月27日，工作队撤走前数日，未經与群众和革委会商量，指定趙大駿任革委会办公室主任，并搞了一批未經審查的当权派（各系中層干部）在革委会任要职。

除上以外，勘探系文革小組長袁庆父母均系黑帮（已被斗，家被紅衞兵造反），因保工作队及石油部某些領導人的黑話及市委某黑帮的黑話有功，被当作标杆，并利用她將群众打成"反革命"。测井教研室文革領導小組成員范成忠，其父系蔣匪中將，其母系汪精衞姪女，运动中被紅衞兵抄家。范对其家庭問題拒不交待，但却数次在全院主席著作講用会上發言，并主持斗爭黑邦分子石生，頗得張兆美器重。

6.蒙騙上级，欺压下级，拒不认錯

7月27日張兆美聞訊工作队即將撤銷后，除在革委会中安置了趙大駿等一伙当权派外，并威胁革委会委員不許和少数派就工作队的錯誤进行辯論，揚言“刮十二級台風，头上掉下原子彈”也要按工作队定的調子蛮干到底。甚至威胁革委会委員，“千万記住，要是掉了綫，轉了向，群众就要撤你的职、罢你的官。”……

7月31日半夜，張兆美秘密通知革委会主席：次日清晨撤离石油学院。事先，沒按有关指示听取群众意見，进行檢查。于次日清晨群众毫无思想准备的条件下撤离。临行前少数派学生姜陽、唐天明等同志要求張兆美檢查，但張兆美不但不与理采，反而在上報給中央工交政治部的材料中說：“对石油学院工作队的撤离，石油学院沒有一个人表示不同意見。”此种欺上瞞下的手法实属惡劣。

二、工作队撤离后，继續挑动羣众斗羣众

1.长期拒不檢查

工作队撤离后，少数派革命师生楊瑞發、姜陽及石油附中紅衛兵多人曾多次到石油部要求張兆美回校檢查，并貼大字報对張兆美的問題进行揭發，但張兆美对这些严重問題拒不理采。

2.抵制总理指示，搞假檢查，继續挑动学生斗学生

9月上旬，总理發现石油学院工作队存在的問題，曾打电話指示石油部，要張兆美回校檢查。但張兆美千方百計抵制总理指示，多次找少数派摸底，企圖分化少数派，并数次在革委会及部分多数派骨干中研究分化少数派，瓦解少数派的工作。在革委会干部中散布与少数派的严重对立精緒。

9月22日，張兆美以“总結檢查”为名，混淆是非，顛

倒黑白，給"保皇派"、"反革命"一同平反，制造了群众的思想混乱，而且拒不交待自已的錯誤事实，激起与会者的不满。

3.負隅頑抗，抵制中央指示

張兆美一貫抵制中央有关給被打成"反革命"的革命师生平反的指示，而且拒不承認將学生打成"反革命"及組織斗爭学生的事实。9月14日曾对刘文龙等同志說："以党票担保沒有組織斗学生，"又說刘文龙等写的"反党檢查""就算是練練字"。直到十月初，張兆美还在幕后策划分化少数派的活动。

10月9日，少数派組織"大庆公社"將張兆美从石油部揪回，交革命师生揭發、批判，但張兆美至今仍不肯交待其錯誤事实，并簽字抵賴。特別严重的是，張兆美一直拒絕执行中央軍委关于退还工作組整理革命师生材料，認眞进行平反的紧急指示，至今还未將所整师生材料交出处理。

綜上所述，張兆美在文化大革命中自覚的执行資产階級反动路綫，性質程度十分严重，而且長期拒不交待改正，在群众中影响極其惡劣。为了严肃党紀，为了徹底批判資产階級反动路綫及肃清其影响，并为了改造教育張兆美本人，要求石油部党委立即作出决定，，責令張兆美停职反省，交石油学院革命师生进行揭發、批判、斗爭，并視其問題性質及本人态度决定是否罢官或作其他处理。

北京石油学院　大 庆 公 社　紅旗战斗团

井崗山战斗团　东 方 紅 公 社

1966年11月9日

工作队撤离前紧张的幕后策划

——揭七月廿七日会議

按　語

各院校的革命群众讓工作队鎮压下去了。中央文革小組去北大調查，7月27日前紛紛傳出，撤銷張承先的工作队、搬掉絆脚石的消息。張兆美早聞風声，也明中央的精神，更知自己鎮压了我院轟轟烈烈的文化大革命，預感革命的暴風雨即將打到自己头上。7月28日中央正式宣布撤銷工作队，7月27日張兆美进行紧張的幕后策划，和中央指示对抗，埋下了沒有工作队的工作队路綫。

上午	9:00—10:00	听彙報，下指示。
	10:00—	开全院大会宣布討論一周“大事記”。
下午	2:30—	給革委会委員、文革小組長分析形势，下指示。
晚	7:20—8:25	选举革委会党支部委員。
	9:30—	給革委会委員们再作指示。

紧張啊，紧張啊，会議虽多，骨头就是兩根：一是抓斗黑帮，不然的話少数派就要翻天。張兆美說：“千万記住：掉了綫，轉了向，群众就要撤你的职，罢你的官”，“大字報就要一張一張給你貼出来。”另一根：立即建立以趙大駿

为中心人物的“办公室”，作革委会的“太上皇”。保証执行工作队的路綫。

现把七月二十七日会議情况公布于众，請同志们共同分析。

（一）时　間：66年7月27日上午 9:00—10:00

参加人：張兆美和文革委員，文革小組長。

內　容：向張兆美彙報工作，張作指示

（从略）

（二）时　間：66年7月27日下午2:30—

参加人：張兆美，革委会委員韓文芳、雍世和、范玉琦、文革小組長等。

內　容：張兆美指示。

張兆美說：“上午一講（即指示討論“大事記”）这样是否明确了意思，就是要討論一个礼拜，这是运动中的大問題。把兩条道路搞清楚了，运动就完成了70—80%。首先要解决資产階級代表人物。我院象孙卓夫这样的人，就是要斗。將来要斗閻子元。先把孙卓夫斗上……。不管如何，你们要大胆抓着这个去干，什么时候（也）不能把这个丢了，否则就要轉了向。把党內資产階級代表人物斗完，再斗反动資产階級教授，……。你们就抓住这个，一直干下去，領導下去，这样就行了。决不要受其它影响，就要有个决心，象6.21晚（註：指“6.21”事件）我还是斗石生、韓浩，动摇不了我。你们不抓住这个，就沒有旗子了，旗子就不鮮明了，人家就罢你的官，撤你的职，大字報一張一張地出来。”

……。

“再考慮一个問題：你们革委会怎么全面領導，现在你们必須眞正起領導作用，把文革集中統一領導起来。工作队要深入群众搞調査研究，發现問題，了解情況，因为运动深入了。……，从今天开始，工作队不管了，最多在第二綫。所以要有一套机構：

1)办公室：統盤管理。

2)大字報組：大字報选編，分析动向。

3)調査組：査档案等，不能随便什么人搞。

4)斗爭組

5)宣傳組

6)安全保衞組

工作队不再做这些具體領導工作了，你们把它具體管起来。

办公室：要做具體工作，要（抓）全面工作，这一套要比較熟的（人来搞），趙大駿过来任主任。范玉琦、雍世和、王永澄任副主任。梅鳳翔（曹清志——机动）几个秘書搞得强强的，什么人来都能應付得了，不然人家一来压不出个屁来。

大字報組：李国平組長，选編与管理。副組長楊九金。市委也好，部党委也好，了解情況找你们。

資料組：組長范玉琦，副組長段景泰、岳伯謙，这个組不能任何人插手。

宣傳組：抓主席著作，活思想，組長吳芳云，副組長刘汝洵、張学信、（楼紹乙）、（林福寿）。

战斗組：組長王永澄，副組長王桐林、董汝海、王迺。

接待組：組長李金荣，副組長賈春吉、韓生田。

宣傳組就要耳目灵，一个多或半小时后，就知反應，象打仗一样，敌人怎么样？自己人怎么样？队伍整个分析，不要敌人打来了还不知道。

对內接待王桐林、李金荣。对外接待由办公室（上級来的接待、彙報等），这些都归办公室主任、副主任来管。……。”

“你们工作要象现在工作队一套管理办法，趙大駿，你的党委办公室主任，撤你的职！来做革委会办公室主任。现在工作队長是韓文芳，完全調个格。我们现在完全下去，今晚上你们完全組織起来。”

張兆美作完指示后，雍世和、范玉琦發言，范說：“材料組32人，糾察队52人……。今晚上組織起来，临时支部也組織起来，支委，充分民主选举，包括下面的具體工作人員。”

（三）时　間：7月27日晚7:20—8:25。

参加人：革委会委員和趙大駿、段景泰、李学义

（后三人非文革委員）

内　容：选举革委会临时党支部委員。

韓文芳：为把文化大革命搞的又深又透，必須有党的領導，革委会成立党支部，抓委員、工作人員的思想工作。

1.先議論一下，支委会几个人組成。

2.提候选人。

3.选举委員。

雍世和：从北大情况来看，怎么認識工作队，是否会掀起一个赶工作队的妖風呢？完全可能，不管如何，十二級大風也好，都要頂住，我们工作队就是領導的好嗎！如果

新市委指示要撤，沒什么，有妖風我们坚决頂住。

范玉琦：文化革命委員会是群众选出的，我们腰板要硬，我们任务很重，所以在革委会中要加强革委的思想工作，成立个党支部是非常重要的……。

王桐林：五人（指支部委員），趙大駿、范玉琦、王永澄、韓文芳、吳芳云。

董汝海：五人我同意，提个王桐林。

趙大駿：1.革委会要我来工作，我一定要在主席、付主席領導下好好工作。（註：实际他在領導主席、付主席）

2.前段沒有来此工作，但我院前段在工作队，革委会領導下，运动搞的很好，旗子举得很高，真正是左派当家。今后还会可能有不同意見、看法，重要的是大敌当前，統一在主席思想紅旗下，一致对敌，不同意見互相补充，共同来搞好文化革命。

3.同意成立支部，有个党組織。我不了解情況，不一定参加支委会。（註：不过謙虛一下罢了。）……

韓文芳：凡是本支部都可做支委，都有被选举权，候选人五人，五个支委合适。同意趙大駿、范玉琦、王永澄、段景泰、王桐林。

張学信：同意五人，段景泰做支委。

趙大駿：段是很好的，立場坚定，以后下面党員較多，做支委合适。

表决：

趙大駿（註：党委办公室主任）	18票	当选（五人）支委
范玉琦（註：保衛处处長）	18票	
王永澄（註：总支書記）	18票	
韓文芳（学生）	18票	
段景泰（註：政治部干部部干事）	16票	
王桐林（工人）	1票	

宣布各組干部：

范玉琦說："斗爭組今后任务重，要把战報等工作抓起来，所以把武汉民（校医室主任）加入战斗組。

主任分工：

趙大駿：全面、側重宣傳。

范玉琦：主要保衛、資料、对外。

王永澄：战場。

雍世和：協助趙大駿。

×××說："咱们信任你（趙大駿），你應大胆抓起来，要把紅旗扛起来。刘書記来我们这儿办公，領導我们工作，可作不出面的領導。"

（四）时　間：66年7月27日晚9:30—10:30

参加人：全體革委会委員、革委会办公室各組正付組長、各領導小組長、全體工作队員。

內　容：張兆美作指示。

張兆美："最近北大、广播学院、师大，据說大專院校的工作队要撤出来，說已經宣布了这个消息。也不知道为什么撤，什么时候撤。各委員，組長都在这里，把問題談一下：中央、新市委，我只知道有这一精神，大專院校工作队可能撤出来，但还沒有正式指示和通知，詳細的事我们工作队說不清，有了指示一定要向你们講清，絕不隐瞞革委会……。”

“可能有同志会想，你们撤干什么？有工作队不是很好嗎？我们看，干革命有工作队增加了你们的依賴性，有些包办代替了。咱们开了会后划清界綫，文革領導。因此工作队希望：1.要拿出天不怕、地不怕領導干革命的勁头。按毛主席指示、政策来大胆領導文化革命运动。2.希望你们眞正把毛澤东思想紅旗高举再高举。該开斗爭会就开斗爭会，風也吹不倒。（薛队長插話說：“方向看定了，一直干下去，你說大陰謀就是大陰謀”）把主席思想紅旗举得高高的。迷失了方向是个大問題。工作上有些缺点一百条沒关系，錯了方向这一条就难办。因此活学活用毛著是革委会第一个任务。3.希望你们密切联系群众，有时間就要与群众多談多听。你不了解你的兵，有多少，士气怎么样，一定吃敗仗。你說冲鋒，殺！可能槍口倒对你了。各方面意見都要对它加以分析，特别当前，工作队也好，革委会也好，要了解兩条道路斗爭在各种人物里存在什么想法。今晚就去抓，这是第一条。第二条，北大来了大字報（註：內容搬掉工作队絆脚石），听听有什么想法看法，馬上就做。当前主要是这兩条。”

最后張兆美一再提醒，他說：“千万記住，掉了綫，轉了向，群众非罢你的官不行。”

紅旗战斗团十一，十二战斗組

1966.10.31

張兆美九月二十二日的假檢查是怎样出籠的？！

当前这場批判資产階級反动路綫的大搏斗是兩条路綫，兩类司令部，兩种前途的决战。革命的紅衛兵战士们，革命的同学们抱着誓死保衛毛主席的决心，向資产階級反动路綫猛烈开火，也就是在这样的形势下，那些頑固地堅持資产階級反动路綫的人，采取了新的形式欺騙群众，繼續对抗十六条。張兆美九月二十二日假檢查出籠的过程，就是他及其指使者堅持資产階級反动路綫，繼續对抗十六条的鉄証。

一、假檢查的背景

八月八日，十六条公布以后，被打击，被压制的“少数派”，紛紛起来向工作队的錯誤路綫展开了斗爭，这时許多盲目执行錯誤路綫的工作队，相繼在同学中作檢查，向被打成“反党”、“反革命”的革命师生賠礼道歉。我院的“少数派”千呼万喚張兆美回来檢查，張兆美根本无視中央指示，无視“少数派”的革命要求，拒不檢查。由于“少数派”的艰苦奋斗，在九月上旬周总理电話指示康世恩副部長，責令張兆美回校作檢查，所以張兆美的檢查是在中央点了名之后極不得已的情况下作出的。但是，在工作队撤离后的五十三天，在十六条公布后的四十四天，張兆美仍然作了一个欺騙群众，繼續对抗十六条，堅持資产階級反动路綫的

此以外，过去历次运动我都經历过，咱们得很好地合作啦！我怀疑你们領導有問題，咱们是兄弟关系，說錯了也沒啥。最后沒有办法，只好講，忍耐、忍耐、再忍耐，冷靜、冷靜、再冷靜，哎！这个孙鷹啦，我根本就沒有怀疑是黑帮，我深有體会。”

在談到划框框，定調子的时候，張兆美說：“我从主观上檢查，沒有定調子，沒有保賈皞。賈皞和我一不是亲友，二不是同事，保他干啥？”

当我们提出許多紅五类子弟抱着毛主席像痛哭，写“反党”檢查的时候，張兆美却說：“写的檢查要算的話，頂多算你们練練字”。好一个“練練学”，我们要問張兆美，你是什么階級感情。这些对抗十六条的“摸底”說明了什么？革命的同志们，我们必須認眞地进行分析，批判。

五、耍阴謀，放暗箭，对抗十六条

九月十五日張兆美定好与我们再次針对具體問題进行辯論，辯論于下午三点在研究院紅旗楼举行。当我们抵达研究院的时候，十多名革委会委員早已到了，这时栴鳳翔突然出来說：“張主任有事不能来，今天的会不开了。”可是，把我们騙走以后，革委会与工作队又在研究院开会研究（張兆美参加了），这次会上革委会，工作队串通一气，为九月二十二日的假檢查定了調子：“不承認犯了方向性，路綫性錯誤。”

在工作队，革委会合謀定了調子以后，九月十六日召开了有系文革小組長参加的革委会擴大会議，会上革委会副主席雍世和說：“我们革命师生当家作主，我们認为沒有犯方向性，路綫性錯誤就坚持，我们不怕，有事实擺在那里。革委会是如何成立的？斗群众是如何挑起来的？首先是斗爭韓文芳，王桐林，根子在什么地方？为什么圍唐天明，根子在什么地方？工作队实际上是进行劝阻，不能說是方向性路綫性的錯誤。我们也可以进行控訴，只看見唐天明，不看到吳貫春，这是群众打群众，这里我们广大群众最有發言权。

最严重的是紅旗操場，几千人斗韓文芳，把她打下台，喊'保皇派'。有的左派說根本沒有群众斗群众，这些左派是好人，我还被斗了兩小时呢！在南校門。根子在那里？是怪孙鷹，还有孙卓夫。我们运动主流是对头的，主要是我们广大师生的成績，当然和工作队的領導分不开。我们工作队制止不够，附中打人，圍唐天明都制止不够。

派工作队本身就是方向性，路綫性錯誤，工作队一走馬上就抓了孙鷹，工作队走了以后就更放手。是一定程度上束縛了群众，这也可以說是方向性，路綫性的錯誤，程度上不同。

工作队檢查不是主要問題，要抓斗、批大方向，你說你的，我打我的，你說得对，我就承認，你說得不对，我就不承認。"

雍世和把調子定下以后，全院造輿論，"統一認識"，向下"透風"。在这个基础上，九月二十二日張兆美顚倒黑白，对抗十六条的假檢查出籠了。

六、假檢查之后，張兆美的态度

九月二十二日的假檢查給"保皇派"大肆平反，狗崽子们又罵我们紅五类子女是"叛徒"，說我们"反党"，重新挑起了群众斗群众，制造分裂。对于这种公然違抗十六条的行为我们極为憤慨。九月二十四日又一次与張兆美辯論（这一次刘長亮書記参加了），为了搞清問題我们是帶着必要的材料参加辯論的，我们提出了一系列問題：

①革命师生赶工作队是不是革命的行动？

②为什么以前承認犯了方向性，路綫性錯誤，这次又变卦了？

③为什么以前根本不承認有群众斗群众的现象，现在来了个180°大轉弯，說群众斗群众的现象既早、又多、又严重，这是为什么？

④毛选学習的方向引導的对不对？等等。

对于这些具體的，原則性的問題，張兆美支支吾吾，理屈詞穷，不作回答。

張兆美撕破了一切遮羞布，赤膊上陣了。他說：“为什么不講方向性，路綫性的錯誤呢？我把整个工作回忆了一下，那你是錯誤的路綫，那我就必須是錯誤的路綫嗎？我是根据主席思想檢查我的工作的。”他又說：“不能用今天的眼光看过去嘛，那你說现在看五年以前的事情还有好多不对的啰。对照十六条咱们都是事后諸葛亮，要头脑清醒，我就沒必要檢查了。你们也不会要我回来檢查了，这个檢查是集中学習一个月以后，才認識到的。”人民日報八月十三日社論着重指出．“我们革命群众，要認眞学習十六条，拿起十六条这个武器，同本学校、本單位运动的实际情況作比較。合十六条的就繼續照办。不合十六条的，就要改过来。对那些抵制十六条的負責人，就要揭發，就要批判。”張兆美公然对抗十六条的眞面目已經是暴露无遺了。

七、假檢查的前前后后告訴了我們什么

僅从上面我们揭發的部分材料可以看出：

（1）張兆美九月二十二日顚倒黑白的假檢查是蓄謀已久的。他根本无視总理指示，无視“少数派”同志的革命要求公然对抗十六条，这是一次千方百計欺騙群众，想尽一切办法搞垮“少数派”，重新挑起群众斗群众，頑固地坚持資产階級反动路綫的自我大暴露。

（2）張兆美在群众斗群众这一严重問題上，出尔反尔，欺騙群众，把工作队的責任推得一干二凈，竟然說出：“工作队沒有組織斗刘文龙，我拿党票担保！”这样的話，反映出他外强中干的本質。我们要說：張兆美你的党票保不住了！不僅“惊雷战斗队”的同志用确鑿的事实戳穿了你的謊言，就是工作队副队長薛仁宗也揭了你的老底。七月三日晚在机260工作队党委召集的会議上薛仁宗說：“昨天斗刘文龙，不斗不能分化瓦解，为何斗楊淑芳也是为了分化，讓他们交待問題，階級斗爭是复杂的，要动脑筋，不要以为天下太平，右派都投降了。”更惡毒地說：“研究生班假傳聖旨非斗他不可，一斗就揭發，檢討了，光講政策也不行，还要有斗爭。”張兆美頑固地执行資产階級反动路綫，其問題性質是相当严重的，更重要的是对待問題的态度是極其危險的。我们要警告張兆美，不要打腫臉充胖子，繼續自欺欺人了。你如果頑抗下去，絶对沒有好下場。

（3）革委会和工作队串通一气，頑固地执行資产階級反动路綫。在工作队撤走以后，革委会不僅繼承了工作队的衣鉢，而且在一个“沒有撤走的工作队”的指揮下，变本加厉地压制群众，采取新的形式欺騙群众，对抗十六条。他们在工作队的基础上又进行了“發明”、“創造”，發揚了工作队的“特具風格”。我们要警告革委会的某些人，制别是革委会中的那些当权派，你们不要走得太远了。如果你们繼續对抗中央指示，繼續对抗十六条，必然走到与党对立的立場上去。

最后，張兆美和革委会的某些人，要好好體会“紅旗”十三期社論中这样一段話：“党中央認为，在无产階級文化大革命中，犯过方向錯誤，路綫錯誤的同志，應当正視自己的錯誤，改正自己的錯誤、回到正确立場、正确路綫上来，而不要發展到同党对抗的地步。

坚持錯誤路綫的人，只是一小撮人，他们脫离人民，反对人民，反对毛澤东思想，因此，他们是一定要失敗的。一时被他们蒙蔽和欺騙的群众，一定会覚悟起来，同他们划清界綫，反对他们。”

徹底打倒資产階級反动路綫！

誓死捍衞以毛主席为代表的无产階級革命路綫！

打倒奴隶主义！

打倒折衷主义！

中国共产党万岁！

毛主席万岁！万岁！万万岁！

红旗战斗团　红旗战斗組

66.10.25

賈皞为什么要在九月十九日作檢查？

——揭九月十六日工字楼三楼文艺室会議內幕

賈皞为什么要在九月十九日作檢查，革委会副主席王桐林同志在賈皞檢查会上說是賈皞早就提出了这个要求，只是一直沒有空，现在有空，給他按排时間檢查，并且要討論三天。自革委会提出惡战廿天，狠抓斗和批，黑帮那么多，反动教授也不少，斗批任务是相当紧的，但为什么还能抽出四天时間来讓賈皞进行檢查、討論？是斗批任务完成了嗎？不是！是因为賈皞檢查屬于斗和批的內容嗎？也不是！到底为什么作这一别出心裁的按排呢？其实，革委会，院党委有着不可告人的目的。从九月十六日在工字楼三楼文艺室会議的內容就可以充分說明革委会究竟在干什么？

这次会議是由文革領導小組長参加的，会議由革委会副主席羅世和主持，从晚上九点半一直开到半夜一点多鐘。

一、会議背景 九月十五日林彪副主席作重要講話，其中着重談到关于炮打无产階級革命司令部的問題，“很明显，一小撮反动資产階級分子，沒有改造好的地、富、反、坏、右五类分子和我们不同，他们反对无产階級为首的广大革命人民群众对他们的專政，他们企圖炮打我们无产階級革命的司令部，我们能允許他们这样干嗎？不能，我们要粉碎这些牛鬼蛇神的陰謀詭計，識破他们，不要讓他们的陰謀得逞。他们只是一小撮人，但是他们有时能够欺騙一些好人。我们一定要紧紧掌握斗爭的大方向，离开了这个大方向，就会走到邪路上去。”

二、会議情况 会議是临时紧急召开的。

1.雍世和同志講話的摘录：

“今天發表林彪同志在大会上的講話，其中有一段，这是用紅的大字專門印出来的。”然后念了一遍，“要領会兩点：①炮打司令部，究竟打什么样的司令部；②一定要抓住斗爭的大方向，不然要走到邪路上去。这是林彪同志講話的核心部分，在这样的时刻，这样的情况，講这些話是很重要的，对任何学校都适合，我们應該按林彪同志講話去做，明天應該好好学習林彪的指示。联系全院的形势来进行学習，好好的分析。”会上几次强調“很明显嘛！一小撮資产階級分子、地、富、反、坏、右分子就是想炮打无产階級司令部吆！”“千万不能轉向，即使工作方法簡單、生硬一些，这問題不大，方向一定要把握住，这样才不会走邪道！”“明天上午全部学習林彪講話，下午斗宋碩，斗就斗个水平，下星期賈皞进行檢查，賈也一再写大字報欢迎揭發、批評，檢查后完全可以再揭發，辯論，大家充分發表不同意見。”

2.到会同志討論：

一开始，大家紛紛表示不同意賈皞作檢查，对革委会这样的安排很不理解。反对的原因大致有：

①“賈皞作檢查，必然把矛头集中到賈皞身上，影响斗和批，不是沒有掌握住大方向嗎？”

②“賈皞的問題是运动后期的問題，可以放到大庆去搞。”

③“賈皞的問題易涉及到工作队、革委会的問題，少数派会發牢騷，揪住工作队不放，现在不能搞。”

④还有人說：“快到国庆，人手不够，搞賈皞問題会給外校帶来一些什么影响？”等等。就在此时，有几个关鍵人物作了發言（其中有人事科付科長張明瑞）指出，賈皞的問題是当前的主要矛头，搞賈皞問題愈快愈好，賈皞的問題解决了，那么楊瑞發就翻不过来了，必須讓賈皞有充分的發言机会，现在姜陽不是炮轟資产階級司令部，而是炮轟司令部（石油部），我们抓一斗二批，姜陽在挖我们的牆脚，中間部分群众的动搖是完成斗、批的阻力，等等。由于这些关鍵人物的指点，会議倒向另一边“賈皞一定要作檢查。”

3.雍世和最后又講了話：

中心意思是：“作好充分的思想准备进行辯論，要讓90%的人参加辯論，”“今天会議的辯論很好，可以充分代表全院意見，90%以上的意見。”以后又談了对工作队的看法。

三、会議后几天所发生的事情：

1.九月十七日斗爭黑帮分子宋碩的会議上，由賈皞作了長达二个多小时的發言。有人喊出“向賈皞同志学習！向賈皞同志致敬！”，“誰要攻击賈皞，攻击无产階級司令部，我们坚决不答應，我们要把他砸个稀巴爛！”“我们坚决拥护賈皞同志，向賈皞同志学習！”等等。

2.九月十九日下午，晚上接連按排了二个單元时間由賈皞作檢查，口口声声說自己是一貫革命派，就連自己原来已經承認教学上貫徹一条修正主义路綫也都推的一干二凈了。

3.院內出现“完全同意賈暐的檢查”，“賈暐是坚定的革命左派”“賈暐的檢查很深刻，”“向賈暐同志学習！”等大字報。

同时出现“楊瑞發 六.二一 的大字報絶不是革命的！”“評 六.二一 大字報”等。

4.广播台天天广播反对炮打无产階級革命司令部的声音，什么警告“一小撮人”，什么“现在是懸崖勒馬”的时候了，幷威胁中間派“不能再动搖了”，“你们是受騙的一些好人”，与此同时还成立了“紅联軍”和“大庆公社”对抗。

从以上事实和情况可以看出：

1.革委会把賈暐的檢查抬出来是别有用心的，說穿了就是为了要整垮少数派！其二是想保賈暐过关，利用群众、欺騙群众，使把賈暐封为“革命左派”合法化。

2.为什么革委会对林彪同志前二次講話都兴趣不大，沒有專門組織学習，而对第三次講話“兴趣”却那么大，連夜开会組織大家学習。这从以上事实完全說明革委会歪曲林彪同志的講話，就是想用“炮打无产階級司令部”作为一根棒子把革命的少数派一棍子打死！

3.对抗、抵制十六条就是炮打以毛主席为首的无产階級革命司令部。革委会歪曲中央首長的報告，打击少数派，压制少数派，企圖保院党委某些成員过关。把少数派給党委某些人貼了大字報，就說成是炮打无产階級革命司令部，这是明目張胆的歪曲中央指示，对抗中央指示。实質上革委会在炮打无产階級司令部，我们必須揭穿这个陰謀！

誓死捍衛以毛主席为代表的无产階級革命路綫！
誓死保衞党中央！誓死保衞毛主席！
紅旗战斗团　紅旗战斗組　1966.10.25

揭开石油部、院党委鎮压石油附中革命运动的內幕

五月初，石油附中65—3班王进軍同学拿来毛主席和王海蓉的談話記录，在班上傳閱。同学们看后个个激动万分，革命热情激昂，紛紛行动起来，革命造反。

五月七日，王进軍、朱忆年、陈明宣三位同学首先走出課堂，要求徹底改革教育制度，并說，一个学校不成，要联合全市、全国一塊鬧革命，要造反，要造“封、資、凱”（即封建主义、資本主义、凱洛夫——修正主义）之反。他们三人的革命造反精神感染了全校同学。不久，这个事件波及65—3班全班和整个高中二年級。革命小將们紛紛走出課堂。

五月九日，李海龙等同学又走出課堂，并与北大附中彭小蒙等同学取得联系，进行革命串联，一塊起来鬧革命。

可是，石油部某些領導人和我院党委怎样看待石油附中革命小將的革命行动呢？他们完全站在資产階級反动立場上殘酷地打击和鎮压附中小將的革命行动。

五月十三日，刘康說：“附中問題不能看成是講課不

好，教改不够，我们要从事物处在的当时形势、时間、条件、情况来分析，更不能看到是幼稚，不懂事，而是階級斗爭的反映。揪住我们的缺点，在这时出来，为什么早不出来？”他又說：“沒有斗爭是奇怪的事，要提高警惕，要上綱，不然要迷失方向。”“青年是不会單純，”“另外干部子弟也不是都好。”刘康又說：“周部長指示，要馬上上課，不然有問題”。

同日，石油部政治部湯副主任說：“这次文化大革命包括內容很多，这是新形式，我们跟不上。在这个事件中我们如何走到前面領導革命，现在就被动了。这一革命必然反映到石油学院中，现在問題多，要搬家，要留人，骨干少了，力量少了，考慮問題精力少了。”

同日晚，賈皞在附中一年級教师会上說：“学生这么搞是大民主，为保証文化大革命开展一定得重視这事，不然这一伙人把文化大革命攪乱，对当前階級斗爭不利。”賈皞提出：“要爭取群众，要連夜排課表，要有更多的时間作爭取群众的工作，要进行教改。”他又說：“一定要迂迴一点，不然搞不好，还要火上撥油呢？”

五月廿六日，石油部政治部湯副主任指示說：“三个同学外出，回来要問他为什么不請假外出，沒有紀律嗎？有民主也有集中。文化革命允許，不請假出去是組織紀律，不允許。”“不能任其發展。”他又說：“把左派力量赶快組織起来保护附中，斗爭中不断發现左派，与家長联系，主动采取进攻的姿态，領導他们参加文化大革命。”

五月廿七日，經院党委研究，石油部批准，由祝惠民从大学派往附中24名輔導員，以便控制局面，严防出第一張大字報。当天，石油部政治部湯副主任对附中工作做了具體指示。他說："做工作，交待政策，正面教育，把材料来源查清楚，追罗小曉抄的材料，弄淸材料的来源。"

附中問題有几种情况：

1.学生出于政治热情，要搞革命，分不淸是非，对文化革命認識不足，所以罢課是幼稚的。

2.处于認識糢糊，什么是香花毒草分不淸。

3.可能有背景，有坏人煽風点火。

4.教师工作有缺点，与文化革命有联系，但也有区別。

"斗爭矛头指向邓(拓)吳（晗），这一点要說淸楚。"

"北大消息傳来后，积極做工作，召开座談会，傳到那儿，会开到那儿，討論这样符合不符合中央精神。我们表明态度，一定要明确，支持正确的意見，是非一定要明确。"

以上事实可以看出：

1.石油部某些領導人和我院党委，特別是賈韓对石油附中革命小將的革命行动做了錯誤的估計，采取了压制革命群众运动的措施。他们完全站在資产階級反动立場上，不相信群众，害怕群众，千方百計地压制革命的群众运动。他们执行了一条徹头徹尾的資产階級反动路綫。石油附中革命小將的革命行动从一开始就受到他们的鎮压和打击。

2.六月上旬，以張兆美为首的工作队到院以后，繼續站在資产階級反动立場上，抓住石油附中同学的一些缺点，对石油附中革命小將的革命行动大肆造謠汚蔑，繼續打击附中的革命派。这是張兆美执行資产階級反动路綫所犯下的严重罪行之　。

3.石油部某些領導人和我院党委压制革命的群众运动，

手法十分毒辣。他们不僅通过做報告，發指示，而且采取行动。他们早在新市委决定派工作組之前，就派去了一个强大的工作队（由24名輔導員組成）到了附中，在执行資产階級反动路綫方面眞可算得上一个“急先鋒”。

打倒資产階級反动路綫！

誓死捍衞以毛主席为代表的无产階級革命路綫！

战无不胜的毛澤东思想万岁！

我们最敬爱的領袖毛主席万岁！万岁！万万岁！

《大庆公社》

北京石油学院紅衞兵

1966.10.24.

註：祝惠民是党內走資本主义道路的当权派，原任宣傳部、組織部部長。

革命造反

大字报选登

内部閱讀　注意保存）　　　　第六期

毛主席語录

「我党和中国人民有一切把握取得最后胜利，这是毫无疑义的。但这幷不是说我们面前已沒有困难。……全党同志都充分地估计到，幷准备用百折不回的毅力，有计划地克服所有的困难。

由于斗爭阻力比較大，斗爭会有反复，甚至可能有多次的反复，这种反复，沒有什么害处。

——十六条——」

北京石油学院　大庆公社

一九六六年十二月二日

目　录

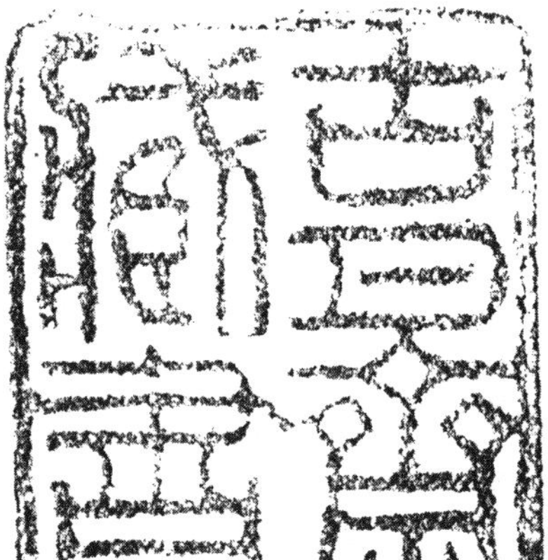

賈仲嶺的十五大罪狀

在由毛主席亲自發动和領導的這場触及人們灵魂的无产階級文化大革命中，以賈仲嶺为首的工作組利用他們的职权，利用一些人头脑中的舊的社会習慣勢力，糾集一些賈仲嶺的心腹人物，欺騙不明眞相的群众，自上而下的組織起来，把我院（此处指北京石油学院胜利建校基地。以下同）变成了賈氏一伙的独立王国。

他們站在資产階級反动立場上，执行資产階級專政，实行白色恐怖，顚倒黑白、混淆是非，圍剿革命派，鎮压革命派。他們用叮哨、偷听电話等特务手段监視革命群众，用偷拆别人信件的流氓手法收集革命群众的材料。

在賈氏一伙統治我院期間，我院文化大革命始終背离中央指示，并且沿錯誤方向愈走愈远。严重地扼殺了我院的无产階級文化大革命，賈仲嶺在我院文化大革命中犯下了不可饒恕的滔天罪行。

一、抗拒毛主席的指示，破坏无产阶級文化大革命

毛主席亲手制定的文化大革命的十六条明确地指出：这次运动的重点是整党內走資本主义道路的当权派。这是决定这場运动的命运和前途的大問題。

賈仲嶺之流把毛主席亲手制定的方針政策拋在一边，另起炉灶，制定了一整套与毛主席的指示相对抗的賈氏“方

針”。从六月四日到八月十二日的六十九天中，賈仲嶺之流自始至終把斗爭的矛头指向革命群众。他們把抵制資产階級反动路綫的群众打成“反党”、“反革命”、“反党急先鋒”、“牛鬼蛇神”、“客观反党”等等，并进行殘酷的斗爭和无情地打击；他們对那些支持資产階級反动路綫的混蛋和糊塗虫大吹特捧，竭力要把他們拉入領導崗位，結成私党，对抗十六条，对抗党中央关于无产階級文化大革命的指示。

六十九天中，賈仲嶺之流欺上瞞下，一手遮天，把我院运动从冷冷清清引導到“整下不整上”、“整外不整里”的錯誤方向，由“整下不整上”、“整外不整里”的錯誤方向發展到集中力量打击革命群众的反革命專政，殘酷地扼殺了我院轟轟烈烈的革命运动。

二、賈仲岭之流是鎮压学生运动的刽子手

賈仲嶺之流对待革命的群众运动的态度是：怕得要死，能立即鎮压的就立即鎮压，不能立即鎮压的待机將來鎮压。

六月五日女排事件是我院革命烈火即將燃起的一个信号。賈仲嶺之流立即出动大批政工干部，使用極其陰險的手段平息了这一革命事件，使得一些革命同志發誓說：“这是我一生最痛心的事”并且決心以后再不給党委提意見。賈仲嶺就此还不罢休，断然决定斗学生，轉移运动的方向，达到他鎮压群众的目的。6月8日晚由于光瑞主持，賈仲嶺督陣組織了对无辜的学生的斗爭。

但是，革命的烈火豈是几个消防队員能扑灭的。六月十八日以后，我院革命烈火又一次熊熊燃燒起来了。于是賈仲

嶺之流公开出面，制造了有名的“七、五”政治迫害事件，又一次扑灭了我院文化大革命的烈火。并給 300 余名革命师生强加上莫須有的罪名。什么“反党分子”、“反革命分子”、“反党急先鋒”、“客观反党”。并开了鍾崧定、陈生琯两同志一个多月的斗爭会，对他们实行資产階級專政三个多月，白色恐怖頓时籠罩了石油学院。

亲自出馬太露骨了，为了鎮压胜利建校基地的无产階級文化大革命，賈仲嶺之流拉攏和他们意見相同的人，把他们树为“左派”，立为标杆，通过“左派”之口說出他们不便說出的話；通过“左派”之手做出他们不便公开干的勾当。他们所树的“标杆”，实質上就是鎮压学生运动的大棒；他们所定的“左派”实質上就是推行資产階級反动路綫的工具。

三、心目中沒有毛主席

毛主席是我们心中最紅最紅的紅太陽，是当代的列宁，我们对毛主席无限地热爱，我们对毛澤东思想无限崇拜。

賈仲嶺却污蔑毛主席，破坏毛主席的威信。在 8 月11日晚上賈仲嶺借撤离工作組的机会散布流言蜚語，說什么“昨天是毛主席派我们来的，今天是毛主席讓我们走的。”把派工作組的錯誤全推到毛主席身上。

賈仲嶺說：“只听毛主席的話是最最反动的观点，是極端右派言論。”当賈仲嶺把鍾崧定打成反革命后，把鍾崧定热爱毛主席的話：“只听毛主席的話是对的，毛主席不是一个人，而代表党中央，毛主席的話代表毛澤东思想，林彪也沒說要听刘主席的話。”說成是反动观点，集中火力打击批判，并因此而定下“反对毛主席”的罪名。

鍾松定同志在 6 月16日“給党中央毛主席和李雪鋒同志的一封信”中說前北师大社教工作队是修正主义集团，提出为什么23条的第一条中几年来偉大成績的取得的原因里沒有写上高举毛澤东思想偉大紅旗这一根本原因。这一怀疑是鍾松定同志出于对毛澤东思想的崇拜，是他对偉大領袖毛主席无比热爱的體现。却被賈仲嶺别有用心的打成反动观点，說他怀疑二十三条，反对毛主席，集中力量进行了批判，結果在群众中造成很坏影响：認为凡是由毛主席主持通过的中央文件中不必再写上高举毛澤东思想偉大紅旗。

陈生瑄同志在听了中央軍委座談紀要后对采64同学講：“解放后攝制的影片是兩头小，中間大，中間类型影片以后还要放映，这在經濟上也是一笔收入，这就要求我们必須增强辮别能力，否則会中毒的。”这个观点也被賈仲嶺打成反对毛澤东思想的反动观点，說什么这是周揚的“票房价值論”，而有組織地对此加以批判。

四、制訂一套黑綱領，对抗无产阶级革命路线

毛主席亲自制定了无产階級文化大革命的綱領，而賈仲嶺一伙却在文化大革命中制訂了一套資产階級反动路綫的四条綱領。

第一条是要清水捉王八，不要混水摸鱼。这是在运动还未开展、群众尙未發动起来时束縛群众的一条黑綱領。于光瑞还說：“不要抓小邓拓，按中央点名方向”、“不要这也怀疑，那也怀疑，搞得草木皆兵”。

賈仲嶺一进校門就按“清水抓王八”的綱領办事，整理学生的材料，为了驗証“清水抓王八”的效果，就从丁燕祥

身上开刀进行斗爭練兵。發动全校集中火力炮轟丁燕祥，似乎这就是运动的大方向。

第二条：“哪儿放‘毒’，在那儿揪住，就在那儿斗爭。”

这是一条打着“紅旗”反紅旗的黑綱領。賈氏一伙盜用“有毒草就得进行斗爭”的最高指示来运动群众，挑动群众斗群众，轉移运动大方向。

賈仲嶺一伙人执行了資产階級反动路綫。在他看来“毒”就是抵制資产階級反动路綫的群众，把运动矛头指向群众。俞文豹是这条綱領的第一个受害者。俞文豹的“毒”是“党委不回答大字報上提出的問題就是牛鬼蛇神。”因此被斗了兩天，賈仲嶺、于光瑞等“因勢利導”把放“毒”者：也就是給党委貼大字報的人一个不留的打成“反革命”、“攻击党委”、“反党急先鋒”、“客观反党”等等。其受害者足有10余人。

第三条：“全面开花”

第二条黑綱領只能鎮压一些所謂跳出来的“放毒”者，他们覚得这还运动不了群众，还不能达到他们的目的，于是賈仲嶺的高明策略“全面开花”就出籠了，“全面开花”比第二条綱領更沒有框框，于光瑞說：“无論是誰，无論什么問題，都可以揭，都可以貼大字報（除生活作風問題）”。18日部署，19日就出现了一份份揭發学生的大字報，共10多人被点了名，这只是第一次的“全面开花”，还有更多屬于“全面开花”的对象。更大范圍的群众斗群众已展示在群众面前，广大师生整天提心吊胆，生怕自己被打成牛鬼蛇神。

这是一条“殺”群众，保党委的黑綱領，是中央早就批判过的“錯誤言論人人有分”的極其反动的資产階級观点。

第四条：党委＝党；工作組＝党中央毛主席。

当革命群众反前三条黑綱領、大造他們的反、危及他們安全的时候，他們必然使出最后一招，抛出最后一条黑綱領，繼續頑固推行資产階級反动路綫。

当胜利基地工作組、党委犯了一系列严重的方向性路綫性錯誤之后，革命师生压抑不住保衞毛主席的心情，赴京向毛主席報告情况，这时賈仲岺一伙便慌忙出場表态："上京是破坏党的統一与团結，違反党的組織原則"、"破坏党的紀律，是錯誤的"，这样在工作組的"怀疑工作組就是怀疑党中央和毛主席"的反动口号影响下，开始用大字報形式对赴京同志进行圍攻。什么"地地道道的反革命活动"、"反党分子"、"反党野心家"、"四家黑店"等等，无所不用其極。

这就是工作組、党委精心制訂的反动黑綱領。賈仲嶺一手制造的"反党集团"就是因为違反了这四条黑綱領而被打成"反革命"。

五、对党中央实行严密封鎖

以賈仲嶺为首的一伙人，把胜利油田建校基地搞成針插不进，水潑不进、毛澤东思想的陽光照不进、誰也批評不得，誰也報告不得的"独立王国"。

他們一方面極力自我标榜，互相之間吹吹拍拍，另一方面还唆使群众吹捧自已。

賈仲嶺說："鍾松定的第一張大字報就知道他有反党夺权的陰謀"，这是他搞政治陷害的自白。

他們狂妄地把自已看成党，看成党中央和毛主席的代表。革命师生要向毛主席匯報，他們以党自居，拉着不放，說什么“上京不准去，向毛主席送信一定要經我们手。”賈仲嶺說：“郑福顺、王华芬的上京是破坏党的統一与团結，違反党的紀律。”“我賈仲嶺是貫徹党的政策的。”工作組立即組織了一批“最最相信党中央毛主席派来的工作組”的大字報，大字報惡毒汚蔑“上北京是向黑帮告狀”。

工作組的二号人物張源泉不僅經常吹捧賈主任掌握政策就是好，而且常与毛主席相提并論，由于政工干部对賈仲嶺已是“神化”，所以把賈的報告当作中央指示，每一段都陪襯一些毛主席語录来学，張源泉就在政工干部大会上大树这样的样板，說什么“这样每段都配合着主席語录学，就把賈主任的報告学活了，这样才是活学活用的典型。”請同志们看一看賈仲嶺之流把他们擺到什么位置上去了！

对群众进行奴化教育。象“对于工作組的指示可以討論，有的可以一边貫徹，一边討論。”“凡是符合毛澤东思想我们就貫徹。”这样的話有什么不对呢，但却被認为是汚蔑工作組的反动言論，加以批判，賈仲嶺說：“对于工作組和革委会的指示要絕对执行，要不折不扣地执行”，“工作組的指示必須执行，誰也不得違反”。請看賈仲嶺的野心大到何等程度，竟要群众对鎮压群众运动的黑話必須絕对执行，絕对信任。

六、结党营私搞宗派，革委会举选是大阴谋，是賈仲岭导演的一幕大丑剧

賈仲嶺一伙为了政治上頑固地推行資产階級反动路綫，势必实行結党营私的反动的資产階級組織路綫，他们極力在各部門安插亲信，排斥异己，打击不同观点的同志。

6月24日～25日的革委会选举是精心策划的大陰謀，从文革委員候选人的条件，选举原則，选举办法，选举分組都是大陰謀，正如一个党員干部說："賈主任就是有办法，在双方力量相持的情況下，我们取得了絕对优势。"

賈仲嶺一手操縱选举：选举的办法是由賈仲嶺指定代表小組長为召集人，委員候选人是在召集人会議上提名决定，原选举办法規定：(1)职工一律不在学生中选举，但奇怪的是不相識的职工代表都去担任学生代表小組召集人操縱会議，会議極不民主以至召集人提自己为委員候选人，对这种选举，革命群众極为憤慨，但无能为力，选举結果12名委員中的十人全是賈仲嶺眼下的紅人，老奸巨滑的賈仲嶺眼看平息不了激憤的群情，就安插了对方观点的一名委員（后被罢免），实际起作用的三名核心成員其中二名是政工干部，全是地主資本家出身，另一名是同学。

革委会完全控制在賈仲嶺手中以后，就由革委会指定班文革小組長，控制了全部的文革領導权。

以后又把各部門不同观点的同学进行了赫魯曉夫式的大淸洗。

七、盗用石油部名义，伪造四点黑指示

賈仲嶺一伙严重違法乱紀，竟然盜用石油部文革办公室的名义，伪造四点指示，而且猖狂地要我们像抄写毛主席語录、中央文件那样，一字不差，一句不漏地記下来，像学毛主席語录、中央文件那样精心研究学習。

八、一手制造"反党集团"的政治迫害案

16条指出：有些学校、有些單位、有些工作組的負責人，对給他们貼大字報的群众，組織反击，甚至提出所謂反对本單位或工作組領導人就是反对党中央，就是反党反社会主义，就是反革命等类口号。”

賈仲嶺一伙就是这样的人，“反党集团”的人員全是敢想、敢說、敢革命、敢造反、敢揭發党委問題的革命派，絕大部分是紅五类子弟。

以賈仲嶺为首的工作組对“反党集团”进行有領導、有計划、有組織的政治迫害，把敢革命，敢造反的革命师生打成“四家店”、“反党分子”、“反党急先鋒”，进行殘酷斗爭。在40余名“反党”骨干中大都是紅五类子弟，敢革命、敢造反的党团員。300余名革命师生被認为干了“反党”的坏事。

这些同志被打成“反党”后，一边檢查，一边看着毛主席像痛哭，这就是賈仲嶺的“丰功偉績”！

九、打着“红旗”反红旗

在运动中，賈仲嶺之流虽然也大喊要努力学習毛主席著作及人民日報有关社論，但他们却極力歪曲主席思想，篡改主席思想的灵魂——階級性和辯証法。他们把“横扫一切牛鬼蛇神”的社論歪曲为“全面开花”，把“我们要相信群众，我们要相信党”的最高指示歪曲为要相信建校党委，要絕对相信工作組，要相信保建校党委的群众，他们把毛主席关于动机效果統一的理論歪曲为动机和效果絕对統一，硬要同学承認党委送肉动机是好的，同学们是主观上“反党”。另一方面，他们也極不相信群众，把半数以上的群众打成“反党”，“反党急先鋒”、“小嘍啰”、“黑釘子”、“黑綫网”等等，等等。

賈氏一伙就是这样披着共产党人的外衣，窃取党的威信，蒙騙群众，頑固推行資产階級反动路綫，迫害群众。

十、所謂“反党分子”鍾松定是賈仲岭一口气吹出来的

賈仲嶺把鍾松定看成“推行資产階級反动路綫”的眼中釘，肉中刺，鍾松定同志在党內外各种会議上曾尖銳地批判反动路綫的錯誤，被他們恨之入骨，所以当鍾松定同志写給建校党委的第一張大字報一出，賈仲嶺就說鍾松定有反党夺权陰謀，鍾松定接連三張大字報以及广大革命同志的大字報确实使他們怕得要死，党委的階級斗爭盖子即將打开，革命的烈火大有燎原之勢，賈仲嶺却采用一切卑鄙的手段造謠攻击。賈仲嶺、張源泉說：“鍾松定的三張大字報就是有反党夺权的陰謀，我們已派人調查，于光瑞是好干部，你們不要去調查”。七月三日賈仲嶺亲自掛帅揭發鍾松定的問題，这就是党內动員为鍾松定定案的一次大会，这时已經剝夺了鍾松定参加大会的資格。

7月5日大字報棚全都換上了“揭發反革命分子鍾松定”的大字報，下面署名的尽是死保工作組的人物，下午就出动工作組人馬“号召”知情人揭發，請听工作組說的話：“鍾松定已經是反党分子，你們快揭”，“你們每个人至少揭兩張”，“揭得越多就是同反党分子界限划得越清”，“放在你們面前有兩条道路，揭發就是划清界限，不揭發就是死路”……革命群众稍有怀疑，就是划不清界綫，就受圍攻。

他们采用卑鄙手段，威逼群众造謠，而且在逼供时还逼迫群众作假証人，并說：“作証时要态度坚决”。上不了綱的，工作組成員帮助“上綱”，实在上不了綱的工作組成員就加以篡改，然后再“上綱”。

7月8日第一次斗爭会，还是革委会办公室主任温仲良（政工干部，地主出身）以辯論送肉动机为名把鍾松定騙到会場，即被革委会主任宣布为“反革命分子鍾松定……”当时賈仲嶺也在場。

打人、罵人、侮辱人等各种手段成为斗爭鍾松定会上使用的伎倆，文革主任鮑艳珍有时竟跳到桌子上指揮群众动武。

鍾松定同志过了近三个月的資产階級專政的生活，受尽殘酷折磨，在精神上肉體上都受到很大摧殘，但死不了压服不了的鍾松定同志又起来战斗了，他按主席的指示敢革命，敢造反、向以賈仲嶺为首的資产階級反动路綫猛烈开火！我们的斗爭終究会胜利，并且已經获得了初步胜利。

十一、白色恐怖的制造者

鍾松定等同志被定罪以后，党內外批判斗爭“反党”骨干，革命群众对着毛主席像痛哭，有的同学精神上受到很大的摧殘，工作組、革委会还施加組織上的恐怖手段，首先發布“公告”：要群众交待自首，对群众进行恐吓警告，整理“反党”小集团的材料，逼迫同学们做檢查。逼迫同学们檢查“主观反党”，同学間不敢說話，怕被認为划不清界限，有的同学写給毛主席的信沒有寄出就作为“反党”材料交出，同学们对工作組惧怕已極，把信上揭發工作組的一部分撕掉，但又不敢撕碎，只好吃掉灭迹，有的同学眼泪哭干了，喉咙哭哑了，精神失常了，这就是賈仲嶺对革命群众犯下的滔天罪行。

十二、做官当老爷

賈仲嶺工作組养尊处优，吃、住与同学都不同，69天的紧張建校劳动，賈仲嶺一伙沒参加过一次，高高在上，不深入群众，自以为是，尤其是張源泉，当了几年留苏学生，盛气凌人，把革命同学当成敌人審訊，残酷打击不同意見的同志。

十三、違抗党中央指示

毛主席，林彪同志热情支持革命串連，而賈仲嶺大为害怕，唯恐丑事外傳，耍了各种陰謀断絶革命串联，賈仲嶺在6月29日就規定："离开学校，必須向革委会請假"。我们奇怪的是为什么一直沒有大中学校的革命师生来串联，为什么来串联的九二三厂技校的同学那样拘束，文質彬彬，不敢与广大革命师生接触，曾听說北京101中来串联，已到基地，但为什么一直沒人来我校，更为奇怪的是外地的革命傳單等印刷品一律交給革委会保存，并不准外傳。

賈仲嶺这样对抗毛主席的指示，害怕革命大串联，其中必定有鬼！

十四、包庇建校党委，死死封住建校党委內部阶级斗爭的盖子。

工作組一进校就投奔了建校党委，根本不深入群众調查研究，在女排事件和6月9日斗丁燕祥和俞文豹的事件中，工作組伙同建校党委鎮压了敢革命、敢造反、敢揭發建校党委的革命师生，为保建校党委立下了汗馬功劳。

当6月18日鍾松定貼出了一張揭發党委的大字報后，工作組馬上划框框定調子，說鍾松定是反党大陰謀家，工作組一手扶植起了一个保工作組、保建校党委的革委会，利用宣傳机器，攻击革命师生，更殘酷的竟把鍾松定、陈生琯等人打成“反革命”。

于光瑞在文化大革命中犯的錯誤很严重，揭發了大量問題，可是工作組定調子，說于光瑞沒問題，結果被捧为“革命左派”。

十五、賈仲岭的流毒

賈仲嶺被授为鎮压学生运动的“最高司令”后，于8月12日披紅戴花，揮泪而别。“广大同学”为工作組歌功頌德，揮泪相送，眞是对工作組絶对相信。工作組离校后又派来观察員，賈仲嶺也經常“光临”我校，而且电話联絡不断，在賈仲嶺的这样“关心”下革命师生繼續被鎮压。建校党委，革委会繼續执行工作組的資产階級反动路綫，流毒眞可謂深矣！

賈仲嶺鎮压胜利建校基地的群众运动和匡亞明事件相比，有过之而无不及，賈仲嶺比匡亞明更殘酷，手腕更毒辣，更陰險，以至葬送了我院前階段的文化大革命。

毛主席說，凡是鎮压学生运动的人都沒有好下場。賈仲嶺上騙党中央，下騙革命群众，鎮压学生运动，决沒有什么好下場。

誓死保衛以毛主席为代表的无产階級革命路綫！

誓死保衛毛主席！

誓死保衛以毛主席为首的党中央！

无产階級文化大革命胜利万岁！

《胜利之火》
《胜利烈火》朝暉战斗队
1966.11.29

註：賈仲嶺是胜利会战工委政治部副主任、北京石油学院胜利建校基地工作組組長。

以毛主席为代表的无产阶級革命路綫胜利万岁！

兩条路綫的斗爭一直圍繞着对待群众采取什么立場、什么态度的問題上。以毛主席为代表的无产階級革命路綫是相信群众，依靠群众，尊重群众的首創精神，讓群众自己教育自己，自己解放自己，放手發动群众去斗爭党內一小撮走資本主义道路的当权派，去斗爭社会上的一切牛鬼蛇神，去进行斗、批、改。資产階級反动路綫却反其道而行之，是反对群众自己教育自己，自己解放自己，他们搬出国民党的“訓政”来对待群众。把群众看成阿斗，把自己当成諸葛亮，他们压制群众，給群众划框框，定調子，扼殺群众的首創精神，他们轉移斗爭目标，把矛头指向革命群众，把革命群众打成“反革命”、“反党分子”、“右派分子”、“假左派眞右派”、“反党急先鋒”、“牛鬼蛇神”等等，他们歪曲最高指示，篡改中央文件精神，为解釋他们的反动路綫服务，他们把自己看成党，看成党中央和毛主席的代表，窃取党中央和毛主席的威信；他们对不同意見的同志进行残酷斗爭，无情打击，而对和自己观点相同的人，或者支持他们的人吹吹拍拍，竭力把他们拉入領導崗位，結成私党……。

这两条路綫是針鋒相对的。一条是毛主席的群众路綫，另一条是資产階級反对群众，鎮压群众的路綫。一条是无产階級革命路綫，是把无产階級文化大革命进行到底的路綫，另一条是資产階級反动路綫，是要把无产階級文化大革命引到相反的道路，使无产階級文化大革命夭折的路綫。

这兩条路綫的斗爭是非常激烈的，我院胜利建校基地无产階級文化大革命的事变进程充分証明了：凡是毛主席革命路綫佔統治地位，革命群众运动就如火如荼。凡是資产階級反动路綫佔上風，运动就冷冷清清，死气沉沉。

我院胜利建校基地无产階級文化大革命大致可以分为三个階段，第一階段从人民日報發表聶元梓同志大写報到革委会成立；第二階段从革委会成立到紅旗杂志第十三期社論發表；紅旗第十三期社論發表以后为第三階段，形成了一次大反复。

我们来考察一下，在这三个階段中胜利建校基地兩条路綫的斗爭情况。

一

第一階段初期，胜利建校基地絶沒有什么多数派与少数派之分，革命群众的大方向都是正确的，都是一致的。矛头所向都是党內走資本主义道路的当权派，反动的“学术权威”和舊社会的習慣势力，革命形势好得很！

六月二日，毛主席指示人民日報發表了聶元梓同志的大字報，它象一声春雷喚起了广大革命群众，蘊藏在亿万群众中的革命积極性和創造性象原子能一样迸發出来。

六月五日女排同学对于党委某些成員給群众运动潑冷水的錯誤言論(如“不要抓小邓拓”、“跟着中央点名的方向”，“不要草木皆兵，看見这个胖的也說是牛鬼蛇神，看見这个瘦的也說是牛鬼蛇神”、“喊口号喉咙响，并不見得感情深”等等）和对待文化大革命的冷淡态度提出尖銳的批評。并要求增加学習时間。他们提出的这些要求都是合理的，是革命行动，每一个革命者都應該积極支持。但是工作組却吓破了胆立即布置指導員封鎖消息，并派遣了一批政治干部去作“工作”。这些干部用什么“你们把矛头指向党”，“向党委貼大字報是轉移斗爭目标，轉移視綫”，“貼大字報被坏分子利用。”还有的把这一革命事件同匈亞利事件相比，給同学们施以極大的精神压力，使得有的同学說：“这是我一生最沉痛的教訓”，并發誓：以后不再給党委提意見。与此同时，工作組又指示建校党委去做假檢查，企圖蒙混过关。就这样磨灭了这批小將们初初露出的鋒芒。“六、五女排事件”的火花就这样一閃而逝的息灭了。

“六五”事件虽未在群众中引起很大的反响，但是它却在工作組和党委成員的心目中留下了深深的印迹。他们一定从中得到啓發，應該如何使运动“不”轉移目标，“不”轉移視綫。

六月八日，工作組有組織有計划地对学生丁燕祥（革干子弟，有反动言論)进行批判，兩三个小时之內，整个食堂煥然一新，大字報、漫画……“琳瑯滿目”打破了几天来的沉悶气氛，它給群众暗示：“这就是运动的大方向”，晚上又組織了对俞文豹（貯64学生，平时有些錯誤言論，因在食堂說："党委不回答大字報上的問題就是牛鬼蛇神"，被"群众"揪住就斗）的斗爭会上党委副書記于光瑞說："俞文豹說党委是牛鬼蛇神，他就是牛鬼蛇神"。又說："党委是完全正确的，給党委貼大字報的同学，有的是立場問題，有的是認識問題"。在这种思想指導下，会場上有人公开喊出了"誓死保衛院党委"，"保衛院党委就是保衛党中央"，"坚决拥护院党委"，"院党委英明正确"等極端錯誤的口号，給群众划上了院党委是完全正确的框框，也給那些給党委提意見的同学施加压力。（以后連續几天又搞了对丁、俞的背靠背的斗爭）

会后，一些給党委提意見的同学忙着写檢查，一些想提意見而未貼大字報的同学暗地里庆幸，并且說："斗完俞文豹給党委提意見就得注意了，不然就会被斗"。在大部分同学心情極其混乱的情况下，工作組党委"因势利導"把矛头引向教师和一般政工干部，六月十八日，正式提出"全面开花"混战一場的反动黑綱領，恐怖气氛頓时籠罩了全院。如教师×××說："同学们大字報打得我暈头轉向，吃飯不知道什么味，排着队不知买什么飯，也就不敢再說話了……"。

在这种情况下，鍾松定同志連續于6月18—21日貼出了三張大字報：《这是什么方向？》、《为什么有人盜窃党委决定的名义？》、《看于光瑞的作用》。这三張大字報旗幟鮮明，矛头直接指向建校党委，尖銳地批評了建校党委对文化大革命的冷淡、消極，不突出政治和对待民工的錯誤态度，以及建校党委把运动由冷冷清清引向"整下不整上"、"整外不整里"的極端錯誤的方向。大字報一出立刻遭到一些人的强烈反对，各种大帽子接踵而来，什么“兩面三刀，陽奉陰違”呀，什么“修正主义分子”呀，什么“复辟夺权”呀，什么“反党大陰謀家”呀，等等等等。頗有“黑云压城城欲摧”之势。六月二十日陈生珺同志貼出了揭露送肉事实眞相的大字報，撕掉了送肉“慰問”的遮羞布，革命群众开始反击。立刻我院群众分成了針鋒相对的兩派。趁此机会工作組物色了他们心目中的文革候选人。

六月二十四日，由工作組導演的一幕大丑剧——革委会选举会議(見附件)开場了。六月二十六日工作組推行資产階級反动路綫的工具——胜利建校革委会出籠了。

革委会一出籠，立即任命了各班文革小組長，工作組控制了我院文化大革命的全部权力机構，一場严峻的考驗等待着每一个革命同志。

第一階段的主要特点是执行資产階級反动路綫的势力与抵制資产階級反动路綫的力量处于相持时期，双方都在極力爭夺文化大革命的領導权。而領導权被执行資产階級反动路綫的工作組窃取了。

二

第二階段与第一階段的区别，就是資产階級反动路綫控制了一切，革命群众遭到了大規模的迫害和鎮压。党中央关于无产階級文化大革命的决定公布以后，虽然革命群众对資产階級反动路綫有所抵制，但是由于資产階級反动路綫的厚厚的冰層的圍裹，革命的火焰只是星星点点，一閃而逝。

革委会成立的第一天，工作組就指示广播台播送表揚馬、严二位的稿件，大树这样的保党委的样板，为他们保党委，鎮压学生运动制造輿論准备。預示了我院革命群众受打击，文化大革命被扼殺的命运。

为了追求眞理，郑福順、王华芬同志冲破工作組設下的重重障碍于六月二十九日，帶着同学們整理的材料，到中央反映情况。于是矛盾激化了，我院胜利建校基地文化大革命形势發生了一个新的轉折。

賈仲嶺之流和北京石油学院工作組狼狽为奸。郑福順、王华芬同志剛到北京，在京革委会便組織了对郑、王的斗爭。并給强加上了莫須有的罪名：什么“向党进攻”呀，什么“打着紅旗反紅旗”呀，什么“否認半工半讀的方向”呀，什么“違犯党的紀律”呀，什么“表现了反对无产階級專政的狂热行动”呀，什么“反党急先鋒”呀，“四家店的女將”呀，應有尽有。甚至叫囂“要开除郑福順、王华芬的党籍，撤銷她們党内外一切职务。”“要开全院大会批判斗爭，把她們斗倒、斗垮、斗臭”。

七月五日（郑、王被押回胜利油田）胜利建校基地工作組組織了一大批顚倒是非、混淆黑白，造謠誣蔑的大字報，把鍾松定、陈生琯同志打成“黑帮”、“地地道道的反党分子”，300余名革命同志打成了“小嘍啰”、“黑釘子”、“反党骨干”、“黑綫网”。反革命的气焰甚囂塵上，大規模鎮压革命群众的局面揭开了序幕。

对鍾松定、陈生琯以及其他一些革命同志的大規模的斗爭于七月八日正式开場，它成了我院文化大革命的全部内容。他们把鍾松定、陈生琯同志在中会、大会（全院的）殘酷地斗爭了二十多次（小会与监督劳动时斗爭次数不可胜数），对他們法西斯專政达三月之久。把郑福順、王华芬同志在党支部会上进行了批判、斗爭，并打算再在系63年級、全校党員大会、全校师生員工大会上批判、斗爭郑福順、王华芬同志，企圖把她們斗倒、斗垮、斗臭。

他們既要进行政治迫害，就必然要造謠，要顚倒是非，混淆黑白。他們为了把鍾松定同志斗臭，在他的家庭出身上大肆造謠，整了他三份單行材料，第一份說鍾出身职員，第二份說鍾出身商人，第三份說鍾出身資本家。（实質上鍾的父亲在解放初为国家代銷粮食时，国家压他三十元錢的保险金，連同他自己的破籮筐、爛称总价值58元——公私合营时的全部資本）他們这样做自以为得計，自以为欺騙了自己就能欺騙别人，而对那些編造出来的“事实”津津乐道。但是历史的辯証法就是这样，掩耳非但盜不了鈴，而且得到的將是历史严厉的懲罰和尖刻的嘲弄。正如馬克思所說的那样，弱者总是靠相信奇迹求得解救，以为只要他能在自己的想象中驅除了敌人，就算打敗了敌人；他总是对自己的未来以及自己打算建树，但对现在还言之过早的功蹟信口吹嘘，因而失去对现实的一切感覚。我院的某些人正是这样，他們根本不知道，他們在高压下的捏造虽然暫时征服了一些人，但是却孕育了一場对資产階級反动路綫大反击的風暴。

八月八日党中央关于无产階級文化大革命的决定公布了，它像一股暖流冲击着資产階級反动路綫的冰層，給革命群众帶来了幸福的春天。工作組、党委、革委会似乎預感到形势不妙立即利用毛选学習講用会，歪曲十六条，妄圖把即將兴起的革命風暴驅散，或者引向相反的方向。在会上，他們閉着眼睛大講他們如何“活学活用主席著作”“識破”了所謂反党集团的陰謀。大捧建校党委、工作組是如何如何“革命”，大吹我们运动方向如何如何的“始終正确”。甚至胡說什么阻力来自于受打击的革命群众。我们不知道，这些說謊專家们講这些話的时候，他们的脉膊每分鐘加快了几百次。

回京前夕，刘長亮又指示胜利建校基地駐京代表×××回胜利，大罵北京少数派，大吹北京石油学院运动如何如何搞得好：什么“石油学院要成为教育界的一顆原子彈”，妄圖統一口徑，为鎮压北京少数派同学制造輿論。他们正如毛主席所描写的那样“这些人们历来的手段就是‘騙’和‘拖’，这些人们妄圖‘打下延安’和‘消灭共产党’，是做夢也不会忘記的”。然而他们也正如毛主席說的那样：“頑固派，他们总有一套計划，其計划是如何損人利己以及如何裝兩面派之类，但是从来的頑固派所得的結果，总是和他们的願望相反，他们总是以損人开始以害己告終。”

三

第三階段是以毛主席为代表的无产階級革命路綫开始全面反击，資产階級反动路綫节节敗退，宣告破产的階段。

正当一小撮頑固的坚持資产階級反动路綫的“死硬”分子做着“搞垮少数派”、“二十天迁大庆，在教育界爆炸一顆原子彈”的美夢的时候，紅旗十三期社論發表了。社論强調指出：要不要批判資产階級反动路綫，是能不能貫徹执行文化革命的十六条，能不能正确进行广泛的斗、批、改的关鍵。这就从理論上給与那些五花八門的叫囂（什么“少数派不斗黑帮”、“揪住工作組不放是轉移斗爭的大方向”）以致命的打击。北京石油学院显露了風暴即將来临的預兆。

在新的形勢下，一小撮頑固地堅持資产階級反动路綫的“死硬”分子立即采取新的形式进行对抗。

九月二十九日，組織了修正主义的全民軍——“紅联軍”——企圖稳住陣脚。

九月二十七日刘長亮命令把一大批紅五类出身的“反党急先鋒”、“反党骨干”、“客观反党分子”等發展为毛澤东主义紅衞兵，企圖要他们为保資产階級反动路綫，鎮压革命学生效劳。

但是，事与願違，紅联軍夭折了，剛被拉入毛澤东主义紅衞兵的所謂右派又很快地从毛澤东主义紅衞兵退出了，少数派革命組織，如雨后春筝應运而生。在这一切活动中，各种人物都充分暴露了自己的本来面目：受打击受压制的革命群众聞風而动，对資产階級反动路綫进行了大揭露大批判；一小撮死保資产階級反动路綫的頑固派壯着胆子狂喊：“我们运动的大方向始終是正确的……”。但是却掩盖不住內心的恐惧和空虛。对資产階級反动路綫不理解的中間群众却动摇于頑固派与革命少数派之間，不敢表露自己的态度。

我们的院党委某些領導人眞不愧为“老有經驗的人物”，又采取了“英明”决策：分散队伍，保存中間力量秋后算帳。一些人的腰杆子又因此而硬了起来，战战竞竞的喊叫：“只許左派造反，不許右派翻天……，我就是……这个观点……”。

一計……又一計，都失敗了，那些頑固先生们又唱起了下滑調：“大方向始終是正确的。”

“大方向是正确的，但工作組有缺点。”

“大方向正确，犯了方向性路綫性錯誤，但不是执行資产階級反动路綫。”

最后不得不承認：

“大方向錯了，执行了資产階級反动路綫。”

……。

我院文化大革命的方向完全錯了，工作組执行了一条地地道道的資产階級反动路綫，这是目前公認的事实，批判資产階級反动路綫成了群众性的运动，以毛主席为代表的无产階級革命路綫取得了偉大胜利，資产階級反动路綫宣告破产。一些人可真的难受了。大罵少数派“偏激”、“走極端”、“否認成績”。他們自己却裝腔作势儼然是一位辯証法專家。在那里大講“一分为二”什么一方面……另一方面。玩弄了一套用折衷主义和詭辯术偷換辯証法的把戏。从实际政治来看，这是为資产階級反动路綫效劳。一些人加速地精通了这套艺术：口头上是馬列主义者，实际上是为資产階級反动路綫效劳的奴才。

但是文化大革命畢竟是大势所趋，不可阻擋，批判資产階級反动路綫的斗爭已成了群众性的斗爭。以毛主席为代表的无产階級革命路綫日益深入人心，日益为广大革命群众所理解。以毛主席为代表的无产階級革命路綫取得了一个又一个的胜利。

但是文化大革命旣然是革命，就不可避免的会有阻力，而且这种阻力还是相当大的。我院革委会办公室主任公然对抗中央軍委指示，在中央軍委指示以后，还將黑材料由胜利帶到大庆銷毁。中央关于处理无产階級文化大革命档案材料問題的补充規定公布后，又將余下的从大庆帶往武汉、广州，至今还不交出。

目前还有这么極少数坚持資产階級反动路綫不願放弃的混蛋。在新的形势下采取了新的手段进行对抗。为了保存他们现在的生存以利將来的發展，他们采取了以攻为守的策略。或者无中生有，当面造謠，或者抓住若干表面现象，攻击事情的本質，或者吹捧一部分人，攻击一部分人，或者借題發揮，冲破一切缺口，使我们处于困难地位。总之他们老是在研究整我们的策略，窺測方向，以求一逞。有时他们会裝死躺下，等待时机，反攻过去。不过，我们要預先告訴这一小撮混蛋：如果你们沒有别的办法可想，又不甘心失败，只好来一場大反扑的話，那我们是不会悲伤的。虽然你们也許会再次把我们打成“反革命”，也許把我们已經夺得某些陣地夺去。如果你们縱容自己的势力猖狂到將来你们也对付不了的地步，那么——不管事变进程如何——最后將以你们的失败而告終，而以毛主席为代表的无产階級革命路綫必將取得徹底胜利！

以毛主席为代表的无产階級革命路綫胜利万岁！

胜利烈火战斗团朝暉战斗队

註：本文中所指院党委系指北京石油学院胜利建校基地党委。

附件：

撕开革委会
“民主”选举的遮羞布

革命的根本問題是政权問題，在胜利建校文化大革命中，始終貫穿着一場激烈的夺权斗爭，革委会选举便是一次爭夺文化大革命領導权的大搏斗。

胜利建校革委会的选举是工作組導演的一幕大丑剧。讓我们撕开这次选举“民主”的画皮，看一看这次选举的法西斯本質吧！

选举前。六六年六月二十四日，工作組召开了全體会議，研究革委会的选举問題。賈仲嶺在会上講了三个問題：

1.研究一下怎样选革委会候选人。

2.研究一下召集人。

3.編組怎样編法。

这就是賈仲嶺选举的三条法西斯黑綱領。

在第一条中，規定：①文化大革命剛开始，要看一貫，不能單看文化大革命这一段（請同志们注意：同学们因此而提出的推迟革委会的选举的合理要求为什么遭到賈仲嶺的断然拒絕？）。

十六条中指出：“一大批本来不出名的革命青少年成了勇敢的闖將……”，賈仲嶺这一規定根本違反十六条的。而且我们还可以看出賈仲嶺物色的候选人在文化大革命中是不积極的或是一些保字号人物（有确鑿的証据）。

②由小組提出候选人，每組代表一票。

③由召集人和工作組共同研究确定候选人。

根据这些規定，賈仲嶺就在編組和召集人上大耍陰謀。下面我们把工作組六月二十四日会議記录公布于众，揭开这次所謂民主选举的黑幕。

	分組	召集人
①	教工，22人	李似欣
②	儲62儲64，22人	田濤然，鮑艳珍
③	儲63儲65，22人	陈蘭芬，刘　勇
④	井64井65，23人	杜　軍，林青山
⑤	測62井63，17人	韓精忠，呂新棟
⑥	采63采65，27人	温鐘良，王华芬
⑦	采64，17人	董繼蘭，刘月臣（刘被工作組又塗掉）

胜利建校同志们，这难道还不十分明白嗎？賈仲嶺为什么把井64，井65組和測62，井63組用重重的紅綫打下。显然这兩組是关鍵的兩組。因为①②③組賈仲嶺可稳拿三票，⑥⑦組賈仲嶺沒抱什么希望。再看召集人：

爭論的双方力量相当，但是在12名召集人中，却只有王华芬一个代表了不同意工作組意見一方的观点，而且安排在采63，采65組。

也就是在这次会上，工作組已經确定了革委会候选人，并且作了分工。

根据选举法，委員人数應为單数，可是賈仲嶺却要破例，选了个双数12人。

請同志们深思：为什么賈仲嶺所确定的召集人的比例和革委会委員的比例那么一致，都是12：1?

賈仲嶺为什么又要破例选12名委員？！

这是賈仲嶺早就起了从革委会清除王华芬的惡念。选上王华芬只不过是为了平平民憤而已。

这就是賈仲嶺所标榜的“民主 选 举”：可忍，孰 不 可忍！

胜利烈火战斗团《送瘟神》战斗組

1966.11.27

「文化大革命」資料著作目錄

一、專論著類：

國內的「文化大革命」史論著

1.《徹底否定「文化大革命」》選編　中共中央文獻研究室編　北京：人民出版社1985年。

2.《徹底否定「文化大革命」十講》金春明、于南等，解放軍文藝出版社1985年。

3.《徹底否定「文化大革命」講話》政治學院中共黨史教研室北京，中國人民解放軍政治學院1985年。

4.《「文化大革命」論析》金春明著，上海人民出版社1986年。

5.《文化大革命十年史：1966——1976》高皋、嚴家其著，天津人民出版社1986年。

6.《「文化大革命」時期的國民經濟》柳隨年、吳群敢編，哈爾濱：黑龍江人民出版社1986年。

7.《十年後的評論——「文化大革命」史論集》譚宗級、鄭謙著，中共黨史資料出版社1987年。

8.《大動亂的年代》王年一著，河南人民出版社1988年。

9.《「文化大革命」中的人民解放軍》李可、赫生章著，中共黨史資料出版社1989年。

10.《文化大革命中的周恩來》中共中央黨校1991年。

11.《文化大革命中的地下文學》楊健，朝華出版社1993年。

12.《風潮蕩落，1955——1979：中國知識青年上山下鄉運動史》杜鴻林著，海天出版社1993年。

13.《大串聯——一場史無前例的政治旅遊》燕帆著，警官教育出版社1993年。

14.《中國「左」禍》文聿著，朝華出版社1993年。

15.《最初的抗爭——彭真在「文化大革命」前夕》師東兵著，中共中央出版社1993年。

16.《極左思潮的歷史考察》杜浦著，河南人民出版社1994年。

17.《紅衛兵狂飆》江沛著，河南人民出版社1994年。

18.《中國的個人崇拜》孫春山著，河南人民出版社1994年。

19.《中華人民共和國紀實——內亂驟起》(1965——1969)王知明等著，紅旗出版社1994年。

20.《樣板戲的風風雨雨——樣板戲、江青及內幕》戴家枋著，北京：知識出版社1995年。
21.《周恩來的最後歲月(1966——1976)》(增訂本)安建設，中央文獻出版社1995年。
22.《「文化大革命」史稿》金春明著，四川人民出版社1995年。
23.《苦撐危局——周恩來在1967》陳揚勇著，中央文獻出版社1999年。
24.《「文化大革命」簡史》席宣、金春明著，中共中央出版社1996年。
25.《劉少奇的最後歲月》(1966——1969)黃崢編，中央文獻出版社1996年。
26.《從奠基者到「紅太陽」》蕭延中主編，中國工人出版社1997年。
27.《大雪壓青松——「革命」中的陳毅》杜易著，世界知識出版社1997年。
28.《「四人幫」浮沉記》金春明著，沈陽：遼寧人民出版社1997年。
29.《「文化大革命」中的周恩來》「文化大革命」」中的周恩來編寫組，中共中央黨校出版社1997年。
30.《殘缺的窗欄板——歷史中的紅衛兵》李輝編著，海天出版社1998年。
31.《風雨福祿居：劉少奇在「文革」中的抗爭》徐彬編著，長春：吉林人民出版社1998年。
32.《紅色風波中的交鋒與較量》曾繁正著，紅旗出版社1998年。
33.《共和國主席劉少奇》黃崢著，中共黨史出版社1998年。
34.《被「革命」的教育》鄭謙著，中國青年出版社1999年。
35.《漩渦：1966——1976》韓泰華著，北京出版社1999年。
36.《「文化大革命」中的「教育革命」》周全華著，廣東教育出版社1999年。
37.《被「革命」的教育——「文化大革命」中的「教育革命」》鄭謙著，「中華人民共和國國史叢書」之一，中國青年出版社1999年。
38.《走出困境——周恩來在1960—1965》楊明偉著，中央文獻出版社2000年。
39.《中國1966——風乍起》張志忠著，解放軍出版社2000年。
40.《走出迷谷——1967—1979年中國政體變革的歷程》張志明著，江西高校出版社2000年。
41.《回首「文革」——中國十年「文革」分析與反思》張化、蘇采青主編，中共黨史出版社2000年。
42.《當代小說與集體記憶敘述文革》許子東著，麥田出版社2000年。
43.《評》金春明主編，湖北人民出版社2001年版。
44.《史無前例的年代》紀希晨著，人民日報出版社2001年。
45.《牆上春秋——大字報的興衰》羅平漢著，福建人民出版社2001年。

46.《葉劍英在非常時期(1966-1976)》范碩著，華文出版社2002年。
47.《金春明自選文集》金春明著，四川人民出版社2002年。
48.《毛澤東時代的中國》鄭謙等著，中共黨史出版社2003年。
49.《國史紀事本末：1949~1999》(第五卷「文化大革命」時期)魏宏運主編，劉景泉等撰，遼寧人民出版社2003年。
50.《文化大革命時期的詩歌研究》王家平著，河南大學出版社2004年。

二、回憶錄、紀實著作：

1.《歷史的審判》《歷史的審判》編輯組編，群眾出版社1981年。
2.《歷史在這裡沉思》(三卷)周明主編，華夏出版社1986年。
3.《在歷史的檔案裡——「文革」十年風雲錄》黄崢等著，遼寧大學出版社1988年。
4.《曾生回憶錄》曾生著，解放軍出版社1992年。
5.《瘋狂歲月——「文革」酷刑實錄》劉興華、華章著，朝華出版社1993年。
6.《文化大革命風雲人物訪談錄》司任主編，中央民族學院出版社1993年。
7.《文化大革命中的名人之死》李永主編，中央民族學院出版社1993年。
8.《文化大革命中的名人之獄》李永主編，中央民族學院出版社1993年。
9.《文化大革命中的名人之思》張鳴、樂群主編，中央民族學院出版社1993年。
10.《文化大革命中的名人之升》溫樂群、郝瑞庭主編，中央民族學院出版社1993年。
11.《文革闖將封神錄》陽木編，北京：團結出版社1993年。
12.《文革洗冤錄》韓尚于編，北京：團結出版社1993年。
13.《中國「左」禍》文聿著，朝華出版社1993年。
14.《王洪文傳》葉永烈著，長春：時代文藝出版社1993年。
15.《姚文元傳》葉永烈著，長春：時代文藝出版社1993年。
16.《蘇》穆欣著，中央黨校1994年。
17.《黃克誠自述》黃克誠著，人民出版社1994年。
18.《走向毀滅——「文革」文化部長于會泳沉浮錄》戴家枋，光明日報出版社1994年。
19.《十年風暴乍起時的政協知名人士》汪東林著，中國文史出版社1995年。
20.《文革中的我》于光遠著，上海：上海遠東出版社1995年。
21.《毛澤東與林彪反革命集團的鬥爭》汪東興著，當代中國出版社1997年。
22.《清華大學「文化大革命」憶實》劉冰著，清華大學出版社1998年。

23.《牛棚雜憶》季羨林著，中共中央黨校出版社1998年。
24.《思痛錄》韋君宜著，北京十月文藝出版社1998年。
25.《遇羅克遺作與回憶》徐曉、丁東、徐友漁編，中國文聯出版公司1999年。
26.《滄桑十年》馬識途著，中共中央黨校出版社1999年。
27.《我的父親鄧小平「文革」歲月》毛毛著，中央文獻出版社2000年。
28.《不是夢對「文革」年代的回憶》武光著，中央黨史出版社2000年。
29.《紅衛兵懺悔錄》雷民耀著，湖北：長江文藝出版社2002年。
30.《一百個人的十年》馮驥才編，時代文藝出版社2004年。
31.《吳德口述：十年風雨紀事我在北京工作的一些經歷》訪談、整理：朱元石等著，當代中國出版社2004年。
32.《文革紀事》馮驥才著，中州古籍出版社2005年。

三、港台地區的「文化大革命」史論著：

1.《文化大革命評論集》丁望著，當代中國研究所，香港：南天書業公司1967年。
2.《紅衛兵造反記》(上、下)香港：宇宙出版社1967年。
3.《中共文化大革命與紅衛兵》汪學文著，國立政治大學東亞研究所出版，中華民國國際關係研究所發行1970年。
4.《文革運動歷程述》趙聰著，香港：友聯研究所1971年。
5.《廣州地區文革歷程述略》海楓著，香港：友聯研究所1971年。
6.《中共文化大革命與大陸知識分子》玄默著，中央研究雜誌社1974年。
7.《文革始末》司馬長風著，香港：百葉出版社1976年。
8.《四人幫事件探索》齊辛著，香港：七十年代雜誌社1978年。
9.《四人幫事件探索》齊辛著，香港：七十年代雜誌社1978年。
10.《毛澤東與文化大革命》王希哲著，香港：時代出版社1981年。
11.《兩作家與文化革命：老舍和陳若曦》王際真著，中央大學，1981年。
12.《中國文化革命倫理和語言》陳若曦著，柏克萊加大，1982年。
13.《中共文革實錄》嚴家其著，大公報1986年。
14.《中共文化大革命史論》汪學文著，台灣：國立政治大學國際關係中心1990年。
15.《焚心煮骨的日子：文革回憶錄》王西彥著，香港：香港昆崙製作公司1991年。
16.《理性與瘋狂——文化大革命中的群眾》王紹光著，「社會與思想叢書」之一，香港：牛津大學出版社1993年。

17.《意識型態的迷失者：毛澤東一九六六年文化大革命起因之研究》韋玉莉著，台北：蒲公英出版社1993年。

18.《現場歷史——文化大革命紀事》王力著，香港：牛津大學出版社1993年。

19.《文革大年表、淵源、革命、餘波》趙無眠著，「真相系列」之一，明鏡出版社1996年。

20.《「文化大革命」詞典》巢峰主編，港龍出版社1993年。

21.《文化大革命：史實與研究》劉青峰著，香港中文大學1996年。

22.《浩劫之外：再論文化大革命》台北：風雲論壇出版社1997年。

23.《文化大革命和它的異端思潮》宋永毅、孫大進編，香港：田園書屋1997年。

24.《毛主席的孩子們：紅衛兵一代的成長和經歷》陳佩華著，朱曉陽、陳淳譯，桂冠出版社1997年。

25.《「紅衛兵」與「嬉皮士」》任知初著，香港：明鏡出版社1998年。

26.《形形色色的造反——紅衛兵精神素質的形成及演變》徐友漁著，香港：中文化學出版社1999年。

27.《我的感情流水帳：父親鄧小平「文革」十年記》毛毛著，香港：香港中華兒女出版社有限公司2000年。

28.《意識形態與文化大革命》劉曉著，台北：洪葉文化出版社2000年。

29.《王力反思錄》王力著，香港北星出版社2001年。

30.《毛澤東帝國》產經新聞「毛澤東秘錄」編輯採訪小組，「擁抱知識系列」之一，書泉出版社2002年。

31.《大外交家周恩來》（第六部「文革」漩渦中的折沖樽俎）李連慶著，香港：天地圖書公司2002年。

32.《一陣風雷驚世界：毛澤東文化大革命》韋政通著，立緒文化出版社，2002年。

33.《一葉知秋：清華大學1968年「百日大武鬥」》唐少杰著，香港中文大學中國文化研究所當代中國文化研究中心專刊，香港中文大學2003年。

34.《「文革」秘檔1975-1976》李魁彩編著，香港：香港中華文化出版社有限公司2003年。

35.《清華大學文革紀事：一個紅衛兵領袖的自述》沈如槐著，香港：時代藝術出版社2004年。

四、國外的「文化大革命」史論著：

中譯本：

1.《毛澤東和中國思想》[日]桑原壽二著，時事問題研究所1969年。

2.《文化大革命和毛澤東思想》[日]高橋勇次、米秀夫編著，日中出版社1973年。

3.《毛澤東「萬歲」和「萬碎」》[日]佐藤慎一郎著，大湊書店1979年。

4.《現代中國的去向——文化大革命的省察》[日]加加美光行編，亞洲經濟研究所1986年。

5.《毛澤東的中國及後毛澤東的中國》莫里斯・邁斯納著，杜蒲、李玉玲等譯，四川人民出版社1989年。

6.《劉少奇》[美]洛厄爾˙迪特默著，華夏出版社1989年。

7.《劉少奇傳》李天民著，湖南人民出版社1989年。

8.《「文化大革命」的起源人民內部矛盾：1956——1957》(第一卷)[英]羅德里克˙麥克法誇爾著，魏海生、艾平等譯，求實出版社1989年。

9.《「文化大革命」的起源大躍進：1958——1960》(第一卷)[英]羅德里克˙麥克法誇爾著，魏海生、艾平等譯，求實出版社1990年。

10.《劍橋中華人民共和國史》(1966——1982)[英]羅德里克˙麥克法誇爾、費正清主編，金光耀等譯，王建朗等校，中國社會科學出版社1992年。

11.《上山下鄉》[美]托馬斯˙伯恩斯坦著，李楓等譯，夏潮校，警官教育出版社1993年。

12.《周恩來》[英]迪克˙威爾遜著，中央文獻出版社2000年。

13.《毛澤東》[英]迪克˙威爾遜著，中央文獻出版社2000年。

五、論文：

國內的「文化大革命」史論文

1981-1984

1.「文化大革命」的悲劇決不能重演鐘佛霖求實1981(07)。

2.「文化大革命」的十年求實1981(Z2)。

3.為什麼「文化大革命」中我國國民經濟能取得進展高智瑜紅旗1981.19。

4.撥亂反正的一個根本問題——談徹底否定「文化大革命」江西社會科學1984(06)

5.論徹底否定「文化大革命」戴向青江西社會科學

6.「文化大革命」與形而上學純立蘭州學刊1984。

7.談徹底否定「文化大革命」社會科學1984。
8.改革必須徹底否定「文化大革命」陳羽福社會科學1984。
9.徹底否定「文革」是辯證唯物主義否定觀的根本要求馬桂經求實1984。

1985
1.實行經濟體制改革是消除「文化大革命」影響的重要措施孫維寧長白學刊1985。
2.周恩來是「文化大革命」逆流中的中流砥柱——讀《周恩來選集》下卷札記余伯流求實1985。
3.歷史的合力是「文化大革命」持續十年的根本原因劉志建探索1985。
4.七十年代初期我國經濟建設的冒進機器調整閻放鳴、王亞平黨史研究1985。

1986
1.論「文化大革命」的哲學基礎侯以信滄洲師範專科學校學報1986。
2.「文化大革命」期間我國的工業管理體制馬泉山中國工業經濟1986。
3.關於第三個五年計畫的編制和完成閻放鳴黨史研究1986.6。
4.一個紅衛兵發起者的自述梁梁執筆中國青年1986.10。
5.我國理論界關於「文革」起因的探討工人日報1986.11.2。
6.從紅衛兵到「老三屆」青年報1986.7.25。

1987
1.整理「文革」文件材料寧寬勿窄楊英俠、郭元清四川檔案1987。
2.「文化大革命」給上海經濟帶來的損失和教訓葉奕堯學習與研究1987.1。
3.文化大革命中的民主黨派何蜀二十一世紀1987.10。

1988
1.粉碎「四人幫」後的頭兩年是「文化大革命」的繼續嗎——與唐昌興同志商榷范香保、楊亞佳領導之友1988。
2.對「文化大革命」的反思給予政治體制改革以什麼啟示？南京政治學院學報1988。
3.矛盾：「文革」浩劫中的磨難李廣德湖州師範學院學報1988。
4.建立「文革博物館」是歷史的需要微言蘭州學刊1988。
5.「文革」爆發的經濟根源新探刑燕芬、李振生理論教育1998。

1989

1.也談「文化大革命」結果的標誌與時限問題——與唐昌興同志商榷李文理論導刊1989。

2.「局外人」的探索與思考——《文化大革命的起源》評介劉魁棟社會主義研究1989。

3.發生的心理學分析「文化大革命」景懷斌、朱霽青、廖雅琪社會科學家1989。

4.關於「文化大革命」發生原因的探討綜述賈廷余理論前沿1989。

5.解開通向「文革」之路的歷史之謎——《文化大革命的起源》評介宮力理論前沿1989。

6.中國知識分子的文化傳統與「文化大革命」郝望中國青年政治學院學報1989。

7.「五四」與「文革」齊文蘭州學刊1989。

8.文化大革命中的社會組織——各類「革命群眾組織」應運而生徐友漁中國社會科學季刊1989.12。

9.文革後期的中國外交政策鄭宇碩中國社會科學季刊1989.12。

10.義和團運動蒙昧性的文化根源及其對「文化大革命」的影響(上)王毅中國社會科學季刊1989.03。

11.義和團運動蒙昧性的文化根源及其對「文化大革命」的影響(下)王毅中國社會科學季刊1989.06。

12.文化大革命及史論方法——評回憶錄高默波香港社會科學學報1989.03。

1990

1.記述「文化大革命」的三個認識階段王豪新疆地方志1990(03)。

2.對「文化大革命」時期中國經濟的新探索——評《中華人民共和國經濟史》第3卷陳實中南財經政法大學學報1990(03)。

3.「文革」中農村體育「興盛」現象的思考傅碩農成都體育學院學報1990(02)。

4.黑龍江的紅衛兵運動谷麗娟黑龍江黨史1990.2。

5.一場真正的文化大革命李欣岳數位時代1990.12。

6.歷史的困惑——我對文革藝術「收租院」的看法何懷碩藝術家1990.10。

7.失憶與重構——文化大革命的電影表現韓叢耀藝術觀點1990.07。

8.文革中所謂的「上海一月革命」——毛澤東製造的一個「文革樣板」何蜀當代中國研究1990.06。

1991

1.對毛澤東發動文化大革命初衷的探討李娟芬理論觀察1991(01)。

2.「文革」時期的社會心理高鑒國、李芹青年思想家1991.2。

3.知識青年上山下鄉運動的評價及其歷史命運杜鴻林理論與現代化1991.06。

4.「文革」時期紅衛兵的心態高世屹青年思想家1991.2。

5.1967年內蒙古「造反派」與內蒙古軍區的衝突——「文革」中軍隊向學生開的第一槍吳迪當代中國研究1991.09。

6.「文革」中的暴力與大屠殺宋永毅當代中國研究1991.09。

7.被瘋狂的年代愚弄的外國人——在華外國專家的「文革」經歷何蜀當代中國研究1991.06。

1992

1.新編地方志記述「文化大革命」的再思考陳元方理論導刊1992(02)。

2.「89」風波與「文化大革命」——試析兩次動亂的性質、表現、聯繫與教訓楊發民理論導刊1992(03)。

3.地方志應該記述「文化大革命」張馨理論導刊1992(04)。

4.記述「文化大革命」是縣志中不可缺少的一筆岳抗生理論導刊1992(07)。

5.一場很值得注意的爭端——地方志應否記述「文化大革命」？凌亢理論導刊1992(10)。

6.新編地方志應設專志記述「文化大革命」理論導刊1992(10)

7.「文化大革命」詞語的更新和異化孟國天津師範大學學報(社會科學版)1992(05)。

8.周恩來在「文革」中的政治謀略探微吳志鴻唯實1992(05)。

9.紅衛兵運動研究綜述方奕中國青年政治學院學報1992.4。

1993

1.《文化大革命中的地下文學》之啟示溫儒敏中國青年研究1993(05)。

2.「文化大革命」與巫術文化王毅社會學研究1993(03)。

3.在兩種文明間振盪——文革中上山下鄉女知青問題初探金一虹婦女研究論叢1993(02)。

4.「文革」時期的中國女性人口趙麗霞、朱楚珠婦女研究論叢1993(03)。

5.淺論「文革」對婚姻的政治干預袁熹婦女研究論叢1993(04)。

6.「文革」先後的北京滿族人趙書滿族研究1993(01)。

7.試論「文革」期間中國大多數人覺醒的歷史進程趙國勤長白學刊1993(06)。
8.「根本任務」：「文革」之亂和鄧公之功——兼說鄧小平同志對科學社會主義理論的一大貢獻胡義成福建師大福清分校學報1993(02)。
9.文革中的郭沫若與毛澤東魏奕雄郭沫若學刊1993(03)。
10.「文革」時期「武鬥現象」研究1993(04)。
11.1992年以來「紅衛兵」研究綜述王盛輝當代中國研究1993.03。
12.論文革地下小說「第二次握手」及其事件宋如珊中國現代文字1993.03。
13.毛澤東逼出來的「九一三林彪出逃事件」王年一、何蜀、陳昭當代中國研究1993.06。
14.「文革」中的「揪軍內一小撮」問題辨析何蜀當代中國研究1993.03。

1994

1.「文化大革命」期間經濟建設的教訓張珠珍福建黨史月刊1994年(01)草。
2.毛澤東晚年悲劇形成初探——論「文化大革命」的發動韓能躍刑台學院學報1994(03)。
3.在鬧劇和悲劇的背後（上）——「無產階級文化大革命」的歷史反思黃宗潤福州黨校學報1994(01)。
4.在鬧劇和悲劇的背後（上）——「無產階級文化大革命」的歷史反思黃宗潤福州黨校學報1994(02)。
5.關於「文化大革命」階段劃分的淺見高尚斌黨史研究與教學1994(06)。
6.「文化大革命」的反思王河黨史研究與教學1994(04)。
7.論「文化大革命」中的精簡機構關海庭黨史研究與教學1994(02)。
8.「文化大革命」中黨和人民的鬥爭歷程研究綜述張化中共黨史研究1994(04)。
9.淺議妨礙「文革」研究的幾種誤解郭文亮紅岩春秋1994(06)。
10.服從與信念：青年學生投身「文革」的動因劉松茂中國青年研究1994(04)。
11.紅衛兵運動與「文革」前的學校教育卜偉華中國青年研究1994(01)。
12.論毛澤東與兩個「徹底決裂」——兼析毛澤東發動「文革」的動機辜堪生、李婭玲天府新論1994(01)。
13.「血統論」在文革中的興衰史會來、劉曉世紀橋1994(03)。
14.「十年浩劫」中的中國科學技術事業劉躍前科學進步與對策1994(04)。
15.「文革」時期的個人崇拜與社會心理邸彥莉青年思想家1994.3。
16.論紅衛兵史曉平、史曉久南京社會科學1994.8。

1995

1.對文化大革命起因的思考王暘張家口師專學報1995(02)。

2.文化大革命中的紅衛兵話劇楊健中國青年研究1995(01)。

3.文化大革命中的紅衛兵話劇(續)楊健中國青年研究1995(02)。

4.中蘇交惡與「文化大革命」宋銀桂湘譚大學社會科學學報1995(06)。

5.編寫「文化大革命」時期大事紀事體會點滴北京黨史1995(01)。

6.工作組與造反派——「文化大革命」中的矛盾現象分析魏憲朝北京黨史1995(01)。

7.對「文化大革命」幾個問題的認識(上)中共黨史研究1995(01)。

8.對「文化大革命」幾個問題的認識(上)中共黨史研究1995(02)。

9.「文化大革命」中知識青年上山下鄉運動述論關海庭當代中國研究1995(05)。

10.毛澤東在「文化大革命」中對自身錯誤的認識與糾正陳東林當代中國研究1995(01)。

11.「文革」初期的血統論之爭郭文亮中國青年研究1995(05)。

12.文革時期的國內僑務與歸僑僑眷生活鄭甫弘南洋問題研究1995(02)。

13.論「文革」時期的魯迅研究杜一白遼寧大學學報(哲學社會科學版)1995(02)。

14.「文革」起因眾說紛紜金春明黨史文滙1995(03)。

15.「文革」中安徽「鬥批改」運動概述安徽史學1995(03)。

1996

1.試析「文化大革命」發動的國際誘因崔肇新黨史博采1996(11)。

2.關於防止「文化大革命」悲劇重演的再思考劉鳴晨廣西師院學報(哲學社會科學版)1996(03)。

3.科學評價「文化大革命」時期我國經濟建設的得失許明玉、思涯、王敬世紀橋1996(03)。

4.從人民公社化運動到「文化大革命」的發生——「文化大革命」發生的經濟根源初探高永昌黨史研究與教學1996(05)。

5.深刻認識和反思「文化大革命」的歷史——學習《鄧小平文選》第三卷體會安建設北京黨史1996(03)。

6.六十代「左」傾錯誤的發展與「文化大革命」的爆發金春明中共黨史研究1996(01)。

7.周恩來與「文化大革命」初期的鐵路交通陳揚勇中共黨史研究1996(01)

8.黨對社會主義認識的誤區與「文化大革命」的發動林蘊暉中共黨史研究

1996(03)。

9.《「文化大革命」簡史》出版座談會述要張保軍中共黨史研究1996(06)。

10.試析毛澤東發動「文化大革命」的方法論翁有為、王樹萌史學月刊1996(05)。

11.鄧小平對「文化大革命」經驗教訓的重要總結柳建輝當代中國史研究1996(04)。

12.「文化大革命」史研究：現狀與評述劉國新當代中國史研究1996(06)。

13.生命歷程：「文革」對「老三屆」婚姻的影響常京風中國青年研究1996(03)。

14.堅冰下的潛流：文革中的知識青年潮思印紅標中國青年研究1996(02)。

15.生命歷程：「文革」對「老三屆」學業和家庭的影響常京風中國青年研究1996(01)。

16.「文革」十年外交工作的輝煌成果與毛澤東外交戰略策略思想的杰出貢獻顏善文孝感學院學報1996(04)。

17.試論「四清」運動對「文革」的影響江春學術界1996(02)。

18.「文革」話語管窺陳家琪書屋1996(01)。

19.文革時期中國的海外華僑政策鄭甫弘南洋問題研究1996(02)。

20.「文革」手抄本的種類、地位和意義佳木斯大學社會科學學報1996(03)。

21.「文革」文學中的女性敘事洪強佳木斯大學社會科學學報1996(03)。

22.「文革」文學產生的根源孫德喜佳木斯大學社會科學學報1996(03)。

23.虛假的真實——「文革」的偽現實主義詩歌簡談羅振亞佳木斯大學社會科學學報1996(01)。

24.關於「文革儀式」的文化解析干與佳木斯大學社會科學學報1996(01)。

25.關於「文革」中手抄本和民間文學問題高有鵬佳木斯大學社會科學學報1996(01)。

26.「文革」文學初議沈太慧佳木斯大學社會科學學報1996(01)。

27.從語言角度去研究「文革」文學楊匡漢佳木斯大學社會科學學報1996(01)。

28.「文革」對中國歷史的影響北京黨史1996(03)。

29.試論中國農村「文革」的歷史特點周連春毛澤東思想研究1996(04)。

30.「九一三事件」後肯定與否定「文革」的鬥爭與毛澤東的心態陳立旭毛澤東思想研究1996(01)。

31.「文革」時期毛澤東的經濟思想探析陳東林當代中國史研究1996(01)。

1997

1.文化大革命時期的紅衛兵音樂楊健中國青年研究1997(02)。

2.論「文化大革命」發生的主觀動因韓能躍刑台師範高專學報1997(03)。

3.「文化大革命」時期小說的創作隊伍姚楠佳木斯大學社會科學學報1997(04)。

4.「文化大革命」史研究綜述張均兵、方增泉沈傳寶北京黨史1997(02)。

5.「文化大革命」的形態應是「社會運動」劉濟生北京黨史1997(05)。

6.六十年代中期的國際環境與「文化大革命」的發生張化、沈漢中共黨史研究1997(01)。

7.「文化大革命」中的社會性矛盾印紅標中共黨史研究1997(02)。

8.「文化大革命」時期內地內與香港的經濟關係趙自勇、張保軍中共黨史研究1997(02)。

9.「文化大革命」與當代中國政治發展關海庭當代中國研究1997(01)。

10.「文化大革命」學術討論會觀點綜述王海光當代中國研究1997(01)。

11.「文化大革命」發動之際當代中國研究1997(06)。

12.「文革」中的道德岐路高國舫黨史研究與教學1997(04)。

13.如何評價「文革」時期的經濟狀況？陳東林黨史文滙1997(08)。

14.研究「文革」時期國民經濟的幾點思考陳東林中國經濟史研究1997(04)。

15.文化霸權與「文革」新聞評論肖燕雄現代傳播-北京廣播學院學報1997(03)。

16.「文革」時期歷史研究座談會概述劉志男當代中國史研究1997(01)。

17.人民的中流砥柱——回憶周總理在「文革」中同林彪、江清兩個反革命集團在若干重大問題上的鬥爭吳慶彤當代中國史研究1997(06)。

1998

1.論周恩來在「文化大革命」中的歷史作用蔡天新福建黨史月刊1998(S1)。

2.砥柱中流護英華——周恩來在「文化大革命」中對幹部的保護楊耀志福建黨史月刊1998(S1)。

3.撥亂反正的最初嘗試——「文化大革命」中後期的糾「左」努力楊占城福建黨史月刊1998(10)。

4.亂世出怪語——「文化大革命」時期用語特點簡折周薦李根孝許昌師專學報1998(01)。

5.「文化大革命」中周恩來維繫多黨合作的努力——紀念周恩來誕辰一百周年唐正芒西北第二民族學院學報(哲學社會科學版)1998(01)。

6.論周恩來在「文化大革命」中的鬥爭策略思想劉華明、王哲天中學刊1998(01)。

7.淺談周恩來在「文化大革命」中的政治定位王友貴天府新論1998(S1)。

8.「文化大革命」中周恩來同極「左」思潮的鬥爭鄧雲華、王軍暉天府新論1998(S1)。
9.「文化大革命」時期文學的新資料姚楠松遼學刊(社會科學版)1998(02)。
10.《「文化大革命」史稿》芻議唐少杰開放時代1998(06)。
11.從新中國建設史角度總結「文化大革命」的歷史教訓柳建輝黨史研究與教學1998(05)。
12.「文化大革命」中周恩來同志同極「左」思潮的鬥爭鄧雲華川北教育學院學報1998(02)。
13.走向和解的中美關係與「文化大革命」劉勇北京黨史1998(03)。
14.對「文化大革命」時期北京市經濟工作的反思郭曉燕北京黨史1998(04)。
15.周恩來限制「文化大革命」範圍的三次努力柳建輝中共中央黨校學報1998(01)。
16.周恩來在「文化大革命」中的政治家品格董俊山中共黨史研究1998(01)。
17.「兩個文革說」與「文化大革命」的定性研究金春明中共黨史研究1998(02)。
18.從清華大學兩派看「文化大革命」中群眾組織的對立和分歧唐少杰中共黨史研究1998(02)。
19.二十年後對「文化大革命」的再思考——從《「文化大革命」簡史》談起張化中共黨史研究1998(02)。
20.日本對「文化大革命」的研究與日本的「文化大革命」古　忠夫、韓風琴中共黨史研究1998(03)。
21.回憶「文化大革命」初期的「五十天路線錯誤」——從「6.18」事件到「7.29」大會李雪峰中共黨史研究1998(04)。
22.「文化大革命」概念的演變高金山中共黨史研究1998(05)。
23.新儒家的「守身」與「舍身」——梁漱溟在「文化大革命」中的學術心路分析翁有為史學月刊1998(06)。
24.試論「文化大革命」時期我國經濟建設的經驗教訓伊勝利、譚明理論探討1998(06)。
25.周恩來在「文化大革命」前期的國民經濟安建設當代中國史研究1998(01)。
26.在極「左」思潮的衝擊中穩住農業基礎——「文化大革命」時期周恩來在農業領域的貢獻張化當代中國研究1998(02)。
27.周恩來對「文化大革命」的認識與態度陳振勇黨的文獻1998(03)。
28.對文革成因的文化批判——讀李銳的《無風之樹》與《萬里無雲》曲春景中州大學學報1998(02)。

29.十年「文革」時期學校德育的實踐特徵及其異化孫少平現代教育論叢1998(06)。
30.周恩來在「文革」期間的經濟指導思想鞏玉閩福建黨史月刊1998(S1)。
31.研究「文革」體育史的價值與條件初議傅硯農浙江體育科學1998(04)。
32.毛、劉分歧與「文革」的發動曹英炎黃春秋1998(11)。
33.「文革」教訓應繼續探討季羨林炎黃春秋1998(09)。
34.要實事求是地記述「文革」時期的區域發展變化任學燕新疆地方志1998(01)。
35.文革期間藝術家面臨的問題情境魯虹西北美術1998(03)。
36.「文革」時期的國畫創作與創新思潮魯虹西北美術1998(01)。
37.周恩來在「文革」中保護老幹部的歷史功勛盛明四川黨史1998(02)。
38.周恩來對「文革」時期經濟建設的特殊貢獻王頻淮陰師範學院學報(哲學社會科學版)1998(01)。
39.「文革」時期中華傳統詩詞的勃興楊漢雲衡陽師範學院學報1998(05)。
40.用心用力而記之——《增城縣志》《懷集縣志》「文革」記述之比較與歸納林昉廣東史志1998(02)。
41.周揚「文革」落難現象之反思張景超佳木斯大學社會科學學報1998(03)。
42.形式及其觀念意味：對「文革」主流文學經典文本的解讀劉成友佳木斯大學社會科學學報1998(03)。
43.「文化大革命」時期農業生產波動及其動因探析鄭有貴中共黨史研究1998(03)。
44.「兩個文革」說與「文化大革命」的定性研究金春明中共黨史研究1998(02)。
45.「文革」時期競技體育狀況的階段劃分及理由傅硯農體育文史1998(06)。
46.「文革」體育史的價值與條件小楊1998(01)。
47.劉少奇「文革」時期在開封吳玉文史學月刊1998(04)。
48.鄧小平總結「文革」歷史經驗的啟示孫凱民內蒙古社會科學(漢文版)1998(04)。
49.淺析周來恩減輕「文革」錯誤的對策楊先農毛澤東思想研究1998(S2)。
50.論「文革」對中國教育學科體系的破壞及其教訓侯懷銀高等師範教育研究1998(02)。
51.劉少奇面對驟然降臨的「文革」災難朱元石當代中國史研究1998(05)。
52.周恩來與「文革」中的信訪工作刁杰成當代中國史研究1998(02)。
53.「文革」中整黨建黨運動述析柳建輝黨的文獻1998(03)。
54.毛澤東「文革」後期「解放」和任用老幹部情況簡析唐洲雁黨的文獻1998(02)。
55. 紅衛兵運動產生的原因和特點李亞平中學歷史教學參考1998. 5。

56.文革中知識青年的迷惘與覺醒劉小萌今日名流1998(4)。

1999

1.福州群眾對「文化大革命」的抵制和抗爭嚴祥欽福建黨史月刊1999(05)。

2.紅衛兵與「文化大革命」的發動韓能躍郝文波邢台師範高專學報1999(04)。

3.「文化大革命」文學的反思趙俊賢西北大學學報(哲學社會科學版)1999(01)。

4.黨內經濟建設上的分岐與「文化大革命」的發動楊玉玲西安政治學院學報1999(01)。

5.關於《「文化大革命」簡史》的一點看法唐少杰社會科學論壇1999(Z2)。

6.鄧小平論「文化大革命」秦立海世紀橋1999(06)。

7.「文化大革命」期間的貴州教育事業(1966——1976)貴州教育田林1999(05)。

8.1966年我國的政治體制與「文化大革命」的發動張明軍黨史研究與教學1999(05)。

9.論「文化大革命」之前的知識青年上山下鄉崔祿春北京黨史1999(03)。

10.關於「文化大革命」前毛澤東對知識份子認識和估計的幾點思考孫希磊北京黨史1999(02)。

11.評「文化大革命」前的兩次教育革命楊風城中共黨史研究1999(02)。

12.論周恩來在「文化大革命」中的抗爭胡連生、劉光慧理論探討1999(01)。

13.批判所謂「資產階級反動路線」來龍去脈——「文化大革命」中的一場風暴黨的文獻穆欣1999(06)。

14.「文化大革命」是怎樣結束的？李捷黨的文獻1999(03)。

15.對「文革」時期中國與世界經濟變化狀況的比較與思考王啟厚勝利油田黨校學報1999(06)。

16.周恩來在「文革」中對黨和國家作出巨大貢獻的原因分析阮黃南漳州職業大學學報1999(04)。

17.實事求是地看待「文革對期」經濟建設——寫在建國50周年來臨之際陳東林真理的追求1999(09)。

18.「文革」後期中國外交取得成就的原因淺析田猛、錢耕耘西安聯合大學學報1999(03)。

19.「文革」主流意識形態話語與浩然創作的演變王堯蘇州大學學報(哲學社會科學版)1999(03)。

20.從清華大學「文革」個案談紅衛兵運動的失敗、情節及評價問題(上)唐少杰社會科學論壇1999(Z3)。

21.從清華大學「文革」個案談紅衛兵運動的失敗、情節及評價問題(下)唐少杰社會科學論壇1999(Z4)。

22.試論「文革」末期的周恩來效應徐魯航汕頭大學學報(人文科學版)1999(06)。

23.「文革」時期中共對台政策閻安內蒙古工業大學學報(社會科學版)1999(01)。

24.「文革」期間資料亟待搶救陳瑞良江南論壇1999(02)。

25.「文革」主流文藝術思想的構成與運作——「文革文學」研究之一王堯華僑大學學報(哲學社會科學版)1999(02)。

26.關於「文革」時期的民間文學問題高有鵬河南大學學報(社會科學版)1999(02)。

27.論張志民「文革」「自賞詩」的思想性楊漢雲湖南社會科學1999(02)。

28.敘述文革許子東讀書1999(09)。

29.論「文革」之前的知識青年上山下鄉崔祿春黨史研究與教學1999(04)。

30.「文革」事件對入學、升學模式的影響劉精明社會學研究1999(06)。

31.曲折探索時期的光輝業績——建國後至「文革」結束的經濟建設張啟華馬克思主義研究1999(05)。

32.「文革」時期的個人崇拜問題淺探何亞平毛澤東思想研究1999(01)。

33.「文革」後期周恩來在對外經濟工作中的貢獻王駿黨的文獻1999(01)。

2000

1.「文化大革命」的歷史教訓——紀念《關於建國以來黨的若干歷史問題的決議》發表20周年余廣人炎黃春秋2000(12)。

2.1966年我國的政治體制與「文化大革命」的發動樊建瑩、張明軍信陽師範學院學報(哲學社會科學版)2000(01)。

3.「文化大革命」時期的石油高等教育張榮華石油大學學報(社會科學版)2000(01)。

4.冷戰與中國「文化大革命」的起源牛大勇社會科學論壇2000(05)。

5.「文化大革命」與鄧小平理論的形成何繼齡甘肅高師學報2000(06)。

6.萬里與「文化大革命」時期北京的城市規劃魏恪宗北京黨史2000(04)。

7.水與舟關係的現代詮釋——論人民群眾在「文化大革命」中的歷史作用郭文亮中山大學學報(社會科學版)2000(05)。

8.「文化大革命」初期群眾組織取向的個案評析唐少杰中共黨史研究2000(01)。

9.論「文化大革命」期間黨的指導思想的兩個發展趨向張保軍中共黨史研究2000(02)。

10.「文化大革命」中北京「天派」、「地派」的一些特點卜偉華中共黨史研究2000(03)。
11.毛澤東的新「階級鬥爭」論斷與「文化大革命」的起因和特點陳東林中共黨史研究2000(06)。
12.中蘇論戰與「文化大革命」劉興先河南師範大學學報(哲學社會科學版)2000(05)。
13.「文化大革命」時期中國共產黨的民族綱領政策——中國共產黨民族綱領政策形成和發展研究之七烏小花黑龍江民族叢刊2000(03)。
14.「文化大革命」與當代中國改革模式的選擇闞海庭當代中國史研究2000(04)。
15.文化專制主義重壓下的複雜創作現象——談文革十年的三類小說仕生泰山鄉鎮企業職工大學學報2000(02)。
16.反思「文革」歲月的胸懷與境界陸仁書屋2000(08)。
17.周恩來在「文革」中是怎樣批極左的王永欽炎黃春秋2000(11)。
18.「文革」特色詞語淺析劉根法西北民族學院學報(哲學社會科學版.漢文)2000(04)。
19.「文革」時期的連環畫創作魯虹西北美術2000(03)。
20.「文革」十年間的中國翻譯界靳彪、趙秀明天津外國語學院學報2000(01)。
21.「破舊立新」狂潮中的文化返祖——「文革」中流行的各種降災致害巫術王毅社會科學論壇2000(02)。
22.「文革」中的「林彪現象」論析林源南京社會科學2000(09)。
23.「文革」時期山西經濟建設述評牛崇輝呂梁高等專科學校學報2000(02)。
24.周恩來在「文革」前期中國外交工作中的貢獻肖宗志洛陽工學院學報(社會科學版)2000(04)。
25.從「小四清」到「文革」——一個華南鄉村的「運動」考察單世聯開放時代2000(05)。
26.「文革」中的「小辯論」劉宗武教育藝術2000(09)。
27.表層的與潛隱的——「文革」中兩種形態詩透析陳愛中佳木斯大學社會科學學報2000(02)。
28.生活在別處——「文革」地下文學中的女性形象尹元華濟南教育學院學報2000(05)。
29.周恩來在文革中對外交事業的貢獻韓民仆、趙凌淮陽師範學院學報(哲學社會科學版)2000(04)。
30.中國理論界的一樁歷史公案——「文革」末期起草《中國科學院工作匯報提

綱》的前前後後龔育文河北學刊2000(04)。

31.「文革」十年毛澤東著作毛澤東像出版紀實方厚樞湘潮2000(06)。

32.回歸傳統精神與恪守人格理想的生命悲歌——「文革」期間作家自殺現象的文化思考劉玉平四川師範學院學報(哲學社會科學版)2000(06)。

33.《管錐編》中的「文革」話語與「文革」憂思孫小著山西大學師範學院學報2000(03)。

34.「文革」前後的研究所黃松贊東南亞研究2000(Z1)。

35.「文革時期」的文學運動形態論綱郝明工重慶師院學報(哲學社會科學版)2000(01)。

36.關於「文革語言」的反思金立鑫、阿宣語文建設2000(06)。

37.毛澤東在「文革」時期的兩個思想趨向初探李曙新毛澤東思想研究2000(05)。

38.鄧小平「文革」後期的整頓與改革開放方針的確立王員江西社會科學2000(02)。

39.「文革」主流文學論綱熊德彪、劉成友湖北大學學報(哲學社會科學版)2000(01)。

40.「文革」時期流放者詩歌簡論王家平文藝爭鳴2000(06)。

41.體現憂國情懷的「歷史反省」——「文革小說」的敘事研究許子東文學論評2000(03)。

42.「文革」時期檔案開放問題初探李軍上海檔案2000(05)。

43.滄海橫流更顯英雄本色——「文化大革命」中的宋慶齡華平宋慶齡與二十世紀學術研討會文集宋慶齡與二十世紀學術研討會上海三聯出版社2000.12。

44.90年代國內關於「知青運動」研究綜述徐春夏當代中國史研究2000(04)。

2001

1.「文化大革命」時期政治體制的特徵胡德茂黨史縱覽2001(01)。

2.中國文藝工作者在文化大革命中的抗爭——兼與葛紅兵辯論譚解文雲夢學刊2001(06)。

3.60年代意識形態領域的錯誤批判與「文化大革命」的發動李振霞新東方2001(02)。

4.「文化大革命」的理性思考強連紅克山師專學報2001(01)。

5.民主黨派「文化大革命」時期的歷史概要韋玉風世紀橋2001(05)。

6.對「文化大革命」時期北京市經濟發展策略的思考郭曉燕北京聯合大學學報2001(01)。

7.中蘇論戰與「文化大革命」的起因周敬青中共中央黨校學報2001(01)。

8.「文化大革命」時期日本人的文革論張雅晶史學月刊2001(03)。

9.「文化大革命」前期人們眼中的中國和世界翁有為史學月刊2001(05)。

10.談「文化大革命」檔案史料的編研齊曉嵐蘭台世界2001(06)。

11.「文革」語言的社會文化心理分析金立鑫書屋2001(03)。

12.毛澤東與「文革」時期的個人崇拜彭厚文無錫輕工大學學報(社會科學版)2000(01)。

13.中國「文革」與法國「五月風暴」評論萬家呈學術界2001(05)。

14.「大躍進」與「文革」時期經濟發展模式的比較周樹立黔東南民族師專學報2001(05)。

15.「文革」中稱柳宗元為大「法家」的回顧與反思呂國康零陵師範高等專科學校學報2001(04)。

16.文革文學與尋根文學的符號學比較王衡霞零陵師範高等專科學校學報2001(02)。

17.「文革」災難與毛澤東的哲學思想失誤崔自鐸理論前沿2001(02)。

18.試論「文革」中的知青上山下鄉運動幾度起伏的經濟因素張曙世紀橋2001(01)。

19.評10年「文革」與文藝園剿彭禮賢井岡山師範學院學報2001(01)。

20.關於「文革」時期的手抄本問題高有鵬河南大學學報(社會科學版)2001(04)。

21.「文革」元旦社論話語的邏輯語義分析祝克懿貴州大學學報(社會科學版)2001(04)。

22.文革「樣板戲」論莫偉鳴湖南教育學院學報2001(06)。

23.正確認識毛、劉關係與「文革」的發動高正禮黨史研究與教學2001(02)。

24.「文革」中的知青上山下鄉運動研究述評張曙當代中國史研究2001(02)。

25.文化大革命是怎樣結束?李捷中國檔案報2001-03-16。

2002

1.論毛澤東對「文化大革命」的評價彭厚文江南大學學報(人文社會科學版)2002(01)。

2.試析毛澤東的社會主義觀與「文化大革命」的發生魏憲朝聊城大學學報(哲學社會科學版)2002(01)。

3.政治文化對「文化大革命」的支撐與推延作用及其有限性李月軍天水行政學院學報2002(02)。

4.談「文化大革命」期間的寫作實踐和寫作理論侯攀峰內蒙古師範大學學報(哲學社會科學版)2002(03)。

5.談個人崇拜與「文化大革命」劉玉娟晉東南師範專科學校學報2002(01)。

6.「文化大革命」中武鬥發展階段及特點分析張晉山湖南省政法管理幹部學院學報2002(S2)。

7.十一屆三中全會以來「文化大革命」研究的新進展王海光黨史研究與教學2002(06)。

8.論「文化大革命」的潛在歷史影響吳鵬森安徽師範大學學報(人文社會科學版)2000(04)。

9.論毛澤東發動「文化大革命」動機的形成——兼評中蘇論戰的消極影響虞文青、王炳中共中央黨校學報2002(04)。

10.論鄧小平「文化大革命」之「功」說陳亞萍南京師大學報(社會科學版)2002(02)。

11.珍惜黨領導人民探索社會主義前進道路的歷史——論更加公正客觀地看待黨在「文化大革命」十年中的失誤張榮生當代中國史研究2002(05)。

12.美國對中國「文化大革命」的反應(1966~1968)唐小松當代中國史研究2002(04)。

13.用歷史唯物主義眼光看問題——鄧小平對「文化大革命」的評價方法探析周敬青黨政論壇2002(02)。

14.美國對中國「文化大革命」的早期研究(1966—1968)王朝輝東北師大學報(哲學社會科學版)2002(06)。

15.試論「文革」爆發的思想文化基礎張明軍、尹書博華東師範大學學報(哲學社會科學版)2002(06)。

16.毛澤東晚年憂患意識的演進分析——從大躍進和文革的發動談起王青山中共桂林市委黨校學報2002(02)。

17.從「文革」期間社會的結構及功能看「文革」的成因李超海益陽師專學報2002(02)。

18.淺析發動「文革」的深層根源王永章新疆石油教育學院學報2002(03)。

19.寫家國之情，發黍離之音——中國作家在文革期間的地下寫作譚解文湘潭大學社會科學學報2002(01)。

20.「文革博物館」從這裡開始牧惠咸寧師專學報2002(04)。

21.高度理性化的獨語——「文革」文學語言論孫德喜武漢大學學報(人文社會科學版)2002(01)。

22.「文革」文本中的「五四」：對歷史話語的深度梳理張志忠書屋2002(09)。
23.「文革」時期農業文明對工業文明的對抗姜學波山東省青年管理幹部學院學報2002(05)。
24.論「「文革」地下詩歌」中的青年詩歌張治國平頂山師專學報2002(06)
25.「文革」期間婚姻生活之我見李相珍遼寧大學學報(哲學社會科學版)2002(03)。
26.「文革」的歷史敘述——論「樣板戲」的文學劇本顏敏荊州師範學院學報2002(04)。
27.特色館藏「文革」資料數據庫建設芻議付玉梅河南圖書館學刊2002(06)。
28.話語覆蓋與地下生長——「文革」文學整合鄒賢堯海南師範學院學報(社會科學版)2002(04)。
29.「文革」時期至上世紀末工資改革的回顧趙德碧湖南工程學院學報(社會科學版)2002(04)。
30.論「文革」期間小說的「潛在寫作」榮文仿湖南社會科學2002(05)。
31.「文革」後期鄧小平與台灣問題研究王中人黨史縱橫2002(04)。
32.論試「文革」爆發的思想文化基礎張明軍黨史研究與教學2002(05)。
33.烏托邦里的哀歌——「文革」期間知青歌曲的研究戴嘉枋中國音樂學2002(03)。
34.「文革」體育史研究中的幾個關鍵問題傳硯農體育文化導刊2002(05)。
35.談談如何處理文革資料王效鋒圖書情報工作2002(09)。
36.「文革史學」初探——以中國近代史研究為例李金錚、鄧紅史學月刊2002(12)。
37.文革期間內部資料收藏與整理芻議許仁蘭情報雜誌2002(03)。
38.關於文革研究的一些話郜元寶當代作家評論2002(04)。
39.文革與敘事——關於文革研究的對話蔡翔、費振鐘、王堯當代作家評論2002(04)。
40.「文革」對「五四」及「現代文藝」的敘述與闡釋王堯當代作家評論2002(01)。
41.「文革」地下詩歌的現代性追求陳祖君當代文壇2002(04)。
42.關於「文革」中國務院業務組的若干情況程振聲黨的文獻2002(03)。
43.一頁沉重的歷史紀錄——「五七干校」裡的中國作家譚解文雲夢學刊2002(3)。

2003

1.「走資派」成為「文化大革命」重點對象原因探析李裔玲中共樂山市委黨校學報2003(03)。

2.「文化大革命」時期中共與民主黨派關係論析韋玉風黑龍江省社會主義學院學報2003(04)。

3.毛澤東發動「文化大革命」的動機研究劉鐵松郥陽師範高等專科學校學報2003(05)。

4.「文化大革命」期間三線建設的物資保障袁寶華當代中國史研究2003(04)。

5.「文化大革命」時期人民解放軍的主要成就和經驗教訓當代中國史研究2003(03)。

6.「文化大革命」後期在解放幹部問題上的一場鬥爭吳德當代中國史研究2003(02)。

7.「文化大革命」研究現狀李月軍、趙永紅中共寧波市委黨校學報2003(03)。

8.「文化大革命」研究之現狀李月軍、趙永紅許昌學院學報2003(03)。

9.論「文化大革命」時期的政治社會化李月軍武漢理工大學學報(社會科學版)2003(02)。

10.「文化大革命」期間黨的指導思想存在著兩個發展趨向嗎？——評《論「文化大革命」期間黨的指導思想的兩個發展趨向》一文張繼昌山西農業大學學報(社會科學版)2003(03)。

11.義和團運動蒙昧性的文化探源——兼論對「文化大革命」的影響王毅社會科學論壇2003(08)。

12.毛澤東的理想「文化大革命」的發生連儒來內蒙古民族大學學報(社會科學版)2003(01)。

13.對「文化大革命」錯誤的政治實踐和理論的歷史反思高飛樂黨史研究與教學2003(04)。

14.漫議「文化大革命」的依靠力量魯丁黨史博覽2003(10)。

15.李先念在「文化大革命」中穩定農村政策的努力程振聲中共黨史研究2003(04)。

16.《論共產黨員的修養》的修訂再版及其在「文化大革命」中的命運林蘊暉中共黨史研究2003(02)。

17.正確認識毛澤東在「文革」中的錯誤蔡麗安慶師範學院學報(社會科學版)2003(S1)。

18.超越生的極限——牛漢「文革」期間詩歌研究金素賢詩探索2003(Z2)。

19.文化價值觀念與言語奢化——兼談「文革語言」產生的背景陳春艷湖北人教育學院學報2003(04)。

20.文革：理想和現實絕對是有差距的劉莉、鄭琳職業技術教育2003(23)。

21.「文革」初期毛澤東為何選擇林彪為接班人彭厚文武漢理工大學學報(社會科學版)2003(06)。

22.「文革」文獻數字化解決方案黃飛龍高校圖書館工作2003(06)。

23.論「文革」農村小說的價值取向任美衡寶　文理學院學報(社會科學版)2003(06)。

24.「文革」中「知青」對農村體育的影響及其原因傅硯農體育文化導刊2003(10)。

25.文革稱謂詞的軍事泛化及原因周毅浙江水利水電專科學校學報2003(03)。

26.「文革」農村小說：女性命運觀照及理倫理探索任美衡延安大學學報(社會科學版)2003(05)。

27.「文革」言語對修辭「四個世界」的負偏離聶焱西北第二民族學院學報(哲學社會科學版)2003(01)。

28.「文革」後期批「黑畫」鬧劇吳繼金文史月刊2003(12)。

29.「文革」歌曲補記張強文史精華2003(01)。

30.「文革」文學的反文化特質省思徐美恆、姚朝文、張朝麗唐山師範學院學報2003(06)。

31.冰層下的潛流——詩人食指的文革文本解讀黎歡韶關學院學報2003(11)。

32.「文革」時期的河北美術高炬社會科學論壇2003(04)。

33.「文革」時期讀書生活漫憶魏光奇首都師範大學學報(社會科學版)2003(S1)。

34.政治文化對「文革」的支撐與推延作用及其有限性李月軍、侯龍玲青海師範大學學報(哲學社會科學版)2003(02)。

35.「文革」時期群眾中的思想解放先驅劉濟生內蒙古民族大學學報(社會科學版)2003(04)。

36.「文革」油畫的再解讀劉曄、王宗英南京藝術學院學報(美術及設計版)2003(04)。

37.論「文革」檔案在編史修志中的地位與作用齊建華閩西職業大學學報2003(01)。

38.對黨史資料量化研究的一種嘗試——以引文分析方法分析《中共黨史研究》中「文革」史研究論文資料利用情況翟亞柳世紀橋2003(04)。

39.論「文革」農村小說的創作概況與創作背景任美衡開封大學學報2003(02)。

40.略論「文革」時期葉劍英的軍事幹部理論陳火祥嘉應大學學報2003(04)。

41.從「五四」對「文革」：道德形而上主義的終結——對一個「啟蒙」與「反啟蒙」命題的破解張寶明河北學刊2003(03)。

42.20世紀五六十年代我國的政治信息傳輸和交換體制與發動「文革」動機的形成張明軍黨史研究與教學2003(04)。

43.「文革」初期山西的「破四舊」運動孟紅滄桑2003(01)。

44.近十年「文革文學」研究略述張木榮中國文學研究2003(02)。

45.文革期間的外國文學翻譯馬士奎中國翻譯2003(03)。

46.樣板戲——古典主義的復活——文革主流藝術個案分析劉寧戲曲藝術2003(02)。

47.文革出版物資料庫的建立王效鋒圖書館建設2003(01)。

48.關於「文革」起源的一點看法何雲峰史學月刊2003(02)。

49.歷史情境與世紀回眸——關於十七年文學、文革文學研究的思考楊劍龍齊魯學刊2003(01)。

50.圖書館應重視「文革文物」的收藏利用王純圖書館理論與實踐2003(02)。

51.典型論在「十七年」及「文革」時期的演化與論爭王鐘陵江蘇社會科學2003(03)。

52.文革文學修辭策略譚學純福建師範大學學報(哲學社會科學版)2003(02)。

53.「文革」與「文革」後的思想解放運動狄景山當代世界與社會主義2003(04)。

54.應重視對「文革」檔案資料的徵集胡遠杰北京檔案2003(09)。

55.不應該用「十年失誤」來代替「十年浩劫」賴詩逸廣東黨史2003(05)。

56.十一屆三中全會以來「文化大革命」史的研究王海光學習時報。

2004

1.中蘇論戰與「文化大革命」氣候的形成虞文清同濟大學學報(社會科學版)2004(03)。

2.「文化大革命」成因的法制因素探析李安增中共黨史研究2004(06)。

3.「文化大革命」理論和實踐合法化之芻議李安增當代中國史研究2004(06)。

4.鄧小平與「文化大革命」——紀念鄧小平同志誕辰100周年尹成雲南社會主義學院學報2004(02)。

5.「文化大革命」時期清華工宣隊諸問題述評唐少杰社會科學論壇2004(11)。

6.龍生龍，鳳生鳳？——「文化大革命」初期的「血統論」之爭萬千福建黨史月刊2004(02)。

7.「文化大革命」時期中共與民主黨派關係論析韋玉風中央社會主義學院學報2004(03)。

8.三面紅旗與「文化大革命」喬桂銀克山師專學報2004(01)。

9.論鄧小平「文化大革命」後的兩大功績——紀念鄧小平同志誕辰100周年尹成昆明師範高等專科學校學報2004(02)。

10.毛澤東的晚年憂患和文化大革命王青山廣西教育學院學報2004(03)。

11.「文化大革命」的潛在歷史影響吳鵬森黨史博覽2004(04)。

12.大陸史學界「文化大革命」史研究綜述魏旭斌湖南農業大學學報(社會科學版)2004(01)。

13.畸形年代青春苦難與激情的見證——論「文革」地下青年詩歌的思想價值及美學意義張治國襄樊學院學報2004(06)。

14.「苦難與知識分子」的再解讀——「新時期」初期「文革」小說文化原型的知識分子視角張景蘭上海師範大學學報(哲學社會科學版)2004(06)。

15.「文革」時期的語言變異——以《戰地新歌》歌詞為例李春雁遼寧工學院學報(社會科學版)2004(05)。

16.「文革」時期經濟體制變動的邏輯嬗變朱耀斌黃岡師範學院學報2004(01)。

17.江青與「文革」中的美術大批判運動吳繼金鍾山風雨2004(04)。

18.文革時期知青小說的話語邏輯——兼論文革前後知青文學的精神淵源劉起林湖南社會科學2004(06)。

19.「文革」時期民間文學的文化闡釋賈劍秋西南民族大學學報(人文社科版)2004(10)。

20.毛澤東「文革」兩保鄧小平原因分析劉亞建學術探索2004(11)。

21.「文革」中毛澤東對待武鬥的態度劉松武老年人2004(12)。

22.復甦與再沉淪——論「文革」期間《戰地新歌》中的歌曲創作戴嘉枋中央音樂學院學報2004(04)。

23.「文革」中的兩個「小人物」歷史教學200411。

24.「文革」前後的中國援外肖非歷史教學2004(11)。

25.關於「文革」史研究中幾個問題的再思考張明軍湖南師範大學社會科學學報2004(06)。

26.英雄話語的純粹與迷失——論「文革」期間小說對民國時代的敘述任現品揚州大學學報(人文社會科學版)2004(05)。

27.《講話》：革命文藝的理論指南——兼對關於「文革」文藝評論的一個錯誤觀點的批評學術界常河、史維文2004(05)。

28.論「文革」戲劇觀念與外來影響胡星亮文藝爭鳴2004(04)。

29.「文革」期間知識分子的精神形態與話語方式劉忠中共浙江省委黨校學報2004(05)。

30.從理委會到革委會——「文革」十年中居委會的考察與思考郭聖莉、王一儂廣州大學學報(社會科學版)2004(07)。

31.現代性的信仰維度——論近年思想對「五四」、「文革」的反思及誤讀張光芒鄭州大學學報(哲學社會科學版)2004(04)。

32.論「文革」文藝的創作範式余學玉學術界2004(04)。

33.「文革」時期福建紅衛兵「破四舊」運動述略葉青黨史研究與教學2004(04)。

34.「文革」時期紅衛兵組織之特徵——以福建紅衛兵組織為個案的分析葉青福建師範大學學報(哲學社會科學版)2004(04)。

35.漫說漫畫以及「文革」中的政治漫畫散木社會科學論壇2004(08)。

36.「文革」主流文學的現代性根源武善增青海師範大學學報(哲學社會科學版)2004(04)。

37.異曲同工卻歸於殊途的文學——兼論「文革文學」的歷史特徵謝廷秋貴州師範大學學報(社會科學版)2004(04)。

38.苦澀記憶中的「文革文學」：文學史意義與審美價值的評估理論與創作2004(03)。

39.從「小主人」到「小闖將」的文學遷變——文革文學中兒童文學範式研究文嘉涪陵師範學院學報2004(04)。

40.文學本體性與文革文學研究——文革文學研究的反省與展望易光涪陵師範學院學報2004(04)。

41.「文革」時期的「紅色聖歌」毛克明社會科學論壇2004(06)。

42.「文革」中的「聖像」美術運動和廣場上的「紅色波普」散木社會科學論壇2004(06)。

43.「文革」主流文學的現代性根源武善增河南師範大學學報(哲學社會科學版)2004(03)。

44.20世紀五六年代中國憲法運行制約機制與「文革」的爆發張明軍河南師範大學學報(哲學社會科學版)2004(02)。

45.「文革」中《自然辦證法雜誌》的案例劉兵民主與科學2004(01)。

46.「文革」時期知青題材小說初探曹惠英中國青年政治學院學報2004(01)。

47.從《七律˙有所思》看文革的發動高華炎黃春秋2004(01)。

48.「無產階級專政下繼續革命」在農村的多重變奏——「文革」農村小說的主

題研究邢台學院學報任美衡、陳功2004(01)。

49.文學批判與革命輸出——文革文學中的「蘇修文藝」批判文嘉涪陵師範學院學報2004(01)。

50.文革文學中的知青文學鄒菡涪陵師範學院學報2004(01)。

51.直面文革文學伯牛涪陵師範學院學報2004(01)。

52.文革文學：文學性的終結？易光涪陵師範學院學報2004(01)。

53.期待文革文學研究的新突破劉納涪陵師範學院學報2004(01)。

54.論「文革語言」對言語交際基本原則的違背聶炎語言學新思維中國文聯出版社2004.06。

55.中央黨校八百學員討論總結十年「文革」沈寶祥學習時報2004/12/27。

56.也應拉響「文革」災難的記憶警報魏文彪中國青年報2004/10/08。

2005

1.法國「五月風暴」及其與「文化大革命」的比較張富良理論前沿2005(11)。

2.1996——反思和研究文化大革命的努力汪洋社會科學論壇2005(03)。

3.大躍進中的政治變遷與文化大革命的起源郭艷、陳興瑪湖北民族學院學報(哲學社會科學版)2005(02)。

4.毛澤東對江青「文革」文藝講話《紀要》的三次修改張志忠青年思想家2004(05)。

5.「文革」時期知識青年上山下鄉運動的歷史考察樊冬梅黨的文獻2005(04)。

6.「文革」期間藝術家面臨的問題情境魯虹藝術探索2005(02)。

7.「文革」期間毛澤東關於理論學習問題的論述劉曉哲山西高等學校社會科學學報2005(06)。

8.血緣親情關係的扭曲和異化——文革小說中的血緣親情解析孟繁兵山東科技大學學報(社會科學版)2005(02)。

9.知識厄運與制度悲劇——文革時期我國基礎教育課程「革命」的歷史省察彭澤平西北師大學報(社會科學版)2005(04)。

10.「文革」對自貢鹽業的干擾破壞程龍剛四川理工學院學報(社會科學版)2005(01)。

11.「文革文學」與現代性趙樹勤、楊賢美雲夢學刊2005(03)。

12.陳雲「文革」後期經濟思想研究趙士剛中共石家庄市委黨校學報2005(07)。

13.文革時期的「特殊」教育姜東平文史精華2005(04)。

14.文革繪畫中的女性形象研究薛揚南京藝術學院學報(美術與設計版)2005(02)。

15.「文革」中，胡喬木兩次向毛澤東求助顧為銘當代中國史研究2005(03)。
16.文革時期「地下文學」再探——兼論中國現代主義文學思潮的緣起熊忠武湖北教育學院學報2005(01)。
17.「文革」時期的文學評論古遠清湖北教育學院學報2005(01)。
18.「文革」怪象的符號學解析韋晶星當代教育論壇2005(06)。
19.「文革」時期福建老區問題的歷史反思賴正維福建黨史月刊2005(04)。
20.「文革」時期黨內正義力量與林彪、江青反革命集團的三次思想交鋒述評李曙新黨史文苑2005(04)。
21.政治文化與文革公開文學董建輝山東師範大學學報(人文社會科學版)2005(01)。
22.毛澤東「文革」期間針對個人崇拜而進行的鬥爭石雲霞新鄉師範高等專科學校學報2005(01)。

2006

[1].黃慶雲，我的文化大革命.2006：OxfordUniversityPress/牛津大學出版社.130。
[2].金春明著席宣，「文化大革命」簡史.2006：中共黨史出版社.407。
[3].NULL，他們創造了歷史.2006：商務印書館.1283頁。
[4].刑和明，「文化大革命」成因中蘇聯因素論析.安徽教育學院學報，2006(4)第31-36頁。
[5].雷亞平，意義的絕對控制——文革時期出版的戰爭題材長篇小說敘述方式分析.華中科技大學學報(社會科學版)，2006(3)：第88-92頁。
[6].史桂芳，日本學者眼中的「文化大革命」——加加美光行《歷史中的中國文化大革命》介評.當代中國史研究，2006(4)：第119-121頁。
[7].雷亞平，主題先行：文革戰爭題材長篇小說的構思局限.齊魯學刊，2006(4)：第98-100頁。
[8].金一虹，「鐵姑娘」在思考——中國文化大革命期間的社會性別與勞動.社會學研究，2006(1)：第169-193+0頁。
[9].馮靜與趙先明，鄧小平論「文化大革命」爆發原因研究.西昌學院學報(社會科學版)，2006(1)：第129-132頁。
[10].郭曉燕，文化大革命歷史教訓學術座談會綜述.理論前沿，2006(17)：第47-48頁。
[11].沈嘉達，「文革」敘事：身體鏡像與語言指涉.黃岡師範學院學報，2006(2)：第95-99頁。

[12].劉咏清，「文革」時期的「軍裝服」大流行現象.裝飾，2006(7)：第27-28頁。

[13].劉長澤，「文化大革命」與中國改革的緣起——訪中共中央黨校黨史教研部教授王海光.中共石家庄市委黨校學報，2006(8)：第4-9頁。

[14].祁春風，文革記憶與後現代敘事——畢飛宇論.江蘇教育學院學報(社會科學版)，2006(2)：第94-96頁。

[15].耿化敏，「文革」時期婦聯組織演變的歷史考察.當代中國史研究，2006(5)：第76-84+127頁。

[16].古遠清，余光中對「文革文學」的評論和研究.海南師範學院學報(社會科學版)，2006(2)：第1-5+29頁。

[17].馬士奎，翻譯主體地位的模糊化——析「文革」時期文學翻譯中譯者的角色.臨沂師範學院學報，2006(5)：第135-141頁。

[18].楊漢雲，十年絕墨筆生雷——論張志民「文革」中的「自賞詩」.湛江師範學院學報，2006(4)：第81-84頁。

[19].馬士奎，文學輸出和意識形態輸出——「文革」時期毛澤東詩詞的對外翻譯.中國翻譯，2006(6)：第17-23頁。

[20].黃嶺峻與徐浩然，集體行動的易感性與自主性——關於「文革」運動擴大化的政治心理學分析.武漢理工大學學報(社會科學版)，2006(2)：第161-165頁。

[21].蘇新有，論「文化大革命」口述歷史的學科建設.殷都學刊，2007(2)：第72-75頁。

[22].Rethinkingthe “lronGirls:” SocialGenderandLaborinthe “CulturalRevolution”. SocialSciencesinChina,2007(2)：P.172-174.

[23].何永紅，論「文革」中個人崇拜對科學社會主義信仰的危害.河北職業技術學院學報，2007(2)：第61-63頁。

[24].董一冰與田克勤，毛澤東對「干群關係」的認識與「文化大革命」的發生.湖南科技大學學報(社會科學版)，2007(1)：第25-28頁。

[25].李長山，德國的中國文化大革命研究.國外理論動態，2007(3)：第38-41頁。

[26].刁晏斌，「文化大革命」時期傳統貶義詞語的分化.寧夏大學學報(人文社會科學版)，2007(1)：第5-8頁。

[27].劉麗麗與杜兵，毛澤東發動「文化大革命」的原始誘因.赤峰學院學報(漢文哲學社會科學版)，2007(2)：第13-14+68頁。

[28].劉倩，文革時期法律虛無主義盛行的表現及根源.新余高專學報，2007(1)：第43-45頁。

[29].朱海雄，毛澤東的社會主義觀與「文化大革命」.中南民族大學學報(人文社會科學版)，2007：第19-21頁。
[30].劉志華，不可馴服的詩情——「文革」地下詩歌的另一種理解，涪陵師範學院學報，2007(1)：第35-38頁。
[31].李偉，閱讀生活的荒涼——「文革文學」接受簡論.海南師範學院學報(社會科學版)，2007(1)：第56-61頁。
[32].李長山，德國的中國文化大革命研究.當代中國史研究，2007(4)：第115頁。
[33].刁晏斌，「文革」語言中形容詞重疊形式使用情況考察.遵義師範學院學報，2007(3)：第25-28頁。
[34].陳如芳，「文化大革命」中的「口號」研究.黨史博采(理論)，2007(7)：第7+20頁。
[35].顧雷，講授《綱要》中的文革部分應注意的問題.山西高等學校社會科學學報，2007(11)：第114-116頁。
[36].劉濟生，「文化大革命」前周恩來是如何反對官僚主義的.毛澤東思想研究，2007(4)：第41-43頁。
[37].譚解文，「文化大革命」中文藝界大抄家述略.湖南科技學院學報，2007(10)：第49-51頁。
[38].陳答才，周恩來與陝西「文化大革命」.陝西師範大學繼續教育學報，2007(3)：第26-31頁。
[39].郭若平，「文化大革命」期間的「小報」文獻及其研究價值.黨史研究與教學，2007(5)：第9-13頁。
[40].刁晏斌，文革修辭格三題——文革修辭研究之十.遼東學院學報(社會科學版)，2007(6)：第59-62頁。
[41].陳祖君與潘成菊，文化大革命中的重慶小說簡論.長江師範學院學報，2007(6)：第75-79頁。
[42].施津菊，「文革」文學中的死亡敘事.伊犁師範學院學報(社會科學版)，2007(4)：第66-69頁。
[43].牛向陽，論「文革」水彩畫.藝術探索，2007(4)：第24-26頁。
[44].卜偉華，中華人民共和國史第六卷「砸爛舊世界」——文化大革命的動亂與浩劫(1966-1968).2008：香港中文大學當代中國文化研究中心.834。[45].唐正芒，周恩來與「文化大革命」時期的糧食問題.當代中國史研究，2008(1)：第22-30+127頁。
[46].楊凌超，我國「文化大革命」時期的小提琴藝術.隴東學院學報，2008(1)：

第90-93頁。

[47].刁晏斌，「文革」流行語在當今的沿用和重新啟用.杭州師範大學學報(社會科學版)，2008(6)：第101-104頁。

[48].路蓬蕊，文革前黨對知識分子政策變化的原因——社會學視角下的分析.山西高等學校社會科學學報2008(9)：第33-35頁。

[49].索愛V98引爆MP4「操作拇指文化大革命」.數碼世界，2008(1)：第55頁。

[50].谷海慧，「文革」記憶與表述——「老生代」散文的一個研究視角.上海師範大學學報(哲學社會科學版)，2008(1)：第85-91頁。

[51].楊曉慧與劉煥明，「文化大革命」的起因及其對當今的借鑑意義.湖南醫科大學學報(社會科學版)，2008(6)：第7-9頁。

[52].張靜淼，試析文革美術作品中的女性形象.貴州大學學報(藝術版)，2008(1)：第69-70+64頁。

[53].何理，「文化大革命」中的清查「五一六」問題.中共黨史資料，2008(4)：第126-136頁。

[54].張景蘭，戲說與解構：世紀之交「文革」題材小說一瞥.淮海工學院學報(社會科學版)，2008(1)：第65-68頁。

[55].王金崗，《陳永貴同志談農村的文化大革命運動》一文出台內幕.黨史博采(紀實)，2008(12)：第44頁。

[56].李潤霞，頹廢的紀念與青春的薄奠——論多多在「文化大革命」時期的地下詩歌創作.江漢論壇，2008(12)：第103-106頁。

[57].孔祥毅，一路坎坷一路凱歌——中國人民銀行在「大躍進」和「文化大革命」中的曲折與坎坷之路.中國金融，2008(23)：第50-52頁。

[58].肖健卿，「文化大革命」之初貴州見聞.中共黨史資料，2008(1)：第47-56頁。

[59].周有健，論鄧小平對「文化大革命」的評價.江西教育學院學報，2008(1)：第5-7+11頁。

[60].姚企新，「文化大革命」前夕的留法歲月.百年潮，2008(5)：第33-37頁。

[61].李錫海，我國「文化大革命」時期的犯罪研究.河南省政法管理幹部學院學報，2008(3)：第49-54頁。

[62].吳超，「文化大革命」起源研究述評.北京黨史，2008(3)：第34-40頁。[63].曹汝平，試析「張力」在文革宣傳畫中的三種視覺表現.浙江萬里學院學報，2008(4)：第29-32頁。

[64].黃東，一九六八年：張國燾觀「文化大革命」.百年潮，2008(5)：第19-22

頁。
[65].熊衛民，胰島素晶體結構測定研究的歷程(1965-1972年).中國科技史雜誌，2008(3)：第211-227頁。
[66].陳東林，「文化大革命」時期國民經濟狀況研究述評.當代中國史研究，2008(2)：第63-72+127頁。
[67].Winston,R.，達爾文之演化大革命.2009：天下雜誌股份有限公司.96。
[68].草森紳一，中國文化大革命の大宣傳下.2009：藝術新聞社.600。
[69].草森紳一，中國文化大革命の大宣傳上.2009：藝術新聞社.592。
[70].王紹光，超凡領袖的挫敗.2009：中文大學出版社.320。
[71].我的「文革」歲月.2009。
[72].陳建坡與丁清曄，「文化大革命」下限界定.江西科技師範學院學報，2009(2)：第13-16頁。
[73].劉可可，作為形式反撥的悲傷自敘傳——新時期和文革時期知青小說文本形式之對比分析.齊魯學刊，2009(6)：第154-157頁。
[74].陶杰，西方政治正確的文化大革命.南風窗，2009(8)：第94頁。
[75].方厚樞，「文化大革命」發動初期出版界的「奪權」鬥爭.出版發行研究，2009(6)：第69-71頁。
[76].肖楠，也論「文化大革命」的起因.經濟研究導刊，2009(12)：第197-198頁。
[77].梁怡與王風恩，外國人研究「文化大革命」與毛澤東的背景分析.首都師範大學學報社會科學版)，2009：第171-174頁。
[78].王丙乾，財政在「文化大革命」中苦撐危局.百年潮，2009(10)：第22-28頁。
[79].趙保群，鞠九江與張谷才，「文化大革命」中我對張愛萍的救助.百年潮，2009(11)：第33-38頁。
[80].彭富九，「文化大革命」中訪老師.百年潮，2009(1)：第27-29頁。
[81].陳建坡，圍繞「文化大革命」下限問題爭鳴的介評.傳承，2009(4)：第12-13頁。
[82].趙付科與李安增，中共十一屆三中全會以來「文化大革命」成因問題研究述評.安徽史學，2009(2)：第55-62頁。
[83].耿化敏，康克清與全國婦聯的撥亂反正.婦女研究論叢，2009(2)：第47-51+62頁。
[84].宋美玉，理性的迷失——「文革」中紅衛兵「造反有理」的心理分析.山西

高等學校社會科學學報，2009(9)：第110-112頁。
[85].馬士奎，塑造美國形象——「文革」期間對美國當代文學作品的譯介.臨沂師範學院學報，2009(2)：第64-67頁。
[86].凌青，「文化大革命」期間我在外交部的經歷.中共黨史資料，2009(1)：第77-82頁。
[87].羅志田，文革前「十七年」中國史學的片斷反思.四川大學學報(哲學社會科學版)，2009(5)：第5-15頁。
[88].王海光，試論「文化大革命」的發生與中國改革的緣起.黨史研究與教學，2009(2)：第27-37頁。
[89].帕爾默，美.R.R.，啟蒙到大革命.2010：世界圖書出版公司北京公司.258。
[90].薛慶超，從文化大革命爆發到林彪事件.2010：成都市：四川人民出版社.289。
[91].王一兵，文革末期鄉村生活的原始風暴——論華飛宇小說《平原》的思想意蘊.濟寧學院學報，2010(5)：第11-15頁。
[92].左進峰，「文化大革命」時期山東的教育革命.當代中國史研究，2010(4)：第55-62+126-127頁。
[93].郭聖福，中共第八屆中央委員會與「文化大革命」.黨史研究與教學，2010(1)：第38-44頁。
[94].李文東，「文化大革命」時期的甘肅美術.蘭州教育學院學報，2010(2)：第85-86+89頁。
[95].王戰輝，淺議文化大革命發生發展的原因及對當代的啟示.科技信息，2010(7)：第611+808頁。
[96].雷雪，周恩來在「文化大革命」中的統戰工作.福建省社會主義學院學報，2010(3)：第51-54頁。
[97].林柏，「文革」時期工業建設中引進技術基礎上的創新.史學月刊，2010(3)：第64-70頁。
[98].談風霞，歷史苦難的邊緣性詮釋——「文革」背景的童年敘事考察.南京社會科學，2010(2)：第124-129頁。
[99].朱瑞，文革時代的獨特啟蒙——從小說《啟蒙時代》談起.商丘職業技術學院學報，2010(1)：第75-76+82頁。
[100].胡文謙，論謝晉電影的「文革」敘事.浙江藝術職業學院學報，2010(1)：第59-65頁。
[101].沈杏培，我們如何敘述文革——以蘇童新作《河岸》的解讀為例，南京師

範大學文學院學報，2010(1)：第70-76頁。
[102].雷鳴，論文革地下文學的價值.貴州大學學報(社會科學版)，2010(2)：第123-127頁。
[103].周禮飛，談周恩來在「文化大革命」中的韌性戰鬥.齊齊哈爾師範高等專科學校學報，2010(5)：第93-94頁。
[104].朱沛升，「文革記憶」研究初探.福建師範大學學報(哲學社會科學版)，2010(3)：第93-96頁。
[105].金大陸，上海「文革」時期的糧油供應——兼論「國家管理」的「在位」.史林，2010(2)：第34-46+188頁。
[106].閆玲玲，「文革」時期知識分子政策及其影響，天水行政學院學報，2010(1)：第107-110頁。
[107].李成，試論「文革」時期的兒童歌曲及其創作特徵.音樂探索，2010(3)：第35-37頁。
[108].潘天強，電影《決裂》——文革後期被勾兌的「政治賀歲片」.上海大學學報(社會科學版)，2010(5)：第43-53頁。
[109].胡睿臻，從關鍵詞看文革時期文論體系的根源與特徵.唐山師範學院學報，2010(4)：第33-36頁。
[110].巫洪亮，「斷裂」與「超越」——「十七年」詩人時間意識的兩個維度.五邑大學學報(社會科學版)，2010(3)：第39-43+94頁。
[111].馬玲麗，覺醒一代的心靈史——論新時期知青小說的精神歷程.信陽師範學院學報(哲學社會科學版)，2010(4)：第121-125頁。
[112].孫沛東，褲腳上的階級鬥爭——「文革」時期廣東的「奇裝異服」與國家規訓.開放時代，2010(6)：第84-101頁。
[113].李珍與王孫禺，清華大學解放後至文革前文科調整研究.清華大學教育研究，2010(5)：第118-124頁。
[114].李晨，張華李健主編與韓泰華副，1921-2011中國共產黨九十年歷程文化大革命.2011，長春市：吉林人民出版社.792。
[115].「文革」中的我.2011。
[116].靳彥，政治思想與藝術表達——文革十年17部動畫片的特質及社會意義.藝術與設計(理論)，2011(12)：第147-149頁。
[117].周建江，時代的激情與廢墟上的狂舞——文革時期新疆軍墾知青文學個案分析.石河子大學學報(哲學社會科學版)，2011(3)：第103-109頁。
[118].徐華春與胡翔，「文革」時期版畫圖式探析.湖南工程學院學報(社會科學版)，2011(2)：第108-110頁。
[119].張建文，文化大革命中的農信社(1966-1976).中國農村金融，2011(7)：第

87-89頁。

[120]曾冬青，「文革」宣傳話語的語篇特徵探.遼寧醫學院學報(社會科學版)，2011(1)：第98-101頁。

[121]宋海芽，意識形態翻譯的操控——文革期間的外國文學翻譯研究.湖北第二師範學院學報，2011(9)：第123-125頁。

[122].馬武剛，國外理論對文化大革命起源研究述要.前沿，2011(14)：第173-176頁。

[123].劉冰俠，「文革」水墨人物畫特點探析.晉中學院學報，2011(1)：第86-88頁。

[124].鄧中雲，從象徵符號探討「文革」美術之圖式語言.藝術探索，2011(4)：第68-69+146頁。

[125].孫繼南，一份殘存的珍貴音樂教育史料——劉質平「文革日記」解讀.南京藝術學院學報(音樂與表演版)，2011(2)：第14-23+177頁。

[126].周毅，傳統文化在文革中的強化及畸變2006——以文革歌詞為例.台州學院學報，2011(4)：第47-50頁。

[127].楊丹丹，新時期初期「文革小說」中的暴力敘事.哈爾濱師範大學社會科學學報，2011(1)：第108-112頁。

[128].金大陸，非常與非常——「文革」社會生活史研究的理論範式.史林，2011(5)：第144-149+191頁。

[129].段發明，文革時期的紅色課本及其困局——以上海市中小學暫用課本為例，湖南師範大學社會科學學報，2011(5)：第142-145頁。

[130].張建華，紅色領袖列寧布哈林斯大林——對「文化革命」和蘇維埃文化的理解與闡釋.俄羅斯學刊，2011(1)：第52-63頁。

[131].鄧長亮，由救贖到狂歡——從《一九八六》、《兄弟》看余華關於「文革」暴力敘事的轉換.長春金融高等專科學校學報，2011(3)：第91-93頁。

[132].沈杏培與姜瑜，作家如何「讀史」——芻議新時期作家對「文革」歷史的文學敘述.海南師範大學學報(社會科學版)，2011(5)：第1-5頁。

[133].高奇，「文化大革命」後期落實幹部政策回顧(一).百年潮，2011(8)：第9-12頁。

[134].高奇，「文化大革命」後期落實幹部政策回顧(二).百年潮，2011(9)：第18-22頁。

[135].王麗紅，不是西風壓倒東風而是東風壓倒析風——文化大革命時期的招貼藝術.西北美術，2011(1)：第36-39頁。

[136].黨好收，一種新的文革敘事方式——《古爐》蘊含的生活哲理.濟源職業技術學院學報，2011(4)：第103-106頁。

[137].楊麗然，「文革」後期的科研——申洋文訪談.中國科技史雜誌，2011(2)：第166-178頁。

[138].王松鋒，「日常生活」的審美與醉醜——試論近五年來長篇小說中的「文革」書寫.三門峽職業技術學院學報，2011(2)：第47-49頁。

[139].程中原，「文化大革命」的終結與偉大歷史轉折的實現.晉陽學刊，2011(2)：第83-88頁。

[140].肖敏，20世紀70年代小說研究.2012.265。

[141].熊曉輝，「文革音樂」研究.綿陽師範學院學報，2012(1)：第114-117頁。

[142].彭厚文，「文革」時期「三突出」的文藝創作理論述論.襄樊學院學報，2012(3)：第36-42頁。

六、港台地區的「文化大革命」史論文

1.細說文化大革命大事記亞洲週刊1985.05。

2.中共會再出現法西斯政變嗎？——文化大革命三十年祭司馬璐九十年代(停刊)1985.05。

3.文化大革命：30年後時代雜誌1985.07。

4.「文化大革命」會再重演嗎？陶在朴交流1985.07。

5.「文化大革命好」？史維中國通商雜誌(改刊名)1985.08。

6.回顧先鋒文學——兼論八十年代的寫作環境和「文革」記憶吳亮傾向：文學人文季刊1983.08。

7.中共「文革」時期「美國之音」廣播穿透鐵幕之研究陳德復興崗學報1983.12。

8.中共「文革」時期莫斯科電台對中國大陸廣播之研究陳德復興崗學報1984.06。

9.DuringandAfterCulturalRevolution：TheRelationshipBetweenMAO'SIdeologyandTheBehaviorofYouth周德禎屏東師院學報1984.06.

10.崇高的蛻變——新時期文學中的「文革」王坤二十一世紀1984.08。

11.評《王力現場歷史：文化大革命紀事》王紹光香港社會科學學報1984.09。

12.評《理性與瘋狂：文化大革命中的群眾運動》(王紹光著)陳佩華香港社會科學學報1984.09。

13.文革「故事」從何說起？兼答陳佩華的批評王紹光香港社會科學學報1984.09。

14.評燕帆：《大串連：一場史無前例的政治旅遊》定宜庄香港社會科學學報

1984.09。

15.評楊曦光：《牛鬼蛇神錄：文革囚禁中的精靈》王大剛香港社會科學學報1984.09。

16.拓展文革研究的視野王紹光二十一世紀1984.10。

17.西方學者對中國文革的研究徐友漁二十一世紀1984.10。

18.文革期間群眾性對立派系成因華林山二十一世紀1984.10。

19.毛式烏托邦的幻滅——文革後的傷感現實主義潮流高名潞雄獅美術1984.11。

20.文革卅周年：海瑞罷官說從頭明報月刊1984-12。

21.再說文革中的造反派——與華林山商榷徐友漁二十一世紀1985.02。

22.從歷史角度看「文革」的政治意義Dirlik,Arif著、陳慈玲吳嘉寶譯香港社會科學學報1985.03。

23.毛澤東文革理論的得失與「現代性」的重建崔之元香港社會科學學報1985.03。

24.「文革」中群眾暴力行為的起源與發展——迫害性集體行動的邏輯龔小夏香港社會科學學報1985.03。

25.「大批判」詛咒巫術——「文革」向原始文化「返祖」的實證研究王毅香港社會科學學報1985.03。

26.文革思潮與後學郭建二十一世紀1985.06。

27.從「毛澤東選集」看毛澤東思想麥瑞台國立僑生大學先修班學報1985.07。

28.紅衛兵與「全共斗」——兼談60年代日本的新左翼橋爪大三郎著、季衛東譯二十一世紀1985.08。

29.文化大革命與現代日本加加美光行著、季衛東譯二十一世紀1985.08。

30.文革是一場反社會運動Touraine,Alain二十一世紀1985.08。

31.文革的「第一張馬列主義大字報」印紅標二十一世紀1985.08。

32.文化大革命中的異端思潮宋永毅二十一世紀1985.08。

33.政治迫害的造反運動華林山二十一世紀1985.08。

34.六億神州舜堯——文革後期繪話的主題吾遠二十一世紀1985.08。

35.「文革」時期人民群眾的覺醒與抗爭郭文亮中國研究(香港)1985.08。

36.中國「文革」民間思想概觀丁東、謝泳中國研究(香港)1985.08。

37.文革理論與毛澤東張景芬中國研究(香港)1985.08。

38.關於「兩個文革」說徐友漁中國研究(香港)1985.08。

39.「毛澤東現象」與文化大革命——一種可能的哲學詮釋何中華中國研究(香港)1985.08。

40.對中國文革的解釋WhiteIII，Lynn著、汪煦摘譯當代中國研究1985.08。
41.文革研究回歸社會考察——兼論中國政治典範認知的轉變蔡子強明報月刊1985.10。
42.異端思潮和紅衛兵的思想轉向徐友漁二十一世紀1985.10。
43.文革中的「外國造反派」何蜀二十一世紀1985.10。
44.打老師和打同學之間王友琴二十一世紀1985.10。
45.中共「文化大革命」中的異端思潮(上)永毅中共研究1985.10。
46.中共「文化大革命」中的異端思潮(下)永毅中共研究1985.11。
47.毛澤東與文革周玉山中國大陸研究1985.12。
48.文化大革命中的地下詩歌貝岭中國研究(香港)1986.02。
49.文革與中國工業化——就文革中的工潮與徐友漁先生商榷方圓中國研究(香港)1986.02。
50.中共文化大革命中的地下讀書運動宋永毅中共研究1986.07。
51.文革中的黃皮書和灰皮書宋永毅二十一世紀1986.08。
52.文化大革命對儒學之批判及其社會基礎江衍良元培學報1986.12。
53.文革異端的判別標準雲林二十一世紀1987.02。
54.文化大革命與1989年民主運動之間的歷史關聯Calhoun,Craig&WasserstromJeffrey香港社會科學學報1987.03。
55.再探浙江省的文革運動——新資料、舊結論Forster,Keith香港社會科學學報1987.03。
56.文革社會衝突的類型舒中興東亞季刊1987.04。
57.打開歷史的黑箱——文革「寫作組」剖析古遠清純文字(香港)1989.05。
58.從「文革」至「從文革」共軍政治角色的轉變與走向黃恩浩共黨問題研究1989.11。
59.文革中的異端思潮說明了什麼？「評宋永毅、周澤浩譯《當代中國思想——文化大革命中的異端思潮》」徐友漁二十一世紀1991.10。
60.清理階段隊伍——文化大革命的內幕Walder,AndrewG香港社會科學學報1991.12。
61.評馬繼森《外交部文革紀實》陳永發中央研究院近代史研究所集刊1992.06。
62.評《ProletarianPower:ShanghaiintheCultureRevolution》byPerry,ElizabethJ,LiXun鐘延麟政大史粹1993.12。
63.評介王友琴的《文革受難者》研究趙鼎新二十一世紀1993.10。
64.人性、責任和才華的凝結——讀王友琴的《文革受難者》仲維光當代

1993.10。

65.探討中國大陸「文革時期文學」岩佐昌暲、蔡長江譯中共研究1994.04。

66.「中央文革小組」及其文化基因王毅二十一世紀1998.12總第51期。

67.《文化大革命：書目索引，1966-1996》印紅標宋永毅、孫大進二十一世紀1999.4總第52期。

68.文革小說中的罪與罰許子東二十一世紀1999.12總第56期。

七、「文化大革命」史博士碩士論文

大陸地區

（一）博士論文：

1.試論「文化大革命」的極左思潮杜蒲(作者)金春明(導師)中共黨史(學科專業名稱)中共中央黨校(學位授予單位)1990(論文提交日期)。

2.大動亂年代的艱難抗爭郭文亮(作者)金春明(導師)中共黨史、文化大革命史(學科專業名稱)中共中央黨校(學位授予單位)1994(論文提交日期)。

3.「文化大革命」時期革命委員會研究張志明(作者)金春明(導師)中共黨史(學科專業名稱)中共中央黨校(學位授予單位)1995(論文提交日期)。

4.「文化大革命」中的「教育革命」周全華(作者)金春明(導師)中共黨史、文化大革命史(學科專業名稱)中共中央黨校(學位授予單位)1997(論文提交日期)。

5.不對稱的社會實驗——論「文革」中的知青上山下鄉運動張曙(作者)金春明(導師)中共黨史(學科專業名稱)中共中央黨校(學位授予單位)2001-05-01(論文提交日期)。

6.50、60年代我國政治體制的演變與「文化大革命」的發動張明軍(作者)周敏凱(導師)科學社會主義與國際共產主義運動：當代中國政治(學科專業名稱)華東師範大學(學位授予單位)2001(論文提交日期)。

7.論紅衛兵政治思潮范明強(作者)彭明(導師)政治學理論：中國近現代政治思想史(學科專業名稱)中國人民大學(學位授予單位)2000(論文提交日期)。

8「文革」十年小說研究廖述毅(作者)許志英(導師)中國現當代文學(學科專業名稱)南京大學(學位授予單位)2001(論文提交日期)。

9.關於林彪集團問題的再研究周敬青(作者)金春明(導師)中共黨史(學科專業名稱)中共中央黨校(學位授予單位)2001(論文提交日期)。

10.「文革」時期的樣板戲研究〔韓〕卞敬淑(作者)王曉明(導師)中國現當代文學：廿世紀中國文學(學科專業名稱)華東師範大學(學位授予單位)2001(論文提交日期)。

11.「文革」時期福建群眾組織研究葉青(作者)汪徵魯(導師)歷史學(學科專業名稱)福建師範大學(學位授予單位)2002-10-01(論文提交日期)。
12.符號化政治——並以文革時期符號象徵秩序為例金鵬(作者)林尚立(導師)政治學理論(學科專業名稱)復旦大學(學位授予單位)2002-10-20(論文提交日期)。
13.「文化大革命」時期的福建老區問題賴正雄(作者)汪徵魯、林強(導師)歷史學(學科專業名稱)福建師範大學(學位授予單位)2002-10-01(論文提交日期)。
14.知青題材小說研究——從文革時期到90年代曹惠英(作者)洪子城(導師)現當代文學：當代小說研究(學科專業名稱)北京大學(學位授予單位)2003.5.1(論文提交日期)。
15.「文革」主流文學論武善增(作者)丁帆(導師)中國現當代文學(學科專業名稱)南京大學(學位授予單位)2003(論文提交日期)。
16.知青題材小說研究：從文革時期到90年代曹惠英(作者)洪子誠(導師)中國現當代文學：當代小說研究(學科專業名稱)北京大學(學位授予單位)2003(論文提交日期)。
17.論「十七年」文學和「文革」文學中的兩性關係敘述張曉晶(作者)丁帆(導師)中國現當代文學(學科專業名稱)南京大學(學位授予單位)2003(論文提交日期)。
18.美國對中國「文化大革命」的研究(1966-1969)王朝輝(作者)于群(導師)世界史(學科專業名稱)東北師範大學(學位授予單位)2005-04-01(論文提交日期)。

（二）碩士論文：

1.文革時期長篇小說鄭榮康(作者)洪子誠、曹文軒(導師)中國現當代文學：中國當代文學(學科專業名稱)北京大學(學位授予單位)1994.6.1(論文提交日期)。
2.中英關係在新中國建立和「文化大革命」時期於香港地區的體現關懷廣(作者)周青(導師)國際政治(學科專業名稱)暨南大學(學位授予單位)2000-05-01(論文提交日期)。
3.文革初期政治性形相材料研究——政治社會化的特殊方式及意義彭俊軍(作者)王浦劬(導師)政治學與行政管理：政治學理論(學科專業名稱)北京大學(學位授予單位)2000.5.1(論文提交日期)。
4.文化大革命對香港社會秩序的影響——一九六七年五月動亂研究鄭榮康(作者)牛大勇(導師)歷史學：中國近現代史(學科專業名稱)北京大學(學位授予單位)2000.7.1(論文提交日期)。
5.試述「文化大革命」中的大字報邱建立(作者)翁有為(導師)中國近現代史(學科

專業名稱)河南大學(學位授予單位)2001-05-01(論文提交日期)。

6.也談「文革」時期黨的領導問題龍斌(作者)文選德(導師)中共黨史(學科專業名稱)湖南師範大學(學位授予單位)2001-05-01(論文提交日期)。

7.福建文化大革命的一˙二六事件鄭小娟(作者)汪徵魯(導師)專門史(學科專業名稱)福建師範大學(學位授予單位)2002-04-01(論文提交日期)。

8.記憶的幻想：「文革」農村小說的精神選擇任美衡(作者)姚代亮(導師)中國現當代文學(學科專業名稱)廣西師範大學(學位授予單位)2002-04-01(論文提交日期)。

9.「文化大革命」時期福建教育革命研究陳矩弘(作者)汪徵魯(導師)專門史(學科專業名稱)福建師範大學(學位授予單位)2002-04-01(論文提交日期)。

10.文革十年紅色詩歌浪潮初論盧志杰(作者)黎風(導師)中國近現代史(學科專業名稱)四川大學(學位授予單位)2002-04-12(論文提交日期)。

11.毛澤東晚年錯誤的制度分析胡明西(作者)范賢超(導師)馬克思主義哲學(學科專業名稱)湘潭大學(學位授予單位)2002-05-01(論文提交日期)。

12.文化大革命中民眾的倫理心理初探朱毅(作者)馬克思主義理論與思想政治教育：思想政治教育(學科專業名稱)武漢大學(學位授予單位)2002(論文提交日期)。

13.「文革」歲月鄧小平的沉浮與中國社會的衰興喬水舟(作者)馬克思主義理論與思想政治教育(學科專業名稱)中國人民大學(學位授予單位)2002(論文提交日期)。

14.「文革」文學的精神流亡現象赫學穎(作者)蔣登科(導師)中國現當代文學(學科專業名稱)西南師範大學(學位授予單位)2003-04-01(論文提交日期)。

15.「文革」新詩及其現代性論析陳祖君(作者)周曉風(導師)中國現當代文學(學科專業名稱)重慶師範大學(學位授予單位)2003-04-20(論文提交日期)。

16.毛澤東個人崇拜現象的歷史反思吳恩鴻(作者)張福記(導師)馬克思主義理論與思想政治教育(學科專業名稱)山東師範大學(學位授予單位)2003-04-29(論文提交日期)。

17.對文革的解讀王志(作者)韓莉(導師)世界史(學科專業名稱)首都師範大學(學位授予單位)2003-06-01(論文提交日期)。

18.論毛澤東個人崇拜形成的原因汪思明(作者)孫康(導師)馬克思主義理論與思想政治教育(學科專業名稱)武漢大學(學位授予單位)2003-10-01(論文提交日期)。

19.廢墟上的狂歡：「文革文學」的敘述研究黃擎(作者)吳秀明(導師)文藝學(學科專業名稱)浙江大學(學位授予單位)2003-12-01(論文提交日期)。

20.文化大革命的起因——冒進反冒進兩種思想路線為線索金美仙(作者)關海庭(導師)法學(學科專業名稱)北京大學(學位授予單位)2004-04.28(論文提交日期)。

21.「文革」中的媒介批判易發俊(作者)劉建明(導師)新聞學(學科專業名稱)中央民族大學(學位授予單位)2004-05-01(論文提交日期)。

22.文革美術及其歷史的思辨肖永生(作者)曲湘建(導師)課程與教學論(學科專業名稱)湖南師範大學(學位授予單位)2004-05-01(論文提交日期)。

23.文革視覺文化與文革風格視覺設計張磊(作者)陳新華(導師)設計藝術學(學科專業名稱)江南大學(學位授予單位)2004-06-01(論文提交日期)。

24.「評法批儒」運動研究魏旭斌(作者)中共黨史(學科專業名稱)中國人民大學(學位授予單位)2004(論文提交日期)。

25.「文化大革命」時期蒙古文學研究華玉(作者)中國現當代文學：中國少數民族現當代文學(學科專業名稱)內蒙古師範大學(學位授予單位)2004(論文提交日期)。

26.「文化大革命」與中國政治發展的轉型裴自余(作者)關海庭(導師)中共黨史(學科專業名稱)北京大學(學位授予單位)2005-04-01(論文提交日期)。

27.論「文革」時期的「青少年價值觀教育」王照蘭(作者)劉濟良(導師)教育學原理(學科專業名稱)河南大學(學位授予單位)2005-05-01(論文提交日期)。

28.「文革」期間中、小學課程與教學改革研究陳的非(作者)張傳燧(導師)課程與教學論(學科專業名稱)湖南師範大學(學位授予單位)。

八、台灣地區碩士論文：

1.中國傳統文化與文化大革命(碩士論文)熊鈺錚(作者)陶希聖(指導教授)國立政治大學東亞研究所(研究機構)台北民國61年。

2.論文化大革命中社會衝突(碩士論文)舒中興(作者)關向光(指導教授)國立政治大學東亞研究所(研究機構)台北民國86年。

3.中共群眾路線之研究：「文化大革命」的個案分析(碩士論文)吳黎明(作者)高永光(指導教授)國立政治大學東亞研究所(研究機構)台北民國86年。

4.中共文化大革命時期之高等教育研究：以理性選擇研究途徑分析(碩士論文)吳宗憲(作者)吳秀光(指導教授)國立政治大學公共行政學系研究所(研究機構)台北民國89年。

5.大字報在中共文化大革命期間扮演的傳播角色(碩士論文)鐘行憲(作者)汪學文(指導教授)國立政治大學新聞研究所(研究機構)台北民國63年。

6.紅衛兵爆亂與義和團事變比較研究(碩士論文)余秋煌(作者)陳英略、陳綏民(指導教授)中國文化大學大陸問題研究所(研究機構)台北民國74年。
7.中共文化大革命與大陸知識分子(碩士論文)張大衛(作者)余延苗(指導教授)中國文化大學大陸問題研究所(研究機構)台北民國69年。
8.文革時期中共文藝政策。

古月齋研究室整理

毛泽东同志、周恩来同志、刘少奇同志、朱德同志在一起。

毛主席和他的亲密战友林彪同志检阅文化革命大军

一九六七年五月一日，毛主席和他的亲密战友林彪副主席乘车来到群众之中，同首都军民和各国朋友一起庆祝“五一”国际劳动节。

毛主席和邓小平同志在一起。（一九七六年）

毛主席和陈毅同志在北京。（一九五八年）

一九七〇年十月一日，毛主席和他的亲密战友林彪副主席在天安门城楼上，和首都军民一起庆祝中华人民共和国成立二十一周年。

毛主席投票选举人民代表。（一九五三年）

毛主席和贺龙同志亲切谈话。（一九六○年）

李正中教授著作目錄

1.《中國近代史簡明教程》（天津人民出版社出版）

2.《中國近代史資料研究與介紹》（天津人民出版社出版）

3.《管理倫理學》（天津市哲學社會科學研究「七五」規劃重點項目，天津人民出版社出版）

4.《中國傳統美德與跨世紀青年》（天津市哲學社會科學研究「八五」規劃重點專案，天津人民出版社出版）

5.《中國寶卷精粹》（臺北・蘭臺出版社出版）

6.《21世紀商業行銷發展戰略》（天津市哲學社會科學研究「九五」規劃重點項目，天津科技出版社出版）

7.《近代天津名人故居》（天津市哲學社會科學研究「十五」規劃重點專案，天津人民出版社出版）

8.《企業家奮鬥之路》（天津社會科學院出版社出版）

9.《幹部道德教程》（天津人民出版社出版）

10.《天津口岸通商研究》（國家教委博士點社科資助專案，河北出版社出版）

11.《南市文化風情》（天津市哲學社會科學規劃領導小組辦公室2002年委託專案，天津人民出版社出版）

12.《中國唐三彩》（天津人民出版社出版）

13.《中國紫砂壺》（天津人民出版社出版）

14.《中國古瓷銘文》（天津人民出版社、臺北・藝術圖書公司出版，入圍「德國法蘭克福國際書展」）

15.《中國古瓷滙考》（天津人民出版社、臺北・藝術圖書公司出版，入圍「德國法蘭克福國際書展」）

16.《中國青花瓷》（天津人民出版社、臺北・藝術圖書公司出版，入圍「德國法克福國際書展」）

17.《天津人民出版社出版》（天津社會科學院出版社出版）

18.《中國寶卷精粹》上中下（臺北・蘭臺出版社出版）。

19.《天津老城回眸》（延邊大學出版社出版）

20.《聞名遐邇的天津小白樓》（延邊大學出版社出版）

21.《不敢踰矩文集》（臺北・蘭臺出版社出版）

22.《無奈的記憶—李正中回憶錄》（臺北・蘭臺出版社出版）

23.《中國大學名師講義》（1-4卷）（臺北・蘭臺出版社出版）

24.《中國善書寶卷叢書》（1-10卷）（臺北・蘭臺出版社出版）

國家圖書館出版品預行編目資料

文革史料叢刊第一輯（共六冊）/ 李正中　輯編. -- 初版. -
臺北市：蘭臺, 2015.05
面；　公分
ISBN 978-986-5633-03-5(全套:精裝)
1.文化大革命 2.史料

628.75　　104003846

古月齋叢書 3

文革史料叢刊第一輯（共六冊）

輯　　編：李正中
編　　輯：張加君、郭鎧銘、張珮蓉、高雅婷
美　　編：林育雯
封面設計：諶家玲
出 版 者：蘭臺出版社
發　　行：蘭臺出版社
地　　址：台北市中正區重慶南路 1 段 121 號 8 樓之 14
電　　話：(02)2331-1675 或(02)2331-1691
傳　　真：(02)2382-6225
E—MAIL：books5w@gmail.com 或 books5w@yahoo.com.tw
網路書店：http://bookstv.com.tw/、http://store.pchome.com.tw/yesbooks/、
http://www.5w.com.tw、華文網路書店、三民書局
總 經 銷：成信文化事業股份有限公司
電　　話：(02)2219-2080　　傳　真：(02)-2219-2180
地　　址：台北市中正區重慶南路 1 段 121 號 5 樓之 11 室
劃撥戶名：蘭臺出版社　帳號：18995335
網路書店：博客來網路書店 http://www.books.com.tw
香港代理：香港聯合零售有限公司
地　　址：香港新界大蒲汀麗路 36 號中華商務印刷大樓
C&C Building, 36,Ting, Lai, Road, Tai,Po, New,Territories
電　　話：(852)2150-2100　　傳　真：(852)2356-0735
總 經 銷：廈門外圖集團有限公司
地　　址：廈門市湖裡區悅華路 8 號 4 樓
電　　話：(592)2230177　　傳　真：(592)-5365089
出版日期：2015 年 5 月
定　　價：新臺幣 30000 元整（全套精裝，不零售）
ISBN：978-986-5633-03-5